제9판

국제운송론

International Transportation

임 석 민

도서출판
삼영사

[제9판] 머리말

이 책이 처음 세상에 나온 해가 1990년이니 어언 35년이 되었다. 처음 이 책의 원고를 들고 이곳저곳 출판사들의 문을 두드렸지만 모두 외면을 해 자비출판을 했었다. 자비출판이 너무 고생스러워 1998년부터 삼영사에서 출간을 한 뒤 제9판으로 이어지고 있다. 이 책은 당초에 대학교재로 쓰였다. 그동안 많은 대학에서 무역학과가 통폐합되고 국제운송론이라는 교과목의 폐강도 많았다. 그럼에도 비록 수요가 많지는 않지만, 35년이 되도록 스테디셀러로 판(版)과 쇄(刷)를 거듭해 오고 있어 저자로서 실로 기쁨과 보람이 크다.

무릇 책에는 목표로 삼는 주독자(主讀者)가 있기 마련이다. 이 책은 원래 대학교재를 목표로 삼았었으나 입소문을 통해 관세사 수험준비생·기업의 실무자 등 다양한 독자층의 사랑을 받고 있는 것 같다. 본서는 기업의 수출입 담당자는 물론 포워더·선사의 영업부 직원들에게도 도움이 될 수 있는 책이다. 부정기선·컨테이너선 등의 해운(海運)을 필두로 항공·복합운송·선하증권·항공운송장·복합운송증권 등 운송에 관련된 내용이 망라되어 있어서, 운송 전반의 기초지식을 함양하여 업무능력을 업그레이드하는데 더 없이 좋은 책이다.

책에 담고 싶은 내용은 너무도 많지만 지면의 제약으로 항상 덜어낼 것을 고심하고 있다. 어떻게 간명하고 이해하기 쉽게 핵심을 추출하여 보다 많은 내용을 담느냐가 화두이다. 이 책에는 많은 내용이 광범하게 포괄되어 있으므로, 필요에 따라 건너뛰면서 이용할 것을 권하고 싶다. 예컨대, 중소기업에서는 부정기선의 지식은 거의 요하지 않는다. 반면에 종합상사나 제철소·발전소·정유사·석유화학·시멘트·비료·자동차 공장 등 대규모 제조업체와 상사에서는 부정기선에 대한 지식이 필요하다. 이 책을 교재로 사용하시는 선생님들도 이 점을 참고하시길 바란다. 이미 그렇게들 하고 계시겠지만 노파심에서 덧붙인 것이다.

저자는 27년의 교직을 마치고 2014년 2월에 정년퇴임했다. 십수년 전 정년퇴임한 영문과 선배교수와 저녁식사를 하면서 나눈 대화가 생각이 난다. "선생님! 저는 10년이 넘으니 이제 겨우 저의 전공에 눈이 뜨이고 가르칠 만합니다."라고 말했더니, 그 분 왈, "당신은 빨리 뜨였네, 나는 정년퇴임을 하고 나니 그런 생각이 드네."라는 것이었다. 퇴임 전에도 연륜이 쌓일수록 지식의 폭이 넓어지고 가르치는 기법도 향상되고 있음을 느끼곤 했었지만, 막상 퇴임을 하고 나니 선배 교수의 체험담을 실감하고 있다.

흔히 하는 말로 '내 마음은 여전히 청춘인데…', 막상 정년퇴임을 하고 나니, 마음 한 구석에 '내가 퇴물이 아닌가?' 하는 자격지심이 없지 않았다. 그런데 2025년 현재 105세의 연세대학교 철학과 김형석 명예교수의 인터뷰(조선 2015.06.28.) 기사가 나를 고무시키고 어깨를 펴게 했다.

[제9판] 머리말

"김태길(1920~2009) · 안병욱(1920~2013) 교수와는 동갑인 데다 전공도 같아 친했지요. 생전에 이분들과 '우리 인생에서 노른자의 시기가 언제였을까?'로 대화한 적이 있어요. 답은 '65세에서 75세까지'였어요. 그 나이에야 생각이 깊어지고, 행복이 무엇인지, 세상을 어떻게 살아야 하는지를 알게 됐거든요." 그래서 나는 맥아더의 "노병은 죽지 않는다. 다만 사라질 뿐이다."를 "죽지도 않고 사라지지도 않는다."로 바꿔 여생을 살기로 작정하게 되었다.

38년 전 내가 처음 강단에 섰을 때 사용한 교재는 우선 세상에 이름이 드러난 교수들의 저서였다. 그러나 조교들에게 외국서적을 번역시킨 책에 자신의 이름만 올린 엉성한 책들이 적지 않아 크게 실망했었다. 그때 나는 책은 저자의 얼굴이고 분신이고 자존심임을 깨달았고, 책을 함부로 세상에 내놓아서는 안된다는 것을 타산지석(他山之石)으로 느낀 뒤 책을 세상에 내놓을 때는 최선을 다 해왔다. 최선을 다 하고 있지만 재주와 식견이 부족하여 돌아보면 여전히 미흡하다.

이전 개정판의 서문에서 '책은 살아있는 생물'이라고 규정했었다. 마치 생명체가 신진대사를 하듯 끊임없이 변모하는 현상을 담아내지 못하는 책은 고목(枯木)으로 전락하고 만다는 사실을 일찍이 깨달았었다. 특히 본서가 실무적 성격이 강한 책이라서 더욱 그러하다. 세상은 끊임없이 변하는데 그러한 변화를 제때제때 빠짐없이 책 속에 담아내기가 여간 어려운 게 아니다. 비록 나이가 들어 정년퇴임을 했지만 건강이 허락하는 한 앞으로도 이 책의 수정보완은 꾸준히 이어질 것이다.

이번 9판에서는 전반적으로 글을 다듬고 각종 데이터를 업그레이드했다. 약간의 시차로 제8판에 'GRENCON 2022'를 싣지 못했는데 이번 9판에 실었다.

그동안 저자는 오로지 많은 독자들이 이 책을 통해 지식을 습득하고 그 지식이 이 사회를 풍족하게 하기를 바라면서 저술에 임해 왔다. 책으로나마 이 사회에 조그만 보탬이 되겠다는 소망이다. 끝으로 본서를 읽다가 오류나 미흡한 점을 발견하거나 의문이 있는 독자는 주저말고 지적하고 문의해 주시기 바란다. 이는 곧 보다 알찬 내용으로 독자들에게 봉사할 수 있는 길로 이어진다. 아무쪼록 이 책이 독자 여러분의 삶에 도움이 되길 바라는 마음 간절하다.

2025년 6월

저자 識

차 례

Part 1 총 론

차 례

Part 2 해상운송

차 례

차 례

차 례

차 례

차 례

차 례

차 례

차 례

Part 4 복합운송

차 례

차 례

PART 1

총 론

Chapter

1 운송의 기초이론

제1절 운송의 개념

운송은 어떠한 사회에서도 다양하게 존재해 왔고 인간생활의 기초를 이룬다. 운송의 발달은 경제・정치・문화적 진보의 기본조건이다. 경제적으로 보면 운송은 분업을 가능하게 하고 생산・유통・소비를 원활하게 하며, 자원의 개발・산업의 발달에 기여한다. 정치・문화적 발전 또한 운송에 의존하고 촉진되어 왔다. 그래서 근대국가는 국민적 통일을 위해 최초의 사업으로 운송체계의 확립에 힘을 기울였다.

1 운송과 국제운송

(1) 운송의 의의

운송(transportation)이란 "사람이나 재화의 장소적 이동으로서, 그 사이 재화의 형태나 성질을 물리적・화학적으로 변화시키지 않는 것"이 운송의 기본개념이다. 운송은 교환경제가 시작되면서 재화의 이동을 위해 생겼다. 운송은 생산・판매・유통과 마찬가지로 중요한 경제행위이다.[1)]

인간의 삶에 욕구의 발생장소가 욕구의 충족장소와 동일한 경우는 매우 드물다. 그 사이에는 크건 작건 공간적 격리(隔離)가 있다. 따라서 욕구를 충족하려면 인간과 재화, 인간 상호간에 존재하는 공간을 극복하지 않으면 안된다. 인간의 의지와

1) 운송은 운송용역인 무형재를 생산하는 것이다. 운송용역도 유형재와 마찬가지로 운송과정에서 소비되는 생산요소(노동력・운송수단)의 가치에 운수노동자가 창출하는 잉여가치를 추가함으로써 교환가치를 갖는다. 따라서 운송용역의 교환가치는 화물에 부가가치로 이전된다. 이에 대해 맑스는 "운수업에 투자되는 자본은 운수노동을 매개로 운송물에 가치를 추가한다. 이러한 운수노동에 의한 가치추가는 모든 자본주의적 생산과 마찬가지로 노동자의 임금과 잉여가치로 나누어진다."고 설파했다.

노동에 의한 공간적 이격(離隔)의 극복, 즉 장소적 이전(移轉)이 바로 운송이다. 따라서 인간의 의지 및 노동과 무관한 자연적 이동현상[2)]은 운송에서 제외된다.

운송은 경제활동 가운데 조달·생산·소비로 이어지는 재화의 흐름(flow of goods) 과정으로 정의된다. 이러한 재화의 이동과정을 경제·경영학적으로 접근하여 연구대상으로 삼는 것이 '운송론'이다. 국제적·국내적 상품의 매매는 무역론·상업론·유통론이고, 상품의 매매에서 일어나는 상품의 이동과정이 운송론의 대상이다. 그런데 사람·재화의 이동행위에는 경제적 대가(remuneration)가 있어야 한다. 즉, 무상(無償)의 운송행위는 운송론의 대상이 아니고, 유상(有償)의 운송행위만 운송론의 대상이 된다.

운송은 그것을 수행하는 운송수단의 차이로 각각의 특성을 갖는다. 운송이 이뤄지는 공간이 육·해·공에 이르기 때문에, 운송도 육상·해상·항공운송으로 구분한다. 이로부터 철도운송론·자동차운송론·해상운송론·항공운송론·복합운송론 등으로 분류가능하며, 이것이 곧 운송각론이 된다.

운송의 기본기능은 인적·물적 자원의 장소적 이동으로 제자원(諸資源)을 상호 연결시켜 자원의 효율성을 높이는 것이다. 운송은 형태효용만이 있는 원재료와 완제품에 이동을 통해 장소효용을 부가한다.[3)]

일반적으로 사람·재화의 장소적 이동을 운송·수송이라 하고, 의사·정보의 전달을 통신이라 하며, 이것들을 결합하여 교통(transportation and communication)이라 칭한다. 또한 운송과 유사한 개념으로 유통과 물류가 있다. 유통은 각종 재화와 용역이 공급자로부터 수요자에게 도달하는 과정의 경제활동으로 생산과 소비의 장소적·시간적 이격을 결합시키는 역할을 한다.

유통은 재화·용역의 소유권 이전행위로서 상적유통(商流)이 발생한 뒤 물리적 이전행위로서 물적유통(物流)이 이어진다. 상류와 물류가 병행되어 유통의 목적이 달성된다. 유통은 생산자로부터 소비자에게 재화·용역을 법률적·물리적으로 이전시키는 경제활동이며, 상류는 소유권의 이전에 관한 법률적 경제활동이고, 물류는 유통의 일부로 '재화의 물리적 이동'이라는 경제활동이다.

---

2) 묶어 놓은 선박이 조수(潮水)에 밀려 표류하는 것, 홍수에 휩쓸린 가축이 떠내려가는 것, 풍선이 바람에 날리는 것 등을 의미한다.

3) 장소적 효용을 창출하는 운송기능은 생산과 유통의 각 과정에 걸쳐 발휘되고 있다. 예컨대 석유·석탄·곡물 등을 생산공정에 접속함으로써 그것이 노동과 결합하여 새로운 형태의 생산물에 의해 가치가 추가된다. 운송에 의한 가치 추가는 형태적 변화를 일으키지 않는 유통과정에서도 나타난다.

유통은 공간극복과 시간극복(재화가치의 보존·저장)을 포함한다. 운송은 사람·재화의 공간극복이 대상인데, 물류는 재화의 공간·시간 극복을 대상으로 하고 있다. 따라서 운송은 유통활동·물류활동의 일부이며, 유통에는 사람의 이동은 포함되지 않는다.

北 동해안은 소금이 없어 울상, 서해안은 소금이 넘쳐 한숨

2008년 북한은 날씨 덕분에 서해안에는 소금풍년이 들었지만, 고기가 많이 잡힌 동해안에는 소금부족이 심각했다. 동해에서는 청어·이면수 등 어획량이 늘었는데, 생선을 절일 소금이 부족해 가격이 폭등했다. 1kg당 120~150원이었던 소금이 1,500원으로 급등하여 소금값이 쌀값보다 더 비싸졌다.

북한의 염전은 주로 서해안을 따라 평안도·황해도에 있다. 날씨가 좋아 소금생산이 크게 늘었지만, 운송수단의 부족으로 소금을 실어내지 못해 서해안 염전에는 소금이 산처럼 쌓여 있다. 반면, 예년에 비해 어획량이 크게 늘어난 동해안은 심각한 소금난을 겪고 있다.

북한에는 냉동설비가 없어 생선을 소금에 절이거나 햇볕에 말려 보관한다. 원산·청진 등 동해안 주요도시에 소금이 없어 수산물이 썩어 버릴 정도로 어려움을 겪고 있다. 북한당국도 동해안에 소금을 많이 공급하도록 조치하고 있지만, 운송수단의 부족으로 서해안의 소금이 제때 공급되지 못하고 있다. 서해안에서는 소금을 못팔아 아우성이고, 동해안에서는 소금이 없어서 아우성이다.

구소련이 붕괴 직전에 직면하고 있던 가장 심각한 문제가 식품부족이었다. 식품이 생산이 안되어서가 아니라 수송·보관이 안되어 부족현상이 발생했었다. 생산량의 1/3이 수송·보관 과정에서 망실되어 버렸다. 구소련이 겪었던 어려움은 생산부족이 아닌 유통부족에서 비롯된 것이다.

(2) 국제운송의 의의

국제운송은 재화의 이동이 나라간에 이루어지는 것이다. 국제운송은 나라간에 재화의 위치를 변화시켜 가치를 창출·소비하는 경제행위이다. 오늘의 경제는 분업·교환이 고도로 발달한 유통경제이다. 유통경제는 생산·소비에 개입하는 교환·분배의 과정이다. 조달·생산·소비는 통상 공간적으로 격(隔)하여 이뤄진다. 장소·시간을 달리하여 재화가 생산되고 소비되므로 교환·분배가 생긴다. 그리고 교환과 분배를 가능하게 하고 분업을 촉진하는 것이 바로 운송이다.

아담 스미스(Adam Smith)는 핀(pin)생산의 예를 들어 분업이 현대경제의 물적(物的) 생산력의 기초를 이룬다고 역설했다. 스스로의 능력에 가장 적합한 분야에서 생산활동에 종사한다면 전체로서의 생산력이 증대한다는 것이다. 분업의 특화이익은 지역내・지역간・일국(一國)을 넘어 국제적으로도 발생한다. '국제분업의 이익'이다.

국제적 분업・교환을 가능하게 하는 것이 국제운송이다. 분업은 생산된 재화의 집하와 분배없이는 불가능하다. 이러한 집하・분배를 국제적으로 가능하게 하는 것이 '국제운송'이다. 운송은 분업에 필수적인 원재료・반제품의 수송을 통해 생산활동의 보조기능을 하며 생산과정의 일부가 되는 것이다. 또한 분업과 교환은 표리(表裏)의 관계에 있기 때문에 분업은 시장을 확대시킨다. 그리고 시장의 크기는 운송의 발달에 크게 의존한다. 따라서 국제운송은 국제적 시장창출・시장확대로 무역의 확대발전에 중요한 역할을 한다.[4)]

운송은 시장의 확대와 지역간・국가간의 경쟁을 유발하여 시장가격을 평준화하고 전국적・국제적 가격을 형성하게 한다. 그리고 운송의 정시성・안전성・고속성은 상품의 재고량을 감소시켜 유통자본의 회전율을 높이고 자본의 투자효율을 높여준다.

(3) 운송낭비론

이러한 운송의 효과에도 불구하고 운송낭비론도 있다. 운송물 가운데 많은 양이 운송할 필요가 없는 낭비적 운송으로 상품가격을 인상시킨다는 주장이다. 산업을 지역적으로 분산시켜 지역별 자급자족으로 운송낭비를 방지할 수 있다는 것이다. 이를테면 소규모의 제분소를 밀 생산지 부근에 분산하여 설치하는 것 등이다. 산업의 지역적 분산과 소규모 생산은 운송의 필요성을 줄이고 운송비용도 줄일 수 있다는 것이다.

그러나 이러한 주장은 노동의 지역적 분업・대량생산・최적입지의 선택에서 오는 이점을 간과하고 있다. 산업의 지역적 분산과 다수의 소규모 공장을 광범한 지역에 분산하여 설치하는 것은 단순히 운송비 절감만을 의식한 발상이다. 그렇다고 운송비가 크게 절감되는 것도 아니다. 공장의 건설・유지를 위해서는 갖가지 운송수요가 뒤따르고 잉여제품의 처분 등 또 다른 운송수요를 불러일으키게 된다.

다만 운송시스템의 운영에 어느 정도의 낭비가 발생할 수도 있다. 그러나 부분적인 낭비를 근거로 운송시스템 전체가 사회적 낭비라는 주장은 적절하지 않다. 운송

4) A. Smith는 "생산력의 증진은 분업에 기초한 노동생산력의 증진으로 가능하다. 그러나 분업은 시장의 크기로 제약되고, 그 시장의 크기는 주로 운송의 발달에 의존한다. 4톤을 적재할 수 있는 초대형 마차보다도 대형범선의 수운(水運)의 발달이 시장을 보다 확대하며 산업의 분화적 발달을 가져온다. 그래서 제(諸)산업은 자연히 해안이나 항해가능한 하천 연안에 분화되어 번영한다."고 역설했다.

의 낭비는 운송시스템의 비효율적 운영으로 발생할 수 있지만 운송시스템 자체가 낭비적일 수는 없다.

2 운송의 기능

운송의 발달은 인력・재화의 원활한 이동 등 속도의 증대・안전의 강화로 나타난다. 운송의 발달에 따른 단위당 운송비의 인하와 연쇄적인 생산비의 인하는 운송의 경제적 효과는 물론 사회・문화적 기능과 더불어 통일국가 형성・국방력 증대 등에 크게 기여해 왔다.

1) 경제적 기능

(1) 물품교환의 촉진

어떤 지역이든지 기후・자원・노동력・기술수준 등에 차이가 있기 때문에, 그 지역에 필요한 모든 재화와 용역의 생산은 거의 불가능하다. 따라서 그 지역에서 생산되지 않는 재화는 다른 지역에서 반입해 온다. 이때 저렴한 운송수단이 있으면 여러 지역이 필요한 물품을 싼값으로 교환할 수 있으므로, 각 지역은 다른 지역에서 생산되는 물품이라도 그 지역에서 생산되는 물품과 균등한 가격으로 쉽게 구매할 수 있어, 소비자에게는 효용을 늘려주고 생산자에게는 시장을 늘려준다.

(2) 가격의 안정과 평준화

운송의 발달은 재화의 지역간 이동을 원활하게 하여 가격을 평준화시킨다.[5] 예컨대 특정지역에 흉년이 들면 다른 지역에서 부족량을 반입하여 양곡가격의 상승을 막을 수 있다. 이는 그 지역의 일부 양곡 생산자에게는 불리할 수도 있으나 다수의 소비자들에게는 유리한 것이다. 반대로 어떤 지역이 공급과잉이면 조과량을 타지역으로 반출시켜 지역의 가격폭락을 막을 수 있다.

5) 1907.10.18. 경향신문의 〈물가시세 조사〉에 따르면 상미(上米) 1되에 서울은 5냥 5전, 대구는 1냥 3전, 콩 1되에 서울 5냥 5전, 대구 1냥 3전, 팥은 8냥과 2냥, 밀은 5냥 5전과 1냥 4전, 보리는 2냥 7전 5푼과 8전으로 서울이 대구보다 5배나 높다. 쇠가죽 1칭(1천근)은 서울이 2,200냥, 대구는 160냥으로 14배의 차이가 난다. 정보가 소통되지 않았고 운송이 어려웠기 때문이다.

(3) 지역적 분업화

저렴한 운송수단은 지역적 분업·전문화로 경제적 효율을 증대시킨다. 여러 지역이 지역적 분업으로 얻는 이익은 각 지역이 비교우위를 가진 부문에 특화(特化)하여 최소의 자본·노동의 투입으로 최다의 산출을 얻을 수 있기 때문이다. 이러한 지역적 분업은 저렴한 운송수단으로 지역간 재화의 이동이 원활하게 이루어질 것을 전제로 한다. 따라서 지역적 분업은 시장규모의 제한을 받고, 시장규모는 운송비로 결정되므로 저렴한 운송수단이 지역적 분업의 전제조건이 되는 것이다.

(4) 규모의 경제와 대량생산 및 대량소비

저렴한 운송비는 대량생산을 가능하게 하고, 더불어 규모의 경제(economy of scale)로 제품가격이 인하된다. 대량생산은 저렴한 운송수단이 없이도 가능하지만, 대부분의 생산은 원재료·완제품을 원거리 운송에 의존하여 규모의 경제와 함께 대량생산이 가능하게 된다. 따라서 운송비 부담이 크면 대량생산이 불가능하게 된다.

(5) 경쟁조장 및 가격인하

운송비와 공급자는 상관관계에 있다. 운송비가 낮아지면 공급자가 늘고 경쟁이 심해져 가격의 인하로 이어진다. 그러나 높은 운송비는 물품의 유통지역을 축소시키고, 공급자가 줄어 가격이 인상된다. 저렴한 운송비는 경쟁을 촉진하여 소비자가 저렴한 가격으로 구매할 수 있게 한다.

(6) 도시화 및 산업화

저렴한 운송비는 대량생산과 지역적 분업을 촉진하여 대부분의 경제활동을 소수의 대규모 산업도시에 집중시키는 경향이 있다. 지역적 분업과 대규모 산업도시의 발달은 상호간 교역을 촉진시키고, 교역과 관계가 깊은 창고업·가공업·포장업·도매업·금융업·보험업 등이 대도시에 집중하게 된다.[6] 이로써 대도시는 1차적으로 경제·교통의 중심지로, 2차적으로 정치·문화·교육 등의 중심지로 발달한다. 도시화는 지역적 분업·대량생산·지역간 교역증진으로 나타난다.

6) 일찍이 미국경제는 1840년부터 1920년까지의 운송(transportation)·통신(communication)·금융(finance) 산업의 변혁으로 전원적 농업경제로부터 도시형 산업국가로 변모했던 것으로 분석하고 있다.

2) 사회 · 문화적 기능

운송은 개인의 사회적 접촉을 가능하게 하고 집단적 사회조직의 형성을 촉진한다. 그리고 운송의 발달은 이러한 사회관계를 내부적으로 긴밀화 · 고도화하고, 외부적으로 지역간의 관계를 드높여 사회생활을 확대하고 지역간 · 국가간의 유대를 긴밀하게 한다.

인간이 인력의 한계를 극복하고 생활공간을 확대하려는 노력은 유사 이래로 지속되어 왔다. 따라서 운송은 문명에의 첫걸음이었고, 문명발달은 운송발달의 동의어라 해도 과언이 아니다. 고대 이집트 · 인도 · 메소포타미아 · 중국 문화도 하천을 중심으로 번성하였고, 멀리 대양을 격(隔)한 여러 나라들과 해상운송이 성행했던 것은 역사적 사실로 나타나고 있다.

운송은 원시 · 고대 · 중세 · 근대 · 현대에 걸쳐 인류의 생활수준을 향상시키고, 외국과의 교류로 기술 · 지식 · 사상의 보급과 정보 · 풍속 · 예술 · 종교의 전파 등 중요한 역할을 해왔다. 각국은 인종 · 환경 · 제도 · 예술 · 문화 · 사회 · 종교 · 정치적으로 다양하게 발전하여 왔지만, 사회 · 문화적으로 외국의 영향은 적지 않다. 로마의 법률 · 영국의 입법사상 · 프랑스의 예술 · 독일의 철학 · 과학 등이 각국의 제도와 사상에 반영되고 있음은 주지의 사실이다.

이처럼 운송은 기술 · 지식 · 사상 · 정보 등의 국제적 확산을 증진하여 인간의 사고 · 행동범위를 세계적 규모로 넓혔다. 신속 · 쾌적한 자유로운 외국여행 자체가 문화이지만, 지방적 · 국가적 편견을 제거하여 국제질서의 안정에 공헌하고, 운송은 문화교류에서도 불가결한 요소인 것이다.

또한 운송의 발달은 사회적 동류성(同類性)을 높여 국가통합을 유지하고 발전시킨다. 운송이 발달하면 각 지역의 사회적 접촉이 많아지고 풍습 · 언어 · 복장 등이 하나로 통일된다. 지리적인 거리가 운송으로 극복되고, 각 지역이 하나의 생활공간으로 결속되면, 각 지방의 문화는 하나의 문화권을 형성한다. 여기에 사람들의 사고방식도 유사해져 공동의식이 높아진다.

1860년대에 건설된 미국의 대륙횡단철도는 캘리포니아를 포함한 태평양 연안을 미합중국으로 통합하는데 중요한 역할을 하였다. 철도가 개통되기 이전에는 동부와 서부를 연결하기 위해 남미대륙의 최남단 혼곶(Cape Horn)을 돌거나, 역마차로 험한 산악과 대평원을 통과하지 않으면 안되었다. 그러나 대륙횡단철도의 개통으로 서부와 왕래가 쉬워졌고, 캘리포니아가 미합중국에 통합되어 미시시피강 서부지역의 개발이 가능하게 되었다. 또한 호주의 정부소유 철도도 동서부를 하나의 정치권으로 통합하기 위해 건설했던 것으로 알려져 있다.

또한 운송발달은 국방력을 강화한다. 로마의 도로(Roman road)는 군사적 측면이 반영하여 건설되었다. 군사활동에 수송과 보급은 전력(戰力)의 핵(核)을 이룬다. 독일은 거미줄과 같은 치밀한 철도망으로 1차대전의 서전(序戰)을 승리로 장식하였고, 2차대전에서는 우수한 도로망으로 자동차·전차대를 앞세운 번개작전으로 초기의 승리를 거둘 수 있었다. 그러나 후에 이것들이 소련의 진흙길에 빠져 기동력을 잃고 패배했음은 잘 알려진 사실이다. 반면에 연합국측은 1·2차대전에 우세한 해군력·해상운송·보급으로 최후의 승리를 얻을 수 있었던 것이다.

제2절 운송용역의 특성

모든 경제현상은 수요와 공급을 기초로 한다. 모든 재화의 생산·판매·가격이 수요와 공급에 의해 결정되기 때문이다. 운송용역의 수요·공급의 특성을 본다.

1 운송용역의 수요

수요(demand)란 재화(goods)나 용역(services)에 대한 단순한 욕구가 아니라, 그것을 살 수 있는 구매력(purchasing power)이 있음을 말한다. 즉, 일정한 가격으로 사겠다는 상품의 수량을 수요라 한다. 그러므로 상품의 가격이 오르면 그 상품에 대한 욕구에는 변함이 없더라도 수요는 감소할 것이다. 따라서 수요는 일정한 가격을 전제로 하고 있다. 운송수요의 특성을 본다.

1) 운송수요의 특성

(1) 이질적 개별수요(Disaggregate Demand)

운송용역은 운송수단과 노동력이 결합되어 일정량의 화물을 일정거리만큼 이동하는 것이다. 따라서 운송수요는 ① 화물량, ② 운송로, ③ 운송시기를 구성요소로 한다. 그런데 각각의 운송수요(individual demand)는 이러한 요소들이 천차만별일 수 밖에 없다. 화물의 중량·용적·행선지·적재시기 등이 화주마다 각각 다르다. 운송수요는 이처럼 무수히 많은 이질적 개별수요로 구성된다. 따라서 운송용역의 공급은 비교적 계획적이며 체계적인데 반해 운송수요는 무계획적·비체계적이다.

(2) 법칙적 집합수요(Aggregate Demand)

재화와 사람의 움직임은 개별적이며 다양하긴 하지만, 그것이 모두 합해져 집합수요(collective demand)를 이루면 비교적 안정된 패턴을 보인다. 즉, 집합수요는 개별수요의 총합이면서, 그것들의 단순한 총합과는 또 다른 성격을 갖는다. 특히 오늘날과 같은 안정된 사회에서는 개개의 여객·화물은 무질서하게 이동하지만, 전체적으로 보면 일정한 법칙을 보인다. 이를 대수(大數)의 법칙(law of large numbers)이라고 한다.

농산물·석탄·석유가 각각 가을과 겨울철에 피크(peak)를 이룬다거나, 원료·제품·반제품·식료품 등이 수출입국의 경기에 따라 유동적이지만, 그런대로 일정한 주기(cycle)를 보여 전체적으로 특정지역 상호간의 이동이 안정되게 나타난다.

따라서 운송수요는 개별적이며 동시에 집합적이라서, 내적으로는 무질서하면서도 외적으로는 안정된 질서를 보인다. 여기에 불특정다수를 대상으로 공중운송인(公衆運送人, common carrier, public carrier)이 등장한 것이다.

(3) 파생수요(Derived Demand)

상품의 수요가 1차적·본원적 수요(elemental demand)라면, 운송용역의 수요는 그로부터 유발된 2차적·파생적 수요이다. 대부분의 국제운송수요는 무역이라는 본원수요에서 나온다. 그리고 무역은 또 생산을 위한 원재료의 수요와 소비를 위한 완제품의 수요에 좌우된다. 이는 곧 운송수요의 본원수요인 무역도 2차적인 파생수요인 것이다. 이처럼 어떤 산업수요의 본원성·파생성은 상대적인데, 운송수요는 관광운송과 같은 특수수요를 제외하고 대부분 파생수요이다.

한편 운송수요가 2차적인 파생수요라고 해서 본원수요보다 덜 중요한 것은 아니다. 운송없는 무역은 생각조차 할 수 없다. 따라서 운송수요는 파생수요이면서 직접적으로는 무역을, 간접적으로는 생산·유통활동을 규정한다. 이는 곧 운송이 타 부문과 매우 밀접한 관계임을 말해준다.

(4) 종합수요(Combinated Demand)

운송수요는 운송수단(트럭·기차·선박·항공기)만으로 충족될 수 없다. 도로·항만·공항은 물론 창고·포장·하역·정보활동 등이 결합되어야 운송수요를 충족할 수 있다. 이처럼 운송용역은 인프라 등의 제반요소와 결합되어 종합적으로 규정된다. 따라서 운송수요를 제대로 충족하기 위해서는 도로·항만·공항·창고·포장·하역과 이것들을 총괄하는 정보·경영활동 등을 병행하지 않으면 안된다.

2) 운송수요의 탄력성

일반상품에 대한 수요처럼 운송수요도 다양한 요인으로 결정된다. 즉, 운임수준·화물의 양과 종류·운송서비스의 종류 및 내용·대체운송수단의 존재여부, 기후·전란·재해 등에 좌우된다. 이 가운데 어떤 요소가 가장 중요한 가는 상황에 따라 다르지만 가격, 즉 운임에 가장 민감한 반응을 보인다. 즉, 운임의 고저(高低)는 기타 요인과 함께 화물의 수요에 영향을 미쳐 운송수요를 좌우한다.

그러나 운송수요는 파생수요라서 가격탄력성[7)]은 비교적 작은 편이다. 운임의 상승·하락은 본원수요인 무역가격(=상품가격)에 흡수되어(원재료는 생산원가에, 완제품은 유통비용에 흡수) 운송수요에는 큰 영향을 주지 못한다. 따라서 운임의 인하로 개별기업·특정지역에서 운송수요가 늘더라도, 전반적인 운송수요 증대효과는 그다지 크지 않다. 기본적으로 운송수요의 증감은 지역경제·세계경제에 기초한 무역수요로 결정된다. 운송수요의 가격탄력성은 다음과 같은 요인들의 영향을 받는다.

(1) 화물의 운임부담력

운임에 대한 운송수요의 탄력성은, 기타 조건의 변동이 없다면(*ceteris paribus*), 도착지 상품가격의 운임비중에 좌우된다. 운임의 비중이 크면 운임상승은 상품의 도착가격이 올라 무역수요가 감소되어 운송수요도 감소된다. 반대로 운임의 비중이 작으면, 운임의 변동이 무역수요에 영향을 주지 않아 운송수요도 달라지지 않는다. 따라서 운임의 비중이 크면 운송수요의 탄력성도 크고, 작으면 탄력성도 작다.[8)]

---

7) 가격이 오르면 수요가 감소하고 가격이 내리면 수요가 증가하는 현상[=수요의 가격탄력성(price elasticity of demand), 수요탄력성(elasticity of demand)]

8) 1996년 뉴욕 소매점에서 $30에 파는 12년 묵은 조니워커 블랙의 원가구성은, 제조원가 $5(16.7%), 광고비 $2.5(8.3%), 물류비 $3.11(10.45%), 세금 $4.39(14.6%), 생산자 마진 $7.5(25%), 소매상 마진 $7.5(25.5%)로

운임비중이 큰 화물은 석탄·철광석·시멘트와 같은 살화물(撒貨物, bulk cargo)로써 화물의 운임부담력도 낮아 탄력적이다. 이에 반해 전기·전자제품·정밀기기·생선·식료품과 같이 단위당 가격이 높은 고가품은 운임부담력이 커서 비탄력적이다.[9)]

(2) 상품의 대체성

화물의 대체성(代替性, substitutability) 유무로 운송수요의 탄력성이 달라진다. 운임부담력이 낮은 화물이라도, 그 화물의 대체화물이 없거나, 그 화물의 수요가 감소하지 않으면 운송수요도 비탄력적이다.

예컨대 제철원료인 역청탄(코크스)은 다른 석탄으로 대체할 수 없어, 그 수요는 조강생산(粗鋼生産)으로 결정된다. 조강생산량의 변화가 없으면 운임이 상승하더라도, 역청탄의 수요가 줄지 않아 비탄력적이다. 그러나 보통의 연료탄이면, 그 수요는 석유·가스·전기 등과 대체관계에 있기 때문에, 운임이 오르면 연료탄의 수요는 감소하고 운송수요도 감소한다. 요컨대, 여러 조건이 동일하다면, 운송수요의 탄력성은 화물의 대체성이 영향을 미친다.

(3) 운송수단의 대체성

운송수요는 운송용역의 기술적 대체성의 영향을 받는다. 기업이란 항상 비용의 최소화·이윤의 극대화를 추구하기 때문에, 다른 조건이 동일하면 여러 운송수단 중에서 가장 저렴한 운송수단을 선택한다. 그런 의미에서 운송수요의 탄력성은 운송수단의 대체성을 달리 표현한 것이다.

운송수단의 대체성이 크면 수요의 탄력성도 크다. 국제운송은 항공기와 선박이 약간의 대체관계이다. 따라서 고운임의 고가상품은 해상운송이 항공운송으로 대체되어 탄력성도 크다.[10)] 항공기 산업의 발전으로 정기선 화물(liner cargo)이었던 고

조사되었다. 물류비에는 운임 외에도 포장비·보관비 등이 포함되어 있지만, 물류비를 운임으로 보면 여러분이 좋아하는 조니워커의 운임부담률은 약 10%($3.11/$30) 정도이다.

9) 1990년대 후반의 대미수출 비디오는 40′컨테이너에 1,800개를 적입·운송하는데 운임은 $2,300로 개당 $1.20에 해당된다. 상품가액은 $50만으로 운임비중은 0.4%($2,300/$500,000)에 불과하다.

10) SLB(Siberian Land Bridge) 또는 미국의 MLB(Mini Land Bridge)가 해상운송과 경쟁을 벌이고 있어 철도운송과 해상운송이 대체관계에 있다. 또한 연안도시는 연안해운·철도·트럭 등이 경쟁관계에 있어, 연안해운이 철도·트럭의 운임인상을 억제하는 역할을 한다. 해상운송 때문에 항공운임을 높일 수 없어 낮게 책정한 운임을 Water-Compelled Rates라 한다.

가상품이 여객과 함께 항공기로 대체되었다. 현재에도 정기선 화물로 남아있는 일부 고가상품을 두고 선박과 항공기가 경쟁하고 있다.[11)]

(4) 운송원가

또한 운송수요는 도로・항만・공항・창고・포장・하역에 관련된 비용과 보험료・금융비용・정보비용 등의 영향을 받는다. 운임의 하락은 수요를 확대하지만, 반대로 운임의 상승은 반드시 수요를 축소한다고 말할 수 없다. 즉, 앞서의 諸비용이 운임상승을 얼마나 흡수하느냐로 다양한 수요탄력성을 보인다. 만약 이들 여러 부문에서 운임상승분을 흡수한다면, 수요는 감소하지 않고 비탄력적이 된다. 그러나 이들 제부문이 흡수할 수 없을 만큼 운임상승이 대폭이면 운송수요가 감소하고 탄력적이 된다.

이상에서 본 운송수요의 탄력성은 일정한 조건을 전제로 한 단기적인 접근방법이다. 그러나 현실적으로 나타나는 수요의 탄력성은 앞서의 제요인・기타요인들의 복합효과로 약간 다른 모습을 보일 수도 있다. 또한 장기적인 운송수요는 교역의 확대로 수요의 탄력성이 작아지기도 한다.

3) 운송수요의 측정기준

운송수요는 각종 운송수단에 대한 수요, 쉽게 말하면 8톤 트럭이 몇대, 화차(貨車, rail car)가 몇량, 5만톤 선박이 몇척, 아니면 747점보기 몇대가 필요하다는 의미이다. 이처럼 운송수요의 측정은 우선 화물량이 기준이 되고 있다. 예컨대 시멘트 50만톤을 수출한다면 5만톤 선박 10척의 수요가 발생한다.

그런데 25만톤은 일본으로 수출하고, 25만톤은 쿠웨이트로 수출한다면 일본까지 항해일수는 657마일(海里 : nautical mile=1,852m)로 2일, 쿠웨이트는 6,382마일로 약 20일이 소요된다. 이때 동일한 시멘트 5만톤을 수송하는데, 어떤 선박은 657마일을 항해하여 2일이면 운송을 마치고, 어떤 선박은 6,382마일을 항해하여 20일이 소요된다면, 이것들을 똑같이 취급하는 것은 문제가 있다.

여기에 고려해야 할 요소가 바로 수송거리(distance factor)이다. 즉, 화물량과 수송거리를 곱해 나온 값을 운송수요로 삼아야 한다. 이것이 곧 '톤-마일'의 개념이

11) 반도체・휴대폰・카메라・시계・고가의류・기계부품・의약품・생동물 등은 모두 항공기로 대체되었고, 과거의 비디오 재생기(VTR)는 경계선에 있어 선박과 항공기가 경쟁하는 품목이었다.

다. 따라서 시멘트 50만톤의 운송수요는 5만톤 선박 10척이 아닌 17억 5,975만(25만톤×657마일+25만톤× 6,382마일) 톤-마일의 운송수요로 측정해야 한다.

이 외에 보다 엄밀하게 운송수요를 산정하려면 화물별 적하계수(stowage factor)(3장 4절 2항 참조)와 운송수단의 이용률 등을 고려해야 하나, 이러한 요소의 파악·집계가 대단히 어렵고, 운송수요에 미치는 영향력도 비교적 작아 현재로서는 '톤-마일' 개념으로 운송수요를 측정하고 있다.

2 운송용역의 공급

공급은 일정한 가격으로 팔기 위해 시장에 나온 재화나 용역을 말한다. 그것은 재화·용역의 제공만이 아니고, 반드시 대금수취를 목적으로 제공하는 재화와 용역이다. 따라서 공급은 수요와 마찬가지로 일정한 가격을 전제로 한다. 이러한 재화·용역의 개별공급을 집합한 것이 곧 사회 전체의 공급이 된다.

1) 운송공급의 특성

(1) 즉시재(Instantaneous Commodities)

운송용역은 운송수단의 이동과정에서 시시각각으로 생산된다. 운송수단이 움직이는 순간이 곧 운송용역의 생산이며 공급인 것이다. 공급에는 생산설비인 운송수단의 이동을 필요조건으로 한다. 타산업은 설비자본으로 투자가 되면 그 설비는 영구히 고정되는 것이 일반적이다. 그러나 운수산업의 설비자본은 이동하는 것이 특징이다(호텔 등의 숙박업은 설비는 고정되지만 그 생산물이 즉시재인 예도 있다).

이러한 특성으로 생산·공급하는 운송용역은 그 시점의 경쟁상태·판매노력으로 결정되어, 생산량·공급량을 신축적으로 조절할 수 없는 맹점이 있다. 2만톤을 수송할 수 있는 선박이 1만톤만 싣고 항해했을 때, 생산된 2만톤의 운송용역 중 소비된 운송용역은 1만톤에 불과하고, 나머지 1만톤은 생산과 동시에 소멸해 버린다.[12)]

근본적으로 운송용역은 비물적(非物的) 무형재로서 저장(貯藏)이 불가능하다. 따라서 운송용역은 생산과 동시에 소비되어 즉시재(instantaneous commodities)라 불리운

12) 엄밀히 말하면 생산된 운송용역은 1억 2,764만 톤-마일(6,382×20,000톤)이고, 판매된 운송용역은 6,382만 톤-마일(6,382×10,000톤)이 된다.

다. 또한 생산된 장소에서 소비되기 때문에, 즉 생산물을 이동할 수 없어서 즉시재라는 용어가 적절하다. 이처럼 운송용역은 저장·이동이 불가능하여 공급조절이 매우 어렵다. 그것은 곧 수요와 괴리(乖離)를 일으켜 수시로 운송시장을 격변시키고, 나아가 치열한 경쟁을 유발하는 요인이 된다.

그런데 운송용역이 시간과 장소에서 생산·소비가 일치한다고 해서 운송용역의 판매·구매가 생산·소비와 동일 장소에서 동시에 이뤄져야 되는 것은 아니다. 비록 생산하여 저장은 못하더라도, 미리 운송용역을 사둘 수도 있는데, 이것은 미리 운송계약을 체결하는 것을 말한다. 또한 생산지·소비지로부터 멀리 떨어진 곳에서도 매매가 이뤄지기도 한다. 해운·항공 운송은 런던의 발틱거래소(Baltic Exchange)에서 거래가 이뤄진다. 더욱이 운송용역의 거래에 일반유형재와 마찬가지로 도매상·소매상과 같은 중간상들이 개입하여 운송용역을 전매(轉賣)·투기(投機)의 대상으로 삼고 있다는 사실이다. 전매를 하거나 부분적으로 하청운송을 하는 것 등이 이에 속한다.

(2) 부적운송(不積運送, Unused Capacity)

우리는 이른 아침에 고속버스나 기차를 타면 좌석이 많이 비어있는 경우를 쉽게 본다. 그리고 747점보 여객기의 경우는 통상 392명의 정원을 다 채워서 운항하는 예가 드물다.[13] 이러한 현상은 비단 여객뿐만 아니다. 고속도로에서 12톤 정기화물 트럭이 조그만 짐보따리 몇개를 실은 채 질주하는 모습을 볼 수 있고, 선박·비행기·열차도 성수기가 아니면 적재용량(積載容量)을 다 채워 운항하는 예가 드물다. 대부분이 부적공간(不積空間, dead space)을 남기면서 운항하고 있다.

정기운항[14]뿐만 아니라 부정기운항[15]도 그 정도는 덜 하지만 거의 빼놓지 않고 부적공간이 발생한다. 즉, 40,000톤 선박에 30,000톤만 적재하여 운항하는 예가 많은데, 이는 화물량에 딱 들어맞는 선박을 구하기가 쉽지 않기 때문이다.

운수업은 근본적으로 이러한 부적공간을 피할 수 없다. 그것은 운송용역이 즉시

13) 1989년 설날(舊正) 이틀 뒤인 2월 8일에 김포발 제주행 아시아나항공 727여객기에는 탑승객이 1가족 4명뿐이었는데 500여만원의 적자를 내면서 그 항공편을 취소하지 않고 운항했던 사실이 항공사의 서비스 정신과 결부되어 보도된 적이 있다. 이 날이 아시아나 항공의 첫 번째 비행이었을 것이다.

14) 지정된 운송로를 일정한 간격(interval)을 두고 반복적으로 운항한다. 화물이나 승객이 없어도 정해진 스케줄에 따라 어김없이 운항해야 한다. 평상시의 열차·고속버스·항공기 등은 정기운항을 한다.

15) 운송로가 일정치 않고 운송대상(=화물, 승객)이 있을 때만 운항한다. 관광버스·전세비행기 등의 전세운항(chartered transport)이다.

재인 데다 공급탄력성이 매우 작아서, 수요의 변화에 대응한 공급조절이 어렵기 때문이다. 그리고 이러한 부적공간은 말할 나위도 없이 운송용역의 낭비가 된다.

운수업에는 또 다른 구조적 낭비요소인 공운항(空運航, ballast voyage)이 있다. 이는 화물을 전혀 적재하지 않은 상태로 운항하는 것이다. 운수업은 근본적으로 왕복운행을 하기 때문에 출발은 만재상태(滿載狀態)로 했지만, 귀환시 화물이 없으면 공운항을 피할 수가 없다.

이처럼 피치 못할 부적운항·공운항은 결과적으로 화물단위당 운송비용을 높인다. 따라서 운수기업들은 부적운항·공운항을 최소화하고 그 생산원가를 회수하기 위해 온갖 노력을 기울이고 있다. 그리고 부적공간·공운항의 생산원가배분은 곧 운임의 결정에 중요한 요소가 된다.

(3) 복합생산(Multiple Composite Production)

운수업은 복합생산의 형태를 취한다. 생산에는 주산물(primary product)·부산물(by-product)이 생기는데 운수업도 그러하다.[16] 운수업은 왕복운행을 한다. 그런데 왕복운송은 왕행(往行)·복행(復行)이 서로 다른 생산물이 되어, 그 운임이 각각 다르게 부과된다. 이것을 수요측면에서 보면 왕복운송의 수요는 상호 독립적이며, 그 가격은 생산원가로 결정되지 않는다.[17] 즉, 비용원리를 이탈하여 그때그때의 수요에 따라 가격이 달라진다.

또한 운수업은 하나의 운송수단으로 여러 종류의 화물을 혼재(混載)하고, 다양한 목적지를 향해 한꺼번에 운송하여, 복수의 개별수요를 동시에 충족하는 복합생산의 형태를 취한다. 화물의 혼재는 오다가다 우연히 이루어지는 것이 아니라 필연적인 현상이다. 해상운송의 경우, 정기선은 물론 일화만선(一貨滿船)의 부정기선도 각 항차별로 화물·항로·용선기간·용선인 등이 각각 달라 하나의 생산설비(=선박)로 여러 종류의 생산물(=용역)을 생산한다.

운수업은 앞서 수요부문에서도 인급한 바와 같이 도로·철도·항만·공항·보관·포장·하역활동과 결합하지 않으면 소기의 목적을 달성할 수가 없다. 예컨대 해상운송은 항만·트럭·철도·포장·보관·하역 등의 결합으로 이뤄진다. 상호 연계

16) Primary Product는 판매를 위해 의도적으로 생산하는 생산물이고, By-Product는 판매를 목표로 하지 않는 자연히 생기는 부산물이다.

17) 동아시아발 미국·유럽행 TEU당 운임이 $3,000이고 미국·유럽발 동아시아행 운임은 $1,000~1,500로 낮다. 이는 왕항(往航) 화물은 많고 복항(復航) 화물이 적기 때문이다.

부문의 양적·질적인 균형과 합리적 결합이 필수적이다. 만약 전체로서 합리적이지 못하면 시스템 전체의 자원낭비가 매우 크다. 이는 '국민경제적 생산관계의 합리화' 측면에서 정책입안자에게는 매우 중요한 개념이다.

2) 운송용역의 공급탄력성

공급탄력성이란 생산물의 가격변동에 따라 생산자가 공급량을 조절하는 정도(= $\frac{\text{가격변화율}}{\text{공급량변화율}}$)를 말한다. 운송용역의 공급량은 수요·운임·기술혁신 등 많은 변수(variable)로 결정된다. 이러한 변수들은 운송공급곡선의 형태·기울기·이동방향에 영향을 미친다. 공급량과 이들 변수간의 관계를 운송용역의 공급함수라 한다. 이러한 공급함수에 영향을 미치는 변수를 기간별(장단기)·개별기업과 전체산업·서비스 형태별(부정기·정기운송)로 본다.

(1) 장단기별 공급탄력성

장기적으로 운송용역의 공급은 수요가 가장 중요하다. 즉, 교역량·교역상품·교역의 방향 등 수요의 변화가 운송용역의 공급과 그 내용을 결정한다. 따라서 장기적인 공급탄력성의 대소(大小)는 수요에 의해 좌우된다. 그리고 기술혁신은 운송의 효율성을 크게 높여 장기적 공급탄력성을 작게 한다. 단기적으로는 운임이 공급에 가장 큰 영향을 미친다. 가격이 오르면 공급이 늘고 가격이 내리면 공급은 준다. 따라서 운임을 세로축으로 공급량을 가로축으로 하면 공급곡선은 원칙적으로 우상향(右上向)의 모습을 보인다.

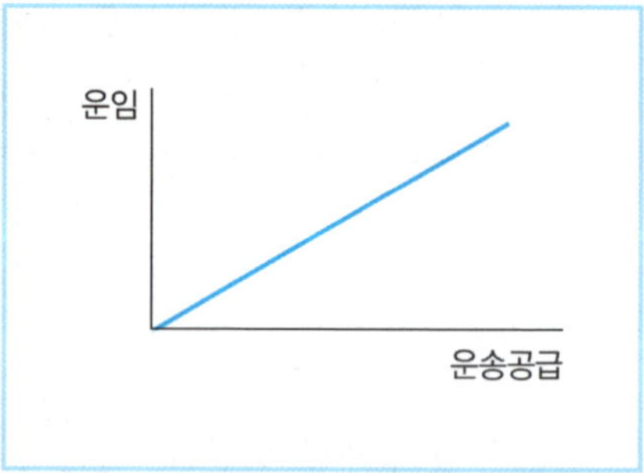

통상 가격이 오르면 생산자는 공급을 늘린다. 이때 공급확대가 한계비용(限界費用)을 현저하게 증가시키면 생산비가 높아져 공급이 어려워 공급탄력성은 작게 된다. 반대로 한계비용의 증가없이 생산량을 늘릴 수 있다면 공급탄력성은 커진다. 그리고 운송용역은 생산원가에서 고정비의 비중이 높아 공급량이 쉽사리 축소되지 않는다.

(2) 운송주체별 공급탄력성

개별기업은 운임이 오르면 단기적으로 용선(chartering)을 하거나 중고선을 구입하면 공급확대가 가능하므로 탄력적이지만, 운임하락은 고정비의 비중이 높아 운임이 상승할 때보다는 탄력성이 약하다. 그런데 특정기업의 공급이 탄력적이더라도 동종기업 모두가 같은 행동패턴을 취하지 않아, 산업 전체는 개별기업보다는 단기적으로 비탄력적이다. 장기적으로는 개별기업도 산업 전체도 높은 공급탄력성을 보인다.

(3) 서비스 형태별 공급탄력성

부정기운송과 정기운송은 공급탄력성이 다르다. 부정기운송은 1척의 선박・1대의 트럭으로 시장에 참여할 수 있기 때문에, 운임이 상승하면 기존업자들의 설비확장과 함께 신규참여자를 유인하여 공급탄력성은 커진다. 운임이 하락할 때는 상대적으로 비탄력적이지만, 부정기운송은 오로지 가격이 경쟁수단이기 때문에 '기업이미지' 등도 경시되어 휴업・매각 등으로 공급을 축소하여 탄력성을 갖는다. 따라서 부정기운송은 정기운송에 비해 공급탄력성이 훨씬 크다.

정기운송은 운임을 사전에 항로별・품목별로 결정하여 공시하므로 단기적으로는 운임의 변동이 거의 없다. 정기선운송은 통상 항로별로 카르텔이 결성되고 진입장벽이 있어, 그 항로에 물동량이 증가하여 수익성이 좋더라도 새로운 공급확대로 나타나지 않고, 기존의 업체들이 가장 보수적으로 공급을 조절한다. 또한 물동량의 감소로 수익성이 악화되더라도 휴업・매각 등으로 쉽사리 공급을 줄일 수 없다. 정기선운송은 가격경쟁이 아닌 서비스경쟁이라서 '기업이미지'를 실추시킬 수 있는 무모한 공급축소를 함부로 할 수 없기 때문에 공급탄력성은 매우 작다.

3 운송용역의 단위

운송수단의 장소적 이동이 운송용역의 생산이다. 따라서 이동하는 개개의 운송수단이 곧 최소의 생산단위(producing unit)가 된다. 즉, 트럭 1대・선박 1척・항공기 1대, 그리고 철도의 경우는 수량(數輛)의 화차(貨車)를 연결한 열차(列車)가 하나의 생산단위가 된다. 그리고 각 운송수단이 적재한 화물량과 이동거리를 곱해 산출한 값, 즉 톤-마일로 측정한 것이 생산량이며 공급량이다. 이는 유형재가 공장에서 생산한 하나의 완제품을 생산단위로 하고, 이것들이 모여서 생산량이 되는 점과 차이가 있다.

한편 운영단위(operating unit)란 하나의 영업단위이다. 이는 부정기운송(tramper carrying)과 정기운송(liner carrying)의 차이를 이해하는 데 도움이 된다. 트럭·열차·선박·항공기 등은 각각 1대 단위로 영업할 수 있어, 부정기운송에서 보면 하나하나가 운영단위가 된다.

그러나 정기운송은 하나의 운송로를 서비스하는 데에 여러 대(臺)·척(隻)의 운송수단이 필요하다. 따라서 정기운송은 여러 생산단위가 모여 하나의 운영단위를 이룬다. 정기운송은 부정기운송보다 훨씬 거액의 투자를 요해 정기운송업체 수가 적다.

운송용역의 생산단위·운영단위·판매단위의 관계를 보면 1대 단위로 운송계약을 체결하는 부정기운송은 생산단위가 운영단위이면서 동시에 판매단위가 되지만, 개품운송(個品運送)을 하는 정기운송은 수많은 판매단위가 하나의 생산단위를 구성한다.

특기할 점은 생산·운영·판매단위가 일치하는 부정기운송은 일단 화물을 적취(積取)하면 부적공간(不積空間)의 가능성은 낮지만 공운항(空運航)의 가능성이 높은 편이다. 이에 비해 생산·운영·판매단위가 각각 다른 정기운송은 부적공간의 가능성은 상존하면서도 최소한 공운항은 일어나지 않는다.

Chapter

2 운임이론

제1절 운임의 개념 및 특성

1 운임의 개념

운임은 운송용역의 가격으로서 사람·재화를 수송해 주는 대가로 주고받는 화폐액이다. 운송에서는 운임이 중심과제가 된다. 즉, 운임은 운송에서 모든 문제의 결론을 도출해 내고, 운송의 여러 문제를 규명해 준다. 경제가 가격을 중심으로 질서가 잡히는 것처럼 운송에서는 운임을 중심으로 질서가 잡힌다.

운임은 '운송임'의 준말이다. 그런데 '가격(價格)'과 '임(賃)'의 의미상의 차이는 운임을 이해하는 데 도움이 된다. 가격은 식료품·가구·문방구·공업원료 및 백화점 등에서 팔고 있는 각종 상품, 즉 유형의 물품(goods)을 사고 지불하는 화폐액으로 거의 유형재에 사용되는 용어이다.

이에 반해 임(賃)·급(給)·요금(料金)은 노임·임금·급여·일급(日給)·입장요금 등과 같이 용역(service)을 제공하고 받는 보수이다. 그런데 운송은 운송수단 자체를 제공하는 것이 아니고, 그것을 운영하여 산출한 서비스(운송용역)를 제공하고, 그 대가로 받는 것을 운임 또는 요금이라 하는데 賃과 料金은 같은 의미이다. 즉, 야구장·영화관·음악회 등의 입장요금과 전기·가스·수도 등은 요금이라 하며, 이러한 무형재의 대가에 사용하는 용어가 곧 요금(料金) 또는 임(賃)인 것이다.

영어로는 Freight,[1] Freightage, Freight Charge, Freight Rates, Carriage, Por-tage, Cartage, Shipping Expenses, Passenger Fares, Passage Money라 한다.

1) 주로 화물운임을 가리킨다. 영국에서는 해상운임만을 의미하며 육상운임을 Carriage라 한다. 미국에서는 항공, 육상운임 특히 철도운임에 사용된다.

2 운임의 특성

운송용역의 수요가 늘면 운임이 상승하고 수요가 줄면 운임이 하락한다. 따라서 운송수요에 대해 운임은 탄력적이다. 그러나 운임이 상승한다고 금방 선복(船腹, ship's space)·항복(航腹, air space) 등의 수송능력이 늘거나, 운임이 하락한다고 금방 운송수단을 철수시키는 것은 간단하지가 않다.

따라서 운송용역의 공급은 비교적 운임의 변동에 대한 탄력성이 작다. 운임은 운송용역의 특이한 수요·공급의 탄력성으로 일반물가보다도 그 변동이 극심하다. 그러나 국내의 육상(철도, 트럭, 버스 등), 내항(內航), 항공운임은 매우 안정적이다.

그것은 운송용역이 근본적으로 '사회적 공공성(公共性)'을 갖고 있어, 국민생활의 혼란을 방지하기 위해 각국이 모두 운임·요금에 대해 인허가제를 채택하여 심한 변동을 막고 있기 때문이다. 따라서 국내 교통요금은 각국이 국민생활의 안정을 위해 정책운임제를 채용함으로써 시장원리가 발현되지 않는 부문이다.

그런데 외항해운(外航海運)·국제공운(國際空運)은 거의 자유경쟁 상태에 있기 때문에 운임의 변동폭이 대단히 크다. 특히 해상운임은 호황기에는 겨우 6개월 사이에 운임이 3~4배로 급등하고 불황기에는 3~4분의 1로 급락한다.

이처럼 극심한 해상운임의 변동(fluctuation)은 근본적으로 해운용역 자체가 보관 불능인 즉시재(instantaneous commodities)인 데다, 신조선(新造船)의 발주로부터 취항하기까지 1~2년의 시차(時差, time-lag)가 있고, 선주들의 단견적(short sighted)인 투자행태 때문이다.

컨테이너·벌크선 운임의 변동추이

코로나19가 극성이던 2021년 초 2,570이던 상하이컨테이너운임지수(SCFI)가 2021.12.31. 5,046.66까지 올랐다. 2009년 10월 집계를 시작한 이후 최고치로, 2020년 초(818)의 6.17배이다. 15개 컨테이너선 항로의 운임을 종합한 SCFI는 컨테이너의 운임수준을 대표한다.

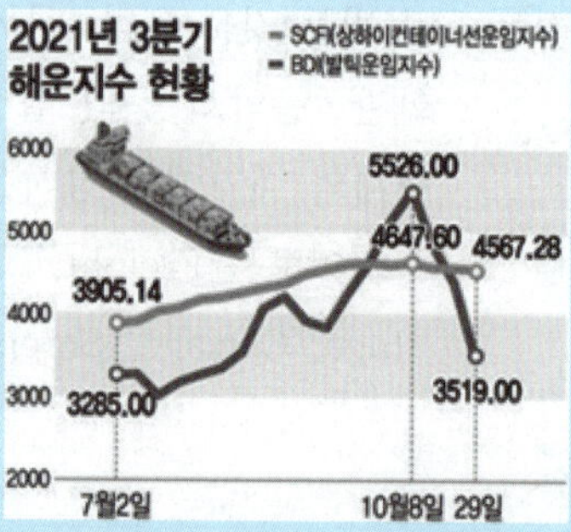

SCFI는 2023.3.17.일 909.72로 2022년 1월 최고치(5,109.60)의 5분의 1 수준으로 떨어졌다. 업계에서는 중소 해운사의 손익분기점을 1500, 대형 해운사는 1000 수준으로 보는데 1000 이하면 회사 규모와 관계없이

손해를 보는 상황이다.

우리 기업들이 주로 이용하는 미주 서안운임은 1FEU (40푸터)당 $6,730, 동안운임은 1FEU당 $10,589이다. 유럽항로는 1TEU(20푸터)당 $7,560로 역시 사상 최고치다. 벌크선 운임지수인 발틱운임지수(BDI)는 5,650까지 치솟아, 2020년 5월 393의 14.4배가 올랐다. 코로나19의 여파로 운송비용이 300% 증가한 것이다. (아래 도표는 약간의 시차가 있음)

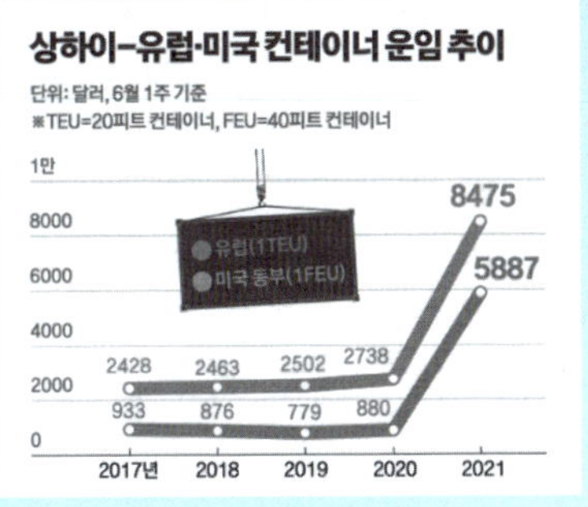

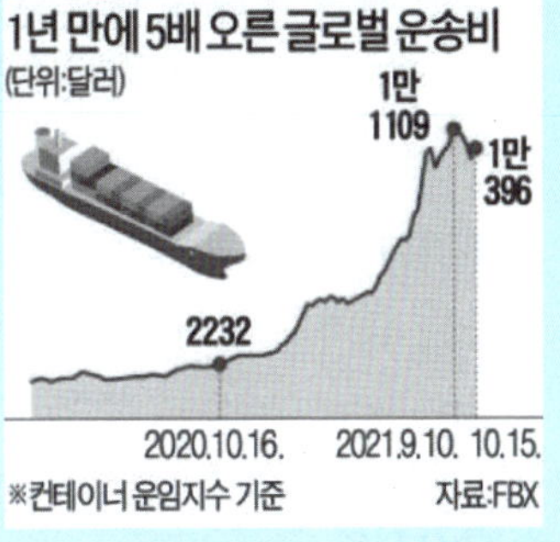

제2절 운임결정이론(Theory of Rate-Making)

운송용역의 가격, 즉 운임은 어떻게 결정될까? 운임은 운송인이 제공한 운송용역(transport service)의 대가(remuneration)로 일반상품의 가격결정과 같은 원리로 결정된다. 가격$=\frac{\text{수요량}}{\text{공급량}}$, 여기에 공급량이 일정할 때 수요가 늘면 가격이 오르고, 수요가 줄면 가격이 내린다. 또 수요량이 일정할 때 공급이 늘면 가격이 내리고, 공급이 줄면 가격이 오른다. 즉, 가격은 뭐니뭐니해도 수요・공급으로 결정된다.[2)]

한편 일반상품의 가격이 수요・공급을 전제로 생산가격・독점가격・절충가격의 3종으로 구분되는 것처럼 운임도 수요・공급을 전제로 생산가격의 자유운임, 독점가격의 독점운임, 양자의 절충가격인 정책운임으로 구분된다. 그리고 운임의 결정

2) 운임 등 가격은 Comparison(비교)・Competition(경쟁)・Compromise(타협)으로 결정되는데, 이를 3Cs of Rate Making(가격결정의 3C)이라 한다.

이론으로는 용역가치설 · 부담능력설 · 생산비설 · 절충설 · 일반균형가격설 등이 있다.

1 용역가치설 · 부담능력설[3)]

물은 높은 곳에서 낮은 곳으로 흐른다. 그리고 그 낙차(落差=高低)가 흐름의 속도를 결정한다. 그런데 상품은 거꾸로 가격이 낮은 곳에서 높은 곳으로 이동한다(흐른다). 그리고 그것의 가격차가 상품의 이동성[運送需要의 大小]을 결정한다.

예컨대 A지역과 B지역의 상품의 가격차가 크면 운송수요도 커지고 운임으로 지불하는 금액도 많아진다. 운임의 결정과정을 이러한 시각에서 보는 이론이 용역가치설(value of service) 또는 부담능력설(charging what the traffic will bear)이다.

(1) 용역가치설

용역가치설은 수요자[貨主]가 운송용역의 가치를 얼마나 인정하느냐로 운임이 결정된다는 주장이다. 따라서 운임은 운송용역의 부가가치로 결정되고, 운송용역에 대한 수요자의 주관적인 가치평가로 결정된다. 그런데 여기에서 '주관적 가치평가'가 시사하듯 동일한 운송용역이라도 수요자의 가치평가로 운임이 달라질 수 있다.

따라서 용역가치설은 운송의 부가가치로 운임이 결정된다는 주장이고, 부가가치에 대한 평가는 각각 다를 수 있으므로 차별운임제를 채택해야 한다는 것이다. 용역가치설은 지역간 상품가격의 차이는 운임때문이라는 주장으로 결국 가격의 차이는 운임의 차이가 된다.

한편 상품을 운송하면 운송의 부가가치를 쉽게 측정할 수 있다. 즉, 2개 지역의 상품가격의 차이를 운송의 부가가치로 볼 수 있다. 예컨대 A지역과 B지역의 무 1개의 가격차가 1,000원이면, 그것은 곧 무 1개의 운임(運賃)이 극단적으로 1,000원이 될 수도 있다. 즉, 용역가치설은 수요자가 부담할 수 있는 운임의 최고한도이고, 실제 운임은 수요자의 운임부담력으로 결정된다.[4)]

---

3) 용역가치설은 수요자가 부담할 수 있는 운임의 최고한도를 의미하고, 실제의 운임수준은 수요자의 운임부담력으로 결정되므로 양설(兩說)을 같은 것으로 본다.

4) 1개에 1,000원인 상품의 운임이 10원이라면 운임부담률은 1/100(10원/1,000원)이고, 1개에 500원인 상품의 운임부담률은 1/50(10원/500원)이 된다. 즉, 후자(저가상품)의 운임부담률은 전자(고가상품)의 2배가 된다. 따라서 운임부담률과 운임부담력은 역(逆)의 관계에 있고, 운임부담률이 낮을수록 운임부담력은 커진다.

(2) 운임부담력설

운임부담력설은 운임을 수요자의 운임부담능력이 결정한다는 주장으로, 이로부터 종가요율(ad valorem rate)·등급요율(class rate)과 같은 운임체계가 도출되었다.

여객수송에서 1·2·3등으로 서비스의 등급을 두고, 등급이 높으면 높은 운임을 부과하는 것은 부담력에 기준한 등급요율·차별운임이다. 화물운송에서도 상품의 부담력이 다르다는 논리로 저가상품은 낮게 고가상품은 높게 종가요율을 부과한다.

이 설은 운임결정기준이 명확치 않고, 대량화물의 혜택(favor)이 없으며, 운송공급이 독점이면 부담력을 수요자가 아닌 운송업자가 일방적으로 결정하는 폐단이 있다.

2 생산비설

용역가치설, 부담능력설이 수요자[貨主]의 입장이라면, 생산비설은 공급자[運送業者]의 입장이다. 생산비설은 원가설(cost of service)·운임비용설·생산가격설이라고도 하며, 운임은 생산비로 결정된다는 주장이다. 여기에서 생산비는 경제적 비용(economic cost)을 말한다. 일반적으로 회계적 비용(accounting cost)은 화폐적 지출을 말하는데, 경제적 비용은 회계적 비용·기회비용(opportunity cost)·정상이윤을 포함한다. 정상이윤은 운수업자가 계속 운수업 종사에 만족할 만큼의 이윤이다. 생산비설은 운임은 회계적 비용의 회수만으로는 불충분하고 적어도 정상이윤이 보장되는 선에서 결정되어야 한다.

운임결정의 기초를 생산비로 삼는 것은 경제이론상 이상적인 방법이다. 그것은 곧 경쟁운임·자유운임을 의미하기 때문이다. 그러나 일화만선(一貨滿船, full shipload of a single commodity)[5]이 아닌 개품운송(個品運送, individual consignment of cargo)[6]의 경우, 화물의 종류가 무수히 많아 화물별 생산비를 정확하게 파악하는 것은 현실적으로 불가능하여, 생산비설은 개품운송인 정기선운송의 운임결정이론으로는 적합하지 않다. 다만 일화만선의 부정기선운송 운임결정이론으로는 유용하다.[7]

5) 일화만선은 선박이 1가지 화물로 가득 채워져 운송되는 경우이다. 예컨대 석탄이면 석탄, 곡물이면 곡물만으로 선박이 가득 채워질 때이다. 이때 화주는 1인·소수이며 부정기선운송에서 볼 수 있다.
6) 개품운송은 선박에 수많은 종류의 화물을 혼재(混載)하여 운송하는 것으로 화주는 다수이며 정기선운송이다.
7) 생산비설이 한계를 보이는 정기선운송의 운임결정론은 용역가치설·운임부담력설로 설명할 수 있다. 생산비설에 의한 부정기선운송의 운임결정론은 4장 5절 3항의 H/B, C/B를 예로 들 수 있다.

3 절충설

운임의 최고한도는 부담능력이 되고 최저한도는 운송원가, 즉 생산비가 된다. 그러므로 실제로 운임의 결정은 부담능력과 운송원가 사이의 중간수준이 된다. 이것이 생산비설과 부담력설의 중간입장을 취하는 절충설(折衷說)이다.

이론적으로 운임은 생산비설・부담력설 조건에서 최대이윤을 목표로 결정되는 것으로 보이지만, 실제로는 정부가 정치・경제・사회・국제관계 등을 고려하여 정책적으로 결정하는 사례가 많아 절충운임은 정책운임(administered price of rate)이라고도 한다.

일반적으로 운임을 처음 설정하거나 기존운임을 변경할 때는 운송원가・용역가치・경쟁상태・수요의 탄력성・정부의 통제 등 여러 요인을 고려한다. 따라서 운임은 기본적으로 운송원가인 생산비와 운송용역의 가치 및 부담능력으로 上・下의 한계가 설정되고, 경쟁상태・수요탄력성・공공요금정책 등으로 구체적인 운임률을 결정한다.

4 일반균형이론(General Equilibrium Theory)

용역가치설에 의하면 제주(A)에서 귤 1상자에 20,000원이고 서울(B)에서 25,000원일 때 (A)・(B)의 가격차(spread in price)는 5,000원이기 때문에, 두 지역간 운임은 1원~5,000원이 된다. 이것을 식(式)으로 표현하면,

① (서울)25,000원-(제주)20,000원=(최고운임)5,000원

② (서울)25,000원-(운임)5,000원=(제주)20,000원

③ (운임)5,000원+(제주)20,000원=(서울)25,000원

이상의 3식은 같은 내용을 각각 다른 식으로 표현한 것이다. ①식은 서울의 귤 1상자 값은 25,000원, 제주는 20,000원이므로 운임이 5,000원이 된다는 의미이다. ②식은 서울의 귤 값은 25,000원, 운임이 5,000원이므로 제주도의 농가는 20,000원에 판다[出荷]는 의미이다. ①식과 ②식은 용역가치설의 방정식이다.

한편 ③식은 운송원가(생산비)가 5,000원이고, 제주로부터 반입가격이 20,000원이므로, 서울의 판매가는 25,000원이 된다는 의미로, 생산비설의 방정식이다.

이들 3개의 식은 수학적으로는 같지만, 경제학적으로는 의미가 다르다. 각식의 좌변(前提)・우변(結論)에 각각 의미가 있어, 운임의 성격과 결정방식을 보여준다.

이처럼 상품가격의 지역차로 운임이 결정된다는 것은 곧 운임이 일반상품가격과 다른 메커니즘으로 결정된다는 의미이다. 이는 운임을 특수한 가격으로 보기 때문이다.

이에 반해 일반균형이론은 운임도 가격의 하나로 일반상품의 가격과 동일하게 보는 견해이다. 운임은 귤 1상자의 수급만으로 결정되지 않고, 다른 과일가격·타상품의 가격과 관계를 갖고 결정된다는 것이다. 즉, 귤을 오렌지·사과·바나나로 대체하거나, 아예 귤 살 돈으로 케이크를 사버려, 운송의 수요공급에 변화가 일어나 운임도 달라진다는 견해이다.

쌀 가격만 해도 쌀의 수급만으로 결정되지 않고 타곡가(他穀價)와 관련을 맺어 가격이 결정되며, 심지어 영화요금·사과·설탕가격과 관계가 있다고 할 수 있다. 세상만사가 모두 얽히고 설켜 가격이 결정된다는 것이다. 이러한 시각으로 보면 운임도 예외가 될 수 없고, 타상품 가격과 관련을 갖고 결정된다고 볼 수 있다.

즉, 운임이 최고운임 5,000원의 범위에서 서울의 귤 소비가격, 제주의 귤 생산가격이 상호 영향을 미치면서 결정된다는 견해가 '운임의 일반균형이론'이다. 왈라스(Leon Warlas)는 "운임결정이론은 인과이론(因果理論)만으로는 설명할 수 없다. 여러 사람·여러 상품의 교환관계가 고려된 일반균형이론으로 규명해야 한다."고 주장했다.

제3절 운임단위 및 운임의 분류

1 운임단위

운임은 중량(weight)·용적(measurement)·가액(value) 등으로 부과된다. 즉, 기본적으로 화물의 무게와 부피가 운임계산의 기준이며, 고가품일 때는 가액·가격(value·price)이 부과기준이 된다. 한편 특별한 취급을 요하는 화물 또는 특수한 사정이 발생하면 추가운임·할증운임(additional/extra freight·surcharge)이 가산된다.

무게를 기준으로 부과되는 화물을 중량화물(weight cargo)이라 하고, 그 단위는 MT(Metric Ton : 1,000kg)이며, 부피를 기준으로 부과되는 화물을 용적화물(measurement cargo)이라 하고, 그 단위는 CBM(m^3=35.3147ft^3)이다.

운임부과기준(rate basis)은 원칙적으로 운송인(carrier)에게 선택(재량)권(option)이 주어져 운송인은 자기에게 유리한 운임부과기준을 선택한다. 따라서 운임부과기준으로 사용되는 톤을 운임톤(F/T : freight ton or R/T : revenue ton)이라 하며, 흔히 W/M으로 표기한다. 이는 Weight or Measurement(at carrier's option)의 약자로, 운임부과기준이 중량인지 용적인지는 운송인의 재량이라는 의미이다.

운임률표(tariff)에는 항로별·상품별로 W·M·W/M 등으로 표시하는데, W는 중량, M은 용적으로 운임을 결정한다. W/M은 중량·용적 중 운송인이 자기에게 유리한 것을 선택한다는 것이다. 이때 중량과 용적의 분기점은 1CBM(CuBic Meter=1m^3)당 1MT(Metric Ton=1,000kg)이다.[8)]

즉, 화물 1CBM의 무게가 1,000kg 이상이면 중량화물이 되어 무게를 기준으로 운임을 부과하고, 그 이하이면 용적화물이 되어 부피를 기준으로 운임을 부과한다. 통상 알루미늄괴(aluminium ingot)·석탄·소금보다 비중이 크면 중량화물이고, 비중이 작으면 용적화물이 된다(3장 4절 2항 〈표 3-4〉 참조).

항공화물도 용적·중량을 비교하여 운임을 부과한다. 중량화물은 킬로그램(kg) 또는 파운드(lb=453.6g)로 운임을 부과하고, 용적화물은 가로×세로×높이를 센티미터(cm) 또는 인치(inch)로 측정한 값을 6,000cm^3 or 366in^3로 나눠 운임을 부과한다(10장 1절 2항 참조).

2 운임산정기준

(1) 중량기준(Weight Basis)

시멘트·철강과 같이 부피에 비해 무거운 화물, 즉 중량화물에 적용한다. 중량톤(weight ton)은 Metric Ton·Kilo Ton(1,000kg)이다. 화물의 중량은 포장(tare)이 포함된 총중량(gross weight)으로 계산한다.

8) 1982년 이전에는 선박의 용적은 100ft^3를 1톤으로 삼아 측정하였고, 화물창(hold)의 용적은 40ft^3를 1톤으로 삼아 측정하였다. 그런데 화물창의 측정단위 40ft^3는 옛날 술통에서 유래하여 그런대로 정통성이 있지만, 100ft^3는 단순히 100이라는 수치를 차용한 것에 지나지 않고 논리적 타당성도 없어, 1982년부터는 '선박톤수 측정에 관한 국제협약'을 제정하여 선박 자체·화물창의 용적측정단위를 CBM(=m^3)으로 통일했다. 따라서 화물의 용적단위도 1982년부터 40ft^3에서 CBM으로 바뀌었다.

(2) 용적기준(Measurement Basis)

양모 · 면화 · 코르크 · 목재 · 자동차 등과 같이 무게에 비해 부피가 큰 용적화물에 적용한다. 용적톤(measurement ton)은 Cubic Meter(CBM=1m³)이며 포장후의 용적으로 부과한다. 또한 Drum · Barrel · Roll 등과 같이 화물과 화물의 사이에 공간이 생기는 화물은 Drum · Barrel · Roll 등 자체의 용적 외에 일정비율의 손실공간(broken space)을 감안하여 부과한다. 이러한 화물들은 손실공간을 포함시킨 적하계수(積荷係數, stowage factor)[9]를 측정하여 적용한다.

(3) 종가기준(Ad Valorem Basis)[10]

화폐 · 보석 · 유가증권 · 미술품 등 고가품의 운임은 무게 · 부피로 부과하지 않고 송장가액(invoice value)의 일정률을 부과하는데, 이를 종가운임이라 한다. 고가품은 운송중에 멸실 · 손상이 생기면 배상액이 높아 특별히 주의를 요하기 때문이다. 고가품은 선적요청서(S/R : shipping request)에 그 가액(value)을 신고해야 한다. 고가품인데도 신고하지 않으면 일반화물과 같이 취급되어 멸실 · 손상이 발생하더라도, 운송인의 책임제한(limitation of liability, 15장 1절 2항 참조)으로 보상액이 미미한 수준이다.

(4) 개수기준(Number of Package Basis)

화물에 따라서는 그 형태가 거의 일정하여, 중량 · 용적보다는 개수를 단위로 운임을 부과하는 것이 편리한 경우가 있다. 예컨대 동물은 마리당, 자동차는 대당, 상자당, 묶음당 얼마라는 식의 운임계산법이다.

(5) 특수화물(Special Cargo)

다음의 화물은 취급에 특별한 장비 또는 주의를 요하므로 추가운임 · 할증운임(additional /extra freight or surcharge)이 부과된다.

① 유황 · 독극물 · 화약 · 인화성 액체 · 방사성 물질 등의 위험화물(dangerous cargo)은 특별취급을 요해 미리 운송인에게 신고해야 하고 25~50%의 추가운임을 부과한다.

---

9) 화물 1,000kg(1MT)이 차지하는 선창의 용적을 CBM으로 표시한 것이다. 손실공간(broken space)을 포함시킨 것과 포함시키지 않은 것이 있어 통상 포함된 것을 사용하는데, 미국은 포함되지 않은 것을 사용한다.

10) *Ad Valorem*은 According to Value의 라틴어로 운임은 종가운임, 관세는 종가세의 의미로 쓰인다.

② 악취(smell)・분진(粉塵, dust)・오염(taints) 등을 일으키는 원피・아스팔트・우지(牛脂, tallow)・석탄・고철 등의 기피화물(dirty cargo)과 생선・야채 등의 변질화물(perishable cargo)・냉동화물(refrigerated cargo) 등도 신고해야 하고, 종류에 따라 추가운임이 부과된다.

③ 보통의 적양기(積揚機, winch, crane)로 적양할 수 없는 중장비・기관차 등 통상 3톤 이상의 중량화물(heavy cargo), 이례적으로 부피가 큰 보일러・객차・탱크 등의 거대화물(bulky cargo), 철도레일・전신주・파이프 등의 장척화물(長尺貨物, lengthy cargo)은 추가운임이 부과된다.

④ 선적시 양륙항이 확정되지 않은 화물을 양륙지선택화물(optional cargo)이라 하고, 당초 지정된 양륙항이 운송도중 변경된 화물을 양륙지변경화물(diversion cargo)이라 하며, 이러한 화물도 할증운임이 부과된다.

3 운임의 분류

운임은 ① 지급시기, ② 계산방법, ③ 공시여부, ④ 부과방법, ⑤ 운송정도, ⑥ 적재정도, ⑦ 접속관계, ⑧ 하역비부담, ⑨ 항비부담 등에 따라 여러 종류가 있다.

(1) 지급시기

① 선불운임(Freight Prepaid, Advance Freight)

운송이 완료되기 전에, 즉 출발지에서 화물을 본선에 적재 또는 운송인에게 인도하고 화물인수증(선하증권)을 교부(give)받음과 동시에 운임을 지불하는 방식이다. 특기할 점은 일단 운임을 지불하면 운송중단 등으로 화물이 목적지에 도착하지 못하더라도, 그것이 운송인의 과실이 아닌 한, 운임을 환불(refund)받지 못한다는 문구가 운송증권에 명시되어 있고[11] 관행으로 정착되어 있다.

선불운임이 관행으로 정착할 수 있었던 배경은, 운송인이 운송준비를 하려면 여러모로 자금이 필요하기 때문에, 옛날 부유한 화주(상인)가 가난한 선장에게 미리 운임을 지불했던 데에서 시작된다. 운임선불조건이면 약정된 지불일자가 경과하고, 운임을 아직 지불하지 않았는데, 그 사이에 화물이 멸실되어도 화주는 운임을

11) Freight for the said goods shall be due and payable by the shipper on shipment at port of loading in cash, without deduction, and shall not be repayable, vessel or goods lost or not lost.

지불해야 한다.

② 후불운임(Freight Collect, Freight Forward, Destination Freight)

운송을 완료하고, 즉 목적지에서 수하인이 화물을 인수하고 운임을 지불하는 방식이다. 앞서의 선불조건과 달리 운송중단 등으로 화물이 목적지에 도착하지 못하면 운임을 지불하지 않아도 된다. 따라서 운송업자는 이에 대비하여 운임보험(freight insurance)에 들기도 한다.

운임은 도급계약(=청부계약)인 운송계약으로 화물을 안전하게 운송·인도해 주는 대가에 대한 보수(reward)이므로, 운임은 목적지에서 후불로 지불해야 원칙이다. 즉, 목적지에서 수하인에게 화물을 인도하기 전까지 운송인은 운임을 청구할 수 없다. 그러나 실무에서는 이러한 원칙과 논리가 무시되고, 거의 선불운임이 관행이고, 일단 지불한 운임은 환불되지 않는 등 파격적인 관행이 정착되어 있다.

(2) 계산방법

① 등급운임(Class Rate)

화물가액에 따라 운송업자가 등급을 매겨 운임을 매기는 일종의 종가운임이다. 고가상품은 저가상품보다 운임부담력이 높다는 논리, 즉 운임부담력(charging what the market will bear)에 근거한 운임체계이다. 과거의 극동구주운임동맹(FEFC)은 화물별로 운임의 차이가 2.5배나 되었다.

② 거리운임(Equal Mileage Rate)

화물의 중량·용적을 기준으로 단위거리의 운임을 곱하여 운임을 산출한다. 거리에 비례하여 운임이 증가하기 때문에 계산이 쉽고 간단하다. 항공운임은 거리운임이다.

③ 체감운임(Tapering Rate)

원거리 체감운임이다. 운송거리가 증가함에 따라 단위당 운임이 줄어든다. 이는 장거리 이용자에게 일종의 할인을 해주는 제도이다. 화물처리비(cargo handling charge) 등의 비용절감분을 화주에게 배당하는 제도이다.

④ 지역운임(Zone Rate)

통상 원거리 운송시 출발지·도착지를 지역별로 광역화시켜 지역단위로 동일한 운임을 부과한다. 한국의 해상운송은 중동·유럽, 북미 서안(西岸)·동안(東岸)·걸프, 동남아시아·서아시아·아프리카·중남미 등으로 분류하여 운임을 부과하고 있다.

⑤ 균일운임(Uniform Rate)

특정지역 전반에 동일하게 부과한다. 국내 우편요금이 이에 해당된다. 국제운송에서는 그 예를 찾아볼 수 없고, 앞서의 지역운임제가 널리 활용되고 있다.

(3) 공시여부

① 표정운임(Tariff Rate)

정기선운송에서 운송용역의 가치, 화물의 운임부담력, 경쟁관계, 수요탄력성 등 여러 요소를 고려하여 행선지별로 운임을 미리 설정하고 화주들에게 공시하는 방식이다. 일반운임(general rate)·기본운임(base rate)의 성격을 갖는다. 표정운임(表定運賃)은 국제거래를 원활하게 해준다. 만약 표정운임이 없다면 매일매일 무수히 교환되는 문의(inquiry)와 견적(offer)으로 불편이 크기 때문이다.

② 자유운임 또는 경쟁운임(Open Rate)

정기선운송 특히 운임동맹에서는 표정운임이 적용된다. 그러나 철강재·자동차·시멘트·비료·곡물·석탄·광석 등 선적단위가 큰 화물과 운임부담력이 낮은 품목을 동맹선이 운송할 때는 상황에 따라 각 선사가 임의로 결정할 수 있다. 이처럼 요율이 정해지지 않은 품목을 자유화물(open rated cargo)이라고 한다.

(4) 부과방법

① 종가운임(Ad Valorem Freight)

TV, 컴퓨터, 냉장고, 세탁기, 에어컨 등 상대적으로 고가품은 송장가격(invoice value)에 대한 일정률(*ad valorem*=according to value)의 운임을 부과한다. 이것은 부담능력을 기초로 하고 있다.

② 최저운임(Minimum Rate) 및 소포운임(Parcel Freight)

화물의 용적·중량이 일정단위 이하이면 최저운임을 부과한다. 최저운임에도 미치지 못하는 작은 화물은 소포운임을 부과한다.[12)]

③ 특별 또는 예외운임(Special or Exception Rate)

많은 상품 가운데 몇 가지, 여러 지역 가운데 몇 군데만을 선정하여 일정기간 예

12) 예컨대 최저운임단위가 100kg에 $50라면 30kg이더라도 $50을 부과하고, 화물이 5kg밖에 되지 않을 때는 $10 정도의 소포운임을 부과한다는 말이다.

외적으로 낮은 운임을 부과한다. 화물의 가치・운임부담력이 낮거나 대외가격경쟁력이 약한 상품, 특정지역이 재해(災害)를 당했거나 경제사회적으로 낙후된 지역에 운임을 예외적으로 낮게 적용하는 것이다.

④ 차별운임(Rate Discrimination)

화물・화주・장소에 따라 운임을 차별적으로 부과하는 것으로 주로 해상운송에서 많이 이용한다. ⓐ 화물차별운임, ⓑ 화주차별운임, ⓒ 장소차별운임 등이 있다.

⑤ 무차별운임(Freight All Kinds Rate : FAK rate)

컨테이너에 적입된 화물의 가액・성질 등에 관계없이 컨테이너당 얼마라는 간편한 방식이다. 컨테이너에 TV가 적입되었건 타이어가 적입되었건 40′ 컨테이너 1개당 2,500달러라는 것이다.

⑥ 품목별운임(Commodity Rate)

컨테이너 운송시 화물의 가액으로 차등을 두는 것이다. 즉, 고가품의 운임은 높고, 저가품은 낮은 종가운임제이다. 운임부담력에 기초한 것이다.

⑦ 계약운임 또는 이중운임(Contract or Dual Rate)

해운동맹이 이용했던 운임부과방식이다. 해운동맹은 운임률이 10% 정도 낮은 계약운임률(contract rate)과 비계약운임률(non-contract rate)을 이중으로 정해 놓고, 화주가 동맹선을 이용하겠다고 계약하면 낮은 계약운임을 부과하고, 계약하지 않은 화주에게는 높은 비계약운임을 부과한다. 약속을 위반하면 위약금을 부과한다. 미국은 이를 1984년 해운법에서 서비스계약(S/C)과 기간・물량운임(TVR)으로 대체하였다.

⑧ 추가운임(Additional Freight) 또는 할증운임(Surcharge)

일정한도 이상의 중량화물・거대화물・장척화물・위험화물・냉동화물・환적화물・고가화물 등은 특별한 하역장비가 필요하고, 하역 및 관리상 어려운 점이 많아 기본운임에 일정률을 추가한다. 그 밖에 양륙지선택화물・양륙지변경화물에 대한 할증(割增)과 체선할증료・연료할증료 등이 있다.

⑨ 반송운임(Back Freight)

원래의 목적지가 아닌 변경된 목적지로 운송할 때 지불하는 추가운임이다. 예컨대 수출상이 수입상으로부터 운송중인 화물의 대금을 받지 못해 그 목적지를 변경하는 경우 등이다. 이때 변경지가 당초 목적지보다 멀면 추가운임을 지불하고, 비록 가깝더라도 원래의 운임을 지불해야 한다.

한편 원래의 목적지에 파업 등이 발생하여 운송인의 재량으로 타지에 양륙하여 발생한 추가운임 또는 도착지에서 수하인이 화물의 인수를 거부하거나 송하인의 과실로 오송(誤送)되면, 그것을 출발지로 반송하거나 타목적지로 계반(繼搬)하는 운임도 Back Freight라 한다.

(5) 운송정도

① 비례운임(Pro Rata Freight)

수송거리운임(distance freight)이라고도 한다. 운송도중 불가항력 또는 기타 원인으로 운송을 계속할 수 없어 중도에 화물을 인도할 경우, 그때까지 이행된 운송비율에 따라 지불·취득하는 운임이다.

② 전액운임(Full Freight)

운송이 계약대로 완전히 이행된 운임으로, 통상의 운임은 전액운임이다.

(6) 적재정도

① 만재운임(Carload Freight)

특정 화주가 하나의 운송단위(트럭 1대, 철도화차 1대, 선박 1척, 항공기 1대, 컨테이너 1개)를 단독으로 이용할 때의 운임으로 혼재화물(LCL)보다 운임이 현저하게 낮아진다. 만재화물(FCL)은 그만큼 시간·비용(화물취급비)이 절감되기 때문이다.

② 혼재운임(Consolidation Freight)

어떤 화주의 화물이 하나의 운송단위에 미달할 때 여러 화주의 화물을 모아 혼재(consolidation)하여 하나의 운송단위로 만들어 운송할 때 부과하는 운임이다.[13] 주선업자(forwarder)가 이 혼재업무를 전담한다.

③ 부적(不積=空積)운임(Dead Freight)

화물의 실제 적재량이 계약량에 미달한 부족분의 운임이다. 즉, 용선인·화주는 약정물량에 책임을 지고, 불가항력 또는 운송인의 과실이 없으면, 약정물량의 운임을 지불해야 한다. 운송인이 부적공간을 타화물로 채우면 그 운임은 공제하고 지불한다.

13) 컨테이너 운송에서는 만재화물을 FCL(full container load) 화물, 혼재화물을 LCL(less than container load) 화물이라 한다.

(7) 접속관계

① 통운임(Through or Connection Rate)

발착지간에 2종류 이상의 동종(同種)·이종(異種)의 운송수단으로 접속·환적할 때의 운임이다. 이때 각 운송구간은 부분운송에 속한다. 그리고 각각의 운송인은 화주에게 담당구간만 책임진다. 통선하증권(through B/L)으로 B항에서 환적·접속되어 A항에서 C항까지 수송하는 경우, A항에서 C항까지의 운임이 통운임이다.

② 복합운임(Multimodal·Intermodal Rate)

발착지간에 2종류 이상의 이종(異種) 운송수단이 연계되어 운송이 이뤄질 때의 운임이다. 이때 1차운송인은 원청운송인으로서 화주에게 단독으로 책임을 지고, 2차운송인 이후는 하청운송인이 되어 화주와는 직접적인 책임관계가 없다.

③ 부분운임(Local Rate)

복합운송시 일정구간을 운송(=부분운송)한 실제운송인(actual carrier)이 운송 전체를 관장하는 복합운송인에게 청구하는 운임으로 운송업자간의 내부운임이다.

④ 현지운임(Local Rate)

이는 극동발 북미향 화물을 북미서안(北美西岸)의 여러 항구(L.A.·오클랜드·시애틀 등)에서 철도에 접속·운송하지 않고, 이들 양륙항에서 곧바로 화주에게 인도하는 화물(local cargo)에 대한 운임을 말한다.

⑤ 북미내륙접속운임(Overland Common Point Rate)

1970년대에 극동과 태평양(美西岸)만을 서비스했던 태평양운임동맹(TPFC)이 대서양(美東岸) 루트와 경쟁되는 지역, 즉 록키산맥 동쪽지역까지 철도·트럭으로 복합운송되는 화물에 적용했던 운임으로 통칭 OCP Rate라 한다. Common Point는 2개의 노선이 만나는 지점을 의미한다.

이 운임은 실제 운송거리에 비해 상대적으로 낮은데, 그것은 극동에서 미동안(美東岸)으로 가는 내륙향화물(inland cargo)을 서안(西岸)으로 유치하기 위해, 서안을 서비스하는 동맹선사가 철도·트럭회사와 제휴하여 운임을 낮게 제시한 것이다.

TPFC가 해체되고 북미수출운임동맹(ANERA)·북미수입운임동맹(TWRA)으로 재편되어 양동맹이 서안·동안을 동시에 서비스하다가 역시 해체되었기 때문에, 현재는 단순히 서안경유 내륙향운임을 의미하며 IPI(Interior Point Intermodal)와 차이가 없다.

⑥ 지선운임(支線運賃, Feeder Charge)

컨테이너선은 채산을 감안하여 주요 항구(홍콩・싱가포르・부산・고베)에만 기항하는데, 이들은 물동량이 많고, 항만시설이 양호한 항구들이다. 따라서 항만시설이 미비하여 대형선이 입항할 수 없거나 물동량이 적은 항구는 모선이 직접 기항(calling)하는 대신 소형선박(feeder)을 이용하여 연계운송을 한다. 이를 피더서비스라 하고 그 운임을 Feeder Charge or Feeder Additional이라 한다.

(8) 하역비부담

선적시・양륙시 하역비를 선주와 화주 중 누가 부담하느냐에 따라 ① Berth Term, ② Free In(F.I), ③ Free Out(F.O), ④ Free In and Out(F.I.O), ⑤ Free In, Free Out, Stowage, Trimming(F.I.O.S.T) 등이 있다. 주로 부정기선의 용선운송시 이용된다.

① Berth Term

선적(loading)・양륙(discharging)이 선주의 책임과 비용으로 이뤄지는 조건이다. 용선운송시 화주가 적양항(積揚港)의 항만사정에 어둡거나, 자체 시설을 갖고 있지 않을 때에 이용한다. 하역비가 운임에 포함되며, 선주는 화주의 비용으로 하역을 대신해 주는 것으로 화주에게 그만큼 간편하다.

항해용선(voyage charter)시 이 조건으로 운송계약을 맺으면 조출료(早出料, despatch)와 체선료(滯船料, demurrage)가 발생하지 않아, 화주는 장기체선을 염려하지 않아도 된다(4장 4절 1-20 참조). 그러나 통상의 하역일보다 초과되면 체선료를 부과하는 예도 있다. 정기선 운송은 모두 이 조건을 이용하므로 Liner Term・Full Liner Term이라고도 한다.

② Free[14] In(F.I)

선적은 화주의 책임과 비용으로, 양륙은 선주의 책임과 비용으로 이뤄지는 조건이다. 용선운송시 화주가 선적항에 선적시설[15] 등을 소유・임차하여 화주 스스로 선적함이 유리할 경우 이용된다. 항해용선시 이 조건으로 운송계약을 맺으면 선적항에서만 조출료・체선료가 발생할 수 있다.

---

14) Free란 단어는 선주(carrier)의 입장에서 설정된 용어이다. 즉, Free In은 선적(in)에 대해 선주는 Free(자유롭다, 책임을 지지 않는다)라는 의미이다. Free Out은 양륙에 대해 선주가 자유롭다는 의미이다.

15) Elevator, Conveyor, Shooter, Grab, Crane 등의 장비뿐만 아니라 창고(warehouse), 하역회사(stevedorers) 등을 의미한다.

③ Free Out(F.O)

양륙은 화주의 책임과 비용으로, 선적은 선주의 책임과 비용으로 이뤄지는 조건이다. 용선운송시 화주가 양륙항에 양륙시설 등을 소유・임차하여 화주 스스로 양륙함이 유리할 경우 이용된다. 항해용선시 이 조건으로 운송계약을 맺으면 양륙항에서만 조출료・체선료가 발생할 수 있다.

④ Free In & Free Out(F.I.O)

Berth Term과 대비되는 것으로 선적과 양륙이 화주의 책임과 비용으로 이뤄진다. 선주는 순수한 해상운송만을 행하는 운송조건이다. 화주가 선적항・양륙항에 하역시설을 소유・임차하여 화주 스스로 적양(積揚)함이 유리할 경우 이용된다. 선적항・양륙항에서 공히 조출료・체선료가 발생할 수 있다. 한국으로 수입되는 원유・철광석・석탄・곡물 등이 주로 이 조건으로 운송되고 있다.[16]

⑤ Free In, Free Out, Stowed, Trimmed(F.I.O.S.T)[17]

선적・양륙・본선내의 적부(積付, stowage)・트리밍(trimming)[18]이 모두 화주의 책임과 비용으로 이뤄지는 운송조건이다. 앞서의 F.I.O와 차이점은 선적항의 적부・트리밍 작업이 추가되는 것이다.

⑥ Free In & Out & Free Taxes

과거에 수출세를 징수했던 브라질의 커피, 필리핀의 원목(timber), 쿠바의 설탕, 인도의 후추(blackpepper), 파키스탄의 황마(黃麻, jute), 스리랑카의 홍차, 스페인의 코르크(cork), 이탈리아의 유황(sulphur), 태국의 쌀 등을 선적할 때 하역비는 물론 정부에서 부과하는 제세공과금을 화주가 부담하는 조건이다.

(9) 항비부담

항해용선시 항비(港費)・하역비(荷役費)를 누가 부담하느냐로 Gross Term Charter, Net Term Charter로 구분한다.

16) 밀(wheat)의 예를 보면 선적항(미국)에서는 곡물수출상의 엘리베이터를 이용하고, 양륙항(부산)에서는 수입상(제분협회)의 엘리베이터가 이용되므로 선주가 하역에 관여할 필요가 없는 것이다.

17) Loaded, Stowed, Trimmed and Discharged free of Expense to the Vessel

18) 트리밍은 선창내(船艙內)의 화물고르기 작업이다. 철광석・석탄・밀 등을 엘리베이터로 적재하면, 화물이 선창(hold) 가운데에만 소복히 쌓이게 되는데, 이것을 인력으로 편편하게 골라줘야 된다. 그 비용을 화주가 부담한다는 의미이다.

① Gross Term Charter

항해용선시 선주가 적양항(積揚港)에서 항비(port charge)·하역비(stevedorage)·검수비(tallying fee) 등을 부담한다. 그러나 Gross Term에서도 화물은 선측도(船側渡, ship's alongside)가 원칙이기 때문에, 화주는 화물을 본선의 적양기(tackle)가 닿는 곳에 두어야 한다. 따라서 부선작업시(艀船作業時, lightering)에는 부선료·부선노임을 화주가 부담하고, 선주는 본선의 선내비용(船內費用)을 분담한다.

② Net Term Charter

항해용선시 용선인(화주)이 하역비(stevedorage)와 본선의 입항부터 출항까지 일체의 항비(港費, port charge)를 부담한다. 이는 통상 선주가 잘 알지 못하는 항로에 배선할 경우나 화주가 자신의 하역시설을 보유하고 있을 때 이용된다. 선적항·양륙항에서 공히 체선료·조출료가 발생한다. 화주가 하역비를 부담하고, 선주가 항비를 부담하는 FIO(free in and out) 조건과 혼동해서는 안된다.

PART 2

해상운송

Chapter

3 해상운송의 기초

제1절 서 론

1 해운의 개념과 발달과정

(1) 해운의 개념

해운(shipping, carriage by sea, ocean transportation)이란 "바다 위에서 선박을 이용하여 사람・재화를 이동하는 행위"이다. 해운이 다른 운송과 구별되는 점은 '운송로'와 '운송수단'이다. 따라서 운송로인 '바다'와 운송수단인 '선박'이 해운의 개념을 규정하는 요소가 된다. 따라서 원양운송(ocean transportation)이 아닌 하천・호수・운하만을 운행하는 소규모의 내륙수운은 해운에서 제외된다. 그리고 선박은 상선(merchant ship; 상행위를 목적으로 항해에 이용되는 선박)만을 대상으로 하므로 어선・준설선・창고선・시추선 등도 해운에서 제외된다.

해운은 장소적 효용(place utility)을 창출하는 생산활동으로, 석유・철광석・석탄・곡물 등의 주요 원자재를 생산공정에 접속시켜, 새로운 형태의 생산물에 가치를 추가하고, 이것을 소비시장에 이동시켜 새로운 가치를 다시 추가하게 한다.

해상운송은 생산과정・유통과정에서의 부가가치・사용가치의 창출행위이다. 생산설비인 선박의 이동으로 해운이라는 용역(service)이 생산되고, 이 용역의 소비로 사람・재화 등 모든 운송대상의 장소적 이동이 실현되는 것이다.

이처럼 생산・유통의 각 부문을 운송대상으로 삼아 가치를 추가하는 해운은 자본주의・사회주의 체제를 불문하고 생산・소비활동의 기초이며, 경제의 순환이라는 측면에서도 해운은 중요한 기능을 수행하고 있다.

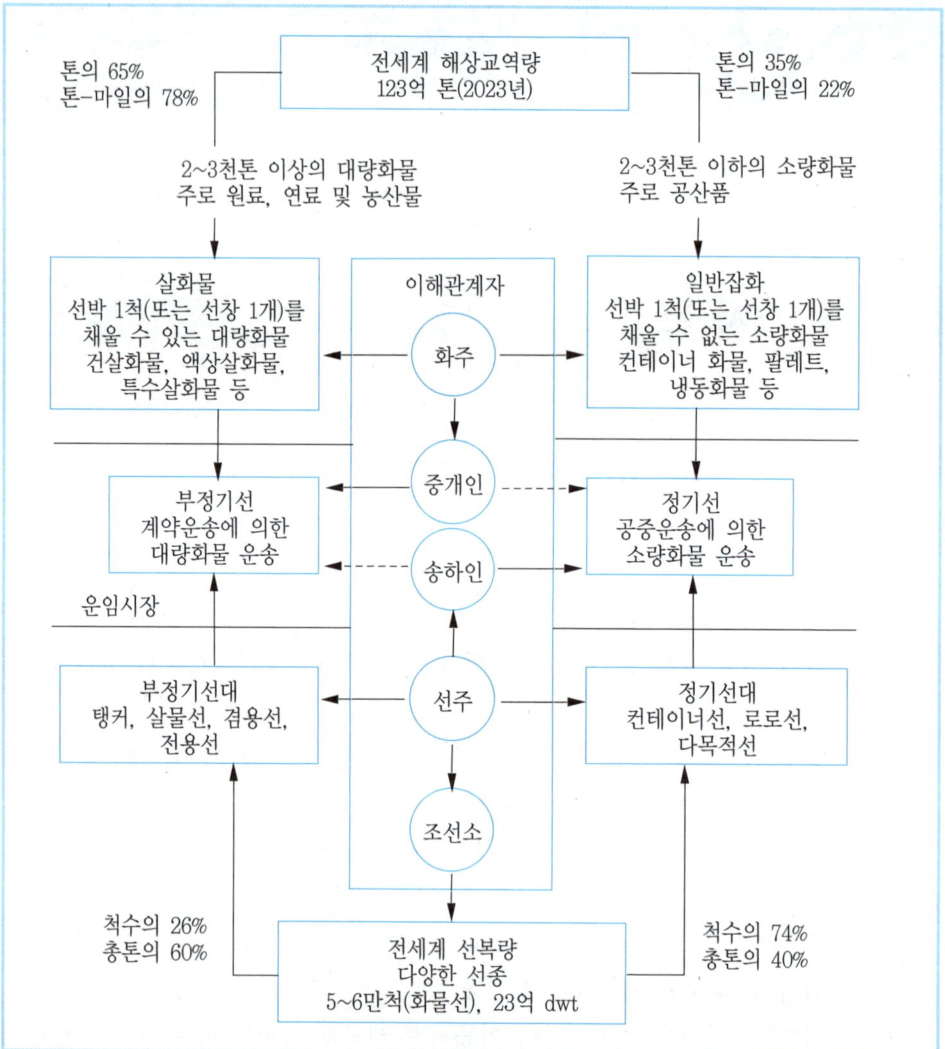

2024년 1월 현재

【 전세계 해운산업의 조감 】

(2) 해운의 발달과정

해운은 19세기 초 이전까지 상인선주(商人船主, merchant carrier)의 형태로 발전되어 왔다. 역사적으로 보면 고대의 페니키아(B.C. 1200~B.C. 900), 그리스(B.C. 700~B.C. 146), 로마(B.C. 550~A.D. 476) 등은 지중해를 중심으로 한 상권 및 식민지 획득을 위한 정치·군사적 목적과 결부된 해상운송시대였다.

그러나 중세(8~15세기)의 노르만인, 이탈리아 도시국가, 한자도시의 해상활동은 지중해를 벗어나 북해와 발틱해까지 활동범위를 넓히면서 본연의 상인선주의 형태를 취하였다. 특히 컬럼버스의 신대륙 발견(1492), 바스코 다가마의 인도항로 개척(1498) 이후 포르투갈・스페인의 신항로 개척은 인도양・대서양을 무대로 한 원양항로를 개척하게 된 계기를 이룬다.

원양항로 개척 이후 네덜란드・영국・프랑스 등 해운국들이 식민지 개척・무역활동을 전개하면서 해상활동이 강화되고 중상주의시대(16~18세기)에 접어들었다. 특히 영국은 1568년에 해상보험거래소(Royal Exchange)를 설립하고 무적함대 격파(1588), 동인도회사 설립(1600), 항해조례(Navigation Act)[1]를 발표하여 해상세력을 강화함으로써 5대양 6대주에 광대한 식민지를 보유하고 이른바 '해가 지지 않는 대영제국'을 건설하기에 이르렀다.

해운산업의 독립과 정기선의 등장

해운과 무역이 분리된 것은 19세기이다. 1807년에 영국 선주조합의 조합원 중에 상인은 한 사람도 없었고, 1833년 이래 런던・브리스톨・뉴캐슬 등에서 선주・화주의 회합이 정기적으로 있었다는 점에서, 19세기 중엽에 해운이 독립되었음을 알 수 있다.

해운이 무역으로부터 분리・독립하여, 해운기업은 일반화주로부터 화물을 위탁받아 해상운송을 전업으로 영위하고, 전업화한 해운기업은 화물이 많고 이익이 많이 나는 항구만을 찾아 부정기적으로 선박을 운항하였다.

산업혁명의 진전과 함께 운송수요의 증가로 정기선 해운이 등장하여 공중운송인(public carrier; common carrier)으로 변신한다. 17세기에도 유럽의 항구를 정기적으로 서비스한 선박이 있었지만, 일반적으로 미국의 Black Ball Line이 400~500톤급 범선 4척으로 1816년에 개시한 뉴욕-리버풀의 정기우편 서비스를 정기선 해운의 시초로 보고 있다.

뒤이어 Red Star・Dramatic Line 등이 참가하여 1830년대에는 미국의 대서양 항구와 런던・함부르크 등에 정기선 서비스가 이루어졌다. 범선인데도 정기선 서비스가 활발했던 것은 산업혁명후의 경제발전으로 우편물・공산품・여객의 운송수요가 증대되었기 때문이다.

따라서 1824년 General Steam Navigation이 증기선으로 런던-함부르크-로테르담 등 유럽역내를 정기서비스한 이후, 진정한 의미의 원양 정기선 항로는 영국의 Blue Funnel Line이 1850년대에 개발한 증기기관을 장착한 2,280총톤급 증기선 3척을 영국-중국에 배선한 1866년이라 할 수 있다.

1) 1651년 영국의 항해조례는 ① 서인도제도의 식민지 산물은 영국적 선박이나 영국인이 2/3 이상 승선한 선박으로 수송하고, ② 외국적 선박은 수송할 수 없으며, ③ 영국 영해의 어업이나 연안무역은 영국선박을 이용하고, 외국적 선박이 영국으로 수송할 때는 이중관세를 부과한다는 것 등이다.

18세기 말부터 19세기 초까지 영국이 산업혁명(industrial revolution)을 완성하면서 조선기술·항해기술이 발달하여 공중운송인(公衆運送人, common carrier or public carrier)이 출현하였다. 이것은 상인선주시대의 부정기선에서 공중운송인인 정기선의 형태로 발전된 것이다.

해운의 역사적 전환점은 범선(帆船)의 정기우편선이 부정기운항에서 분리된 것과 풀톤(R. Fulton)이 최초의 증기선 Clermont호를 건조한(1807년) 이후 1824년 General Steam Navigation Co.(London)이 런던-함부르크-로테르담의 기선(汽船) 정기항로를 개설한 때부터이다.

범선에서 기선으로,[2] 목선에서 철선으로의 전환은 세계무역의 발전과 함께 정기선이 부정기선에서 분리된 계기가 되었고, 수에즈·파나마 운하의 개통으로 신항로 개척·해운동맹의 강화·대형 해운기업의 탄생·해상운송법의 발전으로 1차대전 때까지 해운은 눈부시게 발전하였다.[3]

제1차 세계대전 이후 디젤엔진·조선기술·운항기술의 발전으로 부정기선 분야는 탱커와 살물선으로 특화되고, 중화학공업의 발달과 기술혁신으로 각종 전용선 수송이 발달하여 선박을 소유 또는 정기용선·나용선하여 자가원료나 제품을 수송하는 산업운송인(industrial carrier)이 출현하였다. 산업운송은 발전된 자가운송인(private carrier)으로서 해운용역을 자급자족하는 형태이며, 부정기선 분야에서 또 하나의 특이한 운송형태의 분화로 볼 수 있다.

1966년 미국-유럽에 컨테이너 운송이 개시되어 정기선 분야에 수송혁명을 가져왔고, 정기선 분야는 다시 재래정기선과 컨테이너선으로 분화되었다. 컨테이너선 운항이 발전하면서 단위운송(unit load transport)·복합운송(multimodal·intermodal transport)으로 발전하여, 국제상관습에 변화를 초래할 만큼 널리 보급되어 명실공히 국제복합운송시대에 접어들었다.

2) 세계선박통계에 의하면 1893년에 최초로 기선의 선복이 범선을 앞지르게 된다.

3) 1869년의 수에즈운하 개통, 1875년의 캘커타 해운동맹 출현, 1879년 최초의 강철선(Rotomahana호) 취항, 1897년 최초의 터빈선(Turbinia호) 건조, 1897년 디젤기관의 발명(Rudolf Diesel) 등이 19세기의 주요 사건이다. 1914년에는 파나마운하가 개통되었다.

공중운송인과 사적운송인

영미법은 운송인을 공중운송인 · 사적운송인으로 구별한다. 어떤 운송인이 특정화주와 선하증권(B/L)이 아닌 별도의 운송계약을 맺고, 운송서비스를 제공하면 사적운송인이고, 불특정 다수의 화주를 대상으로 운임표(tariff)와 B/L을 기반으로 운송서비스를 제공하면 공중운송인이다.

① 공중운송인(公衆運送人, Common Carrier; Public Carrier)

불특정 다수의 화주를 대상으로 운임표(tariff)를 공시하고, 그 태리프로 화주 · 화물에 차별을 두지 않고, 공평하게 운송서비스를 제공하는 자이다. 철도 · 버스와 같은 대중교통으로 보면 된다. 컨테이너 선사가 대표적인 공중운송인이다. 별도의 운송계약서가 없고, B/L이 운송계약서 역할을 한다.

공중운송인은 유선박공중운송인(VOCC) · 무선박공중운송인(NVOCC)으로 분류된다. VOCC (Vessel Operating Common Carrier)는 선박을 직접 운항하는 정기선사이다. NV(Non-Vessel) OCC는 선박을 운항하지 않으면서 운송의 주체가 되어, 자기의 태리프로 자기 명의의 운송증권을 발행하여 운송서비스를 제공한다. 즉, NVOCC는 VOCC에게 운송을 의뢰하므로, VOCC에게는 화주이고 화주에게는 운송인이다. NVOCC는 국제물류주선인, 즉 포워더를 말한다.

② 사적운송인(私的運送人, Private Carrier)

특정의 화주와 개별적으로 운송계약을 체결하고 운송서비스를 제공하는 자이다. 전세버스 · 전세항공기와 같은 전세운송이다. 부정기선이 이에 속하며 용선계약서(C/P : charter party)가 운송계약서로 작성된다. 사적운송인을 계약운송인(contract carrier)이라 하기도 한다.

2 해운의 특징 및 역할

(1) 해운의 특징

① 대량운송

해운의 가장 두드러진 특징은 대량운송이다. 한번에 대량의 화물을 운반할 수 있는 운송수단으로는 선박을 따를 수가 없다. 비교적 대량운송을 한다는 철도의 경우 20톤 화차(貨車) 30량을 연결하더라도 600톤밖에 되지 않는다. 이에 비해 50만톤의 원유를 일시에 1척의 선박으로 운반할 수 있는 해운이야말로 대량운송의 화신(化身)이다.

② 저렴한 운송비

해운의 운송비는 타운송수단과는 비교가 안될 정도로 저렴하다.[4] 선박은 바다라

4) 광양제철소에서 생산된 철강을 인천까지 운송하는 트럭운임이 포항제철소에서 일본 고베항까지 운송하는 해상운임의 2.3배이고, 미국 버지니아에서 플로리다의 잭슨빌까지 석탄 1톤당 철도운임은 $17.2인데 미동부

는 천연의 통로를 비교적 저속으로 운행하기 때문에 철도·도로처럼 막대한 투자를 요하지 않고, 고속으로 하늘을 날아야 하는 항공기처럼 극도의 정교를 요하지 않아, 상대적으로 운송원가가 낮아서 저렴한 운송용역을 창출할 수 있다.

③ 원거리운송

원거리운송이 반드시 해운의 요건은 아니지만, 흔히 해운이 '5대양 6대주'로 상징하듯이, 대부분의 해상운송이 대륙을 잇는 장거리운송에 이용되고 있다. 항공운송도 장거리운송에 투입되고 있어 해상운송과 부분적으로 경쟁관계에 놓이게 된다.

④ 자유로운 운송로

해운은 바다라는 천연의 통로를 자유로이 항해할 수 있고, 철도·자동차와 달리 일정한 통로의 제한을 받지 않는다. 1609년 네덜란드의 그로티우스(Hugo Grotius, 1583~1645)가 '공해자유론(公海自由論)'을 제창하여, 18세기에는 국제법으로 공인되어 거의 모든 바다가 자유로운 항해를 보장받아 해운의 발달에 크게 공헌했다.

⑤ 국제성(Global Industry)

국내의 연안해운도 있지만 대부분의 해운은 국제간에 이루어진다. 해운의 국제성은 외국의 항만에 선박이 자유롭게 출입하고, 해운시장이 국제적으로 형성되어 치열한 경쟁을 벌이고 있음을 의미한다. 철도나 자동차의 활동무대는 주로 국내인데 비해 국제성은 해운(海運)과 공운(空運)의 특징이라 하겠다.

⑥ 저속성(Low Speed)

대부분의 상선은 저속으로 운행한다. 항공기는 물론 자동차·기차에 비해서도 가장 느린 운송수단이다. 가장 빠르다는 컨테이너선도 통상 26노트(48km/h) 전후이다. 이처럼 속력이 느린 만큼 운임이 싸고 경제성을 유지할 수가 있는 것이다.[5] 항공기가 고속성을 내세워 고운임을 요구하는데 비해, 선박은 저속을 기초로 저운임·대량수송으로 고유의 영역을 구축한다.

(2) 해운의 역할

일각에서는 해운을 '경제의 시동(侍童)'이라 한다. 이는 한 마디로 해운이 없으면 모든 경제활동이 마비 내지는 제기능을 발휘하지 못함을 의미한다. 당장 일국의 경

의 햄프톤 로우드(Hampton Roads)에서 1만 해리나 떨어진 일본까지의 해상운임은 톤당 $6.50이다.

5) 선박의 속력과 연료소모는 3제곱의 함수이다. 어떤 선박이 15노트 속력을 내는데 27.5톤의 연료를 소모한다면 21노트의 속력을 내려면 75.5톤의 연료를 소모하게 된다(153 : 213=27.5 : X)(X=75.46). 2,850teu급 컨테이너선의 속력대비 연료소모량 : 15노트/27.5톤, 17노트/41.0톤, 19노트/55.9톤, 21노트/75.46톤 per day.

제수준을 가늠해 준다는 철강산업이 해운 없이는 영위될 수가 없다. 철강원료인 철광석·석탄·스크랩(古鐵) 그리고 생산된 강재(鋼材)를 합치면 어마어마한 물량에 달하는데 해운이 아니고는 감당해 낼 수송수단이 없다.

석유산업의 원유수송, 화학공업의 인광석·원료염(原料鹽)·비료, 목재산업의 원목·합판, 시멘트산업의 연료탄·시멘트의 수송, 섬유공업의 면화·양모·섬유제품, 그리고 발전(發電)을 위한 연료탄 운송 등, 한 나라 기간산업(基幹産業)의 대부분이 해운에 의존하고 있다.

이처럼 산업부문에서의 간접적인 역할에 더해 해운산업 자체가 국민경제에 기여하는 직접적인 역할 또한 적지 않다.

첫째, 무역을 촉진한다. 자국선박의 보유로 외국선박의 일방적인 운임인상 등이 억제되고 운임조정으로 수출입이 증진된다. 그리고 우리는 해운을 무역의 종속변수(dependent variable)로만 알고 있는데, '무역은 국기(國旗)를 따른다.'(The trade follows the flag.)라는 말이 있듯이, 자국선박이 기항하는 곳에 새로운 시장이 개발되고 수출입이 늘게 된다.[6)]

둘째, 국제수지에 기여한다. 만약 모든 수출입 화물을 외국선박으로 운송한다면, 막대한 운임을 모두 외화로 지급해야 한다. 자국선박을 이용하면 외화를 절약할 수 있고, 외국화물을 수송하여 많은 외화수입을 기대할 수 있다.

셋째, 관련 부대산업의 육성이다. 우선 조선업을 비롯하여 해상보험업, 창고업, 육운업(陸運業), 하역업 그리고 선용품용달업(船用品用達業), 급유업, 통선업(通船業) 등과 같은 해운부대산업, 무역업, 운송주선업 등 무수히 많은 산업과 연계되어 있다. 또한 선원 등 해상노무자·부두인력·관련산업으로 파급되는 고용효과도 크다.

넷째, 내적으로 국토방위수단이며 외적으로 국위선양에 공헌한다. 유사시 병력·물자수송에 동원되어 국방에 기여할 수 있고, 자국기(自國旗)를 휘날리며 5대양 6대주를 누비며 대외적으로 국력을 과시할 수 있는 수단이기도 하다.

'해운력은 국력'(The sea power is the national power)으로 표현되고 있다.[7)] 에드워드 기번(1737~1794)은 《로마제국의 쇠망사》(1788)에서 로마제국은 게르만족의 침입

6) 컬럼버스·바스코 다가마 등의 항로개척으로 아메리카와 동양권의 교역촉진은 너무나 고전적인 예이고, 1970년대 중반 한국의 선박이 중동에 취항하여 교역량이 급신장했다. (저자는 율산해운의 주재원이었다)

7) Whosoever commands the sea commands the trade : whosoever commands the trade of the world commands the riches of the world and consequently the world itself. – Sir Walter Raleigh, *Upon the First Invention of Shipping*, London : H. Mosely, 1650.

이전에 이미 거대한 제국이 수송망의 마비로 경제가 붕괴되어 있었고, 게르만족의 침입은 다만 그 와해를 재촉한 것에 지나지 않는다고 서술하고 있다.

제2절 선 박

1 선박의 개념

선박은 상법·선박안전법·해상충돌예방법 등의 적용목적에 따라 그 정의를 달리하지만, 넓은 의미의 선박은 "수상(水上)에서 사람·화물을 싣고 운반하는 구조물"이다. 선박은 물위에 뜬다는 부양성(浮揚性), 여객·화물을 실을 수 있는 적재성(積載性), 적재된 것을 원하는 위치로 운반할 수 있는 이동성(移動性)의 3요소를 갖춘 구조물이다.

한자로 '船舶'은 통념상 대형선을 의미하며 '주정(舟艇)'은 소형선을 뜻한다. 영어로는 Ship·Boat·Vessel이 쓰이고 있지만, 엄밀히 구분하면 Ship은 대형선, Boat는 소형선, Vessel은 대소형을 모두 포함한다. 선박은 상행위·기타 영리를 목적으로 화물·여객의 운송에 사용되는 부양성·적재성·이동성을 갖춘 구조물이다.

2 선박의 종류

선박은 용도·추진방식·선형(船型)·구성재료·원동력 등으로 구분한다. 선박을 용도, 즉 사용목적으로 구분하면 운임수입을 목적으로 여객·화물을 운송하는 상선(merchant ship), 전쟁에 쓰이는 군함(warship), 준설·탐사·채굴 등 특수업무에 쓰이는 특수선(special service ship)으로 구분할 수 있다. 本書는 상선 가운데 화물선(cargo ship·freighter)만을 대상으로 한다. 2023년 현재 全세계 화물선은 106,715척이 등록되어 있다.

화물선은 원재료·완제품 등 여러 종류의 잡화를 운송하는 일반화물선, 컨테이너선, 소종(少種)의 화물을 대량으로 살적(撒積)하는 살물선(bulk carrier)·전용선(specialized ship, specialist) 등으로 구분한다.

선박의 크기에 있어 일반화물선·컨테이너선은 집하관계로 그 크기가 한정되어 대형선이 드문 반면, 살물선·전용선은 점차로 대형화하여 유조선은 50만톤, 광석선은 20만톤 이상의 거대선이 출현하었나. 일반화물선·긴데이너선온 주로 정기선(liner)으로 활용하고, 살물선·전용선은 부정기선(tramper)으로 활용된다.

한편 1956년에 최초의 원자력추진 화물선인 N.S. Savannah(12,000dwt)호가 $3,700만에 건조에 들어가 1959년 진수하여 1962년부터 운항에 들어갔으나, 해운노조의 방사능 문제의 제기로 1972년에 운항을 중단하고, 1981년에 박물관(museum ship)으로 변신하여, 미국 사우스캐롤라이나에서 방문객을 맞고 있다. 이후 원자력추진 화물선은 검토대상이 되지 못하고 있다.

(1) 일반화물선(General Cargo Ship)

컨테이너선과 대형살물선이 등장하기 전까지는, 일반화물선이 전형적인 화물선으로 과거 150~50년 전의 해상운송을 주도했었다. 원활한 잡화선적을 위해 다층갑판(多層甲板, multiple deck)으로 되어 있고, 하역시간의 제약으로 대형화되지 못하고, 통상 1~1.5만 총톤(G/T : gross ton)에 머무르고 있다. 그럼에도 조선기술의 향상으로 이 선박도 많이 개선되어 왔다. 특히 본선 크레인의 성능이 크게 향상되었으며, 선창덮개(hatch cover)의 자동화와 환기장치 등이 개선되었다.

【 General Cargo Ship(Derrick) 】

【 General Cargo Ship(Crane) 】

과거에는 이 선박이 정기선의 주종이었으나, 컨테이너선의 등장으로 지금은 재래선(traditional/conventional/break bulk vessel)이라 불리운다. 이 선형은 현재 컨테이너화가 어려운 화물(합판, 철재류)·항로(아프리카 등 컨테이너 하역시설을 갖추지 못한 지역)에 투입되고 있으며, 2023년 현재 全세계 일반화물선은 총 20,553척이 등록되어 있어 척수로는 전체 화물선의 32%이지만 수송능력은 9%에 불과하다.

"SS Meredith Victory : Ship of Miracles; Gallant Ship"

1950.12.23.11:00. 14,000명의 피난민을 태우고, 흥남을 출발하여 12월 26일 거제도에 도착한 무장(武裝)화물선[1]이다. 미 육군 차일스 대령이 레오나루도 라루(Leonard LaRue; 1914~2001) 선장에게 "이 배가 마지막 배인데, 피난민을 싣고 부산으로 갈 수 있느냐?"고 묻고, "이 배는 승무원 외에 12명의 승객만 태울 수 있어 피난민을 태우라고 명령할 수는 없다."고 말했다. "라루 선장은 추호도 망설이지 않았어요. 좌우를 돌아보지도 않고, 누구와 상의도 하지 않았어요. 그는 가능한 한 많은 피난민들을 태우겠다고 대답했어요." 92세의 3등 항해사 벌리 스미스의 회고이다.

59명만 탈 수 있는 배에 어떻게 14,000명이 탔을까? (유투브 "1950년 흥남철수의 비밀 ① · ②"에 답이 있음). 이 배는 선창(hold)이 5개로 3층 갑판(deck)의 일반화물선이다. 그래서 맨 아래층에 성인남자, 2층에 여성, 3층에 어린이 · 노약자를 태웠다. 마실 물도 먹을 음식도 없었는데 사상자가 하나도 없었고, "거제에 도착하여 선창이 열리자 위를 올려다보는 무수히 많은 눈망울들이 잊혀지지 않는다."고 벌리 스미스는 회고한다.

이 배(Victory Ship)는 리버티선(Liberty Ship)과 함께 2차대전의 전시물자를 수송하기 위해 미국정부가 1941~1945년에 대량으로 건조한 전시표준선(戰時標準船)[2]이다. 메러디스호는 1966~1973년 베트남 전쟁에 다시 동원되어 수송선[3]으로 활동하다가, 1993년 장진호 전투로 흥남철수를 유발했던 중공군의 나라(중국)에 $355,900(당시 환율로 2억 8,500만원)에 팔려 해체되고 말았다. 우리가 사왔어야 했는데 너무도 아쉽고 안타깝다.

1960년 8월 미국 정부는 '메러디스 빅토리호'를 "인류 역사상 가장 위대한 구출을 한 '기적의 배'(Ship of Miracles), '용감한 배'(Gallant Ship)"로 명명하고, 마리너스(라루 선장의 세례명) 수사(修士)에게는 미 상선의 최고영예인 근무공로훈장(Meritorious Service Medal)을 수여했다. (1955년 12월 한국 정부는 라루 선장에게 을지무공훈장, 1958년 6월에는 모든 선원들에게 대통령 표창을 수여한 바 있다).

【 메러디스 빅토리호 】

【 레오나르드 라루 선장 】

1) 10,658dwt, 길이 139m, 폭 19m, 흘수 7.6m, 속력 15~17노트(28~31km/h), 승선인원 총 59명(선원 35명, 사관 12명, 승객 12명), 5인치 함포 1문, 3인치 3문, 20미리 기관포 8문.
SS는 Steam Ship(증기선), MV는 Motor Vessel; MS는 Motor Ship(内燃機船;디젤선).

2) 리버티선은 총 2,710척이 건조되었는데, 4일 15시간 26분 만에 건조했다는 기록도 있다. 빅토리선은 리버티선의 개량선으로 약간 크고 속도도 빠르며 534척이 건조되었다.

3) 저자는 1971년 베트남전에 참전했는데 올 때 갈 때, 1주일씩 'SS Upshur호'를 이용했다. 그동안 '업셔호'도 전표선인 줄 알았는데, 이제와 검색해보니 '업셔호'는 1951년에 건조된 1,500명의 병력이 승선할 수 있는 화객(貨客) 수송선으로 전표선이 아니었다.

(2) 컨테이너선(Container Carrier)

컨테이너 시스템은 1956년 4월 미국의 맥린(Malcom McLean)이 처음 해상에 실용화시킨 혁신적인 운송방식으로, 흔히 '컨테이너 혁명'이라 불리울만큼 해상운송에 획기적인 전기(轉機)를 가져왔다. 처음에는 중고선을 개조하여 컨테이너를 갑판적[8]으로 수송했으나, 점차 컨테이너 전용선이 건조되었고, 현재는 세계 주요항로의 잡화수송은 거의 컨테이너선에 의존하고 있다.

종래의 정기선은 잡다한 화물을 뭉치(parcel)로 만들어 운송하여 하역에 시간과 비용이 많이 들었다. 하역시간을 단축하고 하역비용을 절감하기 위해, 화물을 컨테이너라는 용기(容器)에 넣어 운송하는 것을 컨네이너화라 하고, 그 컨테이너를 효율적으로 수송하기 위해 건조된 선박이 컨테이너선이다.

컨테이너선의 이점은 전천후(全天候) 하역이 가능하고, 하역능률이 높아 정박일수가 단축되어 선박의 가동률이 높고, 정박일수 단축으로 선형의 대형화가 가능하다. 하역률 향상 및 정박시간 단축으로 수송원가의 절감, 문전서비스(door-to-door)가 가능하다.

대부분의 컨테이너는 잡화운송에 이용되지만 냉동·냉장화물용 냉동·냉장 컨테이너, 액상화물·화공품용 탱크 컨테이너, 기계류 등을 위한 특수 컨테이너가 있어, 컨테이너선이 운송할 수 있는 화물의 종류가 크게 확대되었다. 2023년 현재 전 세계 컨테이너선은 총 5,855척이 등록되어 있다.

[Container Ship]

8) 컨테이너선은 대량으로 갑판적을 하지만 본선의 안정과 컨테이너 자체의 무게로 제한을 받는다. 갑판적은 적재총량의 70%까지 가능하다.

(3) 탱커(Tankers)

원유, 정제유(oil products), 화공품, 액화가스 등 액상화물을 선창내에 직접 살적[撒積 : Drum 등의 용기에 넣지 않고]하여 운송하는 선박이다.

① 원유운반선(Crude Oil Tanker)

원유는 대량적재가 가능하고, 통상 해상(off-shore)의 적양구(積揚口, head)까지 파이프로 연결되어 흘수 등의 제약을 받지 않고 해상하역이 가능하므로, 선박을 대형화하여 대량수송의 이점을 최대로 살리고 있다. 이러한 이점으로 거대한 탱커가 출현하여, 이들을 VLCC(Very Large Crude Carrier) · ULCC(Ultra Large Crude Carrier)[9]라 한다.

【 Crude Oil Tanker 】

탱커는 선체의 중앙과 후미에 설치된 강력한 펌프의 힘으로 각 탱크에 연결된 파이프를 통해 선적 · 양륙한다. 탱커는 적양속도가 빨라 수만톤급 선박이라도 24시간 이내에 적양이 가능하여 정박시간이 짧고, 선적지에 공선(空船)으로 가서 만재(滿載)하여 양륙지로 귀항하는 이른바 피스톤 항해를 반복한다.

1945년 세계 최대의 탱커는 23,814dwt, 1960년의 최대선은 123,753dwt, 1960년대 말에는 326,933dwt이었다. 1975년의 Happy Giant호(564,763dwt)를 정점으로

9) 탱커는 Aframax · Suezmax · Malaccamax · VLCC · ULCC 등으로 분류한다. Aframax는 런던탱커중개인단이 평균운임률평가(AFRA; Average Freight Rate Assessment)를 위해 분류한 4~10만dwt의 탱커를 말한다. Suezmax는 수에즈운하의 수심이 2006년 이전에는 16.2m(현재는 20m)였기 때문에 만재상태로 운하를 통과할 수 있는 15만dwt급이고, Malaccamax는 말래카해협(수심 21m)을 통과할 수 있는 30만dwt급이다. VLCC는 20만dwt 이상으로 흘수(draft) 20m, 시간당 1.6만톤을 적양(pumping)한다. ULCC는 30만dwt 이상으로 흘수 22m, 시간당 2.2만톤을 펌핑한다.

더 이상의 대형선은 건조하지 않는다. 오일쇼크 이후 북해유전 등 여러 곳에서 유전이 개발되고, 에너지 절약 등으로 원유의 수송거리가 짧아지면서, ULCC의 경제성이 감소되어 30만dwt 이상은 거의 선조하지 않는다. 2023년 현재 전세계 원유운반선은 총 12,309척이 등록되어 있다

② 정제유운반선(Product Tanker)

휘발유・석유・경유・기타 정제유를 운송한다. 이 선형은 최대 15만dwt 크기로 원유운반선보다 작다. 본 선형은 여러 종류의 정제유를 운송할 수 있도록 여러 개의 탱크로 분할되어 있어 배관(piping) 시스템이 복잡하다. 일부 선박은 화공품도 운반할 수 있다. 원유운반선을 일명 Dirty Tanker라 하고 본 선형을 Clean Tanker라 한다.

③ 화공품운반선(Chemical Tanker)

부식성・인화성・유독성 등을 지닌 액상 화공품을 살적(撒積)하는 전용선이다. 해상오염방지조약(MARPOL : Treaty on Maritime Pollution)은 바다의 생명체와 인간의 건강에 유해한 물질을 유독성 화물(noxious liquids)로 규정하고, 유독성 액체화물을 A・B・C・D로 분류하여 규제하고 있다. A는 독성이 강하고 D는 약하며, A・B・C는 Chemical Tanker를 이용해야 하고 C와 D는 Product Tanker를 이용해야 한다. 그리고 D는 일반선박의 Deep Tank를 이용할 수 있다.

【 Product Tanker 】

【 Chemical Tanker 】

④ 가스운반선(Gas Tanker)

각종 가스를 액화하여 운반하는 특수전용선이다. 가스운반선은 통상 LPG 탱커(Liquified Petroleum Gas Tanker : 액화석유가스선)와 LNG 탱커(Liquified Natural Gas

Tanker : 액화천연가스선)로 대별한다. LPG선은 상압하(常壓下) −47℃로 액화가능한 부탄가스, −43℃의 프로판가스, −104℃의 에틸렌가스 등(ammonia, propylene, butadiene, vinyl chloride etc.)을 주로 운송한다.

LNG선은 상압하(지표면의 평균대기압 1013.25hPa) −162℃ 또는 47kg/cm^2 가압하(加壓下) −82℃에서 액화가능한 메탄가스를 1/600로 압축・운송하고 있다. LNG선은 고압・고냉을 유지할 수 있는 고도의 특수한 탱크설비를 필요로 하기 때문에 건조비도 고가이고, 저장탱크의 관리유지도 높은 수준의 전문기술을 요한다.[10] 2023년 현재 전세계 LNG 운반선은 총 772척이 운항중이다

【 LNG Tanker(Moss) 】

【 LNG Tanker(Membrane) 】

⑤ 아스팔트운반선(Bitumen Tanker)

콜타르・핏치・아스팔트・보일러용 벙커유 등 일정한 온도를 유지해야 하는 정유잔류물(精油殘留物) 운반선이다. 운송물에 따라 40~250℃의 온도를 유지해야 한다.

이 밖에도 새로운 유형의 탱커가 다양하게 개발되는데, 미국의 Stolt-Nielson사는 대형 탱커를 56개의 탱크로 분할, 다양한 액상화물을 동시에 운송하여, 규모의 경제를 누리면서 고객의 수요에 부응하고 있다.

10) LNG선은 노르웨이의 크베너모스가 개발한 화물창이 구형(球型)인 모스(moss)형과 프랑스의 GTT가 개발한 각형(角形)의 멤브레인(membrane)형이 있다. 화물창의 확장이 어려운 모스형을 취한 일본은 1990년대까지 LNG 건조시장을 장악했었는데, 이후 화물창의 확장이 용이한 멤브레인형을 채택한 한국이 현재 건조시장을 석권하고 있다. 척당(2,000억원)의 5%(100억원)를 GTT에 기술사용료(royalty)로 지불하고 있는 한국은 2004년부터 거국적으로 화물창 원천기술의 개발에 나서 2018년 삼성중공업이 SK해운의 첫주문 선박을 건조했지만 하자로 인해 소송전이 발생했고, 이후 발주선사들이 GTT 기술을 특정하여 한국기술은 빛을 보지 못하고 있다.

(4) 건살물선(乾撒物船, Dry Bulk Carrier)

석탄・원광석 등을 벌크상태로 운송하는 방법은 옛날부터 있어 왔지만, 살화물(撒貨物)[11]을 자동화된 하역기기로 신속하고 간편하게 적양(積揚)하며, 살화물의 운송효율을 높이기 위해 단일갑판(single deck)의 살물선을 처음으로 건조한 것은 1957년이다.

1969~1970년에는 본 선형이 가장 많은 이익을 내는 선박으로 평가되어 유조선 다음으로 많이 건조되었다. 철광석・석탄・곡물・시멘트・인광석・석회석・원당 등 주로 대형 살화물 운송에 적합한 선형으로 탱커와 함께 부정기선의 주종을 이루고 있다.

[Dry Bulk Carrier]

살물선(撒物船) 중에서 1~3.5만dwt 또는 2.5~4.3만dwt급을 핸디형 살물선(handy bulk carrier)이라 한다.[12] 또 파나마 운하를 통과할 수 있는 6만dwt 내외의 파나막스(Panamax)가 있고(2016년 6월 이후 확장된 파나마운하의 New Panamax는 12만dwt), 주로 철광석・석탄을 운송하는 15만dwt 내외의 Cape Size[13]가 있다. 최근에는 25만dwt 내외의 VLBC(Very Large Bulk Carrier)도 많이 건조되고 있다. 살물선은 통상 'One Ship, One Cargo'를 의미한다. 그렇지만 2~3종류 또는 5~6종류의 화물을 1척

11) 살화물(bulk cargo)은 3가지로 정의한다. ① 원유・철광석・석탄과 같이 단종(單種)으로 운송되는 화물, ② 냉동육・바나나・자동차와 같이 선박단위(shipload)로 운송되는 화물, ③ 단위당 비용(unit cost) 절감을 위해 대량으로 운송되는 화물. 살(撒)화물 : (흩뿌릴살), 즉 포장되지 않은 나화물(裸貨物)이라는 의미이다.

12) 원래 핸디사이즈란 북미의 5대호와 세인트로렌스강을 항해할 수 있는 폭 23m, 길이 222.5m 이내의 1~3.5만dwt 살물선을 일컬었으나, 지금은 전세계 어느 항구라도 입항이 가능한 1~3.5만dwt의 살물선과 2~3.5만dwt의 탱커를 핸디사이즈라 하고, 3.5만~5.5만dwt의 살물선, 3.5~5만dwt 탱커를 핸디막스라 한다.

13) 파나마운하를 통과할 수 없어 남아메리카 남단의 혼곶(Cape Horn)을 돌아 항해하는 15만dwt 내외의 선박을 Cape Size라 한다.

의 배에 운송하는 경우도 있다. 2023년 현재 全세계 건살물선(광석전용선·목재전용선 등 포함)은 총 13,182척이 등록되어 있으며, 척수로는 전체의 21%이지만 수송능력은 35%에 달한다.

(5) 광석전용선(Ore Carrier)

철광석·보크사이트·석회석 등을 운반하는 선박이다. 가장 많이 운송하는 화물은 제철원료인 철광석이다. 철광석은 비중이 크고 무겁기 때문에 선체가 튼튼해야 한다. 또한 선창에 철광석을 가득 싣기도 전에 만재흘수선(滿載吃水線)에 달하고, 화물의 중심이 너무 내려가 선체의 동요주기(動搖週期)가 짧으면 승무원에게 불쾌감을 주기 때문에 화물의 중심(重心)을 적절히 높인 선체구조로 건조한다.

광석전용선은 통상 편도화물(片道貨物)을 운송하기 때문에 공선귀항(空船歸航)에 대비하여 충분한 선박평형수(船舶平衡水; ballast tank)[14]를 적재할 수 있는 탱크를 갖고 있다. 또한 하역은 육상의 하역설비를 이용하기 때문에, 통상 광석전용선에는 일반 화물선에서 볼 수 있는 본선 적양기(積揚機, derrick or crane)가 없다.

광석전용선은 채산성을 위해 선형이 점차 대형화되어, 5만~20만톤급의 전용선이 많으나, 20만톤 이상의 대형선도 많아지고 있다. 1920년대에 2.4만dwt급이 등장하고, 1970년대에는 20만dwt급이 출현했다. 1986년에 현대중공업이 건조한 364,768dwt의 Berge Stahl호(길이 343m, 폭 63.5m, 갑판면적 21,500m^2)가 세계 최대선으로 기네스북에 올랐다.

【 Ore Carrier 】

14) 선박평형수란 선박이 공선(空船)으로 운항할 때에 본선의 안정을 위해 발라스트(ballast) 탱크에 해수를 담아두는데 이를 발라스트라 한다. 범선시대에는 발라스트로 자갈 등을 이용했었고, 19세기 말 20세기 초 미국이 일본에서 견직물(silk)을 운송할 때에 도자기를 선저에 적재하여 발라스트로 이용하여 일본의 도자기 산업이 발전할 수 있는 계기가 되었다.

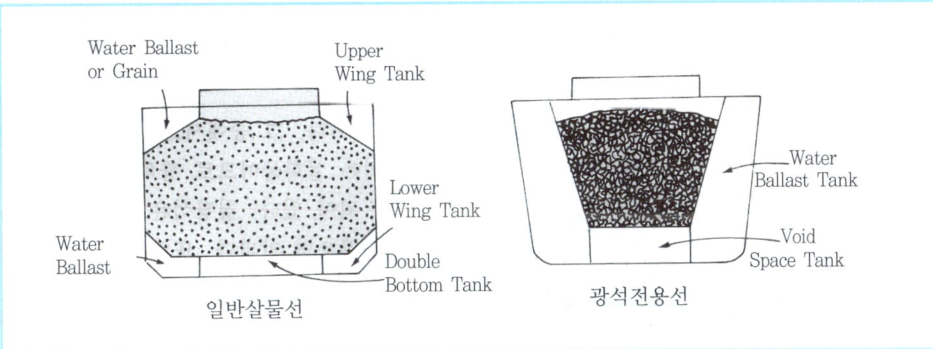

【 일반살물선과 광석전용선의 선창구조 】

(6) 로로선(Roll On/Roll Off)

1928년 Seatrain이 미동부·걸프와 쿠바에 차량수송을 개시하면서 출현했다. 그러나 이후 오랜 동안 원양항로에는 비경제적(공간손실이 많아)이라 하여 관심을 끌지 못하다가, 1969년에 Scan Austral이 처음 원양항로에 투입하였다. 본 선형은 지게차(fork-lift)에 실리는 화물과 바퀴달린(wheeled) 화물의 수송에 적합하다.

본 선형의 장점은 데릭·크레인 등의 적양기(lifting gear)의 도움없이, 자력으로 램프(ramp link span)를 이용해 Drive On·Drive Off하여 하역시간이 짧아 본선의 회전율(turn-round)을 높이고, 화물의 손상을 최소화하며 일관운송에 아주 편리하다.

주로 단거리에서 차량과 함께 각종 화물·승객을 동시에 수송하는 다목적선(multipurpose ship)으로 이용되어 왔다. 근래에는 자동차 전용선으로 발전하여 6,200대를 적재할 수 있는 대형선의 등장과 함께 장거리 운항도 보편화되고 있다. 즉, 일본-캐나다에 33,000dwt의 로로선이 투입되어 캐나다에서 목재를, 일본에서 자동차(3,600대)를 실어 나르고 있다.

한편 최근에는 RoRo와 LoLo(lift on/lift off)를 겸하면서 선수에 탱크(foretank)를 갖춰 액상화물·일반잡화(break bulk cargo)·살화물·컨테이너·트레일러·로로화물(buldozer 등의 건설장비)·자동차 등 그야말로 모든 종류의 화물을 동시에 운송할 수 있는 만능선(萬能船, combi carrier or omni carrier)으로 전환되고 있다. 2024년 현재 전세계 로로선은 약 15,000척이 운항중이다.

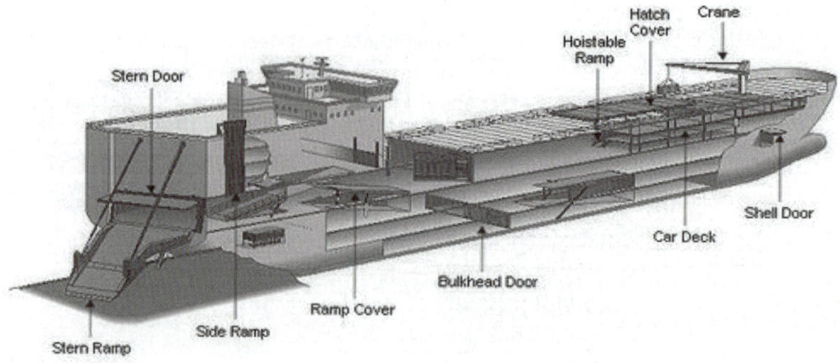

【 Combi Carrier : Omni Carrier 】

(7) 냉동 · 냉장선(Refrigerated Carrier)

육류 · 어류 · 과일 · 야채 등의 냉동 · 냉장화물 운송을 위해 전선창(全船艙)을 냉장고화하여 냉동 · 냉장물 운반에 전용되는 특수선이다. 냉동선은 각 선창을 적당한 크기의 구획으로 나누어, 각 구획마다 냉방시설을 갖추고 강력한 냉각장치를 설비하여, 운송중 각 화물별로 적절한 온도를 장기간 유지할 수 있도록 설계되어 있다. 해상이동용 대형냉장고라 할 수 있다.

이미 19세기 말에 아르헨티나로부터 냉동육 수입을 위해 최초의 냉동선 Frigorifique호가 투입되었고, 1901년에는 12.5~13℃를 유지하는 2,800dwt의 바나나 운반선도 등장했다. 1960년대에 들어 자동온도조절장치의 개발로 종전의 일원온도선(一元溫度船, single temperature vessel)에서 −29~13℃의 창별(艙別)로 서로 다른 온도를 유지하는 다원온도선(多元溫度船)으로 발전하여, 당시 등장한 팔레트 시스템과 결합하여 다양한 화물을 운송할 수 있었다. 사과 · 바나나 등의 과일은 영상온도를 유지하고 냉동육류 · 어류는 −25℃를 유지해야 한다.

1970년대 들어 컨테이너화가 확산되면서 대량의 열대과일(tropical fruits)이 정기적으로 수송되기 시작했고, 더불어 컨테이너 전용선이 냉동컨테이너를 적재하면서 냉동 · 냉장 전용선 시장이 크게 잠식되었다. 1982년에는 냉동탱커가 등장하여 세계 최대의 오렌지주스 생산국 브라질에서 −10℃로 냉동된 오렌지주스가 미국 · 유럽 · 아시아 등지로 운송되고 있다. 1986년 현대중공업에서 건조한 Bebedouro호는 14개의 탱크에 총 8,846m^3의 주스를 운송할 수 있는 냉동탱커이다.

(8) 중량물운반선(Heavy Cargo Carrier)

일반화물선에서는 변압기・객차・기관차・선박엔진・발전기・기계설비・자켓・갠트리크레인 등 초중량물(분리불능의 50톤 이상의 화물) 또는 거대화물을 자력으로 적양할 수 없기 때문에, 이러한 특수화물의 운송을 위한 선체구조 및 설비를 갖춘 선박이다.

일반화물선에도 20~40톤의 데릭(derrick)을 갖추고 있으나, 중량물운반선에는 100 ~200톤 이상(최근 700톤)의 데릭을 장비하고 있으며, 육상에 크레인이 없는 곳에서도 자체장비 또는 특수적양 시스템으로 대형화물을 자유롭게 적양할 수 있다.

[Heavy Cargo Carrier]

(9) 바지운반선(Barge Carrying Ship)

본선의 크레인・엘리베이터로 400~1,000톤의 박스바지를 적양할 수 있는 특수선이다. 최초의 바지운반선은 1969년에 건조되었고 1974년까지 총 28척이 건조되었다. 항구에서 정박기간을 최소화하고 선박의 가동률을 높이기 위해 고안된 것이다. 예인선(曳引船, tug boat)이 수출화물을 적재한 박스바지[15]를 예인하여 외항(outer harbour)에서 대기하고 있다가, 본선이 도착하면 그 바지를 본선에 인도하고 수입화물이 적재된 바지를 인수한다.

15) 여기의 바지는 후술할 (10)항 Tug-Barge System의 플랫바지(flat barge)와 다르다. 이 바지는 LASH선의 가로 18.75m・세로 9.46m・높이 3.96m의 대형 박스바지(box barge)로 그 안에 대량의 화물을 적입할 수 있는 방수밀폐용기(防水密閉容器)이고, (10)항의 바지는 화물을 적입할 수 있는 상자가 아니고, 뗏목과 같이 화물을 바지 위에 얹어 놓는 넓은 플랫바지이다. 따라서 플랫바지에 적재할 수 있는 화물은 바닷물을 뒤집어써도 무방한 목재・자켓과 같은 철구조물 등이다.

[Box Barge Carrying Ship]

[Flat Barge Carrying Ship]

박스바지는 본선이 입항불가능한 항내의 깊숙한 좁은 안벽에 접안하여 적입・인출이 가능하기 때문에, 내륙수로를 따라 최종목적지까지 계속 예인하거나 내항으로 예인하여 한적한 곳에서 화물을 인출하여 수하인에게 인도한다.

본 선형은 유럽・미국과 같이 내륙수로가 발달한 지역에서는 매우 유용하며, 항만시설이 불비한 후진국이나 항만체선(port congestion)이 심한 항구 등에 편리하다. 그러나 선박의 건조비 및 적양장비가 고가이고, 바지의 크기로 인해 운송가능한 화물이 제한되고, 성공한 선사도 드물어 최근에는 건조되지 않고 있다. 바지운반선은 LASH선[16]을 비롯하여 유사한 Seabee Ship, Sea Barge Clipper, Europe Barge Carrier, Barge on Board, BACO(Barge and Container) 등이 있다.

(10) Tug-Barge System

15,000톤 적재능력의 대형 플랫바지에 화물을 얹어 싣고 Ocean Tug(원양예인선)로 끌거나 밀게 한다. 1950년대부터 ITBS(Integrated Tug-Barge System)라 하여 바지 뒤에 예인선을 결합(slotting)하여 원양항해를 시도해 오다가, 1969년에 스칸디나비아 수역에서 10,000dwt 바지를 터그에 연결하여 목재를 수송했고, 현재는 멕시코-

16) LASH선(Lighter Aboard Ship)은 3~5만dwt의 모선에 400~500톤 용량의 박스바지 73~89개를 양력 500~600톤의 본선크레인으로 적양할 수 있는 선박이다. 주로 펄프・강재 등 대량의 반제품・농산물 운송에 알맞고 미시시피・라인 등 큰 강과 항만 유역을 서비스했다. 그러나 잡화, 즉 일반공산품 운송은 화물조작이 많아 컨테이너 운송에 비해 비효율적이다. 래쉬선은 전시에 전차・상륙정(LST)・병력 등의 대량수송이 가능하기 때문에 미 해군은 본 선형을 보조함정으로 간주하여 미 정부가 선가의 50%를 보조하여 20여척이 건조된 바 있다. Seabee선의 바지는 길이 29.72m, 폭 10.67m, 높이 4.88m이며, W/M 850/1,000톤으로 2,000톤 양력의 본선 엘리베이터로 적양한다.

알라스카에 15,000dwt의 ITBS가 이용되고 있다.

처음에는 터그가 바지를 앞에서 끌었으나 터그가 일으키는 물결로 인해 30% 이상의 동력이 낭비되기 때문에 바지를 밀게 하였다(pusher tug). 본 시스템은 일반선박에 적재하기 어려운 대형 중량화물(boiler · kiln 등)의 운반에 편리하고 투하자본 · 연료 · 인력의 절감효과와 기동성이 좋다는 장점이 있으나 위험이 커서 이용도가 낮다.

1970년대 후반에 현대건설이 사우디의 쥬베일 항만공사에 필요한 대형 철구조물(jacket)을 울산에서 제작, 본 시스템을 이용하여 남지나해 · 인도양 · 페르샤만으로 이어지는 장거리 원양항로를 왕래하면서 $10억의 대공사를 성공리에 마침은 물론 비용을 크게 절감하여 많은 이익을 올린 바 있다.[17)]

[Tug-Barge System]

[현대건설이 Tug-Barge로 수송한 철제자켓]

17) 현대건설은 시간 · 인력 · 비용을 절약하기 위해 국내에서 제작한 대형구조물을 원양예인선(ocean tug) 3척과 플랫바지(flat barge) 4척으로 중동 건설현장으로 수송하였다. 일반화물선에 실을 수 없는 철구조물 · 해상장비 · 건설자재 등을 길이 170m, 폭 40m의 플랫바지에 싣고 길이 1,200m, 직경 70mm의 와이어로프로 예인하여 울산-사우디(40일) · 리비아(55일)까지 운반했다. 사우디 쥬베일 산업항 건설자재인 10층 빌딩의 높이에 무게 400~550톤의 철제자켓 89개를 보험도 들지 않고 1.2만km의 바닷길을 19회에 걸쳐 날랐다. 로프가 끊어져 바지가 표류한 적도 있었지만 바지를 찾아내 총 19항차를 차질없이 마쳤다고 정주영 회장은 회고했다.

[표 3-1 상선의 용도에 의한 분류]

- 상선
  - 여객선
    - 순객선(passenger ship), 화객선(cargo-passenger ship),
    - 순례선(pilgrimage sip), 카페리(car ferry),
    - 유람선(pleasure ship), 전시선(exhibition ship)
  - 화물선
    - 건화물선
      - 일반화물선
        - 정기선
          - 컨테이너선(container ship)
          - 재래정기선(general cargo ship)
        - 부정기선
          - 일반부정기선(tramper)
          - 살물선(bulk carrier)
      - 전 용 선
        - 광석전용선(ore carrier)
        - 자동차전용선(car carrier)
        - 목재전용선(log carrier)
      - 겸 용 선
        - 광석/원유 겸용선(ore/oil carrier)
        - 광석/살화물/원유 겸용선(ore/bulk/oil carrier)
        - 자동차/살화물 겸용선(car/bulk carrier)
        - 컨테이너/살화물겸용선(container/bulk carrier)
      - 특 수 선
        - 냉동·냉장선(refrigerating ship)
        - 중량물운반선(heavy cargo carrier)
        - RoRo선(roll on/roll off ship)
        - LASH선(lighter aboard ship)
        - 만능선(combi or omni carrier)
        - 터그-바지선(tug/barge system)
    - 탱커
      - 유 조 선
        - 원유유조선(crude oil tanker)
        - 제품유조선(clean tanker)
      - 특수액체운반선
        - 화학제품운반선(chemical tanker)
        - LPG 탱커(LPG tanker)
        - LNG 탱커(LNG tanker)
        - 당밀운반선(molasses tanker)

제3절 선박의 제원(諸元)

선박의 관리를 위해서는 선체의 명칭·치수·톤수·기관(機關)의 출력 등 정확한 정의가 필요하다. 예컨대, 세금의 부과, 선적화물의 용적·중량, 입항(入港)·입거

(入渠, dry docking)의 가능성, 해운력을 나타내는 선복량 등을 어떠한 방법으로든지 표시해야 한다. 선체의 명칭·치수, 선박의 톤수, 선급(船級) 등을 서술한다.

1 선체의 개요

선박은 크게 선체(船體, hull)·기관(機關, engine)·기기(機器, machinery)로 구성된다. 선체는 선박의 외형을 이루는 일체의 구조물이고, 기관·기기는 선박의 추진력을 생성하는 주기관·발전기·하역기기·냉동기 등 각종 기계류를 말한다. 선체·기기는 선박의 종류·크기에 따라 약간의 차이는 있으나 기본적으로 유사하다.

우선 선체는 인체의 등뼈에 해당되는 용골(龍骨, keel)이 대들보 역할을 하고, 갈비뼈 역할을 하는 늑골(肋骨, transverse frame), 선창내부를 수직으로 분리해 주는 격벽(隔壁, bulkhead)과 수평으로 분리해 주는 상하갑판(上下甲板, deck)으로 구성된다.

한편 선수부위를 이물(stem, bow, fore end), 본선의 전진을 Ahead, 선미부위를 고물(stern, after end), 후진을 Astern이라 하고, 본선의 중앙부위는 Amidship, 중앙부위의 선폭이 가장 넓은 부위를 Beam, 선체와 직각방향으로 움직이는 것을 Abeam이라 한다. 그리고 조타실(操舵室, 배의 조종실)을 선교(船橋, bridge), 본선의 좌측, 즉 좌현(左舷)을 Port, 본선의 우측, 즉 우현(右舷)을 Starboard라 한다.

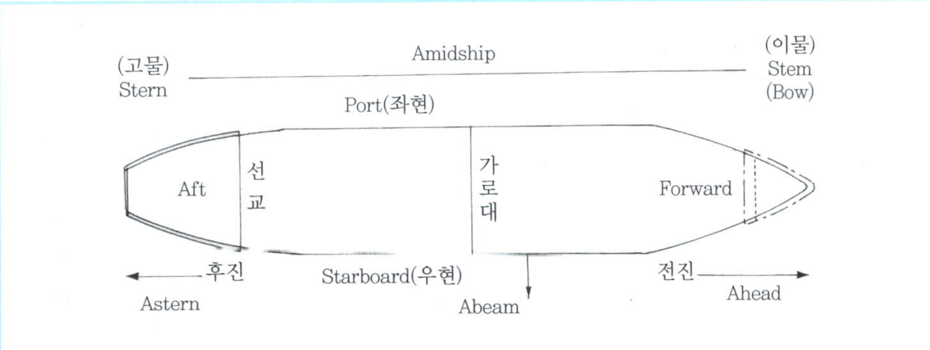

[선체의 개요]

2 선체의 주요 치수(Principal Dimension)

(1) 길이(Longitudinal Dimension)

선체의 길이는 전장(全長), 수선간장(垂線間長), 등록장(登錄長), 수선장(水線長) 등이 있는데 각각 그 쓰임이 다르다.

① **전장(全長, LOA : Length Over All)**

선체에 고정되어 있는 모든 돌출물을 포함한 뱃머리 끝에서 배꼬리 끝까지 수평거리이다. 접안(接岸, berthing) · 입거(入渠, docking)할 때 이 길이를 고려해야 한다.

② **수선간장(垂線間長, LBP : Length Between Perpendicular)**

만재흘수선(滿載吃水線)의 선수수선(船首垂線)에서 타주(舵柱, rudder post)의 중심을 지나는 선미수선(船尾垂線)까지의 수평거리이다. LOA보다 짧고, 'L'로 표시하며 일반적으로 선박의 길이는 이것을 사용한다.

③ **등록장(登錄長, Registered Length)**

상갑판(上甲板) 가로들보(beam)의 선수재(船首材) 전면에서 타주 후면까지의 수평거리이다. 선박원부와 국적증서(國籍證書)에 기재되며, 수선장(水線長, LWL : length on load water line)과 함께 선체운동을 분석할 때 이용된다.

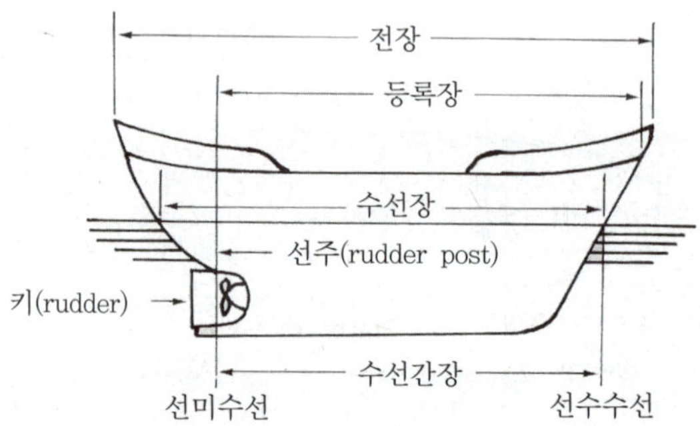

[선박의 길이]

(2) 선폭(船幅, Extreme Breadth)

선체의 제일 넓은 부분[最廣部]으로서 외판의 외면에서 반대측 외면까지의 수평거리이다. 즉, Beam의 길이로 입거(入渠, docking)시 고려되는 폭이다.

(3) 선심(船深, Vertical Depth)

선체의 중앙 상갑판(上甲板) 빔의 상단에서 용골(龍骨, keel) 상단까지의 수직거리를 선심이라 하며 'D'로 표시한다. 선박법, 강선구조 규정, 선박 만재흘수선 규정상 배의 깊이는 선심으로 표시하며, 형심(型深, moulded depth)이라고도 한다.

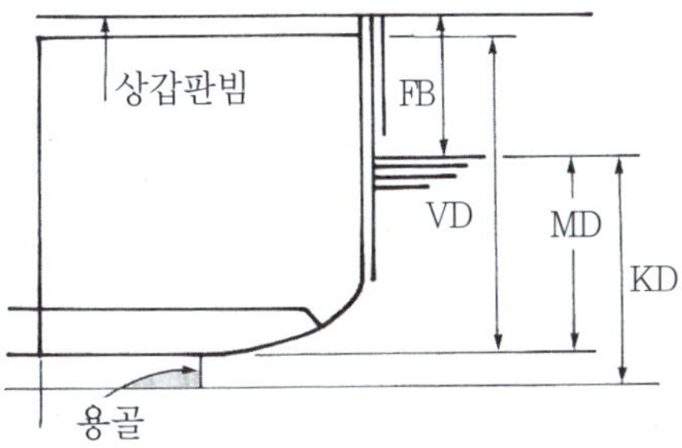

【 선박의 船深 】

(4) 흘수(吃水, Draft)

흘수는 선박이 수중에 안전하게 잠기는 선(線)으로 수심이 얕은 운하 · 하천의 배선(配船)과 원양선(遠洋船)의 적재량을 계산하는 기준이다. 전흘수(全吃水, Keel Draft)는 수면에서 선저의 최저부까지의 수직거리이다. 보통 흘수라 하면 이를 말한다.

Load Draft(滿載吃水)는 만재흘수선에서 용골 상단까지의 수직거리로 형만재흘수(mouldod load draft)라고 하며, 여기에 용골의 두께(높이)를 가산하면 보통 사용하는 만재흘수(load draft extreme)가 된다.

(5) 건현(乾舷, Free Board; Air Draft)

흘수의 반대개념인 건현은 수중에 잠기지 않는 수면 위의 선체 높이이다. 건현의 높이로 선박의 예비부력을 표시한다. 즉, 건현의 높이는 선체 중앙의 흘수선으로부터 건현갑판(free board deck) 상단까지의 높이를 말한다.

선박이 파도가 있는 해상을 안전하게 항해하기 위해서는 화물의 지나친 적재로 선체가 너무 깊이 침하되어서는 안되고, 어느 정도의 예비부력을 갖도록 건현을 남겨둬야 한다. 따라서 안전항해에 필요한 최대의 흘수, 즉 최소의 건현을 정하여 화물의 적재량을 제한한다.

3 만재흘수선표

모든 선박은 선수(船首)·선미(船尾)에 20cm마다 10cm 폭의 아라비아 숫자로 흘수 눈금이 적혀 있다. 대형선은 선박의 중앙부분 양측에도 기입한다. 이것은 선저의 최저부, 즉 용골의 하단(下端)에서 측정한 것으로 통상의 만재흘수이다. 만재흘수선 규정에는 선박의 형상(形狀)과 강도(强度)의 양면에서 만재흘수를 계산하여 그 흘수선을 본선의 중앙 우현에 표시하게 되어 있다. 이것이 만재흘수선표(load line mark)로서 건현을 나타내므로 일명 건현표(free board mark)라고도 한다.

만재흘수선표(Plimsoll Mark)는 1875년 영국 국회의원 Samuel Plimsoll의 주장으로 건현법에 따라 제정된 것이다. 만재흘수선 규정에 따르면 선박의 항해구역과 기간을 해수·담수·동절기·하절기·열대·북태평양·북대서양 등으로 구분하여 우현에 만재흘수선을 표기하고 해당 흘수선 이상으로 선박을 침하시켜 항해하면 안된다.

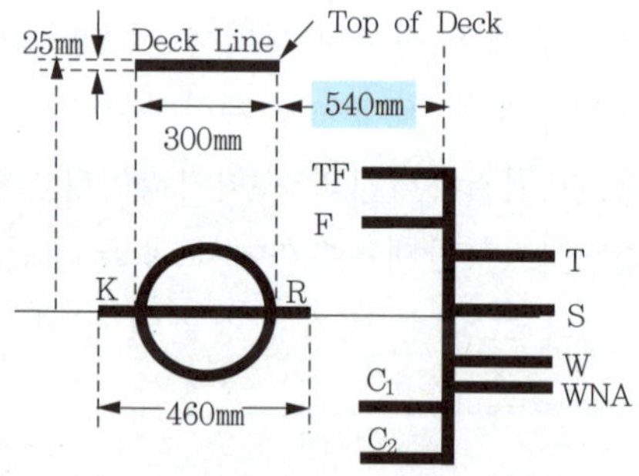

【 만재흘수선 마크 】

[표 3-2 만재흘수표 마크의 약어]

S	Summer load line
W	Winter load linc
WNA	Winter North Atlantic load line
T	Tropical load line
F	Fresh water load line
TF	Tropical fresh water load line

4 선박의 톤수

선박의 톤은 중량단위의 톤(ton)과 용적단위의 톤이 있다. 용적·중량의 양단위(兩單位)로 쓰이는 톤은 그 어원이 옛 북유럽어의 Tunna(술통)이다. 15세기경부터 유럽은 선박에 적재할 수 있는 술통(252갤런=954~1,146ℓ)의 수로 선박의 크기를 표시하고, 이것을 단위로 세금을 매겼다. 이에 따라 선박의 크기를 Tunnage라 부르던 것이 Tonnage로 변한 것으로 보고 있다. 이처럼 선박의 톤은 용적의 단위로 시작하였으며, 이때의 술통은 용적이 40ft^3(=1.1327m^3)이고 중량이 2,240파운드였다고 한다.

이후 1854년 영국에서 선박의 내부용적 100ft^{3}를 1톤으로 삼는 Moorsom System을 고안하여 국제적으로 사용해 왔으나, 세부적인 측정방법이 달라 동일한 선박의 톤수가 나라마다 차이가 나는 문제점이 있었다. 이에 1969년 UN산하 국제해사기구(IMO : International Martitime Organization)의 주도로 '선박톤수측정에 관한 국제조약'을 채택하고 1982.7.18.부터 1m^3(CBM : CuBic Meter)로 통일하여 적용하고 있다.

따라서 선박의 크기는 용적·중량으로 표시하고, 화물 역시 중량(weight)·용적(measurement)으로 그 크기와 양을 측정하여 운임을 부과하고 있다.

(1) 용적톤(Space Tonnage)

선박의 용적은 1m^3(CBM : 1×1×1m=35.3147ft^3)를 1톤으로 한다. 1982년 이전에는 선박의 용적톤이 매우 복잡했었는데, 지금은 m^3(CBM : cubic meter)로만 표시하므로 간편하다. 선박의 용적을 톤으로 표시하는 것은 총톤수·순톤수·갑판하톤수이다.

① 총톤수(Gross Tonnage : G/T)

용적으로 표시한 톤수이며 선박의 밀폐된 내부공간 전체, 즉 총용적량으로 상갑판 이하의 모든 공간과 상갑판상의 밀폐된 장소의 합으로 1m^{3}를 1톤으로 표시한 것

【 선박의 용적톤 】

이다. 총톤수는 선박의 수익능력(收益能力)을 나타내며, 관세·등록세·소득세·계선료·도선료·각종 검사료·모든 세금의 기준이 되고 있다. 총톤수는 군함 이외의 모든 선박의 크기를 표시하는 기준이며, 각국의 선복량(海運力)을 비교할 때 이용한다.

② 순톤수(Net Tonnage : N/T)

상행위에 사용되는 공간, 즉 화물·여객을 수용하는 곳이다. 순톤수는 톤세·항세(港稅)·등대세·항만시설 사용료·운하통과료 등을 부과하는 기준이 되고 있다. 나라에 따라 부두사용료·관세·예선료 등을 순톤수로 부과한다.

(2) 중량톤(Weight Tonnage)

중량톤에는 배수톤수·만재중량톤수가 있다. 해수 $1m^3$의 무게로 측정한다.

① 배수톤수(Displacement Tonnage)

선박의 중량은 선체의 수면아래 부분의 용적에 상당하는 물의 중량과 같으며, 이 물의 중량을 배수량·배수톤수라 한다. 배수량은 화물의 적재상태에 따라 각각 다르므로 상선의 크기를 배수톤수로는 일률적으로 나타낼 수 없다.

그러나 군함은 완성되어 병기·탄화약(彈火藥)·승무원·식량 등을 탑재하고 연료·청수(淸水)는 적재하지 않은 상태의 배수량을 기준배수톤수(standard displacement)라 하며 군함의 대소(大小)를 표시하는 기준으로 삼고 있다.

ⓐ 만선배수톤수(Load Displacement) : 선박과 화물의 무게이다. 여름철 해수(海水)의 표준밀도 1.025에 대한 만재흘수선의 배수톤수를 말한다.

ⓑ 공선배수톤수(Light Displacement) : 선박만의 무게이다. 선박을 신조(新造)하여 법정 속구(屬具)·비품을 갖춘 후에, 보일러·냉각조(condenser)에만 물을 넣은 상태(light condition)의 흘수(draft)에 대한 배수톤수이다. 화물·연료·청수·선원과 그 휴대품·식량 등을 일체 적재하지 않은 상태의 배수량이다. 이 톤수는 사실상 선박건조시 투입된 철강재의 무게에 해당되어 선박해체(scrap)시 유용한 톤이다.

② 만재중량톤수(Dead Weight Tonnage : DWT)

화물·연료·청수·선용품 등 선박이 적재할 수 있는 적재물의 최대허용중량이다. 이것은 만선배수량과 공선배수량(空船排水量)의 차이로 산출하며 선박의 매매·용선료 등의 기준이 된다.

한편 순만재중량톤(net dead weight, useful dead weight, carrying capacity)이 있다. 이는 실제로 선박에 적재가능한 화물의 최대중량을 말한다. 이것은 만재중량톤(dwt)에서 연료·청수·평형수(ballast)·식량·선용품·선원과 여객 및 이들의 소지품, 그리고 건조후에 부가된 불명중량(不明重量, unknown constants or margin)을 제외한 중량이다. 순만재중량은 대개 살물선은 95%, 유조선은 96%, 근해항로 선박은 만재중량의 90%, 원양항로 선박은 85% 내지 90% 정도의 무게에 해당된다.

(3) 운하톤수(Canal Tonnage)

수에즈[18]·파나마 운하[19]는 19세기 말에 책정한 특유의 방법, 즉 갑판상하(甲板上下)의 모든 폐쇄공간(enclosed space)에서 조타실·취사실·선원실·기관실·연료탱크 등을 제외한 공간, 즉 선박의 수익능력(收益能力)을 선박의 톤수로 삼아 운하통과료를 부과해 왔다.

수에즈 운하는 SCNT(Suez Canal Net Tonnage)당 SDR(Special Drawing Rights)로 통과료를 부과한다. SCNT는 선급협회 또는 공인감정기관에서 측정하여 수에즈운하톤수 증명서(Suez Canal Special Tonnage Certificate)를 발급한다.[20] 통과료는 선종(船種), 적재선(積載船, laden)과 공선(空船, ballast)을 구분, 단계화(scale)하여 부과한다.

파나마 운하는 PCNT(Panama Canal Net Tonnage)를 폐지하고 1994년부터 선박톤수측정국제조약에 의거 US$로 통과료를 부과한다. 역시 적재선·공선을 구분, 단계화하여 도선료(pilotage)·윈치비용(갑문식이라 본선을 윈치로 끌어줌)을 포함시켜 부과하고 있다. 여기에 줄잡이(line handler)·예선료(tug transit) 등이 추가된다. 컨테이너선의 통과료는 2005년부터 톤에서 Teu로 변경하였다.

18) 1869년 개통되어 지중해(Port Said)와 홍해(Suez)를 잇는다. 길이 165km, 통과시간 약 15시간이다. 2015년 폭 64m, 깊이 23m로 확장하여 대부분의 선박이 통과할 수 있다. 매년 $30억 이상의 통행료 수입으로 관광수입·해외근로자 송금에 이어 이집트 정부의 3번째 외화수입원이다.

19) 1914년 개통되어 카리브해(Cristobal)와 태평양(Balboa)을 잇는다. 길이 82km로 선박을 해발 26m 위로 끌어올려 폭 32.3m, 길이 294.1m, 흘수 12.4m 이내의 파나막스선만 통행해 오다가 2016년 새로 건설한 운하의 개통으로 폭 49m, 길이 366m, 흘수 15.2m의 선박이 통행할 수 있다.

20) 증명서가 없는 선박은 총톤수(G/T)와 순톤수(N/T)를 더해서 2로 나눈 뒤 10%를 가산하여 부과한다.

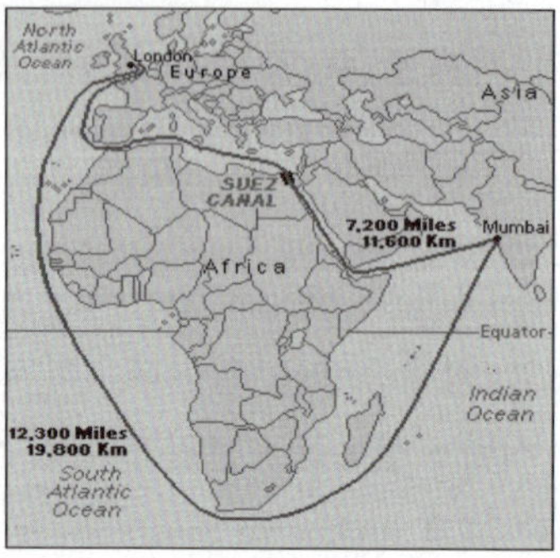

【 Suez Canal 】

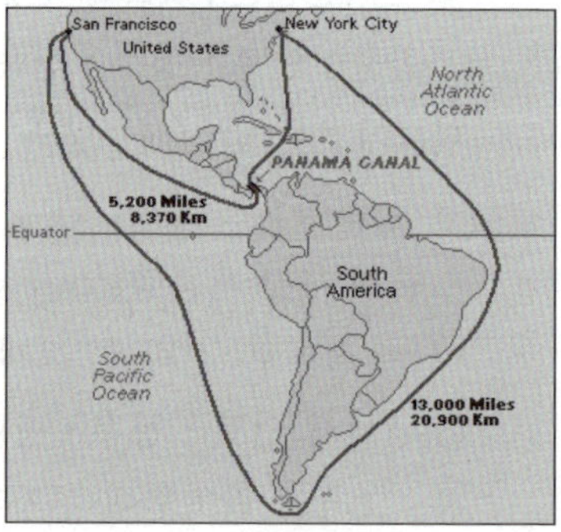

【 Panama Canal 】

그리고 폭 33.5m, 길이 304.6m, 흘수 12.8m인 기존 운하의 갑문에 폭 55m, 길이 427m, 흘수 18.3m의 새로운 갑문을 추가하고 수로를 준설하여 12만dwt의 살물선과 18,000teu의 컨테이너선이 통과할 수 있도록 2007년 9월 운하 확장을 시작하여 2016년 6월 개통하였다.

(4) 화물톤(Cargo Ton) = 운임톤

운임적용톤이다. 흔히 Freight Ton(F/T) or Revenue Ton(R/T)이라 하며 선하증권에 기재되는 톤수(B/L Ton)로 중량톤(weight ton) · 용적톤(measurement ton)이 있다. 즉, 어떤 화물의 무게가 1,000kg이고 그 부피가 $1m^3$를 초과하면 용적화물(measurement cargo)로 분류하여 용적을 기준해 운임을 부과하고, 부피가 $1m^3$에 미달하면 중량화물(weight cargo)로 분류하여 중량을 기준해 운임을 부과한다(Rates are quoted on weight or measurement, ship's option whichever greater).

예컨대 승용차의 실제무게는 1,000kg에 불과하지만, 그 용적(容積=空間)이 $12m^3$이므로 운임톤(F/T or R/T)은 12톤이 되고, 선하증권에도 12톤으로 기재하여 12톤의 운임을 지불한다.

5 선급제도(Ship's Classification)

선박의 정상적인 항해가능 여부를 감항성(堪航性) 또는 내항성(耐航性, seaworthiness)이라 한다. 즉, 선체·기관에 이상이 없고, 선장 이하 선원에 결원(缺員)이 없으며, 연료·청수(淸水) 등 항해준비를 갖춘 상태를 감항성이 있다고 말한다.

선박의 감항성 유무는 선주·화주·보험회사 등 모든 이해당사자의 주요 관심사항이다. 그러나 감항성의 기준이 객관적으로 명백하지 못해 항상 분쟁의 소지가 있다. 여기에 감항성의 객관적·전문적 판단을 위해 선급제도가 생겼고, 이를 담당하는 선급협회(Classification of Societies)가 있다.

선급제도는 보험자들이 보험의 인수여부와 보험료 결정을 위해 1760년에 'Green Book'이라는 선박등록부를 만들면서 시작되었다. 뒤이어 선주들도 자신들의 이익보호를 위해 선급제도를 별도로 실시해 오다가, 1834년에 양선급이 통합하여 오늘의 로이드 선급(Lloyd's register)이 탄생했다.

전세계 45개 선급 중 로이드 선급 등 11개 주요 선급이 상호 협력하여 선급제도를 발전시키기 위해 1968년 국제선급협회(IACS : International Association of Classification Societies)를 창설하였으며, 현재 정회원국은 영국·미국·프랑스·독일·노르웨이·이탈리아·일본·러시아·중국·폴란드·한국 등이다.

우리나라도 독자적인 선급제도의 필요성을 느껴 1960년 한국선급협회(KR : Korea Register)를 창설하고, 1988년 6월부터는 중국과 함께 IACS의 정회원이 되어 선진해운·조선국으로 대내외의 인정을 받고 있다.

그리고 1989.11.3.에 영국 적하보험선급약관(Classification Clause)에 등재, 1990.1.1.부터 발효되어 해상보험요율 최우대 적용 및 KR 선급선의 국제경쟁력 제고 등의 효과를 기대할 수 있게 되었다.

선박이 특정선급을 얻기 위해서는 선급검사관(surveyor)의 엄격한 감독으로 동선급규칙(同船級規則)에 맞춰 건조해야 한다. 어떤 선박의 선급이 100A1이라면 그 선박은 로이드 검사관의 감독하에 건조되었음을 의미한다. 또 선급을 계속 유지하기 위해서는 매년 일반검사(survey)를 받고 4년마다 정밀검사(special survey)를 받아야 한다.

제4절 화물(Cargoes)

선박·철도·항공기·항만 등은 모두 화물운송을 위해 존재하고, 어떻게 하면 화물을 신속·안전·경제적으로 운송할까에 관심을 모으고 있다. 화물[21]의 종류는 무수히 많고, 그 특성도 종류만큼이나 다양하다. 간략하게 화물을 특성별로 분류하고 그 운송방법, 포장방법, 화인(貨印, shipping mark), 하역용구·기기, 적재방법 등을 서술한다.

1 화물의 분류

운송화물은 물리적 성질, 이용선박, 포장방법, 컨테이너화의 여부, 기타 특성에 따라 아래와 같이 다양하게 분류할 수 있다.

(1) 건화물(Dry Cargo)과 액상화물(Liquid Cargo)

물리적 성질에 따른 분류로 건화물은 곡물·시멘트·설탕·소금·면화 등과 대부분의 일반공산품이 해당된다. 액상화물은 석유류, 아스팔트, 당밀(糖蜜, molasses), 우지(beef tallow), 야자유(palm oil), 주류(酒類), LNG·LPG, 액상의 화공품(chemical products) 등으로 탱커 또는 용기에 담아 운송하는 화물이다.

(2) 부정기선 화물(Tramper Cargo)과 정기선 화물(Liner Cargo)

운송선박의 성격에 의한 분류로 부정기선 화물은 주로 석탄·원유·원광석·곡물·시멘트·비료·원목·설탕·소금 등으로 부정기선으로 운송하는 화물이다. 정기선 화물은 재래정기선(conventional liner) 또는 컨테이너선으로 운송하는 화물로서 주로 일반공산품이며 아래에 서술하는 일반화물·컨테이너화물이 이에 속한다.

---

21) 화물을 흔히 적하(積荷)라고도 한다. 화물은 범용적 용어인데 비해, 적하는 선적·적재된 화물로서 주로 운송물을 지칭한다. 그리고 많은 독자들이 화(貨)와 하(荷)에 의문을 가질 것이다. 貨와 荷는 같은 의미이며 한국은 貨와 荷를 사용하고, 중국은 貨를 사용하며, 荷는 일본이 사용하는 글자이다. 본서에서는 관례와 발음의 편리를 고려하여 화물·화주·화인(貨印)과 선하증권·하역·적하·양하·송하인 등과 같이 혼용하고 있다.

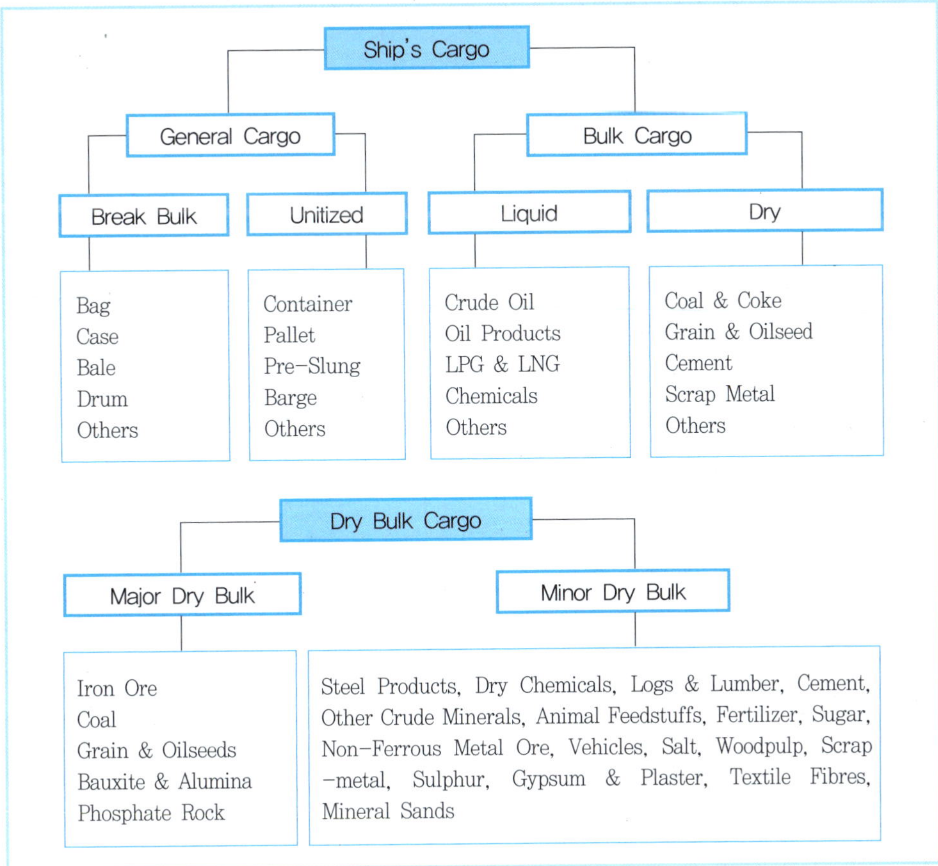

【 해상화물의 분류 】

(3) 살화물(Bulk Cargo)과 일반화물(General Cargo)

화물의 포장여부에 따른 분류로 살화물은 포장을 하지 않은 상태로 운송하는 화물로서 주로 원자재가 이에 해당되며 앞의 부정기선 화물의 대부분이 이에 속한다.

일반화물은 흔히 잡화(雜貨)로 불리운다. 수많은 종류의 공산품이 이에 해당되며 앞의 정기선 화물이 이에 속한다.

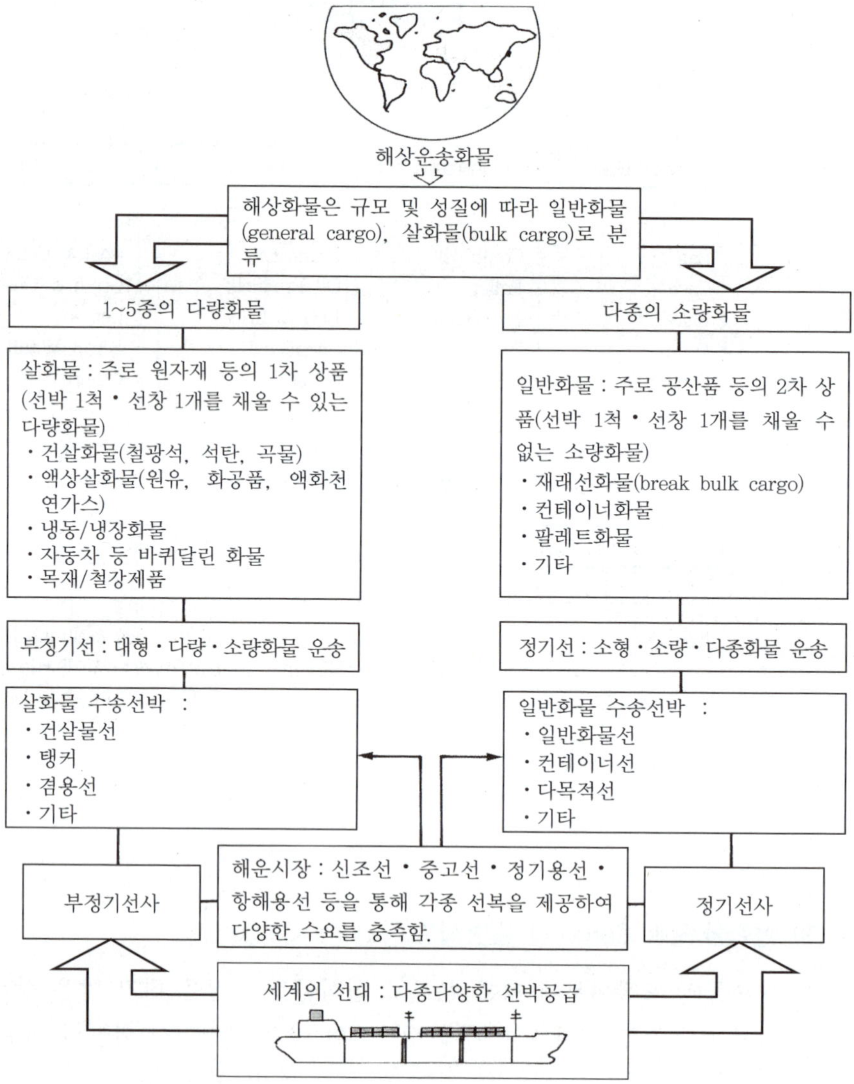

자료 : Martin Stopford, *Maritime Economics*, 1997 p. 16

【 해상화물운송방식 】

(4) 컨테이너화물(Container Cargo)과 재래선화물(Break Bulk Cargo)

Container Cargo는 컨테이너에 적입하여 운송하는 화물이고, Break Bulk Cargo (=non-unitized/general cargo)란 일반화물선(general cargo ship)으로 운송하는 컨테이

너화(化)되지 않은 화물이다.

한편 냉동선(reefer vessel)으로 운송되는 냉동·냉장화물(refrigerated/chilled cargo)이 있다. 냉동화물은 -18℃ 이하로 얼려서 운송하는 화물로서 참치·동태·오징어 등의 원양수산물과 육류 등이며, 냉장화물은 사과·바나나·계란·우유·버터 등 0 ~10℃로 운송하는 화물이다.

(5) 위험화물(dangerous cargo), 기피화물(dirty cargo)

위험화물은 선박·선원·하역인부·타화물 등에 위해(危害)를 가할 수 있는 화물로 모든 운송기관이 위험화물에 엄격한 규정을 적용하고 있다. 이를 어기면 벌금을 물게 되므로 위험화물에 특별한 관심을 기울여야 한다. 국제해사기구(IMO)는 위험화물을 9개 부류(class)로 분류하고 있다.

① 폭발물, ② 고압가스·액화가스, ③ 인화성(引火性) 액체, ④ 인화성 고체, 자연발화성 화물, 젖으면 인화성 가스를 발생하는 화물, ⑤ 산화성 물질, ⑥ 독극물, ⑦ 방사성 물질, ⑧ 부식물(腐蝕物, corrosives), ⑨ 기타 위험물 등이다.

이러한 화물을 선적하려면 운송서류도 별도의 양식에 상세히 기록하고 포장의 외면에 IMO의 규격(10×10㎝, minimum size)에 맞춰 표찰(label)을 여러개 부착해야 한다. 그리고 위험화물의 운임은 일반화물에 비해 25~50%의 할증료(surcharge)가 붙는다.

기피화물은 악취(smell)·분진(粉塵, dust)·오염(taints) 등을 일으키므로 선주·선원·하역인부들이 달가와하지 않는 화물로서, 원피(原皮)·아스팔트·우지(牛脂)·석탄·고철·시멘트 등이 이에 속한다.

【 IMO의 위험물표찰 】

2 주요화물의 운송방법

(1) 곡물, 시멘트, 비료, 소금 등

벌크(bulk)상태 또는 포대(bag)에 담아 운송하며 모두 습기를 피해야 할 화물로서 선창(ship's hold)이 건조해야 한다. 곡물은 운송도중 변질을 막기 위해 환기(ventilation)를 요한다. 특히 쌀은 자체의 수분함유량이 많아, 선박의 발한(發汗)·열기(熱氣)로 변질위험이 커 각별히 주의를 요한다. 소금도 습기를 아주 잘 흡수하므로 선창을 건조(dry)하게 유지해야 한다.

(2) 면화, 양모, 황마 등

묶어서(baled) 운송한다. 이것들은 인화성이 강한(inflammable)데다 물기(damp)나 유류(greasy)에 젖은 채로 운송하면, 자연발화(spontaneous combustion)가 되므로 화물을 건조하게 간수하고, 녹(rust)에 오염될 수 있으므로 철물(ironworks)과 접촉을 피해야 한다.

(3) 사과, 오렌지, 버터, 계란, 육류 등

통상 카톤박스에 담아 냉장·냉동선(chilled/refrigerated vessel)으로 운송한다. 사과는 1℃하에서 운송하며 운송 도중 호흡을 하므로, 이산화탄소를 흡수할 수 있도록 화학처리된 종이로 하나하나 싸줘야 한다. 오렌지는 3℃로 운송되며 향기가 강하므로 인접화물(예, 차·커피 등)에 주의해야 한다. 계란은 2℃로 온도를 낮추되 얼려서는 안되며, 바나나는 10℃, 버터는 −10℃, 육류는 −10~−3℃로 운송하며, 남태평양이나 남인도양에서 들여오는 참치(tuna)는 −60℃로 급냉시켜 운송한다.

(4) 커피, 차, 담배 등

통상 커피는 마대(hessian-gunny bag), 차와 담배는 상자(case)에 담아 운송한다. 커피·차는 건조하지 않으면 향기(aroma)를 잃어 상품가치를 상실하고 오염이 잘되므로 주의를 요한다. 담배에 습기가 차면 곰팡이가 슬고, 지나치게 환기를 하면 향기(flavour)를 잃는다.

(5) 석탄, 원광석, 목재, 자동차 등

석탄은 선적 직후에는 가스를 발산하므로 환기(ventilation)를 하지 않고 밀폐공간에 방치하면 폭발·자연발화(55℃ 이상)의 위험이 있다. 그리고 가루석탄은 상품가치가 덜하므로 덩어리가 깨지지 않도록 유의해야 한다. 원광석은 그 종류가 많고(철광석·보크사이트·크롬·망간·구리·아연 등) 광석전용선·살물선을 이용한다. 목재는 갑판상하에 적재가능한 원목선(log carrier)을 주로 이용하며 살물선도 이용한다. 자동차는 Drive On·Drive Off(roll on·roll off)방식으로 하역이 이뤄지고 6,200대를 운송가능한 자동차전용선(car carrier)도 있다.

배추는 저장고에서 1분에 20~30회 정도 호흡한다.

2013년 8월 이마트가 배추 13만 포기를 (포기당) 1,980원에 판매했다. 서울 가락동 도매시장 가격이 포기당 특품(特品) 4,440원, 상품(上品) 3,547원인데 도매가보다 최대 55% 저렴한 가격이다. 이마트는 저장기법을 획기적으로 개선해 배추가격을 시중가의 절반 이하로 낮췄다. 배추는 그동안 최대 저장기한이 1개월에 불과했지만, 이마트는 신선식품 저장센터(후레쉬센터)를 활용해 대기조절(CA : Controlled Atmosphere) 방식으로 품질저하 없이, 배추를 2개월 이상 저장하는데 성공했다.

CA 저장은 저장고 내의 공기를 외부로부터 완전히 밀폐한 뒤, 질소를 주입해 산소농도를 3% 내외로 낮추는 방식이다. 배추는 일반적으로 저장고에서 1분에 20~30회 정도 호흡하지만, 산소가 부족한 CA 저장고에서는 호흡수를 5회 가량으로 줄인다. 호흡수를 줄여 노화되지 않고 신선한 상태를 유지하게 하는 것이다. 이마트는 배추 외에도 수박·자두·살구·포도 등 다양한 과일과 채소를 CA 저장품목으로 확대할 계획이다.

3 화물의 적하계수

적하계수(stowage factor)는 화물의 중량 1M/T(1,000kg)을 선적할 때 화물과 화물, 화물과 선체와의 틈, 화물 자체가 차지하는 전체 공간을 m^3로 표시한 것이다. 어떤 화물의 적하계수가 2~3이라면 이 화물은 1M/T을 적재하는 데에 2~3m^3의 공간을 요한다는 의미이다. 적하계수는 화물에 따라 다르며(〈표 3-4〉), 적하계수 1을 분기점으로 중량화물(weight cargo)·용적화물(measurement cargo)로 분류한다.[22]

22) 적하계수는 ft^3로도 표시한다. 만약 어떤 화물의 적하계수가 80이라면, 이 화물은 1M/T을 적재하는 데에 80ft^3의 공간을 요한다는 의미이다. m^3로 표시된 적하계수를 ft^3로 환산하려면 35.32ft^3로 곱해준다.

[표 3-4 적하계수표(積荷係數表)]

상품명	포장	적하계수	상품명	포장	적하계수
Aluminium	Ingots	1	Maize(옥수수)	Bulk	1.23~1.25
Ammonia	Bags	1.25~1.5		Bags	1.35~1.38
Sulphate(황산염)			Manganese(ore)	Bulk	0.43~0.45
Antimony(ore)	Bulk	0.45	Matches(성냥)	Cases	2.5~3
Barley(보리)	Bulk	1.45	Motor Cars	Various	3.75~7.5
	Bags	1.5	Paper	Rolls	1.25~2.25
Bauxite	Bulk	0.8	Phosphate Rock	Bulk	0.75~0.8
Beans(soya)(콩)	Bulk	1.15	Potash(양잿물)	Bulk	0.75
	Bags	1.25	Railway Iron	Bulk	0.33~0.38
Beer(bottled)	Cases	1.75~1.88	Rattan(등나무)	Bundles	3~3.75
Bone Meal(骨粉)	Bags	1.1~1.15	Rice(벼)	Bags	1.25~1.5
Bran(밀기울)	Bags	2.88~3.25	Rosin(송진)	Barrels	1.45~1.5
Bristles(돼지털)	Bales	2~2.38	Rubber	Cases	1.7~1.75
	Cases	1.5~1.75		Bales	1.63~1.68
Burlap(삼베)	Bales	1.58~1.63	Rye(호밀)	Bulk	1.25
Canned Goods	Cases	1.33~1.5		Bags	1.33~1.4
Cement	Bags	0.83~0.93	Salt	Bulk	0.9~0.95
Chrome(ore)	Bulk	0.3	Sesame(참깨)	Bags	1.48
Coal	Bulk	1.05~1.25	Silk(raw)	Bales	2~3
Coffee	Bags	1.4~1.5	Spelter(아연)	Ingots	0.2~0.3
Cork	Bales	7.5~10	Sugar	Bags	1.15~1.2
Copper	Ingots	0.25~0.3	Tea(Japan)	Chests	2.5~3
Cotton(U.S.A)	Bales	3.13~3.45	–〃–(Sri Lanka)	Chests	2.5
– 〃 – (India)	Bales	1.3~1.5	Teak	Bulk	1.88~2.13
Flax(아마)	Bales	2.25	Tin(주석)	Ingots	0.2~0.25
Fertilizers	Bags	1~1.75	Tobacco(U.S.A)	Hogsheads	2.38~3.75
Fish Meal(漁粉)	Bags	1.95~2.38	Vegetable Oils	Bulk	0.95~1
Flour(밀가루)	Sacks	1.2~1.3	Vinegar(식초)	Casks	1.75~2
Hides(dry)(原皮)	Bundles	3.5~4.75	Wheat	Bulk	1.8~1.23
Hides(green)	Bundles	1.25~1.5		Bags	1.3~1.35

Iron(bars) etc.	Bulk	0.25~0.5	Wool.(Australia)	Bales	3.5~6
Jute(黃麻)	Bales	1.45~1.5	– 〃 –.(River Plate)	Bales	2.38~2.75
Lead(pigs)(납)	Bulk	0.25			

자료 : 布藤豊路・米田謹次郎, 《海運實務指針》, (東京 : 海文堂, 1957.), p. 62.

4 화인(貨印, Shipping Mark : Cargo Mark)

화물의 특성에 맞게 적절한 포장을 하였으면 포장의 외면에 특정의 기호・번호・목적지・취급주의 문구(文句) 등 각종 표기를 하는데, 이는 운송인・기타의 관계자가 타화물과 식별을 쉽게 하기 위한 것이다. 화인의 주요 부분은 기호・번호(mark and number)로 선하증권・상업송장 등에도 기재하여 화물과 대조를 쉽게 한다. 화인의 불비(不備)로 인한 손해는 송하인(shipper)의 책임이고, 보험회사도 보상하지 않으므로 유의해야 한다.

① 주화인(Main Mark)

타화물과 식별을 쉽게 하기 위해 포장 외면에 삼각형・사각형・마름모형・다이아몬드형・타원형 등을 그리고, 그 안에 상호(商號) 등의 약자를 넣는 도형이다. 삼각형 등의 도형이 없는 문자나 숫자만의 주화인도 있다.

② 양륙항표시(Port Mark)

화물의 선적・양륙작업을 쉽게 하고, 화물이 오송(誤送)되지 않도록 양륙항・목적지를 표기한다. Chicago overland via Seattle과 같이 경유지를 표기하기도 한다.

③ 번호(Case Number)

화주 1인의 화물이 여럿인 경우 총 개수를 일련번호로 표기한다.

④ 중량 및 용적표시(Weight & Measurement Mark)

화물의 순중량・총중량・용적을 표기한다.

⑤ 원산지표시(Country of Origin Mark)

화물의 원산지를 국가명(Made in Korea)으로 표기한다.

⑥ 부화인(Counter Mark)

주화인의 보조로서 같은 그룹의 화물 중 구별이 필요할 때 이용한다. 예컨대 화물의 등급・규격을 표기할 때 부화인을 이용한다.

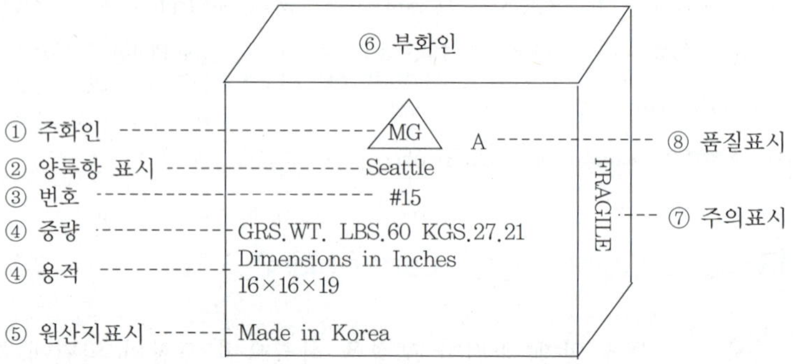

【 화인 】

⑦ 주의표시(Caution Mark; Care Mark)

화물의 운송·보관시 취급상의 주의사항을 표기한 것으로 통상 포장의 옆면에 표기하기 때문에 Side Mark라고도 한다. 주의표시는 USE NO HOOKS, WITH CARE, KEEP DRY, THIS SIDE UP, OPEN HERE, FRAGILE 등의 문구를 쓴다.

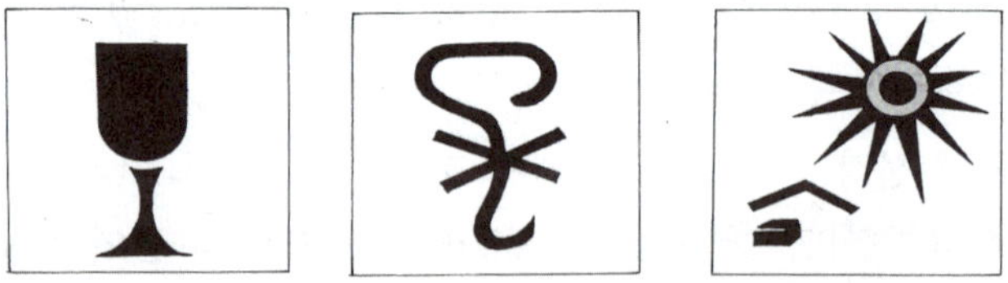

Fragile-Handle with Care　Use no Hooks　Keep Away from Heat

【 주의표시 】

⑧ 기타표시

수입상이 수입화물의 분류·통관 등의 편의를 위해 주문번호(order No.)나 기타 필요사항을 표기하도록 지시하는 경우도 있다.

제5절 항 만

1 항만의 개념 및 의의

(1) 항만의 정의

항만(harbour)은 선박이 풍파를 피해 안전하게 피난하고 정박할 수 있는 곳으로, 항구(port)와 같은 뜻으로 통용되지만, Harbour는 천연항, Port는 인공항의 개념에 가깝다. 항만은 해륙운송의 접속지이며 관문으로, 육송(陸送)된 화물의 선적과 해송(海送)된 화물의 양륙을 원활히 할 수 있는 시설을 갖추고, 이러한 활동이 이뤄지는 수역(水域)을 말한다.

항만에서 하역과 선박의 입출항이 자유롭게 행해지려면, 선박의 안전한 정박을 위한 잔잔한 수면과 충분한 수심(水深), 닻(anchor)을 내리기에 적당한 해저지질(海底地質), 넓은 수면 등이 필요하며, 해륙을 연결하는 시설로 창고・화물장치장・육상교통수단・급유・급수・보급시설・수리(修理)시설 등이 있어야 한다.

근대문명 이전에는 천연의 지형을 이룬 포구(浦口) 또는 만곡(彎曲)을 우수한 항만으로 여겼으나, 항만건설기술과 조선기술의 발전으로 항만의 사명은 선박의 안전한 정박보다도 신속한 하역에 더 큰 비중을 두게 되었다. 따라서 항만의 배후에 얼마나 유력한 후방세력권을 가지고 있느냐가 보다 중요한 조건이 되고 있다. 예컨대, 부산・여수・속초 등은 천연의 지형을 갖춘 항구이고, 경인지구의 관문인 인천항・평택항, 이리(裡里) 공업단지의 군산항, 울산공업단지의 울산항 등은 후방세력을 기반으로 인공적으로 개발한 항만이라 할 수 있다.

항만에는 선박운항업, 예선업(曳船業, tug boat), 부선업(艀船業, barge), 육운업, 창고업, 수출입업, 통관업, 대리점업, 중개업, 선박수리업, 급유업, 선용품업, 선식업, 검수업, 검량업, 감정업, 은행 등 유관사업이 번창하고, 영사관, 항만청, 세관, 검역소, 부두운영공사 등 관공서가 있다.

(2) 항만의 의의

항만은 경제성장의 기반시설(infrastructure)로서 해운・무역의 촉진이라는 직접적인 효과와 연관산업의 발전이라는 간접적인 효과에서도 그 중요성이 매우 크다.

사회간접자본(SOC; Social Overhead Capital)인 항만시설의 확충과 효율적인 항만운영은 상품의 수입가격을 낮추고 수출경쟁력을 강화하며, 자국 항만의 비효율적 운영과 시설의 미비는 항비(港費)와 체선(滯船) 등의 증가로 수송비가 상승하여 국제경쟁력을 상실한다. 싱가포르・홍콩・네덜란드 등은 효율적인 항만관리로 항만을 경제성장의 촉매로 활용하고 있는 나라들이다.

한편 항만체계는 근본적으로 항만의 물리적 한계를 규정짓는 항만내부체계(intra- port subsystem), 항만을 기종점(起終點)으로 하는 내륙지역을 포함하는 항만배후체계(port-hinterland subsystem), 항로와 외국의 목적지・출발지 항이 포함된 항만접속체계(port-foreland subsystem)로 구성된다.

컨테이너겟돈

미국이 항만적체로 심각한 물류대란을 겪고 있다. 미국 수입품의 40%를 처리하는 LA・롱비치항에 2021.10.21. 컨테이너선 157척이 대기하고 있다. 해상운임이 폭등하고 물류비가 급증했다. 내려진 컨테이너도 멈춰 있다. 트럼프 정부의 외국인 노동자에 대한 규제와 코로나19 여파로 하역노동자・트럭운전사가 부족하고, 물류센터 직원도 뽑기 힘들다. 이러한 하역지체가 전세계 주요 항구로 파급되어, 컨테이너 하역작업의 대혼란을 '컨테이너겟돈'(컨테이너와 아마겟돈의 합성어)으로 표현한다.

LA・롱비치의 항만적체는 항만의 운영시간 때문이다. 미국・유럽・아시아의 주요항만 가운데 24시간・365일 연중무휴로 컨테이너 하역작업을 하지 않는 곳은 LA・롱비치뿐이다. LA・롱비치항은 항만노조(ILWU)와 맺은 근로계약 때문에 오전 8시부터 다음 날 오전 3시까지만 2교대로 일한다.

코로나19 이전에도 LA・롱비치항의 선박들은 2~3일씩 대기하곤 했는데, 2020년 하반기부터 물동량이 쏟아지는데도, 매일 7시간씩 멈춰 있어서 물류대란을 심화시키고 있는 것이다. 급기야 바이든 대통령까지 나서면서 LA항・롱비치항도 24시간 운영체제로 전환했다.

물류대란으로 물가가 급등했다. 2021년 11월 미국의 소비자물가지수(CPI)는 2020년 11월 대비 6.8% 올랐다. 40년만에 가장 높은 상승률이다. 미국판 '천원숍 달러트리'마저 $1 판매정책을 포기하고 가격을 인상했다. 전세계 식료품 가격도 2020년 10월보다 31.3% 상승했다. 공급망의 붕괴가 가격으로 전이되어 '비용인상 인플레이션'(cost-push inflation)으로 나타난 것이다. (2021.11.8.)

2021년 하반기 '컨테이너겟돈'의 여파에 대한 우리 언론의 헤드라인이다. "수출품 싣고 갈 배가 없다, 공장에 쌓인 트랙터 1,000대, 수출용 컨테이너 구하기 대란, 주문 폭주하는데, 발만 동동, 운임 1.5배 폭등에도 배 못 구해, 대기업보다 중소・중견기업 심각, 정부도 뾰족한 대책 없는 상황, 컨테이너 운임 작년 3배, 벌크선은 6배 폭등, 아시아~미동안 운임 연일 사상 최고가, 한진해운 사라진 게 안타깝다, 컨테이너 산이 된 부산항, 美・유럽서 하역 지체,

선박들 바다에서 발 묶여, 미국 물가 31년래 최고." 대구의 염색기계 제조업자는 "$2,000였던 이집트 운임이 $9,800로 오른데다, 운송 자체가 안돼 컨테이너 30개를 3개월째 못보내고 있다."는 하소연이다.

2 항만의 요건

항만건설은 일반적으로 투자규모가 방대하고 건설기간도 장기를 요해 전후방으로 미치는 파급효과가 커서 장기·거시적인 개발계획을 수립해야 한다. 따라서 항만개발계획을 수립할 때에는 면밀한 타당성 조사(feasibility study)가 선행되어야 한다.

타당성 조사는 항만의 입지조건·배후조건·물동량 조사 등을 행한 다음, 도시계획·교통시설·용수계획·항만건설 평면계획 등을 수립하고, 종합적인 경제성 분석의 순으로 실시해야 한다. 항만을 개발할 때에는 경제적 측면·기술적 측면의 조사를 병행해야 하는데, 이 중에서 경제적 측면이 기술적 측면보다 더 중요하다.

(1) 경제·사회적 요건

경제·사회적 요건은 항만건설 후 약 20년 동안의 변천과정, 특히 물동량의 추세를 의미한다. 인구의 현황과 추세, 물동량과 밀접한 관계를 가진 생활수준·교육수준 등의 사회적 조건과 함께 산업입지조건으로서 공업용수·전력 등 공장 적지(適地)의 여부와 장래전망, 그리고 철도·도로 등 배후교통망(背後交通網)과 배후권의 도시계획·토지이용·물동량·입출항 선박 등 항만의 경제적 조건을 면밀하게 점검해야 한다.

(2) 기술적 요건

파랑(波浪)·바람·염도·해저구조 등에 의한 이상조류(異常潮流), 강우(降雨)와 안개에 의한 선박항행 장애요소 등의 기상조건, 파랑·조류·조위(潮位)·표사(漂砂)·하천 등을 고려한 항만의 안전도, 항행의 지장여부, 안벽높이, 운영방법, 매립원인, 감조구역(感潮區域) 등의 해상조건과 수심·표고(標高)·지질 등을 조사하고 준설·매립·구조물 위치·부지조성·구조물 형태 등의 지상조건을 결정해야 한다.

3 항만시설

항만시설은 일반적으로 수역시설, 외곽시설, 계류(繫留)시설, 임항(臨港)교통시설, 보관시설, 선박보급시설, 항만후생시설, 선박건조 및 수리시설로 대별할 수 있다. 좁은 의미의 항만시설로는 부두·안벽·잔교(棧橋)·창고 등 10여 가지를 들 수 있다.

(1) 수역시설

① 접근항로(Access Channel)

접근항로는 바람과 파랑의 방향에 30°~60°의 각도를 갖는 것이 좋고, 조류방향과 작은 각도를 이루어야 한다. 또 가능하면 굴곡부가 없어야 하지만 불가피할 때는 교각이 30°를 넘지 않아야 한다. 항만구역내 항로는 선석(berth)의 수심(draft)이 표준이지만 외항로는 선박의 진동·해저지질 등을 고려한 여유수심이 필요하다.

② 묘박지(Anchorage)

선박이 닻(anchor)을 내리고 접안(接岸, berthing)을 위해 대기하는 수역이다. 묘박지는 잔잔하고 충분한 수역, 닻을 내리기 좋은 지반(地盤)이어야 하며, 그 규모는 사용목적·정박방법에 따라 다소 차이가 있다.

【 Anchorage 】

③ 선회장(船回場)

선회장은 예선(曳船)의 유무, 바람·조류의 영향 등을 고려, 안전한 조선(操船)을 할 수 있도록 충분한 수면을 확보해야 한다. 자선선회(自船船回)의 경우 본선 길이의 3배를 직경으로 하는 원이며, 예선(曳船)이 있으면 본선 길이의 2배를 직경으로 하는 원으로 한다.

(2) 외곽시설

외곽시설로는 방파제, 방사제(防砂堤), 도류제(導流堤), 방조제(防潮堤), 제방, 호안(護岸), 수문, 갑문(閘門) 등을 들 수 있다.

(3) 계류시설

계류시설은 부두(quay, wharf, dock), 안벽(berth, dock), 잔교(pier, dock, jetty), 부잔교(浮棧橋, floating landing stage), 부선거(浮船渠, floating dock)[23] 등이 있다.

① 부두(Quay, Wharf, Dock)

화물의 하역·여객의 승하선을 위한 여러 구조물을 총칭한다. 형태는 석재·콘크리트로 물밑에서부터 수직으로 쌓아올려, 가장자리는 화물의 적양(積揚)을 위한 부두를 형성하고, 장치장 등의 창고건물이나 계선공작물(繫船工作物)[배를 붙잡아 매는 계선주(繫船柱), 즉 Bitt Bollard · Mooring Post]이 설치된다. 광의로는 이들의 부두설비 외에 부두광장·임항철도(臨港鐵道)·창고 및 장치장·각종 하역설비 등이 상설된 부두지역을 총칭한다. Quay는 영연방에서, Wharf는 북미에서 주로 많이 쓰인다.

【 Quay; Wharf 】

【 Berth; Dock 】

② 안벽(Berth, Dock)

해안·하안(河岸) 등에 평행하게 축조된 석조·콘크리트제로 선박의 접안을 위해 해저(海底)로부터 수직으로 만들어진 옹벽이다. 선박의 손상을 방지하기 위해 이 벽에 방현재(防舷材, fender)를 매달며, 벽끝에 계선줄(mooring rope)을 묶는 계선주(繫船柱, bitt)가 설치되어 있다. 특히 Dock은 매우 범용적으로 쓰이는 용어이다.

안벽의 부속물로는 다음과 같은 구조물이 있다.

(a) 펜더(Fender) : 선박의 접안중·접안후에 선박이 안벽과 부딪히더라도 선박이 파손되지 않도록 안벽에 부착시켜 두는 고무재의 완충물이다.

23) Floating Dock란 일종의 거대한 선박으로 그 안에 선박을 입거시켜 수리·검사를 행하는 해상에 떠 있는 도크이다. 이에 대해 땅을 파서 콘크리트로 급·배수 장치를 갖춰 설치한 도크를 건선거(dry dock)라 한다.

(b) 계선주(Bitt, Mooring Post, Bollard) : 선박의 계선줄(mooring rope)을 고정하기 위해 안벽에 설치된 석재·강철재의 짧은 기둥이다.

【 Fender 】

【 Bollard 】

③ 잔교(Pier, Jetty)

선박의 접안·계류, 화물의 하역, 여객의 승하선을 위해 목재·철재·석재 등의 기둥(pile)을 해저에 박아 윗부분을 콘크리트로 굳힌 선박의 계류시설(繫留施設)이다. 육안(陸岸)에서 직각으로 돌출한 간이구조물(not a solid structure)로서 조류의 흐름을 방해하지 않는다. Jetty는 제방(堤防)의 의미도 있다.

【 Pier 】

【 Jetty 】

4 항만하역시설(Loading and Discharging Facilities)

하역시설은 선박의 가동능력에 커다란 영향을 미치고 항만의 경제적 가치를 결정하는 중요한 요소로 부선(艀船, lighter, barge), 해상기중기(floating crane), 고정식 또는 이동식 육상기중기(陸上起重機, port crane), 컨베이어(belt conveyer), 그 밖의 여러 가지 하역기기를 총칭한다.

① 부선(Barge)

단독으로 이동하지 못하는 무동력선이다. 부두에서의 하역이 아닌 외항에서의 난바다(off-shore) 하역시 하역공간을 제공하고, 본선과 육상에 화물을 운반하는 수단이다. 이동할 때는 예인선을 연결하여 이동한다. 플랫바지(flat barge)와 박스바지(box barge) 2종류가 있다. 항만에서는 주로 플랫바지를 이용하고 박스바지는 LASH선 등에 이용된다.

② 기중기(Crane)

중량물을 싣고 내릴 때와 이동할 때 사용되는 기기로 Floating Crane, Goliath Crane, Mobile Crane 등이 있다.

③ 그랩(Grab)

그랩은 크레인(crane)에 부착하여 광석·석탄·곡물 등 대량의 살화물의 적양에 사용하는 기구이다.

【 Grab 】

5 항만운송사업 및 부대사업

항만운송사업은 항만에서의 화물의 적양(積揚)·보관·장치(藏置)·운반 등의 작업과 창고·중간창고·하역기기·부선(艀船)·안벽 등의 시설 전반의 유기적 결합을 통해 효율적 이용을 위한 해상운송의 보조적 기능을 수행하는 사업이다. 따라서 해상운송은 항운사업 없이는 성립될 수 없고, 철도운송의 통운사업과 같이 부대운송의 비용·시간 등이 기간운송(基幹運送)의 운임·시간을 상회할 수도 있는 점에서

항운사업·여러 부대사업의 비중은 매우 크다.[24]

(1) 하역업(荷役業)

하역(stevedoring)은 선내하역과 연안하역이 있다. 선내하역은 다시 난바다하역과 접안하역으로 나뉜다. 난바다하역은 묘박지(anchorage) 작업, 즉 수상작업(水上作業)을 말한다. 주로 화물의 출발지가 수운과 연결되는 항구에서는 난바다하역이 많다. 접안하역은 본선이 부두에 접안하여 하역하는 것으로 대부분의 선박이 접안하역을 한다. 연안하역이란 본선 밖의 장치장 안과 밖에서 화물을 운반하는 작업으로, 그 전후의 화물이동과 항만내의 창고에 반출입하는 작업 등을 말한다.

(2) 검수업(檢數業)

검수(tallying)는 화물의 수량을 파악하는 업무이다. 대수롭지 않은 것 같지만 클레임 등 관계자의 이해와 책임문제가 직결되므로 엄정·공평·신뢰를 요하는 업무로 국가자격증을 요한다. 창고·부두·트럭·철도 등 화물의 인수인계시마다 검수할 수도 있으나, 통상 선적·양륙시 본선에서의 검수를 중시한다. 그리고 컨테이너 하역시 검수원은 갠트리 크레인 다리 옆에서 컨테이너 번호·봉인번호를 컴퓨터에 입력하고 컨테이너의 파손여부 등의 외관상태를 점검한다.

(3) 검량업(檢量業)

검량(weighing and measuring)은 화물의 무게·부피를 측정하는 업무이다. 검량 역시 본선의 안전·수익에 직결되는 적재량을 가늠해 주고 운임·항비 등의 산출자료가 되므로 엄정·공평·신뢰를 요하는 업무이다.

(4) 감정업(鑑定業, Surveyor)

화물의 적재상태 및 선박의 감정(surveying)을 공정한 제3자의 입장에서 판정하는 업무이다. 그 업무로는 ① 위험물의 적부검사, ② 일반화물의 적부검사, ③ 흘수검사(吃水檢査),[25] ④ 원유감정 및 견본채취, ⑤ 연료유(bunker), 청수(淸水) 등의 잔량감

24) 항만운송사업은 하역업, 검수업, 검량업, 감정업을 말하고, 항만용역업은 통선업, 용달업, 경비 및 줄잡이업, 선박청소업을 말한다.

25) 석탄·철광석·곡물 등의 살화물은 적재중량에 따라 흘수가 균일하게 증감하므로 본선의 만재중량측정표(dead weight scale)를 이용, 적재량을 정확하게 측정할 수 있다. 단순한 육안판별이라서 수수료가 싸 자주 이용된다.

정, ⑥ 공동해손조사, ⑦ 손상화물의 사정·처분에 대한 증명, ⑧ 선가(船價)의 감정, ⑨ 선체·기관·속구의 상태 및 손상조사 등이 있다.

(5) 항만운송부대사업

① 통선업(通船業, Launching)

통선(motor boat)으로 선원 및 선박대리점 직원이 본선과 육상을 오간다. 본선이 묘박중(anchoring)일 때 입출항 절차를 위한 관계자·선원의 상륙과 귀선시 이용한다.

② 용달업(Ship Chandling)

본선 또는 선원이 필요로 하는 선용품·주부식·기타 물품의 공급이나 선원의 의류 등을 세탁하는 사업

③ 경비·강취방업(綱取放業, Watchmen, Lining)

본선의 경비 또는 본선의 이접안(mooring & unmooring, berthing & deberthing)시 줄잡이(강취방; lining) 역무를 제공하는 사업

④ 선박청소업(Ship Cleaning)

선박의 청소, 오물제거, 소독, 폐기물·폐유 등을 수집하는 사업

⑤ 급유업(Bunkering)

선박용 연료유·윤활유 등을 공급하는 사업

⑥ 급수업

선박용 청수(淸水, fresh water)를 공급하는 사업

⑦ 컨테이너 수리업

컨테이너를 수리하는 사업

⑧ 항만서비스업

통선업, 용달업, 경비, 강취방업, 선박청소업을 종합운영하는 사업

북극항로(Arctic Shipping Routes)가 열린다

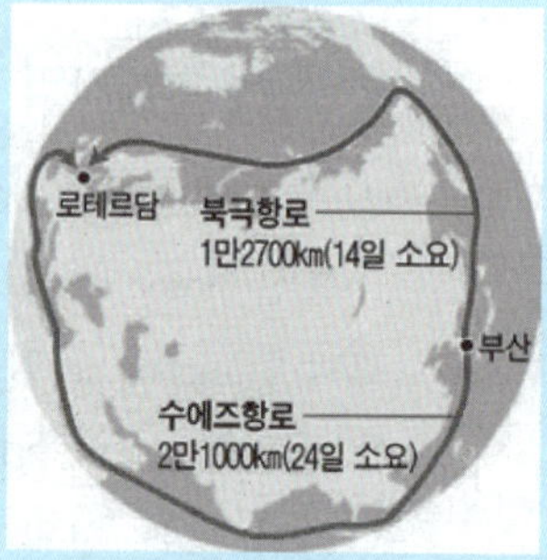

지구의 온난화로 북극항로(NSR; North Sea Route)가 열렸다. 부산~수에즈~로테르담은 21,000km(24일), 부산~북극항로~로테르담은 12,700km(14일)로 8,300km가 줄어 10일이 단축된다. 북극항로를 이용하면 유럽~아시아의 해상운임이 약 30% 절감되어 수에즈 운하를 대체할 수 있다. 수에즈 운하를 경유하면 서러시아에서 동아시아까지 최대 45일이다. 북극항로를 이용하면 일본은 18일, 중국은 20일이 소요돼 운송기간이 2배 이상 줄어든다.

2009년 2척을 시작으로 매년 늘어 2013년에는 71척, 2017년 27척, 2020년은 62척이 통과했다. 2017년 8월에 최초로 쇄빙선의 도움 없이 항해를 했고, 2018.8.28. 최초로 3,500teu급 컨테이너선 'Venta Maersk'호가 러시아 수산물, 한국 전자제품 등을 싣고 부산항을 출발해 3일동안 쇄빙선의 도움을 받아 항해를 마쳤다. 최적 항해기는 7~8월이지만 1978년부터 고성능 쇄빙선으로 연중항해가 가능하다. 문제는 쇄빙선 사용료이다. 수에즈운하 통과료는 화물톤당 $5, 러시아 쇄빙선 이용료는 톤당 $20~30이었는데, 2011년 $4~5로 낮춰 2011년 물동량이 2010년보다 7배 증가했다. 현재 가동중인 러시아 원자력 쇄빙선은 12척으로 그 폭은 30~34m이며 3m 얼음도 깬다(북극항로의 평균 얼음두께 2m).

그러나 북극항로가 단기간 내 활성화될 가능성은 옅어 보인다. 우선 MSC, Hapag-Lloyd 등 주요 선사들이 대기오염·유류오염 등 환경오염과 항행안전을 이유로 북극항로를 외면하고 있다. 특히 2018년 최초로 상업적 시범운항에 성공한 머스크도 북극항로를 이용할 계획이 없다고 밝히고 있다.

그럼에도 북극항로의 잠재력은 여전하다. 2030년에는 해빙으로 얼음이 없는 항해를 예측하고 있다. 또한 안전운항·환경오염방지를 위한 제도도 정비하고 있다. IMO는 2014년 '극지규범'(Polar Code)을 제정하여 2017.1.1.부터 발효되었고, 또한 북극에서의 중유사용운송금지(The Heavy Fuel Oil (HFO) ban in Arctic waters) 협약을 제정하여 2024.7.1.부터 발효되었다.

Chapter

4 부정기선

제1절 부정기선의 개요

1 부정기선의 개념

부정기선(tramp, tramper)은 원유・석탄・광석・곡물・원목・시멘트・철강・자동차 등 대량의 화물을 화주가 원하는 그때그때의 시기・장소에 맞춰 불규칙적(irregularly)으로 운항하는 운송형태이다. 따라서 특정항로를 일정한 시차(interval)를 두고 규칙적(regularly)으로 반복 운항하는 정기선(liner)과 대비된다. 부정기선은 관광여행・수학여행과 같이 특별한 때에 이용하는 전세버스와 같고, 정기선은 많은 사람들이 항상 이용하는 지하철・시내버스와 같은 것이다.

지하철・시내버스가 승객이 있건 없건 예정된 시간에 발착(發着)하면서 반복 운행하듯이, 정기선 역시 화물이 있건 없건 예정된 스케줄에 맞춰 일정구간을 반복 운항한다. 전세버스는 일정수 이상의 단체를 구성하고 일정액 이상의 운임을 지불하면 설악산・경주 등 원하는 곳을 갈 수 있듯이, 부정기선은 일정량의 화물을 확보하고 일정액의 운임을 지불하면 어디든지 원하는 곳으로 운항할 수 있다.

정기선은 운임표(tariff)에 공시된 운임을 수수(授受)하고, 선주(carrier) 일방만이 서명한 운송계약을 증명(evidence of contract)하는 선하증권(bill of lading)을 발급하지만, 부정기선은 매번 흥정(bargaining)을 통해 운임을 결정하고, 선주와 화주 쌍방이 서명한 운송계약서인 용선계약서(charter party)를 작성한다.

원래 해운업의 초기형태는 부정기선 형태였으나, 무역이 크게 늘고 조선과 항해기술이 발달함에 따라 정기선으로 확대 발전하였고, 오늘날은 컨테이너선의 출현으로 정기선 운항이 주류가 되었다. 그러나 정기선과 부정기선은 각각 고유의 영역을 갖고 있고, 상호 보완성이 강해 현대해운의 기본형태로 병존하고 있다.

2 부정기선시장의 특성 및 종류

(1) 부정기선시장의 특성

부정기선의 화물은 대체로 원유·철광석·석탄·곡물·시멘트·합판 등의 저가 대량화물(低價大量貨物, 운임부담력이 약한 화물)로 구성된다. 이러한 화물운송은 지역별·시기별로 불규칙적이고 수요에 따라 수시로 항로가 결정되므로, 全세계가 활동무대가 되고 범세계적 시장(global market)을 형성한다.

따라서 단일기업의 시장점유율은 크지 못하며, 어느 한 기업이 자체의 수급량(需給量) 조정으로 시장 전체를 좌우할 만큼의 독점기업은 성립하기 어렵다. 또 기업은 상호 생산조건에 차이가 있어 카르텔의 형성도 극히 어렵다.

범세계적 단일시장은 필연적으로 자유경쟁이 전개되고, 가격(운임이나 용선료)은 타율적으로 결정되며, 그 수준(운임)은 수급(需給)의 변화에 따라 끊임없이 변동한다. 부정기선 시장은 완전경쟁시장(perfect market)[1]에 가까운 시장이라 할 수 있다.

이런 가운데 부정기선 시장은 어떤 연유[2]로 수송수요가 늘어 운임이 올라가면, 선박에 대한 투자가 활발해져 선복(ship's space)이 늘고, 이것이 지나쳐서 선복이 과잉 상태에 이르면, 운임이 하락하여 투자가 감소되는 과정을 반복하면서 시황이 변동하게 된다.

부정기선 시장은 수송수요에 대한 선복공급을 매개하는 곳으로 19세기 이래 런던이 그 중심을 이루고 있다. 특히 발틱거래소(Baltic Exchange)는 270년의 역사를 자랑하는 해운거래소로 全세계 해운시장을 주도하고 있다.

한편 제2차 세계대전 이후에는 미국의 경제력을 바탕으로 뉴욕이 주요 해운시장으로 등장하여 런던·도쿄·오슬로 등과 함께 4대 해운시장을 형성하고 있다. 이 가운데 도쿄는 종합상사 등의 용선수요(charter-in)가 커서, 외국의 선주와 중개인들이 직접 대화주들을 접촉하며 선복을 판매하고 있고, 뉴욕은 거의 모든 거래가

1) 완전경쟁시장의 요건 : ① 수많은 구매자와 판매자(numerous buyers and sellers), ② 상품의 동질성(product homogeneity), ③ 자유로운 진입과 철수(free entry and exit), ④ 완벽한 정보의 전파(확산)(perfect dissemination of information)

2) 세계대전 또는 국지전, 러시아나 중국의 흉년, 수에즈운하의 폐쇄, 석유가격의 인상, 탄광노조의 파업, 쿠바·이란의 혁명 등 그야말로 정치·경제·사회적 요인이 다각도로 작용하여 수송수요에 영향을 미친다.

전화로 이뤄지고 있다. 오슬로는 노르웨이 선주들이 주로 3국간 배선을 하기 때문에 세계시장에 대한 정보가 풍부하고, 중개인들이 매우 적극적인 것으로 정평이 나 있다.

이 외에도 함부르크·로테르담·파리·제노아·뉴델리·싱가포르·시드니·리우데자네이루·홍콩 등이 지역시장(local market)을 형성하는데, 특히 홍콩시장은 화교자본이 선박을 많이 보유하고 일본과 거래가 많아 도쿄시장의 일부로 보기도 한다. 한국에서도 중개인(broker)을 통해 용선계약이 체결되기도 하지만, 대부분 국내화물은 화주·선사가 직접 거래를 하고 있어 해운시장이라 칭하기에는 미흡한 실정이다.

(2) 부정기선시장의 종류

부정기선 시장은 일반시장(자유시장·간접시장)·특수시장(고정시장·직접시장)·선물시장 등으로 분류가능하다.

① 일반시장(General Market)

발틱 등의 거래소와 중개인을 통해 맺어지는 거래로서 현물시장(spot market)이라 한다. 연속용선·장기용선도 거래되지만 1회용선이 대부분이다. 통상 일반시장의 규모는 원유를 제외한 全세계 건화물의 5~6%선이며, 그 중에서도 곡물이 약 50%를 점한다. 일반시장에서는 항해용선·정기용선도 거래된다. 비록 거래량은 적지만 일반시장은 완전경쟁시장(perfect market)으로 해운시장 전반의 지표(indicator)가 된다.

② 특수시장(Special Market)

거래소나 중개인의 개입없이 선주·화주가 직접 맺는 거래이다. 주로 장기계약시 거래선을 한정시켜 제한경쟁입찰을 취하기도 한다. 앞서 일반시장의 규모가 5~6%이므로 나머지 90% 이상이 선주·화주의 직접거래이다.

③ 선물시장(Forward Market)

선물시장 이용자는 두 부류로 분류된다. 하나는 위험을 회피하여 불안을 해소하기 위해 헷징(hedging)[3]을 하는 부류(risk averter)이고, 또 하나는 위험을 감수하면서 투기(speculation)를 하여 이익을 취하려는 부류(risk taker)이다. 선물시장은 기본적으

3) Hedging의 어원은 울타리를 치다·담장을 쌓다는 의미이다. 즉, 외적·도둑의 방지를 위해 담장·울타리를 치듯 위험의 방지를 위해 어떤 조치를 취하는 것으로, 영어사전에는 연계매매로 해석하고 있지만, 연계매매라는 용어가 정확한 의미를 전달해 주지 못해 헷징이란 용어를 사용하였다.

로 외환・주식・석유・곡물・금 등과 같이 가격변동이 심한 품목이 거래대상이다.

부정기선 운임도 변동이 심해 헷징과 투기의 대상이 되어 1985.5.1.에 런던에 BIF FEX(Baltic Internationl Freight Futures Exchange)라는 선물시장이 문을 열어 운임과 용선료의 선물거래를 하다가 시장의 비활성화로 2001년 중단되어 지금은 존재하지 않는다. BIFFEX는 통화・주식・상품과 같은 유형재가 아닌 무형재, 즉 서비스에 대한 최초의 선물시장(service futures)이다.

1. 발틱거래소(Baltic Exchange)

Baltic Exchange Hall

발틱거래소는 로이드와 같이 커피점에서 시작되었다. 1700년대 초 발틱연안에서 등불용 쇠기름(牛脂; tallow)을 수입해 오던 화주들이 선주와 만나 상담(商談)한 장소가 테임즈 강변의 커피점이었다. 1744년 커피점 Virginia and Baltick에서 공식적으로 거래소로 발족되었고, 1982년에 Baltic Exchange Ltd.로 개명하여 현재에 이르고 있다. 회원제로서 선주・용선인・상품거래상들이 가입한다. 모든 상담이 구두(口頭)로 이뤄지며, 회원들은 "Our Word Our Bond"를 자랑으로 여긴다. 일단 어떤 선박에 용선희망자가 나타나면, 그 상담이 결렬되기 전까지는 일체 경합하지 않는다.

현재는 거래소에서 직접 상담하거나 계약을 체결하지 않고, 대부분의 거래가 전화・팩스・EDI 등으로 이뤄지고, 거래소는 단순한 사교장 역할을 하고 있다. 즉, 매주 월요일 점심시간대에 큰 홀에 모여 서로 안면을 익히는 장소로 이용되고 있다.

2002년 1월부터 Baltic Online을 개설하고 사이버 해운거래를 개시했다. 그러나 발틱온라인은 단지 정보센터 역할만 하고, 전통적인 브로커 체제를 유지하여 인터넷을 통한 거래협상이나 계약체결은 불가능하다. 온라인을 통해 이용가능한 선박・화물・발틱지수・선물거래 정보와 4만여척의 선박, 8,500여 항만정보의 검색이 가능하다. 2024년 현재 4,700개 회사・개인회원으로 구성되어 있다. 특기할 점은 2016년 11월에 싱가포르(해운)거래소(SGX; Singapore Exchange)가 발틱거래소를 인수하였는데, 모든 업무는 런던에서 이뤄지고 있다.

2. 발틱국제해사회의(BIMCO; Baltic International Maritime Council)

전(全)세계 상선대의 60%를 지배하는 국제선주협의회이다. BIMCO는 국제해운의 대변인・해운서류의 제정기관・정보센터・자문기관이다. BIMCO는 회원이 일상적으로 부딪치는 모든 해사문제를 자문하고 조언하는 카운슬러이다. 선주・중개인・P&I 클럽・선급협회・항만・조선소・변호사・기타 해운서비스 기관으로 구성된 130개국 1,900여 회원의 비영리 국제기구로 코펜하겐에 본부가 있다. 그 기능은,

① IMO · CMI · UNCTAD 등 국제기구의 협약 · 규칙 제정시 자문기구로, 그리고 Marpol · Solas · OPA 90 등 기존협약의 이행시 대두되는 문제에 실무적인 의견을 제시하고, 각국의 관련법을 검토하여 과도한 규정 · 제약적 관행 · 부당요금 등에 이의를 제기하여 회원의 권익을 옹호한다.

② 공평무사한 용선계약서, 기타 운송서류의 표준서식을 제정 · 공인 · 해석하며, 문제적 C/P 약관을 지적하여 개선을 권유하고 분쟁을 조정한다. Gencon, Baltime, 컨테이너 표준용선계약서(Standard Slot C/P) · 해상연료표준구매계약서 등 각종 C/P · B/L · Waybill을 BIMCO가 제정하여 널리 사용하고 있다.

③ 유용한 관련정보를 수집하여 정기적으로 배포하고 수시로 회원의 문의에 답한다. 예컨대 항로의 결빙, 항해제한구역, 항만설비 및 체선여부, 위험물 여부 및 적용규정, 각국의 공휴일, 과세문제, 항비체계, 대리점 수수료 등 운항관련 모든 정보를 제공한다. 또한 용선인(charterer)의 신용상태 · 과거의 행적 등을 조사하여 선주에게 제공하고, 회원간의 채권채무의 해결에도 개입한다. 화물의 적부방법 · 관련규정 · 연료유 등급 등 기술적인 문제도 조언하고 있다.

3. 편의치적(Flag of Convenience) 및 제2치적(Second Registry) 제도

편의치적은 소유선박을 자국이 아닌 외국에 등록하는 제도이다. 편의치적을 하면 ① 간섭을 받지 않는다. 재무상태 · 거래내역을 보고하지 않아도 되고 기항지도 제약을 받지 않는다. ② 高賃의 자국선원을 승선시키지 않아도 된다. 선진해운국의 선주들이 치적하는 중요한 이유이다. ③ 편의치적국은 등록시의 등록세와 매년 징수하는 소액의 톤세 외에 선주의 소득에 조세를 징수하지 않는다. ④ 금융기관이 선박에 대한 유치권(lien)을 쉽게 행사할 수 있어, 선박의 건조 · 구입자금을 국제금융시장에서 쉽게 조달할 수 있다. ⑤ 편의치적국들은 선박의 운항 · 안전기준 등을 규제하지 않기 때문에, 이 부문의 비용절감을 노려 치적하는 사례가 많다.

최근 편의치적을 대신해 등장한 제도가 제2치적 · 역외치적(flagging out) · 국제개방치적(international open registry)이다. 1980년대에 해운경쟁이 격화되면서 선진국의 선대(船隊)가 대량으로 편의치적을 하자, 자국선대의 해외이적을 방지하기 위해(자국선대의 감소는 국민경제의 위축과 국방의 약화로 이어짐) 자국의 자치령 · 속령에 치적할 경우, 선원고용의 융통성 · 세제혜택을 허용하기 시작한 것이다.

제2치적제도는 ① 기존의 등록지와 다른 곳에 등록을 하고 명목상의 본사를 둔다. ② 자국기를 게양하면서 외국선원의 고용을 허용하고 각종 세금을 경감해 준다. ③ 선박안전 등에 관한 사항은 자국적선과 동일하게 적용하며, 등록선박에 대한 관리체제가 잘 성비되어 있나.

우리나라도 선대(船隊)의 경쟁력 강화를 위해, 기존의 선박등록제도와 별도로 1997년 국제선박등록법을 제정하여 제2치적제도를 도입하고, 제주도를 치적지로 지정하여 2002.4.1.부터 등록을 받아 편의치적선과 같은 혜택을 누릴 수 있게 하였다.

현재 많은 나라가 개방치적(open registries)을 허용하고 있어, 이제 선박의 국적은 의미를 상실하고 있다. 따라서 국제해사기구(IMO)는 선박의 국적보다는 선박에 고유번호(identification No.)를 부여하여, 선박의 모든 검사 및 관리 · 선급유지보수 · 운항 · 선원충원 · 항해 · 오염통제 등의 관리를 시도하고 있다.

3 부정기선의 운항형태

부정기선은 화물·항로에 크게 구애받지 않고 채산만 맞으면 언제든지 배선·운항한다. 그러나 조선기술의 발전과 함께 시장이 확대되면서 부정기선의 운항방법도 달라졌다. 원유·석유제품 수송을 위한 전용선(specialized vessel : specialist), 즉 탱커를 필두(1885년 독일에서 처음 건조됨)로 광석전용선(ore carrier)·목재전용선(log carrier)·자동차전용선(car carrier) 등 전용선으로 확대되었다.

유조선은 석유재벌들이 채유(採油)부터 수송까지 일관사업을 가능케 하여, 원유·석유제품을 직접 수송하게 되었다. 유조선이 등장하던 초기에는 선복의 부족으로 운임변동이 심하여, 석유재벌들이 자가화물의 안정운송을 위해 선박을 직접 보유·운항하였는데, 이것을 자가운송(private carriage)·산업운송(industrial carriage)이라 한다.

따라서 부정기선의 운항은 일반선사가 타인의 화물을 운송하는 일반운송인(common carrier) 및 공중운송인(public carrier)과 화주 자신이 선박을 소유하여 자기화물을 직접 수송하는 자가운송인(private carrier)과 산업운송인(industrial carrier)으로 구분된다.[4)]

그리고 근대공업의 발전은 정기선 화물을 크게 증가시켰다. 그러나 운송수요가 정기선만으로 충족될 수는 없다. 곡물·석탄과 같은 대량의 살화물 수송수요가 부정기 해운을 필요로 한다. 부정기선 화물은 각종 공업제품의 원료·원유·목재·곡물·비료·시멘트·자동차류·중량화물 등이며, 단일화물을 대량으로 운송한다.

그러므로 운송계약도 정기선의 개품운송계약(individual consignment of cargo)[5)]과 달리, 일인(一人)을 위해 일종(一種)의 화물[6)]을 운송하는 일화만선용선계약(full shipload of a single commodity charter)이 된다. 부정기 운항은 본래 매항차(each voyage)마다 선적지·양륙지·운송시기·운임 등을 감안하여, 채산에 맞는 화물을 찾아서

---

4) 산업운송은 자기의 화물, 자기와 관계가 있는 기업의 화물(철광석·원유·석탄 등)만을 전담하여 운송한다. 1982년 유공(油公)의 자회사 '유공해운'으로 출발하여 초대형 유조선(VLCC) 20척과 10척의 LNG선을 운용해 오다가 2018년 사모펀드 한앤컴퍼니에 팔린 SK해운(SK정유)과 지금은 흔적도 없는 과거 호남정유의 자회사 '호남탱커' 등이 전형적인 산업운송인이다.

5) 운송인이 다수의 화주로부터 소형소량의 다종다양한 화물을 집하·혼재하여 운송서비스를 제공하는 것이며, 소종(小種)의 대형다량(大形多量)의 화물을 운송하는 용선운송계약에 대비되는 개념이다.

6) 반드시 화주가 1인, 화물이 1종이라는 의미가 아니다. 2~5인의 화주가 되기도 하고, 3~5종류의 화물이 1척의 선박에 실려 운송되는 경우도 적지 않다.

용선계약서(charter party)를 작성하고 운송해주는 것이 통상적인 방법이다.

그러나 최근 공업발전과 교역증대에 따른 운송수요의 대형화로 특정화주를 위해 동일항로를 여러 자례 반복·운항하는 장기운송계약(long term charter)을 체결하는 예도 많다. 따라서 부정기선 운항은 매항차마다 화주나 화물을 달리하는 1회항해용선(single voayage charter)과 1~2년 이상을 계속해서 동일화물을 운송하는 장기용선, 즉 연속항해용선(consecutive voyage charter)으로 구별된다.

오늘날 유조선·원목선·광석전용선·자동차전용선 등은 장기용선으로 운항하는 경우가 많다. 특히 광석은 선박의 건조전에 이미 10년 이상의 장기계약을 체결하고 그 항로에 적합한 선박을 주문·건조하여 운항하는 예가 많다.

이와 같이 전용선은 그 성격상 장기용선계약이 아니면 시장성이 약하므로, 1970~80년대에는 겸용선(combined carrier)이라 하여 철광석과 석유(ore/oil), 석유와 살화물(oil/bulk), 자동차와 살화물(car/bulk) 등을 선적할 수 있는 선박이 등장하여 부정기선의 일익(一翼)을 담당했었는데, 관리유지가 힘들어 1990년대 이후에는 덴마크·노르웨이 선주들만 7~10만dwt급 수척을 건조한 정도이다.

제2절 부정기선의 운송계약

선주는 선복(ship's space)을 제공하고, 화주는 그 대가로 운임(freight)을 지불키로 한 합의를 운송계약(COA : contract of affreightment)이라 한다. 운송계약은 통상 정기선 부문의 개품운송계약과 부정기선 부문의 일화만선운송계약(一貨滿船運送契約), 즉 항해용선계약(voyage charter)으로 분류된다. 그리고 운송계약이 개품운송계약이면 선하증권(bill of lading)을 발행하고, 일화만선의 항해용선계약이면 용선계약서(charter party)[7]를 작성한다. 용선계약(charter)은 화물운송계약인 항해용선, 혼합계

7) Charter Party는 라틴어의 Charta Partita(서류를 분할한다)로부터 유래한다. 전신이 등장하기 전에는 배가 가장 빠른 통신수단이었다. 적절한 통신수단이 없는 당시의 상거래는 계약서를 둘로 찢어서 나중에 서로 맞춰서 진위(眞僞)를 확인했다. 원래는 타부문의 상거래에서 출발했지만 이제 C/P는 용선계약서로 정착·사용되고 있다.

약인 정기용선, 선박임대차계약인 선체용선으로 분류된다.

용선계약
- 화물운송계약 : 항해용선(voyage charter or trip charter)
- 혼합계약 : 정기용선(time charter)
- 선박임대차계약 : 선체용선(bareboat charter or demise charter)

① 항해용선(Voyage Charter : Trip Charter)

선사가 선복의 전부 또는 일부를 사용하여, 용선인(charterer; 화주)에게 어떤 화물을 어디에서 어디까지 어떠한 조건으로 운송해 주기로 약정하는 운송계약이다. 이때 화물의 양에 따라 운임을 계산하는 물량용선(freight charter)과 화물의 양과 관계없이 본선의 선복(space)을 기준으로 운임을 결정하는 목돈용선(lump sum charter)이 있다.

항해용선은 통상 한번에 1항차만을 계약하는 일회항해용선(single voyage charter)이 대부분이나, 수차례의 항해를 체결하는 연속항해용선(consecutive voyage charter)도 있다. 선주가 일체의 운항비・연료비・항비를 부담하며, 하역비는 약정에 따라 선주가 부담하기도 하고 화주가 부담하기도 한다.

② 정기용선(Time Charter)

기간용선이라고도 한다. 운항선사(operator)가 자본력이 약하거나 일시적으로 선복이 부족할 경우, 일정기간 타선사의 선박을 빌려 운항(operation)할 때 이용한다. 이때 선주(shipowner)는 선박이 무난히 항해할 수 있도록 일체의 속구(屬具)를 갖추고 선원을 승선시켜 약정한 장소에서 용선인에게 선박을 인도한다.

용선인은 선주에게 용선료(charterage・hirage)를 지불하고, 연료비・항비(port charge) 등 운항비를 부담하며, 선주는 선원의 급료・식료품・선체보험료・수리비・제세공과금 등 통상의 선비(船費)를 부담한다. 정기용선의 법적 성질은 일견(一見) 임대차계약으로 볼 수도 있지만, 선박의 점유권[8]이 선주에게 있고, 선장은 용선인의 지시를 따라야 하므로, 선박임대차와 노무공급계약이 혼합된 혼합계약으로 본다.

③ 선체용선 또는 나용선(Demise Charter or Bareboat Charter)

자본력이 약한 운항선사가 필요한 선복을 보충하면서 선대(fleet)를 늘리는 일종

8) 정기용선시 선주가 선박을 점유하느냐에 대한 의문이 생길 수 있다. 점유란 어떤 물건에 대한 사실상의 지배를 의미한다. 그런데 민법상의 점유는 본인이 사실상의 지배를 하고 있지 않더라도 타인을 통해서 성립할 수 있다. 따라서 선주는 사용인 선장, 즉 점유보조자를 통해 선박에 대한 사실상의 지배를 한다고 본다.

의 할부제도 · 리스제도이다. 통상 선체용선계약(=나용선)은 10~20년의 장기로 체결되고, 용선계약이 만료되면 선박의 소유권이 선주(=임대인)로부터 용선인(=임차인)에게 이전된다. 이를 Demise Charter라 한다.

우리나라에는 국적취득조건부 선체용선제도가 있어, 외국의 선박을 선체용선하고 용선계약이 종료되면, 그 선박을 우리의 국적선(國籍船)으로 등록한다. 선주는 선박만(ship only)을 대여하고, 용선인은 감가상각비를 제외한 재산세 · 선체보험료 · 선원비 등의 일체의 선비와 운항비를 부담하고 선원의 선발 · 관리도 용선인이 담당한다.

1 항해용선계약의 개념

항해용선계약(Voyage Charter · Trip Charter)은 운송을 의뢰한 화주와 운송인(carri- er)이 체결한 화물운송계약이다. 한 항구에서 다른 항구까지 서로가 합의한 운송조건으로 만선화물(full cargo) 또는 부분화물(part cargo)의 운송을 위해 운송인이 용선인(cargo owner)에게 선복(船腹)을 빌려주는 계약이다. 우리 주변에서 흔히 볼 수 있는 전세운송(傳貰運送) · 대절운송(貸切運送)이다.

항해용선은 일반 매매계약처럼 문의(inquiry) · 청약(offer)의 왕래로 시작하여 성약각서(成約覺書, fixture note) 〈표 4-1〉 및 용선계약서(charter party)의 작성, 선적, 양륙, 운임수수, 체선료(demurrage) · 조출료(despatch) 정산 등의 단계로 이뤄진다.

2 항해용선계약의 종류

(1) 운임결정방식에 따른 분류

① 항차용선계약(Voyage Charter, Trip Charter)

운임을 톤당 얼마로 정하고 실제 선적량으로 결정하며, 물량용선계약(物量傭船契約, freight charter)이라고도 한다. 대부분의 항해용선계약은 이 방법으로 체결한다.

② 목돈용선계약(Lump Sum Charter)

화물의 선적량에 관계없이 일정선복(선박의 전체 또는 일부)을 예컨대 $100만으로 운송계약을 체결한다. 목돈용선계약은 특히 잡다한 화물을 혼적(混積)할 때 이용하며, 선주는 부적(不積, dead space)을 염려하지 않아도 된다. 선복용선계약이라고도 한다.

[표 4-1 성약각서]

Sept. 10, 2021
Seoul

FIXTURE NOTE

To : Tigers Industries Co., Ltd., Seoul

We are pleased to confirm the contract closed with your good firm for a trip charter of the M.V. Pan Asia on the following terms and conditions :

1. Cargo : Coal in bulk 36,000MT 10% MOLOO.
2. Load/Disch : One safe berth of Hampton Roads, U.S.A/One safe berth of one port of Pohang/Kwangyang.
3. Freight : US$18.40 per M/T, FIO.
4. Lay/Can : Oct. 10, 2021/Oct. 31, 2021.
5. Load/Dish : 15,000MT per WWDSHEX unless used. Time to commence 24hrs after N/R is given whether in berth or not at both ends respectively.
6. Dem/Des : US$7,000/US$3,500 per day or pro rata.
7. Remarks : 1) Welsh Coal Charter Party to be adopted,
   2) Laytime to be not reversible for loading and discharging.

Please sign the duplicate enclosed and return at your earliest convenience.

Yours sincerely,

S. M. Lim	H. Y. Lee
Charterer	Director
Tigers Co., Ltd.	Global Shipping Co., Ltd.

③ 일부용선계약(日附傭船契約, Daily Charter)

운임을 1일 얼마로 정하는 용선계약이다. 기간용선(time charter)과 비슷하기 때문에 정기용선계약과 같아 보이나 그 본질은 완전히 다르다. 선박은 출발항・도착항이 정해져 있고, 운항비도 선주의 부담이기 때문에 항해용선계약이다.

(2) 하역비 및 항비 부담방식에 따른 분류

① Gross Term Charter

항해용선시 선주가 적양항(積揚港)에서 하역비(stevedorage)・항비(port charge)를 부담한다. 부정기선의 항해용선시 보편적으로 이용한다. 그러나 Gross Term에서도 화물은 선측도(船側渡)가 원칙이기 때문에, 화주는 화물을 본선의 적양기(tackle)가 닿을 수 있는 곳에 두어야 한다. 따라서 부선작업(lightering)을 하면 부선료・부선노임을 화주가 부담하고, 선주는 본선의 선내비용을 분담한다. Berth Term(Liner Term)과 같은 조건이다.

② Net Term Charter

용선인(화주)이 하역비(荷役費)・항비(港費)를 부담한다. 이는 통상 선주가 잘 알지 못하는 항로에 배선하거나 화주가 자신의 하역시설을 보유하고 있을 때 이용한다. 화주가 하역비를 부담하고, 선주가 항비를 부담하는 FIO(free in and out) 조건과 혼동하면 안된다.

③ FIO(free in & free out) Charter

선적과 양륙이 화주의 책임과 비용으로 이행된다. 선주는 해상운송만을 이행하며, 화주가 하역비를, 선주는 항비를 부담한다. 화주가 선적항・양륙항에 하역시설을 소유・임차하여 화주 스스로 적양함이 유리할 때에 이용한다. 선적항・양륙항에서 공히 체선료・조출료가 발생한다.

FIO의 변형에 FI・FO・FIOST Charter가 있다. FI(free in)는 선적은 화주의 책임・비용으로, 양륙은 선주의 책임・비용으로 이행하며, 선적항에서만 체선료・조출료가 발생된다. FOB(free on board)는 FI와 같은 조건이다. FO(free out)는 양륙은 화주의 책임・비용으로, 선적은 선주의 책임・비용으로 이행하며, 양륙항에서만 체선료・조출료가 발생한다. 그리고 FIOST(free in & free out, stowed & trimmed)는 선적・양륙, 본선내의 적부(積付; stowage)・트리밍(trimming)을 모두 화주의 책임・비용으로 이행하는 운송조건이다. FIO 조건과의 차이점은 선적항에서 적부와 트리밍 작업이 추가되는 것이다.

3 항해용선표준계약서

항해용선계약서의 표준서식(standard form)은 화물과 항로에 따라 다르다. 발틱국제해사회의(BIMCO : Baltic and International Maritime Council)가 인정 · 권장(approve & recommend)하는 서식은 36종이 있다. 품목별 서식을 예시하면 아래의 〈표 4-2〉와 같다. 이 가운데 GENCON(Uniform General Charter) 서식은 BIMCO의 전신인 발틱백해동맹(Baltic and White Sea Conference)이 1922년에 제정하고 1976년 · 1994년 · 2022년에 개정하여 사용하고 있다. 특정화물에 구애없이 폭넓게 사용하고 있으며 다른 공인서식에 비해 선사에게 유리하게 약정된 서식이다.

【 표 4-2 BIMCO 공인 화물별 전용용선계약서 】

Code Name	Full Name
	일반용(General)
GENCON	The BIMCO Uniform General Charter(As revised 1922, 1976 and 1994 and 2022).
NUVOY-84	Universal Voyage Charter Party 1984 published by Polish Chamber of Foreign Trade, Gdynia.
SCANCON	The Baltic and International Maritime Council Scandinavian Voyage Charter 1956(Amended 1963 and 1993).
	석탄(Coal)
BALTCON	The Baltic and White Sea Conference Coal Charter, 1921.
POLCOALVOY	The Baltic and International Maritime Conference Coal Voyage Charter 1971(Rev. 1976 and 1997).
NIPPONCOAL	The Japan Shipping Exchange, Inc., Coal Charter Party.
	곡물(Grain)
AUSTWHEAT	Australian Wheat Charter 1990(Amended 1991).
SYNACOMEX	Continent Grain Charter Party.
NORGRAIN	North American Grain Charter Party 1973, issued by the Association of Ship Brokers and Agents(U.S.A) Inc.
GRAINVOY	Grain Voyage Charter Party 1966(Revised and Recommended 1974).
	광석(Ore)
OREVOY	The BIMCO Standard Ore Charter Party.
NIPPONORE	The Japan Shipping Exchange, Inc., Iron Ore Charter Party.
	목재(Wood)
NUBALTWOOD	Chamber of Shipping Baltic Wood Charter Party 1973(Rev. 1997).
NANYOZAI	The Japan Shipping Exchange, Inc., Charter Party for Logs 1967.

	비료(Fertilizers)
FERTICON	Chamber of Shipping Fertilizers Charter, 1942.
FERTIVOY	North American Fertilizer Charter Party 1978(Amended 1988).
	기타(Others)
CEMENTVOY	Standard Voyage Charter Party for the Transportation of Bulk Cement and Cement Clinker in Bulk.
GASVOY	Gas Voyage Charter Party to be used for Liquid Gas except LNG.
WORLDFOOD	The World Food Programme Voyage Charter Party.
CRUISEVOY	Standard Cruise Voyage Charter Party.

제3절 항해용선계약의 체결과정 시나리오

한국의 종합무역상사 율산실업은 국내의 시멘트 메이커로부터 시멘트를 공급받아 주로 중동지역에 수출하고 있다. 율산실업은 1977년 6월에 사우디아라비아의 수입상 레덱사(Redec Intertrade)와 시멘트(bag cement) 10만톤을 US$55/MT CIF Jeddah 조건으로 매매계약을 맺었다. 레덱은 늦어도 9월 20일까지는 30,000~40,000톤을 인도받기를 원하고 있다.

율산실업은 서울에 있는 그들의 전담중개인(cargo broker)인 김선달에게 적합한 선박의 수배를 의뢰한다. 김선달은 우선 한국과 일본의 선사를 점검해본 결과, 적합한 후보선(candidate vessel)이 없어, 즉시 런던의 거래선(correspondent)인 Thomas White에게 다음과 같은 메일을 보냈다.

"Rcquire a vessel of about 37,000dwt for single voyage from Busan Korea to Jeddah Saudi Arabia carrying full cargo of bag cement. Delivery in Korea for loading first half August using Gencon 2022 charter."

이를 통해 화이트는 한국의 파트너(correspondent) Mr. Kim이 부산에서 제다까지 시멘트 수송을 위한 37,000dwt의 살물선(bulk carrier)을 찾고 있으며, 운송계약서는 BIMCO가 제정하여 세계적으로 널리 이용하고 있는 항해용선계약의 표준서식인

Gencon 2022를 이용한다는 사실을 알았다.

화이트는 우선 전화로 가까이 지내는 동료 중개인(broker)들에게 후보선을 점검한 결과, 너무 작거나 일정(日程)에 맞지 않아, 발틱거래소에 등록된 모든 중개인들에게 문의(inquiry) 메일을 발송한다. 그러자 주로 그리스 선주들을 대리하는 중개인 Harri -son Burnett이 중국의 대련항(大連港)에서 곡물을 양륙하고 나면, 8월 20일 쯤에 오픈(open)되는 선박이 있다고 답해왔다.

그 선박은 최근에 건조한 M/V Aktea호로 38,000dwt에 15노트, 시멘트 수송에 적합한 전형적인 살물선(bulk carrier)으로 아테네의 넵튠(Neptune Maritime Co.) 소유였다. 버네트는 넵튠사로부터 다음과 같은 메일을 받고 발틱거래소로 나왔던 것이다.

"Motorship Aktea 38,000dwt available at Dairen China 2nd August. Prefer voyage charter homeward but will consider time charter for twelve months or longer"

버네트와 화이트는 교신한 결과, 만약 넵튠이 동의하면 Aktea호는 율산실업의 요구사항을 만족시킬 수 있다는 결론을 내렸다. 넵튠은 우선 Aktea호를 검사·입거(入渠, dry dock)·선원의 교체 등을 위해 그리스로 귀항시키는 항해용선을 원하며, 차선(次善)으로 1년 정도 또는 그 이상의 정기용선도 가능하므로, 한국에서 홍해까지 현재의 시멘트 운임수준이면 Aktea호를 끌어들일 수 있는 데다, 홍해-그리스는 멀지 않으므로, Aktea호는 넵튠사가 원하는 대로 그리스에 더욱 가까워진다. 버네트는 넵튠의 중개인일 뿐 결정권이 없기 때문에 넵튠에 다음과 같이 오퍼메일을 보냈다.

"Can obtain cargo of bag cement from Busan Korea to one safe port Red Sea Saudi Arabia at market rate of nineteen dollars using Gencon form 2022 charter"

한편 넵튠은 버네트의 오퍼를 받기 전에 이미 2건의 오퍼를 검토하고 있었다. 일본에서 쿠웨이트까지 철근 운송건과 호주에서 이탈리아까지 곡물 운송건이다. 시멘트·철근·곡물을 저울질해 본 넵튠은 대련-부산의 거리와 홍해-그리스의 거리를 감안해 볼 때, 시멘트 운송이 가장 합당하다는 생각이 들었다. 따라서 넵튠은 버네트에게 다음의 메일을 보냈다.

"Greek M/V Aktea now discharging grain at Dairen China. Expected ready to load about 3rd August subject to reply reaching us six PM tomorrow Athens time.

Authorize you to fix full cargo of bag cement 35,000 tons ten percent more or less at vessel's option from Busan Korea to one safe port Red Sea Saudi Arabia. Port declarable on signing bill of lading.

Freight nineteen dollars per MT. Laydays 3rd Aug. Cancelling date 18th Aug. 1,500 tons per weather working day sundays and holidays excepted for loading. 1,500 tons per WWDSHEX for discharging.

Demurrage five thousand dollars per day. Despatch two thousand five hundred dollars per day. Laydays not reversible. Two and half percent total brokerage commissions. Use Gencon form 2022 charter."

Aktea호가 대련항에서 8월 2일에 곡물 하역을 완료하며, 본선은 35,000MT의 적재능력을 갖고 있고, 선장이 연료를 얼마나 급유하느냐에 따라 적재능력이 달라짐을 알 수 있다. 넵튠은 목적항을 알고 싶어하며 선장이 선하증권(B/L)에 서명할 때까지는 양륙항을 밝힐 것을 요구하고 있다. 운임은 톤당 US$19로 정상운임 수준이다.

본선은 8월 3일까지는 부산항에서 용선인에게 선적준비완료통지(notice of readiness : N/R)를 해야 하고, 8월 18일까지 N/R를 하지 못하면 용선인(=율산실업)은 계약을 취소할 수 있다. 선적기간은 1일(24시간) 1,500MT 선적기준으로 계산하며, 날씨가 나쁜 날과 일요일·공휴일은 정박기간에서 제외된다. 체선료와 조출료는 각각 1일 $5,000과 $2,500로 하고, 정박기간은 적양(積揚) 따로따로 계산한다(laydays are not reversible).

넵튠은 본 거래에 참여한 중개인이 몇사람이든 중개수수료는 운임수입의 2.5%만 지급하며, 계약서 양식은 Gencon 2022로 하겠다는 내용을 파악한 화이트는 서울의 김선달에게 메일내용을 그대로 전달(relay)한다. 다만 김선달에게 중개수수료는 0.83%라고 밝힌다.

이를 받아본 김선달은 율산실업에 메일을 릴레이하고 의사를 타진한다. 용선인은 언제나 선주가 제시한 운임보다 낮은 운임을 지불하려 하기 때문에 흥정(bargaining)을 하기 마련이다. 율산실업은 당초에 운임을 톤당 $16~$20으로 내정하고, CIF 계약은 $20을 전제로 체결하였기 때문에 최고 $20까지는 가능하다(workable).

그러나 율산실업은 어느 선주도 첫번째 오퍼에 최선운임(best freight)을 제시하지 않는다는 사실을 잘 알고 있다. 그리고 부산항과 제다항의 시멘트 하역능력이 보통 1일 2,000톤을 능가하므로 용선인에게 허용된 정박기간에 적양이 완료되어 조출료(despatch money) 수입도 기대할 수 있다고 확신하고 있다. 따라서 김선달은 율산실업의 지시에 따라 런던의 화이트에게 다음의 카운터오퍼 메일을 보냈다.

"Referring to your e-mail of yesterday regarding Aktea. Subject to reply reaching us by noon tomorrow Seoul time, Charterers counter offer accepting all terms and conditions of owner's offer except canceling date to be advanced to 15th Aug. Freight rate to be seventeen dollars, Despatch to be three thousand five hundred dollars."

화이트는 즉시 버네트로 하여금 넵튠에 그대로 전하게 하고 아테네의 넵튠은 카운터오퍼에 큰 불만이 없었다. 철근과 곡물이 이미 다른 선주와 성약(成約)되었고, Aktea호는 톤당 $17 이하라도 그리스로 귀항(歸航)해야 할 입장이기 때문이다.

그리고 Aktea호의 1일 H/B(hire base : 본장 5절 3항 참조)는 $8,000이기 때문에 넵튠에서는 $3,500의 조출료를 지불하더라도 $4,500을 절약할 수 있고, 또한 선장으로부터 7월 31일 정오 이전에 곡물의 양륙이 완료된다는 메일을 받았으므로, 해약일을 앞으로 당긴다 하더라도 문제가 되지 않는다. 따라서 넵튠은 다음과 같이 수정제안(counter proposal)을 하고, 화이트는 버네트로부터 받은 메일을 김선달에게 전달한다.

"Reference your e-mail regarding Aktea. Owners accept your counter offer except laydays to start 1st August instead of 3rd Aug."

율산실업은 더이상 지체하면 Aktea호를 놓칠 위험이 있으므로 김선달에게 종결을 지시한다. 김선달은 화이트에게 다음과 같이 메일을 보낸다.

"Reference your e-mail. Aktea accepted. Charterers are Yulsan Industries Seoul Korea. Authorize you to sign charter party on charterers' behalf. Airmail six copies completed charter party"

화이트는 이 메일을 버네트를 통해 넵튠에 전하고 넵튠은 버네트에게 답한다.

"Aktea accepted. Thanks. Authorize you to sign on behalf of owners"

이제 상담은 종결되었다. 용선계약서는 화이트의 사무실에서 작성하고, 화이트와 버네트가 상호 면밀하게 검토한 뒤 각각 그들의 의뢰인(principal)을 대리하여 중개인으로서 서명한다. 그리고 사본을 당사자들에게 송부하고 계약서 원본은 화이트의 금고에 보관하여, 언제든지 이해관계인의 요청이 있으면 열람할 수 있다. 넵튠은 대련에서 다음의 임무(next employment)가 무엇인지 궁금해하는 선장에게 계약내용을 통보해 주고, 중개인들은 넵튠이 제공하는 중개료를 셋이 균등하게 0.83%씩 배분한다.

제4절 부정기선의 운임

1 부정기선의 운임단위

선박의 적재능력은 중량·용적의 제한을 받으므로 화물의 성격에 따라 운임의 적용기준, 즉 운임기준(freight basis)이 달라진다. 즉, 철강·시멘트·철광석 등의 중량화물(weight cargo)은 중량을 기준으로, 원면·양모·목재·자동차·가구·구조물 등의 용적화물(measurement cargo)은 용적을 기준으로 운임이 부과된다. 즉, 중량화물은 1M/T(1,000kg), 용적화물은 $1m^3$를 각각 운임단위로 하고 있다. 한편 중량화물의 1톤은 각국의 도량형이 달라 Long Ton, Kilo(Metric) Ton, Short Ton 등으로 구분하여 사용되었지만 1982년 이후 모두 Kilo(Metric) Ton을 사용하고 있다.

① 용적화물의 운임단위(Freight Basis)

1CBM(=35.3147ft^3) : 전세계에서 화물 및 선박에 사용함.

② 중량화물의 운임단위

1Kilo(=Metric) Ton=2,205lbs=1,000kg

기타 고가화물인 경우에는 용적·중량을 기준으로 하지 않고, 상품가격을 근거로 한 종가운임(ad valorem freight)을 적용한다.

이상과 같이 운임을 산정하는데 각각 적절한 운임단위를 적용시킨다 해도 운임액은 결국 화물의 선적량으로 결정된다. 그런데 동일한 크기의 선박이라도 화물의 특성·적재방법에 따라 선적량이 달라진다.

예컨대 곡물을 포대에 담아(bagging) 선적하면 약간의 공간손실(broken space)이 발생하여 선적량이 적어지고, 포대에 담지 않은 상태(bulk)로 선적하면 손실공간이 거의 없어 선적량이 늘어난다. 특히 원목·고철 등은 그 모양이 일정치 않아 선창내의 손실공간이 매우 크다. 따라서 선박회사는 공평한 운임산정과 운임수입의 안정을 위해 화물별로 고유한 적하계수(stowage factor)(3장 4절 2항 참조)를 설정하여 체계적인 운임부과를 하고 있다.

2 부정기선운임의 종류

부정기선의 운임은 석탄·석유·원광석·목재·곡물·시멘트·철근·고철 등의 대량 화물을 일화만선(一貨滿船)하여 수송하므로, 수많은 잡다한 화물을 혼재수송하는 정기선의 운임과 달리 부정기선만이 갖는 독특한 측면이 있다. 목돈운임(lump sum freight)·부적운임(不積運賃, dead freight)·장기계약운임(long term contract freight) 등이 바로 그것들이다.

(1) 목돈운임(Lump sum Freight)

운임은 화물의 개수·중량·용적을 기준하는 경우와 화물의 양(量)과 관계없이 항해(trip or voyage)·선복(ship's space)을 단위로 운임을 계산하는 경우가 있다. 후자(後者)의 항해・선복단위의 용선계약을 목돈용선(lump sum charter)이라 하고, 이 때 지불하는 운임을 목돈운임이라 한다.

이는 용선인이 선복을 총액으로 용선한 것으로, 계약된 선복에 폭발물 등의 위험물이 아니면 다양한 화물을 재량껏 적재할 수 있다. 그리고 선복이 계약톤수나 적재능력이 부족하면, 용선인은 선주에게 그 부족에 대한 운임의 감액을 요구할 수 있다.

(2) 부적운임(Dead Freight)

선적하기로 약정했던 화물량보다 실제선적량(實際船積量)이 적으면 용선인이 그 부족분에 대해 지불해야 하는 운임이다. 일종의 위약금(penalty)으로 부적(不積)에는 일부부적과 화물이 전혀 없는 전부부적이 있다.

그런데 일부부적과 전부부적은 용선인의 계약위반이므로 선주는 손해배상을 청구할 수 있다. 그러나 상당한 기간을 남겨두고 사전에 해약이 되면 위약금도 감액이 된다. 이에 대한 우리 상법의 규정은 다음과 같다(832조 : 전부용선과 발항전의 계약해제 등).

① 선적전에는 전부용선인은 운임의 반액을 지급하고 계약을 해제(解除)할 수 있다.

② 왕복항해용선은 전부용선인이 복항전에 계약을 해지(解止)하면 운임의 2/3를 지급해야 한다.[9)]

③ 본선이 타항에서 선적항으로 항행해야 하면, 타항에서 발항하기 전에 전부용선인이 계약을 해지하면 운임의 2/3를 지급해야 한다.

한편 부적(不積)은 실제 화물의 선적이 없는 것이므로, 부적운임 계산시 용선인이 부담하는 하역비(stevedorage) 등 발생치 않은 비용은 공제해야 한다. 그리고 용선계약서나 선하증권에는 선주가 운임에 대한 화물유치권(cargo lien)을 행사할 수 있게 약정하고 있으나, 부적운임은 유치권의 행사가 어려우므로 부적운임(不積運賃)에 대한 손해배상청구권을 명시할 필요가 있다.

(3) 장기계약운임(Long Term Contract Freight)

통상의 운임은 1항차(one trip・one voyage) 기준으로 결정한다. 그러나 제철소・

9) 해제(解除) : 이미 체결된 계약(아직 이행에 들어가지 않음)을 모두 무효로 함.
해지(解止) : 이미 계약의 일부를 이행한 상태에서 앞으로 남은 계약관계만을 무효로 함.

정유・비료・시멘트・자동차 공장과 같은 대규모 공장들은 원료・제품을 장기・반복적으로 수송해야 되기 때문에 보통 1년・5년・10년의 장기수송계약을 체결하여 운임을 결정하고 있다.

장기계약은 해운시장의 변동이 심해서 채용한다. 물동량・선복의 수급관계로 형성되는 해운시황은 항상 종잡을 수 없을 만큼 극심한 변동을 보여 선주・화주가 애를 먹고 있다. 이른바 호황기의 운임수준은 불황기의 3배가 넘는 등 매우 심한 기복을 보여, 선주는 물론 해상운송 의존도가 높은 대규모 산업체들이 경영의 불안을 해소하기 위해 채용한 것이 장기계약제도이다. 장기계약운임은 계약기간중의 시황변동(市況變動)과 무관하여 선주・화주가 공(共)히 경영의 안정을 기할 수 있다.

장기계약운임은 ① 확정된 운임을 정하여 두는 방법, ② 운임을 정하지 않고 시황에 따라 그때그때 조정하는 방법, ③ 시황을 참작하여 최고와 최저액을 정하고, 그 이상의 변동을 인정하지 않는 방법 등이 있다.

3 운항채산(Voyage Estimate)[10)]

(1) 운항채산의 개념 및 의의

정기선의 개품운송은 각종 화물을 혼적하는 것이므로, 가능하면 운임률이 높은 화물을 대량으로 집하・선적하여 채산을 높일 수 있다. 그러나 부정기선은 시황에 따라 변동하는 운임과 운송원가로 채산성이 결정된다. 따라서 부정기선은 통상 항차단위로 채산성을 따지는데, 이것을 위해 보통 1개월 또는 하루 단위로 환산・수치화하여 검토한다. 여기에 이용되는 개념이 Hire Base(H/B)와 Charter Base(C/B)이다. 이것들은 1920년대에 일본에서 개발된 계산방식으로, 각 선박의 기초원가와 항차별 채산성을 쉽게 산출할 수 있어 우리 업계도 폭넓게 이용하고 있다.[11)]

선주(ship owner)는 어떻게 선박을 운영하면 가장 유리할까를 항상 고심하며, 선박의 활용에 대한 대안들을 비교하면서, 그때그때의 시황을 감안하여 최적안을 선

10) 운항채산은 엄밀히 해운경영에 관한 내용이지만, 화주들이 선주들과 상담을 보다 진지하게 하려면 선주들이 전가(傳家)의 보도(寶刀)처럼 내세우는 H/B, C/B를 이해하고 있으면 많은 도움이 될 것이다.

11) Hire Base, Charter Base라는 용어는 영어사전에도 없는 일본인들이 만들어 낸 단어이다. 서구에서는 H/B를 Time Charter Equivalent, Unit Fixed Cost, Running Cost, C/B를 Minimum Required Rate로 표현하고 있다. 이것들은 경제원론의 한계개념(marginal concept)을 실용화한 것으로, C/B는 한계수익(marginal revenue)이고 H/B는 한계비용(marginal cost)이다. 손익분기점(BEP; break even point)의 개념이다.

택한다. 선박을 직접 운항하여 운임수입을 올리는 방법도 있고, 선박을 운항업자(operator)에게 대선(貸船)하여 용선료(hirage)를 받는 방법이 있다. 그리고 운항업자는 선박을 용선하려면 예상수익을 계산하여 용신여부를 결정힌다. 선주·운항업자의 대선(貸船)과 차선(借船)의 의사결정수단으로 이용하는 것이 H/B와 C/B이다.

(2) Hire Base

H/B는 어떤 선박의 1년 동안의 고정비, 즉 선비(감가상각비·지급이자 등의 자본비와 선원비·선용품비·보험료 등의 경상비의 합계)를 연간운항일수로 나누어 1개월(30일)당 1dwt당의 금액으로 산출한 것이다. 즉, H/B는 항해 여부에 관계없이, 선박을 항상 운항할 수 있는 상태로 유지하기 위해, 필요한 모든 비용을 1개월당 1dwt의 금액으로 환산한 것이다. 이것은 선박을 운항하지 않더라도 지출되는 고정비로서, 주로 선박소유자에게 유용한 개념이다. 정기용선(time charter)에 중요한 지표(indicator)로 활용된다.

H/B=(연간고정비×30일)÷(연간가동일수×만재중량톤수)

(3) Charter Base

C/B는 어떤 선박이 항해를 앞두고, 그 항해에서 취득하는 운임수입에서 그 항해에 필요한 운항비(연료비·하역비·항비)를 공제한 조이익(粗利益)을 소요항해일수로 나누어, 1개월(30일)당 1dwt당의 금액으로 산출한 것이다. 선박의 항해채산(voyage estimate)을 검토하는데 유용한 개념이다. 항해용선시 H/B와 비교하며, 선주·운항업자가 공(共)히 중요한 지표로 활용한다.

C/B=(총운임−운항비)×30÷(항차당 소요일수×만재중량톤수)

(4) Hire Base 및 Charter Base의 계산 예 및 응용

연간 가동일수가 330일, dwt(중량톤수) 20,000, 연간고정비가 US$1,606,000인 M/V Poseidon 호의 H/B는 $7.30가 된다.

H/B : ($1,606,000×30일)÷(330일×20,000dwt)=$7.30

그리고 포세이돈호가 시멘트 18,000MT을 북평에서 쿠웨이트로 수송할 때 소요일수 25일, 운항비 US$250,000, 운임이 톤당 US$21이면 C/B는 $7.68가 된다.

C/B : {($378,000−$250,000)×30}÷(25일×20,000dwt)=$7.68

앞서 언급한 바와 같이 이것들은 몇 가지 중요한 사실을 말해 준다. 우선 정기용선을 주면 포세이돈호의 용선료(hirage)는 1개월에 적어도 $146,000($7.30×20,000dwt), 1일 $4,867[12] 이상이 되어야 선주(ship owner)는 손해를 보지 않는다. 그리고 선주가 직접 시멘트를 운송하면 총운임수입이 적어도 $371,667,[13] 곧 톤당 운임이 $20.65 이상이 되어야 한다. 그것은 곧 C/B가 H/B보다 높으면 흑자를 보인다는 의미이다.

또한 타사의 선박을 정기용선하여 항해용선계약을 체결하려는 운항업자에게는 용선료가 C/B보다 낮아야 채산이 맞는다. 만약 포세이돈호를 1일 $5,000으로 용선하여 앞서의 시멘트 운송을 한다면 H/B는 $7.50이 되어 C/B보다 낮아 채산이 맞는다. 곧 지금까지의 내용은 다음과 같이 요약된다.

① 자사선으로 직접 운항하면 : C/B>H/B일 때 채산은 (+)

② 타사선을 용선하여 운항하면 : C/B>용선료일 때 채산은 (+)

③ 선주가 대선(貸船)을 하려면 : 용선료>H/B일 때 채산은 (+)

부정기선에서 출발한 이 개념을 약간 변형하여, 실무에서는 모든 선박에 대해 하루단위의 H/B・C/B를 산출하여 간편하게 활용하고 있다. 즉, 어떤 선박의 1일 H/B는 연간고정비를 연간운항일수로 나누고, C/B는 특정항차의 운임수입(freight revenue)에서 당해 변동운항비(variable operation costs)를 빼고, 이를 다시 당해 운항일수(operation days)로 나누면 간단히 계산된다.

1일 H/B=연간고정비÷연간운항일수

1일 C/B=(운임수입−운항비)÷운항일수

예컨대 1,150teu급 컨테이너선의 운항자료를 근거로 H/B와 C/B를 산출하면 다음과 같다. 이 선박이 연간 총 350일을 운항하고, 연간 선원비가 $627,000, 선비 $769,000, 보험료 $199,000, 감가상각비 $944,000, 간접비(일반관리비) $2,041,000로 연간 고정비 총액이 $4,580,000이면, 이 배의 1일 H/B는 $13,086(=$4,580,000/350일)

12) 실무에서는 통상 H/B로 표현하지 않고 1일 용선료가 얼마라는 식으로 말한다. 즉, 1일 용선료는 H/B로 간단히 계산된다. 1일 용선료=(H/B×dwt)÷30.

13) 최저 총운임액={(H/B×소요일수×dwt)÷30}+운항비

이 된다. 즉, 이 배는 적어도 하루 $13,086의 수입을 올려야 한다는 의미이다.

이를 다시 Teu로 환산하면 $11.38($13,086÷1,150teu)가 되어 이 배는 Teu당 1일 $11.38의 수입을 올려야 하고,[14] 여기에 항해일수를 곱하면 Teu당 받이야 할 운임이 쉽게 산출된다.

또한 이 선박이 350일에 20항차를 운항하면서 연간 화물비용(cargo expenses)이 $14,535,000, 연료비・항비 등의 항해비용(navigation expenses)이 $2,066,000로 연간 운항비가 $16,601,000이고 총운임수입이 $22,322,000이면, 이 선박의 C/B는 $16,346{($22,322,000−$16,601,000)÷350일}이 된다. 즉, 이 배는 하루 $16,346의 수입을 올렸고, Teu당 하루 $14.21($16,346÷1,150teu)의 수입을 올렸다. 따라서 이 배는 하루 $3,260{$16,346(C/B)−$13,086(H/B)}의 이익을 내 양호한 운항실적을 보인 셈이다.

제5절 Gencon C/P 2022의 해설

현재 항해용선계약서(Voyage C/P)로 많이 이용하고 있는 'Gencon Charter Party 2022'를 항목별로 서술한다. Gencon Form(Uniform General Charter)은 발틱국제해사회의(BIMCO)의 전신인 발틱백해동맹(Baltic and White Sea Conference)이 1922년에 제정하고 1976년・1994년에 개정하여 사용해 오다가, 2022년 11월에 Gencon C/P 2022를 채택하여 2023.1.1.부터 이용하고 있다.

Gencon C/P는 Part Ⅰ・Ⅱ로 구성되어 있다. Part Ⅰ은 계약의 내용을 일견해서 파악할 수 있도록, 계약의 주요사항을 26개 항목으로 일목요연하게 요약하였고, Part Ⅱ는 항해용선계약에서 공통적으로 적용되는 일반약관 38개 조항이 인쇄되어 있다. Part Ⅰ과 Part Ⅱ가 상충되면 Part Ⅰ이 우선한다. 그리고 Part Ⅰ・Ⅱ의 내용은 삭제・첨가・변경이 가능하다. 추가조항에서는 Part Ⅰ・Ⅱ의 내용을 보완・첨가하거나 새로운 합의내용을 약정하여 첨부할 수 있으며, Part Ⅰ・Ⅱ와 동일한 효

14) H/B는 필요에 따라 여러 단계로 산출할 수 있다. 예컨대 아래와 같이 3단계로 산출하여 시황에 따라 다양한 경영지표로 활용할 수 있다. 호황시에는 보다 높은 단계의 H/B를 지표로 삼고 불황시에는 보다 낮은 H/B를 지표로 삼는다. ① H/B(Ⅰ) : 고정비(Ⅰ){=(선비・선원비+보험료)}÷운항일수, ② H/B(Ⅱ) : 고정비(Ⅱ){=(고정비(Ⅰ)+감가상각비)}÷운항일수, ③ H/B(Ⅲ) : 고정비(Ⅲ){=(고정비(Ⅱ)+간접비)}÷운항일수

력을 갖게 된다.

1 Part Ⅰ의 내용

(1) Shipbroker(중개인)

중개회사・중개인 명을 기재한다. 부정기선시장은 범세계적으로 단일시장을 형성하고 있어 수많은 선주・용선인이 각국에 산재해 있고, 선박의 동정(動靜)・물동량(物動量) 등이 순간순간 변동하므로 정보의존성이 매우 높다. 이러한 연유로 해운업계에는 오래전부터 중개인이 있어 왔다. 선주측 중개인(shipowner's broker)・용선인측 중개인(charterer's broker)・선박중개인(ship broker)・화물중개인(cargo broker) 등이 있다.

해운시장은 이러한 중개인들의 집합을 의미하며 런던・뉴욕・도쿄・오슬로 등이 중심이 되고, 특히 세계적으로 유명한 중개시장은 런던의 발틱거래소(Baltic Exchange)이다.

(2) Place and date

용선계약(C/P: charter party)의 체결 장소・일자를 기재한다.

(3) Owners/Place of business(full style address, email)

선주명・운항본부의 소재지 (등기소재지가 아님) 주소를 이메일 주소와 함께 상세히 기재하라는 것이다. Part Ⅱ 제33조 전쟁위험약관은 선주(owner)에 선박소유자(shipowners)・선체용선인(bareboat charterers)・용선선주(chartered/disponent owners)・기타 본선의 운항을 맡은 관리자(managers)・운항자(operators)・선장(masters) 등을 포함시키고 있다. 타사의 선박을 용선하여 영업하는 운항자를 용선선주라 한다.

(4) Charterers/Place of business(full style address, email)

용선인(화주)명・경영본부의 소재지 (등기소재지가 아님) 주소를 이메일 주소와 함께 상세히 기재한다. 통상 종합무역상사, 제철・비료・시멘트 등의 대형공장, 제분협회・축산협회 등의 대형화주가 주로 항해용선계약의 용선인이 된다.

BIMCO

GENCON 2022

UNIFORM GENERAL CHARTER **PART I**

1. Shipbroker	2. Place and Date
3. Owners/Place of business (full style address, email)	4. Charterers/Place of business (full style address, email)
5. Vessel (i) Name: (ii) IMO Number: (iii) Class/Classification Society: (iv) P&I Club:	6. GT/NT (i) GT: (ii) NT: 7. DWT all told on summer load line in metric tons (about)
8. Present position (Cl. 1)	9. Expected ready to load (about) (Cl. 1)
10. Loading port(s) or place(s) (Cl. 1)	11. Discharging port(s) or place(s) (Cl. 1)
12. Cargo (also state quantity and margin in Owners' option, if agreed) (Cl. 1) (i) Part cargo (yes/no): (ii) Commodity(ies): (iii) Quantity: (iv) Margin/tolerance:	
13. Cargo transfer operations (state whether Charterers are permitted to use barges/lighters) (Cl. 3(e))	
14. Freight rate (state rate or lumpsum and amount and currency) (Cl. 7(a))	15. Freight payment (state how and when payment is to be made and name of beneficiary and bank account) (Cl. 7(a))
16. Cargo handling gear (state if Vessel's cargo handling gear shall not be used) (Cl. 4(c))	
17. Laytime (if separate laytime for loading and discharging is agreed, fill in (i) and (ii). If total laytime for loading and discharging, fill in (iii) only) (Cl. 10(b)) (i) Loading (state days or rate, and if SHINC or SHEX): (ii) Discharging (state days or rate, and if SHINC or SHEX): (iii) Total laytime for loading and discharging (state days or rate, and if SHINC or SHEX):	

18. Laydays/Cancelling (Cl. 9(d), 14(a))	19. Demurrage (state rate and whether per day or pro rata) (Cl. 13(a))
20. Freight Tax (state for whose account) (Cl. 25(c))	21. Vessel's agents (state party to nominate) (Cl. 26)
22. General Average (Cl. 29)	23. Brokerage commission and to whom payable (Cl. 35)
24. ETA Notices for loading (Cl. 8) to be given to:	25. ETA Notices for discharging (Cl. 8) to be given to:
26. Notice of Readiness for loading (state party(ies) for notices) (Cl. 9(a))	27. Notice of Readiness for discharging (state party(ies) for notices) (Cl. 9(a))
28. Owners' contact details for operational notices (Cl. 36)	29. Charterers' contact details for operational notices (Cl. 36)
30. Email address for receipt of arbitration notices and communications on behalf of Owners (Cl. 37)	31. Email address for receipt of arbitration notices and communications on behalf of Charterers (Cl. 37)
32. Law and Arbitration (choose law and arbitration venue. If alternative (g)(Other) is chosen, Clause 37 must be appropriately filled in or replaced, failing which alternative (a)(English law/London arbitration) shall apply) (Cl. 37).	
33. Additional clauses (state numbers, if agreed)	

It is mutually agreed that this Charter Party shall be performed in accordance with the terms and conditions contained in Part I, including additional clauses, if any agreed and stated in Box 33, as well as Part II. In the event of a conflict of terms and conditions, the provisions of Part I shall prevail over those of Part II to the extent of such conflict.

The party responsible for issuing the final execution version of this Charter Party warrants that it is an Authentic BIMCO Template procured from a properly authorised source and that all modifications to it are clearly visible. "Authentic BIMCO Template" means a BIMCO-approved standard contract in an editable electronic format.

Signature (Owners)	Signature (Charterers)

(5) Vessel : 본선(本船)에 관한 명세이다

(ⅰ) Name : 선박명을 기재한다. 그런데 용선계약은 통상 선적일(船積日)에 앞서 체결되므로 선박명을 명시하지 않고 TBN(to be nominated)으로 맺어지는 예가 많은데, 그 동안 선주는 적합한 선박을 수배(arrange)하고, 만약 실패하면 중대한 계약불이행이 되어 손해배상을 해야 한다.

(ⅱ) IMO Number : 1987년에 IMO(International Maritime Organization)는 해양안전·오염방지·사기방지를 위해 IMO 선박식별번호 체제를 도입했다. IMO 번호는 고유한 선박식별자로 최소 100G/T의 선박을 관리하는 선사·등록소유자를 식별할 수 있다. IMO 번호는 해상안전의 증진, 사기(詐欺)·오염(汚染) 방지를 위해 국제해상인명안전협약(SOLAS; Safety of Life at Sea)에 따라 도입되었다. IMO 선박번호는 선박소유자·등록국(旗國)·선명(船名)이 변경되어도 변경되지 않는다.

(ⅲ) Class/Classification Society : 선급협회(船級協會)는 선박의 건조·운영을 위한 기술표준을 제정하고 유지하는 비정부기구이다. 선급협회가 발급하는 선급증명서는 선박소유자가 선박을 등록하고 해상보험의 부보에 필요하며, 선박이 항만이나 수로의 통항 전에 제시를 요구할 수 있다. 선급협회는 선박의 안전성·목적적합성·감항성에 대한 책임은 지지 않지만, 본선이 협회의 선급기준에 부합한다는 것만 확인한다. 1760년 최초의 선급협회와 로이드 등록부가 되는 선박등록협회가 설립되었다.

(ⅳ) P&I Club : 선주상호보험(Protection and Indemnity Insurance)의 약자로 선주들의 공제조합(共濟組合)이다. P&I 클럽은 일반 해상보험에서 제외된 인명피해·부상·충돌사고·제3자위험·전쟁위험·기름유출·오염·환경훼손위험 등을 담보한다. P&I 클럽은 회원들에게 위험의 통합(pooling=grouping), 정보 및 대표성을 제공하는 상호보험협회이다. 원래 P&I 회원은 선주·선박운영자·용선인이었지만 최근에는 화물운송업자·창고운영자들도 가입할 수 있게 되었다. 일반보험은 보험료를 지불하지만 P&I 회원은 콜(call)을 한다. 콜은 클럽의 공동기금(pool)에 투입되는 돈으로 일종의 추렴(出斂, 염출, 갹출; kitty)이다. 만약 오일유출로 클럽이 큰 지출을 한다면, 회원들은 즉시 추가적인 비용을 납부해야 한다.

(6) GT/NT : (ⅰ) GT: (ⅱ) NT:

본선의 총톤(gross tonnage)·순톤(net tonnage)을 각각 기재한다. 1m^3(CBM)를 1톤으로 선박의 용적(ship′s space)을 측정한 것이다. 1982년 이전에는 GT/NT 대신 등록

(registered) 톤수라 하여 GRT/NRT(Gross Registered Tonnage/Net Registered Tonnage)로 표기했었다.[15] 선박의 적재능력(capacity)은 용적·중량 2가지로 나타내며, GT/NT는 용적(measurement), 아래 (7)항의 DWT는 중량(weight)의 적재능력이다.

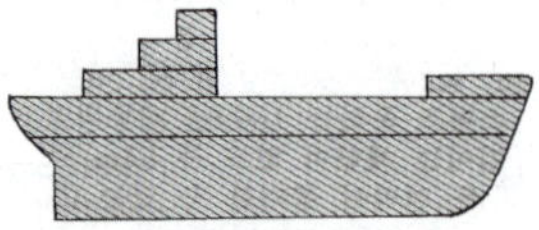

총톤(G/T)

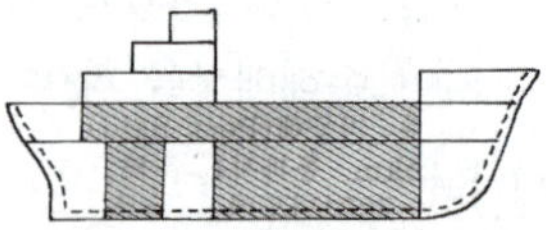

순톤(N/T)

(7) DWT all told on summer load line in metric tons(about)

여름철 만재흘수선으로 만재중량톤을 M/T(Metric Ton=1,000kg)으로 표기하라는 것이다. 중량톤은 과거에 L/T(Long Ton; 1,016kg)로 표시되는 경우가 많아 특히 M/T로 지정한 것이다. DWT(dead weight ton)는 만재중량톤수이며, 본선이 적재할 수 있는 적재물의 최대중량을 표시한다. 선박의 매매·용선료 등의 기준이 된다. 특히 만재중량톤에서 연료(fuel)·청수(fresh water)·선용품·불명중량(unknown constants)을 제외한 실제로 적재가능한 화물의 중량이 순만재중량(net deadweight)이며, 운항시 고려해야 할 중요한 사항이다.

(8) Present position (cl.1) *(cl.1)은 Part II 약관(clause) 1조임

본선의 현재 위치이다. 본선의 항해에는 수많은 변수가 작용하기 때문에 용선인에게 중요한 관심사항이다. 예컨대 항만파업이 빈번한 곳이나 전쟁지역에 있는 선박의 동정(動靜)에 대한 신뢰도는 크게 떨어진다. 본선이 현재 항해중(steaming)일 때는 'Now trading'으로 표기한다.

15) 1854년 Moorsom System이 채택된 이후 선박의 총톤·순톤은 100ft^3(2.83m^3)를 1톤으로 삼고 화물창(hold)의 용적은 40ft^3(1.13m^3)를 1톤으로 삼아오다가, 1982년부터 선박의 총톤·순톤·화물창의 용적을 모두 CBM(m^3)으로 통일하여 사용하고 있다.

(9) Expected ready to load (about) (cl.1)

본선의 선적가능예정일이다. 송하인이 화물을 준비(cargo readiness)할 수 있도록 선적가능예정일을 가능하면 정확히 밝혀야 한다. 도착예정일(ETA)과 구별된다.[16)]

(10) Loading port(s) or place(s) (cl.1)

선적항 또는 선적장소, 즉 부두(埠頭, berth)인지 묘박지(錨泊地, anchorage)인지를 기재한다. 선적항은 항해상·치안상 안전항(safe port)이어야 하고 본선의 흘수(吃水, draft)에 지장이 없어야 한다(as she may safely get and lie always afloat). 만약 One(1) safe berth, one(1) safe port Inchon, Korea라면, 이는 인천항의 1개 부두에서 선적을 완료해야 하고, 항내에서 본선이 부두를 옮기(shifting)면 옮기는 비용과 시간은 용선인의 부담이다.

(11) Discharging port(s) or place(s) (cl.1)

양륙항 또는 양륙장소이며, 부두인지 묘박지인지를 표기한다. 양륙항에서도 안전항·안전부두이어야 한다. 역시 주의할 사항은 본선의 이동문제이다. 예컨대 "1~2 safe berth(s) and/or anchorage(s), Busan and/or Masan" 조건과 "One safe berth or anchorage, Busan or Masan" 조건에는 대단히 큰 차이가 있다.

전자(前者)는 선주의 비용과 시간으로 본선을 최고 7번까지[17)] 옮겨야 하는 선주(carrier)에게 매우 불리한 조건이다. 그러나 후자(後者)는 본선이 일단 접안(berthing) 또는 투묘(anchoring)를 하면, 더 이상의 이동은 용선인의 부담이 된다. 따라서 앞의 (10)항과 본항은 선주와 용선인의 이해(利害)에 큰 차이가 나는 내용이므로 계약시 세심한 주의를 요한다. 특히 'and/or'가 있으면 각별히 주의를 해야 한다.

또한 적양항을 "One safe port of Bangkok" 등 명확히 1개항·2개항으로 지정하거나, "One or two safe ports out of Osaka/Yokohama range in charterer's option."(오사카와 요코하마간 1개항 또는 2개항을 용선인이 선택함)으로 항명을 미정으로 기재하기도 한다. 또는 용선인의 선택에 따라 양륙지가 2개항 이상일 때 기항의 순서를 부기하는데, 별도의 지시가 없으면 지리상의 순서(geographical rotation)로 한다.

16) 본선이 선적항에 도착했더라도 선적작업의 개시는 여러 가지 사정으로 달라진다. 예컨대 본선이 공선(空船)이 아니면 양륙을 해야 하고, 선적항의 선석(berth)이 여의치 않으면 기다려야(waiting)한다.

17) 부산 : a→① b→② a→③ b→④, 마산 : a→⑤ b→⑥ a→⑦ b→출항 (a : anchorage, b ; berth).

(12) Cargo(also state quantity and margin in Owner's option, if agreed) (cl.1)

화물의 종류·수량, 그리고 합의가 있으면 선주의 재량범위(margin)를 기재한다.

(i) Part cargo (yes/no), (ii) Commodity(ies), (iii) Quantity, (iv) Margin/tolerance

먼저 부분화물(part cargo)인지(yes) 아닌지(no)를 표기하고, 화물의 종류(commoditis)·수량(quantity)·선주의 재량범위(margin)를 기재한다. 화물의 종류·수량은 운임의 기준이 되며, 품목에 따라 선적이 불가능한 것이 있으므로, 선복이용에 직접 관계되는 것이다. 따라서 이 조항은 가능한 한 상세히 기술해야 한다.

화물의 종류는 통상 "Iron ore in bulk, Rice in bag, Heavy grain in bulk" 등으로 표기한다. 화물의 수량은 본선의 만재중량톤이나 용적톤수를 산출하여 기재하지만, 화물의 실제 선적톤수와 정확하게 일치시키는 것이 어렵기 때문에, "A full and complete cargo of iron ore in bulk 70,000 kilo tons 10% more or less at owner's option (10% MOLOO)." "Maximum … tons, minimum … tons," "Not exceeding … tons, but not less than … tons," "About … tons" 등으로 표기하며, 이 때의 About는 10% 정도의 가감으로 해석한다(Incoterms).

여기에 표기된 수량은 용선인의 책임량으로, 만약 계약물량을 선적하지 못하면(short loading) 그 부족량에 대하여 부적운임(不積運賃, dead freight)을 지불해야 한다. 그리고 2종류 이상의 화물을 함께 선적할 때, 완충재(dunnage=화물의 파손방지를 위해 사용되는 재료) 등의 비용은 용선인의 부담이다. 또한 용적화물(measurement cargo)은 적하계수(stowage factor)를 표기함이 바람직하다.

(13) Cargo transfer operation (state whether Charterers are permitted to use barges/lighters) (cl.3(e))

환적 여부와 용선인이 바지/부선 작업을 할 수 있는지를 표기하라는 것이다. Part Ⅱ 제3조(e)항에는 박스 13에 달리 명시되지 않으면, 용선인은 화물을 바지선·부선에서/에로 선적·양륙을 본선에 요구할 수 있다. 이러한 환적작업은 용선인의 위험·책임이며, 용선인은 선장이 만족할 수 있도록 적절한 보호재·기타 필요한 장비를 제공하고 그 비용을 지불해야 한다.

(14) Freight rate (state rate or lumpsum and amount and currency) (cl.7(a))

운임의 금액・결제통화, 톤당운임(중량톤당・용적톤당) 또는 목돈운임을 기재한다. PartⅡ 제7조 (a) 운임은 Part I 의 14번・15번 박스의 표기대로 지급하며 할인・공제 없이 전액 지급한다. 운임은 선주의 거래은행이 부과하는 은행수수료를 제외하고, 은행수수료 없이 즉시 사용가능하고 양도가능한 자금으로 지불해야 한다.

(15) Freight payment (state how and when payment is to be made and name of beneficiary and bank account) (cl.7(a))

운임의 지불방법・지불시기, 수취인과 그의 은행계좌 등을 기재한다. 지불시기는 선불(prepaid) 또는 후불(collect; payable on delivery)이 있는데 선불인지 후불인지를 명시해야 한다. 원칙은 후불이 합리적이지만, 관습상 선불이 많이 이용되고 있다. 항해준비를 위한 가불조로 오래전부터 선불이 행해졌던 것이다.

선불조건이면 운임은 선적과 동시에 취득되어, 선적량 기준으로 B/L과 상환(相換)하여 지불하고, 선박 또는 화물이 멸실되더라도, 일단 취득된 운임은 감액이나 반환이 안된다(freight to be discountless and non-returnable, ship and/or cargo lost or not lost). 따라서 선적을 하고 운임을 지불하지 않았는데, 화재로 화물이 멸실되어도 선주는 운임을 청구할 수 있다. 후불은 양륙지도착불(payable on arrival to destination)과 양륙완료불(payable on completion of discharging)이 있다. 후불의 경우, 선주는 운임상실의 위험이 있기 때문에 운임을 보험목적물로 부보해야 한다.

(16) Cargo handling gear (state if vessel's cargo handling gear shall not be used) (cl.4(c))

본선에 하역기기가 없거나, 있더라도 본선의 하역기기를 사용하지 않기로 합의하면 그에 대해 명시해야 한다. 만약 사용금지를 명시하지 않으면, 선주는 선적・양륙 全기간에 본선의 하역기기를 무료로 사용하게 하고, 모든 하역기기를 작동할 수 있는 충분한 동력(動力)을 무료로 제공해야 한다.

(17) Laytime (if separate laytime for loading and discharging is agreed, fill in (ⅰ) and (ⅱ). if total laytime for loading and discharging, fill in (ⅲ) only) (cl.10(b))

정박기간은 용선인이 선적·양륙을 위해 사용할 수 있는 기간으로 C/P에 약정한다. 즉, 용선인이 체선료 걱정없이 선적·양륙할 수 있는 기간이다. 정박기간은 선적항과 양륙항을 별산(別算)하는 방법(separate laytime for loading and discharging; laydays not reversible)과 양항(兩港)을 합산(合算)하는 방법(total laytime for loading and discharging; laydays reversible; all purposes)이 있다. 만약 적양항(積揚港)을 각각 별산한다면, (ⅰ)과 (ⅱ)에 각각 허용기간을 기재하고, 합산한다면 (iii)에만 기재하라는 것이다. 정박기간(laytime)은 정박일(laydays)(아래 18항 참조)과 동의어이며, 적재화물량을 1일 하역량으로 나누고 제외기간을 더하면 그 기간이 산출된다.

(ⅰ) Loading(state days or rate, and if SHINC or SHEX) : 선적(일수 또는 하역률을 표기하고, 일요일·휴무일 포함 또는 일요일·휴무일 제외 여부를 표기하라):

이것은 적양항의 정박기간을 상계(相計)하지 않고 각각 별도로 계산하는 것으로 'Laydays not reversible' 조건이다. 실제 선적이 날씨로 지연되거나 중지되는 경우를 제외하고는 허용일수 이내 또는 박스 17(i)에 명시된 하역률로 선적해야 한다.

(ⅱ) Discharging(state days or rate, and if SHINC or SHEX) : 양륙(일수 또는 하역률을 표기하고, 일요일·휴무일 포함 또는 일요일·휴무일 제외 여부를 표기하라) :

앞의 (ⅰ)항과 같음. 실제 양륙이 날씨로 지연되거나 중지되는 경우를 제외하고는 허용일수 이내 또는 박스 17(ii)에 명시된 하역률로 양륙해야 한다. 선적·양륙을 위한 대기시간은 별산(not reversible)이어야 한다.

(iii) Total laytime for loading and discharging(state days or rate, and if SHINC or SHEX) : 선적·양륙을 위한 총 정박기간(일수 또는 하역률을 표기하고, 일요일·휴무일 포함 또는 일요일·휴무일 제외 여부 표기하라):

이는 적양항 합산조건으로, 정박기간은 (i)항과 같이 날씨와 휴일작업 여부로 결정되지만, 적양항의 정박기간을 서로 상계한다는 것이다. 즉, "All purposes, Laydays to average, Laydays reversible"로 표기하기도 한다. 실제 선적·양륙이 날씨로 지연되거나 중단되는 경우가 아니면, 총허용일수 이내 또는 박스 17(iii)에 명시된 하역률로 선적·양륙해야 한다.

'All purposes'는 선적·양륙을 위해 허용된 총정박기간(fixed number of days)으로,

총허용기간을 초과하면 체선(滯船), 그에 미달하면 조출(早出)이 된다. 'To average'는 선적항·양륙항 별도로 계산하되 하나는 체선, 다른 하나가 조출이면, 조출로 체선을 상계하는 것이고, 'Laydays reversible'은 별도로 계산하되 상계 여부의 결정권(option)이 화주에게 있다는 것이다.

예컨대 선적항에서 3일 조출, 양륙항에서 7일 체선, 약정한 조출료·체선료가 각각 $4,000, $8,000이고 별산(別算){(ⅰ)·(ⅱ)}이면 선적항에서 선주는 화주에게 $12,000($4,000×3일)을 지불하고, 양륙항에서 화주로부터 $56,000($8,000×7일)을 받는다.

그러나 합산(合算)(ⅲ)이면 체선일(7일)과 조출일(3일)을 상계하여 4일분의 체선료 $32,000($8,000×4일)만을 화주로부터 받는다. 따라서 선주는 별산조건보다 $12,000이 손해이다. 통상 조출료가 체선료의 반액이므로 별산조건이 선주에게 유리하고, 합산조건은 화주(=용선인)에게 유리하다.

그러나 이것은 Gencon 서식에 표준조건으로 제시된 것이기 때문에, 실무에서는 당사자들의 합의에 따라 다양한 조건들이 등장한다. 통상 정박기간은 체선료(demurrage)·조출료(despatch)의 산정근거이고, 당사자들의 이해관계에 민감한 사항이기 때문에, 추가약관(rider clause)을 두어 상세히 명기한다.

한편 하역비 부담조건을 포함시킨 추가약관(Rider Clause)의 예를 보면 다음과 같다.

1. Cargo to be loaded, stowed and trimmed at Shippers′ /Charterers′ expenses and risk at the average rate of 2,000 metric tons net weight per weather working day of 24 consecutive hours, Sundays and Holidays excepted, unless used, if used, the actual working time to be counted as Laytime.

2. Cargo to be discharged at Receivers′ /Charterers′ expenses and risk at the average rate of 750 metric tons net weight per weather working day of 24 hours, Fridays, and Holidays excepted, even if used basis 5 workable hatches.

SHEX(Sundays and Holidays excepted)는 일요일·공휴일은 원래 근무일이 아니므로 정박기간에 산입하지 않는 것을 원칙으로 한다. 그러나 일요일·공휴일에 작업을 안하면 산입하지 않고, 작업을 하면 실제 작업시간을 산입한다는 조건도 있다. 이는 SHEXUU{Sundays and Holidays excepted (=excluded.) unless used, if used, the actual working time to be counted as laytime}로 표기한다. 즉, 앞서 1번의 조건이 이에 해당된다.

WWD(weather working day)는 날씨가 좋아 하역작업이 가능한 날만을 정박기간에 산입한다는 것이다. 날씨가 나빠 작업할 수 없는 시간은 제외하고, 일요일・공휴일은 작업을 하면 실제 작업시간을 산입하고 작업을 안하면 산입하지 않는다(Weather permitting, Sundays and Holidays excepted, unless used, in which event time actually used shall count)는 조건도 있다. 그리고 일요일・공휴일에 작업을 하더라도 정박기간에 산입하지 않는다는 조건도 있다. 이것은 SHEXEIU(Sundays and Holidays excepted even if used)로 표기하며 앞서 2번의 조건이 이에 해당된다.

그 밖에도 정박기간의 산정에는 다음과 같은 조건들이 있다.

Running layday or consecutive days : 우천(雨天)・동맹파업・불가항력 등 어떠한 원인이든 관계없이, 일단 정박기간이 개시되면 종료까지 경과된 일수(日數)를 모두 정박기간에 산입하는 조건이다. 일요일・공휴일도 제외하지 않고 정박기간에 산입하는 조건이다. 이에 비해 'Working day'는 일요일・공휴일 등은 제외하는 근무일 조건이다.

한편 정박기간의 개시・종료는 각국의 법률・관습에 따라 차이가 있지만 항상 C/P에 약정된다. 정박기간은 통상 하역준비완료통지(N/R)로부터 개시된다. 본선이 선적항・양륙항에 도착하여 선적・양륙할 채비가 갖추어지는 즉시 선장은 이를 서면으로 화주(shipper or consignee)에게 제출하면 정박기간이 개시된다. Part Ⅱ 11조・12조에 각각 정박기간의 개시(Commencement of laytime)와 정박기간의 지속(The Running of Laytime)에 대한 약관이 있으므로 참조하기 바란다.

한편 "Whether in berth or not in berth"는 항구에 입항했으나, 선석(船席; berth)이 없으면 접안(接岸) 여부에 관계없이 입항 즉시 정박기간이 개시된다는 것이다. 허용정박기간은 적재물량을 1일 하역량으로 나눈 값에 각종 공제일수(days excepted)를 더하여 산출한다.[18] 이때 만약 사용정박일수가 허용정박일수를 초과하면 체선료가 발생하고, 미달하면 조출료가 발생한다. 따라서 'On demurrage'는 허용정박기간이 초과되어 체선상태에 돌입했다는 의미이다.

18) 만약 적재물량이 36,000MT, 선적항의 1일 하역량이 2,000MT일 때 우천, 하역기기 고장, 일요일・공휴일 등으로 하역을 못한 일수가 6일이면 선적항의 허용정박일수는 총 24(18+6)일이 된다(36,000MT/2,000MT =18일).

체선이 심한 항구에서는 정박기간의 개시가 늦어지는 것을 피하기 위해 "WIBON (whether in berth or not), WIPON(whether in port or not), WIFPON(whether in free pratique or not)"등의 조건을 달기도 한다.[19]

하역이 종료되면 사용한 정박일수를 기재한 정박일계산서(laydays statement)를 작성한다. 여기에는 N/R의 교부일시, 하역개시・종료일시, 매일의 작업상황, 일요일・공휴일・일기불량・적양기 고장에 의한 하역중단일시・선적량・양륙량 등을 기재한다.

또한 위 여러 항목에서 체선일수・조출일수는 기재하지 않고, 간단한 사실기록으로 정박시간표(time sheet)[20]를 작성한다. 이것도 정박일계산서와 같은 목적에 이용된다.

(18) Laydays/Cancelling (cl. 9(d), 14(a))

약정기간(on or before the date indicated)에 본선이 선적채비를 갖추지 못하면, 용선인은 해약할 수 있다. 선주가 사전에 선적불가가 예상되어 이를 통보하면, 용선인은 늦어도 본선 입항 48시간 전에 해약 여부를 통지해야 한다.

(19) Demurrage (state rate and whether per day or pro rata) (cl.13(a))

선적항・양륙항에서의 체선료 및 지불방법을 명시한다. 정박기간이 초과되면 용선인은 선주에게 벌금(penalty)조로 체선료를 지불해야 한다. 체선료는 얼마이며 1일(一日)단위인지 시간단위로 계산할 것인지를 표기하라는 것이다.

체선료의 산정에는 2가지 방법이 있다([그림 4-1]).

19) WIBON은 본선이 접안(接岸)이 안되었더라도 정박기간이 개시된다는 의미이며, WIPON은 본선이 항구내에 있지 않더라도 정박기간이 개시된다는 의미이다. 그런데 이때 항구(port)의 경계가 어디냐에 주의를 해야 한다. 통상 항구는 내항과 외항으로 구분하는데 여기의 항구는 내항(內港)을 의미한다. WIFPON은 검역이 안되었더라도 정박기간이 개시된다는 의미이다.

20) 정박시간표란 화물의 선적・양륙을 위해 선박이 정박하는 기간(laydays)을 계산하는 표로 기재사항은 다음과 같다. ① 도착(arriving) 일시・접안(berthing) 일시, ② 본선의 하역준비완료일시・하역준비완료통지서(N/R) 교부일시, ③ 송하인・수하인・그 대리점의 N/R 수령일시, ④ 하역개시일시・하역실시기간, ⑤ 용선계약서에 약정된 하역률・허용정박기간, ⑥ 하역중지일시・ 그 명세, 일요일・공휴일・파업일・악천후일 등, ⑦ 1일 하역량・그 누계, ⑧ 하역완료일시, 체선료・조출료는 정박시간표에 근거하여 계산하기 때문에 하역의 완료와 동시에 관계당사자(선장・송하인・수하인・그 대리인)는 Time Sheet에 서명해야 한다.

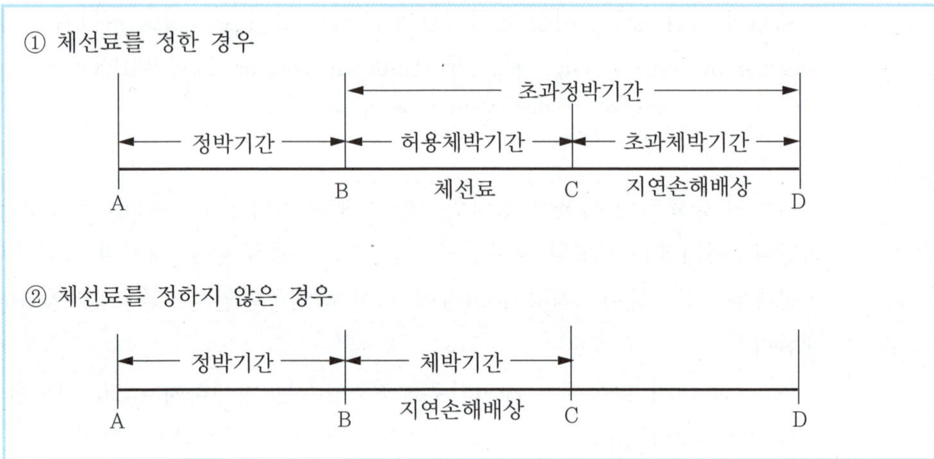

【 그림 4-1 체선료의 산정 】

그 하나는 운송계약(C/P)에 정박기간・체선료・조출료를 약정하고, 동시에 일정 기간의 허용체박일수(demurrage days or days on demurrage)를 약정해 두고, 이를 초과하면 지연손해배상금(damages for detention)을 물게 하는 방법이 있다.

그러나 실무에서는 초과체박기간에 대해 지연손해배상금을 청구하는 운송계약은 드물고, 통상 초과체박기간에 대해 약정한 체선료(滯船料)를 청구하고 있다.

또 하나는 운송계약에 체선료를 정하지 않고, 실제로 발생한 실손액(實損額)을 계산하여 청구하는 방법이며, 이것이 지연손해배상금이다. 그러나 객관적인 실손액은 계산하기 어려우므로, 실무에서는 채택하지 않고 대부분 체선료로 체선손해를 확정한다.

체선료는 확정손해(liquidated damage)인데 지연손해배상금(damages for detention)은 불확정손해(unliquidated damage)이기 때문에, 분쟁이 생겨 중재에 회부되거나 소송이 제기되면, 중재인・법원이 지연손해배상금을 결정한다.

체선료는 1일 24시간 기준으로 계산하지만, WWD(weather working day)의 경우엔 주간하역(晝間荷役), 즉 1일 12시간으로 계산하기도 한다. 그리고 체선료는 선적・양륙기간을 분리하여 별산(laydays not reversible)하는 것이 원칙이지만, 용선인의 옵션으로 선적・양륙기간을 합산(laydays reversible)하는 경우도 적지 않다.

한편 체선료에 대비되는 조출료(早出料)가 있다. 조출료는 허용정박기간 종료전에 하역이 완료되면, 단축된 기간에 대해 선주가 용선인에게 지급하는 일종의 상여금(bonus)이다. 조출료는 통상 체선료의 1/2(half)이지만, 때에 따라 1/3로도 한다. 조출료의 계산방법은 'All laytime saved'와 'All time saved'의 2가지가 있다.

이를 예시하면 [그림 4-2]와 같다.

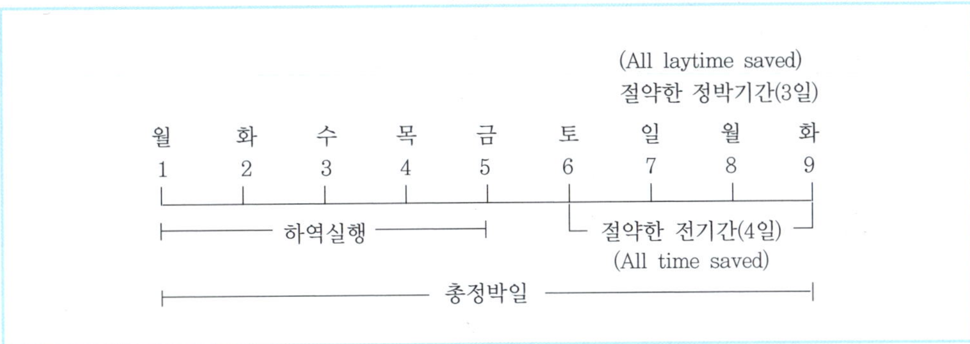

【 그림 4-2 조출료의 산정 】

즉, 정박기간(laytime)이 8일이고 'Sunday, Holiday excepted' 조건일 때, 정박기간의 개시일이 1일(월요일)이면 최종일은 9일이다. 그런데 5일(금요일)에 하역이 완료되었다면 'All laytime saved'(절약한 정박기간)이면 6(토)・8(월)・9(화)의 3일이다(7일의 일요일은 원래부터 정박기간에서 제외하고, 실제 하역을 했더라도 제외된다).

그러나 'All time saved'(절약한 전기간)이면 본선의 출항이 단축되는 기간으로 6・7・8・9의 4일이며 일요일도 포함된다. 따라서 'All laytime saved'에서는 조출료가 6・8・9의 3일이고, 'All time saved'에서는 6・7・8・9의 4일이 된다.

(20) Freight tax (state for whose account) (cl.25(c))

운임에 세금이 부과될 경우 누구의 부담인지를 명시하라는 것이다. Part Ⅱ 제25조 (c)항에는, 박스 20에 별도의 합의가 없으면, 운임에 부과되는 세금은 용선인이 부담한다고 규정되어 있다.

(21) Vessel's Agents (state party to nominate) (cl. 26)

Part Ⅱ 제14조에 선주는 선적항・양륙항에 자기의 대리인을 지정해야 한다고 규정하고 있다. 그리고 지정된 선주대리점의 명세를 명시하라는 것이다.

(22) General Average (cl.29)

PartⅡ 제29조에 만약 당사자가 정산장소를 합의하지 않으면, 공동해손은 2016년 요크-앤트워프 규칙(YAR : York-Antwerp Rules 2016)에 따라 런던에서 조정(adjust)·고시(state)·정산(settle)하고, 공동해손공탁금은 공동해손이 선장·도선사 또는 선원의 과실·태만·실수로 인해 발생했더라도 선주에게 공탁해야 한다.

(23) Brokerage commission and to whom payable (cl. 35)

중개료는 원칙적으로 선주가 부담한다. PartⅡ 제35조에 본 C/P에 의거 선주가 수취한 운임·부적운임(deadfreight)·체선료에 대한 중개수수료를 선주는 박스 23에 표기된 요율로 박스 23에 명시된 당사자에게 지불해야 한다.

(24) ETA Notices for loading (cl.8) to be given to:

본선의 선적항 도착예정일을 누구에게 통지할지를 표기하라는 것이다.

(25) ETA Notices for discharging (cl.8) to be given to:

본선의 양륙항 도착예정일을 누구에게 통지할지를 표기하라는 것이다.

(26) Notice of Readiness for loading (state party(ies) for notices) (cl.9(a))

선적준비완료(N/R)를 누구에게 통지할지를 표기하라는 것이다.

(27) Notice of Readiness for discharging (state party(ies) for notices) (cl.9(a))

양륙준비완료(N/R)를 누구에게 통지할지를 표기하라는 것이다.

(28) Owners' contact details for operational notices (cl.36)

본선의 운항관련 사항을 통지할 선주의 연락처를 상세히 표기하라는 것이다.

(29) Charterers' contact details for operational notices (cl.36)

본선의 운항관련 사항을 통지할 용선인의 연락처를 상세히 표기하라는 것이다.

(30) E-mail address for receipt of arbitration notices and communications on behalf of Owners (cl.37)

선주를 대리하여 중재의 통지·교신할 수 있는 당사자의 이메일 주소를 표기하라는 것이다.

(31) E-mail address for receipt of arbitration notices and communications on behalf of Charterers (cl.37)

용선인을 대리하여 중재의 통지·교신할 수 있는 당사자의 이메일 주소를 표기하라는 것이다.

(32) Law and Arbitration (choose law and arbitration venue, if alternative (g) Other is chosen Clause 37 must be appropriately filled in or replaced, failing which alternative (a) (English law and arbitration) shall apply (cl.37)

선택한 준거법과 중재장소를 기재하라는 것이다. 만약 (중재가 아닌) 대안(代案)으로 Part Ⅱ 제37조의 (g)항에 다른 것(Other; 예, 타협·알선·조정·소송 등)을 선택하면 적절히 기재·대체해야 하고, 그렇지 못하면 대안 (a)의 영국의 법규와 중재법을 적용한다.

(33) Additional clauses (state numbers, if agreed)

Part Ⅰ·Ⅱ에 인쇄된 조항과 그 내용을 현저하게 달리하거나, 새로운 내용을 첨가하려면 당사자의 합의로 별도의 추가약관(rider clause)을 약정할 수 있다. 만약 추가약관에 합의했다면 그 번호를 기재하라는 것이다. "Rider clause No. … to No. … as attached are deemed to be fully incorporated in this Charter Party"라고 기재하면 추가약관도 본 약관들과 똑같은 효력을 발휘한다.

그리고 맨 끝에 추가약관, Part Ⅰ·Ⅱ, C/P 서식의 효력에 대해 언급하고 있다.

본 C/P는 PartⅡ의 조항과 합의하여 박스 33에 명시된 추가약관을 포함하여 Part Ⅰ의 조항과 조건에 따라 이행할 것을 상호 합의한다. 조항이 상충될 경우, Part Ⅰ의 조항이 상충된 범위 내에서 Part Ⅱ의 조항보다 우선한다.

본 C/P의 최종 버전의 실행책임자는 해당 버전이 정당한 권한을 부여받은 기관에서 구입한 'BIMCO의 정품 견본(Authentic Template)'이며, 이에 대한 모든 수정사항을 명시할 것을 보증해야 한다. 'BIMCO의 정품 견본'은 BIMCO가 승인한 편집이 가능한 전자형식의 표준계약서를 말한다.

2 Part Ⅱ의 주요 내용[21)]

(1) 약정항해의 범위(Scope of Contract Voyage)

선주와 용선인은 다음과 같이 합의한다:

(a) 현재 박스 8의 장소에 있고, 대략 박스 9의 일자(日字)에 선적준비예정인 박스 5의 본선은, 선주의 통제 밖의 사건으로 저지(prevented)・방해(hindered)받지 않는 한, 이전계약(prior commitment)이 종료되는 대로 본선이 항상 안전하게 도착・정박할 수 있는 박스 10에 명시된 선적항(들)・선적지(들), 하나 이상의 항구・장소, 일련의(a range of) 항구(ports)・장소(places)가 본 용선계약(C/P)에 명시된 경우, 안전하게 도착하여 정박할 수 있는(afloat) 첫번째 항구・장소・그 인접지(so near thereto)로 항해를 개시한다;

(b) 본선은 용선인이 선적한 박스 12에 표기된 화물을 운반한다;

(c) 선적이 완료되면 본선이 안전하게 도착하여 정박할 수 있는 박스 11에 명시된 양륙항(들)・양륙지(들), 명시된 일련의 항구・장소, 지정된 항구(들)・장소(들), 그 인접지로 항진하여 화물을 인도한다.

(2) 선주의 책임(Owners' Responsibilities)

본 C/P에 의거 용선인이 모든 위험・책임을 부담하는 조건으로,

(a) (i) 선주는 다음의 임무를 수행할 본선의 제공에 주의의무를 다 해야 한다:

(1) 본 C/P에 의거 각 선적항・장소에서 선적을 개시할 때 적절한 선적을 위해 선원의 충원・설비의 완비・선용품의 공급, 화물의 수령・운송・보존에 적합하고 안전하게 운반할 수 있는 선창(holds)・냉동고・냉장고와 다른 모든 부분의 설비를 갖춰야 한다;

21) "Gecon 2022, Part Ⅱ" 원문(原文)의 페이지가 많아 저자의 개인 블로그에 올려놓았으니 필요한 사람은 다운받아 활용하기 바랍니다. 먼저 네이버에서 'decideca'를 입력하면 맨 위에 '靑岡' 블로그가 뜹니다. 왼쪽 카테고리 리스트의 맨 아래 검색 창에 'Gencon 2022'를 입력하고 맨 위의 'Gencon 2022 Part Ⅱ 원문(原文)'을 클릭하면 됩니다. https://blog.naver.com/decideca/223903098954

(2) 화물운송이 시작될 때마다 본선은 감항성(seaworthiness)을 갖추고 적절한 선원의 충원·설비의 완비·선용품을 공급해야 한다;

(ii) 선주는 선적부터 양륙까지 화물을 신중하고 적절하게 운반(carry)·보관(keep)·관리(care)해야 한다.

(b) 선주는 어떠한 경우에도 헤이그-비스비 규칙에 '운송인'에게 허용된 모든 권리·방어·면책·소멸시효·책임제한을 원용(援用)할 수 있다. 또한 위 (a)(i)의 위반으로 인한 멸실(loss)·파손(damage)·지연(delay) 또는 성능의 불량이 아닌 한, 선주는 헤이그-비스비 규칙에서 '운송인'에게 허용된 모든 권리·방어·면책·소멸시효·책임제한을 원용할 수 있다.

이러한 권리·방어권·면책권·소멸시효·책임제한은 어떤 성격이든 선주 및 본선에 대한 멸실(loss)·훼손(damage)·지연(delay) 또는 그 성질(nature)에 관계없이 성능의 불량에 대한 모든 클레임에 적용될 수 있다.

(3) 화물(Cargo)

(a) 용선인은 그의 위험·책임·비용으로 다음을 보장해야 한다:

(i) 본 C/P에 의거 선적된 모든 화물은 용선인이 준수해야 할 특별한 요건을 포함하여 모든 관련 법률·규정·협약(관련 IMO 권장·회람 포함)에 따라 엄격하게 기술(記述), 문서화·표시·번호매김·포장·선적·적부·트리밍·고정되어야 한다.

(ii) 모든 포장(packing)·적부(stowing)·결박(lashing)·고정(securing)재료(팔레트·상자·완충재(dunnage) 포함)는 관련 법률·규정에 따라 적절히 처리(treated)·취급(handled)·폐기(disposed)해야 하고 그에 대한 적절한 증명이 있어야 한다;

(iii) 화물의 선적·수출·수입·운송은 모든 면에서 합법적이고 합법성을 유지해야 한다;

(iv) 선적을 위한 화물(필요한 밧줄·포장·내부고정·인양고리(lifting lugs) 포함)은 모든 면에서 신적·적부·운반·양륙에 적합하고 적절해야 한다; 그리고

(v) 선주가 화물신고서를 적시에 정확하게 제출할 수 있도록 필요한 모든 정보를 사전에 선주에게 제공해야 한다.

(b) 살(撒)화물 : 선주·그 직원·대리인·협력업체의 행위(act)·태만(neglect)·불이행(default)으로 인한 경우를 제외하고:

(i) 본선의 자연분리(natural segregation)에 따르지 않고 살화물을 선적·적부할 경우, 용선인은 화물의 혼합·오염·파손·변질·멸실에 대한 모든 클레임에 책임

을 진다.

(ii) 본선의 자연분리(=격벽)에 따른 것을 제외하고, 살화물을 2인 이상의 수하인에게 인도 또는 2개 이상의 부두(埠頭)·묘박지(錨泊地)에서 양륙할 경우, 용선인은 벌금·법적 비용을 포함하여 인도부족·초과운송 및 그로 인해 발생한 모든 클레임에 책임을 진다.

(c) 부분화물 : 본 C/P에 의거 선적할 화물이 본선의 만선화물(full cargo)보다 적을 경우, 선주는 자기 또는 타용선인의 계산으로 본선의 자연분리 내에서 추가·보충화물을 선적할 수 있고, 이러한 추가·보충화물은 용선인 화물의 전후(前後)에 선적·양륙할 수 있으며, 모두 약정항해의 일환으로 화물을 운반할 수 있다.

(d) 해양환경에 유해한 화물 : 간간이 개정되는 'MARPOL 부속문서 5'의 관련 규정에 반해 화물이 해양환경에 유해할 경우, 모든 화물의 잔여물(선창세척수 포함)의 제거(removal)·유치(custody)·보관(storage)·폐기(disposal)는 용선인의 위험·책임·비용이다. 그리고 그로 인한 모든 시간손실은 19번 박스에 명시된 체선료율로 용선인이 보상한다.

(e) 부선(艀船)작업 : 박스 13에 달리 명시되지 않으면, 용선인은 화물을 바지선·부선에서/에로 선적·양륙하도록 본선에 요구할 수 있다. 이러한 환적작업은 용선인의 위험·책임이며, 용선인은 선장이 만족할 수 있도록 적절한 보호재(fendering)와 기타 필요한 장비를 제공하고 그 비용을 지불해야 한다. 선장의 합리적인 판단에 따라 환적작업이 안전하지 않거나 안전하지 않을 가능성이 있으면, 선장은 언제든지 작업을 중단시킬 수 있으며, 이때 선장은 바지선·부선을 본선에서 격리하도록 명령 또는 본선을 격리시킬 권리가 있다. 부선작업의 경우, 부선은 이 C/P의 목적을 위한 관련 부두로 간주한다.

(4) 선적 및 양륙(Loading and Discharging)

(a) 용선인은 선장의 감독하에 아래의 작업에 대한 위험·책임·비용을 부담한다:

(i) 화물을 선적·검수(tally)·적부(stow)·정돈(trim)·결박(lash)·고정(secure)하고 화물을 선창(船艙, hold)에서 꺼내 양륙한다; 그리고

(ii) 적재항해(laden voyage)에 대한 본선의 감항성(堪航性)을 해치지 않기 위해서, 선적항의 부두·항만·장소 간의 이동, 양륙항의 부두·항만·장소 간의 이동을 위해 화물을 적절하게 적부·정돈·고정시켜야 한다. 그 비용은 모두 용선인의 부담이며 정박기간·체선기간은 계속해서 산정된다.

(b) (i) 본선이 선적・양륙・정박을 위해 부두(berth)・계류장(mooring)・묘박지(anchorage) 또는 다른 장소로 이동하고, 선주가 본선의 안전을 위해 추가비용이 발생하는 일시적 이동, 예인선・도선시의 대기, 기다 외부지원을 빋을 경우 그 추가비용은 용선인이 부담한다.

(ii) 본선이 안전을 이유로 하역작업 중에 부두를 이탈해야 할 경우, 용선인의 위험・책임・비용으로 적재된 화물을 안전하게 적부・고정시켜야 한다.

(c) 하역기기 및 조명 : 본선에 하역기기가 없거나 박스 16에 본선의 하역기기를 사용할 수 없다고 명시되어 있지 않으면, 선주는 본선의 하역기기를 무료로 사용하게 하고 충분한 동력을 제공해야 한다. 용선인의 직원・대리인・협력업체의 작위・부작위가 아니면, 하역기기・동력의 고장으로 인한 시간손실은 정박기간・체선기간으로 간주하지 않는다. 선주는 선상의 조명(照明)을 무료로 제공해야 한다.

(d) 하역업체의 파손:

(i) 용선인은 본선의 모든 부분에 대한 하역업체의 손상(통상의 감모(減耗, wear and tear)는 제외)에 책임을 진다. 용선인은 그 손상을 수리하기 위한 모든 비용과 손실된 시간에 책임을 지며, 그 비용은 박스 19에 명시된 체선료율로 지불해야 한다.

(ii) 선장・선주는 가능한 한 빨리 용선인・그 대리인・하역업체에게 손상을 통지하고, 통지가 없으면 용선인은 그 손상에 책임지지 않는다. 그 통지서에는 손상의 기술(記述; describe)과 함께, 손상의 정도를 산정하기 위해 용선인에게 감정인(surveyor)의 지명을 요청해야 한다.

(iii) 본선의 감항성에 영향을 미치는 하역업체의 파손이 발생・발견되면 본선 선급협회가 요구하는 대로 그 항구를 출항하기 전에 지체없이 수리해야 한다. 본선의 운송능력을 제한하는 하역업체의 파손은 마지막 양륙항을 출항하기 전에 수리해야 하며, 그렇지 못하면 용선인은 그 손실에 책임을 져야 한다. 마지막 양륙항을 출항하기 전에 수리되지 않은 하역업체의 파손은 선주가 수리하고 선주의 청구를 받는 즉시 용선인이 지불해야 한다.

(5) 화물의 훈증소독(Cargo Fumigation)

(a) 용선인은 항구・묘박지(anchorage)・항해중에 선창의 화물을 훈증(燻蒸) 소독할 수 있는 선택권이 있다. 이러한 훈증소독은 간간이 개정되는 IMO 권고사항에 따라 수행한다. 훈증소독은 선장이 선적(정돈・고정 포함)이 완료되었음을 서면으로 확인하기 전에는 시작하면 안된다.

(b) 훈증소독은 용선인의 위험·책임이다. 가스감지장비·호흡보호장비 및 선원 훈련을 포함하되, (이에 국한되지 않음), 훈증소독과 관련된 모든 위험·비용은 용선인이 부담한다. 용선인은 화물훈증으로 발생한 모든 손실·비용·책임을 지고 선주에게 보상해야 한다.

(c) 용선인이 지시한 훈증소독으로 현지 당국이나 IMO 권고사항에 선원들의 육상체류를 요구할 경우 이동·숙박·음식(victualling)을 포함한, (이에 국한되지 않음), 모든 비용(costs)·경비(expenses)는 용선인이 부담한다.

(d) 양륙항·양륙장소에서 모든 훈증제의 잔여물·잔류물 및 훈증장비는 가능한 한 빨리 본선에서 제거해야 하며, 그러한 물질의 폐기와 관련된 MARPOL 부속문서 5 또는 다른 적용가능한 규정에 따라 용선인의 위험·책임·비용·경비로 폐기해야 한다.

(e) 정박기간 개시전 및/또는 정박기간·체선기간 종료후 위 (a)항에 따라 수행한 훈증으로 선주가 입은 모든 시간손실은 지체(detention)로 간주하며, 용선인은 박스 19에 명시된 체선료율로 보상해야 한다. 미사용 정박기간(unused laytime)은 그 지체에서 공제하며, 이 경우 지불해야 할 모든 조출료(despatch)는 그 보상액에서 공제해야 한다.

(f) 이 조항에 따른 용선인의 화물훈증 선택은 선적 당시 화물의 상태에 대한 증거로 간주하지 않으며, 선장·선주는 훈증만을 이유로 선하증권(B/L)을 약정(約定, clause)할 수 없다.

(6) 갑판적 화물(Deck Cargo)

(a) 본선은 선주의 서면동의 없이 갑판에 화물을 선적·운송할 수 없다.

(b) 선주가 갑판에 화물을 선적·운반하는 것을 허용하면, 용선인은:

(i) 선장이 합리적으로 만족할 수 있도록, 갑판적 화물이 갑판 및 선창덮개 위의 허용하중(permissible loads)을 초과하지 않으며, 본선의 감항성(seaworthiness)·안정성(stability)·항해성(navigability)을 훼손하지 않아야 한다.

(ii) 갑판적·선창덮개 위 화물에 필요한 추가부품(fittings)을 제공하고 그 비용을 지불해야 한다; 그리고

(iii) 선장의 감독하에 해당 화물을 적절하게 선적(load)·적부(stow), 완충재(dunnage)로 결박(lash)·고정(secure)하고 그 위험·비용을 부담해야 한다.

(c) 갑판적 화물은 용선인의 위험으로 운송되며, 선주는 선주의 과실 여부와 관

계없이 발생하는 어떠한 성격의 멸실·손상에 대해서도 책임지지 않는다. 용선인은 갑판적 화물에 대한 모든 B/L에 '갑판적 화물'임을 명시해야 한다.

(7) 운임(Freight)

(a) 운임은 Part I 의 14번·15번 박스의 표기대로 할인·공제 없이 전액 지급한다. 운임은 선주의 거래은행이 부과하는 은행수수료를 제외하고, 은행수수료 없이 즉시 사용가능하고 양도가능한 자금으로 지불해야 한다.

(b) 목돈운임(lumpsum freight) 이외의 화물운임은 선적기간 동안 선적량에 따라 취득되며, 본선수취증(M/R)에 기재된 수량으로 산정한다.

(c) 목돈운임은 선적완료 후 취득된다.

(d) 본선·화물의 멸실여부에 관계없이 운임은 반환되지 않는다.

(e) 선주·선장은 운임을 선주가 전액 수령하지 않는 한, '운임선불'(Freight Prepaid)로 표기된 B/L에 서명·배서하지 않아도 된다.

(8) ETA 통지(ETA Notices)

선주·선장은 본선의 ETA(Estimated Time of Arrival)를 용선인과 박스 24·25에 명시된 당사자에게 적절히 통지하고, 본선의 이례적인 지연이나 위치에 중대한 변화가 있으면 지체없이 통지해야 한다.

(9) 하역준비완료통지(N/R : Notice of Readiness)

(a) 아래의 (b)항에 따라, 각 하역항·하역장소에서 N/R[22]는 본선이 하역부두에 안전하게 정박하고 있고, 모든 면에서 하역준비가 되어 있을 때, 밤낮 언제라도 각각 26번·27번 박스에 기명된 당사자에게 서면으로 제출해야 한다. N/R를 제출하기 전에 선주는 화물을 선적할 모든 선창이 깨끗하고 건조하며 모든 면에서 선적에 적합하도록 주의의무를 다 해야 한다.

(b) 본선이 해당 항구·장소에 도착했는데 하역부두를 지정받지 못하거나 도달할

22) Notice of Readiness : 하역준비완료통지, 즉 본선이 선적·양륙할 준비가 되어 있다는 취지의 통지서이다. 선적항에서는 선적준비완료통지이고 양륙항에서는 양륙준비완료통지가 된다. 검역·통관 등의 입항절차후 본선 선장이 대리점(owner's agent)을 통해 송하인(shipper)·수하인(consignee)·각각의 대리점에게 교부(tender)한다. N/R Tender 즉시 정박기간이 개시되면 Free of Turn이라 하며, N/R은 접수(accept) 여부에 관계없이 교부기준이며 하자시에는 재교부한다.

수 없을경우, 검역·통관에 관계없이 통상의 묘박지(anchorage)에서 N/R를 제출할 수 있다. 아래 (c)항에 따른 선창(船艙)이 최초 검사에 실패하더라도, 마치 본선이 부두에 정박중이고 모든 면에서 선적·양륙 준비가 된 것처럼 정박기간·체선기간으로 산정된다. 그러한 대기장소·통상의 묘박지에서 선적·양륙 부두로 이동하는 실제시간은 정박기간·체선기간으로 산정하지 않는다.

(c) 정박기간 개시 후 모든 면에서 선적준비가 안된 것으로 최초 검사에서 확인된 경우, 후속 합동재검사(合同再檢査) 후 본선이 선적준비가 완료될 때까지 실제로 손실된 시간만 정박기간·체선기간으로 산정하지 않는다. 그러나 후속 합동재검사 후 96시간(4일)이 경과할 때까지 또는 해약일에 현지시간으로 23:59이 경과할 때까지 (둘 중 더 늦은 시간), 선창이 준비되지 않은 것으로 확인되고, 용선인이 옵션을 행사할 때 본선에 그의 화물이 없을 경우, 12시간 이내에 서면으로 본 C/P를 해지할 수 있다. 용선인이 해지할 경우, 위 (b)항에 따라 N/R를 제출한 후 모든 정박 대기시간에 대해 체선료율로 선주에게 보상해야 한다. 본 조항에 의거한 용선인의 권리 행사(行事)·비행사(非行事)는 선주와 용선인이 상호 상대에 대한 청구권을 침해하지 않는다.

(d) 첫번째 항구 또는 단일(單一)의 항구·선적장소에서의 N/R는 현지시간 00:01 전에 박스 18에 명시된 일자에 선적항·선적장소에서 제출할 수 있다. 그러나 하역이 더 빨리 개시되지 않는 한 정박기간은 그 시간 전에 개시되지 않는다.

(e) 어떤 항구 또는 선적·양륙 장소에서 하나 이상의 N/R가 제출된 경우, 각 N/R는 이전·이후의 N/R의 유효성을 침해하지 않고 제출된 것으로 간주한다.

(10) 정박기간(Laytime)

(a) 2013년 C/P에 대한 'BIMCO 정박기간의 정의'는 그 조항과 일치하지 않는 경우를 제외하고는 본 C/P의 일부로 통합된 것으로 간주한다.

'SHINC'는 초과작업·작업여부와 관계없이 공휴일 및 해당 항구·장소의 통상적인 휴일에 대하여 정박기간이 중단 없이 지속적으로 산정되는 조건이다.

'SHEX'는 작업하지 않으면 해당 항구·장소의 휴무일 및 통상적인 휴무일을 정박기간에서 제외하는 조건이다.

(b) (i)* 적양항 별산(Separate laytime for loading and discharging) : 선적·양륙을 위한 별도의 정박기간:

선적이 날씨로 지연되거나 중지되는 경우를 제외하고는, 계속해서[23] 또는 박스

17(i)에 명시된 하역률로 화물을 선적해야 한다.

양륙이 날씨로 지연되거나 중지되는 경우를 제외하고는, 계속해서 또는 박스 17(ii)에 명시된 하역률로 화물을 양륙해야 한다.

선적·양륙을 위한 대기시간은 각각 따로 계산(not reversible)해야 한다. 즉, 선적항·양륙항의 정박기간을 각각 별도로 계산하는 방법(laydays not reversible)이다.

(ii)* 적양항 합산(Total laytime for loading and dicharging) : 선적·양륙을 위한 총 정박기간: 양항(兩港)을 합산하여 계산하는 방법(laydays reversible, all purposes)이다.

화물은 실제 선적·양륙이 날씨로 지연되거나 중단되는 경우를 제외하고, 총 운항일수 또는 박스 17(iii)에 명시된 하역률로 선적·양륙해야 한다.

* 대안 (i) 또는 (ii)는 박스 17에서 합의한 대로 적용한다.

(c) 선적미달(Short-loading) : 정박기간은 선적된 화물량으로 산정하고, 용선인은 선적미달이더라도 화물 전체의 운임지불에 동의한 경우, 정박기간은 B/L의 수량에 해당 선적미달량을 더해 계산한다.

(11) 정박기간의 개시(Commencement of Laytime)

9조 (d)항에 따라 각 항구·하역장소의 정박기간은 다음 중 더 빠른 시간에 개시된다:

(a) 하역작업의 개시; 그리고

(b) (i) SHINC 조건인 경우, N/R을 12 : 00를 포함하여 정오(正午)까지 제출하면 현지시간 14:00, N/R을 정오 이후 근무시간에 제출하면 다음 날 현지시간 08:00; 또는

(ii) SHEX 조건인 경우, N/R을 근무일 정오까지 제출하면 현지시간 14:00, N/R을 오후에 제출하면 다음 근무일 08:00, 그리고 휴무일에 제출하면 다음 근무일 현지시간 14:00에 개시된다.

(12) 정박기간의 지속(The Running of Laytime)

(a) 이동(Shifting) : 본선이, 선주의 목적은 제외하고, 동일한 항만·장소의 2번째 또는 후속부두에서 선적·양륙 또는 동일부두에서 이동한 경우, 부두 사이의 이동

23) 우천(雨天)·동맹파업·불가항력 등 어떠한 원인이든 일단 정박기간이 개시되면 종료까지 경과된 일수(日數)를 모두 정박기간에 산입하는 조건이다. 일요일·공휴일도 제외하지 않고 정박기간에 산입하는 조건이다.

시간은 정박기간·체선기간으로 간주하며, 관련 예인선·도선사 비용은 용선인이 부담한다.

(b) 환경(Environmental) : 화물에 대한 환경·공중보건 문제로 발생한 선적·양륙의 지연은 정박기간·체선기간으로 간주하며, 먼지(dust) 억제조치를 포함한 모든 관련 비용은 용선인이 부담한다.

(c) 하역완료 : 하역업체가 본선에서 하역장비의 철거작업을 포함한 모든 하역작업을 완료할 때까지 정박기간·체선기간은 지속된다. 정확한 화물서류 작성을 위해 각 선적항·장소에서 하역작업 완료 후 3시간이 주어진다. 정확한 화물서류 작성시간이 만료되었는데 본선이 출항하지 못하면, 그 문서를 수취할 때까지 정박기간·체선기간은 다시 개시·계상한다.

(13) 체선료 및 조출료(Demurrage and Despatch)

(a) 체선료는 박스 19에 명시된 요율로 용선인이 선주에게 지불하고, 조출료는 선주가 절약된 모든 정박기간에 체선료의 절반(half)을 용선인에게 지불한다.

(b) 달리 다른 규정이 없으면, 용선인·그 직원·대리인 또는 협력업체의 작위·부작위로 인한 것이 아니고, 용선인이 요구한 서비스를 본선이 즉시 수행할 수 없어 용선인의 시간이 손실된 경우가 아니면, 체선료는 중단없이 지속적으로 발생한다.

(c) 체선료는 매일 지불해야 하고, 선주의 청구서를 받는 즉시 지불해야 한다.

(14) 해약(Cancelling)

(a) 아래의 (b)를 위반하지 않고, 본선이 박스 18에 명시된 해약일에 현지시간 23:59까지 약관 9조(N/R)에 의거 첫번째 또는 단일(單一)의 선적항에서 N/R를 제출하지 않으면, 용선인은 해약일자의 현지시간 23:59 이후 48시간 이내에 본 C/P를 해약할 수 있다.

(b) 만약 선주의 주의의무에도 불구하고, 본선이 첫번째 또는 단일의 항구·선적장소에서 해약일자의 현지시간 23:59까지 N/R 제출이 불가하면, 예상되는 본선의 준비완료일시를 명시하여 지체없이 용선인에게 통보하고, 용선인이 C/P를 해약할 것인지 또는 선주가 통보한 새로운 해약일의 현지시간 23:59에 동의하는지를 물어야 한다.

용선인은 선주의 통지를 받고 48시간 이내 또는 해약일의 현지시간 23:59 이전에 (둘 중 더 빠른 시간) 옵션을 선언해야 한다. 만약 용선인이 해약하지 않으면, 새로 제시한 해약일은 박스 18에 표기된 해약일을 대체한다. 본 조항 (b)는 1회만 작동하며, 본선이 새로운 해약일의 현지시간 23:59까지 약관 9(N/R)에 의거한 N/R를 제출하지 않으면, 용선인은 새로운 해약일의 현지시간 23:59 이후부터 48시간 이내에 본 C/P를 해약할 수 있다.

(c) 본 조항에 의거한 권리의 행사(行事)·불행사(不行事)는 선주·용선인이 서로에게 갖는 어떠한 청구권도 침해하지 않는다.

(15) 유치권(Lien)

선주는 운임·부적운임(dead freight)·체선료·공동해손공탁금·구조비·보상금·손해배상청구액 또는 본 C/P에 의거 납부해야 할 기타의 모든 금액, 그 금액을 회수하는 법적 비용을 포함한 모든 비용, 그리고 화물과 관련하여 지불해야 할 모든 부속운임(sub-freight)에 대한 유치권[24]을 갖는다.

(16) 중단 및 종료(Suspension and Termination)

(a) 용선인이 제15조 및 선주의 권리·청구권을 침해하지 않고, 본 C/P에 의거한 운임·부적운임·체선료·기타 보상액을 지불하지 않으면, 선주는 이후 언제든지 아래의 의무이행을 중단할 수 있다.

(b) 용선인이 선주의 통지 후 96시간 이내에 전액을 지불하지 않거나, 선주가 수용할 수 있는 조건으로 해당 금액에 대한 담보를 제공하지 않으면, 선주는 그 금액이 미납상태로 남아 있는 동안 언제든지 본 C/P를 해지 및/또는 화물을 어떠한 항구·장소에서 양륙할 권리가 있으며, 이러한 조치는 관련 B/L의 위반(breach)·일탈(deviation)로 간주하지 않는다.

(c) 용선인은 선주가 본 C/P의 권리행사로 선주가 부담해야 할 제3자에 대한 모든 책임을 포함하여 일체의 파손(damages)·멸실(losses)·비용·책임에 대해 선주에게 보상해야 한다. 용선인은 본선이 체포·억류될 위험이 있는 경우, 본선의 지연이 발생하지 않도록 신속하게 적절한 안전조치·대체적 안전조치(substitute security)를 취해야 한다. 그리고 용선인은 선주의 시간손실에 체선료율로 보상해야 한다.

24) 유치권은 화주가 운임과 기타 비용을 지불하지 않으면 선주가 적하(cargo)를 억류할 수 있는 권한이다.

(17) 동맹파업(Strikes)

(a) 첫번째 또는 단일 선적항・선적장소에서 선적시작 전에 화물의 전부・일부의 선적에 영향을 주거나, 선적을 방해하는 동맹파업(strike)・직장폐쇄(lockout)가 발생하면, 선주는 용선인에게 동맹파업・직장폐쇄가 없는 것처럼 정박기간・체선기간의 계상(count)에 대한 동의여부를 묻고, 용선인이 24시간 이내에 서면으로 동의하지 않으면, 선주는 본 C/P의 해약선택권을 가지며, 24시간 이내에 제출된 N/R는 선주의 해약권을 침해하지 않는다. 용선인이 동의하면 아래의 (b)항은 동맹파업・직장폐쇄에 적용되지 않는다.

(b) 어떤 항구・선적장소에서 화물의 선적이 시작되고 동맹파업・직장폐쇄로 선적이 지연되거나 방해받는 경우, 그 지연은 처음 10일은 체선료의 반(半)으로 계산하고, 10일 이후부터는 (아래 (c)항에 따라) 체선료 전액으로 계상한다.

(c) 동맹파업・직장폐쇄로 선적항・선적장소에서 선적이 25일 이상 누적 지연되면, 선주는 선적이 완료될 때까지 (i) 일일(一日) 체선료와 (ii) 현재 시장의 용선료(傭船料) 더하기 소모된 연료비 중 더 높은 요율로 보상받을 권리가 있다.

(d) 화물의 전부・일부의 양륙에 영향을 주거나 양륙을 방해하는 동맹파업・직장폐쇄가 발생하면, 용선인은 처음 누적일 10일 동안은 체선료의 반액(半額, half demurrage), 그리고 이후 누적일 25일까지는 체선료의 전액(full rate)을 지급해야 한다. 양륙지연이 누적지연일 25일을 초과할 경우, 선주는 양륙이 완료될 때까지 (i) 1일 체선료와 (ii) 현재 시장의 용선료 더하기 소모된 연료비 중 더 높은 요율로 보상받을 권리가 있다.

(e) 별도의 합의가 없으면, 본 조항에 의거 지급해야 할 모든 금액은 매(每) 7일마다 지급해야 한다.

(f) 본 약관의 규정을 제외하고, 어느 누구도 화물의 선적・양륙을 방해하거나 영향을 미치는 동맹파업・직장폐쇄의 결과에 대해 책임지지 않는다.

(18) 일반면책약관(General Exceptions Clause)

본선・선주・용선인・이들 각각의 직원・대리인・협력업체는 본 C/P에 명시적으로 규정되지 않았고, 합리적으로 피하거나 방지할 수 없었다면, 다음과 같은 사건의 결과로 화물의 공급・선적・양륙・인도의 실패에 의한 멸실・파손・지연에 대해 누구도 책임지지 않는다: 천재(天災); 전쟁행위; 공공의 적, 해적・강도행위;

군주・통치자・국민의 체포・구속; 본선・화물의 석방을 위해 적절한 안전조치를 합리적으로 즉시 취했을 경우의 법적 절차에 따른 압류(본 C/P와 관련된 의무위반으로 인한 경우 제외); 홍수; 화재; 봉쇄; 폭동(riots); 반란(insurrection); 민란(civil commotion); 지진; 폭발; 전염병・감염병; 기타 일체의 유사한 사건들. 그러나 이 조항의 어떤 내용도 정박기간・체선기간의 지속을 방해하지 않으며, 본 C/P에 의거한 선주에 대한 용선인의 의무・채무를 경감・감소시키지 않는다.

(19) 선하증권(Bills of Lading)

선주가 대리인(agents)에게 서면권한(written authority)(그 사본을 용선인에게 제공해야 함)을 허용한 경우, 선장・본선의 대리인은 본 C/P를 침해하지 않고 항상 본선수취증(M/R; mate's receipt)과 일치하고, 선주에게 불리하지 않은(no less favourable) 조건의 'CONGEN BILL 2022'의 B/L에 서명해야 한다.

그 B/L의 조건・내용이 본 C/P에서 선주가 부담해야 할 책임보다 과중한 책임을 부담하게 하거나, 그러한 결과를 초래한 경우, 제시된 B/L의 서명으로 발생하는 모든 결과・책임에 대하여 용선인은 선주에게 보상해야 한다.

(20) BIMCO 전자선하증권 약관 2014(BIMCO Electronic B/L Clause 2014)

(a) 용선인이 선택하고, 본 C/P에 규정된 전자적 형태로 발행・서명・전송되는 선하증권(B/L)・운송장(waybills)・화도지시서(delivery orders)는 각각 종이증서와 동일한 효력을 갖는다.

(b) 위 (a)항의 목적상 선주는 용선인의 지시에 따라 국제 P&I 클럽이 승인한 전자거래시스템(종이 없는)에 가입하고 사용해야 한다. 이 시스템에 가입・사용으로 발생한 비용은 용선인이 부담한다.

(c) 용선인은 위 (b)항에서 언급한 시스템의 사용으로 발생하는 추가적인 책임이 선주의 과실이 아닌 한 선주에게 책임을 묻지 않는다.

(21) 선급 및 보험(Classification and Insurance)

선주는 다음 사항을 확인해야 한다:

(a) 본선은 박스 5 (iii)에 명시된 선급협회에 등재되어 있어야 한다; 그리고

(b) 본선은 P&I 클럽 또는 박스 5 (iv)에 명시된 보험자의 제3자 책임보험에 부보되어야 하고; 용선인과 보류하기로 한 별도의 합의가 없는 한, 본 C/P 기간 내내

보험이 유지되어야 한다.

(22) 자유와 이로(Liberty and Deviation)

(a) 본선은 도선사와 함께 또는 도선사 없이 항행할 수 있고, 조난선을 예인(tow)·조력(助力, assist)하고 인명·재산의 구조·안전한 항해를 위해 합리적으로 필요한 경우 및 다른 목적을 위해서도 이로할 자유가 있다.[25] 여기에는 급유·선용품 보급·본선수리·선원교체·밀항자·해상난민의 상륙·의료비상사태·평형수(ballast) 교환을 위해 어느 곳이든 기항할 수 있고, 선주는 이로 인해 발생한 멸실·손해(지연 포함)에 대해 책임지지 않는다.

(b) 이 조항은 재용선계약서(sub-charter)와 본 약관에 의거 발행한 B/L에 통합되어 적용된다.

(23) 본선의 대체(Substitution)

용선인의 사전 서면동의하에 (불합리하게 보류해서는 안됨) 선주는 박스 18에 명시된 일정(spread)에 따라, 항상 본 C/P의 이행책임을 전제로, 선적일/해약일 이내에 실질적으로 유사한 성능의 대체선(代替船)을 지정하고 제공할 수 있다. 이때 대체선은 이 C/P의 목적을 위한 본선이 된다.

(24) 재용선 및 양도(Sub-let and Assignment)

선주의 사전 서면동의하에 (불합리하게 보류해서는 안됨) 용선인은 항상 본 C/P의 이행책임을 전제로 본 C/P를 재용선(sub-let) 또는 양도(assign)할 수 있다.

(25) 제세공과금(Taxes and Dues)

(a) 본선 : 선주는 본선에 관습적으로 부과되는 모든 항비·요금·관세·세금을

25) 영국해상보험법(Marine Insurance Act : MIA 1906)이 허용하는 이로는 다음과 같다.
① 보험증권상에 특약으로 허용한 경우,
② 선장·선주가 지배할 수 없는 사유로 발생한 경우,
③ 명시·묵시담보(express or implied warranty)의 충족을 위해 필요한 경우,
④ 본선 또는 기타 보험목적물의 안전을 위해 필요한 경우,
⑤ 인명의 구조 또는 인명이 위험에 처한 조난선을 구조하기 위한 이로(離路),
⑥ 선상에 있는 자의 내과적·외과적 치료를 위해 필요한 경우,
⑦ 선장·선원의 악행(barratry)이 피보험위험일 때, 이들의 악행으로 생긴 경우.

그 금액이 얼마이든 지불해야 한다.

(b) 화물 : 용선인은 화물에 관습적으로 부과되는 모든 항비·요금·관세·세금을 그 금액이 얼마이든 지불해야 한다.

(c) 운임에 대한 제세공과금 : 박스 20에 별도의 합의가 없으면, 운임에 부과되는 세금은 용선인이 부담한다.

(26) 대리점(Agency)

(a) 박스 21에 달리 명시되지 않는 한, 본선은 용선인이 지명한 대리인들에게 위탁될 수 있다. 이들 대리인은 하역항·하역장소에서 선주가 임명하고 지불하지만, 화물과 관련되거나 화물의 선적·양륙·인도(B/L의 작성·제시 포함)와 관련한 모든 문제에서는 용선인의 대리인으로 간주된다.

(b) 언제나 본 C/P의 조건에 따라, 당사자들은 각자의 직원·대리인·협력업체의 행위 및 태만·불이행에 대한 책임을 져야 한다. 송하인·수하인은 본 C/P에 따른 용선인의 책임인 업무수행에는 용선인의 대리인으로 간주된다.

(c) 달리 합의가 없으면, 대리인은 FONASBA(미국 중개인·대리인 연합),[26] ISO(국제표준화기구)[27] 또는 기타 동등한 품질표준에서 규정한 최소품질표준을 충족해야 한다.

(27) 책임의 제한(Limitation of Liability)

(a) 선주·용선인·본선, 등기·관리선주(registered or disponent owners), 관리자·운항자·용선인, 누구든지 자신의 행위·태만·불이행에 대해 책임져야 할 당사자·책임보험자들은 (그들이 행했건 안했건) 본 C/P의 약관에 법적으로 허용되는 책임제한권을 단념(surrender)·포기(waiver)하지 않는다.

(b) 용선인은 본선이 요구할 수 있는 (본 C/P에 명시되지 않았다면) 모든 부두·장소에 접근하여 적용할 수 있는 조항·조건이 이러한 책임제한권을 침해하지 않도록 보장하며, 그 실패로 발생하는 손실·손상·책임에 대해 선주에게 보상해야 한다.

(28) 보호약관(Protective Clauses)

뉴제이슨약관·쌍방과실충돌약관·국제 P&I 클럽/CONGEN B/L 2022에 포함된

26) The Federation of National Associations of Ship Brokers and Agents
27) International Organization for Standardization

선하증권 및 기타계약 2014를 위한 BIMCO 히말라야 약관[28]은 본 C/P에 통합되어 그 일부가 되고, 본 C/P에 의거 발행된 B/L에 명백히 통합된다.

(29) 공동해손(General Average)

박스 22에 달리 명시되지 않는 한, 공동해손은 요크안트워프규칙 2016(York-Antwerp Rules 2016)에 따라 런던에서 조정(adjust)·고시(state)·정산(settle)한다. 공동해손공탁금은 공동해손이 선장·도선사·선원의 과실·태만·실수로 인해 발생했더라도 선주에게 지불해야 한다.

(30) BIMCO 2005 항해용선계약서를 위한 결빙약관(BIMCO Ice Clause for Voyage Charter Parties 2005)

본선은 쇄빙(碎氷)의 의무는 없지만 크기·구조·선급을 고려하여 선주의 승인이 있으면 쇄빙선을 뒤따를 수 있다.

(a) 선적항:

(i) 출항 후 언제든지 결빙으로 본선의 항행이 방해받거나, 도착했을 때 결빙으로 선적항에 입항할 수 없는 경우, 선장·선주는 이를 용선인에게 통지하고 안전하고 접근가능한 대체항의 지정을 요청해야 한다.

만약 용선인이 48시간 이내에 (일요일·공휴일 포함) 지정하지 않거나 C/P에 명시된 항구에 입항하여 정박기간으로 산정하는 것에 동의하지 않거나, C/P의 해약을 선언하지 않으면 선주는 C/P를 해약할 수 있다. 당사자 어느 일방이 해약하는 경우, 용선인은 본 C/P에 의해 입증된 모든 수익의 손실에 대해 선주에게 보상해야 한다.

(ii) 선장이 어떠한 선적항이든 본선의 동결위험이 있다고 판단하여 선장·선주가 즉시 용선인에게 이를 통지할 경우, 본선은 화물을 선적한 상태로 출항하여 가장 가까운 안전한 부동항으로 이동할 수 있으며, 그곳에서 용선인의 안전하고 접근가능한 대체항의 지정을 기다릴 수 있다. 선장·선주의 통지를 받고 용선인이 (일요일·공휴일은 제외) 24시간 이내에 대체항을 지정하지 않으면, 본선은 관습적인 용선항로(chartered voyage)에 관계없이 선주의 비용으로 운송완료를 위해 어떠한 항구

28) International Group of P&I Clubs/BIMCO Himalaya Clause for Bills of Lading and Other Contracts 2014 as contained in CONGENBILL 2022

로도 이동할 수 있다.

(b) 양륙항:

(i) 결빙으로 양륙항으로 항해가 어렵거나 양륙항에 접근할 수 없으면 선장·선주는 그 사실을 용선인에게 통지해야 한다. 이 경우 용선인은 박스 19에 명시된 체선료를 지불하면서 양륙항에 입항할 수 있을 때까지 본선을 기다리게 하거나, 안전하고 입항가능한 대체항으로 항행을 지시할 수 있다.

선장·선주가 용선인에게 통지한 뒤 (일요일·공휴일 포함) 48시간 이내에 선택을 하지 않으면, 선장은 추가통지 없이 가장 가까운 안전하고 입항가능한 항구로 항행하여 화물을 양륙할 수 있다.

(ii) 선장이 어떠한 양륙항이든 본선의 동결위험이 있다고 판단하여 선장·선주가 즉시 용선인에게 이를 통지할 경우, 본선은 화물이 남아 있는 상태로 출항하여 가장 가까운 안전하고 결빙이 없는 장소로 이동할 수 있으며, 그곳에서 용선인의 안전하고 접근가능한 대체항의 지정을 기다릴 수 있다. 선장·선주의 통지 후 (일요일·공휴일은 제외) 24시간 이내에 접근가능한 대체항을 용선인이 지정하지 않을 경우, 본선은 가장 가까운 안전하고 접근가능한 항구로 이동하여 나머지 화물을 양륙할 수 있다.

(iii) 계약에 명시된 항구가 아닌 곳에서 화물을 인도할 경우, B/L의 모든 조항이 적용되며, 본선은 대체항이 100해리를 초과하지 않으면, 원래의 목적지 항구에 양륙된 것과 같은 운임을 받는다. 대체항에서 인도될 경우 운임은 비례적으로 추가된다.

(31) BIMCO ISPS/MTSA 2005 항해용선계약서(BIMCO ISPS/MTSA[29]) Clause for Voyage Charter Parties 2005)

(a) (i) 선주는 본선·항만시설의 보안에 관한 국제법규의 요구사항과 본선·회사(ISPS 규정에 정의)와 관련된 SOLAS[30](ISPS 규정) 11장의 관련 개정사항을 준수해야 한다. 미국과 거래 또는 미국 수역을 통과하는 경우, 선주는 본선·선주(MTSA의 정의)와 관련된 미국 해상운송보안법(MTSA)의 요구사항도 준수해야 한다.

(ii) 용선인이 요청하면, 선주는 관련 국제본선보안인증서(또는 임시 국제본선보안

29) (International Code for the) Security of Ships and of Port Facilities 발효; 2004.07.01. Maritime Transportation Security Act 2002 (USA)

30) (International Convention for the) Safety of Life at Sea (SOLAS), 채택: 1974.11.01. 발효: 1980.05.25

인증서) 사본과 회사 보안책임자(CSO)의 상세한 연락정보를 용선인에게 제공해야 한다.

(iii) 선주·회사/선주가 ISPS/MTSA 또는 이 조항의 요구사항을 준수하지 않아 발생한 멸실·손해·비용·지연은 (결과적 멸실·손해·비용·지연 제외), 본 C/P에서 달리 규정된 경우를 제외하고, 선주가 부담한다.

(b) (i) 선주가 ISPS/MTSA를 준수할 수 있도록, 용선인은 선주·선장에게 상세한 연락처와 요청이 있으면, 일체의 관련 정보를 제공해야 한다.

(ii) 용선인의 본 조항의 위반으로 인한 멸실·손해·비용은 (결과적 멸실·손해·비용 제외), 본 C/P에 별도의 약정이 없으면, 용선인의 부담이며, 이러한 위반으로 인한 지연은 정박기간·체선기간으로 산정된다.

(c) 선주가 ISPS/MTSA의 의무를 위반하여 지연이 발생한 경우가 아니면 다음 사항이 적용된다:

(i) 본 C/P의 조항에 반하고, 해당 보안규정이나 항만당국·ISPS/MTSA 관련당국이 부과한 조치로 통과되지 않더라도(not cleared) 본선은 N/R를 제출할 수 있다.

(ii) 항만당국·ISPS/MTSA 관련당국이 부과한 조치로 인한 지연은 선주·선장·선원의 과실·본선의 이전항해(previous trading)·선원의 국적·선주관리자(manager)의 신원으로 인한 것이 아닌 한 정박기간·체선기간으로 산정된다.

(d) 본 C/P에 규정된 것과 달리, 보안규정·항만당국·ISPS/MTSA 관계당국이 요구하는 조치, 즉 보안경비(security guards)·진수서비스·본선호위·보안비용(security fees)·세금 및 검사료, (이에 국한되지 않음), 관련된 모든 비용·경비가 선주·선장·선원의 과실·본선의 이전(以前) 항해·선원의 국적·선주관리자의 신원으로 인해 발생하지 않는 한 용선인이 부담한다. 본선의 안전을 위해 필요한 모든 조치는 선주가 부담한다.

(e) 어느 일방(一方)이 본 조항에 따라 타방(他方)의 비용을 지불한 경우, 타방은 일방에게 보상해야 한다.

(32) 2020년 항해용선계약서를 위한 BIMCO 제재약관(BIMCO Sanctions Clause for Voyage Charter Parties 2020)

(a) 본 약관의 목적상:

'금지된 활동'은 제재(制裁) 당국이 제재하는 모든 활동·서비스·운송·무역·항해를 의미한다.

'제재당국'은 유엔(UN)·유럽연합(EU)·영국·미국·기타의 합법적인 관계당국·정부를 의미한다.

'제재당사자'는 제재당국이 지정한 모든 사람·단체·개인·본선을 의미한다.

(b) 선주는 본 C/P의 체결일·C/P의 기간 내내 등기선주·선체용선인·중간관리선주(intermediate disponent owners)·관리자·본선·모든 대체물(any substitute)은 제재당사자가 아님을 보증해야 한다.

(c) 용선인은 본 C/P의 체결일 및 C/P의 기간 내내 자신과 모든 재용선인·송하인·수하인·화물의 이해관계인은 제재당사자가 아님을 보증해야 한다.

(d) 일방이 위 (b)·(c)항을 위반할 경우, 위반하지 않은 당사자는 언제든지 C/P의 해지 및/또는 위반에 대한 손해배상을 청구할 수 있다.

(e) 위 (d)항에서 적용될 수 있는 다른 권리를 침해하지 않고, 본 C/P의 이행이 제재당사자·제재활동을 포함하는 경우:

(i) 선적이 개시되지 않았다면 선주는 본 C/P를 해약할 수 있다

(ii) 항해·하역이 개시되었다면, 본 C/P에서 금지된 당사자 또는 금지된 활동이 포함되지 않은 항구·장소에서 선적·양륙을 한 경우, 선주는 본 C/P의 완전한 이행을 위해 자기가 선택한 안전한 항구·장소(선적항·선적장소 포함)에의 항행과 이미 선적된 화물의 양륙을 거부할 수 있다. 선주는 먼저 용선인에게 대체항·대체장소의 지정을 요청하고, 요청 후 48시간 이내에 지정하지 않으면 C/P를 해지 또는 항행을 거부할 수 있다.

(f) 위 (e)항에 따른 이행 또는 불이행의 경우, 이로(離路, deviation)로 간주되지 않고, 본 C/P의 정당한 이행으로 간주된다.

(g) 용선인은 선주가 위 (e)항에 따라 대체항행 명령에 따르거나 화물을 인도함으로써 화주·선하증권·운송장·운송계약을 증명하는 기타 문서의 소지자·재용선인이 선주에게 제기한 모든 클레임에 대해 선주에게 보상해야 한다.

(h) 용선인은 본 C/P에 의거 발행된 모든 재용선(sub-charters) 및 선하증권·운송장·운송계약을 증명하는 기타 문서를 이 약관(clause)에 통합해야 한다.

(33) 항해용선을 위한 2013년 BIMCO 전쟁위험약관(VOYWAR 2013)(BIMCO War Risks Clause for Voyage Chartering (VOYWAR 2013))

(a) 본 조항의 용어는 다음과 같은 의미를 갖는다:

(i) '선주'는 선박소유자·선체용선인·용선선주(disponent owners)·본선의 운항을 맡은 관리자(managers)·기타 운항자(operators)·선장을 포함한다.

(ii) '전쟁위험'은 모든 (보도된 것들을 포함한) 실전(實戰)·위협; 전쟁·전쟁행위·내전·적대행위; 혁명; 반란; 민란; 기동훈련(warlike operation); 지뢰매설; 해적행위·강도·납치/몰수(이하 해적이라 함), 테러행위; 적대적·악의적 파괴; 모든 개인·단체·테러리스트·정치단체·승인 여부에 관계없이 국가·지역 정부에 의한 봉쇄(모든 선박·특정국가·특정선주의 선박·특정화물·특정선원·기타 일체의 선택적 봉쇄와 관계없이)로서 선장·선주의 합리적인 판단으로 본선·본선의 화물·선원·기타 본선 승선인에 대한 위험 및 그 가능성을 말한다.

(b) 본선의 선적개시 전에 선장·선주의 합리적인 판단으로 운송계약 및 그 일부의 이행(履行)이 본선·본선의 화물·선원·기타 본선의 승선인에게 전쟁위험에 노출·노출 가능성이 있으면, 선주는 용선인에게 본 C/P의 해지를 고지하고, 본선·본선의 화물·선원·기타 본선의 승선인에게 전쟁위험에 노출·노출 가능성이 있는 부분의 이행을 거부할 수 있다.

본 C/P의 선적·양륙을 용선인이 지정된 항역내(港域內)·항구(들)에서 실행하기로 약정하고, 본선·본선의 화물·선원·기타 본선의 승선인에게 전쟁위험에 노출·노출 가능성이 있으면, 선주는 먼저 용선인에게 선적·양륙이 가능한 그 역내(域內)의 다른 안전항을 지정하도록 요구해야 한다. 그리고 선주는 용선인이 그 통지를 수령하고 48시간 이내에 안전항을 지정하지 않을 경우에만 본 C/P를 해약할 수 있다.

(c) 선적개시 후 화물의 양륙이 완료될 때까지 항해의 어느 단계에서도 선장·선주의 합리적인 판단으로 본선·본선의 화물(또는 그 일부)·선원·기타 본선의 승선인(들)이 전쟁위험에 노출·노출 가능성이 있으면, 용선인은 선주에게 선적의 계속, 모든 항구·장소에 대한 B/L의 서명, 모든 항해 및 항해의 일부에 대한 항진(航進)과 항해의 계속, 운하·수로의 통과 및 모든 항구·장소에의 항진(航進)·정박(碇泊)을 요구할 수 없다.

전쟁의 징후가 있을 경우, 선주는 그 사실을 용선인에게 통지하여, 화물·그 일부를 양륙할 수 있는 안전항의 지정을 요구할 수 있고, 용선인이 그 통지를 수령한 후 48시간 이내에 안전항을 지정하지 않으면, 선주는 어디든 안전항(선적항 포함)을 재량으로 선택·양륙하여 운송계약을 종료할 수 있다. 선주는 그러한 양륙으로 인한 추가비용을 용선인에게 청구할 수 있다. 또한 양륙이 선적항 이외의 항구에서 이뤄지면, 화물이 원래의 양륙항으로 운송된 것과 같이 운임의 전액을 청구할 수 있다. 그 거리가 100해리를 초과하면, 선주는 초과한 항해거리와 통상의 관습적 항해거리의 비율과 동일한 약정운임의 비율로 추가운임을 청구할 수 있다. 선주는 그러한 비용·운임을 변제받기 위해 유치권(留置權, lien)을 행사할 수 있다.

(d) 선적개시 후 어떠한 항해단계에서도 선장·선주의 합리적인 판단으로 본선·본선의 화물·선원·기타 본선의 승선인이 약정된 통상의 관습적 항로(운하·수로 포함)의 일부에서 전쟁위험에 노출되거나 그 가능성이 있어, 선주가 양륙항까지 다른 장거리 우회항로를 선택한 경우, 그 사실을 용선인에게 통지해야 한다. 이때 추가된 총거리가 100해리를 초과하면, 통상의 관습적 거리와 추가된 거리의 비율과 동일한 계약운임의 비율로 추가운임을 청구할 수 있다.

(e) (i) 선주는 본선에 대한 전쟁위험을 부보하고, 합리적으로 요구되는 전쟁위험 추가보험을 부보할 수 있으며, 그 보험료는 선주의 부담이다.

(ii) 용선인의 지시 또는 본 C/P에 의한 선주의 의무이행을 위해 본선이 전쟁위험에 노출된 지역으로 항해 또는 통과하는 경우, 용선인은 선주의 보험사가 요구하는 추가보험료를 선주에게 보상해야 한다. 본선이 추가보험료가 부과되는 지역(들)에서 모든 화물을 양륙할 경우, 용선인은 본선이 그 지역(들)을 출항할 때까지 양륙 후 추가된 실제보험료를 선주에게 추가로 보상해야 한다. 선주는 양륙이 완료되면 가능한 한 빨리 그 지역을 떠나야 한다.

(iii) 위 (e)항에 의거 발생한 모든 비용은 증빙서가 첨부된 선주의 송장(invoice)을 수령한 후 15일 이내에 결제되어야 한다.

(f) 본선은 다음의 자율권을 갖는다:

(i) 본선의 기국정부(旗國政府)·선주가 준수해야 할 (승인 여부와 관계없이) 다른 정부·지역의 법률과 명령·지시할 수 있는 권한을 가진 일체의 단체·집단이 내린 출항·도착·항로·호송항해·기항·정선(停船)·목적지·화물의 양륙과 인도·기타의 모든 명령·지시·권고·조언에 따를 자유;

(ii) 본선의 보험조건에 의거한 선주보험사(들)의 요구사항을 준수할 자유;

(iii) 유엔안전보장이사회의 결의, 실효적(實效的) 명령권을 갖고 그 명령을 발한 기타 초국가기구, 선주를 기속(羈束)하는 국내법, 그러한 명령·지시의 실행책임자의 명령·지시에 복종할 자유;

(iv) 금제품(禁制品)의 운송인으로서 본선이 책임을 질 수 있는 일체의 화물·그 일부를 어떠한 항구에서도 양륙할 자유;

(v) 본선의 선원·그 일부·기타의 승선자가 억류·구금·투옥·이와 유사한

조치의 대상이 될 수 있다고 믿을 만한 이유가 있어, 그를 하선시키기 위해 어느 항구에라도 기항할 자유;

(vi) 본 약관의 규정으로 선주가 화물을 선적하지 못했거나 양륙했을 경우, 선주는 자기의 이익을 위해 타화물을 선적하고, 이를 통상의 관습적 항로의 전후(前後)·역방향에 관계없이 어떠한 항구(들)로도 운송할 자유;

(g) 용선인은 선하증권·운송장·운송계약을 증명하는 기타 서류에 따라 위의 (b)항부터 (f)항의 결과로 본선에 발생한 클레임에 대해 선주에게 보상해야 한다.

(h) 본조의 (b)~(f)항에 의거, 무언가를 행하거나 행하지 않으면, 그것은 일탈(deviation)[31]이 아니라 C/P를 정당하게 이행한 것으로 간주한다.

(34) 2013년 1회 항해용선계약에 대한 BIMCO 해적약관(BIMCO Piracy Clause for Single Voyage Charter Parties 2013)

(a) 본 C/P 약정 후, 선장·선주의 합리적인 판단에 따라, 약정된 통상의 항해에서 정상적으로·관습적으로 이용하는 항로의 어떤 구간에 있는 항구·장소·지역·구역 또는 어떤 수로·운하(이하 지역)가 해적·강도·포획/압수(이하 해적)가 실제로 또는 보도로 본선·화물·선원·본선의 승선인들이 위험하거나 위험이 증가하면, 선주는 양륙항까지 합리적인 대체항로를 선택할 권리가 있고, 선택을 하면 즉시 용선인에게 통지해야 한다. 본선이 위와 같은 위험에 처하면 입항 후에도 출항할 자유가 있다.

(b) 어떠한 경우에도, 본선이 해적의 위험에 노출된 지역으로 항진·통과할 경우 선주는 다음과 같은 자유를 갖는다:

(i) 본선·화물·선원의 (이에 국한되지 않음) 보호를 위해 해당지역에서의 항로변경, 호송대(convoy)·호위대(escorts), 주간·야간의 항행회피, 속도·항로조정, 본선에 보안요원의 승선·장비배치(승선·하선 포함) 등의 합리적인 예방조치를 취한다;

(ii) 본선의 보험조건에 따른 선주 보험사의 요구사항을 준수한다;

(iii) 본선의 기국(旗國) 정부·선주가 준수해야 할 다른 국가의 법률·다른 나라 정부의 명령·지시를 따르도록 강제할 권한을 가진 정부·단체·집단(軍 포함)의 모

---

31) Deviation은 원래 항로를 벗어나는 이로(離路), 즉 항로이탈을 의미했지만, 후에 위험을 증가시키는 일체의 행위가 일탈행위로 확대되어 중대한 계약위반이 된다. 선창적 B/L을 발행하고 선사 임의로 갑판적(甲板積)을 하면, 즉 관습 또는 합의가 없는 갑판적은 일탈(逸脫)이 되어 선사가 책임을 져야 한다. 일탈은 현실적 위험의 증가이기 때문에 중대한 계약위반으로 간주되어 B/L의 면책약관 및 책임제한도 무효가 된다.

든 명령・지시・권고・조언을 따른다; 그리고

(iv) 유엔안전보장이사회 결의 및 명령권을 가진 다른 초국가기구의 명령, 선주가 준수해야 할 국내법・강제집행자의 명령・지시에 복종한다.

(c) 본 조항은 본 C/P에 의거 발행된 운송계약(이하 운송계약)을 증명하는 모든 선하증권・운송장・기타 문서에 통합된다. 용선인은 이러한 운송계약의 조건이 본 조항에서 선주가 부담하는 것보다 선주에게 더 많은 책임이 부과된 운송계약서에 선장이 서명하여 발생하는 모든 결과・책임에 대해 선주에게 보상해야 한다.

(d) 본 조항의 준수로 인한 이행・불이행은 이로(離路)로 간주되지 않고, 본 C/P의 정당한 이행으로 간주된다. 본 조항과 본 C/P의 묵시적・명시적 조항이 상충될 경우 본 조항이 우선한다.

(35) 중개수수료(Brokerage)

본 C/P에 의거 선주가 수취한 운임・부적운임(deadfreight)・체선료에 대한 중개수수료를 선주는 박스 23에 표기된 요율로 박스 23에 명시된 당사자에게 지불해야 한다.

(36) 공지사항(Notices)

통지를 위해, 'BIMCO의 법률 및 중재조항 2020'에 주어지는 통지를 제외하고, 선주의 상세한 연락처는 박스 28에 명시되어 있고, 용선인의 상세한 연락처는 박스 29에 명시되어 있다. 본 C/P에 의거한 모든 통지・동의는 서면으로 이루어져야 한다.

(37) BIMCO의 법규 및 중재조항 2020(BIMCO Law and Arbitration Clause 2020)

박스 32에 법규와 중재의 대안(law and arbitration alternatives)에 대한 선택권이 당사자들에게 주어졌고, 그것이 적용될 조항이다.

(a) 본 C/P는 영국법이 적용되고 그에 준거하여 해석하며, 본 C/P로부터 발생한 모든 분쟁은 1996년의 중재법(Arbitration Acts)과 (본 약관의 적용에 필요한 범위는 제외하고) 모든 개정법(modification)・재(再)제정법(reenactment)에 의거 런던에서 독점적으로 중재에 회부된다. 다른 관할구역에서 심리가 이루어지는 경우에도 중재장소는 런던이다.

(b) 당사자들이 달리 합의하지 않는 한 중재인은 3인이어야 한다.

(c) 중재는 런던해사중재인협회(LMAA; London Maritime Arbitrators Association) 규

정에 따라 진행된다.

(d) 청구(claim) 또는 반청구(counterclaim)가 합계 US$10만(또는 쌍방이 동의하는 다른 금액)을 초과하지 않으면 중재는 LMAA 소액청구절차(Small Claims Procedure)에 따라 진행된다.

청구·반청구가 LMAA 소액청구절차의 합의금액을 초과하고 청구·반청구가 US$40만(또는 쌍방이 동의하는 다른 금액)을 초과하면 당사자는 중재가 LMAA 중액청구절차(LMAA Intermediate Claims Procedure)에 따라 이뤄진다는 데 동의한다.

(e) 위 (c)·(d)항에 언급된 조건·절차는 중재절차가 시작되는 시점의 것이어야 한다.

(f) 중재개시의 통지, 중재인의 임명을 포함하여 본 조항에 의거한 중재절차와 관련된 모든 통지·통신은 아래의 전자메일주소로 메일을 보낸 일자·시간부터 유효한 것으로 간주한다:

선주 : 선주를 대리하여 통지·통신을 수신하기 위한 전자메일주소:

용선인 : 용선인을 대리하여 통지·통신을 수신하기 위한 전자메일주소:

쌍방은 위의 주소로 상대방에게 변경통지서를 발송하여 위의 전자우편주소를 변경·추가할 수 있다(또는 수정된 경우에는 수정된 주소).

본 조항의 어떤 내용도 본 C/P의 중재절차와 관련하여 효과적인 타수단으로 처리되는 통지·통신을 방해하지 않는다.

(38) 원래의 C/P 당사자

요청이 있으면, 각 당사자는 각 페이지에 서명자의 이니셜(initial)을 표기한 C/P의 원본을 상대방에게 즉시 제공해야 한다.

Chapter

5 정기선

제1절 정기선의 개념 및 특징

1 정기선의 개념

정기선(liner)은 특정항로를 화물의 유무에 관계없이 규칙적으로 반복·운항하는 운송형태이다. 주로 살화물(bulk cargo)을 운송하는 부정기선(tramper)과 달리 공산품 등의 일반화물(general cargo)·포장화물(packaged cargo)을 운송한다. 운송계약은 부정기선의 일화만선(一貨滿船)의 용선계약(傭船契約)과 달리 다종다양한 개품운송계약(個品運送契約)이다. 부정기선은 운송서비스의 주문생산이고, 정기선은 시장생산인 것이다.

정기선은 비단위화물(break bulk cargo)을 운송하는 재래정기선(conventional vessel)과 단위화물(unitized cargo)을 운송하는 컨테이너선(container vessel)으로 분류된다.

해상운송의 초기에는 모든 운송이 부정기선 형태를 취했지만, 공산품 교역의 확대와 조선·항해기술의 발전으로 정기선이 등장한 것이다. 특히 지금은 컨테이너선의 정기선 운항이 세계해운의 주류를 이루고 있다. 그러나 정기선과 부정기선은 상호 한계성·보완성을 갖고 있기 때문에 양분야(兩分野)는 보완적·병존적 관계를 유지하면서 지속 발전하고 있다.

2 정기선의 특징

정기선의 운항형태·화물·운임·조직 등의 특징은 다음과 같다.

(1) 반복운항(Repeated Sailing)

일정한 시차(interval)를 두고 사전(事前)에 지정된 여러 항구(designated ports)를 빈번하게(frequently) 반복적으로 운항한다.

(2) 일반운송인(Common Carrier)

불특정 다수의 화물을 운송하는 공중운송인(public carrier)이다. 즉, 밀수품 등의 금지품이 아닌 적법화물(適法貨物)이면 화주・화물에 차별을 두지 않고 운임표(tariff)에 따라 운송의 요청에 응해야 한다.

(3) 고가(Higher Value) 서비스

선박 자체가 부정기선에 비해 고가이며, 화물도 완제품・반제품인 2차상품이 대종(大宗)을 이뤄 1차상품인 원자재・농산물・광산물 등의 부정기선 화물에 비해 고가이며 운임 역시 부정기선에 비해 높다.

(4) 표준계약서(Standard Contract)

부정기선은 화물의 종류・수량에 따라 운송계약이 다양하게 체결되는데, 정기선은 화물의 종류・수량에 상관없이 정형화(定型化)된 선하증권이 운송계약서 역할을 한다(B/L은 운송계약서가 아니고 운송계약의 증거이다).

(5) 운임표(Freight Tariff)

서비스가 공중성(公衆性)을 띠고 있어, 관계당국(미국 : FMC, 유럽 : DG4)이 간여하여 운임표를 작성・공시토록 하고 필요하면 이를 조정하기도 한다.

(6) 대형조직(Large Organization)

다양한 화물을 취급하고 여러 항구를 기항하므로 취항항구(就航港口)마다 점소(店所)를 두게 된다. 따라서 본사・점소의 조직규모가 부정기선에 비해 훨씬 크다.

(7) 자본집약사업(Capital Intensive Business)

화물이 있든 없든 일정(日程)에 맞춰 규칙적으로 운항(to sail on a given date regardless of whether they had a full load of cargo)해야 하기 때문에 많은 선박이 필요하고, 조직규모도 커서 막대한 자본을 요(要)하는 위험도가 큰 사업이다.

보다 나은 이해를 위해 정기선과 부정기선의 특징을 대비(對比)해 본다.

정기선	부정기선
1. 지정된 항로를 일정한 시차를 두고 반복적으로 운항한다. 지정된 항로에는 여러 척의 선박을 배선하여 운항회수가 많기 때문에 화주들은 적기(適期)에 화물의 인도·인수를 할 수 있다. 선사는 公示된 스케줄을 준수해야 하며 스케줄의 엄수가 곧 정기선 운항의 요체가 된다.	1. 항로가 일정치 않고 통상 항로는 반복되지 않는다. 매항차마다 화물에 따라 항로가 달라지고 스케줄도 결정된다. 석유·석탄·원광석의 경우 장기운송계약에 의해 반복적인 운항이 이뤄지기도 한다. 이러한 경우는 정기선 운항이라 하지 않고 연속항해(consecutive voyage)라 한다.
2. 정기선은 공중일반운송인(public common carrier)이다. 통상 수백종류의 서로 다른 화물에 대해 동일한 양식의 B/L을 발급한다. 본선이 화물운송에 적합한 설비를 갖추고 있는 한 합법적인 화물에 대해서는 차별없이 운송한다. 다만 선사가 최소운송단위를 제한하기도 한다.	2. 부정기선은 사적계약운송이다. 통상 벌크화물로 일화만선(full ship load of a single commodity)을 이룬다. 화주가 1인 또는 2~3인으로 소수이다. 운송인 및 용선인의 책임과 의무는 C/P(용선계약서)에 의해 규정된다. 계약조건은 체결시의 여건, 용선인, 항해별로 다양하다.
3. 정기선 화물은 통상 부정기선 화물보다 고가이기 때문에 운임이 높다. 주로 소량화물(less than ship load lot)이라서 운임이 높아지는 이유도 된다. 항구마다 다양한 화물을 주의깊게 선적하고 양륙해야 하므로 부정기선보다 비용이 많이 든다. 그리고 운송인이 하역 등 모든 서비스를 제공하므로 운임에 그 비용이 포함된다(모든 운송이 Berth Term, 즉 Full Liner Term이다).	3. 부정기선 화물은 통상 저가화물을 벌크상태로 운송하기 때문에 정기선 운임보다 낮다. 일반화물(general cargo)의 운송을 위해 부정기선을 이용하는 경우는 드물다. 부정기선의 화물로는 석유·석탄·철광석·목재·곡물·인광석·철근·시멘트·비료 등이다. 하역비는 통상 용선인이 부담하지만, 운송인과 용선인의 합의사항이다(Berth Term·FI·FO·FIOST 등의 조건이 있다).
4. 정기선사는 모든 화주에게 통일된 운송계약서인 선하증권(B/L)을 발급한다. 화물의 종류·크기를 불문하고, 계약조건은 모든 화주에게 동일하게 적용된다. 계약조건은 선주가 일방적으로 제시한 것을 화주가 승낙하는 방식이다. 다만 아주 예외적인 경우에 한하여 특정화주에 대해 선사의 책임자가 선하증권을 변경할 수도 있다.	4. 부정기선은 매번 운송계약을 체결하고 그 조건은 계약마다 다르며, 시황과 선주와 화주의 교섭력(bargaining power)에 좌우된다. 용선계약서(C/P)가 표준양식으로 인쇄되어 있긴 하지만, 계약당사자의 임의대로 변경이 가능하다. 변경내용은 특정선박·특정항해에 일정기간만 적용되므로 일반적으로 외부세계에 알려지지 않는다.
5. 정기선 운임은 동일선박에 같은 종류의 화물이면 동일한 운임이 적용되므로 운임이 안정적이다. 운임의 변경은 통상 미리 공시된다. 운임은 운임률표(tariff)를 통해 공시되며 화주는 언제든지 열람할 수 있다. 그리고 동맹선사(conference line)의 운임률은 운임동맹의 감독을 받는다. 한편 정기선 운임은 정부의 통제를 받는 경우도 있어 부정기선 운임에 비해 변동이 심하지 않다.	5. 부정기선 운임은 일정한 운임률표가 없고, 그때그때의 상황에 따라 결정되므로 변동이 심하다. 운임은 주로 물동량과 선복량에 의해 결정된다. 물동량이 많고 선복이 부족하면 선주의 교섭력이 강해서 운임이 오르고, 물동량이 줄고 선복이 남아돌면 화주의 교섭력이 강해져서 운임이 떨어진다. 수급의 변화는 자연적·정치적·사회적·경제적 요인 등 무수히 많은 요인의 영향을 받는다.
6. 운임과 서비스는 화주들의 요망에 부응하여 조정된다. 정기선의 경쟁력은 서비스와 운임의 안정	6. 운임과 서비스는 각 화주의 필요에 의해 결정된다. 부정기선은 특정항로에 얽매인 규칙적·반복

에 좌우된다. 동맹선은 동맹본부에서 운임과 운항회수를 결정하고 다시 정부의 감독을 받게 된다. 따라서 비동맹선이 동맹선과 경쟁하기 위해서는 동맹선과 같이 안정된 운임과 서비스 수준에 맞춰야 한다.	적 서비스가 아니므로, 동맹조직도 공동이익을 위한 감독도 필요없다. 수요와 공급에 의한 순수한 시장원리에 의해 운임률과 서비스가 결정된다. 부정기선 시장은 완전경쟁시장에 가까운 특성을 지닌다.
7. 정기선 선박은 취항항로의 특성에 맞게 설계되는 경우가 많다. 즉, 특정항로를 운항하는 선박은 그 항로의 화물에 맞게 선박 구조를 결정한다. 따라서 선박설계시 화주와 운항업자의 요구가 반영된다. 정기선 선박을 특정항로를 위해 특수장비를 설치하거나, 공들여 건조하게 되면 건조비가 높아지므로 값이 싼 표준선으로 건조하기도 한다.	7. 부정기선 선박은 벌크화물을 전세계에 걸쳐 운송할 수 있도록 비교적 단순하게 설계된다. 그러나 최근에 건조된 선박은 정기선의 수요가 클 때, 정기선 항로에 투입하기 위해 다목적선(multipurpose vessel)으로 설계되는 경우가 많다. 그런가 하면 어떤 선박은 1~2가지 화물운송에만 사용할 수 있는 전용선으로 건조되기도 한다.
8. 정기선사의 육상조직은 부정기선사에 비해 그 규모가 훨씬 크고 복잡하다. 수많은 화주들과의 접촉, 육상운송 및 터미널의 관리, 다양한 화물(general cargo)의 취급에 따른 방대한 업무를 위한 인원과 조직이 필요하다.	8. 부정기선사의 조직은 소규모로 족하다. 선대(船隊)가 클 경우에도 비교적 소수의 운항담당 조직이면 충분하다. 영업은 거의 전신으로 이뤄지고 각 항구에서의 선박에 대한 업무(husbanding)는 대리점을 통해 이뤄지기 때문이다.
9. 화물의 집하가 주요한 과제이다. 영업사원(solicitor)은 화주를 계속 설득하고, 광고를 해야하며 선사의 서비스를 광범위하게 홍보하며 선박의 입출항 스케줄을 공시한다.	9. 화물의 집하는 선주를 대리하는 중개인(ship broker)과 화주를 대리하는 중개인(cargo broker)의 상담으로 이뤄진다. 광고도 없고 선박의 동정(動靜)도 공시되지 않는다.
10. 여객선으로 지정되지 않은 정기선의 경우 13명까지 승선이 가능하다. 여객선은 화물을 자유롭게 적재할 수 있다.	10. 부정기선은 여객운송이 금지되어 있다. 따라서 당초 선박의 설계시부터 여객시설이 갖춰지지 않는다.

제2절 해운동맹과 미국의 1998년 개정해운법

1 해운동맹

특정항로에 취항하고 있는 둘 이상의 정기선사가 상호 독립성을 유지하면서, 대내적(對內的)으로 과당경쟁을 배제하고, 대외적(對外的)으로 독점력을 강화하여 멤버사들이 경제적 이익을 취할 목적으로, 운임·적취량·배선·기타 운송조건에 관해 협정을 체결한 국제카르텔을 해운동맹(shipping ring or shipping conference), 운임동맹(freight conference), 항로동맹(navigation conference)이라 한다.[1)]

(1) 해운동맹의 연혁과 변화

19세기 후반 영국에서는 선복과잉에 의한 극심한 경쟁으로 운임이 하락하고 다수의 선사가 몰락하면서 선사들의 자구책(自救策)으로 해운동맹이 등장하였다.

선사들은 ① 적정운임의 확보, ② 화물유무(貨物有無)에 관계없이 일정기일에 출항해야 하는 점, ③ 선복과잉, ④ 물동량에 상응하여 선복의 신축성을 발휘할 수 없는 점, ⑤ 항상 경쟁자가 출현할 수 있는 점 등의 문제해결을 위해 해운동맹을 결성했던 것이다.

1875년 영국~캘거타에 취항중이던 Ben, P&O, Glen, CGM 등 4개사의 동맹결성 이후 브라질항로(1895), 중국항로(1897), 남미동안(南美東岸)항로(1904) 등에 동맹이 출현하였고, 3대 경제권인 북미·유럽·극동을 왕복하는 동맹을 주축으로 이들 경제권과 기타 지역을 연결하는 중소(中小)의 왕복(往復)·편도(片道)의 동맹들이 무수히 결성되었다. 해운동맹은 1970년대에 컨테이너화가 본격화되고, 정기선 물동량이 증가하면서 막강한 세력을 과시했다가, 1970년대 후반부터 정기선 부문에 참여한 아시아 개도국과 동구권의 맹외선사(outsider)들의 공세와 세계일주서비스 및 시베리아횡단철도(TSR)를 통한 해륙복합운송 등의 물량잠식으로 동맹체제가 쇠퇴해지는 와중에 미국의 1984년 신해운법(Shipping Act 1984)과 1998년 개정해운법(The Ocean Shipping Reform Act of 1998)이 동맹을 크게 약화시켰고, 2008년 10월 EU에서 발효된 공동행위·경쟁제한행위의 금지로 해운동맹은 소멸해 가는 과정에 있다.[2)]

(2) 해운동맹의 장단점

해운동맹은 1875년에 United Kingdom-Calcutta Conference가 성립된 이후 150년 가까이 지나면서 세계의 정기항로는 이중 삼중으로 동맹이 결성되어 해운동맹을 모르고는 정기선 해운의 이해가 어려울 정도였다. 따라서 일찍이 선진해운국은 해운동맹의 장단점을 점검한 바 있고, 1909년·1914년에 영국·미국의 '해운동맹조

1) 1984년의 미해운법은 "동맹은 공동행동을 취하고 공통운임을 적용하며 합리적·효율적 운항을 위해 허가받은 공중운송인의 연합체이다. 그러나 공동운항·컨소시엄 등은 동맹으로 간주하지 않는다."라고 규정하고 있다.

2) 유럽집행위원회(EC : European Commission)는 해운동맹이 유럽연합(EU) 역외교역액의 40%를 운송하고 있지만, 경쟁법 적용면제로 얻은 이익을 고객에게 환원하지 않고, 동맹의 폐지로 운임인하·서비스개선·항만·고용·무역면에서 플러스 효과가 있음을 강조하며 해운동맹의 필요성을 부인했다.

사위원회'[3)]가 조사한 장단점을 보면 아래와 같다.

장점은 ① 발착일(發着日)이 정확(reliable)·자주(frequent)·규칙적(regular)이며 운송기간(transit time)이 확정되어 있어 무역거래에 편리하다. ② 안정적 자본투자로 서비스의 개선을 촉진한다. ③ 운임의 안정을 통해 생산·판매계획의 수립이 용이하다. ④ 합리적 배선으로 경쟁에 의한 낭비를 방지하고 원가를 절감한다. ⑤ 운임이 운임부담력에 근거하여 모든 화주에게 공평하게 적용된다. ⑥ 동맹의 가입을 통해 영세선사(零細船社)도 생존가능하다.

단점은 ① 독점으로 과대이윤, 서비스의 저하, 클레임의 회피, 보복적 차별우대 등이 있을 수 있다. ② 운임이 원가보다 동맹의 정책에 좌우되어 불합리하게 책정된다. ③ 기항수(寄港數)를 가급적 줄이려는 경향이 강해 화주들에게 불편을 준다. ④ 운임할려제(運賃割戻制), 계약운임제 등이 모두 선사의 일방적 통제로 이뤄진다.

(3) 해운동맹의 변화 및 화주협의회

해운동맹은 100년여의 전성기를 구가하다가, 근래에 와서 다음과 같은 요인으로 독점력을 상실·약화되어 바야흐로 소멸이 임박해 있다.

① 컨테이너화로 운송서비스가 동질화(homogenized)되어 비동맹선에 대한 비교우위가 없어졌고, 조선기술의 발달 및 조선시설의 과잉으로 저가의 신조선 구입이 용이하고, 리스업의 발달로 컨테이너 확보에 자본부담이 없으며, 각국의 정부가 유통구조개선을 위해 공공터미널을 적극적으로 건설하여 신규선사(특히 비동맹선사)들이 자금부담없이 터미널을 확보할 수 있는 데다, 자국화자국선(自國貨自國船) 정책으로 국내자금조달(정부보조)이 용이하고, 국제금융의 발달로 해외자금조달도 쉬워졌다.

② 국제복합운송의 발전으로 종래 항구에서 항구까지(port to port)의 해상운송만을 관할해 온 동맹의 운송범위가 내륙지점까지 연장되어 시장적응력과 통제력이 약화되었다. 더구나 에버그린, USL 등의 세계일주·시계추 서비스[4)]가 순항로를 연

3) 1875년 캘커타 동맹 이후 동맹이 급증하자 영국이 1906년에 동맹에 대한 조사에 착수하여 1909년에 보고서를 내놓았고, 미국도 1912년에 조사에 착수하여 1914년에 보고서(Alexander Report)를 내놓았다. 영국은 선사간의 무한경쟁은 모두에게 파멸적이며, 담합행위가 남용되지 않는 한 요율의 안정, 규칙적인 항해로 수출입을 원활하게 하며 운임할려제도(運賃割戻制度)도 타당한 조치라는 견해였다. 미국의 보고서도 동맹의 취지를 인정하면서도, 미국민의 반독점 정서를 의식하여 정보의 공개, 공정한 동맹의 운영을 요구하였다.

4) 세계일주(Round the World) 서비스는 1984년 7월에 에버그린이 개시하였다. USL(United States Line)은 1984년 12월 대우조선에서 인수한 4척(1983년 12척을 $5억 7천만에 발주)으로 출발했지만 막대한 적자를 내고 1987년 3월에 파산했던 영욕이 교차하는 서비스이다. 시계추서비스(pendulum service)는 아시아 선사가

결함으로써 지역간(end to end) 서비스 위주의 동맹이 흔들렸다.

③ 동맹은 공동합의를 전제로 하기 때문에 시장환경의 변화에 탄력적 대응을 하지 못한다. 즉, 선박의 대형화와 대규모 선대를 편성하여 규모의 이익(economy of scale)을 추구하고 싶어도 동맹이 이를 제한하여, 동맹을 탈퇴하지 않으면 선박을 대형화하고 선대확장을 할 수 없는 것 등이다. 그 밖에도 해운중진국의 등장과 자국선우선주의(自國船優先主義)·무차별운임(FAK rate)·운항의 그룹화(space charter, joint service) 등으로 동맹이 거의 사문화(死文化)되기에 이르렀다.

한편 해운동맹에 대항하기 위해 화주들도 조직적인 움직임을 보였다. 1950년대에 유럽에서 화주협의회(Shippers' Council)가 결성되고, 이후 각국에 화주협의회 또는 유사단체가 설립되었다. 우리나라도 1972년 한국화주협의회(Korean Shippers' Council)가 발족하여 현재 한국무역협회에 사무국을 두고 있는데, 화주협의회는 화주들의 권익을 위해 실무위원회를 두고 효율적인 물류체계 수립을 위한 연구조사, 대정부 건의활동을 지속하고 있다.

또한 1995년 해운법 개정으로 선화주(船貨主) 사전협의제가 법제화되고, 1996년 한국화주협의회가 법정화주단체로 지정되어, 모든 해운동맹은 운임변경을 하기 전에 운임·부대비용에 관해 화주협의회와 사전협의를 거치게 하여 화주협의회의 지위도 견고해졌다. 그리고 한국화주협의회는 동남아시아 화주협의회 연합체인 FASC(Federation of Asean Shippers' Councils)에 준회원으로 참여하고 있고 각종 운임인상에 대한 공동대응방안을 논의하고 정보교환도 하고 있다.

(4) 사라지는 해운동맹

유럽항로는 1879년에 결성된 극동운임동맹(FEFC)[5]의 주도로 오랫동안 안정된 질서를 유지해 왔었다. 그러나 대만의 에버그린이 유럽항로에 진입한 1979년부터 FEFC가 흔들리기 시작하여[6] 동맹내 최대 컨소시엄인 Trio 그룹이 1991년 해체되어 새로운 그룹으로 재편되고, Scan-Dutch, Ace 그룹도 재편되는 등 변혁이 일어났다.

구주(歐州)와 미주(美洲)를 왔다갔다하는 운항방식으로 세계일주(RTW)와 함께 항로통합(trade route mix)이라 하고, 기존의 방식을 지역간(end to end) 서비스라 한다.

5) Far East Freight Conference : 1879년 Ben, P&O, Glen, CGM 등 4개 선사가 결성한 극동~구주항로의 동맹으로 관할구역은 극동, 구주, 홍해, 지중해지역이다.

6) 이전까지 비동맹선은 극동-구주항로에 발을 붙일 수도 없었고 가입도 대단히 어려웠다. 여기에 비동맹사 에버그린이 낮은 운임과 세계일주 서비스로 시장을 잠식하여 동맹을 흔들었다. 뒤이어 1989년 대한선주와 조양상선이 에이스 그룹과 FEFC를 탈퇴한 이후 동맹내의 재편작업이 가속화되었다.

그러나 주요항로의 그룹재편은 1990년대 중반에 전혀 새로운 방향으로 전개된다. 1995년 3월 Global Alliance, 1996년 1월에 Grand Alliance라는 전략적 제휴(strategic alliance) 그룹이 등장하였다.

선사들의 전략적 제휴는 경쟁의 심화로 규모의 경제를 통한 원가절감과 서비스 향상으로 경쟁력을 제고하기 위한 것이다. 또한 기업활동의 다국적화로 기업의 원료공급·부품생산·조립·판매거점이 全세계로 분산되어, 이들의 광역서비스 수요를 충족하기 위해서였다. 즉, 서비스가 미흡하거나 취항하지 않던 지역을 멤버사의 선복을 이용하여, 글로벌 서비스망을 구축하고 주요지역을 직항체제(直航體制)로 운영하여 서비스가 빨라지고, 터미널의 공동사용, 컨테이너 교환사용, 피더서비스 공동운영 등으로 비용을 절감할 수 있기 때문이다.

또한 주요 항로에는 안정화협정(stabilization agreement)·협의협정(discussion agreement)이라는 동맹·비동맹사의 협조체제가 형성되었다. 선복과잉·운임하락 등으로 공멸의 위험에 처한 동맹·비동맹 선사들이 항로질서 안정화를 위해 긴밀히 협조하는 협의기구인 것이다. 간접적인 시장통제기구로 강제성은 없고 공동태리프도 없다. 조화동맹(harmonization conference)·임회복위원회(RRC : rate restoration committee)라 하기도 한다.

이러한 협의협정은 줄곧 비동맹을 고수해 온 에버그린, OOCL 등 동아시아의 대형선사들이 참여하여 항로전체 선사의 80~90%를 점해 큰 영향력을 미쳤다. 동맹과 달리 공동운임(collective pricing)을 책정하지 않고, 협정에 의한 선복량의 조절을 통한 운임안정, 각종 할증료·부대비의 신규도입 및 인상 등에 상호 보조를 맞추었다.

이런 와중에 2008.10.18.부터 EU에서 개별 해운기업·컨소시엄·전략적제휴·해운동맹 등의 공동행위 및 경쟁제한행위가 금지되었다. 133년 역사의 해운동맹이 유럽에서 사라진 것이다. 이제 유럽지역을 운항하는 선사는 해운동맹·컨소시엄·전략적 제휴 등 어떠한 형태로도 운임·할증료에 대한 협의, 가이드라인의 설정·담합은 물론 선복의 조정·감축 등을 포함한 모든 경쟁제한 행위를 할 수 없다. 이와 유사한 내용에 대한 해운기업끼리의 개별접촉을 통한 논의도 규제와 처벌의 대상이 된다.

해운기업들은 운임·할증료에 직간접으로 영향을 미치지 않는 범위에서 시장정보의 수집·분석·교환 및 운항서비스와 관련된 협력 등의 공동행위는 허용되며,[7]

7) 유럽선주협회(ELAA : European Liner Affair Association)는 급변하는 해운시장에서 선사들의 정보교환이

컨소시엄도 시장점유율 35% 미만인 경우에만 한시적으로 허용된다. 이러한 규정을 위반하면 유럽항로에 취항하는 해운기업 또는 컨소시엄은 수익의 10%까지 벌금을 물고 가혹한 규제를 받게 된다.[8)]

EU의 경쟁법은 선사의 국적에 관계없이 유럽지역을 운항하는 선사들에 적용된다. 유럽선사라도 유럽지역을 운항하지 않으면 적용되지 않는다. 다만 미국, EU 등은 경쟁법의 역외적용을 무기로 삼을 수도 있다.[9)] 동맹의 폐지로 각종 할증료 부과 등 공동행위가 규제되고, 시장정보가 차단되어 전략적 제휴(Alliance)에 참여하지 않은 독립선사들은 유리하고, 동맹이나 전략적 제휴에 참여한 선사들은 불리해졌다.

또한 포워더를 포함한 화주들의 입지가 강화되었다. 세계화주포럼(GSF : Global Shippers' Forum)은 선사들이 일방적으로 부과하던 각종 할증료(surcharge)·화물처리비(THC) 등에 대한 불만과 함께 선사 중심의 선하증권(B/L)의 불평등 약관의 개선도 주장했었다. 한편 해운동맹의 폐지와 함께 공정거래의 강화라는 측면에서 약탈적 저가운임(低價運賃)에 대한 규제도 강화되었다.

공정경쟁을 지향하는 시대정신으로 볼 때 해운동맹은 머지않아 사라질 것이다.[10)] 우리나라는 해운동맹을 폐지하면 근해항로가 문제이다. 유럽항로는 물론 미주항로도 이미 독자행동권(Independent Service Contract) 등으로 해운동맹이 약화되어 원양선사들에게는 큰 영향이 없겠지만, 과당경쟁이 만성화된 근해시장에서는 운임협의체가 사라지면 중소선사의 경쟁이 치열하여 그 여파가 클 것이다.

없으면 과잉투자 등으로 시장이 불안해진다면서 선사간 정보교환의 허용을 요구했었는데, 유럽화주협의회(ESC : European Shippers Council)는 선사들의 정보교환이 공동행동의 우려가 있다고 반대했었다. 그 절충안으로 EU는 운항선사들의 운임·선복량·비용 등의 정보교환은 금지하고, 단체설립을 통한 일반공개정보 외에 집계가 끝난 정보 등 경쟁제한으로 연결되지 않는 정보의 교환만 허용했다.

8) EU는 Conference, Agreement, Association 등 명칭에 상관없이 공동의 운임설정·선복조정을 하면 해운동맹으로 본다. EU 경쟁법의 적용대상은 정기선 해운, 부정기선 해운, 연안해운(cabotage)도 포함된다.

9) 역외적용은 자국의 영토 밖에서 행해진 타국의 행위가 자국의 공정하고 자유로운 경쟁질서를 저해하면, 그 행위에 대하여 자국의 독점규제법을 적용하는 것이다. 예컨대 우리나라 근해를 운항하는 EU 선사가 우리나라 근해선사들의 동맹행위로 불이익을 받으면 EU는 역외적용을 할 수 있다.

10) 한국은 현재 해운법에서 운임 등의 공동행위를 인정하고 있다. 해운법에서 공정거래법상 위반행위를 규제할 수 있고, 공정거래위원회도 국토교통부에 맡겨놓고 있다.

2 1998년 미국의 개정해운법(The Ocean Shipping Reform Act of 1998)

(1) 1998년 개정해운법의 개정배경

1998년 개정해운법이 1998년 10월 클린턴 대통령의 서명으로 1999.5.1.부터 발효되었다. 이 법은 미국이라는 한 나라의 국내법에 지나지 않지만, 미국이 최대의 정기선 해운시장인 데다 미국의 정치경제적 위상으로, 이 법이 全세계 해운시장에 미친 영향은 매우 크다.

개정법은 동맹에 대한 독점금지법(Anti-Trust Law, 1890)의 면제를 계속 인정하되, 미국 수출상들의 이익에 반하는 요소를 제거하고, 대화주들의 요구사항을 수용하면서 각 이해집단의 권익보호를 위해 태리프 신고제를 폐지하고, 서비스계약(S/C, Service Contract)의 활성화 · 화주에 대한 차별대우의 허용 · 독자행동권(I/A : Independent Action)의 확대 · 불공정행위의 처벌강화 등으로 선사들의 경쟁촉진을 기조(基調)로 하고 있다.

미국은 전통적으로 자유경쟁의 대원칙을 고수해 온 나라로 1890년 이후 독금법으로 해운동맹을 인정하지 않았으나, 1914년의 알렉산더 보고서를 토대로 1916년 해운법(Shipping Act, 1916)을 제정하고, 해운동맹에 대한 독금법의 적용을 면제하여 동맹을 합법화했다. 그러나 미국항로를 취항하는 해운동맹은 여전히 독금법의 규제를 받아 타항로에서 허용되는 거치할려(据置割戾, deferred rebates) · 대항선(fighting ship) · 화주에 대한 보복조치 · 차별대우 등은 일체 금지된 바 있다.

이후 미국은 1차대전(1914.7.~1918.11.) 중에 자국선대의 부족으로 곤욕을 치루면서, 평시에는 무역화물을 운송하고 전시에는 군수화물을 운송할 수 있는 상선대의 필요성을 절감하여, 매우 국수적이며 포괄적인 해운육성법, 즉 1920년 상선법(Merchant Marine Act, 1920)을 제정하고 1928년 · 1936년 · 1970년에 각각 상선법을 개정하여 다양한 지원책을 마련하고 막대한 재원을 투입하여 해운산업을 육성해 왔다.

그러나 미국의 해운산업은 1970년대에 들어 상대적인 고임금 · 비효율 · 오일쇼크로 인한 해운경기의 후퇴 · 신조선의 급증 · 유엔 정기선협약의 발효에 의한 해운보호주의 팽배 등으로 미국 선사들의 경쟁력이 크게 악화되었다. 이에 연방해사위원회(FMC : Federal Maritime Commission)의 통제로 지나친 규제를 받아 왔던 미 선사들에게 자유로운 기업활동을 보장하고, 선대(船隊)의 대형화를 통한 경쟁력 확보 및 해상운임의 자유로운 경쟁을 통한 자국의 대화주를 보호하는 정책으로 전환하기 위해 1984년 해운법(Shipping Act, 1984)을 제정하였다.

1984년 해운법에서 독자행동권·서비스계약 등의 허용으로 대화주의 확보가 용이하여 시랜드·APL·USL 등 미국 선사의 점유율 확대를 기대했었다. 그러나 1980년대 하반기부터 대만·한국·중국 등 아시아계 선사들이 비동맹을 견지하면서, 적극적인 선복증대·서비스계약 등의 공세적인 마케팅으로 US Line·Sea-train 등 굴지의 미국선사들이 도산·흡수 합병되었다.

이런 가운데 미국의 전국산업운수연맹(NITL : National Industrial Transportation League) 등 화주단체가 규제완화(deregulation)의 바람을 타고 독금법의 면제폐지·비밀계약의 허용·태리프의 공시폐지 등 보다 경쟁지향적인 법안으로 해운법의 개정을 시도하였고, 이에 시랜드·APL 등 미국선사들도 국면의 전환을 위해 법개정에 동의하면서 4년여의 입법과정을 거쳐 1998년 개정해운법이 제정된 것이다.

(2) 1998년 개정해운법의 주요내용

1998년 개정해운법은 최소한의 정부개입과 규제비용으로 공정한 규제제도를 확립하고, 효율적이고 경제적인 해상운송체제를 구축하며, 외국의 불공정경쟁으로부터 미국의 선사를 보호하여 건전하고 국가안보에 부응하도록 성장시킨다는, 1984년 해운법의 3개항의 목적에 효율적이고 경쟁력이 있는 해상운송체제로 미국 수출산업의 성장·발전을 유도한다는 수출진흥의 의지가 새로운 항목으로 추가되었다.

주요 개정내용은 다음과 같다.

① 동맹의 독금법 적용면제

동맹은 계속해서 독점금지법을 면제받는다. 1984년 법은 FMC의 승인을 받은 동맹협정에 독금법을 면제하였고, 개정법도 이를 그대로 이어받았다. 1916년 해운법은 독금법에 대한 특례법으로 제정되었지만, 시행과정에서 동맹의 이중운임제가 차별적 방법에 의한 보복조치라는 이유로 대법원에서 독점금지법의 위반이라는 판결(Isbrandtsen 사건 1958)이 내려졌고, FMC가 승인한 동맹의 활동도 독금법의 위반이라는 판결(Svenska 사건 1968)이 나왔다(이중운임제는 1961년 개정법으로 승인되었음). 이러한 모호한 내용을 1984년 법은 동맹의 독금법면제를 명시하여 선사의 활동범위를 크게 넓힌 바 있다.

② 비밀계약 허용

서비스계약(S/C : service contract)[11]시 개별선사에게 비밀계약을 허용했다. 서비스계약의 운임률 · 서비스 내용 · 복합운송의 출발지/종착지 · 불이행에 대한 손해배상 등의 주요 내용을 대외비(對外秘)로 할 수 있다. 한편 화물명 · 화물량 · 선적항 · 양륙항 · 계약기간 등은 FMC에 신고하여 공시해야 한다.

③ 태리프 불신고

태리프는 FMC에 신고하지 않아도 된다. 그러나 FMC가 동의한 포맷(format)에 따라 선사는 사적(私的)인 공시채널 · 인터넷 사이트에 태리프를 공시해야 한다. 1984년 해운법은 태리프와 서비스계약을 FMC에 신고하게 했었다. 그러나 1998년 개정법은 FMC에의 태리프 신고의무를 폐지하면서 개별선사 · 선사그룹(carrier group)의 태리프를 독자적으로 공개하도록 개정한 것이다. 이렇게 공개되는 태리프는 항상 일반의 열람이 가능하며 공시된 태리프는 엄격하게 지켜야 한다.

④ 나도조항 폐지

화주는 더 이상 선사에게 '나도'(me-too)를 주장할 수 없게 되었다. 1984년 법은 중소화주의 보호를 위해 서비스계약에도 공중운송 개념을 적용하여 태리프는 물론 서비스계약의 주요내용을 FMC에 신고하여 비슷한 조건의 화주는 동등조건을 요구할 수 있었지만, 개정법은 그러한 '나도조항'(me-too provision)을 삭제하여 화주별 차별이 가능하게 되었다. 따라서 1916년 해운법 이후 지금까지 견지해 온 공중운송제도가 1998년 개정해운법으로 계약운송제도로 변경되어 공중운송제도가 유명무실해졌다.

⑤ 독자행동권 확대

선사(船社)는 개별적으로(individually) 또는 동맹(conference) 및 제휴(alliance)의 명의로 서비스계약을 체결할 수 있다. 특히 동맹선사에게 서비스계약에 대한 독자행동권이 확대되었다. 1984년 법에서 동맹선사는 동맹이 체결한 서비스계약에 반하는 독자행동(I/A : independent action)[12]을 취할 수 없었으나, 개정법은 허용하고 독

11) 동맹이나 선사가 일정기간 일정물량에 대해 특정화주 · 화주단체에 소정의 운임률 · 서비스를 제공하는 조건으로 운송계약을 체결할 수 있는 제도이다. S/C와 후술할 TVR의 차이점은, 스페이스 보장 · 운송기간 등과 같은 서비스의 질이 계약에 포함되어, 태리프의 서비스 이상을 선사가 보증하는 점이다. S/C는 I/A와 달리 FMC에 신고하지 않아도 된다. S/C는 당해 화주와 선사에만 유효한 반면, TVR은 NVOCC를 포함한 모든 공중운송인과의 계약에 적용된다. 분쟁이 야기될 때는 TVR은 FMC에서 다루지만, S/C는 법원에서 다루게 된다.

12) 각 선사가 동맹의 태리프를 무시하고 독자적으로 화주에게 보다 유리한 운임과 서비스를 제공할 수 있는

자행동에 대한 통보기간도 10일에서 5일로 축소되었다.

⑥ 동맹의 개입금지

동맹 또는 제휴는 동맹사에게 서비스계약에 대한 지침(guidcline)을 권고할 수 있는데, 이는 반드시 FMC에 신고해야 한다. 동맹은 동맹사에게 비밀서비스계약의 철회 또는 그 내용의 공개를 요구할 수 없다. 이는 동맹사에 대한 동맹의 통제약화(동맹기능 약화)이며 동맹사의 독자계약을 부추기는 결과가 된다.

⑦ 공동협상 허용

선사그룹(carrier group)은 내륙운송업자와 운임률·서비스를 공동으로 협상할 수 있다. 단 이 경우 독금법의 적용을 받는다. 1984년 법은 선사들이 공동으로 내륙운임·서비스 조건에 대한 협상을 금지했으나, 개정법은 선사그룹이 공동으로 내륙운송업자와 운임·서비스 조건에 대한 협상을 가능하게 하고, 그 과정에서 독금법의 준수를 조건으로 한다.

⑧ 화주의 교섭력 강화

화주(shipper)는 독자적으로 화주협회(shippers' association) 또는 (독금법의 적용을 받는) 화주그룹(shippers' group)을 결성하여 서비스계약[13]을 체결할 수 있다. 특히 개정법은 임의(任意)의 복수화주(複數貨主, multiple shippers)[14]에게도 서비스계약을 허용하여 중소화주를 보호하고, 개별선사와 비밀서비스계약을 허용하여 대화주(大貨主)의 교섭력(bargaining power)을 강화했다. 따라서 교섭력 강화를 위해 화주협회의 결성이 활발하고 포워더와 NVOCC를 축으로 중소화주의 그룹화가 성행해졌다.

⑨ NVOCC의 요건강화

무선박운송인(NVOCC : non-vessel operating common carrier)도 선사(船社)·화주(貨主)와 서비스계약을 체결할 수 있다.[15] 또한 개정법은 자격요건을 강화하여 NVOCC

권리이다. I/A로 동맹의 멤버이면서 맹외사, 즉 아웃사이더와 같은 행동을 하게 된다. S/C와 TVR은 동맹이 그 수준을 결정하는 특별운임으로 동맹의 멤버가 일률적으로 적용하지만, I/A는 신청사가 자기의 운임률과 서비스를 독자적으로 결정하여 적용한다. I/A의 도입으로 멤버사간에 경쟁을 초래하여 동맹이 무력화될 것을 우려했는데, 실제로 I/A는 동맹체제에 막대한 타격을 주었다.

13) 1993년 중국에서 미서부까지 40'컨테이너(컴퓨터 프린터) 태리프 운임이 $3,215, I/A 운임 $3,015, S/C 운임 $2,285이고, 미동부까지는 태리프 $3,940, I/A $3,740, S/C $3,269이며, 시카고까지 복합운송운임(家具)은 태리프가 $4,605, I/A $3,380, S/C $2,290로 그 차이가 커 많은 화물들이 S/C와 I/A로 운송되고 있다.

14) 화주협회 등의 계속기구가 아닌 필요에 따라 임시로 화주들이 교섭력을 강화하기 위해 각자의 화물을 모아 대량화물로 선사와 서비스계약을 체결하는 경우이다.

15) 원래 NVOCC는 대부분 소규모 업체로 대량화물을 처리할 능력이 없다고 보고, 선사와는 S/C를 체결할 수 있지만 화주와는 S/C를 체결할 수 없다고 규정했었는데, UPS·FedEx 등 대기업이 NVOCC로 진입하여

도 FMC로부터 면허를 받게 했다. 1984년 법에서는 포워더(forwarder)는 FMC로부터 면허를 받아야 했지만, NVOCC는 면허를 받지 않아도 되었다.[16] 그리고 개정법은 포워더와 NVOCC를 별도의 주체(主體)로 하되, 공히 원양운송중개인(ocean carrier intermediary)으로 명명하여 법적으로 양자의 차이를 없앴다.

(3) 1998년 개정해운법의 특징 및 영향

미국이 해운법 개정으로 규제완화와 경쟁촉진을 추진함에 따라 선사·화주·포워더·NVOCC와 같은 운송중개업자·항운노조 등 이해집단의 역학관계(力學關係)에 변화가 있었다. 1998년 개정법은 FMC의 규제를 완화하고, 동맹의 기능을 약화시켰으며, 화주의 교섭력을 강화시켰다.

① 개정법의 핵심은 비밀계약(confidential contract)에 있다. 선사와 화주는 주요 내용을 공개하지 않고 서비스계약을 체결할 수 있어 정기선 시장이 큰 변화를 보였다. 계약운송이 주류를 이루고 공중운송은 쇠퇴했다. 계약내용이 비밀에 부쳐지므로 각 화주별로 그 내용이 천차만별이다. 화주는 경쟁자의 운임을 알 수 없기 때문에[17] 이제 '나도조항'을 내세워 남과 같은 조건을 요구할 수 없게 되었다.

② 개정법의 최대수혜자는 미국의 대화주이다. 개정법의 입법초기부터 영향력을 행사했던 NITL이 요구한 비밀서비스계약[18]이 허용됨에 따라, 미국의 대화주는 훨씬 강화된 교섭력을 갖게 되었다. 또 중소화주들도 개정법에서도 인정한 화주협회·임의의 화주그룹을 활용하여 교섭력을 높였다. 이러한 화주의 교섭력 강화는 미국의 해운정책이 독금법을 계속 면제하고 있지만 선사보다는 화주를 우선함을 알 수 있다.

③ 개정법은 공중운송(common carriage)을 거의 파기해 버렸다. 비슷한 여건의 화주에게 동등한 계약을 요구할 수 있는 나도조항이 삭제되었다. 비밀계약이 허용되어 화주간 차별없는 공중운송은 어렵게 되었다. 그러나 동맹·그룹은 화주·포워

FMC에 S/C의 허용을 청원하여, 2005년 10월부터 허용되었다. 태리프도 공시할 수 있게 되었다.

16) NVOCC는 선사의 서비스를 이용하여 화주에게 운송서비스를 제공하는 공중운송인(common carrier)이며 동시에 선사에게는 화주가 된다. NVOCC는 LCL 작업에서 고임금의 항운노조를 대체하기 위해 1984년 해운법에서 포워더와 별도의 주체로 공인받았다. 현재 미국에는 약 6,000개의 NVOCC가 있다.

17) 그러나 인적교류가 빈번한 산업적 특성으로 서비스계약의 비밀유지가 장기적으로는 어려울 것이라는 회의(懷疑)도 있다.

18) NITL은 "서비스계약이 공개됨으로써 미국의 화주들이 외국의 화주들에 비해 불리하다. 화주들이 원하는 것은 계약의 비밀유지이다. 항공 및 육상운송에서는 비밀이 유지되고 있으며 외국의 화주들은 해상운송에서도 비밀이 유지되고 있다"고 주장했었다.

더를 차별해서는 안된다. 개별선사는 1 대 1의 협상을 통해 차별이 가능하지만, 2개사 이상의 그룹·동맹은 FMC에 신고·공시한 태리프·서비스계약 조건을 준수해야 하므로 차별할 수 없다.

④ 화주협회를 활성화시켰다. 많은 화주·포워더·NVOCC가 화주협회를 결성하고 화물을 통합하여 교섭력을 강화했다. 1984년 법은 중소화주의 권익보호를 위해 비영리 화주단체를 결성하여 화물을 집하하고 선사·동맹과 TVR[19]·S/C를 체결할 수 있었다. 이는 한국의 화주협의회(Shippers' Council) 같은 것이 아니다. 예컨대 Wine & Spirits Shippers' Association과 같은 화주단체이다. 즉, 화주단체는 TVR·S/C의 특전을 누리기 위해 화차 1량·트럭 1대분의 화물을 확보하여, 화물의 혼재(consolidation)·배분(distribution)을 수행할 수 있는 단체이다.

제3절 정기선(=컨테이너선)의 운임구조

현재 정기선 시장은 모두 컨테이너선으로 서비스되고 있다. 따라서 정기선의 운임은 곧 컨테이너선의 운임이다. 재래선 운임은 Liner Term(=Berth Term)으로 선사의 책임구간이 삭구에서 삭구(tackle to tackle)까지 였지만, 컨테이너선 운임은 그 구간이 육상의 CY to CY or CFS to CFS까지 연장되었다. 컨테이너선 운임은 컨테이너 처리비용 등의 부대비용이 추가되어 재래 정기선의 운임과 약간 차이가 있다.

1 정기선 운임의 특성

정기선의 운임도 자유경쟁으로 결정되기는 하나, 부정기선 운임과 달리 인위적으로 결정되는 경향이 크다. 항로에 따라 차이는 있으나 그 결정은 독과점 가격원

19) 기간/물량운임(TVR : Time Volume Rate)은 선사·동맹이 일정기간 선적되는 화물량에 따라 차별운임을 적용하는 것이다. 모든 선사와 동맹은 살화물·임산물·고철·폐지·신조차량을 제외한 태리프를 인터넷에 사적(私的)으로 공시해야 한다(1984년 법에는 FMC에 신고해야 했었다). 그런데 이처럼 신고·공시된 태리프 운임도 기간·물량에 따라 조정가능하다는 것이다. 비동맹사는 관행적으로 대량화물에 운임을 할인해 주었고, 물량할인이 합리적이라는 판례도 있었기 때문에 FMC가 비동맹사들의 관행을 추인한 것이다.

리로 결정된다. 일반상품의 가격은 원가에 적정이윤이 가산되어 결정되고, 수요공급에 따라 부단히 움직이지만, 정기선의 운임은 철저하게 원가에 의존한 것도 아니고, 그렇다고 운임부담력에 의한 것도 아닌 다분히 인위적 가격이라 할 수 있다.

운임의 심한 변동과 불안정은 선주에게도 화주에게도 결코 좋은 것이 아니다. 특히 정기선 화물은 거의 잡화이고, 그 종류도 많아 모든 상품이 운송대상이 된다. 따라서 정기선은 운임의 안정이 필요하며, 안정을 위해서는 표정운임(表定運賃, tariff rate)을 설정하고 불특정다수 화주의 수요에 응한다.

정기선 운임의 결정은 ① 운임이 수시로 변동하면 수출입상이 애를 먹기 때문에 운임의 안정(stability)을 중시한다. ② 화주별로 운임에 차이가 있으면 화주별 경쟁력을 왜곡하기 때문에 무차별(nondiscrimination)을 원칙으로 한다. ③ 대량의 저가화물을 정기선으로 유도하여 만선(滿船)으로 고가화물의 화주에게도 이익이 돌아갈 수 있도록 품목별운임(commodity rate)을 채택하고 있다.

2 정기선 운임의 결정방법

정기선은 일단 항로를 개설하면 그에 맞는 선형(船型)을 배선하고, 일정한 간격(interval)을 유지할 수 있는 선대(fleet)를 편성하여 상당기간 운항해야 하며, 간단히 다른 항로에 전배(轉配)할 수 없는 구조적 맹점을 가지고 있기 때문에, 정기선 운임은 다음과 같은 점을 고려하여 결정한다.

① 운항원가로 기본요율을 결정하고 물동량도 고려한다.

② 화물의 형태 · 성질이 다양하므로, 같은 톤수의 화물이라도 같은 운임을 적용하지 않고 거대 · 중량 · 장척화물 등에 할증료가 부과된다.

③ 특정부문의 원가가 급변하면 할증료로 긴급히 원가수정을 한다(BAF · CAF).

④ 운임부담이 과중한 화물은 장기적으로 그 상품의 경쟁력과 운송수요가 유지될 수 있도록 부담력을 고려하여 운임을 신축적으로 적용한다.

⑤ 귀금속 등 고가품의 운송원가는 적지만, 운임부담력이 높고 멸손되었을 때의 클레임 등에 고액을 요하기 때문에 종가운임(從價運賃)의 책정이 불가피하다.

이처럼 정기선의 운임은 운항원가 · 적정이윤 · 용적과 중량비 · 적양비용(積揚費用) · 클레임 발생률 · 운임부담력 등을 고려하여 결정한다.

3 정기선 운임의 종류

(1) 품목별 운임(Commodity Rate)

화물의 가액·성질·운임부담력 등을 고려하여 품목별로 차등을 두는 운임체계이다. 즉, 고가화물의 운임은 높고 저가화물은 낮은 종가운임제이다. 예컨대 한국에서 미국까지 TV가 적입된 40푸터 운임이 $3,000이면 타이어가 적입되면 $2,000이 된다. 1982년 이전의 정기선 운임체계였다. 품목분류는 화물의 HS(Harmonized System) 번호만 알면 쉽게 운임을 알 수 있다.

이 운임의 논리는 정기선은 거액의 고정자본을 요하기 때문에, 저가화물을 저렴한 운임으로 보다 많이 유인하면, 보다 많은 화물에 고정비가 배분되어(cross subsidy), 고가화물도 보다 싸게 운송할 수 있어 아래의 무차별 운임보다 유리하다는 것이다. 따라서 고가화물 화주에게 불리해 보이는 품목별 운임체계가 고가화물의 화주에게도 유리하다는 논리이다.

(2) 무차별운임(FAK : Freight All Kinds Rate)

컨테이너에 적입된 화물의 가액·성질 등을 묻지 않고 컨테이너당(per container) 얼마라는 간편한 방식이다. 컨테이너에 TV가 적입되었건 타이어가 적입되었건, 한국에서 미국까지 운임을 40푸터 1개에 무조건 $2,500이라는 것이다.

재래정기선은 물론 컨테이너화 초기만 해도 수출입상은 수많은 서류와 송장을 작성·점검해야 했고, 선사의 영업부·포워더들은 무질서하게 작성된 두터운 태리프를 찾고 확인하느라 많은 인력·시간을 투입해야 했다. 국적선·수출지원형 운임률, 공공(公共)·군수화물(軍需貨物)의 특혜운임, 덤핑방지규칙 등이 누적되면서 태리프가 한없이 복잡해져, 태리프와 운항원가가 일치하지 않아 운임이 현실을 반영하지 못하는 예도 많았다.

이처럼 복잡한 태리프의 탐색·적용·계산·고지(告知)·점검·운송단계별 반복계산·분류·감사(auditing) 등을 위해 지출되는 인건비가 미국에서만 연간 $70억에 달했다. 여기에 컨테이너의 활성화로 골머리를 앓게 했던 태리프를 과감히 버린 무차별 운임률이 등장한 것이다. 1982년 에버그린이 처음 도입하여 시장을 크게 잠식했던 운임체계이다. 주로 포워더가 LCL 화물을 모아 혼재한 FCL 컨테이너에 적용하며, Mixed Commodity Rate or General Merchandise Rate라고도 한다.

(3) 품목별 박스운임(CBR : Commodity Box Rate; Box Rate)

간단한 무차별 운임과 복잡한 품목별 운임의 절충방식이다. 품목별 운임이 너무 세분화되어 선주와 화주 모두에게 복잡하므로 품목을 그룹화(classify)・단순화(simplify)한 것이다. 에버그린이 FAK Rate로 시장을 잠식하자 FEFC가 1982년 절충형으로 제시하였다. 통상 10~30개로 분류하고 있으며, FEFC는 18개로 분류했었다.

만약 고가・저가화물이 혼재되면 Sharing(품목별 운임률×용적・중량)으로 운임을 부과한다. 고가의류(hanging garment)나 타이어 등 검량(檢量)이 어려운 화물에 적합하다. 컨테이너당 품목별 표준적입률이 설정되어 검량이 필요없고, 더불어 컨테이너의 효율적 적입을 기대할 수 있다. 컨테이너에 적입된 화물, 그것도 화주가 적입한 컨테이너는 박스운임 도입이 불가피하다.[20)]

FEFC의 박스운임은 붕괴위기에 직면한 동맹을 유지하기 위한 고육지책이었다. 처음부터 박스당 무차별 운임을 채택해 왔던 시베리안 랜드브리지의 서비스가 개선되어 동맹의 쉐어를 계속 잠식하고 있었고, 아시아의 맹외선사들, 특히 에버그린이 1982년부터 무차별 박스운임을 도입하여 고가화물을 흡수하고 있었다. 또한 FEFC 내부에서도 신규 멤버사들이 적취율 배분의 증대를 계속 요구하여 FEFC는 위기에 직면해 있었다. 1982년 당시 주요 멤버사인 머스크가 동맹을 탈퇴하겠다고 선언하자, 머스크를 동맹에 붙들어 두고 맹외선과의 경쟁을 위해 맹외선이 채택하고 있던 박스운임제를 전격적으로 도입했던 것이다.

(4) 할증운임(Surcharge)

정기항로에서 수시로 발생하는 운송조건, 환경의 변화에 대처하기 위해 선사・운임동맹이 일시적으로 부과하는 추가운임을 말한다. 정기선 운임은 일단 운임표(tariff)에 공시하면 쉽게 변경할 수 없다. 따라서 운임의 변경이 불가피한 사정이 생기면 일정한 예고기간을 두고 그 기간 동안 잠정적으로 할증료(surcharge)를 부과한다. Additional or Arbitrary Rate or Differential이라고 한다.

위험물・냉동물・환적화물・장척・거대・중량화물 등은 추가비용(additional cost)이 소요되기 때문에 이들 특이화물(awkward cargo)에 추가운임을 부과하고, 일시적

20) 수많은 상품의 운임이 각각 다르다면 선사의 영업부서는 화주로부터 밀려드는 문의를 감당할 수 없을 것이며, 상품별 운임에 차이가 많으면 이를 악용하는 사례도 있을 것이다. 이때 컨테이너에 어떤 화물이 적입되어 있는가는 상업송장이나 세관의 통관서류 등을 통해 알 수 있지만, 운송인의 입장에서 번거롭기 그지없어, 절차의 간소화라는 점에서 박스운임의 도입은 운송인이나 화주에게 공히 바람직하다.

사정의 변화로 비용(cost) 및 위험(risk)이 증대되어 원가가 높아지면, 이를 화주에게 부담하게 하는 것이다. 체선할증·유가할증·통화할증·인플레할증·중동비상할증·추가위험할증 등이 있다.

① Heavy/Lengthy/Bulky Cargo Surcharge

일정한도(3톤) 이상의 중량화물(heavy cargo) 수송은 대형기중기(heavy derrick) 등 특수장비를 요하고, 이례적으로 부피가 큰 화물(bulky cargo), 장척화물(長尺貨物, lengthy cargo) 등도 적치상(積置上) 어려움이 있어 할증료를 부과한다. 1개 화물의 중량·장척 등이 경합(競合)될 때는 운임액이 많은 것을 기준하여 부과하거나 병용한다.

② Optional/Diversion Surcharge

양륙항을 확정하지 않고 선적한 화물을 양륙지선택화물(optional cargo)이라 하고 할증료를 부과한다. 이런 화물은 적치상 특수기술을 요하는 데다 처리비용(handing charge)이 추가되기 때문이다. 화주는 본선이 최초의 기항지에 도착하기 48시간 전에 양륙항을 확정·통고해야 한다.

애초에 지정된 양륙항이 운송도중 변경된 화물을 양륙지변경화물(diversion cargo)이라 하여 할증료를 부과한다. 화주가 양륙항의 변경을 요청하더라도 그로 인해 별도의 작업을 요하지 않거나 본선의 운항에 지장을 주지 않을 때에만 허용된다.

③ Congestion Surcharge(체선할증료)

어떤 항구가 체선이 심해 장기간의 정박을 요하면, 그 항구로 가는 화물에 징수하는 할증료이다. 체선은 주로 개도국 항만에서 일어나는데 빈약한 항만시설·소나기 수입·정정불안(政情不安)·파업 등이 주된 요인이다. 석유파동후 중동의 제항(諸港)과 나이지리아 Lagos항의 체선이 극심하여 할증료가 부과되었고, 1995년 고베항이 지진으로 폐쇄되자, 부산항으로 배가 몰려 부산항 양륙화물에 할증료가 부과된 적이 있다.

④ Bunker Adjustment Factor(BAF)(유가할증료)

연료가격이 일정수준 이상으로 상승하거나 특별히 가격이 높은 지역으로 항해할 경우, 그 차액을 유가할증료란 명목으로 화주에게 부담하게 한다. BAF는 신규 태리프 도입 직전의 유가를 기준으로 유가변동에 따른 할증료를 산출한다. 신규 태리프 도입 전후에 유가가 급격히 변화하지 않는 한 BAF는 0%에서 출발하게 된다.

⑤ Currency Adjustment Factor(CAF)(통화할증료)

변동환율제(floating system)에서 심한 환율변동으로 선사가 입을 수 있는 환차손을 화주에게 부담시키는 할증료이다. FEFC는 1971년의 고정환율제(pre-Smithsonian)의 환율을 기준으로 각국의 환율변동치를 산출하고, 각국 통화의 비중을 반영한 Cost Model을 개발하여 CAF를 산출했었다.

⑥ Inflation Adjustment Factor(IAF)(인플레할증료)

통상 인플레가 있으면 운임이 인상되고, 한편으로는 각국의 물가상승률 차이가 환율에 반영되지만, 특정지역의 인플레가 심한 데도 일괄운임인상(GRI : General Rate Increase)이 이례적으로 늦어져, 운항원가의 상승으로 선사의 적정이윤이 유지되지 못할 때 부과한다. 매우 드물게 적용된다.

⑦ Middle East Emergency Surcharge(MEES)(중동비상할증료)

전쟁이 빈번한 중동향 또는 경유 화물에 부과하는 할증료이다. 1991.1.17. 걸프전(쿠웨이트를 점령한 이라크에 대한 연합군의 공격)이 발발하자, FEFC는 수에즈운하 통과 선박에 1월 19일부터 20푸터, 40푸터에 각각 $300, $600, LCL 화물은 W/M당 $12의 할증료를 부과한 적이 있다.

이 밖에도 Suez Canal Surcharge,[21] Peak Season Surcharge,[22] Equipment Reposition Charge[23] 등 과거에는 운임에 포함시켰던 항목들을 할증료로 분리하여, 화주들이 편법으로 운임을 인상한다고 비난하고 있다.

(5) 컨테이너 화물의 부대비용

① Wharfage

부두사용료이다. 2024년 현재 부산항의 20′는 4,429원, 40′는 8,858원, 인천항은 20′ 4,200원, 40′ 8,400원, 기타항은 20′ 2,742원, 40′ 5,484원이다.

② THC(Terminal Handling Charge; 터미널 처리비)

THC는 FCL이 CY(off-dock CY 포함)에 반입되는 순간부터 본선 선측(apron)까지

21) 수에즈운하 통과료가 워낙 비싸 TSA가 아시아발 미동안 화물이 수에즈를 경유하면 $60/20′, $120/40′를 할증료로 부과했었다. 아시아발 구주향 화물은 수에즈를 경유하지만 할증료를 징수하지 않는다. 2025년 현재 4,600teu급은 $63만(9억원), 10,000teu급은 $100만(14.4억원), 16,000teu급은 $140만(20.1억원), 24,000teu급(HMM)은 $143만(20.5억원)에 달한다. 수에즈운하측은 거의 매년 운하통과료를 인상하고 있다.

22) 아시아발 북미향 화물에 2~10월에 $100/unit를 부과한다. 서비스계약 화물에는 징수하지 않고 스팟(spot) 화물에만 징수한다. Space Controlling Charge라 부르기도 한다.

23) 아시아 전역의 경제위기로 북미발 아시아향 화물은 급감하고, 미국의 호황으로 아시아발 북미향 화물은 급증하여 컨테이너의 수급이 극심한 불균형을 보이자, 공컨테이너 회수비용을 아시아발 북미향 화물에 부과했었다. 미국화주들의 강력한 반발로 미국향 화물은 징수하지 못했고, 캐나다 화물에 징수했으나 곧바로 중단되었다.

또는 반대로 본선 선측에서부터 CY에서 반출될 때까지 모든 비용(receiving & delivery, car loading/unloading)을 말한다. 따라서 THC는 선적항·양륙항 두 곳에서 발생한다. 이전에는 해상운임에 포함되어 있던 것을 1990년부터 FEFC가 분리하여 징수하면서 타항로에도 확산되어 모든 항로에서 THC를 부과하고 있다.[24]

순수한 해상운임(sea freight)[25]과 부대요금을 구분하여, 선사가 직접 제어할 수 없는 부대요금들, 예컨대 THC·LCL Service Charge·Pre-carriage/On-carrige Charge·중량물 할증료·내륙운송비 등에 실비보전(cost recovery) 명분으로 요금을 분리해 부과하고 있다. 그리고 본선 하역비는 해상운임(sea freight)에 포함되는데, 대부분의 항만은 본선 하역비와 기타 비용의 분리가 불가능하므로, 터미널 총비용의 80%를 THC, 20%를 본선 하역비로 정하고 있다.

THC는 현지통화로 표시하고, 해상운임이 아닌 육상비용으로 간주하여, CAF·BAF가 적용되지 않으며, 무역조건과 관계없이 수출화물은 B/L 발행시에 송하인이 지불하고, 수입화물은 수하인이 화물수령시 지불한다. 2024년 현재 부산항의 THC는 Dry 20′ 15만원, 40′ 21만원, 냉동 20′ 25만원, 40′ 37.5만원이다.

③ LCL Service Charge

선사가 CFS에서 수령·인도하는 LCL화물에 부과한다. 컨테이너의 적입(vanning)·인출(devanning) 비용·CFS-CY의 운송비용이다. LCL 화물은 CFS에서 혼재(consolidation)한 후, FCL 화물과 동일한 과정을 거쳐 본선에 선적한다.

2024년 부산항은 운임톤(W/M)당 북미·유럽 5,300원, 일본 7,000원, 동남아·중국 6,500원, 호주 5,300원이다.

④ Transport Additional(TA : 계반할증료)

모선이 직접 기항하는 주기항지(main port)와 모선이 기항하지 않는 벽지항(out port)[26] 의 컨테이너 운송비용(feeder charge or additional)을 실비기준으로 부과한

24) 미국에서의 THC는 DDC(Destination Delivery Charge)라 하여 호칭과 개념이 다르다. 북미수출은 도착항의 터미널 작업비용과 철도터미널까지 이송비용이 포함된 것으로 북미서안은 20푸터 $370, 40푸터 $740, 북미동안은 각각 $535, $1,070을 부과했었는데 현재는 해상운임에 포함시켜 별도로 부과하지 않는다.

25) 품목을 6단위 HS 번호로 분류하여 개별 품목별로 20′·40′·LCL 운임을 표기한다. 40푸터 수출화물은 20푸터의 2.0배, 수입화물은 1.5배, LCL 화물의 CBM당 수출운임은 20푸터 운임의 1/25, 수입은 1/21.5로 한다.

26) Main Port는 정기적으로 기항하는 항구이며 고정운임(fixed rate)이 적용된다. Direct Port는 물량이 기항할만 하면 기항하는 항구로 약간의 할증료가 추가된다. Out Port는 물량이 적어 피더서비스를 하며 그에 상응하는 할증운임이 부과된다.

다. 유럽에서는 선사가 내륙운송서비스를 제공하면 내륙운송료(inland haulage)라 하여 실비(實費)를 부과한다. Feeder Additional, Pre-carriage/On-carriage Additional 등을 망라하여 Transport Additional(TA)로 부른다.

⑤ Equipment Rental Charge(기기임대료)

선사의 컨테이너를 사용하면 해상구간은 무료이다. 또한 내륙운송을 화주가 수배하고 컨테이너만을 대여받아 규정된 기간내에 반환하면 무료이다. 그러나 컨테이너와 트레일러를 함께 대여하면 대여료가 부과된다.

⑥ Special Equipment Premium(SEP : 특수컨테이너 사용료)

특수컨테이너 사용시 추가로 발생되는 비용을 반영하고, 유럽항로의 경우 수입(eastbound) · 수출(westbound)의 불균형이 심해, 20′ US$300, 40′ US$ 500, LCL/LCL 톤당 US$12를 부과한다.

⑦ Detention Charge(지체료)

화주가 컨테이너와 트레일러를 대여받을 경우, 무료기간(free time) 내에 반환하지 않으면 지체료를 지불해야 한다. Free Time은 동맹과 선사에 따라 다르다. 예컨대 예전의 북미수출은 전기제품 · 신발 · 타이어 · 튜브 등은 21일, 기타화물은 10일이고, 북미수입은 2일이었다. 극동구주운임동맹(FEFC)은 수출 · 수입 공히 4일이었다.

⑧ Storage Charge(보관료)

CFS · CY로부터 화물 및 컨테이너를 무료기간(free time)에 반출해 가지 않으면 보관료를 징수한다. 또한 무료기간 종료후 일정기간이 지나도 인수해 가지 않으면 선사는 공매(公賣)처리할 수 있고, 창고료 · 부대비용 일체를 화주로부터 징수한다. 무료기간의 예로 ANERA는 30일, TWRA는 10일이었고, FEFC의 냉동화물은 2일, 일반 FCL 화물은 5일이었으며, 컨테이너수가 많으면 연장된다(6~10개 : 8일, 11~20개 : 10일, 21~30개 : 12일, 31개 이상 15일).

⑨ FCL Allowance

FCL 화물은 화주가 컨테이너에 적입하여 CY에 반입하는 것이라서, 선사로서는 화물적입 및 기타의 작업이 생략되므로, FCL 화물에 운임을 할인해 주는 선사나 동맹이 있다. 극동~호주-뉴질랜드 동맹인 ANZESC가 그 예이다.

⑩ 서류발급비(Documentation Fee)

2024년 현재 B/L 건당 40,000원을 징수한다. 미국 수출화물은 B/L 건당 $50, 일본은 $30, 중국은 $25를 징수하는 등 이런저런 명목의 서류발급비가 상당하다.

해상운송원가

해상운송원가는 ⓐ 선박・컨테이너・터미널 등 시설・장비의 취득에 관련된 자본비, ⓑ 본선을 운항할 수 있는 상태를 갖추기 위해 필요한 채비비, ⓒ 특정항로를 항해하여 발생하는 항해비, ⓓ 일반관리비로 대별된다.

① 자본비(Capital Cost): 선박・컨테이너・시설 및 장비 등의 구입비・터미널 임차보증료, 선박・컨테이너의 감가상각비(depreciation)・이자(interest) 등이다.

② 채비비(Running Cost; 差備費): 채비비는 선박보험료・수리비・선원비・선용품비・윤활유비 등으로 항해를 하지 않아도 지출되는 고정비(fixed cost)이다. 선원에 관계된 급료, 수당, 식료비, 복리후생비, 회사부담 선원보험료, 선원단체보험료, 여비와 교통비, 퇴직금, 기타 선원 관련비용 등이 채비비에 포함된다.

③ 항해비(Voyage Cost): 연료비・항비・화물비・기타 등으로 항해를 해야 발생하는 변동비(variable cost)이다. 연료비는 유가(油價)의 영향을 받으며, 항비는 항구에 따라 다르며 환율(換率)의 영향을 받는다.

ⓐ 항비 : 선박의 입출항 및 정박을 위해 관청에 납부하는 수수료・공과금이다. 이는 국가와 항구에 따라 다른데 대체로 도선료(pilotage), 입출항비, 톤세(tonnage dues), 부두사용료(wharfage), 부표사용료(buoyage), 예선료, 줄잡이료, 통선료(sampan hire), 운하통항료(canal tolls), 세관수수료, 영사수수료, 청소선료(garbage boat charges) 등이 있으며, 대리점료(集荷手數料 제외)도 포함된다.

ⓑ 화물비 : 선내하역비, 연안하역비, 부선료(艀船料), 창고료, 경비료, 검수료, 검량료, 선내청소비, 집하수수료, 중개수수료 등과 화물에 관련된 세금 등 항만내의 화물의 처리와 관련되어 발생하는 비용 가운데 선사가 부담하는 비용이다. 따라서 운임수입에 부과되는 세금과 운임의 일정률을 대리점에 지급하는 집하수수료(集荷手數料) 등도 화물비에 포함된다.

④ 일반관리비(Administration Charge; Overhead Cost): 일반관리비는 본사, 육상사무소 및 해외지사의 인건비, 업무비, 시설유지비, 사무용품비 등 일체의 운영비용을 말한다. 구체적으로 임원보수, 사무직원 급여, 복리후생비, 여비교통비, 보험료, 소모품비, 임차료, 광고비, 기밀비, 접대비 등이다.

제4절 정기선 화물의 선적 및 양륙에 관한 주요서류

(1) Shipping Request(S/R)(선적요청서)

화주가 선사에 제출하는 운송의뢰서(application for shipment)이다. 화물의 명세

(description)가 기재된다. 선사는 이것을 기초로 선적지시서(S/O : shipping order)를 작성하고, 본선의 일등항해사는 S/O와 검수보고서(tally sheet)를 대조하여 본선수취증(M/R : mate's receipt)을 작성하며, 선사는 M/R에 근거하여 선하증권을 작성하여 화주에게 교부한다. S/R은 모든 운송서류의 시초가 된다.

(2) Booking Note, Booking List(선적예약서, 예약일람표)

화주가 제출한 S/R에 기초해 선사가 선적관련사항을 화주별로 작성한 것이다. 화물의 명세, 필요한 컨테이너의 수, 픽업 요청일시, 위험물여부 등을 기재한다. Booking List는 Booking Note를 집계한 것이다. CY/CFS 운영자는 이 일람표와 대조하면서 반입화물을 수령한다.

(3) Equipment Receipt(E/R)(기기수도증)

컨테이너・샤시 등 기기류의 CY(Container Yard) 또는 ICD(Inland Clearance Depot) 반출입시 인계인수를 증명하는 서류로 터미널・ICD 운영자가 작성한다.

(4) Container Load Plan(CLP)(컨테이너 적입도)

컨테이너에 적입된 화물의 명세이다. 화주(또는 포워더)・검수인・CFS 운영자 등 적입한 자가 작성한다. 유일하게 매 컨테이너마다 화물의 명세를 밝힌 중요한 서류이다. 세관에 대한 반출입신고서, CFS/CY간 화물수도(貨物受渡)의 증거, 본선내 법정보존서류, 양륙지에서 보세운송신고서, 적출작업(devanning) 자료로 사용된다.

(5) Shipping Order(S/O)(선적지시서)

선적요청을 받은 선사(또는 대리점)가 송하인에게 교부하는 선적승낙서이며, 동시에 선사가 선적요청서(S/R)와 현품을 확인하고 본선(일등항해사)에 발하는 선적지시서이다. 선적시 송하인은 화물과 함께 S/O를 일등항해사에게 제시하며, 본선은 S/O의 기재내용과 화물의 상태를 점검하고, 본선수취증(M/R : mate's receipt)을 작성하여 화주에게 교부한다. S/O는 양륙시의 D/O(delivery order)와 대비(對比)된다.

(6) Dock Receipt(D/R)(부두수령증)

CY에 상주하는 선사직원 또는 위임받은 CY 운영자가 화물의 수령증으로 발행한다.[27] 화주(대리인)가 선사의 서식에 기재하여 CY・CFS에 화물과 함께 제출하면 선사는 기재내용과 반입화물(컨테이너)간의 상위(相違)를 점검하고, 과부족 · 손상 등의 이상이 있으면 그 사실을 적요란(exception)에 기재하고 교부한다. 컨테이너 운송시 선사의 책임은 터미널에서 인수받는 시점부터 개시된다. D/R의 발행은 선사의 책임시기(責任始期)를 나타낸다. 그러나 실무에서는 D/R이 거의 발급되지 않고, 수출신고서(통관화물)에 날인 또는 가입고증(미통관화물)으로 대신하고 있다.[28]

(7) Tally Sheet(검수표)

하역중인 화물의 개수 · 화인 · 포장상태 · 화물사고 등을 기재한다. 화주 · 선주의 요청으로 검수인(tallyman)이 작성한다. 검수표에는 요점을 기재하고, 상세한 내용은 1일 작업일지(Daily Operation Report), 화물손상명세서(Cargo Damage Report) 등에 기록한다.

(8) Mate's Receipt(M/R)(본선수취증)

본선이 M/R에 기재된 상태로 화물을 수령하였음을 인정하는 수령증이다. 선적완료후 검수집계표(outturn report)에 근거하여, 일등항해사(chief mate)가 선적화물과 선적지시서(S/O)를 대조하여 M/R을 작성, 송하인(shipper)에게 교부한다.

M/R는 본선이 송하인으로부터 화물을 수령한 사실을 증명하는 것이며, 본선이 화물의 점유를 인정하는 우선적 증거(prima facie evidence)이다. 그러나 M/R는 권리증권(document of title)이 아니어서 M/R으로는 화물에 대한 권리행사가 제약을 받는다.

M/R은 선적화물에 대하여 본선의 책임이 개시됨을 나타낸다. 따라서 일등항해사는 선적시 화물의 상태와 S/O의 기재사항을 면밀히 대조하여, 이상이 없으면 M/R에 "외관상 양호한 상태로 선적되었음"(Shipped in apparent good order and condition)으로 기재하고, 만일 이상이 있으면, M/R의 비고(remark)란에 그 사실을 기재

27) 이론상 D/R는 화물의 수령증으로서 화주에게 교부해야 하나 실무에서는 CY/CFS 운영자가 D/R를 CLP · E/R 등의 다른 서류와 비교 점검하고 서명한 후, 서류흐름의 간소화를 위해 화주에게 직접 교부하지 않고 선사에 송부하고 있다. 따라서 B/L 발행시 화주로부터 D/R 제출은 없다.

28) D/R는 원래 부두장치장(transit shed)에서 화물을 인수 · 장치하면서 화주에게 교부하는 선사의 수령증이다. 장치되었던 화물이 본선에 선적되면 D/R는 본선수취증(M/R)과 상환 · 교부되고 M/R는 다시 B/L과 상환 · 교부된다. 컨테이너 운송은 화물의 수도가 터미널에서 이뤄지기 때문에 M/R대신 D/R가 교부되고 D/R과 상환하여 B/L을 교부하고 있다. 따라서 컨테이너 화물은 D/R이 교부되고, 일반잡화(break bulk cargo)는 M/R이 교부되고 있다. 한편 터미널에 장치된 컨테이너가 본선에 선적되면 일등항해사는 터미널 운영자에게 M/R을 교부한다.

한다.[29]

화물에 이상이 있어, 비고란에 그 내용이 기재된 M/R은 사고부 본선수취증(dirty M/R, foul M/R, claused M/R)이라 하고, 비고란에 아무것도 기재되지 않은 M/R를 무사고 본선수취증(clean M/R, unclaused M/R)이라 한다. M/R에 기재된 비고내용은 원칙적으로 선하증권에 그대로 이기(移記, transcribe)되므로, 사고부 본선수취증은 곧 사고부 선하증권(dirty B/L)이 되어 은행이 매입(negotiate)하지 않으므로, 수출상(shipper)은 운송인에게 보상장(L/I : letter of indemnity)을 제출하고 무사고 선하증권(clean B/L)을 교부받는 관습이 있다. 그러나 법은 보상장을 불법서류로 본다.

M/R의 기재사항은 기본적으로 화물의 명세・중량・용적, 송하인・수하인 등 S/O와 동일하고, 거기에 화물의 적부장소(stowage place), 곧 선창번호(船艙番號, hatch number) 등을 기재한다. 또한 선적항의 선사는 비고란에 사고문언이 기재된 M/R을 집계하여 적하사고보고서(condition report, exception list)를 작성하고, 각 양륙항의 대리점에 발송하여 클레임 처리에 대비한다. 실무에서는 선적후 선사직원이 정식 M/R을 교부하거나 B/L 또는 수출신고필증에 M/R에 갈음한다는 표시・날인으로 대신하고 있다. M/R는 양륙항에서 수하인이 본선에 교부하는 Boat Note(B/N)에 대비된다.

(9) Stowage Plan(적부도)

선적항(loading port)에서 체계적인 선적을 위해 적하계획서로 작성하는 선적용 적부도와 양륙항(discharging port)에서 능률적인 양륙이 되도록 화물의 선적이 완료되면 작성하는 양륙용 적부도가 있다. 적부도(積付圖)는 선박의 안전・운항능률・화물의 안전운송에 중대한 영향을 주기 때문에, 이들 3요소를 충분히 고려하여 안전하고 능률적인 수송이 되도록 주의깊게 작성해야 한다. 적부도는 본선내 컨테이너의 적재위치를 표시한 도표이다. Bay(전후)・Row(좌우)・Tier(상하)별로 번호를 매겨 표시한다. 하역작업・본선안전을 위한 자료로 쓰인다.

29) Remarks 의 예 1) 수량 : ① 3 cases short shipped(不積, 부적), ② 5 cases shut out(殘積, 잔적), 2) 파손 : ① 5 cases broken, ship N/R(not responsible) for consequential loss or shortage. ② Cover torn and re-paired, contents O.K. 3) 화인(貨印) : ① Bags insufficiently marked, ship N/R for any consequence thereof, ② Marks indistinct, 3) 유손(濡損) : ① Loaded under rain, ship N/R for wet, ② Bags more or less wet by sea water, 4) 기타 : ① Discoloured, ② Leaking, ③ Repacked, ④ Bended, ⑤ Bundles loose, ⑥ Contents exposed, ⑦ Frail case

(10) Manifest(M/F)(적하목록)

선적완료 후 선사(대리점)가 작성하는 적재화물명세이다. B/L 번호·화인·컨테이너 번호·봉인번호 등 적재화물의 모든 내용이 담긴다. 수입지의 하역회사·세관 등은 M/F로 적재화물의 전모를 파악하여 양륙·과세자료로 활용한다. 우리나라는 운임이 기재되지 않은 것을 그냥 Manifest라 하고 운임이 기재된 것은 Freight Manifest라 한다. 양륙지의 세관, 경찰(마약·총기 등의 금지품) 등에 제출하는 중요한 서류이므로, 각국의 규정·관습 등을 숙지할 필요가 있다.

(11) Delivery Order(D/O)(화도지시서)

양륙지에서 선사·대리점이 수하인으로부터 선하증권(B/L) 또는 보증장(L/G)을 받고, 본선(ship) 또는 터미널(CY·CFS)에 화물인도를 지시하는 서류이다. D/O를 발행할 때는 B/L 또는 Manifest 등과 대조한 다음 선사의 책임자가 서명한다. D/O는 선적지에서의 선적지시서(S/O)와 대비된다. 영국의 1992년 해상화물운송법(Carriage of Goods by Sea Act of 1992)에서는 화도지시서(貨度指示書)가 해상운송장(sea waybill)과 함께 선하증권과 거의 동등한 법적 지위를 부여받고 있다.

(12) Boat Note(B/N)(수하인수취증)[30]

화물양륙시 화물을 인도받는 수하인·그 대리인·하역업자가 양륙화물과 적하목록(manifest)을 대조하여 본선에 교부하는 화물인수증이다. B/N은 본선이 수하인에게 화물의 인도를 증명하는 서류로, 그 화물에 대하여 본선의 책임이 종료된다. 선적시 M/R을 검수집계표(outturn report; tally sheet)로 작성하듯이, B/N도 검수집계표로 작성하며, 일등항해사와 수하인측 검수인이 서명하고, 통상 3통을 작성하여 본선, 양륙지의 선사 또는 대리점, 수하인이 각각 1통씩 보관한다.

수하인은 양륙시 화물의 상태와 적하목록을 면밀히 대조하고, 이상(異常)이 없으면 B/N에 "외관상 양호한 상태로 수취하였음"(Received in apparent good order and condition)으로 기재한다. 이는 화물을 탈없이(cleanly) 인도한 것으로 간주되어, 화물에 대한 본선의 책임이 종료된다.

30) 흔히 Boat Note를 부송장(解送狀)이라 하는데, 이는 일본어를 그대로 도입한 용어로 우리말로는 생소하고 그 의미와 용어가 일치하지 않는다. 본선수취증에 대응한 수하인수취증이 적절하다. 비슷한 예로 Transit Shed에 대한 일본어 상옥(床屋)보다 부두장치장이 적절한 용어이다.

만약 화물의 부족·손상 등 이상(exception)이 있으면, B/N의 비고(remark)란에 그 사실을 기재한다. 이를 Boat Note Remark라 한다. B/N에 기재된 비고가 M/R의 비고와 같으면, 운송도중 화물에 손상이 없었던 것으로 간주하여 본선은 책임을 면할 수 있다. 따라서 B/N에 기재되지 않은 화물의 이상은, 특별한 사유가 없는 한, 양륙후의 사고로 보고 선사는 면책을 주장할 수 있다. B/N은 선적항에서 본선이 송하인에게 교부하는 M/R에 대비된다. Cargo Boat Note라고도 한다.

Chapter

6 컨테이너 운송

제1절 컨테이너 운송의 발전

1 컨테이너화의 배경 및 그 과정

해운의 과제는 보다 나은 성능의 선형개발과 효율적 하역방법의 개발이라 할 수 있다. 선형의 개발은 조선기술의 진전과 함께 현저한 발전을 이뤘지만, 하역의 개선은 그다지 큰 진전이 없었다. 근대 해운의 원년으로 일컫는 1869년 수에즈운하 개통 이후 1950년대까지, 즉 본격적인 컨테이너화 이전까지, 하역기술의 개선은 답보상태에 있었다.

하역의 효율화는 곧 단위화(unitization)이다. 단위화는 화물의 취급회수를 줄여 비용이 절감된다. 단위화는 포대・묶음・상자・바구니・통(桶)・팔레트・컨테이너 등 크고 작은 각종의 묶음과 용기(容器)가 모두 해당된다. 이러한 단위화는 모두 하역의 효율을 높이기 위한 것들이다. 그동안 다양한 형태의 단위화가 시도되어 왔지만, 하역의 효율을 획기적으로 증대시킨 계기는 뭐니뭐니해도 컨테이너 시스템이다.

(1) 육상에서의 컨테이너화

컨테이너는 각종 수송수단간에 호환성(互換性, interchangeability)을 갖춘 대형 용기로, 일찍이 1801년에 영국의 앤더슨(James Anderson) 박사가 구상하였고, 1847~1896년에 미국의 철도회사와 선박회사가 컨테이너를 이용하여 복합운송을 한 바 있다. 1906년에는 이삿짐을 컨테이너에 적입하여 해상운송했다는 기록도 있다.

1921년 뉴욕 센트럴 철도는 길이 2.74m, 폭 1.83m, 높이 2.28m의 컨테이너를 개발하여 클리브랜드-시카고에 LCL(less-than-car load) 서비스를 하고, 이후 펜실바니아 철도도 '문전에서 문전까지'(door to door)라는 기치를 걸고 LCL 서비스에 들어

갔다. 즉, 이미 1920년대에 미국 철도가 컨테이너 운송을 본격적으로 실행했던 것이다. 고속도로에 의한 트럭운송의 활성화로 화물쉐어를 급격히 잠식당한 미국의 철도가 그 타개책으로 컨테이너를 이용하여 피기백(piggy back)[1)]이라는 새로운 운송방식을 개발했던 것이다.

이는 철도와 트럭이 내부적으로 원청·하청관계에 서고, 화주에 대해 어느 한쪽이 운송계약의 당사자가 되어, 문전운송을 도급받아, 다른 한편의 운송인과 하청계약을 체결함으로써, 문전에서 문전까지 자체 완결력(完結力)을 갖춘 트럭의 이점과 저운임 대량운송이라는 철도의 이점이 결합되어, 화주에게 염가의 일관운송 서비스를 제공하여 철도와 트럭이 상호 공존공영을 도모했던 것이다.[2)]

이를 모방한 영국의 철도도 1929년 컨테이너를 이용하여 유럽대륙과의 해륙통운송(sea-land through carriage)을 시도한다. 그러나 유럽의 철도가 컨테이너를 본격적으로 도입한 것은 2차대전 이후부터이다. 유럽 각국의 철도가 컨테이너를 도입하기 위해서는, 우선 컨테이너의 규격통일·교환규칙·운임정산·통관 등의 여러 문제를 해결할 필요가 있었고, 이를 위해 1933년 파리에 국제 컨테이너 사무국(BIC : Bureau International des Containers)을 설립했다.

(2) 해상에서의 컨테이너화

1920년대 이후 미국의 철도가 이용해 온 컨테이너와 크기나 모양이 비슷한 컨테이너가 해상에 등장한 것은 1940년대이다. 특히 미해군수송단(MSTS; U.S. Navy's Military Sea Transport Service)이 해상에서의 컨테이너 개발에 중요한 역할을 한다. 2차대전 직후 미해군수송단은 6′×8′×7′ 규격의 철제 컨테이너에 군수물자를 적입하여 상선에 싣고 전세계에 산재한 미군기지에 보급한다. 이를 'Container Express Box' 또는 'Conex Box'라 불렀는데, 통상 후자가 애용되었다. 코넥스 시스템은 한국전쟁 중에도 그 유용성이 입증되어, 베트남전이 한창인 1967년에는 전세계에 걸쳐 10만개 이상이 이용되고 있었다.[3)]

그러나 해상에서의 컨테이너 상용화(商用化)는 미국의 맬콤 맥린(Malcom P. McLean, 1913~2001)에 의해 이뤄진다. 그가 컨테이너화를 구상했던 것은 젊은 시절 트럭운전사로 일하던 때였다.[4)] 1955년 1월 컨테이너화에 대한 그의 아이디어를 실현시키기

1) 샤시(trailer)를 화차 위에 올려 수송하는 것이다. 정식명칭은 Trailer on Flat Car(TOFC)이다.
2) 피기백을 통해 철도는 1955년 화차수 16만량에 불과하던 운송실적을 1966년에는 116만량으로 올렸다.
3) 저자는 베트남전에 참전했었는데 컨테이너를 베트남에서 처음 보았다. 그것은 코넥스 박스였다.

위해, 트럭회사를 팔고 Pan Atlantic Shipping Co.(1960년 4월 Sea-Land로 상호변경)를 인수한다. 이듬해 1956년 4월 T2 탱커의 갑판을 개조하여, 58개의 컨테이너(8′×8′×35′)를 싣고, 뉴저지의 뉴워크(New Wark)에서 텍사스의 휴스턴을 운송한 것이 상업적 해상 컨테이너 운송의 시초가 된다. 당시 뉴욕-LA의 화물 36톤(철도화차 1량분 또는 트럭 2대분에 해당)에 대한 철도운임이 $925였는데, 파나마 경유 해상운임은 $325이었다. 그는 해상운임이 철도운임의 1/3에 불과한 것을 보고, 선박과 트럭을 연계하여 철도와 경쟁하려 했던 것이다. 즉, 그는 트럭에 의한 신속한 집배, 하역의 단위화・기계화로 수송시간의 단축과 비용절감을 도모했던 것이다.

그리고 3개월 후에는 톤당 $5.83이던 하역비를 $0.15로 낮추는 대성과를 이룬다. 즉, 하역의 효율화・하역비 절감이라는 1869년 이후의 대과제를 컨테이너화로 일시에 해소한 것이다. 하역기술의 답보에 의한 정박기간의 장기화로 재래정기선이 수십년 동안 14,000~15,000dwt의 벽을 넘지 못하던 것을 컨테이너화로 극복해 버렸다.

[Malcom P. McLean(1914~2001)]

[T2-Tanker 'Ideal X']

이후 맥린은 1966.4.23. 226개적(35′) 개조 풀컨테이너선 Fairland호를 뉴욕-로테르담에 정요일(weekly) 서비스 체제로 취항시긴다. 이것이 국세항로에서의 풀컨테이너선의 첫 취항이고 동시에 대서양 항로의 첫 취항이다.

4) 맥린은 고교졸업 후 주유소에서 일해 모은 돈으로 트럭을 1대 구입하여 직접 몰고 다니던 때에 컨테이너화에 대한 구상을 하였다. "나는 트럭을 몰고 부두에 가면 진종일 화물이 배에 옮겨 실려지기를 기다리곤 했다. 좀 더 좋은 방법이 없을까를 생각해 보았다. 아예 트럭을 배에 실었다가 되돌아오는 편에 그 트럭을 싣고 오면 좋겠다는 생각을 했다." 트럭 1대로 출발한 그의 트럭킹 사업은 20년만에 종업원 2,000명, 연매출 $1,200만, 자산 $2,000만 규모의 대형 트럭회사로 성장하여 시랜드를 창업한 것이다.

(3) 태평양에서의 컨테이너화

태평양에서는 Matson Navigation이 컨테이너 시대를 연다. 맷슨은 1958년 8월 20개의 컨테이너(8′×8′6″×24′)를 싣고 하와이 항로에 시험 운항한 결과, 화주 등 다방면에서 대호평을 받고, 개조 컨테이너선을 7척으로 늘려 재래선 20척분의 화물을 소화해낸다. 즉, C-3 재래선의 경우 화물의 적양에 5일이 걸렸는데, C-3선을 개조한 풀컨테이너선은 동량(同量)의 화물을 적양하는데 22시간이면 충분했다.

또한 맷슨은 Hub and Spoke의 지선운송망(支線運送網, feeder service)을 구축하여 본선의 회전율을 크게 높였다. 즉, C-3 재래선은 연간 12항차밖에 못했는데, 피더망의 구축으로 21항차까지 할 수 있었다. 맷슨은 1967년 9월부터 일본-북미항로에 2척의 개조 풀컨테이너선 Pacific Trader호(464×24′)와 Pacific Banker호를 투입하여 태평양의 컨테이너 시대를 열었다.

미국의 컨테이너화는 시랜드와 맷슨으로 대표되지만, 초기의 컨테이너화 과정에서 많은 선사가 어려움을 겪었다. 예로서 Grace Line은 미국-베네수엘라 항로에 컨테이너화를 시도하다가 부두노동자들의 반발로 좌절했고, 5대호 연안에서 컨테이너화를 시도했던 Erie & St. Lawrence도 실패한 예의 하나이다. 또한 시랜드와 맷슨도 처음부터 성공을 거둔 것이 아니다. 시랜드는 뉴워크-휴스턴 항해 후 5년 뒤 1961년에 처음 흑자를 냈으며, 1963년에야 경영이 안정되고, 이후 2~3년 동안에 국제항로에 진출할 수 있는 힘을 축적하였다.

(4) 컨테이너와 팔레트

컨테이너화 초기에는 로로(ro-ro), 래쉬(LASH), 팔레트(pallet) 등 3가지 단위적재(unit load) 시스템이 컨테이너와 경쟁상태에 있었다. 많은 선사와 정부가 컨테이너의 장점을 확신하고 있었지만, 그 비용이 막대하여 컨테이너 시스템의 장단점이 끊임없이 논의되고, 그 비용이 비교되곤 했었다.

따라서 모든 선사가 일시에 컨테이너 시스템을 채택한 것이 아니다. 상당수의 미국선사들은 바지운반선(barge carrier)을 구입하였고, 스칸디나비아 선사들은 팔레트·로로 시스템을 선호했다. 머스크 라인도 초기 몇년동안 팔레트 전용선(sideport pallet ship)을 운항하면서, 팔레트 시스템의 장점을 적극적으로 홍보했던 선사의 하나이다. 그러나 점차 팔레트선 및 바지운반선은 도태되고, 컨테이너선과 로로선이 해상운송을 압도하기에 이른다.[5)]

따라서 구주·일본선사들은 1960년대에 들어서야 컨테이너 시스템의 경제성을 인지하고 관심을 갖기 시작한다. 유럽의 경우 막대한 투자비용 조달과 위험분산을 위해 OCL(Overseas Container Line), ACT(Associated Container Transport), ACL(Atlantic Container Line) 등의 컨소시엄을 결성하여, 1967년부터 대서양 항로를 서비스하고, 1967년에는 Hapag-Lloyd가 설립되어 컨테이너 서비스를 개시하는 등 컨테이너화가 확산된다. 그리고 1968년에는 US Line이 최초의 컨테이너 전용선(purpose built container ship)을 건조하고, 1968년 가을에는 일본 최초의 풀컨테이너선 하꼬네마루(箱根丸)가 일본-캘리포니아 항로에 취항하기에 이른다.

(5) 컨테이너화와 선사재편

1971년 말에는 주요 항로에 고속·대형 컨테이너선이 출현하여 이른바 거선시대를 이룬다. 즉, 1971년 말 가마꾸라마루(鎌倉丸 ; 51,139총톤, 1,950teu, 26노트)를 제1선으로 극동-유럽에 컨테이너 항로가 개설되고, 시랜드의 초대형선 SL-7선(1,096×35′, 33노트)이 1972~1973년에 8척이 건조되어, 북미동안-유럽, 북미서안-극동 항로에 그 거구를 나타내자, 영국·독일·일본 등 3개국 5개 선사로 결성된 컨소시엄 Trio는 50,000총톤, 1,950~2,450teu, 26노트의 Liverpool Bay급 15척을 투입하고, 덴마크·네덜란드·프랑스·스웨덴·노르웨이 선사로 결성된 ScanDutch도 리버풀 베이급 신조선 7척을 배선하여 그에 대항한다.

이처럼 선진국의 선사가 앞을 다투어 풀컨테이너 선대의 확충, 대형화·고속화를 추진하여, 세계의 주요 항로는 급속히 컨테이너화하고, 이러한 과정에서 선복과잉·과당경쟁으로 수많은 선사가 서비스를 중단하고 합병·매각·도산 등 일대의 회오리가 일었다. 특히 1970년대 초의 대서양 항로는 30~50%의 선복과잉으로 운임이 1/3까지 하락하여, AEIL(American Export Isbrandtsen Line)은 1970~1971년에 $1억의 적자를 내고 컨테이너 서비스를 개시한 지 5년만에 도산하고, 역사와 전통을 자랑하는 영국의 쿤라드(Cunard Steamship)도 거액의 투자부담과 대서양·호주 항로의 채산성 악화로 호텔업자에게 소유권이 넘어가는 등 치열한 각축하에 컨테이너화가 진행된다.

5) 1960년대 중반 유럽-호주항로에서 팔레트는 일시적으로 성공을 보였으나 1969년부터 이 항로가 컨테이너화되면서 팔레트 시스템이 외면당하기 시작했다. 이에 Fred Olson, Maersk, Kawasaki 등 12개 팔레트 선사들이 1970년 단위적재협의회(Unit Load Council)를 결성하고, 팔레트가 컨테이너보다 경제적이라는 연구보고서를 지속적으로 내놓으면서, 팔레트 시스템의 고수에 안간힘을 썼지만, 컨테이너화의 물결에 어쩔 도리가 없었다. 특히 16척의 팔레트 전용선을 운항하던 머스크가 1972년에 9척의 컨테이너선을 발주하면서 팔레트선은 몰락했다.

이처럼 치열한 경쟁하에 선대의 확충·대형화·고속화가 진행되면서 컨테이너선은 1970년대 중반 2,000teu, 1980년대 후반 4,000teu, 1990년대 중반 6,000teu, 2006년 15,000teu, 2013년 머스크의 18,000teu급에 이어, 2015년 에버그린의 2만 teu급 11척 발주로 2만teu급 시대로 들어서고, OOCL, COSCO, MOL, Maersk, CMA CGM, MSC, HMM 등 대형 선사들은 모두 2만teu급을 발주·운항하고 있다. 2025년 1월 현재 MSC의 24,346teu의 'Irina호'가 세계 최대선이다.

2 한국의 컨테이너화

한국의 컨테이너 운송은 1969년 US Line이 미군 화물을 양륙하면서 첫선을 보이고, 1970년 3월 시랜드의 컨테이너선이 수출입화물을 운송하면서 본격화된다. 국적선사의 컨테이너 운송은 1972년 조양상선이 '코리안 쉽퍼호'를 한일항로에 피더선으로 투입하면서 개시되었고, 원양항로는 1976년 대한해운공사(KSC)의 풀컨테이너선 '코리안 리더호'(24,000총톤)가 미주항로에 투입되면서 시작되었다.

1977년 대한해운공사는 극동운임동맹(FEFC)에 가입하여 구주항로를 서비스한 데 이어, 1977년 북미동안에 풀컨테이너선 '코리아 코맨더호'를 투입한다. 이후 1978년에 풀컨테이너선의 원양정기선사업에 한해 외국투자선사에게 면허가 허용되어, 한진해운·시랜드의 합작투자, 고려해운·NYK, 조양상선·에버그린의 공동운항이 시작되었다.

1979년에는 조양상선·동영해운이 호주의 ANL과 공동운항으로 호주항로에 진입하여 미주·구주·동남아·중동항로 등 주요 정기항로의 컨테이너화가 진전된다. 1980년에는 조양상선이 구주항로에 풀컨테이너선 '코리아 찬스호'를 투입하고, 삼미사의 구주항로, 보양선박의 동지중해, 흥아해운의 중동항로, 협성해운의 아주정기항로, 세방해운의 중남미항로 서비스 등 중소선사들의 컨테이너 사업진출도 활발해졌다.

그러나 이러한 외형적 성장의 이면에는 부실(不實)[6]의 그늘이 있었다. 1981년 하반기부터 불어 닥친 세계적인 해운불황에 대부분의 선사가 도산의 위기에 처해, 급기야 1983년 해운산업합리화 계획이 발의되고, 1985년·1987년에 각각 1·2차 보

6) 한국의 해운업계는 1979~1982년의 고선가(高船價) 시기에 약 400만 총톤의 신조선 및 중고선을 집중적으로 구입, 1984년 1월에 신고된 63개 선사의 채무액이 총 2조 5,163억원, 채권 및 자산은 2조 7,972억원이었다.

완대책을 거치면서 해운업계가 이합집산을 통해 대개편이 이뤄진다.

이러한 과정을 거쳐 다시 태어난 한국의 컨테이너 선사는 1988년 12월 대한선주(KSC)가 한진해운에 흡수합병되고, 1988년 1월 현대상선[7)]이 고려해운을 합병, 원양취항권을 취득하면서, 원양항로에 한진해운・현대상선・조양상선 등 3두체제를 유지해 오다가, 조양상선이 2001년 9월 도산하고, 2017년 2월 한진해운이 파산하여 HMM(2020.4.1 현대상선에서 HMM으로 상호변경)만 남아 있다. 그 외에 고려해운・천경해운・흥아해운・동남아해운 등 연근해를 서비스하는 중소규모의 선사도 많다.

3 컨테이너 운송의 발전요인

(1) 재래선 수송방식의 문제점

1950년대 재래정기선은 항해일수 40%에 정박일수가 60%에 달했다. 1년 단위로 보면 항해일수 130일에 정박일수가 235일이다. 비용면에서도 총운항비 중 40~70%가 하역비라는 데에 재래정기선의 심각한 문제가 있었다.

또한 산업전반에 걸쳐 분업화・일관화의 추세와 함께 화주들은 신속・정확한 운송은 물론 문전에서 문전까지의 일관서비스를 요망하게 되었다. 더불어 운송도중・하역 중에 발생하는 화물의 손상(damage)도 재래정기선의 적지 않은 문제점이었다.

(2) 컨테이너 운송의 특징

패어랜드호가 대서양 항로에 출현한지 불과 10년 사이에 컨테이너 운송이 주요 정기항로의 지배적 운송방식으로 발전하게 된 것은 시스템 자체가 가진 우수한 특질에 기인한다. 컨테이너[8)] 자체는 화물의 단위화를 위한 한 수단에 불과하지만, 규격화된 용기를 사용함으로써, 국제운송에 대한 각국 법제의 통일(조약 제정), 통관의 간소화 등으로 신속・정확・저렴하게 문전에서 문전까지 일관운송을 할 수 있는

7) 1970년대 중반 해운불황으로 그리스 선주 리바노스가 현대중공업으로부터 인수를 거부한 26만톤급 1척과 홍콩의 C.Y. Tung이 계약금 $2,800만을 포기하면서 해약한 26만톤급 2척을 건조 강행하여 총 3척의 VLCC로 1976년에 발족한 아세아상선이 1983년 현대상선으로, 2020년에 HMM으로 개명(改名)하여 오늘에 이르고 있다.

8) 1972년의 컨테이너 안전을 위한 국제조약(International Convention for a Safe Containers : CSC)은 컨테이너를 다음과 같이 정의하였다. (a) 영구적이며 반복사용이 가능하도록 견고하고, (b) 중도에 다시 개폐하지 않고 하나・둘 이상의 운송수단으로 신속히 환적되며, (c) 안전・간편하게 취급할 수 있도록 코너에 고정장치가 있고, (d) 4면은 벽으로 막히고 각면은 $14m^2$ 이상이어야 한다.

점이 두드러진다. 컨테이너 운송의 특징은 다음의 5가지로 요약된다.

① 문전운송(Door to Door)

컨테이너에 적입된 화물을 송하인(shipper)의 문전에서 인수하여 개폐(開閉)없이 수하인(consignee)의 문전에서 인도할 수 있다는 점에서, 재래의 화물운송(break bulk cargo carrying)에 비해 획기적인 편의를 제공하고 있다.

② 안전운송(Damage to Proof)

재래의 화물운송에 비해 화물사고가 크게 줄고 더불어 보험료율도 낮아졌다.

③ 일관운송(Continuity)

육상운송(철도, 도로), 수상운송(하천, 바다), 항공운송(공중) 등 어느 경우에도 개폐 없이 동일한 형태(컨테이너)로 계속해서 운송가능하다.

④ 혼재운송(Consolidation)

소량화물을 모아 하나의 운송단위로 묶음으로써 제반절차가 간편해지고, 기계화로 효율성이 높아졌다.[9]

⑤ 비용절감(Cost Saving)

컨테이너화의 최대 장점은 기계화 작업에 의한 비용절감이다. 운송비는 ⓐ 운임(육상·해상), ⓑ 보험료, ⓒ 보관료, ⓓ 포장비, ⓔ 정보·통신비, ⓕ 기타 비용 등으로 구성되는데, 이들 어떠한 항목에 대해서도 재래 운송보다 컨테이너 운송이 저렴하다.

(3) 컨테이너 운송의 장단점

컨테이너화가 한창 진행 중이던 1968년경 한국에서 뉴욕까지 수출화물의 평균운임은 톤당(M/T·CBM) $50이었다. 정기선은 선내 하역비가 선주부담(berth·liner term)인데, 선내 하역비가 뉴욕은 톤당 $16.5였고 부산은 $1.5로, 하역비가 운임의 3분의 1을 차지하였다. 부산·뉴욕의 하역비 차이가 당시 두 항구의 인건비 격차에 기인한 것이긴 하지만, 부산·뉴욕간이 아니고 선진국간의 항구였다면, 운임의 반 이상이 하역비였을 것이다. 따라서 인력이 아닌 기계로, 규격화된 컨테이너로 하역비를 절감할 수 있는 컨테이너화는 혁명적이라 할 수 있다.

시간의 단축은 곧 비용의 절감과 직결된다. 그런데 재래선은 평균 운항속도가 14~

9) 1954년 미국 뉴욕에서 독일 브레머하벤으로 가는 화물선 워리어호에 실린 5,000톤의 화물은 식품·가정용품·자동차에 이르기까지 194,582 품목에 달했다. 운항기록에 따르면 하역에만 10일이 걸렸다.

15노트에 불과하여 부산 – 뉴욕간 왕복에는 하역기간을 포함하여 평균 110일 이상을 요했고, 이를 다시 정박기간(하역기간)과 운송기간으로 나누면 50 : 50 정도였다.

그러나 컨테이너선은 평균 22~23노트의 속력과 규격화된 용기에 적입함으로써 하역 및 운항속도를 동시에 줄일 수 있다. 재래선과 컨테이너선의 하역시간을 비교해 보면, 세계 각항의 재래화물 하역능력은 1일 평균 1,000톤인데 비해 컨테이너 화물은 적어도 12,000~13,000톤을 하역할 수 있어 10배 이상의 시간단축이 가능해진다.

컨테이너 운송의 장점을 요약하면 :

① 생산지로부터 소비지까지 문전서비스(door to door service)가 가능하다.

② 환적시 화물조작(handling)을 요하지 않는다.

③ 이동이 빠르고 화물의 파손·좀도둑 피해 등이 감소된다.

④ 파손·분실 등의 위험감소로 재래선에 비해 보험료율이 낮아진다.

⑤ 환적지에서 화물조작이 없어 노무비가 절감된다.

⑥ 포장비의 절감이다. 냉동컨테이너는 포장이 필요없어 비용절감효과가 높다.

⑦ 선박의 속력이 빠르고 신속한 화물조작으로 운송기간이 크게 단축된다.

⑧ 운송기간의 단축으로 수출대금의 회수가 빨라져 교역이 촉진된다.

⑨ 정확한 스케줄의 준수로 수입상(輸入商)의 재고비용을 절감한다. 즉, 창고비 절감·진부화 손해방지·운전자본 절감 등이다.

⑩ 1척의 컨테이너선이 6척의 재래선을 대체할 만큼 생산성이 높다.

⑪ 시장의 확대이다. 신속·정확·안전·빈번·저렴한 운송으로 재래선에 부적합한 지역과 화물이 시장화·상품화하였다. 지역적으로 원거리 및 내륙지역이 새로운 시장으로 변모하였고, 상품으로는 야채·과일·육류·생선 등의 부패성 화물·위험화물·기피화물 등이 국제교역 상품으로 등장하였다.

한편 컨테이너 운송의 단점은 :

① 거대자본을 요한다. 척당 수천만·수억 달러에 달하는 고가의 선대보유(HMM의 24,000teu급 1척 가격은 $1억 5,500만, 12척은 총 $18억 6,100만), 최소한 2조(set)의 컨테이너 보유, 터미널 및 각종 장비의 확보, 정보통신망의 확립 등을 위해 막대한 자본을 요한다.[10)]

10) 컨테이너 선사가 되려면 기항지마다 최소 20에이커(80,936㎡=284m×284m=22,500평)의 전용부두와 고가의 컨테이너선 수십척, 내용년수가 15년인 2.1조(組)의 컨테이너가 수만개 필요하고, 터미널에는 갠트리 크

② 특수 컨테이너의 개발로 점차 그 비율은 줄고 있지만, 근본적으로 모든 화물을 컨테이너화할 수 없는 약점을 갖고 있다.

③ 컨테이너의 용량이 커서 소량화물의 경우 혼재를 해야 하는 불편이 있다.

④ 컨테이너화에는 거액의 자본도 요하지만, 선사직원 및 항만노무자의 교육·훈련, 관련제도의 개선, 기존설비의 교체 등에 장기간의 노력과 투자를 요한다.

⑤ 공(空)컨테이너 회수문제이다. 왕항복항(往航復航)간 물동량의 불균형으로 컨테이너선의 경우 재래선과는 달리 필연적으로 공컨테이너 회수문제가 발생한다.

⑥ 컨테이너의 유휴 등 고가설비의 효율적 활용이 쉽지 않다.

제2절 컨테이너선의 운항

컨테이너선은 선사마다 규모의 경제(economy of scale)[11]를 추구하면서 경쟁적으로 대형선을 투입하여 만성적인 선복과잉으로 이어졌고, 연료가격의 앙등, 경쟁의 격화 등으로 컨테이너 선사의 경영이 어려운 상황이다. 이에 대처하기 위해 선사들은 내적으로는 조직정비(restructuring), 세계일주 서비스, 시계추(pendulum) 서비스 등 새로운 항로를 개발하고, 외적으로는 M&A, 전략적 제휴, 운임안정 및 경쟁지양을 위한 안정화협정(TSA · TACA · IADA) 등 다양한 경영전략을 강구해 왔다.

1 컨테이너선의 운항형태

고가(高價)의 풀컨테이너선 건조, 수많은 컨테이너의 구입, 육상터미널 시설 등에 막대한 투자를 요하는 컨테이너 선사의 운항형태는 (1) 단독운항, (2) 슬롯교환, (3) 기업연합, (4) 컨소시엄 연합, (5) 전략적 제휴 등 5가지 유형이 있다.

레인 · 스트래들 캐리어 · 트랜스테이너 · 야드 트랙터 · 샤시 등 어마어마한 자본을 요한다.

11) 4,000teu급의 연간 Teu당 운항비가 $2,088인 데 비해 6,000teu급은 $1,648로 약 21%(해상구간만을 보았을 때)가 절감된다. 선원비 30%, 연료비 20%, 항비 15%, 보험료 10%, 수리비 25%, 선용품 및 윤활유 21%, 일반관리비 34%가 절감된다.

(1) 단독운항(Own Operation)

타선사와 제휴하지 않고 독자 운항하는 방식이다. 단독운항에 따른 위험부담이 커서 파산·합병 등의 시대에 이르는 위험도 크지만, 의사결정이 빠르고 유연성(柔軟性, flexibility)을 가질 수 있다. Sea Land·APL·Evergreen·COSCON 등 과거의 미국과 중국 선사들의 운항형태이다. 미국 선사의 단독운항은 독금법에 의해 컨소시엄 등이 금지되었기 때문이다. 그러나 경쟁이 격화되면서 제휴를 기피해 온 Evergreen, Maersk, CMA CGM, MSC 등의 대형 선사들도 제휴에 참여하고 있다.

(2) 슬롯교환(Slot Charter)

일본 선사들의 제휴방식이다. 각 선사가 일정비율의 컨테이너선을 독자적으로 소유·운항하되, 배선 스케줄을 조정하여 자사선의 일정 슬롯(slot)을 타사에 제공하고, 동시에 타사선의 일정 슬롯을 사용한다. 운임공동계산(freight pool)도 하지 않고 선비·운항비 등도 각자 부담한다. 또한 자사가 집하하여 타사선에 선적한 화물에 대해서는 자사의 B/L을 발행한다. 이는 각사의 독자성(identity)이 보장되어 선사 간의 경쟁은 존속된다. 따라서 운항원가가 높은 선사는 도태되기 마련이다.

결점은 비용절감 효과가 없는 점이다. 각 선사의 독자적 영업망 및 사무실의 유지, 컨테이너와 터미널의 보유·관리 등이 중복되어, 집하와 운항의 일원화를 꾀하는 컨소시엄에 비해 투자가 중복되어 원가가 높아진다. 따라서 일본 선사들은 기본 방침과 관계없이 컨테이너와 터미널을 공동사용하는 등 운용의 묘를 살리고 있다. Slot-exchange, Space-charter, Joint vessel-sharing으로도 불리운다.

(3) 통합경영(Consortium)

보다 효율적인 선복(船腹)의 활용을 위해 자본을 결집하여 집하와 운항을 일원화한 운항형태이다. 경쟁으로 인한 공멸(共滅)의 방지와 규모의 경제를 목적으로 한다. 유럽-극동, 유럽-호주 항로에 취항하는 유럽 선사들이 채용했던 방식으로 경영효율을 크게 높일 수 있었다.[12] Joint Service·Joint Operation으로도 불리운다.

선박의 소유권은 각 선사가 갖고 컨소시엄이 집하·운항 전반을 맡는다. 각 나라

12) 컨테이너화 이전 영국에는 10개의 대형 정기선사가 있었는데 4개사가 1965년에 OCL(Overseas Container Ltd.) 그리고 5개사는 1966년에 ACT(Associated Container Transport)를 결성하였다. 독일에는 2개 선사가 Hapag-Lloyd로 합병되었고, 네덜란드에서는 4개 선사가 연합하여 Nedlloyd가 되었다. 프랑스에서는 2개 국영선사와 1개의 조그만 민영선사가 CGM으로 변신했다.

마다 참여선사가 컨소시엄의 대리점이 되어 자국에서의 집하를 책임진다. 전세계 컨테이너 항로에는 수많은 컨소시엄이 있었는데, 지금은 모두 해체되었다. 이들의 영업체제는 다음과 같다. ① Scan Dutch・Barber Blue Line과 같이 컨소시엄 이름으로 공동마케팅을 하는 통합경영 시스템, ② ACL・SAECS・ANZECS와 같이 멤버사가 지역을 할당받아 각각 자사명으로 영업하는 지역별 마케팅, ③ Trio・Ace・Med Club과 같이 같은 지역내에서 멤버사가 각자 영업하는 개별마케팅이 있다.

컨소시엄은 기업합병과 다르다. 이는 일정기간이 지나면 결합이 해체된다. 컨소시엄은 단순히 지주회사(持株會社, holding company)가 될 뿐 자산의 소유권은 이전되지 않는다. 그리고 참여선사는 타항로에서 타선사와 타컨소시엄에 참여할 수 있는 등 독자적 활동이 가능하다.

(4) 컨소시엄 연합(Conglomerate)

각 선사의 독립성(entity)을 보장하면서 할당된 적취율(share)에 따라 운임을 공동계산하여 경쟁을 회피하는 방식이다. 특정항로의 독점을 위해 해운동맹이 채택했던 전략이다. 즉, 해운동맹이 과잉투자 및 과당경쟁 방지를 위해 채택한 운임풀(pool)과 적취쉐어의 스페이스 차터가 자칫하면 과당경쟁을 유발할 소지가 있어 결속의 도를 1단계 높인 것이다. 1970년 영국~호주항로에서 시도되었다.

영국 선사들이 1965년과 1966년에 OCL・ACT라는 2개의 컨소시엄을 결성하여 영국-호주간을 서비스하던 중 프랑스・독일・이탈리아・네덜란드 등 유럽 선주들이 Seatrans Pty Ltd.라는 컨소시엄을 결성, 그 항로에 참여하면서 경쟁이 격화되자, 3개의 컨소시엄이 AECS라는 컨소시엄 연합을 결성, 1970년부터 단일 선대화하여 적취할당(cargo sharing), 운임공동계산(freight pool)을 시작한 것이다. 여기에는 IGA(In- ter-group Agreement)라는 동맹내 그룹간 적취율을 협의하는 기구가 있다. FEFC도 이에 속한다. FEFC는 Trio(50%), Ace(20%), ScanDutch(20%) 등 3개의 컨소시엄과 Maersk(10%)라는 1개 독립선사로 구성된 컨소시엄 연합체였다(괄호내는 적취할당률).

(5) 전략적 제휴(Strategic Alliance)

경쟁심화・운항비 증가에 대처하고, 품질서비스에 대한 화주들의 수요충족・항로안정을 위해 경쟁사와 손을 잡는 방식이다. 이른바 '적과의 동침'이다. 특히 화주들의 요구가 전략적 제휴의 중요한 계기이다. 물류의 아웃소싱(logistics outsourcing)

추세와 함께, 다국적기업들이 거래선사를 가급적 소수화하면서 전략적 제휴가 등장한 것이다.

제휴의 장점은 마케팅・구매・운항・통제 등을 공동으로 수행하여, 규모의 경제를 통한 원가절감을 실현할 수 있다. 제휴를 통해 추가투자 없이 보다 넓은 지역을 서비스할 수 있고, 터미널 공동사용 등으로 해상・육상에서 비용을 절감할 수 있다. 터미널・데포・육운업자와의 교섭력(bargaining power)을 강화하고, 보다 빨리・자주・많은 항구를 기항하면서 서비스를 제고하고 원가를 절감할 수 있다. 컨소시엄과 달리 내부규칙(internal rules)은 단순하고 서비스는 동일하다. 상호 지역적 취약 및 터미널 등 시설의 부족을 보완할 수 있다.

그러나 문제도 적지 않다. 경쟁속에서 협력을 해야 하는 어려움이 있다. 서로 다른 기업문화・운항패턴・형평성(equality) 등이 문제이다. 경쟁관계를 유지하면서 선복・운임을 통제하기가 쉽지 않다. 그리고 가장 기대가 큰 컨테이너 교환사용은 말과 같이 쉽지 않다. 서로 같은 항로를 서비스함으로써 컨테이너의 과소(寡少)가 동일하게 나타나, 기대와 달리 상호 교환사용이 거의 없는 실정이다.

전략적 제휴(Strategic Alliance)와 협조체제

1991년부터 MOL・NYK・Hapag-Lloyd는 협조운항・슬롯교환을 해 오다가, 1995년 3월 MOL의 주도로 APL・Nedlloyd와 함께 10년 기한으로 Global Alliance를 결성했다. 이에 대응하여 1995년 중엽 NYK・Hapag-Lloyd의 주도로 역시 10년 기한의 Grand Alliance를 결성했다. 1997년 P&O와 Nedlloyd가 합병한 PONL이 그랜드를 선택하고, 1997년 APL을 매수한 NOL이 글로벌을 선택하면서 글로벌에서 개명한 New World Alliance에 MOL・NOL/APL・Hyundai, 그리고 Cosco/K-Line/Yangming/Hanjin /Ever g-reen의 CKYHE Alliance로 재편되었다.

1999년 컨테이너선 47척, 컨테이너 21만개, 샤시 5만개, 로테르담, 롱비치, 살랄라의 시랜드 전용터미널 등을 $8억에 넘겨받고, 2005년 PONL을 인수($27억)하여 2010년 총 561척 210만teu의 초내형선사로 변신한 머스크에 내항하기 위해, 뉴월드의 MOL・APL・Hyundai, 그랜드의 Hapag-Lloyd・NYK・OOCL 등 6개사가 2012년 3월 'G6 Alliance'를 결성했다.

이에 맞서 선복량 1~2위의 머스크와 MSC는 2014년 2M을 결성했고, 2015년 CMA CGM・UASC・CSCL의 오션3, CKYHE, G6 등 4개 얼라이언스로 재편되었는데, 2016년 현대상선(=HMM)의 경영위기와 한진해운의 파산으로, 2017년 4월 2M+HMM, OCEAN Alliance, THE Alliance 등 3대 얼라이언스로 재편되었다. 그런데 2M・G6 등은 단지 호칭에 불과하며, 이들 호칭은 각 멤버사의 세일즈나 마케팅에는 사용되지 않는다. 간접적인 시장통제기구로 강제성은 없고 공동태리프도 없다.

한편 한진의 파산으로 어부지리로 살아남은 HMM이 산업은행, 수출입은행 등 국책은행과 한국해양진흥공사의 2조 700억원(≒$18억 6,100만)의 지원으로, 2018년 9월에 24,000teu급 12척{척당 1,725억원(≒$1억 5,500만)}을 발주하여, 2020년 4월부터 유럽항로에 투입하면서, 2020.4.1. 하파그로이드, 일본의 ONE, 대만 양밍의 '디얼라이언스'의 멤버가 되었다. 디얼라이언스는 2M·오션 등 다른 그룹에 비해 2만teu급이 적어 HMM의 초대형선으로 유럽항로 경쟁력을 강화한 것이다.

그런데 하파그로이드가 2025년 2월 디얼라이언스를 탈퇴하면서 선복량 350만teu, 점유율 11.4%(ONE; 6.3%, HMM; 2.8%, Yang Ming; 2.3%)의 협력기간 5년인 프리미어 얼라이언스(Premier Alliance)로 2025년 2월에 출범했다. 하파그가 떠나면서 발생한 유럽노선 공백을 메우기 위해 프레미어는 2025년 2월부터 아시아–북유럽·지중해의 9개 항로에서 1위 해운사 MSC(19.9%)[1)]와 4년간 협력한다. 각 그룹의 점유율은 오션얼라이언스(29.3%), 제미니(21.6%), MSC(19.9%), 프리미어 얼라이언스(11.4%)이다.

2024년 11월 현재 10대 컨테이너 선사의 1위는 846척, 619만teu(19.88%)의 MSC(스위스), 2위 718척, 442만teu(14.20%)의 Maersk(덴마크), 3위 646척 380만teu (12.20%)의 CMA CGM(프랑스), 4위 507척, 320만teu의 CCSG(China Cosco Shipping Group, 중국), 5위 287척 210만teu의 Hapag–Lloyd(독일), 6위 221척 170만teu의 Evergreen(대만), 7위 NYK·MOL·K–Line의 컨테이너 사업부를 통합·발족한 243척, 190만teu의 ONE(Ocean Network Express)(일본), 8위 77척, 84만teu의 HMM(현대상선), 9위 129척, 74만teu의 Zim(이스라엘), 10위는 90척 70만teu의 Yangming(대만) 순이다.

---

1) MSC(Mediterranean Shipping Company S.A.)의 사주(社主)는 이탈리아 나폴리 출신의 잔루이지 아폰테(Gianluigi Aponte, 1940～)로 스위스 2위 부자이다. 그는 1970년 중고선박 1척을 구입해 세계 2위의 해운회사로 키웠다. 이탈리아 국적의 그가 스위스에서 사업을 하는 이유는 세금 때문이다. 스위스 법인세는 16.55%, 소득세는 22.5%이고 이탈리아의 소득세는 45.83%이다.

2 컨테이너선의 피더서비스

컨테이너선 운항에 있어 지선운송(支線運送), 즉 피더서비스(feeder service or local service)는 상당한 비중을 갖는다. 피더서비스는 모선이 직접 기항하는 항구와 기항하지 않는 항구를 연결하는 접속운송으로 소형선박·철도·트럭 등에 의해 이뤄진다.

원양항로에 취항하는 대형 컨테이너선은 선비(船費)가 대단히 높다. 따라서 선사는 이러한 모선의 정박기간 최소화와 가동률 증진을 위해 모선의 기항여부와 피더

서비스를 신중히 저울질한다. 이를 위해 항구의 수심(draft), 안벽(berth)의 길이 등, 대형선의 입항가능 여부와 함께, 정박기간의 최소화를 위한 하역설비, 즉 터미널의 완비여부를 본다. 부산항이 오랫동안(1978년 9월 최초의 컨테이너 전용부두인 제5부두 준공까지) 갠트리 크레인이 없어 일반크레인(mobile crane)으로 컨테이너를 적양하여 모선의 부산기항이 불가능했던 적이 있다.

또한 고원가(高原價)의 모선이 기항하더라도 채산이 맞는 물량이 있느냐가 중요하다. 예컨대 2,600teu급 본선의 선비는 1일 $3만을 상회하고, 항해 중의 운항비・항비를 추가하면 1일 $4만에 달한다. 이러한 비용을 충당할 수 있는 물량이 없는 항구는 피더서비스로 대체한다.

동아시아 지역에서는 일본・한국・대만・홍콩・싱가포르・중국・필리핀・태국・말레이시아・인도네시아 등에 피더서비스가 활발하다. 북미동안(北美東岸)의 필라델피아・볼티모어・노포크는 거리도 가깝고, 3항의 모선유치 경쟁이 치열하여, 3개 항을 모두 기항할 만큼 물량이 충분치 않기 때문에, 선사들도 1개 항만 기항하고 나머지는 피더서비스를 하고 있다. 구주지역의 경우 철도・트럭・바지・근해선박(coaster) 등이 다양하게 피더서비스를 하고 있다.

[Feeder Vessel]

한국의 컨테이너 항만

(1) 부산항

부산항은 해상수출화물의 48%, 컨테이너 화물의 75%를 처리하며, 북항・감천항・다대포항으로 구성되어 있다. 북항에는 일반부두・양곡부두・석탄 및 고철부두・컨테이너부두・여객부두가 있다. 일반부두는 부산항이 근대항으로 조성된 부두로 잡화・냉동수산물 등 다양한 화물을 처리하고 1~4부두로 구별된다. 컨테이너 전용부두로 자성대・신선대・감만부두・신감만부두 및 중소형 컨테이너선 전용부두로 우암부두가 있다.

① 자성대부두 : 부산항 북항 재개발 2단계 부지에 포함돼 비워줘야 해서 2024년 폐쇄되었다. 1982년에 완공된 우리나라 최초의 컨테이너 전용부두로 누적 4,000만teu를 처리했다. 하역장비・인력 등은 북항 컨테이너부두 재배치계획에 따라 신감만부두와 감만부두 1번 선석으로 옮겨졌다.
② 신선대부두(BPT) : 1991년 개장, 길이 1,500m, 수심 15~16m, 5만톤급 5척, 하역능력 223만teu, 부산항터미널(주)이 운영중이다.
③ 감만부두(BPT) : 1991~1997년 축조, 길이 1,400m, 수심 15m, 5만톤급 4척, 하역능력 160만teu, 부산항터미널(주)이 운영중이다. 신선대부두와 감만부두는 2016년에 통합되었다.
④ 신감만부두 : 2002년 개장, 길이 826m, 수심 15m, 5만톤급 2척, 5천톤급 1척, 하역능력 82만teu, 한국허치슨(주)이 운영중이다.
⑤ 우암부두 : 1996년 개장, 길이 500m, 수심 11m, 2만톤급 1척과 5천톤급 2척이 동시에 접안할 수 있는 중소 컨테이너선 전용부두이다.

(2) 인천항

갑문을 경계로 내외항(內外港)으로 구분하고, 내항은 8개 부두(43개 선석)로 잡화・컨테이너・자동차・양곡・고철 등을 처리한다. 외항은 완공된 남항과 북항에서 유류・액화가스・목재・석탄・모래 등을 처리한다. 또한 8,000teu급이 접안할 수 있는 30개 선석의 신항이 완공되어 인천항은 총 130개 선석을 갖게 되었다. 한편 이명박 전 대통령의 운하병으로 18km 경인운하가 건설되어, 양단(兩端, 인천과 김포)에 컨테이너・잡화・철강・자동차・여객 등 18개 선석이 추가되었는데, 현재 물동량이 없어 파리만 날리며 막대한 국고를 낭비하고 있다.

(3) 평택항

수도권 제2의 관문항, 황해권의 중심항, 동북아 경제권의 교역중심지를 지향하며 2천teu급 4석, 3천teu급 2석, 3만teu급 1석 컨테이너부두 7선석에 자동차 5석, 철재 10석, 잡화 9석 등 총 53선석이 가동중이다. 서울에서 70km로 1시간대 거리에 사통팔달의 도로망을 갖추고 내륙 깊숙이 항만이 위치하여 태풍 등의 피해를 최소화할 수 있고, 588만평의 미개발 배후지가 있어 항만의 확충이 용이하다. 경기남부권・충청권은 50~100km가 단축되어 육송비용이 평균 32% 절감된다.

(4) 광양항

광양항은 동북아 컨테이너 환적항(換積港),[1] 서남권의 대외무역 전진기지, 컨테이너 물동량 증가에 대비하여 부산항에 이은 제2의 컨테이너 중심항을 목표로, 1987~2001년까지 총 34개 선석을 계획했다가 과잉투자로 판명되어, 1998년 16개 선석만 개장하여 항비면제 등 다양한 인센티브를 제공하는데도 선박의 기항이 부진하여 현재 4천teu급 8석, 2천teu급 4석 총 12석만 운영중인 가운데 사업비 7,846억을 들여 광양항을 2029년 개장을 목표로 자동화 부두를 구축하고 있다.

(5) 부산신항

항만 배후부지의 부족, 도시기능의 문제점을 안고 있는 부산항의 만성적인 화물적체 해소, 항만과 도시기능이 조화된 종합물류, 정보거점, 동북아 국제물류 허브항만을 목표로 1995~2011년까지 컨테이너부두 25개 선석(船席)을 건설하여 연 460만teu를 처리하고, 일반부두 38개 등 부두길이 총 13km의 거대한 항만건설을 계획했었는데, 원래의 계획이 축소되어 2025년 현재 총 21개 선석의 컨테이너부두와 1개 선석의 다목적부두를 운영중이다. 2023년 준공한 부산신항의 서컨테이너 부두를 시작으로 AI를 활용한 스마트 항구가 본격 가동되고, 광양항 · 인천 신항 · 진해 신항에도 항만 자동화를 실시할 계획이다.

(6) 항만들의 경쟁

남해안 항만들이 경쟁하고 있다. 자성대 · 신선대 부두는 선박들이 신항으로 빠져나가 예전의 50% 수준에 머물러 온도크 시스템[2]의 도입, 장치기간의 연장, 야간 · 공휴일 할증폐지, 하역료 인하 등 서비스 개선과 마케팅 강화, 인력감축 등 경영개선에 힘쓰고, 선사 및 하역업체들도 게이트 · 장비의 자동화, 전산시스템을 구축하여 터미널 운영의 효율화를 기하면서 선사유치에 총력을 기울이고 있다. 거기에 마산항 · 울산항도 도선료 · 예선료 등 각종 항비의 할인, 하역료를 인하하면서 선사들을 부르고 있다. 그래서 신선대 부두는 크루즈부두로의 전환을 검토 중이다.

한국은 물론 일본 · 중국 · 대만 · 홍콩 등 인접국들도 대규모의 항만개발을 추진하고 있어 동북아는 항만과잉상태이다. 특히 중국이 항만개발에 적극적이어서, 중국화물의 환적(換積)을 겨냥한 항만개발은 위험스럽기 짝이 없다. 국제항만업계도 이구동성으로 한국의 항만과잉을 지적했고, 저자는 27년 전인 1998년에 한국의 항만과잉을 걱정하는 글을 동아일보에 기고한 바 있다.

---

1) 컨테이너 1개를 환적하면 $200의 수익이 생겨 승용차 1대를 수출하는 것보다 낫고, 5만톤급 컨테이너선 1척 기항시 약 4억원의 파생수익이 생긴다. 그러나 한국은 중국이 자체 항만개발을 한다는 생각을 하지 못하고, 중국의 일시적인 환적물량에 혹(惑)해 과도한 항만건설로 막대한 재정을 낭비하는 우(愚)를 범했다.

2) 이전에는 On Dock CY가 비좁아 대부분의 컨테이너를 양륙 즉시 부두 밖의 사설 Off Dock CY에 이송하여 장치하였으나 이제 온도크 CY에 장치하게 되었다. BPT는 장치허용기간을 수입은 4일에서 10일, 수출은 3일에서 7일, 환적화물은 7일에서 10일로 연장하였다.

3 컨테이너선의 종류

(1) Semi Container Ship(=Geared Container Ship)

통상 400~500teu의 소형선이 많다. 본선 갑판에 컨테이너 하역용 크레인을 탑재하여, 주로 피더서비스에 이용하거나 남태평양 군도(群島), 아프리카의 동서안(東西岸), 카리브 해역 등 터미널이 불비한 오지(奧地)에서 이용한다. 그러나 터미널 등에서 육상 크레인으로 하역할 때는, 본선 크레인이 작업상의 장애가 되고, 크레인 자체가 대단히 무거워서 본선의 안전(stability)에 문제가 되는 결점이 있다.

(2) Full Container Ship(=Gearless Container Ship)

컨테이너만을 적재하며, 안전하고 효율적으로 대량의 컨테이너를 선창내(hold)·갑판상(on deck)에 적재한다. 컨테이너 하역방식에 따라 다음과 같이 세분한다.

【 Semi Container Ship(Geared) 】

【 Full Container Ship(Gearless) 】

① Lo-Lo선(Lift on/Lift off Ship)

Lo-Lo란 용어는 본선 또는 육상 크레인이 컨테이너를 수직(垂直, vertical)으로 하역함을 의미한다. 선창내(船艙內)가 20′·40′용 셀(cell) 구조로 되어 있고, 갠트리 크레인의 스프레더(spreader)가 들어 올린 컨테이너를 셀(cell)에 정연히 적재한다. 셀 구조장치가 상하·전후·좌우로 컨테이너의 이동을 방지해주기 때문에, 20′ 셀에 20′, 40′ 셀에 40′ 컨테이너를 적재할 경우는 고박(固縛)할 필요가 없다. 40′ 셀에 Adaptor라는 특수장치를 부착하면 20′ 컨테이너 2개를 적재할 수 있다.

또한 Lo-Lo선은 갑판상에도 몇단의 컨테이너 적재가 가능하다. 통상 3~4단적이

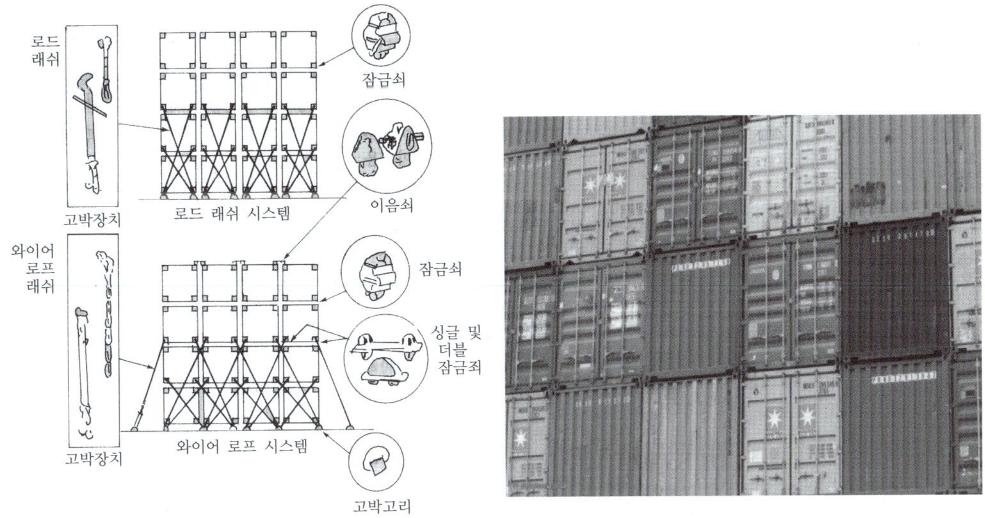

【 컨테이너 고박방법 】

되지만, 선창덮개(hatch cover)와 상갑판의 강도(強度), 전방시계(前方視界) 등이 고려되어 5단적도 가능하다. 갑판에는 셀구조가 되어 있지 않아, 2단적 이상 적재할 경우, 창내(艙內)와 달리 특수장치가 필요하다. 즉, 컨테이너의 모서리 연결쇠(corner fitting)에 상하로 수직고정쇠(vertical stacker)를 끼우고, 쇠줄(lashing rod or lashing wire)로 선창덮개 또는 갑판에 부착된 고리(pad eye)에 고정한다.[13]

② 로로선(Roll on/Roll off Ship)

Lo-Lo선이 본선 또는 육상의 갠트리 크레인으로 컨테이너를 적양하는 데 비해, Ro-Ro선은 컨테이너용 샤시(chassis) 또는 하대(荷臺)가 낮은 특수 트레일러 등에 적재된 컨테이너를 본선의 전・후・측방에 설치된 Ramp Way(통로, 開口部)를 통해, 트랙터・지게차(forklift)로 적양한다.

본선 선창은 컨테이너만 또는 컨테이너를 적재한 샤시・트레일러 등을 적재하기에 적당한 높이와, 이것들이 움직이지 않도록 고박장치를 갖춘 다층갑판(多層甲板,

13) 컨테이너에 적입(積入)한 화물이 수송중 이동하지 않도록 컨테이너내에 고정시켜 주는 작업을 Securing이라 하고 보통 다음의 방법을 사용한다. ⓐ Shoring : 각목(角木) 등의 지주(支柱)를 써서 고정시킨다. ⓑ Chocking : 화물과 화물, 화물과 컨테이너 벽 사이에 각재(角材) 등의 지주를 수평방향으로 고정시킨다. 때로는 쿠션 등을 끼워 고정시킨다. ⓒ Lashing : 컨테이너 래싱용 고리를 이용하여 로프・밴드・그물 등을 사용하여 화물을 고정시킨다.

multiple deck)으로 되어 있다. 따라서 Ro-Ro선은 상갑판에 컨테이너를 육상 크레인으로 적양하는 경우가 아니면, 육상크레인이 없는 항구라도 육상과 선상을 연결하는 램프만 있으면 적양이 가능하다. Ro-Ro란 용어도 하역방식에서 유래된 것이다.

(3) Barge Carrier Ship

본선에 설치된 바지용 크레인 또는 엘리베이터로 500~1,000톤 정도의 박스바지를 적양할 수 있는 선박이다. 예인선(tug boat)이 수출화물을 적재한 바지를 예인하여 외항(outer port)에서 대기하고 있다가, 본선이 도착하면 그 바지를 본선에 인도하고, 수입화물이 적재된 바지를 인수한다. 바지는 본선이 입항 불가능한 항내의 깊숙한 좁은 안벽에도 접안하여 적입·인출이 가능하기 때문에, 내륙수로를 이용하여 최종 목적지까지 계속 예인하거나 내항으로 예인하여 한적한 곳에서 화물을 인출한다.

이때 바지는 본선에 설치된 적양기(積揚機)로 적양한다. 이러한 하역방식을 Float on/Float off라 한다. 이처럼 바지가 화물을 적재한 채 본선에 적재되므로, 항내에 특별한 하역설비는 물론 본선용 안벽도 요하지 않는다. 본선이 안전하게 정박할 수 있는 묘박지(錨泊地, anchorage)만 있으면, 어느 항구든지 대량의 화물을 적양할 수 있다. 알려진 바지운반선으로는 ① LASH(lighter aboard ship), ② Seabee Ship, ③ Sea Barge Clipper, ④ Europe Barge Carrier, ⑤ Barge on Board, BACO(barge and container) 등이 있다. 바지 운반선의 특징은

① 바지를 끌어 올리고 내리면 본선의 하역은 종료되므로, 본선의 정박기간이 크

【 Barge Carrier Ship 】

게 단축되어 본선의 가동률이 높아진다.

② 안벽을 사용하지 않고, 항외(港外) 또는 항내(港內)의 한적한 장소에서 작업이 가능하기 때문에 항만의 혼잡(congestion)에 좌우되지 않는다.

③ 하천・운하 등의 수로를 이용하여 오지(奧地)의 화물이라도 중계 적양이 필요 없다. 또한 500~1,000톤 용량의 대형 바지라서 웬만한 대형화물・중량화물도 중계 없이 직접 수도함으로써 비용절감 효과가 크다.

④ 바지별 화물분류가 가능하여, 창고에서의 분류가 용이하며, 창고내의 작업능률을 높일 수 있는 점 등이다.

컨테이너선의 약사(略史)

초기의 컨테이너선은 주로 일반화물선과 탱커를 개조한 것들로 1957년 말에 취항한 개조풀컨테이너선은 400teu급이었고, 1960년대에 건조된 컨테이너 전용선(專用船)은 1,300~1,600teu, 21~22노트, 5단(五段, tiers) 8열(八列, rows)의 구조였다.

파나마 운하가 확장 개통되기 이전, 즉 2016년 이전에는 선박의 대형화에 직면하는 문제가 파나마운하 가툰갑문(Gatun dock)의 통과였다. 갑문의 길이가 302m, 폭 33.5m, 수심 12.2m로 파나마 운하가 선박 대형화의 제약요인이었다. 그래서 파나마 운하를 통과할 수 있는 선폭 33m, 흘수 12m 이하의 선박, 즉 3,000teu급을 파나막스(Panamax)라 했다.

1980년대 들어 규모의 경제에 의한 경쟁력 강화와 원가절감에 초점이 맞춰지면서 대형선을 선호하고 속도가 줄었다. 1988년에 취항한 APL의 포스트 파나막스(Post Panamax)선은 4,340teu급 C-10선이다. C-10선은 길이 275m, 폭 39.4m, 흘수 12.7m, 24.25노트이다. 파나막스선의 선폭이 32.3m인데 C-10선의 선폭은 39.4m로 7m가 넓었다.

1996년에 취항한 머스크의 'Regina Maersk호'는 길이 318m, 폭 42.8m, 흘수 14m, 속력 22.2노트, 갑판적 5단 17열, 선창적 10단 14열, 총 6,250teu이다. 2003년에 8천teu급[1]이 등장하고 9천teu, 1만teu, 1만 2천teu, 2006년 1만 5천teu에 이어 2013년 7월에 18,270teu의 'Maersk McKinney Moller호'[2]가 서비스를 개시했다.

2015년 에버그린의 2만teu급 11척 발주를 시작으로, 2017년 OOCL의 21,413teu, 2019년 MSC의 23,656teu, 2020년 HMM의 23,964teu, 2021년 Evergreen의 23,992teu의 초대형선이 경쟁적으로 투입되고 있다. 2만teu급은 1.8만teu급과 외형(길이 399~400m, 선폭 58.6~58.8m)은 같지만 적재단수를 높여 적재량을 늘리기 때문에 모두 2만teu급으로 발주한다. (23,964teu HMM Oslo호는 길이 400m, 폭 61m, 높이 33.2m, 최대속력 22.5kts로 Evergreen, MSC, OOCL의 배들도 모두 제원이 같다).

1) 6천teu는 4천teu에 비해 teu당 6%, 8천teu는 6천teu보다 10% 정도 경제적인 것으로 추정한다. 컨테이너 운송비용은 70%가 육상에서 발생하여 총비용에는 육상비용이 포함된다.
2) 길이 400m, 폭 59m, 척당 $1.85억(2,100억원)으로 2011년 2월 머스크가 대우조선해양에 발주한 20척

의 첫번째 배이다. 이 배는 경제성 · 에너지 효율성 · 친환경성면에서 'Triple-E'급으로 15,000teu급보다 적재량은 16% 많지만 연료효율은 20% 이상 높고, CO_2 배출은 30% 줄었다. 이 배는 1톤 화물을 1㎞ 운반하는데 3g의 CO_2를 배출하고 트럭은 47g, 기차는 18g을 배출한다.

제3절 컨테이너 화물의 운송경로

1 컨테이너 화물의 흐름

컨테이너 운송은 대량생산방식을 운송분야에 도입하는 것으로, 수송량을 보다 큰 단위로 묶어서 컨테이너 전용열차(container unit train) 또는 컨테이너 전용선 등의 대량운송에 적합한 수송수단이 담당한다. 즉, 재래방식과 같이 항구간(port to port)을 접점으로 하는 것이 아니고, 내륙에 데포(depot)를 설치하여 화물집배의 거점으로 삼는 것이다. 이런 시스템을 Hub & Spoke라 한다.

컨테이너 1개 분량의 화물은 FCL(full container load)이라 하여 화주의 공장 · 창고 등에서 컨테이너에 적입하여 내륙데포에 반입한다. 그리고 컨테이너 1개 분량이 안 되는 소량화물은 LCL(less than container load)이라 하여, 내륙데포에서 목적지와 적입의 적합성 등을 고려하여 타화물과 혼재(consolidate)한다.

이렇게 내륙데포에 모인 화물은 컨테이너 전용열차로 터미널에 수송한다. 아래는 전형적인 컨테이너 일관운송루트를 제시한 것이다. 이 시스템은 대량운송으로 규모의 이익을 누리기 위한 것으로, 종래 트럭 · 철도 등으로 터미널에 반출입되던 화물을 컨테이너 전용열차(block train)로 컨테이너 터미널까지 대량으로 운송하는 방식이다.

이 시스템이 도입되기 전에는 철도의 컨테이너 운송은 정거장에서의 화차조작에 많은 시간이 소요되어 순발력있는 트럭에게 밀렸었다. 그러나 내륙데포와 항만간에 컨테이너 전용열차가 피스톤 운송을 할 경우, 중간역에서의 화차조작이 완전히 배제되어 열차의 회전율이 크게 높아지고 대량 · 고속 · 염가운송이 가능해진다.

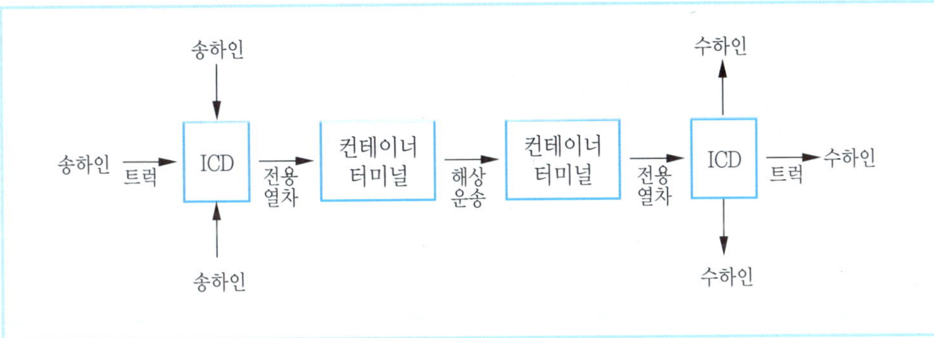

【 컨테이너 화물의 유통경로 】

2 컨테이너 화물의 운송형태

컨테이너 운송은 재래선과 달리 화물의 양·목적지·집하방식 등에 따라 그 운송형태가 다르며, 이에 따른 운임구조·책임한계 등에 차이가 생긴다. 컨테이너 화물의 주요 운송형태는 다음과 같다.

(1) CY → CY(FCL → FCL)

수출지 CY에서 수입지 CY까지 FCL 형태로 운송되며, 컨테이너의 장점을 최대로 살릴 수 있는 방식이다. 즉, 수출지의 공장·창고에서 컨테이너에 만재(滿載)된 화물을 그대로 선적항·양륙항을 거쳐, 수입상의 창고까지 컨테이너의 개폐(開閉)없이 수송한다. 이는 운송의 3대 요소인 신속성·안전성·경제성을 충족시키는 방식이다.

(2) CFS → CFS(LCL → LCL)

수출지 CFS로부터 수입지 CFS까지의 운송방식이다. 운송인(통상 포워더)이 다수의 송하인으로부터 LCL 화물을 모아 수출지 CFS에서 행선지가 같은 컨테이너에 혼재하고, 수입지의 CFS에서 다수의 수하인들에게 분류·인도하는 방식이다. 통상 포워더가 이 업무를 주관하므로 Forwarder's Consolidation이라 한다.

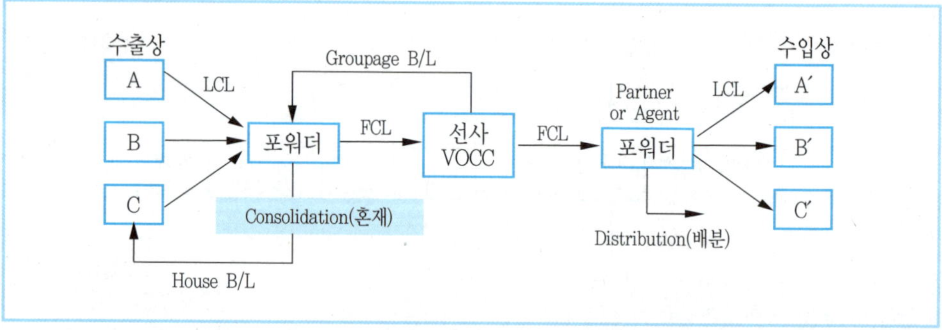

※ Groupage B/L은 포워더가 여러 LCL 화물을 혼재하여 FCL 화물을 선사에 인도하면, 선사가 포워더에게 교부하는 Master B/L이고, House B/L은 선사가 발행한 B/L(master B/L)을 기초로 포워더가 LCL 화주에게 교부하는 주선인수령증이다.

【 CFS → CFS(LCL → LCL) 】

(3) CFS → CY(LCL → FCL)

운송인(통상 포워더)이 다수의 송하인으로부터 화물을 모아 CFS에서 컨테이너에 혼재하여 FCL로 만들고, 수입지 CY에서 분류하지 않고 그대로 수입상에게 인도하는 형태이다. 대형 백화점·할인점이 다수의 수출상으로부터 물품을 수입할 때에 이용하며, 통상 수입지의 포워더에게 운송을 의뢰한다. Buyer's Consolidation이라 한다.

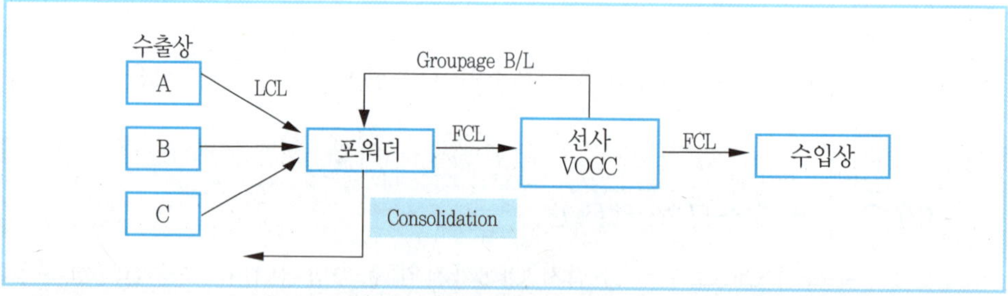

※ FCR(forwarder's cargo receipt or forwarder's certificate of receipt) : 포워더를 통해 화물을 운송할 때에 포워더는 화물수령증(FCR)을 발행하는 경우가 있다. 이는 House B/L과 달리 신용장에 명시되어 있지 않으면 은행이 수리하지 않으므로 주의를 요한다. 주로 Buyer's Consolidation에 이용된다.

【 CFS → CY(LCL→FCL) 】

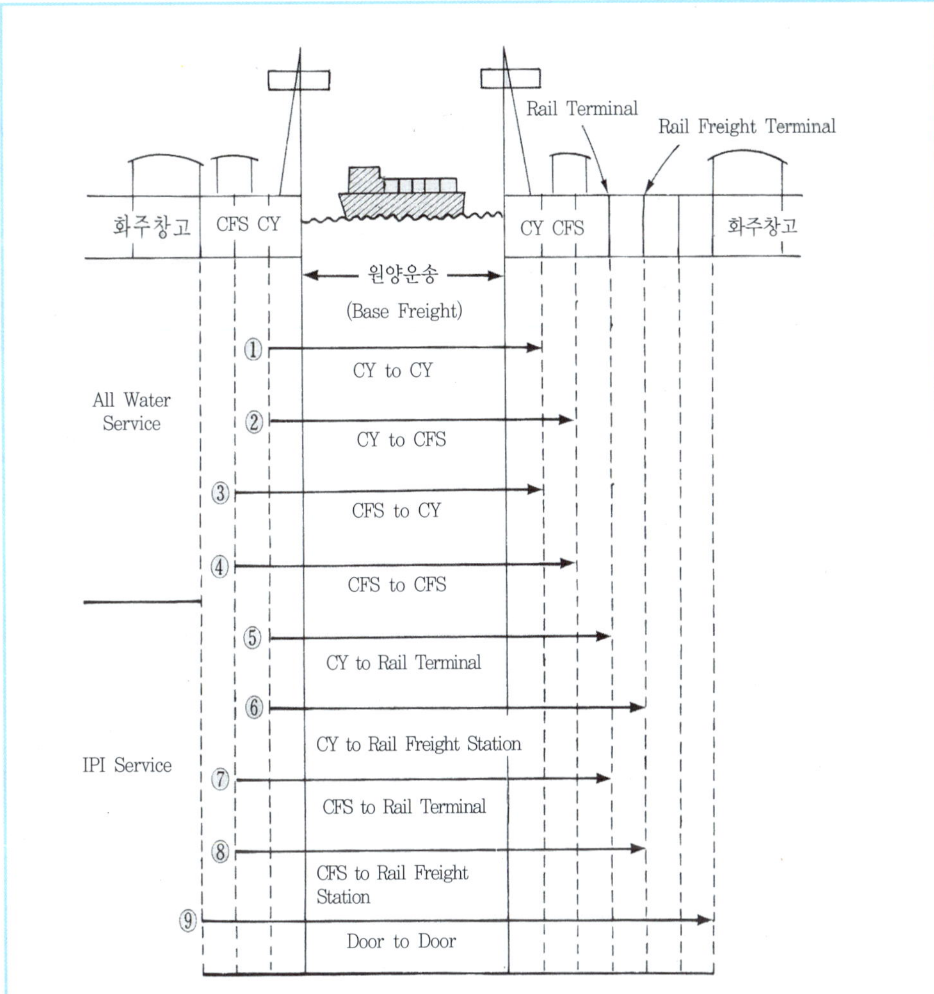

① CY→CY Base Freight+CY Delivery Charge
② CY→CFS Base Freight+CFS Service Charge
③ CFS Receiving Charge+Base Freight+CY Delivery Charge
④ CFS Receiving Charge+Base Freight+CFS Service Charge
⑤ CY→Rail Terminal Base Rate(IPI Service)
⑥ Base Rate(IPI Service)+Rail Freight Station Service Charge
⑦ CFS→Rail Terminal Base Rate
⑧ CFS Receiving Charge+Base(IPI Service)+Rail Freight Station Service Charge
⑨ Door to Door Full Service Charge

[컨테이너 화물의 운송형태]

(4) CY → CFS(FCL → LCL)

CFS → CY 방식의 뒤바뀐 형태로 수출지 CY로부터 수입지 CFS까지의 운송방식이다. 1인의 송하인과 다수의 수하인 구조이며 Shipper's Consolidation이라 한다. 선적지에서 수출상이 FCL 화물을 보내면, 수입지의 CFS에서 화물을 인출(引出, devaning)하여 다수의 수하인들에게 배분한다. 그러나 실무에서는 거의 이용되지 않는다.

3 컨테이너 화물의 종류

컨테이너화가 급속히 진전되어 왔으나, 반드시 모든 화물이 컨테이너에 적합한 것은 아니다. 당연히 컨테이너에 적합치 않은 화물, 적합한 화물, 한계선상에 있는 화물 등 여러 종류가 있다.

(1) 최적상품(Prime Containerizable Cargo)

일반적으로 고가의 상품이고 해상운임도 비교적 높다. 이들 최적상품은 컨테이너에 효율적으로 적입할 수 있는 물적 속성을 갖추고 있다. 여기에 속한 많은 상품은 손상과 도난을 당하기 쉽다. 예로 주류(酒類)·의류·직물·냉장고·텔레비전·세탁기 및 부피가 크지 않은 기기류(機器類) 등이다.

(2) 적합상품(Suitable Containerizable Cargo)

가격이 그다지 높지 않고 운임도 최적상품보다 낮다. 또한 손상과 도난의 가능성도 비교적 적다. 예로서 전선류·포대커피·포대밀가루·미가공 모피 등 오염되기 쉬운 상품 및 클레임 대상이 되기 쉬운 상품들이다.

(3) 한계상품(Marginal Containerizable Cargo)

컨테이너에 적입은 물리적으로 가능하지만, 저가·저운임 상품이라서 컨테이너 운송으로 별로 이득이 없는 상품이다. 손상 또는 도난당할 우려도 없다. 예컨대 알루미늄괴(ingot)·선철괴(銑鐵塊, pig iron)·합판 등이다.

(4) 부적합상품(Unsuitable Containerizable Cargo)

컨테이너 적입이 거의 불가능한 벌크상품 · 고철 · 철구조물 · 원유 · 액화가스 등이다. 원면 · 폐지 · 펄프 등 일부 벌크상품은 부적합하지만, 복항화물(復航貨物)이 없는 미국 등에서 컨테이너에 적입하여 운송하기도 한다.

제4절 컨테이너 운송시설 및 기기

컨테이너 운송에는 컨테이너를 비롯 각종 기기(機器) 및 시설(施設)이 필요하다. 컨테이너 및 컨테이너 터미널에서 사용하는 기기를 서술한다.

1 컨테이너의 규격과 종류

(1) 컨테이너의 국제규격

컨테이너는 미국에서 개발되었기 때문에, 오늘날의 컨테이너 규격은 모두 미국의 도로교통법에 의해 결정된 것들이다. 1950년대 미국 도로의 차량 최대폭은 8′(2.44m), 높이는 13′6″(4.11m)였다. 따라서 샤시의 높이 5′6″를 빼고 남는 8′가 컨테이너 높이가 되었다. 이후 샤시의 높이를 5′로 낮춰 컨테이너의 높이가 8′6″(2.59m)까지 가능해졌고, 뒤이어 바퀴의 크기를 줄이고, 특수 트레일러(gooseneck trailer)를 이용하여, 다시 컨테이너의 높이를 9′6″(2.89m)까지 높일 수 있었다.

길이의 경우 미국의 동부지역은 차량의 최대길이를 35′, 서부는 48′로 제한하였기 때문에, 초기에 시랜드사는 컨테이너의 길이를 35′로, 맷슨사는 24′로 결정했었다. 이후 동부의 여러 주들이 차량의 최대길이를 40′로 늘려서, 마침내 8′×8′×(10′, 20′, 30′, 40′)가 미국 컨테이너의 표준규격이 되었다. 이를 국제적으로 표준화하기 위해 1961년 국제표준화기구(ISO : International Standard Organization)를 설립하여, 1963~4년에 미국의 규격을 국제표준으로 삼았고, 이후 곧바로 8′6″ 높이도 표준규격으로 인정하여 폭 8′ · 높이 8′6″가 주종을 이루게 된다. 특히 높이 8′ 컨테이너는 이제 거의 사라지고, 동시에 20′ 컨테이너도 이용도가 줄고 40′ 컨테이너가 증대추세에 있다.[14)]

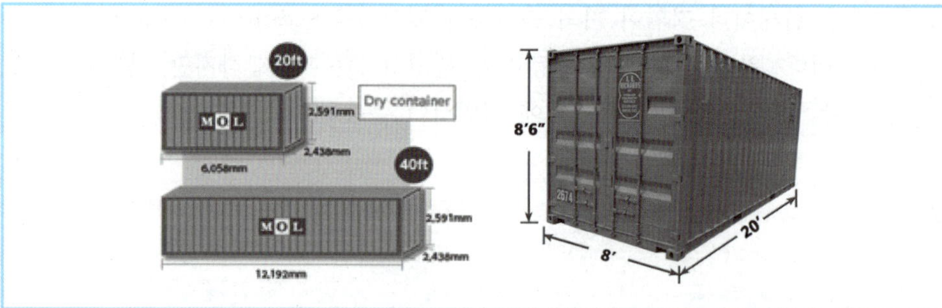

【 Dry Freight Container 】

20′ 컨테이너의 이용이 감소하는 것은 경제성이 없기 때문이다. 미국의 경우 20′의 철도운임은 40′의 84%에 달하고, 트럭운임·하역비는 40′와 20′가 같다. 용적 대 중량비가 낮은 화물은 20′ 컨테이너를 사용해야 하지만, 그러한 화물은 드물어 20′ 컨테이너가 미국으로 가면 복항화물(復航貨物)이 거의 없어, 대부분 공컨테이너로 회송(回送)되므로 선사들이 20′의 사용을 꺼려 그 수가 줄어드는 것이다.[15]

8′×8′6″×20′ 일반철제 컨테이너의 자체중량은 2.3톤이다. 통상 각국의 도로교통법 및 국제표준화기구(ISO)의 허용중량이 24톤이므로, 최대 적재중량은 21.7톤이고 용적량은 33cbm이 된다. 40푸터의 자체중량은 3.74톤, 따라서 도로의 허용중량에 따라 달라지겠지만, 적재중량은 26.74톤까지 가능(ISO의 최대허용중량은 30톤임)하고, 용적량은 67.6cbm이 된다. 또한 길이 40′·높이 9′6″의 하이큐빅(high cubic) 컨테이너의 적재용량은 76.2cbm이다. 미국에서는 53′×8′6″×9′6″에, 자체중량 3.3톤, 적재용량 108cbm의 점보 컨테이너, 그리고 적재중량이 60톤에 달하는 비표준규격의 컨테이너를 철도에서 이용하고 있다.

한편 컨테이너의 거의 모든 통계, 즉 컨테이너선의 선복량·물동량 등이 20′ 컨테이너, 즉 Teu(twenty foot equivalent unit)를 단위로 하고 있다. 따라서 40′ 컨테이너, 즉 Feu(forty foot equivalent unit)는 2teu로 환산하여 집계하고 있음을 유의해야 한다.

14) 1961년 ISO는 폭과 높이를 각각 8′(2.45m)로 하고, 길이는 10′(3.05m ; 11MT)·20′(6.10m ; 20MT)·30′(9.15m ; 25MT)·40′(12.20m ; 30MT) 등 4종류로 결정하였다(괄호 안의 MT는 최대허용적재중량임). 그리고 1973년에 40′, 1976년에 20′ 컨테이너의 높이 8′6″(2.60m)도 각각 국제규격으로 추가하였다.

15) 1993년도 10월 부산에서 시애틀까지 해상운임이 20′ $2,000, 40′ $2,500이었고, 시애틀에서 부산까지는 20′ $1,300, 40′ $1,700이었다. 40′ 컨테이너가 20′의 2배를 적재하는 데 비해, 20′ 운임이 40′의 80%와 76%에 달해 20′가 비경제적임을 알 수 있다.

컨테이너의 규격과 더불어 '안전에 관한 국제조약', 즉 CSC(International Convention for a Safe Containers) 조약이 제정되어 있는데 '컨테이너 안전조약'이라 한다. 이 조약은 컨테이너의 수송·하역시의 안전을 위해, 1972년 유엔과 국제해사기구(IMO)의 합동회의에서 채택되어, 1977년부터 발효되었고 우리나라는 1978년에 가입하였다.

체약국은 컨테이너의 구조요건과 시험 및 정비점검 사항을 국내법으로 제정하여, 여기에 합격한 컨테이너에 안전승인판(safety approval plate)을 부착하게 하고 있다.

(2) 컨테이너의 종류

컨테이너화 과정에서 화물의 성질·운송조건에 따라 여러 종류의 컨테이너가 개발되었다. 우선 철재·알루미늄·FRP(Fiberglass Reinforced Plastic) 컨테이너로 구분하고, 용도에 따른 종류는 아래와 같다. 아래에 열거한 것들 외에도 유통상품의 변화, 운송시스템의 효율화를 기하기 위해 새로운 종류의 컨테이너 개발은 앞으로도 계속될 것이다.

① General Cargo Container

흔히 Dry Container라 하고, 온도조절이 필요없는 일반잡화류 운송에 이용하며, 가장 많이 이용하는 일반화물용 컨테이너이다. 입구에 2개의 여닫이문이 있어 270° 개폐가 가능하고, 문주위에 밀폐장치(packing & weather proof)를 갖춘 밀폐형(closed van type)이다. 바닥은 25~30mm, 벽은 1.6~2.0mm의 강철판(steel panel)을 사용하고 내부에는 고박고리(lashing ring)가 설비되어 있다.

② Thermal Container

온도조절용 컨테이너로 냉동·보냉·보온을 요하는 화물운송을 위해 내부 전면을 열전도율이 낮은 발포스티로폼 등으로 단열처리한 컨테이너이다.

(a) Refrigerated(=Reefer) Container : 육류·어류 등의 냉동화물과 과실·채소 등 냉장화물 운송용 컨테이너로, 온도는 +26℃에서 -28℃까지 조절할 수 있다. 냉동기를 컨테이너에 내장한 내장식(內藏式, built in type)과 본선의 냉동장치에 연결시켜 냉기(冷氣)를 순환케 하는 연결식(clip on type)이 있는데 대부분 내장식이다. 본선은 물론 터미널에도 전원 플러그가 있고, 트럭·철도 운송 중에도 냉동기가 가동된다.

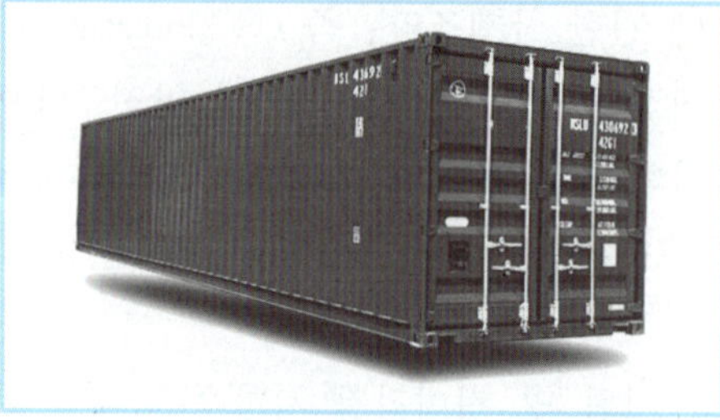

【 General Cargo Container(40') 】

【 Reefer Container 】

(b) Insulated Container : 과실 · 채소 등의 선도유지(鮮度維持)에 적절한 단열구조를 갖춘 보냉 컨테이너이다. 통상 드라이아이스 등을 냉매로 사용한다.

(c) Ventilated Container : 과일 · 채소 · 커피 · 종자 등 호흡하는 화물을 위해 통풍구를 설치한 통풍 컨테이너이다.

(d) Heated Container : 상온 86℃를 유지해야 하는 나일론 원사(原絲)의 원액 등을 운송하기 위해 50~100℃의 고온을 유지할 수 있는 보온 탱크컨테이너이다. 전주 · 구미지역의 화학섬유기업들이 연간 약 800teu를 이용하고 있다.

③ 기타 특수컨테이너(Special Container)

(a) Solid Bulk Container(=Powder) : 맥아(malt) · 밀가루 · 사료 · 곡물 등의 가루 또는 낟알의 수송에 적합하다. 천정에 직경 50mm 맨홀이 3개 있고, 컨테이너 내부는 FRP 가공이 되어 있다. 청소도 용이하고 외기온도 변화에 대한 영향이 드라이 컨테이너보다는 적다.

(b) Liquid Bulk Container(=Tank) : 포도주 · 간장 · 유류 · 화공품 등의 액상화물 운송에 필요한 특수구조를 갖춘 탱크컨테이너이다.

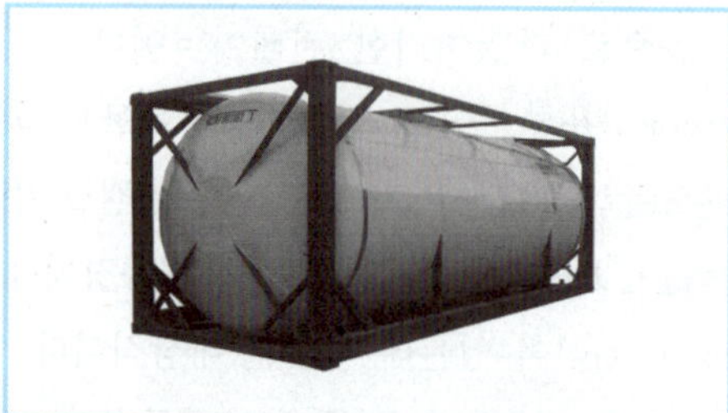

【 Tank Container 】

【 Open Top Container 】

(c) Open Top Container(=Top Loader) : 기계류 · 강재품(鋼材品) · 판유리 등의 중

량화물 적입에 적합하다. 천정을 떼었다 부쳤다 할 수 있게 덮개가 후직포(厚織布, canvass)로 되어 있고 적양시(積揚時) 크레인으로 하역할 수 있다.

(d) Hard Top Container : 정밀기계류 등 주의를 요하는 화물운송에 사용한다. 지붕은 오픈톱 컨테이너의 캔버스 대신 철판(鐵板)으로 되어 있다. 정면 입구 및 천정으로 인출(引出)이 가능하며 드라이 컨테이너와 같이 방수이다.

(e) Side Open Container : 길이가 긴 화물을 쉽게 적재하기 위해 컨테이너 측면이 개폐되며, 포크리프트 등의 작업이 용이하다.

(f) Flat Rack or Platform Based Container : 드라이 컨테이너의 천정과 측벽을 제거한 모양으로, 양단벽도 떼었다 붙였다 할 수 있어, 바닥과 네 기둥[四柱]만의 형태가 된다. 기계류·강재(鋼材)·전신주·원목 등의 중량물을 전후좌우 또는 상방에서 지게차로 하역할 수 있다.

(g) Superrack Container : 건설중장비·공작기계 등 부정형의 대형화물을 컨테이너선에 선적할 수 있도록 높이를 조절할 수 있는 특수컨테이너이다. 일반컨테이너보다 1.5m 높은 3.5m까지 높이를 늘릴 수 있다.[16]

【 Flat Rack or Platform Based Container 】

16) 이전까지 비규격 대형화물은 플랫랙 컨테이너를 사용해 왔으나, 선적공간(船艙上段 및 甲板一部)이 제한되어 있고, 컨테이너 위에 추가선적을 할 수 없는 등 어려움이 많았다. 국내 중소기업 슈퍼랙 쉬핑이 개발한 슈퍼랙은 컨테이너 위에 추가적재가 가능하고, 하역시간의 단축(개당 60분에서 10분으로)과 함께 환적·육상운송도 용이하여 일찍이 한진해운도 사용했었고, 현재 HMM(현대상선)도 잘 사용하고 있다고 한다.

【 Skeleton or Car Container 】

【 Garment Container 】

(h) Skeleton or Car Container : 드럼 · 와이어 · 자동차 등의 운반에 적합하다.

(i) Hide Container : Hide(소금에 절인 원피) 운송 중에 액체(hide juice)가 흐르지 않도록 기밀성 · 방수성을 높이기 위해 FRP로 내장하고 있다. 일반 컨테이너의 바닥에 집수구(well)를 만들어 주스를 모으는 것이 많다.

(j) Garment or Hanger Container : 정장의류 및 실크 · 밍크 등의 고급의류를 옷걸이에 걸어 구겨지지 않게 운송하여 수입지에서 다림질(ironing)을 하지 않고 진열 · 판매할 수 있다.

(k) High Cubic Container : 높이가 9′6″이고 길이는 각각 40′ · 45′ · 48′ · 53′인 중량 대비 용적이 큰 화물운송용 컨테이너이다. 길이 40′ · 높이 9′6″ · 폭 8′인 이른바 40′ 하이큐빅 컨테이너가 가장 많고, 45′ · 48′ · 53′는 높이 9′6″ · 폭이 8′6″이다. 최대중량(30MT)은 하역기기 · 수송기기 등과의 관계때문에 ISO 규격을 지킨다.

(l) Swapbody : 유럽에서는 오래전부터 도로 · 철도 연계용 스왑바디라는 운송용구를 사용해 왔다. 이는 사방 네모퉁이에 철제기둥을 세워 측면을 판재 · 후직포(timber/curtain-sided) 또는 차양막(tilt)으로 덮고, 주로 유로팔레트(1.1m×0.8m)의 효율적 적입을 위해 내폭 2.5m, 길이 7.15m, 하중은 16톤으로 하고 있다. 단적(stacking)이 불가능한 재래형(older swapbody)이 있고, 근래에 개발된 Steel Swapbody는 내폭 2.5m, 길이 7.15m 또는 13.6m로 단적(段積)이 가능하다. 일명 Continental Container라 한다.

【 Swapbody 】

(m) 접이식 컨테이너(Folding Container) : 한국철도기술원이 공컨테이너를 접어 부피를 1/4로 줄일 수 있는 접이식 컨테이너를 개발했다. 현재 세계적으로 공컨테이너 운반에 매년 $67억(8조원)이 들고 국내에서도 약 4천억원이 든다. 상용화되면 그 비용이 1/4로 줄어든다. 접이식 컨테이너는 2명이 간단한 보조장비만으로 10분 이내에 접을 수 있다. 모서리 기둥을 접지 않고도 접히며 모서리 기둥 4개는 각각 96톤을 견디는 일반 컨테이너와 같이 9단까지 쌓아도 문제가 없다. 그런데 아직 안전이 의심되어 선사들은 사용을 기피하는 모양이다.

【 Folding Container 】

2 컨테이너의 리스

선사의 컨테이너 확보는 컨테이너를 구입(purchase)하는 방법과 리스(lease)하는 방법이 있다. 컨테이너 구입은 일시에 대금을 지불하는 일괄구매와 일정기간(5년)

리스후 소유권이 이전되는 소유권이전부 리스(purchase lease) 방식이 있어 후자가 널리 이용된다. 2021년 현재 전세계 리스 컨테이너 비중은 52% 정도이다.

컨테이너 리스의 장점으로는 ① 자금의 고정화 회피, ② 진부화(obsolescence) 방지, ③ 지역적·계절적 변동에 필요한 컨테이너 수요에 신속대응, ④ 유휴기간(inland depot 내) 동안의 장치비용의 절감, ⑤ 컨테이너 유지관리비 절감, ⑥ 재고비용 및 회송(positioning)비용 절감 등이다.

(1) 컨테이너 리스의 유형

① 리스의 형태

(a) Financial Lease : 사용자(user)와 상의하여 필요한 수량을 결정하고, 리스사가 융자하여 메이커에 발주한다. 원칙적으로 상각(depreciation)이 완료될 때까지 해약할 수 없다. 수요가 확정되어 발주하기 때문에 재고는 없다.

(b) Operating Lease : 사용자가 필요에 따라 일정기간 리스하여 사용한다. 컨테이너는 리스계약의 유무에 관계없이, 장차 수요를 기대하여 리스사의 판단과 위험부담으로 발주하기 때문에 항상 재고가 있다.

(c) Packaged Lease : 리스사가 사용자의 의뢰를 받아 기획, 입안, 금융, 컨설팅, 인재파견 등 컨테이너 리스에 대한 종합서비스를 제공한다.

이상은 주요 리스형태의 분류이지만, 리스업계는 각 분야별로 전문회사가 있어 한 회사가 3종류의 리스를 취급하지는 않는다. 흔히 말하는 리스사는 (b)를 의미하며, (a)는 통상 금융회사 및 (일본의 종합상사와 같은) 상사계열의 리스사가 취급하며, (b)에서 보다 부가가치가 높은 (a)·(c)로 다양화된다.

② 리스료의 부과방식

(a) Rental Charge : 1일 또는 1개월 기준 컨테이너 1개당 리스료이다.

(b) DPP(Damage Protection Plan) Premium : (a)에 손상료를 가산한 것이다.

(c) Interchange Ratio : 월간 반납개수의 비율에 따라 리스료가 달라지는 방식으로, 예컨대 Interchange 20%이면, 1개월 동안 반납할 수량이 리스받은 총량의 20%라는 의미로, 반납률이 20%를 초과하면 리스료가 올라간다.

(d) Geography Table : 반납예정표로 한 지점에서 1개월 동안 반납해야 할 최대수량을 기록한 표이다. 예컨대, 'N.Y. 20 units DOC $50'일 경우, 뉴욕에서 1개월 동안 20개까지 개당 $50의 DOC(drop off charge)[17]로 반납해야 한다.

③ 리스계약의 종류

(a) Trip Lease : 이용자가 필요할 때에 리스하는 것이다. 스팟(spot) 리스라고도 한다. 리스조건은 O/D(origin and destination)의 시황(市況)과 당사자들의 교섭력(bargaining power)에 좌우된다.

ⓐ 편도리스(One-Way-Lease) : 이용자가 필요한 곳에서 리스받아 목적지에서 반납하는 조건이다. 회수비용이 추가되기 때문에 리스료가 높다.

ⓑ 왕복리스(Round-Trip Lease) : 인수한 지점에서 반납하는 조건이다. 물동량의 균형(cargo balance)이 이뤄지는 항로에 적합하다.

(b) Rate Agreement System(요율협정방식) : 리스요율은 시황에 따라 크게 차이가 나므로, 일단 기본요율을 정한 후 월별로 반납개수와 DOC(drop off charge)를 결정하는 방식으로 특별한 제약조건은 없다.

(c) Master Lease : 언제든 반납이 가능하며, Tier Rate(단계별)를 적용한다. 예컨대 1~5,000teu는 \$1.0/20', 5,001~9,000teu는 \$0.9/20', 9,001teu 이상은 \$0.87/20'이다. 리스사별로 차이가 있지만 2024년 기본리스료는 \$1.0/teu이다.

(d) Short-Term Lease(단기임대차) : 일시적인 수요충당이나 지역별 · 종류별 수급의 불균형을 조절하기 위해, 수요 발생지역에서 수시로 빌리고 반납하는 방법이다. 1년 미만으로 약정하거나 약정없이 사용후 즉시 반납한다. 리스료는 장기리스보다 2배 이상 비싸므로 단기리스는 최소화해야 한다.

(e) Long-Term Lease(장기임대차) : 통상 5~6년의 장기리스로 Master Lease를 원칙으로 한다. 편의상 자사보유 컨테이너로 관리한다. 계약기간중 중도해약을 하면 조기해약료(early termination charge)를 지불해야 한다. 장기계약에서는 리스만료 후 이용자에게 양도하는 Purchase Lease, Buy-Out Lease, Finance Lease가 있다.

(f) Cross Lease(교차임대차) or Sub-Lease(전대임대차) : Cross Lease는 선사간에 이뤄진다. 어떤 선사가 컨테이너 과다지역에서 타선사에게 빌려주고, 부족지역에서 회수(回收)하는 방식이다. 그리고 어떤 선사가 리스한 컨테이너를 타선사(他船社)에게 재(再)리스함을 Sub-Lease라 한다. Sub-Lease한 선사는 원(原)리스사와 직접 계약을 체결할 수 있고, 이를 Direct Interchange라 한다.

17) DOC는 반환지역할증료(返還地域割增料)이다. 리스사는 컨테이너를 어디에서 반환받느냐가 대단히 중요하다. 예컨대 부산과 쿠웨이트에서 반환받았다면, 부산은 수출화물(outbound cargo)이 많아 계속해서 대여하는(lease out) 데에 어려움이 없지만, 원유 외에 수출화물이 거의 없는 쿠웨이트는 별도의 보관료 · 회송비용 등이 발생한다. 따라서 리스사는 쿠웨이트 · 제다 등에는 높은 DOC를 부과하고, 부산 · 상하이 · 요코하마 · 홍콩 · 킬룽 · 싱가포르 등에는 DOC를 부과하지 않거나 낮게 부과한다.

3 컨테이너 하역시스템

1) 컨테이너 터미널의 요건

컨테이너 운송의 주된 목적이 화물을 규격화하여 수송단계에서의 적(積)·양(揚)·수(受)·도(渡) 등을 인력에서 기계화로 시간·노력의 단축을 꾀하는 것이다. 이러한 컨테이너의 적양수도 작업이 주로 컨테이너 터미널(Container Terminal)에서 이뤄진다. 해상과 육상의 접점(接點)에 있는 터미널은 본선에의 컨테이너 선적·양륙을 하는 한편, 트럭·철도에의 컨테이너의 수도(受渡)·장치·수리·보전(maintenance)·세정(cleaning) 등의 여러 기능을 갖는다.

원칙적으로 터미널의 소재지는 배후지를 포함한 경제권에 유출입되는 물동량을 고려하여, 피더 및 내륙의 총수송비가 최소인 지점이 바람직하다. 그러나 현실적으로 최적지점에 광대한 부지를 확보하기가 어려워 주로 새로 조성된 매립지에 건설한다. 터미널은 기본적으로 아래의 조건을 충족해야 바람직한 터미널이라 할 수 있다.

① 본선의 안전한 운항, 접안(接岸, berthing), 계류(繫留, mooring)가 가능하고 갠트리 크레인을 갖출 것.

② 본선에 적양되는 컨테이너와 컨테이너 화물의 수도(受渡)·보관·분류작업에 충분한 면적·시설·조직을 갖출 것{최소 20에이커=80,936㎡(=285m×285m)를 요함}.

③ 컨테이너를 트럭·철도 등과 신속·정확하게 수도(受渡)할 수 있고, 컨테이너의 하자 유무를 즉시 확인할 수 있는 시설과 조직을 갖출 것.

④ 개개의 컨테이너를 정확히 식별하여 각 단계별로 수많은 컨테이너를 신속·정확히 처리할 수 있는 운영시스템을 갖추고 있을 것.

⑤ 내륙운송의 결절점(結節点, node)으로서 애로가 없을 것, 즉 발달된 도로망과 충분한 운송능력이 있는 철도에 직접 접속되어 있을 것 등이다.

2) 컨테이너 하역시스템의 종류

현재 이용되고 있는 컨테이너 하역시스템은 ① 시랜드가 개발하여 미동안(美東岸)에서 이용하였던 샤시·트레일러 시스템, ② 직접형 스트래들 캐리어 시스템, ③ 연계형 스트래들 캐리어 시스템, ④ 트랜스퍼크레인 시스템, ⑤ 리치스태커 시스템, ⑥ 혼합시스템 등이 있다.

(1) 샤시 또는 트레일러 시스템(Chassis or Trailer System) : 시랜드 방식

컨테이너가 본선에서 양륙되면 트레일러(=chassis)에 탑재된 상태로 항만에 머무르고, 터미널 내외로 이동할 때에도 트레일러에 탑재한 상태로 트랙터(Yard Tractor)로 견인한다. 트레일러는 터미널전용 트레일러(yard trailer)와 도로주행용 트레일러(road trailer)로 구분한다. 도로용에는 차량번호를 부여하며 야드용보다 튼튼하게 제작된다.

이 시스템의 장점은, 컨테이너가 항상 샤시(=trailer)에 탑재되어 있기 때문에, 언제든지 끌어낼 수 있고, 터미널에서 적양작업(積揚作業, dual cycle operation)을 동시에 할 수 있으며, 컨테이너의 취급이 최소에 그쳐 파손위험이 낮고, 샤시를 견인하는 야드트랙터 외에는 특별한 장비가 필요하지 않아 야드의 투자비용이 적다.

단점은, 모든 컨테이너를 샤시에 탑재하여 1단으로 장치하기 때문에, 헥터(1만㎡)당 약 180teu로 장치효율이 낮아 광대한 부지와 다수의 샤시가 필요하며, 터미널 하나를 여러 선사가 이용하면 샤시가 뒤섞여 분쟁이 생기기 쉽다. 따라서 시랜드는 자사 전용터미널을 원칙으로 했었다.

【 시랜드 방식 】

(2) 직접형 스트래들 캐리어 시스템(SCDS : Straddle Carrier Direct System)

현재 가장 많이 이용되는 방식이다. 스트래들 캐리어(Straddle Carrier, 이하 S/C로 표기; 본장 5), (2), ②의 그림)가 컨테이너를 양바퀴 사이에 끼고, 본선과 장치장 사이를 오가며 운반하고, 장치장에 쌓거나 내리는 작업을 한다. 장치장은 여러 블록으로 나뉘며, 각 블록은 약 20m 폭의 통로로 분리된다.

컨테이너의 외부 반출입을 위해 연계점(interchange point, transfer point)을 마련한 경우가 많다. 이는 야드내의 안전을 위해 화주의 트럭은 장치장내의 진입을 금하고 연계점에만 출입하게 한다. 따라서 S/C가 연계점과 장치장 사이를 오가며 컨테이너를 운반한다.

장점은 S/C가 자유자재로 이동가능하기 때문에 기동성이 높아 언제든지 필요한 곳에 신속하게 투입할 수 있고, 통로와 회전반경이 좁아 장치효율이 높다. 통상 수출의 평균 장치단수가 2.5이고 수입은 1.5인데, 수입·수출의 비율이 50 : 50을 유지한다면, 헥터당 440teu를 장치할 수 있고, 공컨테이너는 3단으로 장치할 수 있어, 상대적으로 부지효율이 높다.

단점은 S/C가 고가라서 장비구입을 위해 초기에 많은 투자를 요하며, 정교한 조작기술을 요하고, 유지보수 비용이 높은 편이다. 또한 이동속도가 빠르고 통로가 좁아 컨테이너와 장비의 파손위험이 높다. 이 시스템은 효율적이지만 많은 비용을 요한다.

본 방식은 컨테이너를 높은 단수(段數)로 장치할 수 없어, 수입컨테이너가 많고 수출컨테이너가 적은 항구에 적합하다. 통상 수출컨테이너와 공컨테이너는 4단적이 가능하지만 2~3단으로 장치하고, 수입컨테이너는 반출시점이 불명하여 2단 이상으로 장치하지 않기 때문이다. 기동성이 좋아 많은 양의 컨테이너를 처리할 수 있어 가장 많이 이용하는 시스템이다.

(3) 연계형 스트래들 캐리어 시스템(SCRS : Straddle Carrier Relay System)

트레일러가 본선과 장치장 사이를 오가며 컨테이너를 운반하고, S/C가 연계점에서 이 컨테이너를 싣고 이동하여 장치한다. S/C는 장치장과 연계점 사이에서 컨테이너를 옮기고 장치하는 작업만 수행한다. 본 시스템의 특징은 S/C가 컨테이너를 내리고 싣는 장소가 연계점이라는 점이다.

장점은 직접형보다 투자규모가 적다. 본선과 장치장 사이의 이동작업에 저가의 트레일러를 이용하여, 고가의 S/C의 수가 줄고 주행거리도 짧아져 유지보수비도 낮아진다. 작업인원은 갠트리 크레인 1기 가동시 16명, 2기 가동시 28명으로 직접형보다 많다. 그러나 컨테이너 및 장비의 파손위험이 줄고, 이동작업에 상대적으로 비숙련 노동을 투입할 수 있다. S/C는 크레인 1기당 장치작업용 2~3대, 수도용 1대, 예비용으로 1대가 필요해 직접형보다 2대가 줄어든다.

(4) 트랜스테이너(Transtainer) 시스템

Transfer Crane, Stacking Crane, Yard Gantry Transfer Crane으로도 불리는 이 장비는 수개의 컨테이너 열(列)에 걸쳐 작업할 수 있다. 레일탑재형(RMTC : rail mounted transtainer)과 고무바퀴형(RTTC : rubber tired transtainer)이 있다.

특징은 컨테이너를 5단 이상으로 장치할 수 있는 점이다. 고무바퀴형은 각폭(脚幅)이 컨테이너 6열에 4단까지 장치할 수 있다. 레일탑재형은 각폭이 24열에 이르는 것도 있다. 고무바퀴형은 바퀴가 90도로 회전할 수 있고, 블록 사이를 이동할 수 있어 레일탑재형보다 고무바퀴형을 선호한다.

이 시스템은 본선과 장치장 사이의 운반작업을 야드트레일러가 담당하고, 트랜스테이너는 컨테이너를 트레일러에 싣거나 내리는 작업, 장치작업, 블록내 열간(列間) 이동작업만 수행한다. 이 시스템은 수도(受渡)를 위해 도로주행용 트레일러가 야드내에 진입하여 당해열에 접근하며 인터체인지 포인트는 없다.

장점은 높은 단수(段數)의 장치능력과 열(列)의 폭이 커서, 통로용 면적이 절약되어 부지효율이 높다. 또한 안정된 장비로 초기의 투자액은 상당하지만, 고장이 별로 없고 정비비용 등 운영비가 싸며, 특히 레일탑재형은 일정방향만 움직이므로 자동화가 쉽다.

단점은 기동성이 없는 점이다. 고무바퀴형은 장치장내에서 이동이 가능하지만, 컨테이너를 CFS로 운반할 수는 없다. 레일탑재형은 단지 앞뒤로 이동할 뿐이다. 이들 모두 가격이 매우 높다. 또한 대형기기라서 주행로가 튼튼해야 되는데, 터미널은 지반이 약한 매립지인 경우가 많아 기초공사시 비용이 많이 든다.

(5) 리치스태커 시스템(Reach Stacker System)

최근에 개발된 장비로 Reach Stacker(= Top Lift Loader · Side Lift Loader)가 있다. 이 장비는 컨테이너를 기종에 따라 4~6단을 장치할 수 있고, 스프레더(spreader)가 컨테이너 2개열까지 도달할(reach) 수 있어 작업반경이 넓다.

이 장비는 S/C처럼 자유롭게 픽업 · 운반 · 장치 · 수도(受渡)에 이용한다. 그러나 이 장비는 갠트리 크레인으로부터 컨테이너를 받아오는 작업은 하지 않는다. 따라서 장치장내의 컨테이너 운반은 트레일러를 사용하고, 이 장비는 장치장내 작업 및 장치장과 CFS간 작업에 투입된다.

이 장비는 튼튼하고 수명이 길며 유지보수가 쉬워 선호되고, 특히 운전기사와 보수요원이 지게차(fork lift)를 다룬 경험이 있으면 이 장비에 쉽게 적응할 수 있다. 그러나 이 장비를 사용하는 터미널은 장치형태가 특이(컨테이너 2개 폭의 긴 블록들)하여 S/C를 이용할 때보다 장치밀도가 낮고, 회전반경이 길어 블록과 블록간에 넓은 통로가 필요하여 부지활용도가 낮다.

또 다른 단점은 하중(荷重)이 고르게 배분되지 않아 터미널 지면의 마모가 크다. 또한 컨테이너 운반시 전방의 시야확보(visibility)가 어려우며, 운반속도가 낮아 대량의 컨테이너 처리(연간 5만teu 이상)에는 부적절한 것으로 알려져 있다.

(6) 혼합 시스템(Hybrid Combination Systems)

각종 시스템의 장점을 극대화하고 단점을 극소화하기 위한 시스템으로, 스트래들 캐리어·트랜스테이너·트레일러 작업이 혼합된 방식을 많이 이용한다. 본선과 장치장 사이의 운반은 트레일러가 맡고, 스트래들 캐리어(S/C)는 수입컨테이너와 같이 접근용이도가 중요하고, 장치밀도가 높지 않은 곳에 사용하며, 수출컨테이너와 같이 장치단수가 높은 곳에는 트랜스테이너를 사용한다. 혼합시스템은 뛰어난 관리능력, 숙련된 노동력, 정확한 유지보수계획, 첨단통신장비, 시스템의 총괄적인 지휘감독체계가 원활할 경우, 앞서 언급한 어느 방식보다 효율적이지만, 이러한 점이 충족되지 않으면 오히려 비효율적일 수도 있다.

3) 터미널 하역시스템의 비교

위의 하역시스템은 현재 전세계 항만에서 사용하는 시스템으로 항만의 발전단계·시설규모에 각각 부합되는 것들이다. 즉, 특정시스템이 다른 시스템보다 우월하거나 열등하다는 단순비교는 곤란하고, 한 시스템의 장점이 다른 시스템의 단점이 되는 상호 보완적인 성격을 띤다. 따라서 각국의 항만은 이들의 특성·장단점을 분석하여 가장 적합한 시스템을 선정하고 있다.

시스템별 장단점을 비교하면, 효율성 면에서 레일탑재 트랜스테이너가 가장 높고, 샤시시스템이 가장 비효율적이다. 레일탑재형은 평균 장치단수가 수출 3.5단에 수입 3단으로 가장 높고, 수입과 수출이 50 : 50일 때 헥터당 875teu를 장치할 수 있다. 고무바퀴형은 수출 3.5단에 수입 2.5단으로 헥터(1만㎡)당 750teu를 장치할 수 있고, 샤시시스템은 수출과 수입 모두 1단으로 헥터당 180teu에 불과하다.

직접형·연계형 S/C는 기동성은 좋지만, 직접형은 화물의 손상·유지보수비용·

고장 등이 많고, 연계형은 직접형의 단점에 컨테이너 처리비용과 터미널 면적을 많이 요하는 단점이 추가된다. 리치스태커는 평균 장치단수가 수출 3단, 수입 1.5단으로 수입과 수출이 50 : 50일 때 헥터당 약 275tcu로 헥터당 440teu를 장치하는 S/C형보다 장치효율이 낮다.

4) 미래의 컨테이너 터미널

현재 각 터미널은 주로 앞서의 5가지 시스템 또는 그 혼합시스템을 이용하는데, 어떤 시스템이 절대적인 우위에 있는 것은 아니다. 보다 경제적이고 합리적인 터미널의 연구가 진행중이며, 다수의 새로운 시스템이 개발・제안되고 있다. 현재의 시스템은 모두 광대한 토지를 요하고, 종래에 비해 생인력화(省人力化, manpower saving)도 진척되긴 했지만, 모두 인력에 크게 의존하고 있음에는 변함이 없다.

따라서 새로운 시스템은 각지의 특수사정, 예컨대 토지는 충분하나 인건비가 높은 지역(북미 등), 토지의 마련은 어려우나 인적자원은 풍부한 지역(홍콩・요코하마・카오슝・부산 등)의 초점은 다르지만 하나의 방향, 즉 생인력화(기기의 자동제어), 생토지화(省土地化, 다단장치)로 집약된다.

한편 오늘날 항만하역업은 대규모의 장비를 사용하는 장치형 산업으로 급변하여, 자동화・기계화가 항만간의 경쟁에서 결정적 비교우위 요소가 되고, 컨테이너선이 20,000teu 이상으로 대형화되어 대량의 화물을 신속하게 처리할 수 있는 하역작업의 기계화・자동화는 필수적 요소가 되고 있다.

항만하역의 기계화・자동화는 하역시스템의 자동화와 하역기기의 고속화・대용량화로 이루어지고 있다. 특히 하역작업의 자동화가 실현되면 항만의 가동시간을 24시간으로 연장시킬 수 있어, 화물처리능력이 증대되고 생산성도 크게 향상될 것이다. 또한 컨테이너선의 하역이 현재 한쪽에서만 행해지고 있는데, 급격한 선박의 대형화로 양쪽에서 동시에 행하는 방법도 개발되었고, 컨테이너도 하나씩 하역하는 것이 아니라 블록화하여 다수의 컨테이너를 동시에 하역하게 될 것이다.

그리고 일부 선진항만에서 도입되어 실용화된 자동유도차량(AGV; automated guided vehicle)과 자동장치크레인(ASC: automated stacking crane)의 도입이 확대되고, CS (container silo) 시스템도 항만의 자동화와 연계하여 도입되고 있다. 하역의 자동화를 위한 정보처리시스템이 완벽하게 구축되고, 터미널 자동화를 위한 컨테이너 자동인식장치인 AEI(automatic equipment identification)도 이미 실용화되었다.

항만의 IT화와 인더스트리 4.0

2009년 5월 개장한 가덕도 한진 신항만은 IT를 접목시킨 최첨단 컨테이너 터미널이다(한진해운은 파산했지만 한진 신항만은 (주)한진에서 운영중임). 69만4214㎡(21만평)에 접안수심 18m로 초대형 선박도 문제없다. 자동화 시스템으로 ARMGC(Automated Rail Mounted Gantry Crane) 42대가 RFID(Radio Frequency IDentification)로 트럭에 컨테이너를 싣고 내린다. 1인이 5~6개의 크레인을 조작할 수 있다. 또 국내에서 처음으로 도입된 직렬(tandem) 방식의 갠트리 크레인은 한 번에 40푸터 2개 또는 20푸터 4개를 하역하여 시간당 32~34개인데 40개까지 늘리는 것이 목표다. 중국항만들은 30개 미만이다.

독일 함부르크항은 2009년부터 해상・도로・철도교통 시스템을 통합하고 환경・물류・주차・행정 등에 사물인터넷(IoT) 기술을 접목해왔다. 트럭・철도・선박의 정보를 실시간으로 공유하여, 교통정체가 15% 감소하고 항만운영비도 75%나 줄었다. 스마트 항만은 2013년부터 독일에서 일어나고 있는 '인더스트리 4.0'의 하나다. 독일은 현재 '싸게 많이 만들자'라는 기존의 관점에서 사물인터넷을 활용하여 '영리하게 가려서 만들자'라는 '4차 산업혁명'을 실현하고 있다.

5) 컨테이너 터미널의 시설 및 기기

컨테이너 터미널은 ① 컨테이너선을 접안시키는 안벽(berth), ② 안벽에 연(沿)해서 포장(鋪裝)된 에이프런, ③ 마샬링 야드, ④ 컨테이너 야드, ⑤ 컨테이너 프레이트 스테이션, ⑥ 사무소 및 지휘소, ⑦ 정비소, ⑧ 출입구(gate) 등의 고정시설과 갠트리 크레인・트랜스테이너・S/C・야드 트랙터 등의 장비로 구성되어 있다.

(1) 컨테이너 터미널의 시설

① 안벽(Berth, Quay, Pier)

컨테이너선을 접안(接岸, berthing)시키는 곳을 안벽이라 하는데, 그 수심은 20,000teu급 초대형선이 접안하기 위해서는 간조시(干潮時)에도 16m가 필요하다.

② Apron(Wharf Surface, Quay Surface)

안벽에 접한 야드부분 약 30m로, 여기에 40톤 용량의 갠트리 크레인 4~5대가 설치되어 컨테이너의 적・양이 이루어진다. 에이프런은 극히 중량이 큰 크레인이 상시 이동하는 부분으로, 그 포장(鋪裝)은 특히 견고해야 하기 때문에, 기초공사 단계에서 60~80톤의 하중을 견딜만큼 파일링(piling) 등으로 보강하여 건설한다.

[Container Terminal]

③ Marshaling Yard

본선 입항전에 선적예정 컨테이너를 정연히 쌓아두기 위한 장소로 에이프런과 접해 있다. 마샬링 야드는 컨테이너 터미널의 중심을 이루며, 컨테이너의 규격에 맞춰 바둑판처럼 백색·황색의 구획선이 그어져 있는데 이 눈금을 슬롯(slot)이라 한다. 슬롯에는 각각 번호를 매겨 효율적으로 야드를 관리한다.

④ Container Yard(CY)

광의로는 컨테이너의 수도(受渡)·보관(保管)을 하는 모든 장소를 말하고, 마샬링 야드·에이프런도 포함된다. 협의의 CY란 CFS와 대비하여 차선적(次船積, 다음 배에 실릴 예정인 컨테이너) 이외의 적입컨테이너를 보관·집적하고, 컨테이너(積·空)의 수도를 행하는 장소를 말하며, 여기에는 샤시 비치장소도 포함된다. 그러나 전용터미널의 경우는 마샬링 야드와의 구별이 어렵고, 보통 본선에 선적·양륙을 행하는 장소를 에이프런이라 하고, 그 밖의 컨테이너 상치·수도장소를 CY라 부르고 있다. CY에는 통상 냉동컨테이너용 전원(電源)과 폭풍에 대처하기 위한 컨테이너 고박(固縛, fixing) 장치가 설비되어 있다.

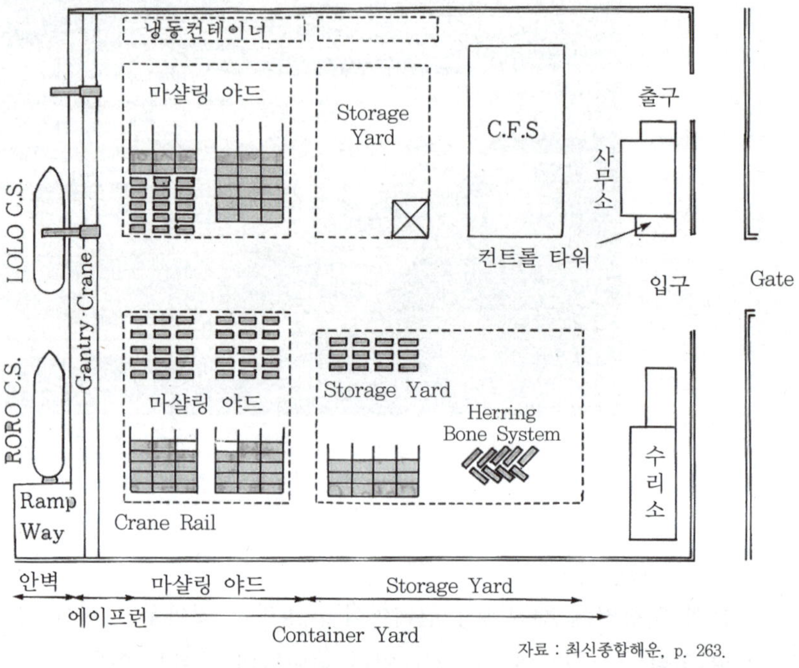

【 컨테이너 터미널의 모형 】

광의의 CY, 즉 CY와 CFS를 공칭하여 Container Terminal 또는 Container Base라 부르고, 항만이 아닌 내륙의 공단이나 대도시 주변의 CY를 Inland Container Terminal (Base · Depot) 등으로 부른다. 한편 On-Dock CY와 Off-Dock CY가 있는데, On-Dock CY는 항만내 부두의 CY를 말하고, Off-Dock CY는 항만 밖의 CY로, 통상 On-Dock CY가 비좁을 때 항만 부근에 조성한다. 개인소유로서 사설장치장이라 하며 부산에 36개가 있었으나 모두 양산 ICD로 통합되었다.

⑤ Container Freight Station(CFS)

CFS는 소량화물, 즉 LCL 화물을 컨테이너에 적입(stuffing · vanning)하고 인출(unstuffing · devanning)하는 장소로 거의 모든 CFS는 CY와 같은 곳에 있다. CY는 수출 · 수입 FCL 컨테이너를 잠시 장치(藏置=야적)하는 노천의 대지이고, CFS는 LCL

[Container Freight Station(CFS)]

화물을 혼재(consolidate)하여 FCL 화물로 만들어 본선에 적재하고, 본선에서 양륙한 FCL 화물을 분류(break down)작업을 할 수 있는 지붕이 있는 실내공간이다.

⑥ 사무소(Administration Office)

사무소는 터미널 제시설의 관리운영을 관장하는 중추기관으로 통상 게이트와 교류를 원할히 하기 위해 터미널 입구 부근에 위치한다. 야드내의 크레인·스트래들캐리어·트랜스테이너·야드트랙터 등에 무선(無線)으로 지시하는 통제실(control tower)은 야드 전체를 내려다 볼 수 있는 최상층에 사무실과 분리하여 두기도 한다.

⑦ Maintenance Shop or Repair Shop

터미널의 모든 기기(機器)와 컨테이너를 점검·수리하기 위한 작업장이다. 모든 선사는 컨테이너를 가급적 완전한 형태로 유지하기 위해 컨테이너 집적지(集積地)인 터미널에서 Gate Check를 행하고 수리를 한다. 통상 공컨테이너의 7할 이상이 어떤 형태로든 수리를 요해 연간 10만개를 처리하는 터미널에서는 수리의 대소를 불문하고 1일 100개 이상의 컨테이너를 수리할 수 있는 작업장과 숙련공이 필요하다.

⑧ Gate

터미널을 출입하는 모든 컨테이너가 거치는 출입구이다. 게이트는 터미널(선사)과 외부(화주, 내륙수송업자)와의 책임관계를 규정하는 지점으로서,

ⓐ 컨테이너와 컨테이너 적입화물의 수도(受渡)의 사실과 정당한 상대라는 확인.

ⓑ 컨테이너와 봉인(封印, 적입 컨테이너에 붙인 Seal)의 점검, 이상이 있을 경우의 조치와 책임의 명확화.

ⓒ 컨테이너 중량의 계측, 즉 수출컨테이너의 중량을 계측하고, 이 계측에 기초하여 선적후의 본선의 중량계산·복원력 계산 등을 한다.

ⓓ 운행가능성 체크(roadability check), 즉 수입컨테이너가 샤시에 제대로 탑재되어 트레일러가 정상적인 운행상태에 있는지 여부를 점검한다.

ⓔ 컨테이너가 터미널을 출입할 때에는 반드시 게이트를 통과하므로, 게이트에서 작성하는 수도서류(受渡書類)는 각 선사의 입력자료원(input data source)으로서 불가결한 것이다.

⑨ 냉동컨테이너용 전원

냉동컨테이너의 양이 증가하면서 선적전·양륙후 인도시까지 야드내의 보관을 위해 냉동컨테이너용 전원(plug)이 중요한 시설이 되고 있다. 야드내에 특별히 냉동컨테이너 야드를 설치하고, 여기에 지하매설 또는 지상입식(地上立式) 전원을 설치하며, 냉동기의 검사 등을 포함하여 집중관리를 한다.

⑩ 기타 설비

터미널 기계화에 대비한 고압전기시설, 스트래들 캐리어, 트랙터 등의 대형 하역장비의 급유를 위한 주유소, 야간작업을 위한 조명시설, 선박의 급수·급유시설과 함께 통신시설 등이 있다. 그리고 로로선을 위한 램프웨이(ramp way)도 있다.

(2) 컨테이너 터미널의 기기

컨테이너의 처리를 위한 기기는 터미널의 배치(layout)와 특수사정 등에 따라 각각 그 성능·제원이 다른 것들이 사용되고 있다.

① Gantry Crane(=Porttainer·Wharf Crane·Container Crane)

컨테이너 하역 전용 크레인으로 에이프런에 부설된 레일 위에서 앞뒤로 이동한다. 상부에 가교(beam)가 있어 빔이 본선위로 돌출하면, 이 빔을 따라 트롤리(크레인의 빔에 설치된 레일위로 화물을 싣고 오가는 臺車)가 좌우로 움직이는데, 이 트롤리에 부착되어 있는 스프레더(spreader)의 걸쇠(hook)가 유압(油壓)으로 컨테이너를 집었다 놓았다 하면서 하역을 한다. 크레인 운전사의 숙련도에 따라 다르지만, 1시간에 35

[갠트리 크레인]

개 정도의 컨테이너를 적·양한다. 컨테이너 아닌 대형화물도 취급할 수 있는데, 이때는 스프레더를 떼고 다른 용구를 부착하여 사용한다.

② Straddle Carrier

컨테이너 터미널 내에서 컨테이너를 양다리 사이에 끼고 자유로이 운반하고 하역[컨테이너의 인상(引上)·인하(引下)]도 할 수 있는 장비이다. 보수비용이 많이 드는 등의 단점도 있으나, 기동성이 좋은 것이 장점이다.

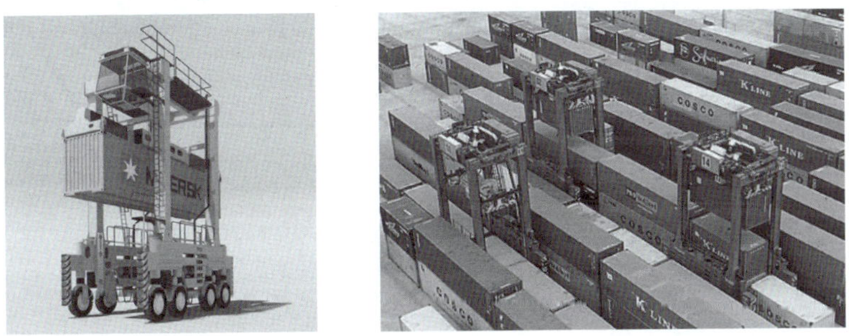

[Straddle Carrier]

③ Transtainer(=Transfer Crane)

컨테이너를 여러 줄로 다단적(多段積)할 수 있는 크레인으로, 각간(脚間)에 7~9열, 각외측(脚外側)에 2~3열의 컨테이너를 3~5단적하고 레일 위를 앞뒤로 이동한다.

【 Rail Mounted Transtainer 】

【 Rubber Tyred Transtainer 】

④ Container Reach Stacker

컨테이너를 위 또는 옆에서 붙잡는(grab) 특수 스프레더를 부착하여, 터미널내의 보조작업, 철도화물의 적·양(積揚), 공((空)컨테이너의 장치작업을 한다. 컨테이너의 옆에 접근하여 작업하기 때문에, 넓은 작업장이 필요한데다 타기기에 비해 능률도 떨어지지만 상대적으로 가격이 싸다.

【 Container Reach Stacker 】

⑤ Chassis

컨테이너를 탑재하면 일체화되어 일명 Semi-Trailer가 되는 대차(臺車)로서, 20푸터용과 40푸터용 또는 20푸터 2개를 탑재할 수 있는 콤비네이션형(콤보샤시)이 있다. 트랙터와 연결은 킹핀(king pin)이라는 연결장치(coupler)로 결합된다. 트랙터와 연결되었을 때는 운전사가 크랭크(crank)로 랜딩기어를 올려서 주행하고, 연결되어 있지 않을 때에는 앞부분의 랜딩기어(landing gear)를 내려 주차한다.

⑥ Yard Tractor

야드내에서 샤시에 탑재한 컨테이너의 이동에 사용하며, 통상의 트랙터와 다른 점은 샤시의 랜딩기어를 올리고 내릴 때마다 운전사가 하차(下車)하지 않아도 될 수 있게 샤시 연결후에는 유압으로 샤시의 앞부분을 약간 올려서 주행한다.

【 Chassis/Trailer 】

【 Yard Tractor 】

터미널의 자동화

로테르담의 ECT 터미널은 1993년 세계 최초로 무인자동화 시설 및 장비를 실용화하여, 미래형 컨테이너 터미널의 모델을 제시한 바 있다. 1996년에는 시행착오[1)]를 거울삼아 최신의 무인자동화 전용터미널을 추가로 건설하였다. 싱가포르도 브라나(Brana) 터미널도 무인자동화 하역장비를 일부 도입하였다.

본선과 CY의 컨테이너 이동은 자동유도차량(AGV : Automated Guided Vehicle)이 담당한다. 이것이 기존의 S/C를 완전 대치하여 자동장치크레인(ASC : Automated Stacking Crane)까지 이송을 맡는다. 자체 구동력을 가진 AGV는 40톤의 적재능력으로 한번에 1개의 컨테이너만을 이송한다. AGV는 무선접속으로 이동통제시스템(TCS : Traffic Control System)의 통제를 받으며, 충돌방지 등을 위해 자체에 초음파 센서와 레이다 시스템을 갖고 있다.

터미널 바닥에는 마이크로프로세서가 깔려 AGV를 자동으로 이동시킨다. 컨테이너를 적재한 AGV는 프로그램에 의해, 지정된 루트(route)를 따라 갠트리 크레인까지 이동하며, 크레인은 이를 스프레더(spreader)에 걸어 본선의 지정장소(slot)에 적입한다. 자동화 이전에는 1개의 컨테이너 처리를 위해 7명의 인원이 필요했으나 자동화 이후에는 3명으로 족하다고 한다.[2)]

그리고 ECT 터미널은 2015년 세계 최초로 무인자동화 하역시스템을 도입했다. 항만 전체를 사물인터넷(IoT)과 AI, 클라우드로 연결하여 24시간 쉬지 않고 연간 1,450만teu, 입출항 선박 3만척을 관리한다. AI로 컨테이너 하역시간은 기존 대비 40%, 인건비 · 연료비는 37% 줄었고, 생산성은 40% 올랐다.

1) 저자가 1997년 로테르담을 방문했을 때 자동화 과정의 문제점을 물었다. AGV의 작업순서·진행방향을 조정하는 소프트웨어가 미흡하여, AGV끼리 서로 얽혀 애를 먹었었으나 곧 개선되었으며, 전반적으로 자동화는 성공적이라는 평가를 하고 있었다.

2) 컨테이너 하역에는 7인을 요한다. 본선에 1인[슬롯위치, 즉 Bay(전후)·Row(좌우)·Tier(상하)를 지정하여 크레인기사에게 지시함], 크레인기사 1인, 검수원 1인(크레인 다리옆의 캐빈에서 컨테이너번호·봉인번호·컨테이너의 파손여부 확인), S/C 운전수 2인, 트레일러 운전수 2인 등이다. 따라서 자동화로 스트래들 캐리어·트레일러 운전수 4인이 절감되었다. 그러나 터미널이 24시간 가동할 경우 이들 운전수가 각각 8~10명(추가 2~4명은 휴가·병가(病暇) 등 비상시를 위한 예비인력)의 인력이 절감된다. 특히 S/C 운전은 숙련을 요해 임금도 높아 자동화로 인건비 절감은 물론 파업·태업 등 노무관리의 어려움을 덜어준다.

제5절 컨테이너 화물의 유통과정 및 관계서류

1 컨테이너 화물의 유통개요

컨테이너 화물의 유통과정은 다음과 같다.

(1) 수출상과 수입상간에 통상 Inquiry–Offer–Counter offer–Acceptance 순서를 밟아 물품의 매매계약을 체결한다(①).

(2) 수입상이 거래은행에 신용장의 개설을 의뢰하면(②), 개설은행은 수출상을 수익자(beneficiary)로 하여 신용장을 개설하고 통지은행에 전송한다(③).

(3) 통지은행은 신용장을 수취하면 수출상에게 신용장 도착을 알린다(④).

(4) 수출상은 직접 제조 또는 구매하여 수출품을 확보하고 선사에 선적을 예약한다(⑤).

(5) 수출품의 검사를 받고 세관에 수출신고(export declaration)를 한다(⑥).

(6) 수출신고필 날인을 받은 후(⑦), CY·CFS에 화물을 반입한다(⑧).

(7) 선사는 본선에 화물을 적재하고 수출상에게 선하증권을 교부한다(⑨).

(8) 수출상은 환어음을 첨부한 운송서류를 거래은행에 매도(negotiate)하고(⑩), 은행은 대금을 지불(⑪), 운송서류를 매입한다.

(9) 매입(지급)은행은 수입지의 개설은행에게 운송서류를 송부한다(⑫).

(10) 개설은행은 수입상이 상품대금을 입금하면(⑬), 운송서류를 인도한다(⑭).

(11) 개설은행은 매입(지급)은행에게 상품대금을 상환(reimburse)한다(⑮).

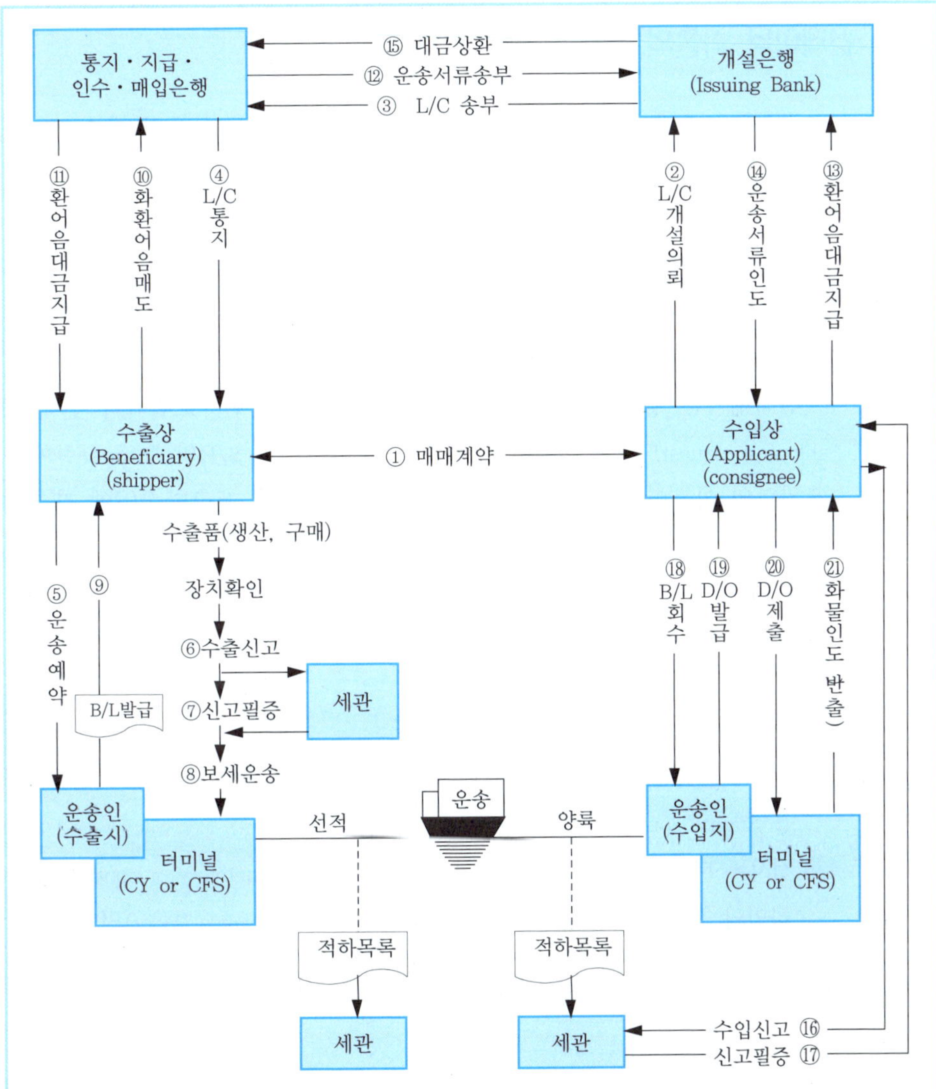

【 컨테이너 화물 유통도 】

(12) 수입상은 관세사를 통해 수입신고(import declaration)와 관세를 납부하고(⑯), 수입신고필증을 교부받는다(⑰).

(13) 선사(또는 대리점)는 수입상으로부터 선하증권 원본을 회수하고(⑱), 화물인도지시서(delivery order : D/O)를 교부한다(⑲).

(14) 수입상은 D/O를 CY・CFS에 제출하고(⑳), 화물을 인수한다(㉑).

2 컨테이너 화물의 선적과 서류의 흐름

송하인(수출상)은 수출계약, 신용장 수취, 수출승인, 상품의 제조 또는 구입, 수출검사, 수출신고 등의 절차를 거친 후 선적을 의뢰한다. 이때 선사의 영업부에 직접 의뢰하는 방법과, 포워더(forwarder)를 통해 간접 의뢰하는 방법이 있다. 통상 양자간(兩者間)의 운임에 차이가 없어, 대부분 포워더를 통한 간접 의뢰를 한다. 본서에서는 포워더(운송주선인)[18]를 통한 간접 의뢰시의 컨테이너 수출화물과 서류의 흐름을 FCL과 LCL로 나눠 서술한다.

선적예약은 송하인이 포워더에게 선적을 의뢰하면, 포워더가 선적요청서(S/R : shipping request)를 작성하여 선사에 제출한다. 이때 S/R의 Shipper란에는 송하인과 포워더의 이름이 병기된다. 선사는 송하인(포워더)이 제출한 S/R에 기초하여 선적예약서(booking note)를 작성하고, 이들을 집계하여 예약일람표(booking list)를 작성한다. 그리고 Booking List를 자사(또는 계약) 터미널에 송부하여, 공(空)컨테이너의 반출 및 적(積)컨테이너의 반입준비를 시킨다.

(1) FCL(Full Container Load)인 경우

① S/R를 제출한 포워더는 선사에 공컨테이너의 Door(송하인의 창고) 인도를 요청한다(이를 Empty Container Door Order라 한다).

② 선사는 트럭회사에 공컨테이너의 인도를 지시(door delivery or spotting order)한다. 송하인의 창고가 대전 이북이면 의왕 ICD(Inland Clearance Depot)의 컨테이너를 인도하고, 대전 이남이면 양산 ICD에서 제공한다.

18) 포워더를 이용하는 이유는 복잡한 선적업무를 포워더에게 위임함으로써 업무의 효율성과 신속성을 기할 수 있다. 신용장에 "FIATA FBL Acceptable"이라는 문구가 있을 때 포워더의 이용여부는 송하인의 자유지만 신용장에 특정 포워더가 지정(nomination)되어 있으면 지정된 포워더를 이용해야 한다.

③ 공컨테이너 대여시 CY 운영자는 기기수도증(EIR or ER : equipment interchange receipt) 1부를 트럭기사를 통해 송하인에게 전달한다.

④ 송하인에게 공컨테이너를 인도하는 것은 수출화물이 송하인의 창고에서 통관[19]됨을 의미한다(법규상 내국화물은 컨테이너에 적입할 수 없기 때문에, 적입전에 반드시 수출신

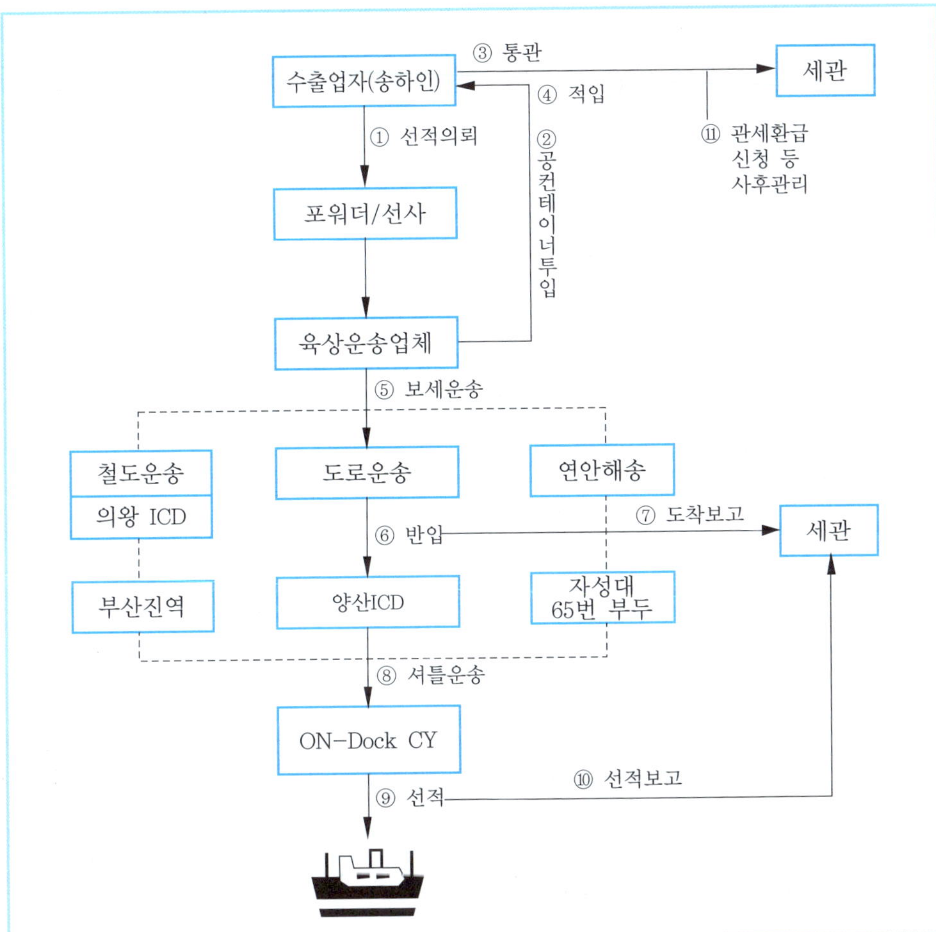

【 수출 FCL의 흐름 】

19) 수출통관은 원칙적으로 EDI 방식에 의한 무서류(paperless)로 신고한다. 따라서 수출신고인은 전자사서함(KTNET)을 통해 수출신고자료를 세관에 전송하고 필요한 정보도 전송받는다. 세관은 전송화면상의 수출신고자료가 수출신고서 작성요령에 의거 적절하게 작성되었는지 여부를 검토한 후 원칙적으로 수출검사를 생략하고 수출신고를 수리한다. 수출신고필증은 신고사항을 전송받은 후 관세사가 날인하여 수출상에게 교부한다. 그러나 수출상이 수출신고를 한 경우에는 세관의 담당자가 날인한 후 수출신고필증을 교부한다.

고필증이 발부되어 외국화물의 상태가 되어야 함). 송하인은 세관에 수출통관과 통관후의 보세운송허가를 신청한다. 이때 적입장소가 보세구역으로 인정받은 자가장치장(自家藏置場)이면 타소장치허가(他所藏置許可)가 필요없지만, 그곳이 일반창고이면 세관으로부터 타소장치허가를 얻어야 한다.

⑤ 세관은 전송화면상의 수출신고자료에 하자가 없고, 검사를 받아야 하는 품목이 아니면 현품검사를 생략하고, 수출신고서에 신고필 날인을 한다.

⑥ 통관후의 보세운송은 수입과 달리 별도의 보세운송신청서를 작성치 않고, 통관용 수출신고로 일괄 처리된다. 즉, 통관시 보세운송신고를 병행하는 수출신고서를 사용하면 수출신고필과 함께 보세운송면허도 얻는다.

⑦ 컨테이너에 화물을 적입한 뒤 선사의 봉인(carrier's seal) 또는 세관봉인(稅關封印 : 필요한 경우)을 부착한다.

⑧ 한편 FCL 화물로 충분한 양인데도 송하인의 창고에서 통관하지 않을 때에는 일반트럭에 실어 벌크(break bulk) 상태로 양산 ICD 또는 부산의 부두(on-dock) CY에 반입하여 통관한다. 이때 ICD 또는 부두 CY 자체가 보세구역이기 때문에 타소장치허가는 필요없다.

(2) LCL(Less than Container Load)인 경우

① 송하인의 창고에서 LCL 화물을 인수(pick up)한 포워더는 화물인수증인 FCR(forwarder's cargo receipt)를 교부한다. 그리고 같은 행선지의 타화물과 혼재(consolidation)하여 FCL로 만들어 선적한다.

② LCL 화물은 의왕 ICD에서 통관하여 양산 ICD로[20] 보세운송하거나, 미통관상태로 부산의 양산 ICD 또는 온도크 CFS로 반입·통관하여 혼재·적입한다.

③ 포워더가 집하한 화물을 선사의 CFS에 반입하면, CFS 담당자는 포워더에게 부두수령증(D/R : dock receipt)을 교부한다. D/R은 화물이 CFS에 반입되었다는 사실을 증명하는 서류로서, 화물이 선박에 적재된 후 발급되는 B/L과는 그 성격이 다르다. 이 서류는 통상 포워더가 보관하며 송하인의 요청이 있으면 교부한다.

④ 포워더가 집하한 LCL 화물이 단독으로 FCL 화물이 안되면, 같은 행선지의 다른 포워

20) 그 동안 부산의 부두안(on dock) CY가 부족하여 부두밖(off dock) 사설 CY가 부산항 물동량의 상당부분을 처리해 오다가, 경남 양산에 사설 ODCY를 집결시켜 시내 교통난을 해소하고 의왕 ICD와 연결하여 철도운송체제를 구축하기 위해 양산 ICD를 2000년 개장했다.

더와 Co-Loading(=Joint Consolidation)을 한다. Co-Loading은 본선출항 1~2일전(closing time)까지 혼재 가능한 포워더를 탐색하여, 그의 CFS에 반입·적입하고 그로부터 Forwarder's B/L(FBL)을 발급받는다.

⑤ CFS에서 혼재한 화물을 본선에 선적하면 선사는 포워더에게 Master B/L을 발행하고, 포워더는 송하인에게 House B/L(HBL) 또는 FBL을 발행한다. 원칙적으로 HBL·FBL은 본선에 화물을 선적한 후에 발급하지만, 관행상 HBL·FBL은 CFS에 화물이 반입되면 발급한다.

⑥ 선사가 포워더에게 발행하는 Master B/L은 화물을 본선에 선적한 후에 발행(shipped B/L, on board B/L)하고, 내륙에서 화물을 인수한 때에는 수취선하증권(received B/L)을 발행한다. 이 수취선하증권은 ⓐ 선박이 미정(not decided)인 상태, ⓑ 차선(次船, following ship)에 선적예정, ⓒ 지정선박에 선적예정일 때에 발행한다.

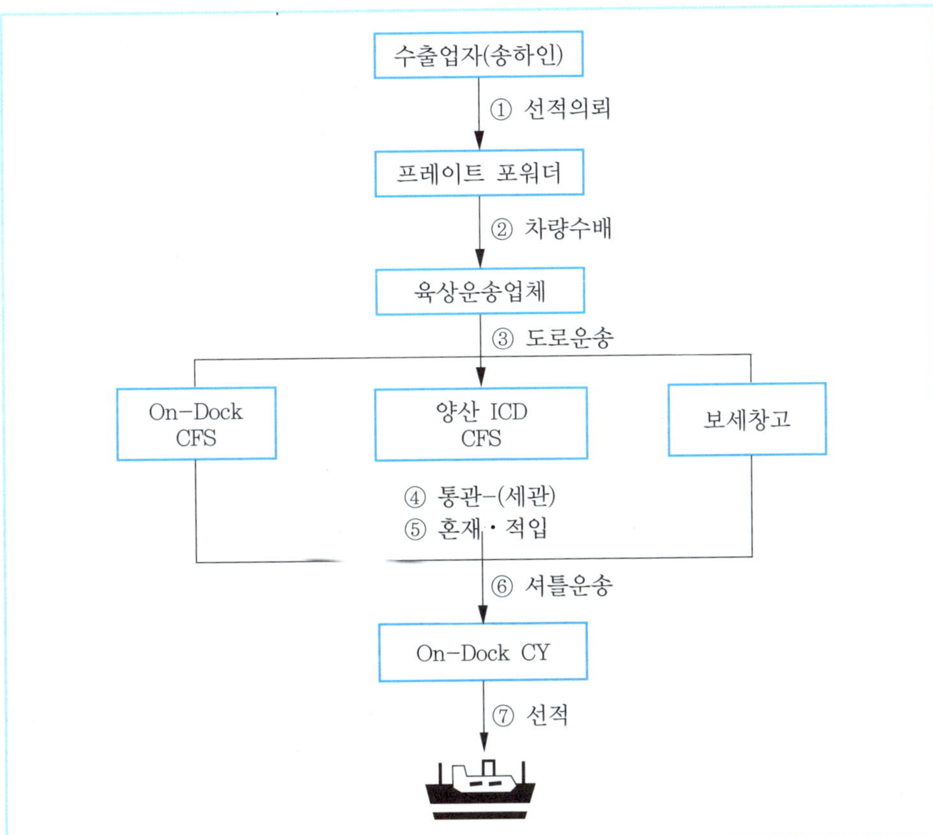

【 수출 LCL의 흐름 】

⑦ 포워더가 송하인에게 발행하는 HBL · FBL에는 송하인이 포워더에게 지불한 운임이 기재되고, 선사가 포워더에게 발급하는 Master B/L에는 포워더가 선사에 지불하는 운임이 기재된다. 따라서 포워더는 송하인에게 Master B/L을 보여주지 않는다.

⑧ 화물이 본선에 적재되면 포워더는 수입지의 파트너에게 선적통지(shipping notice)와 함께 운송서류를 송부한다.

3 컨테이너 화물의 양륙과 서류의 흐름

컨테이너 수입화물과 서류의 흐름을 선사가 직접 인도할 경우와 포워더가 개입할 경우로 나눠 서술한다.

(1) 선사가 직접 인도할 경우

① 선사는 수출지로부터 컨테이너 적입목록(container load list), B/L 목록, 선박출항내용 등을 전송받고, Air Mail · Courier로 보내온 B/L Copy, 적하목록(manifest), 본선적부도(本船積付圖, final stowage plan), 컨테이너 적입도(container load plan), 컨테이너 번호목록(container number list) 등을 수취한다.

② 본선 도착전에 수하인에게 도착통지서(arrival notice)를 발송한다.

③ 세관에 적하목록(manifest)을 전송한다. 관세법상 선사는 본선 입항시 세관에 적하목록을 제출해야 한다.

④ 적하목록 · 적입목록에 의거 양륙한다. 양륙된 FCL은 On-Dock CY 또는 양산 ICD에 장치되며, LCL은 On-Dock CFS 또는 양산 ICD에 반입하여 분류한다.

⑤ 선사는 수입화물에 대해 보세운송, CY, 지정보세구역, 자가창고, CFS 등 인도형태별로 배정하여 세관의 확인을 받는다. 수입화물의 경우 FCL 화물은 CY Delivery, LCL 화물은 CFS Delivery, 보세화물은 CY Delivery를 원칙으로 한다.

⑥ 수입통관은 원칙적으로 통관지 세관관할 보세구역에 반입 · 장치한 후 세관에 수입신고(import declaration)를 해야 이뤄진다. 현재 우리나라의 수입통관은 On-Dock CY 통관 및 세관으로부터 타소장치허가를 받은 수하인 창고에서 통관할 수 있다. 수입신고필을 얻기 전에 수입상은 세관이 교부한 신고납부서(납세고지서)에 의거 은행에 관세를 납부해야 한다.

⑦ 보세운송으로 배정된 화물은 보세운송업자가 양륙항에 보세운송을 신고하여 허가를

받아 운송하고, 도착지 세관에 도착보고를 해야 한다. 보세운송의 발착신고는 관할세관에 해야 한다. 세관장은 이 업무를 보세장치장 관리인에게 위임할 수 있어, 현재 발착 확인업무는 거의 보세상치장 관리인이 대행한다.

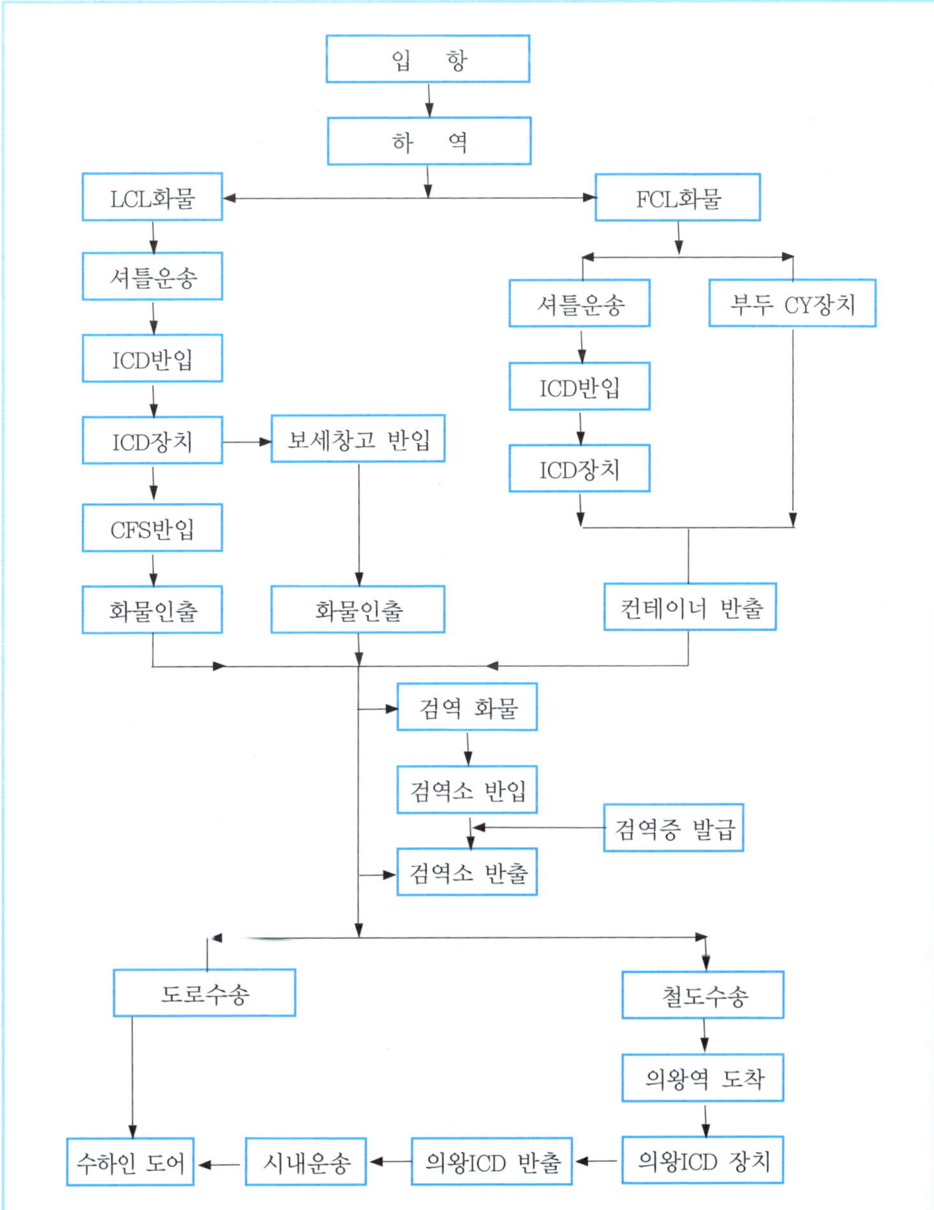

【 수입컨테이너화물 유통도 】

⑧ 보세장치장은 선사 또는 포워더가 발행한 Delivery Order(D/O)를 소지한 수하인에게 화물을 인도한다.

⑨ 공(空)컨테이너 반환은 원칙적으로 픽업했던 CY로 해야 되지만, 선사가 지정한 ICD에 반환할 수 있다. 무료장치기간(free time)이 경과된 때에는 컨테이너 지체료(detention charge)가 부과된다.

(2) 포워더가 개입할 경우(LCL인 경우)

① 수출지에서 선박이 출항하면 수출지의 포워더는 수입지의 파트너 포워더에게 선적통지(shipping advice)를 하고 모든 운송서류를 송부한다.

② 운송서류를 받은 수입지 포워더는 본선 입항전에 수하인에게 도착통지서(arrival notice)를 발송한다.

③ 포워더가 양륙된 컨테이너 배정표를 작성하여 선사에 제출하면, 선사는 자신이 작성한 배정표와 취합한 최종목록(manifest)을 작성하여 세관에 제출한다.

④ 포워더를 통한 수입통관은 2가지 방법이 있다. 수하인으로부터 위임받은 포워더가 자신의 명의로 통관한 후 수하인에게 인도하는 방법과 단순대행으로 포워더가 수하인의 명의로 통관하는 방법이다.

⑤ CY에서의 화물인도는 FCL과 LCL에 차이가 없다. 포워더는 선사로부터 장치된 CY名을 통보받은 후, 선적지의 파트너 포워더가 보내온 Master B/L을 선사에 제시하고 D/O를 받는다.

⑥ 은행으로부터 House B/L을 매입한 수입상은 그것을 포워더에게 제시하고 D/O를 받아 화물을 인수한다. 포워더가 발급하는 D/O는 선사의 D/O에 기초하여 포워더가 다시 작성한 것이다.

제6절 컨테이너 내륙운송체계

1 컨테이너 내륙운송체제의 변천과 특징

철도와 도로의 컨테이너 운송은 경쟁적·보완적 관계로 결합된다. 컨테이너 내륙운송체제의 구조적 변천과정을 도시하면 아래와 같다.

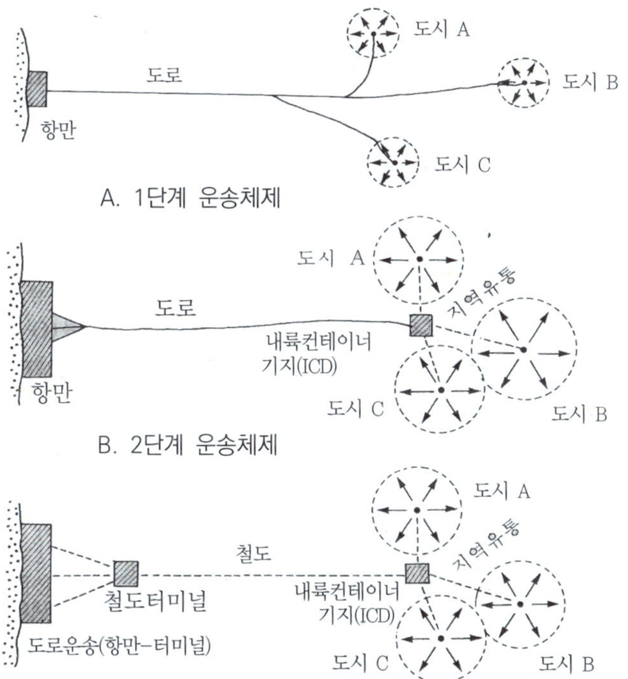

자료 : UNCTAD, *Port Development, A handbook for planners in developing countries.*

【 컨테이너 내륙운송체제 】

그림 A, 1단계는 아직 내륙통관기지(inland clearance depot : ICD)가 없고 간선운송(幹線運送, trunk load transport)과 지선운송(支線運送, local transport)으로 구분되지 않

은 상태이다.

그림 B, 2단계에서는 ICD가 있어 간선운송과 지선운송이 구분되어, 컨테이너 운송의 대량화와 신속화가 가능하다.

그림 C, 3단계에서는 ICD를 접점(node)으로 철도의 경제성과 트럭의 신속성을 결합하여, 간선운송은 철도가 맡고 지선운송은 트럭이 맡는다. 단거리의 트럭운송과 장거리의 철도운송을 연계하여 각각의 특성을 최대로 살릴 수 있는 이상적 체제이다.

2 컨테이너의 철도운송

(1) 철도운송의 특성

반세기 전만 해도 철도가 산업의 가교(架橋)요, 대동맥으로서 내륙화물운송의 총아였다. 그러나 잘 구축된 고속도로망과 대형트럭의 등장으로 철도의 수송량이 크게 감소했다. 이는 철도운송이 도로운송에 비해 ① 노선(路線)이 한정되어 그 운영이 비탄력적이고, ② 화물의 집하·인도를 위해 트럭의 도움을 받아야 하며, ③ 거액의 건설비가 소요되는 등의 결함때문이다. 그러나 철도운송의 장점은 ④ 도로운송에 비해 경제적이고, ⑤ 대량수송이 가능하며, ⑥ 비교적 안전하다는 점이다.

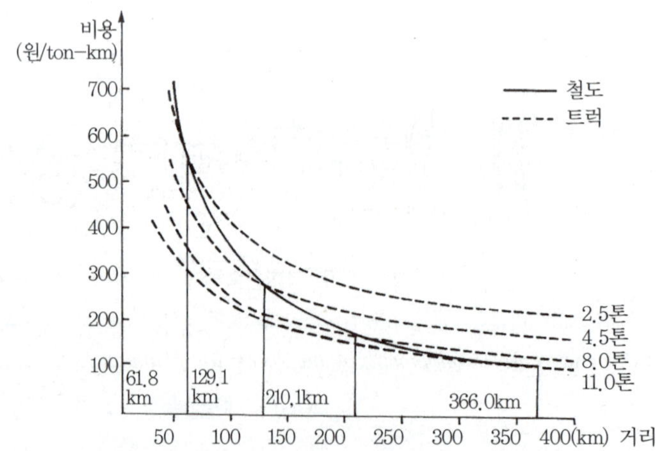

자료 : Korea Shipping Gazette, Feb., 8, 1988, p. 134.

【 철도와 자동차의 비용 균형점 】

컨테이너의 등장은 철도운송의 장점을 강화시켜 주었고, 단점도 감소시켜 주었다. 더욱이 복합운송의 도입으로 간선운송(幹線運送)을 철도가 맡고, 지선운송(支線運送)을 트럭이 맡아 철도의 역할이 다시 소생하게 된 것이다. 이는 대량의 컨테이너가 집중되는 항구·대도시·공단에 ICD를 터미널로 삼아 철도가 터미널 서비스(terminal to terminal service)를 맡고, 집하와 인도(collection and delivery)를 트럭이 맡아, 철도와 트럭의 조화로운 운송체제가 된 것이다.

컨테이너 내륙운송시 철도운송의 장단점은 철도시설·철도의 연장·고속도로의 사정에 따라 다르다. 국내의 컨테이너 내륙운송에 대해 자동차와 철도운송의 비용 균형점을 자동차의 적재톤수별로 비교하면 다음과 같다. 즉, 2.5톤은 61.8km, 4.5톤은 129.1km, 8톤은 210.0km, 11톤은 366.0km로서, 철도가 11톤 트럭과 경쟁하려면 366km 이상의 장거리 수송이 되어야 한다는 의미이다.

(2) 철도에 의한 컨테이너 운송방식

컨테이너의 철도운송은 TOFC·COFC 방식이 있다.[21]

① TOFC(trailer on flat car) 방식

컨테이너에 샤시를 붙인 채로 철도대차(鐵道臺車, flat car) 위에 싣고 운송한다. 이를 두고 일명 피기백(piggy back system)이라 하는데, 피기백은 1920년대에 트럭이 철도화물을 급속도로 잠식하자, 철도측이 대항수단으로 철도의 경제성과 트럭의 기동성을 결합한 것이다. TOFC는 철도터미널에서 트랙터가 직접 비탈길(ramp way)을 오르내리며 상하차할 수 있어, 철도측의 설비투자가 후술하는 COFC보다는 적다. 이 방식은 하역기구의 불필요, 열차배차의 규칙성, 정시인도(定時引渡, on-time delivery) 등의 장점을 갖는다. 그러나 최근 이단적열차(二段積列車, double stack train)[22]의 등으로 이용도가 크게 낮아졌다.

21) 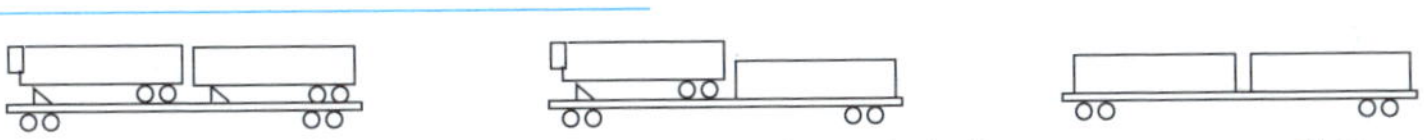

TOFC 방식　　TOFC, COFC의 혼합방식　　COFC방식

22) 컨테이너를 2단으로 적재할 수 있는 열차로 1971년 미국의 SP(Southern Pacific) 철도가 고안하여, 1982년에 LA-걸프에 DST를 개시했으나 관심을 모으지 못했고, 1984년 APL이 LA-시카고에 대차의 중량을 경감한 DST를 투입하면서 각광을 받기 시작했다. DST 등장 이후 극동-서안의 비율이 1982년 69.1%에서 1987년에 76.5%로 증가하였다.

[TOFC]

[COFC]

② COFC(Container on Flat Car)

샤시를 분리한 컨테이너만을 철도대차(鐵道臺車)에 얹어 운송한다. 샤시의 활용도를 제고하고 이단적(double stack)이 가능하다. 이 방식은 컨테이너의 상하차(上下車)를 위해 Over Head Crane, Side Loader, Piggy Backer 등의 하역기기를 요하고, 기점(起點)과 종점(終點)에 각각 샤시 또는 트레일러(flat bed trailer)가 필요하다.

[이단적열차(40푸터 280개=560TEU, 1대 100m, 20~28량, 최장 2.8km)]

3 컨테이너의 도로운송

(1) 도로운송의 특성

도로운송(trucking)은 타운송에 비해 투자액이 적으면서 빠르고 편리하다. 철도 · 항공 · 해운 등은 트럭킹의 도움이 필요하지만, 도로운송은 출발점에서 도착점까지 자체 완결력이 최대의 장점이다. 그리고 여러 운송수단 중 항공기를 제외하고 트럭이 가장 빠르다. 속도에서 트럭과 열차의 경쟁이 있을 수 있지만, Door to Door의 전수송(全輸送) 시간을 비교하면 트럭이 철도보다 훨씬 우세하다. 철도는 대기시간과 이중작업을 요해, 적재후에 곧바로 출발할 수 있는 트럭보다 불리하다.

반면에 도로운송은 ① 연료소모가 많고, ② 노동집약적이라서 인건비 부담이 크며, ③ 적재량의 제약으로 집하·수송에 한계가 있는 등 경제성이 떨어지는 약점이 있다.

(2) 도로에 의한 컨테이너 운송방식

컨테이너의 도로운송에는 트레일러(trailer), 트랙터(tractor), 트럭(truck), 돌리(dolly) 등의 수송기기가 필요하다. 컨테이너 도로운송은 이런 기기(機器)를 연결하는 방식에 따라 다음과 같이 구분할 수 있다.

① Semi-Trailer Combination

1대의 Semi Tractor(動力車)에 1대의 Semi Trailer를 연결한 형태로, 대부분의 컨테이너 운송은 이 방식으로 이뤄진다. 세미트레일러는 일명 샤시(chassis)라 하는데, 샤시는 바퀴부분인 Bogie와 차대(車臺)인 Frame으로 구성된다. 트레일러 앞부분에 Landing Gear가 있어 샤시를 받쳐 준다. 견인차인 세미트랙터는 운전실이 엔진 위에 있는 Cap Engine Type과 운전실이 엔진 뒤에 있는 Bonnet Type이 있다.

【 Semi Trailer 】

【 Cap Engine Type 】

【 Bonnet Type 】

② Full Trailer Combination

이는 Full Tractor(트랙터와 하대가 결합되어 일반 화물자동차와 동일)와 Full Trailer (랜딩기어 대신 바퀴가 있음)를 결합한 형태로 유럽에서 유래되었다. 목적지가 다른 화물을 트랙터와 트레일러에 분할 적재하여 도중에 분리할 수 있는 장점이 있다.

[Full Trailer]

[Full Trailer Combination]

③ Double Bottom Trailer Combination

1대의 세미트랙터에 2대의 세미트레일러를 연결한 방식으로 도시간의 컨테이너 운송에 이용하며, 미국의 서부 하이웨이나 유럽의 고속도로에서 볼 수 있다. 또한 3대의 트레일러를 연결하면 Triples라 하고 2대이면 Doubles라 한다.

[Doubles]

[Triples]

4 내륙통관기지(ICD : Inland Clearance Depot)

컨테이너 운송은 수많은 화주들과 공(空)·적(積) 컨테이너의 인도·인수가 반복되는데, 항만·공단 등이 인접한 내륙기지에서 공적(空積) 컨테이너를 수도(受渡)하며, 화물의 적입(stuffing, vanning), 인출(unstuffing, devanning), 수출입 통관, 컨테이너의 장치·수리 등을 행하는 공설기지를 ICD라 한다.

ICD는 선사와 그 대리점, 트럭회사, 포워더, 은행, 컨테이너 수리업자, 관세사, 하역회사, 포장회사 등이 모여 운영하기 때문에 내륙항만이라고도 한다. ICD는 지역힝의 역할을 하고 규모의 경제를 얻을 수 있는 운송기지이다. ICD는 Hub and Spoke 개념을 도입하여, 주요 거점간 대량수송으로 효율적인 화물의 집하·배분을 위한 통관기능을 갖춘 내륙물류기지이다.

ICD는 LCL 화물을 적재한 차량이 부두에 출입함으로써 발생하는 교통혼잡·항만적체 현상을 완화할 수 있고, 송하인·수하인의 근린지역에서 화물을 처리(통관 포함)할 수 있으며, 원활한 공컨테이너 관리로 비용·시간면의 경제성을 실현할 수 있다. 통상 ICD에는 철도가 인입되고 통관이 가능하다.

재래의 일반잡화(break bulk cargo)는 부두장치장(transit shed)에서 화물의 조작(assembling & sorting)이 이뤄졌는데, 컨테이너 운송은 발착지점을 내륙까지 연장하여 새로이 내륙기지(inland depot)를 만든 것이다. 특히 공컨테이너를 하나하나 항만의 터미널까지 반송하지 않고, ICD에 모아두고 점검·보수하여 화주에게 인도·인수하는 것이 주요 기능의 하나이다. 나아가 이곳에서 검역·통관을 하여 내륙통관기지, 즉 ICD (inland clearance depot)라 하는 것이다.

이 밖에도 Inland Port, Inland Container Base, (Inland) Container Depot, Inland (Container) Terminal, Inland (Container) Center 등 다양하게 불리운다. 다만 ICD, 즉 Inland Clearance Depot는 검역·통관이 가능한 기지로, 서울 남쪽 38km에 위치한 의왕[23)]과 경남 양산[24)]의 컨테이너 기지가 전형적인 ICD이다.

ICD의 기능을 요약하면 다음과 같다

① ICD는 LCL 화물의 혼재(consolidation) 및 배분(distribution) 기능을 수행한다. 화물의 출하·소비가 많은 지역, 공단 주변의 ICD에서 LCL 화물을 FCL 화물로, 그리고 항만에서 ICD까지 FCL로 수송후 LCL로 배분하여, 규모의 경제를 얻을 수 있고 도로의 혼잡을 줄여준다.

② ICD는 공컨테이너 장치장으로 활용한다. 공컨테이너 관리는 선사의 비용에 상당한 비중을 차지하는데, 주요 거점에 공컨테이너를 장치해 두고, 화주의 창고에

23) 1984년 철도청이 남부철도 컨테이너 기지로 개장한 의왕기지는 그동안 부곡 터미널로 불리우면서 철도청이 소유하고 그 부지를 16개 소운송업체에 임대·관리하게 함으로써, ICD가 아닌 공컨테이너 장치장·도로운송의 경유지 역할에 지나지 않다가, 1992년에 주식회사 경인 ICD의 설립을 계기로, 1993년 7월부터 수출입 통관업무를 수행하는 경인권의 내륙통관기지 역할을 하고 있다.

24) 부산항 기점 40km 양산시 물금읍의 ICD는 1994년에 착공하여 2000년 4월에 개장했다. 2006년부터 철도운송이 개시되어 ICD의 면모를 갖추고 부산항의 야드 부족상태를 해소해주고 있다.

신속히 도달시켜 화물을 적입하게 함으로써 화주도 시간과 비용을 절감할 수 있다.

③ 통관·화물유통기지로 활용한다. 세관의 입주로 신속한 통관이 가능하여 시간·비용이 절감되고, ICD 통관으로 항만에서의 통관혼잡을 피할 수 있다. 또 보세구역인 ICD를 화물유통기지로 활용하여 불필요한 창고이동에 따른 비용이 절감된다.[25)]

④ 화물유통정보·정보교환센터로 활용한다. 물류는 EDI(전자자료교환)를 비롯한 정보시스템이 뒷받침되어야 함으로 선사·화주·행정당국 등 관련자들을 유기적으로 결합하여 정보교환센터로, 그리고 수송거점간·수송수단간 연계수송체제의 중심축 역할을 한다.

5 한국의 컨테이너 내륙운송

1970년 3월 시랜드의 컨테이너선이 부산에 입항하면서 시작된 한국의 컨테이너 운송은 1972년에 부산진역–용산역간 컨테이너의 철도운송도 개시되었다. 그런데 우리나라는 상공업의 중심지인 서울을 기점으로 450km나 떨어진 부산에서 2023년 현재 全컨테이너 물동량의 77%를 처리하고, 인천은 11%, 광양이 5%를 처리하고 있다. 부산은 컨테이너 육송경비가 많이 소요되지만 선복이 충분하고 안정적이라서 부산을 많이 이용하는 것이다. 그런데 부산이 처리하고 있는 컨테이너 화물의 약 51%가 서울/경기지역 화주들이며, 이 가운데 32%를 트럭으로 수송하고 있다.

(1) 도로운송

우리나라는 주요화물의 발생지역인 공단·공업지역이 내륙에 많아, 유통의 원활화·합리화 측면에서 도로운송은 매우 중요하다.

① 도로운송제한법규

컨테이너를 자동차로 운송할 때는 도로교통법(운전=교통법규·면허), 도로운송차량법(구조·정비·통행제한), 화물자동차운수사업법(사업면허), 도로법(도로정비), 소방법

25) 의왕기지가 개장된 후 1개월 동안(1993.6.22~7.22) 내수용 원자재 27teu를 수입하여 공장까지 반입한 결과, 종전 부산에서 통관하여 경부고속도로를 이용한 트럭운송보다 Teu당 하역비를 포함하여 24만원이 절감되었다. 즉, 기존의 항만–시내운송–보세장치장–경부고속도로–화주창고로 운송하던 것을 항만–보세철도운송–의왕기지통관–화주창고로 전환한 결과, 27teu에 대한 부산시내 운송료 130만원, 보세장치장 하역비 154만원, 경부간 운송료 149만원 등 총 433만원을 절감할 수 있었다. [荷主], 한국무역협회, '93/가을호

(위험물운송) 등의 제법규를 준수해야 한다. 그리고 컨테이너 운송업자는 관세청이 보세운송인(지정운송인)으로 지정해야 보세운송을 할 수 있다.

특히 차량의 도로통행은 도로운송차량법의 규제를 받는다. 자동차의 폭 2.5m, 높이 4.0m, 길이 16.7m, 중량[總重量] 40톤을 초과하면 도로공사로부터 제한차량 운행허가를 받아야 고속도로를 운행할 수 있다. 또한 자동차의 축하중(軸荷重)은 10톤, 윤하중(輪荷重)은 5톤을 초과해서는 안된다.[26]

그리고 컨테이너 차량은 대형차량 통행구역・통행시간의 제한으로 대도시 및 주변에서는 1일 8시간 이상의 운행이 어렵다. 또한 컨테이너 운송업자는 화물자동차 운수사업 등록업자로서 보세운송에 필요한 장비와 충분한 재력・사회적 공신력을 바탕으로 세관으로부터 보세운송인으로 지정받아야 한다.

[표 6-3 컨테이너 최대적재능력 및 화물적재량]

차종	최대적재량	총중량 40톤 또는 축중 10톤 준수시			
		컨자중	화물적재량	트랙터 및 샤시	총중량
20′ 전용차량 40′ 전용차량	22.95톤 26.36톤	2.5톤 4.5톤	17.5톤 20.5톤	14.0톤 15.0톤	34톤 40톤
컴바인(20ft×2)		5톤	10톤×2	15.0톤	40톤

② 도로운송요율

현재 국내의 컨테이너 도로운송요율은 자동차운수사업법 시행규칙에 의거 한국관세협회가 책정하여 한국화주협의회와 협의를 거친 후, 시장・도지사에게 신고하여 시행하고 있다. 주요 내용을 보면;

(a) 컨테이너 용기의 반환은 원칙적으로 수령한 장소로 되어 있어, 컨테이너를 수령한 장소를 기점으로 왕복요금을 적용한다.

(b) 운임에는 도로통행료가 포함되어 있고, 부가가치세와 화물에 대한 보험료는 포함되지 않았다. 공(空)컨테이너와 적(積)컨테이너의 요금은 같다. 통행세한 높이・길이의 초과로 발생하는 '제한차량 운행허가' 수수료 등은 별도로 가산한다. 통행제한을 받는 활대품・장척물 적재 컨테이너와 탱크컨테이너 등의 할증운임은 상호

26) 우리의 경우 도로의 보호 및 교통안전을 위해 도로법, 자동차운수사업법, 도로교통법에 의해 고속도로, 국도, 지방도 등 도로를 운행하는 차량중 총중량 40톤, 축중(軸重) 10톤을 초과하거나 적재적량을 초과한 차량은 단속대상이 되며, 중량측정 계기의 오차를 감안하여 10%의 허용치를 두고 총중량 44톤 또는 축중 11톤 이상시 고발되어 운전자 및 차주는 각각 50만원씩 벌금을 물어야 한다.

협의하여 결정하고 도로통행 제한규정의 총중량·축중량을 초과하는 중량품은 운송할 수 없다.

(c) 20′ 요율은 40′ 요율의 90%, 45′는 40′의 112.5%를 적용한다.[27] 20′ 컨테이너 자체중량을 제외한 내장화물의 중량이 10톤 이하인 경량 컨테이너 2개를 동일장소에서 적재하여 운송(combine transport)할 경우 40′ 운임의 108%를 적용한다. 단, 냉동컨테이너는 제외한다.

(d) 위험물·유독물을 적재한 컨테이너는 50%, 화약류 200%, 방사성 물질 300%를 할증한다. 냉동컨테이너, 험로, 통행에 제한을 받는 지역의 요금은 해당지역 일반요금의 30%를 할증한다. 그리고 화주의 요청으로 공휴일·심야에 운행할 때는 20%를 가산한다.

(e) 트랙터 대기료는 40′는 3시간, 20′는 2시간까지 무료이고, 이를 초과하면 40′·20′ 공히 매시간당 31,000원씩 가산한다. 배차취소료는 해당지역 요율의 75%이고, Bobtail(트레일러가 연결되지 않은 트랙터) 요율은 40′는 해당지역 요율의 43%, 20′는 45%를 적용하며, 샤시임대료는 40′의 경우 매일 대당 38,000원, 20′는 16,000원을 적용한다. Bobtail Charge란 컨테이너 화물의 적입·인출이 제때에 되지 않아 트랙터만 왔다갔다할 때에 부과하는 요금이다.

(f) 선사가 경인지역의 내륙기지(ICD)를 인정하고, 공(空)컨테이너를 그곳에 장치할 경우(수입화물)와 그곳에 장치된 공컨테이너를 사용했을 경우(수출화물)에는, 부산–서울간 운임은 편도운임을 적용한다.[28] 이때 서울–부산간의 공컨테이너 운송료는 선사가 부담한다. 선사가 부담하지 않으면 화주에게 왕복운임을 적용한다.

(2) 철도운송

국내의 컨테이너 철도운송은 1972.9.18. 철도의 날을 기념하여 서울 용산역과 부산진역에 고속직행 컨테이너 전용열차를 운행하기 시작한 이후, 부산진에서 충남의 삽교·부강·조치원, 충북의 청주·옥천, 전북의 동산·동익산, 전남의 미평·율촌·흥국사·송정리, 경북의 임곡·약목 그리고 경남의 울산항·남창원에서 의왕구간, 또한 1999년 1월부터 광양에서 익산·의왕 구간에서 이루어지고 있다.

27) 2020.1.1.부터 적용되는 부산신항–서울 40푸터·20푸터의 왕복요금은 각각 (강북)874,500원, 765,300원, (강남)868,300원, 760,500원, 가장 비싼 춘천의 왕복요금은 847,500원, 799,000원이다.

28) 2020.1.1.부터 적용되는 부산신항–서울 40푸터·20푸터의 편도요금은 각각 (강북)631,200원, 558,500원 (강남)606,200원, 539,300원, 춘천의 편도는 732,000원, 645,900원이다(http://www.kta.or.kr/).

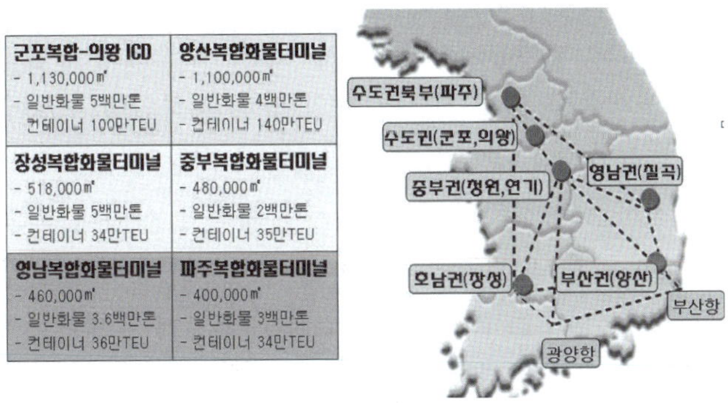

【 5대 권역 복합화물터미널 】

그리고 수도권 화물수송체제의 정비를 위해 서울의 남부에 대규모의 의왕(이전에는 부곡이라 했음) 컨테이너 기지를 준공하여 철도와 트럭의 연계수송, 즉 철도는 경부간의 장거리 수송을 맡고, 트럭은 철도와 연계하여 화주의 문전까지 수송하는 복합운송 시스템이 운영되고 있다. 의왕 ICD를 통한 철도운송의 면모를 살펴본다.

경부간 도로운송을 철도운송으로 전환하고, ICD를 통한 복합운송의 활성화를 목적으로, 경인권에는 경인(의왕) ICD와 군포(부곡) 복합화물 터미널을 운영하고 있고, 부산권에는 양산 ICD가 국내화물 전용 복합화물 터미널과 함께 2000년 4월에 개장되었다. 의왕 ICD・군포 터미널은 서울에서 38km, 수원에서 10km의 지점으로, 신갈-안산 고속도로에 접하고 있는 현대적 시설과 하역장비를 갖춘 내륙기지이다.

의왕 ICD는 1984년 남부철도화물기지로 개장하여, 1992년 민관합작의 제3섹터 방식으로 (주)경인 ICD를 설립하여 1993년에 개장하였다. 총면적 75만m²(연간처리능력 100만teu), CY 42만m², CFS 9,620m²에 철도궤도 6,262m(연간수송능력 45만teu)를 갖춘 동양 최대의 내륙통관기지이다.

의왕 ICD에서는 통관・검역, 집하・보관・분류, 간이보세운송, 관세환급, 철도수송, B/L 발급 등이 이뤄진다. 관세환급・B/L 교부가 ICD 내에서 이뤄질 수 있도록 세관・은행・선사 등이 ICD에 입주하여 관련 업무를 처리하며, 총괄운영은 경인 ICD에서 맡고, 17개 철도소운송면허업체들이 수송을 담당한다.

의왕 ICD는 부산항 부두를 내륙까지 연장한 것과 같은 개념이다. 부두로부터 의왕 ICD내 안양세관 의왕사무소 관내까지, 철도운송이 간이보세운송 형식을 취하고 있어 부두세관 관내에서 이송되는 것과 다름없다.

수입의 경우, 화주는 본선 입항전까지 선사에 '의왕 ICD'로 보세운송을 요청하면, 양륙후 곧바로 보세운송하여 ICD내 세관사무소에서 통관 또는 타소로 보세운송신고를 하고 화물을 반출한다. 수출의 경우 송하인이 선사에 의왕 ICD 경유 선적을 의뢰하면 철송(鐵送)이 포함된 일괄운송이 가능하다.

이때 선사는 송하인의 문전(door)과 부산항 사이의 도로·철도운송을 동일구간 트럭운임과 같은 요금으로 운송하고 있어 내륙운임에는 차이가 없다. ICD를 통해 수출할 경우, 화주는 ICD 반입확인서로 조기에 관세환급이 가능하다는 이점이 있으며, 고속도로 중량제한으로 중량화물 운송에 유리한 점 등의 이점이 있다.

(3) 연안해송

수도권-부산의 도로운송이 포화에 이르고, 철도의 수송능력 부족으로 연안해송을 대안으로 보고, 1998년 10월 인천 남항(南港) 연안선 전용부두의 완공에 맞춰, 1998년 8월 부산항 자성대부두 65번 선석(船席)을 연안해송 전용으로 지정하고, 연안선(沿岸船)에 대한 면세유 공급·하역료 인하·3회의 화물 입항료를 1회로 줄이는 등 활성화 대책에 힘입어 그 물량이 증대했었다.

1998년 이전에는 연안해송이 운송시간이 과다하고 원가요인이 많아 경쟁력이 약했지만, 전용부두의 개장(開場)으로 경쟁력이 높아진 것이다. 그러나 대부분의 수출화물이 선적에 쫓기는 데다, 하루라도 빨리 선적선하증권(on board B/L)을 교부받아 네고하기 위해 신속·간편한 트럭운송을 선호하고, 선적이 급하지 않은 수출화물과 원자재 수급에 시간여유가 있는 수입화물이 연안해송을 이용했지만, 근본적으로 운송단계가 복잡하고 운송시간이 길어 경쟁력에 한계가 있어 2006년 5월 전면 중단했다.

이후 이명박 정부가 대운하·경인운하 논쟁에 녹색성장을 연계시켜 전환교통보조금을 지급하고, 지자체에서 인센티브를 제공하면서 2009~10년 한진이 부산-인천, 군산-광양, 부산-포항 항로를 다시 개설하였으나, 보조금과 인센티브에만 의존하다가 수십억원의 누적적자를 견디지 못해, 2013년 2월 중단한 이후 연안해송은 잊혀졌다.

제7절 컨테이너 운송과 보험

1 컨테이너 운송의 위험

재래선 운송에 비하면 컨테이너 운송은 전반적으로 위험이 크게 감소되었지만, 다음과 같은 컨테이너 특유의 위험을 안고 있다. ① 터미널에서의 컨테이너 야적위험, ② 갑판적 컨테이너의 유실(流失)위험, ③ 금속제 밀폐 컨테이너 내에서 흔히 발생하는 발열(發熱), 발한(發汗), 결로(結露) 등이다.

(1) 터미널에서의 컨테이너 야적위험

컨테이너화 이후 현재까지 태풍 등에 대한 손해방지기술이 개발되어, 야적중인 컨테이너의 손해는 극히 드물다. 그러나 일부지역에서는 대형태풍이 크레인이나 장치된 컨테이너에 피해를 준 사례가 있어, 터미널의 야적위험도 보험의 대상이 되고 있다.

(2) 갑판적 컨테이너의 유실위험

파도에 의한 갑판적 컨테이너 유실의 발생빈도는 비교적 적다. 그러나 일단 발생하면 거의 전손이 된다. 개개의 항해조건이 유실손해를 좌우하지만, 인위적 요인이 주요인이 되고 있다. 양호한 고박장치를 갖추고도 출항일정에 쫓겨, 완벽한 고박을 하지 못한 채 출항하여, 황천(荒天)을 만나 파도에 의해 유실당하는 경우이다.

그런데 컨테이너선의 경우 선창적(underdeck) 또는 갑판적(on-deck)의 여부를 미리 알 수 없기 때문에, 컨테이너 B/L에는 적부에 대한 선주의 재량권을 규정한 적부재량약관(Optional Stowage Clause)이 있다. 재래선과 달리 컨테이너 전용선은 갑판적을 인정하고 있고, 헤이그-비스비 규칙도 컨테이너선의 적부재량권을 인정하고 있다. 컨테이너선은 본선의 안정과 컨테이너 자체의 무게로 제한을 받아, 적재총량의 70%까지 갑판적이 가능하다.

(3) 컨테이너 적입화물의 결로, 발열, 발한

컨테이너 적입화물에 자주 발생하는 발열 · 발한 · 결로현상에 대해서는 방습제 ·

방습포장·방습장치 부착 등 각종 대처방안이 컨테이너화 초기부터 추진되어 왔다. 그러나 운송도중의 온도차이, 기타의 자연조건, 화물의 성질, 포장상태, 완충재(dunnage)의 함수율(含水率) 등 여러 요인이 복합적으로 작용하여 발열·발한·결로현상이 자주 발생한다.[29)]

2 컨테이너 자체보험 및 책임보험

컨테이너 운송은 재래선 운송과 달리 컨테이너라는 용기(容器)를 사용하므로, 용기 자체에 대한 위험과 함께 용기로 인한 사용자의 책임이 별도로 추가된다. 전세계의 항만과 해상에서 발생하는 사고로 멸손되는 컨테이너 화물은 연간 1만teu 정도로 추정하고 있다.

① 컨테이너 자체는 화물이 아니라서 일반적하보험으로 담보되지 않아, 컨테이너가 멸실·손상을 입을 경우, 컨테이너 소유자 또는 임차인은 그대로 손해를 보게 된다.

② 컨테이너로 인해 제3자(對人·對物)가 손해를 입을 경우, 컨테이너 소유자는 법률상의 책임을 지게 된다.

③ 컨테이너 적입화물에 손해가 발생하면, 운송인은 운송계약상의 배상책임을 지게 된다.

이러한 위험에 노출된 컨테이너 소유자·사용자를 위해 보험회사들은 다음과 같은 컨테이너 보험을 선체보험·적하보험과 별도로 개발하여, 컨테이너 특유의 위험을 담보하고 있다.

① 컨테이너 자체의 보험(Container Itself Insurance; Itself or Van Insurance)

② 컨테이너 소유자(임차인도 포함)의 제3자 배상책임보험(Container Owner's Third Party Liability Insurance : TPL)

③ 컨테이너 사용자의 화물손해배상책임보험(Container Operator's Cargo Indemnity Insurance : Cargo Indemnity)

29) 컨테이너 내부가 낮에는 온도상승으로 노점(露点)이 높은 상태에 있다가, 야간의 온도하강으로 노점이 낮아지면, 컨테이너 천정과 벽에 물방울이 맺히는데 이를 결로(結露)라 하고, 이로 인해 화물이 젖어 손상을 입는 것을 한유손(汗濡損)(汗 : 땀한, 濡 ; 적실유),, 증한손(蒸汗損)이라 한다. 선박의 선창(船艙) 벽에도 결로현상이 발생한다. 예컨대 1~2월에 싱가포르(熱帶)에서 부산(寒帶)으로 항해하면 화물에 따라 결로현상이 필연적으로 발생한다.

그런데 ①의 컨테이너 자체보험은 단독으로 부보할 수 있지만, ②의 컨테이너 소유자의 제3자 배상책임보험, ③의 컨테이너 사용자의 화물손해배상책임보험은 단독으로 부보할 수 없고, ①의 컨테이너 자체보험과 묶어 ①·② 또는 ①·③과 같은 조합으로 부보해야 한다. 이것은 자체보험·책임보험이 불가분이고, 자체보험이 책임보험의 기초가 되기 때문이다.

3 컨테이너 보험의 특징

(1) 부보대상 컨테이너

보험대상이 되는 컨테이너는 국제표준화기구(ISO) 규격에 맞는 국제해상운송용 대형 컨테이너이다.

(2) 담보기간 및 담보구간

일반 적하보험은 당해 화물의 수송구간·계약조건에 따라 담보기간·담보구간에 장단기(長短期)의 차이가 있지만, 원칙적으로 항해단위로 부보한다. 이에 비해 컨테이너 보험은 원칙적으로 1년 단위의 기간보험이다. 컨테이너 보험은 대단히 많은 컨테이너를 대상으로 하고, 컨테이너를 빈번하게 사용하므로 항해마다 보험계약을 체결하지 않고, 선체보험과 같이 기간계약으로 계약기간 중에 발생한 손해를 포괄적으로 담보한다.

다만 보험계약자가 단기간 또는 특정항해의 부보를 원하면 항해보험계약(trip contract)도 가능하다. 또한 1년 미만의 단기계약은 보험료도 할인해 준다. 담보구간·담보기간은 운송 및 장치기간은 물론 수리·검사가 행해지는 기간 및 그것을 위한 이동기간도 모두 포함된다.

(3) 손해보상한도액

컨테이너 보험은 부보장소(터미널), 부보단위(컨테이너선)의 금액이 크므로, 보험회사는 계약자와 협의하여 컨테이너 자체(itself), 제3자배상(TPL), 화물손해배상(indemnity) 등 종목별로 보상한도액(limit of liability)을 정해 인수한다. 보상한도액은 사고당 보상한도액, 피보험회사당 총책임한도액(aggregate limit of liability)으로 구분된다.

(4) 소손해면책특약(Excess Clause)

번잡을 피하고 보험료를 낮추기 위해 컨테이너 보험은 소손해면책특약(일정액의 공제)을 맺는다. 컨테이너는 항해당 다소의 소손해는 불가피하고, 자연소모가 발생하므로 소손해면책은 합리적인 보험인수조건이 된다. 사고 1건당, 컨테이너 1개당 면책공제액(excess or deductible franchise)을 정한다.

유의할 점은 이 보험과 화주가 부보하는 적하보험(cargo insurance)을 혼동해서는 안된다. 대부분의 화주(cargo owner)는 자기의 화물에 대해 적하보험을 든다. 따라서 화물에 손해가 발생하면 화주는 적하보험으로 보상을 받는다. 그리고 운송인에게 과실이 있으면, 보험회사는 화주로부터 보험대위(subrogation)를 받아 운송인에게 구상권을 행사한다.

컨테이너 선사가 보험회사로부터 구상청구를 받으면, 본 책임보험이 구상액을 담보한다. 이처럼 적하보험과 책임보험은 운송중의 위험과 책임을 상호 보완하면서 분담하여 담보하고 있다. 또한 컨테이너 사용자의 손해배상책임보험은 전술(前述)한 컨테이너 자체보험과 함께 부보하도록 되어 있다.

이처럼 컨테이너화와 함께 재래보험으로 담보할 수 없는 컨테이너 특유의 위험이 노출되자, P&I 클럽을 중심으로 한 컨테이너보험 인수전문사인 TIMIA(Through Transit Mutual Insurance Association)가 생겼는데 통상 TT Club(Through Transit Club)[30]으로 약칭하고 있다. 우리나라 보험사들은 1969.10.1.에 제정한 구협회컨테이너약관과 1987.1.1.에 개정한 신협회컨테이너약관을 병행하여 각각 전위험·전손·전쟁 및 동맹파업 위험을 인수하고 있다.

30) 주로 복합운송위험을 인수하는 공제조합형 보험단체이다. 영리기업이 아닌 회원이 운영하는 조합이다. 일반보험이 담보하지 않는 특수위험을 인수한다. 1970년에 설립되어 선사·터미널·항만·포워더·트럭업자·철도회사·창고업자·ICD·컨테이너 리스사·하역업자 등의 책임보험 및 장비보험을 인수한다. FIATA·IRU·IAPH 등 운송관련협회와 머스크·에버그린·NYK·HMM 등 굴지의 선사가 회원이다. 회원사의 중역진으로 구성된 비상근이사회가 의결하고, 경영은 전문경영인이 맡고 있다. 런던·홍콩·뉴저지에 지역본부와 각국에 사무소를 두고 있으며, 한국은 (주)협성검정이 연락사무소를 맡고 있다.

해운포털

오프라인 기반이 없는 순수닷컴들의 해운시장 진입을 경계한 컨테이너 선사들이 INTTRA, Info Nexus, CargoSmart 등 3개의 해운포털을 출범시켰다.[1]

(1) INTTRA

2000년 일단(一團)의 선사(船社)들[2]이 비경쟁부문의 협업이 효율적이라는 판단에서 예약·추적 등의 사무처리(back-office)를 공동으로 처리하여 비용을 절감하기 위해 이 포털을 개설했다.[3] 누구든 참여할 수 있으며, 다음의 Info Nexus, CargoSmart에 가입하고 있더라도 가능하다. 온라인으로 직접 예약을 하고 컨테이너를 추적할 수 있다. 선사 중심의 포털로 평가되며, 50개 이상의 선사와 연결되어 있고, 매주 70만개 이상의 거래가 체결된다. 기존의 전화나 팩스를 통한 문의와 추적에 대한 웹의 비용절감효과는 엄청나다.

(2) Info Nexus

INTTRA에 대항하여 일단의 선사그룹[4]이 1998년에 설립한 Tradiant를 2001년 GT Nexus로, 2019년 Info Nexus로 명칭을 변경했다. 이는 화주와 포워더 위주의 포털로 평가되며, 누구라도 회원이 되어 예약·서류작업을 할 수 있다. 솔루션은 12개 회원선사의 시스템에 링크되어 있기 때문에, Info Nexus에 접속하면 예약·서류작업은 물론 해당 선사의 이모저모를 알아볼 수 있다. 정보는 12개의 서로 다른 컴퓨터 시스템으로 흐르고, 각 선사는 그들의 시스템으로 업무를 처리할 수 있다. 인터넷으로 Info Nexus에 접속하면 선박스케줄·화물의 동정(動靜)·운송서류 등을 볼 수 있고, 이 데이터가 곧 화주의 사내(社內) ERP 시스템으로 링크된다. 선사는 거래수수료를 지불하고 화주는 지불하지 않는다.[5]

(3) CargoSmart

2000년 OOCL(2018년 중국의 COSCO에 합병)이 개설한 포털로 뉴욕에 있다. 회원사는 OOCL·NYK·COSCON·MISC 등이며 어떤 선사의 참여도 환영한다. 휴렛팩커드(HP)에게 데이터 호스팅을 맡겨 중립포털을 표방하고 있다. 데이터의 전용(轉用)·유출(流出) 등으로 인해 호스팅의 중립은 중요한 요소이다. CargoSmart 해운거래 애플리케이션은 통시(洞視, visibility)·탐지·추적(tracking & tracing)·스케줄링·온라인 예약·선적지시·선하증권·운임조회·운임결제 등으로 구성된다. OOCL의 계산에 의하면 수출 1건당 서류비용이 $150로 포딜을 이용하면, 그 비용의 47%를 절약할 수 있다. 2024년 현재 40개 이상의 선사가 참여하여 160,000의 고객을 서비스하고 있다. 선사와 화주의 중도적 포털로 평가되고 있다.

(4) 해운포털의 의의 및 그에 대한 평가

여러 선사가 참여하는 중립포털(multicarrier neutral portal)은 화주가 한 사이트에서 여러 선사를 접촉할 수 있어 편리하다. 이들 포털은 선사들의 인터넷 시스템의 협업으로 선사·화주·포워더 등 누구나 회원으로 가입하여, 필요한 정보를 접(接)할 수 있고 거래도 가능하다. 각 선사는 이미 자사 사이트를 두고 정교한 기능을 제공하고 있어, 포털은 선사들에게 하나의 추가플랫폼이 된다.

이는 해운산업의 공동포털로 거래를 중개하는 중개상(intermediary)이 아니다. 주로 비즈니스 프로세스 표준화에 초점을 맞추고 예약·선적지시·B/L 등 서류처리의 효율화를 기하고 있다. 포털은 선적예약·운송서류·화물추적 등에 대한 표준(standard)을 설정하고, 각 선사의 e-고객서비스 기능을 평준화시켜, 선사들의 IT 개발비용을 절감하고 단독전용(單獨專用) 시스템의 확산을 저지한다. 이들 3개의 포털은 중복해서 가입할 수 있다. 포털은 선사와 화주가 접촉할 수 있는 플랫폼일 뿐, 가입선사들의 경쟁은 여전히 유지된다. 비록 3개의 포털이지만 사실은 하나와 같다. 하나의 포털에 접속하면 (회원사가 아니더라도) 모든 선사에 연결된다. 따라서 굳이 3개의 포털에 각각 가입할 필요가 없다.

---

1) 화주가 선사와 EDI를 연결하고 유지하는 비용이 연 $5만에 달하고,, 각 선사가 독자적인 웹사이트를 개설·유지하는 비용은 연 $500만~$700만을 요한다. 그리고 선적 1건당 선사의 대고객 응대비용(인건비)은 전화 $33.74, e메일 $9.09, 웹 $1.17이며, 1건당 최소 9회를 접촉하기 때문에 1건당 총비용이 전화 $294.65, e메일 $82.81, 웹 $10.63로, 웹이 전화의 1/30에 불과하다(*American Shipper*, 2004.9).

2) CMA CGM·Maersk·MSC·Hapag-Lloyd 등이 $1억을 투자하여 개설하였고, UASC·NYK·K-Line 등 18개 선사와 Danzas·Kuehne&Nagel·Panalpina·Schenker 등 27개 포워더가 참여했다. 미국 뉴저지에 본부를 두고 있다.

3) 팩스/전화에 의존하는 운송서류의 오류로 인해 B/L은 통상 6~8회의 수정을 하고, 전세계 화주와 선사의 비효율적 교신비용이 연간 $50억에 달해, 선사들은 INTTRA를 이용하면 연간 $3억 5천만의 비용을 절감할 것으로 추정했다.

4) APL·Hyundai·K-Line·MOL·Yang Ming·Zim 등 12개 船社가 Tradiant의 지분을 취득하면서 GT Nexus로 개명했고, 2015년 물류기업그룹 Info에 합병되어 2019년 Info Nexus로 다시 개명했다. 미국 캘리포니아 오크랜드에 본부가 있다.

5) PM Global Foods는 GT Nexus를 통해 예약·B/L 발급·추적 등 선적업무를 처리하여 2명의 직원을 줄이고도, 생산성이 30~50% 증가하여 연 $5만을 절감했다. 전화·팩스·쿠리어 비용이 선적 1건당 $150~$190인데, 포털을 이용하여 건당 $30를 절감하고, 포워더를 통하지 않고 5분만에 직접 예약하여 연 $16,000의 포워더 수수료를 절약했다(*American Shipper*, 2004.9).

Chapter

7 선하증권

제1절 선하증권의 기본성격

1 선하증권의 개념

선하증권(B/L : bill of lading)은 해상운송계약의 증거서류이며, 운송인이 화물을 수령 또는 선적했음을 증명하는 서류이다. 그리고 선하증권을 제시하면 화물을 인도하겠다는 운송인의 보증서이다. 즉, 증권의 수하인란(受荷人欄)에 기명된 사람이 지정한 사람, 송하인 또는 신용장 개설은행이 지정한 사람, 또는 선하증권의 소지인에게 화물을 인도하겠다는 보증서이다(함부르크규칙 제1조 7항).[1)]

선하증권은 운송인(carrier)이 증권에 기재된 화물을 수령・선적하였음을 확인하고, 지정된 목적지까지 운송하여 증권의 정당한 소지인(holder)에게 화물을 인도할 것을 약속하는 유가증권(有價證券)[2)]이다. 선하증권(이하 B/L로 표기함)은 운송중인 화물에 대한 처분권이 환어음(bill of exchange)과 결부되어, 화환(貨換)의 방법으로 무역거래의 디딤돌 역할을 하고 있다.

---

1) 그동안 B/L에 대한 법과 규칙, 즉 1855년 영국의 선하증권법・1893년 미국의 하터법・1924년 헤이그규칙・1968년 헤이그 비스비 규칙 등이 있었지만, B/L은 정작 1978년 함부르크규칙에서 정의되고 있다. 그 밖에도 B/L은 물품의 운송업무에 종사하는 자가 선적을 위해 물품을 수령했음을 증명하는 서류(미국상법전), 특정 선박에 운송을 위해 화물이 적재되었음을 선주・선장・선주의 대리인 등이 인정하여 서명한 문서(Ronald Bartle), 운송물의 수령・선적을 인증하고, 이것을 해상운송하여 지정항에서 증권의 정당한 소지인에게 인도할 것을 약속하는 유가증권(田中誠二), 운송인과 송하인 사이에 체결된 운송계약에 근거하여, 운송인이 화물의 운송을 위해 수령・선적한 경우, 송하인의 청구로 법정기재사항을 기재하여 운송물의 수령・선적을 확인하는 증거서류(大木一夫) 등으로 정의되고 있다.

2) 재산권을 표시하는 증권으로서 증권과 권리가 불가분의 관계에 있고, 그 권리행사에는 증권의 제시를 요하며, 그 소지인을 권리자로 추정하는 증권이다. 따라서 권리의 양도는 증권을 넘겨주면 되고, 증권 자체를 하나의 재산으로 보는 데서 유가증권이라 한다.

선하증권은 운송인이 운송계약 및 약정운임을 전제로, 화물을 선적한 후에 송하인의 요청에 따라 발급하며, 운송계약의 당사자인 운송인과 송하인, 운송계약의 목적물인 화물은 B/L을 발행하는 기본요소가 된다. 송하인은 화물을 운송인에게 인도한 후에 B/L의 교부를 청구할 수 있고, 운송인(또는 대리인)은 B/L을 작성 · 교부해야 한다. 그러나 작성 · 교부는 운송계약의 성립요건은 아니다(비설권증권).

여기서 말하는 운송인은 선박을 이용하여 물품의 운송을 업으로 영위하는 선주(shipowner) · 운항업자(operator) 등을 총칭하며, 송하인은 운송을 의뢰하는 용선인(charterer; 항해용선의 경우) 및 화주(cargo owner)를 말한다. 화물은 반드시 상품이 아니라도 상관없으나, 운송의 목적에 걸맞는 일정한 가치를 가진 물품(goods)이어야 한다.

B/L은 화물의 수령 · 선적을 확인하는 증거문서로, B/L에 당사자들이 약정한 운송조건이 기재되어 있어도 B/L은 계약서가 아니다. 대신 B/L은 증권에 기재된 화물에 대한 권리를 법적으로 인정하는 권리증권(document of title ; 인도증권)[3]이다. 그러므로 운송중인 화물도 B/L의 인도 · 배서로 소유권이 이전될 수 있고, 운송물을 처분할 때는 반드시 B/L을 사용해야 한다. 그러나 운송계약서(C/P; 용선계약서)는 운송인과 송하인간의 운송에 관한 약정사항을 열거한 계약서로, 물권적 권리가 인정되지 않아, 제3자에게 양도할 수도 없고 B/L에 대용할 수도 없다.

국제무역의 대금결제는 대부분이 화환어음(documentary bill)으로 이뤄지는데, B/L은 화환어음 결제시 상업송장 · 보험증권 등과 함께 없어서는 안되는 중요한 증권이다. 따라서 무역거래에서 B/L의 건전한 유통과 거래당사자들을 보호를 위해, B/L의 기재사항(상 820조)과 그 기재사항에 대한 증거력(상 131조 · 820조)을 법률로 정해 B/L의 유통성을 확보하고 증권소지인을 보호하고 있다.

한편 선하증권 약관의 국제적 통일을 위해 여러 조약이 체결되어 있다. 이 가운데 B/L과 직접 관련된 국제조약으로는 1924년의 헤이그규칙, 헤이그규칙의 개정의정서인 1968년 헤이그-비스비 규칙, 1978년의 함브르크규칙, 1979년 헤이그-비스비 규칙 개정의정서, 2008년 로테르담규칙 등이 있다.

3) 증권을 인도하면 마치 물품을 인도한 것과 같은 효력을 나타내는 증권이다. 화물상환증, 창고증권, 선하증권 등이 이에 속한다. 이것을 물권적 유가증권 또는 상품의 유통을 용이하게 한다는 점에서 상품증권이라고도 한다. 대륙법계의 우리 법에는 영미법계의 권리증권이라는 개념이 없었고 인도증권으로 대신해 왔으나 최근 권리증권의 개념을 새로이 채용하였다.

유가증권과 권리증권

유기증권(有價證券; valuable instrument)은 개인의 재산권을 표시하는 증서로서, 권리의 발생·행사·이전의 전부 또는 일부가 증권을 통해 이루어진다.

① 완전유가증권(negotiable valuable instrument) : 증권과 권리의 결합이 강하여 권리의 이전·행사 및 권리의 발생을 위해 증권의 작성·교부가 필수적인 설권증권(設權證券; 어음·수표 등)이다. 유통성이 강한 소지증권과 지시증권도 이에 속한다.

② 불완전유가증권(quasi-negotiable valuable instrument) : 증권과 권리의 결합이 완전유가증권보다 약하여 권리의 발생을 위해서 증권의 작성·교부가 필수적이지 않고, 권리의 이전·행사에만 증권의 점유가 필요한 선언증권(宣言證券 : 화물상환증, 선하증권 등)이다. 유통성이 약한 기명증권이 이에 속한다.

한국·일본·독일 등은 유가증권, 영국과 미국은 유통증권(negotiable paper) 또는 상업증권(commercial paper), 프랑스는 상업증권(effets de commerce)이라는 용어를 사용하고 있다. 유가증권은 독일에서 생성된 것으로, 영미나 프랑스에는 존재하지 않는다. 독일에는 재산가치가 있는 증권을 모두 유가증권으로 총칭하고, 어음·수표는 물론 선하증권도 포함된다.

영미계의 유통증권은 독일계 유가증권보다 그 범위가 좁아, 어음·수표와 같은 금전증권만을 말한다. B/L이나 창고증권 등의 물품증권은 半·準(semi or quasi) 유통증권·권리증권(document of title)이라 하여 구별하고 있다. 따라서 독일계 유가증권에는 유통증권과 권리증권이 포함된다. 그리고 어음·수표는 완전유가증권(유통증권), B/L이나 창고증권 등의 물품증권은 불완전유가증권(권리증권)으로 구분한다.

영미법상 B/L은 유통증권과 다른 준유통증권, 즉 권리증권이다. 권리증권이 유통증권(완전유가증권)과 다른 점은, 유통증권은 정당한 양수인에게 양도하면 양수인의 권리는 형평법(衡平法 : 공평과 정의면에서 관습법의 미비점을 보완한 법)상의 권리(equities)나 양도인에 대한 개인적 항변(personal defences)으로 침해받지 않기 때문에, 양수인의 권리가 양도인의 권리보다 더 커질 수 있는데 비해, 권리증권(불완전유가증권)은 증권상의 권리·의무가 배서·교부로 양도됨은 유통증권과 같지만, 양수인(endorsee)이 양도인(endorser)보다 더 큰 권리를 가질 수 없다.

2 선하증권의 기능

국제간의 상품거래가 주로 해상운송으로 이뤄지고 있기 때문에, B/L은 국제무역의 중요한 도구(a typical institution)의 하나이다. B/L의 주된 목적은 이미 송하인(수출상)을 떠나 운송인의 수중에 있는 상품을 간편하고 신속하게 처분할 수 있게 하자는 것이다. 이로써 B/L이 해상운송의 목적물인 상품을 대표하여 유통전전(流通轉轉)하면서 거래를 원활하게 하는 것이다. 따라서 B/L은 운송물의 인도청구권을 상징하는 채권적(債權的) 유가증권으로 정의되는데, 영미법적인 접근(approach)에 의해 그 특성을 다음 3가지로 나누어 볼 수 있다.[4)]

B/L은 법적으로, ① B/L의 소지인·피배서인은 B/L이 표창하는 화물의 인도를 요구할 수 있는 권리증권이다. 따라서 B/L이 없이는 화물을 정상적으로 인도받을 수 없다. ② B/L은 화물의 영수증(receipt)이며 선적화물의 수량과 외관상태의 확인서이다. ③ B/L은 계약서가 아니고 운송계약에 대한 우선적 증거(*prima facie* evidence)이다.

(1) 권리증권(Document of Title)

화물에 대한 권리행사를 B/L로 한다는 의미이다. 즉, B/L이 화물을 대표한다는 가장 중요한 B/L의 기능이다. 이는 B/L 소지인에게 화물을 인도하고, B/L에 배서(endorsement)하여 그 권리를 제3자에게 양도할 수 있다는 것이다. 즉, B/L은 송하인이 배서하여 제3자(신용장 거래시 네고은행)에게 양도하고, 제3자는 다른 제3자(개설은행)에게 배서하여 재양도할 수 있는 유통증권이다.

그러나 B/L은 수표나 어음과 같이 완전한 유통증권(negotiable instrument)이 아니라서, B/L을 훔친 자 또는 정당한 권리를 갖지 못한 자로부터 양도받은 선의의 양수인(*bona fide* transferee)도, 그 화물의 진정한 소유자에게 대항할 수 없다. 즉, B/L은 정당한 권리자가 양도해야 한다. 이 점에서 B/L은 어음과 다르다.

B/L은 완전유통증권은 아니더라도, 다음의 조건에서 자유로이 유통될 수 있다. 우선 B/L의 수하인(consignee)란에 'to order' 또는 'to order of … Bank' 등의 표시가 있으면 자유로이 양도할 수 있다. 그리고 B/L의 권리를 양수인(transferee)에게 양도하려면 배서로 양도인의 의사를 분명히 표시해야 한다.

요컨대 B/L의 양도방법이 사위(詐僞)가 아니고 정당하면, 그 B/L의 현소지인이 화물에 대한 처분권을 갖는다. 그러므로 선사는 반드시 정당한 B/L을 제시하는 자에게만 화물을 인도해야 한다. 비록 수하인이 분명하더라도, B/L과 상환하지 않고 화물을 인도하여 문제가 생기면 선사는 책임을 면할 수 없고, B/L 대신 보증장(L/G : letter of guarantee)만 받고, 화물을 인도하는 선사도 책임을 져야 한다.

---

4) ① It is a receipt for goods, signed by the master or other duly authorized person on behalf of the carriers. ② It serves an evidence of the terms and conditions of carriage agreed upon between the two parties. ③ It is a document of title to the goods described therein.

(2) 영수증(Receipt for Goods)

B/L은 본선이 B/L에 표기된 화물의 수령을 인정하는 영수증이다. B/L은 선사가 서명하며, 서명은 선적시 화물의 수량과 외관상태를 확인하는 행위로 중요한 의미를 갖는다. 왜냐하면 면책위험(excepted perils)으로 멸실・손상(loss or damage)된 경우가 아니면, 본선은 수령한 화물을 그대로 인도해야 하기 때문이다.

그리고 때로 B/L에 화인(貨印, leading mark)을 표기하고, 화물의 외관상태에 관해 기재하기도 한다. 영국의 관습법(common law)에서는, B/L은 선적한 화물의 수량・중량・외관상태 등의 우선적(*prima facie*) 증거이므로, 수하인이 B/L의 기재와 똑같은 화물을 인도받지 못하면, 선사에 소송을 제기할 수 있으며, 선사가 이에 대항하려면 선적된 화물이 B/L의 기재와 다르다는 증거를 제시해야 한다. 따라서 만약 B/L의 기재가 실제로 선적된 화물과 다르다면, 이는 B/L을 발급한 선사의 책임이 된다.

그러나 당사자가 모르는 사실에 대해서는 면책이라는 논리로, 운송인은 송하인으로부터 인수한 화물의 내용을 충분히 검사하지 않고 발급한 B/L에 대해 면책을 주장한다. 그래서 컨테이너 화물에 대해 대부분의 선사들이 소위 '컨테이너 B/L 약관'으로 알려져 있는 '송하인 적입・계량'(shipper's load and count) 또는 '송하인이 … 을 적입했다고 함'(said by shipper to contain) 등의 표기를 하고 있다.

1970년대 초기만 해도 이러한 문언이 있는 B/L은 사고부선하증권(foul B/L)으로 간주하여 보상장부 네고(L/I negotiation)를 했었다. 그러나 1974년 제3차 개정신용장통일규칙(UCP 300) 이후, 이러한 문언의 컨테이너 B/L도 무사고선하증권(clean B/L)으로 간주하여 은행이 수리하고 있다. 따라서 화주로부터 화물을 인수하고 선사가 교부한 B/L은, (B/L의 기재에 반한 단서문언(provisory clause)이 없는 한), B/L에 기재된 화물을 운송인이 인수하였다는 우선적 증거가 된다.

(3) 운송계약의 증거(Evidence of Contract)

B/L은 선주와 화주가 체결한 운송계약의 증거이다. 즉, B/L은 계약서가 아니고 계약의 증거에 불과하다. B/L이 계약서가 아니라는 것은 SS Ardennes호의 판례에서 확인되었다. 1947.11.2. Ardennes호는 스페인에서 영국까지 직항(direct sailing)하여 12월 1일 이전에 영국에 도착한다는 구두약속(oral promise)을 믿고 귤(mandarin orange)을 선적했다. 그러나 그 배는 벨기에의 앤트워프에 들러서 12월 4일 런던에

도착하였고, B/L 약관에는 중간항에 자유로이 기항할 수 있다는 조항이 있었다. 그런데 12월 1일에 귤에 대한 수입관세가 오르고, 또 다른 귤 운송선의 도착으로 런던의 귤값이 폭락했다.

화주가 선주측의 구두계약(oral contract)의 위반을 들어 손해배상청구를 하자, 선주측은 운송계약은 선하증권이며, B/L의 이면약관에 따라 본선의 중간기항이 가능하다고 항변했다. 재판부는 "B/L은 그 자체가 계약서가 아니다. 따라서 B/L의 내용과 상반되는 구두계약이 B/L의 서명전에 있었다면 구두계약이 유효하다."면서 화주의 승소로 판결하였다. 직항은 본선의 보증(warranty)이었으며, 또 서면계약은 양당사자가 서명을 해야 하는데, B/L은 선주만 서명했다는 점도 부연되었다.

그러나 현실적으로 B/L은 Ardennes호와 같이 별도의 선행계약(구두보증)이 없으면 운송계약의 역할을 한다. 이런 경우 B/L을 운송계약의 우선적 증거(*prima facie* evidence)로 표현한다. 이는 다른 운송계약이 없는 정기선의 개품운송에 한해서이다. 따라서 운송계약(C/P)이 별도로 있는 부정기선의 경우, B/L은 화물의 영수증이며 권리증권이지만, 운송계약은 아니다.

한편 C/P에 기초한 B/L이 수령증·권리증권의 기능을 가지려면 B/L의 일반약관·추가약관에 "C/P가 B/L에 편입(incorporated)되어 본 항해를 규제한다."는 문언을 다음과 같이 삽입해야 한다. "C/P의 기타 일체의 조항·조건·예외는 여기(B/L)에 편입된 것으로 간주한다."(All other terms, conditions and exceptions of the charter party are deemed to be herein incorporated).

3 선하증권의 법적 성질

B/L은 요인증권·요식증권·비설권증권·대표증권·채권증권·처분증권·유통증권·권리증권·문언증권·지시증권·상환증권 등의 법적 성질을 갖는다.

① B/L은 선사가 화물의 수령 또는 선적에 근거하여 발급하기 때문에 요인(有因)증권이다. 따라서 화물을 수령·선적하지 않고, 즉 이러한 원인없이[無因] 발행한 B/L은 무효이다.

② B/L은 선박의 명칭·국적·톤수, 화물의 종류·개수, 화인 등을 기재하고 발행자가 기명·날인하는 등 법정의 형식을 요하는 요식증권이다. 따라서 부실기재된 B/L을 소지한 자는 화물에 대한 정당한 청구권자가 될 수 없다.

③ B/L은 증권의 작성을 권리발생의 절대적 요건으로 하는 설권증권(設權證券)인 어음·수표와 달리, B/L의 작성을 권리발생의 절대적 요건으로 하지 않는 비설권증권이다. 어음과 수표를 제외한 B/L 등의 유가증권은 이미 발생한 권리를 B/L에 表彰(표창)하는 것에 불과하여 설권증권이 아니다.

④ B/L은 운송물을 대표하는 대표증권(代表證券)이고, 소지인이 운송인에게 화물의 인도를 청구할 수 있는 채권증권(債權證券)이며, 화물에 대한 처분은 반드시 B/L을 사용해야 하는 처분증권(處分證券)이다.

⑤ B/L은 배서·양도로 소유권이 이전되는 유통증권(流通證券)이다. 그러나 B/L은 어음·수표와 달리 불완전유통증권이므로, B/L을 선의·유상으로 취득했더라도, 양도·양수에 하자가 있으면 B/L에 대한 권리를 주장할 수 없다.

⑥ B/L은 권리증권(權利證券)이다. B/L을 정당하게 양도하면 B/L에 표기된 화물을 인도한 것과 같다. 이를 물권적 효력이라 하며, B/L의 양도가 곧 운송중인 화물의 인도와 같은 효력을 냄으로써 금융상의 융통이 가능해진다. B/L의 양도가 화물의 인도와 같은 효력을 내려면, 운송인이 B/L을 교부할 때에, 그 화물을 점유하고 있어야 하고, B/L에 기재된 화물과 실제의 화물이 동일해야 하며, 매도인이 매수인에게 B/L을 양도할 때에는 화물이 현실적으로 존재해야 한다.

⑦ B/L은 문언증권(文言證券)이다. 즉, 선주와 화주의 의무는 B/L의 기재로 확정된다. 따라서 B/L의 기재사항 이외의 것을 상대방에게 요구할 수 없다. B/L의 관계자인 운송인·송하인·수하인·선의의 소지인(bona fide holder) 등은 B/L에 기재된 문언을 믿고 거래하기 때문에, 이러한 문언에 반하여 임의로 해석할 수 없다.

⑧ B/L은 B/L에 지정되어 있는 사람 또는 그가 지정한 사람을 권리자로 인정하는 지시증권(指示證券)이다. 지시는 배서로 행한다. 지시증권에는 통상 지시문언(=to order)이 있지만, 지시문언 없이 특정인만 지정된 경우에도, 배서금지만 없으면 배서로 권리를 양도할 수 있다. 지시증권으로 권리를 행사하려면, B/L의 소지만으로는 부족하고, 연속된 배서에 의해 B/L의 권리자로서 정당한 자격을 갖추고 있어야 한다.

⑨ B/L은 상환증권(相換證券)이다. 목적지에서 B/L을 제시해야 화물의 인도를 청구할 수 있다. 즉, B/L의 정당한 소지인이 화물인도를 청구하면 운송인은 그에게 화물을 인도해야 한다. 그리고 B/L은 복수로 발행되는데, 운송인은 그 중 1통을 먼저 제시하는 자에게 화물인도를 거부할 수 없으며, 1통을 사용하면 나머지는 효력을 상실한다. 이때 만약 2인 이상이 동시에 인도청구를 하면 운송인으로부터 먼저

교부받은 소지인이 그 권리를 취득한다. 그러나 실무에서는 B/L의 분실 또는 화물이 B/L보다 먼저 도착하는 경우(예, 한일, 한중과 같은 근거리 항로) 등에, B/L의 제시 없이도 화물을 인도받을 수 있는 보증장(L/G) 제도가 통용되고 있다.

4 선하증권의 효력

B/L은 운송계약에 기초하고 있지만, 계약당사자 이외의 제3자들 사이를 유통전전(流通轉傳)하는 유가증권이다. 따라서 B/L에 대하여, 그 기초가 되는 해상운송계약과 별도의 법적 효과를 인정할 필요가 있다. 여기에 필요한 것이 B/L 소지인의 권리행사에 대한 채권적 효력과 B/L의 배서·교부에 의한 운송물의 처분에 대한 물권적 효력이다. B/L은 이 2가지 효력에 힘입어 무역화폐로서 기능한다. 즉, B/L은 운송물에 대한 인도청구권을 표시하는 채권적 유가증권이며, B/L이 운송물 자체를 대표하여 B/L의 양도로 운송물 자체를 인도한 것과 같은 물권적 유가증권이다.

(1) 채권적 효력

채권적 효력은 B/L 소지인이 운송인에게 운송계약상의 의무의 이행(화물의 인도)을 요구하고, 불이행의 경우에는 손해배상을 청구할 수 있는 권리이다. 상법은 운송인과 B/L 소지인 사이의 관계를 '증권에 기재된 바에 의한다.'고 규정하고 있다(854조, 131조). 이것이 바로 채권적 효력, 즉 문언적·증권적 효력이다. 이는 B/L의 유통을 원활히 하기 위한 것이다.

증권적(=채권적·문언적) 효력은 소지인과 운송인 사이에만 생기고, 운송계약의 당사자인 송하인과 운송인의 관계는 오직 운송계약으로 정해진다. 곧 운송인과 소지인의 관계는 송하인과 운송인의 운송계약으로부터 완전히 차단되는 것이다.

이처럼 B/L은 채권적 효력이 있기 때문에, 일단 B/L을 교부하면 운송인은 화물을 수령하지 않았거나, 수령한 화물이 B/L의 기재와 다른 경우에도, 그 기재에 합치되는 화물을 인도할 의무가 있다. 따라서 선적화물에 이상(異常)이 있어 Dirty B/L을 발행해야 하는 데도, 이른바 보상장(L/I : letter of indemnity)을 받고 Clean B/L을 발행한 운송인은 채권적·문언적·증권적 효력(금반언의 원칙; estoppel)[5]에

5) 일방이 한 표시(서명)를 믿고 제3자가 어떤 행위를 한 때에는 표시자는 이후 그 사실을 부인할 수 없다는

의해 B/L 소지인에게 대항할 수 없다.

한편 B/L이 요인증권이라는 것은 채권적 효력의 기속을 받으면서 동시에 운송계약의 기속을 받는다는 의미이다. 즉, B/L이 운송계약에 기초하여 작성되는 요인증권인 점과 화물을 '수령한 후' 또는 '선적한 후'에 교부하도록 되어 있어, 화물을 수령·선적하지 않고도 B/L을 발행한 경우에는, 그 B/L은 원인과 요건을 구비하지 못하여 누구에게도 무효가 된다.

이러한 증권적 효력에 의한 운송인의 무거운 책임은 부지약관(unknown clause), 즉 '송하인이…을 적입했다고 함'(said by shipper to contain), '화주적입 및 계량'(shipper's load and count), 기타의 면책약관(exceptions clause)으로 피할 수 있기 때문에, 운송인에게 결코 불리한 것이 아니다.

(2) 물권적 효력

물권적 효력은 B/L의 양도로 화물에 대한 권리(인도청구권)가 이전되고, 화물을 인도한 것과 같은 효력을 발휘함을 말한다(상 854조, 133조). 따라서 화물에 대한 처분은 B/L로 해야 한다(상 854조·132조). B/L에 물권적 효력이 있기 때문에 수출상은 화환(貨換)의 방법(negotiation)으로 신속하게 자금을 회수할 수 있다. 물권적 효력이 있으려면, 수하인에게 B/L을 양도해야 하는데, B/L이 무기명식·선택무기명식이면 그냥 양도하면 되고, 지시식(order B/L)이면 배서하여 양도해야 한다.

B/L에 기명된 수하인도 B/L의 제시없이 화물의 인도를 청구할 수 없으며(상 129조), B/L의 소지없이 운송인에게 지시(운송의 중지·화물의 반환·기타의 처분)를 할 수 없다. 이는 정당한 B/L 소지인을 보호하기 위한 것으로, 화물을 직접 선의취득한 자가 있거나 화물이 멸실된 때에는, B/L의 선의취득자는 물권적 효력이 없는 B/L을 취득한 것이 되어, 물권은 취득하지 못하고 채권적 효력으로 운송인에게 손해배상청구를 할 수 있을 뿐이다.

한편 B/L의 선의취득자와 화물 자체의 선의취득자가 경합하는 경우, 화물의 점유자가 권리를 취득한다. 전자는 운송인의 직접점유상실(운송인이 당해 화물을 점유하고 있지 못함)로 인해, 화물의 간접점유권을 상실했기 때문이다. B/L의 양도가 화물의 인도와 같다는 것은, B/L 소지인이 화물의 인도청구권을 가진 간접점유자로서, B/L의 양도는 화물의 실질적 인도와 같은 인도청구권의 양도인 것이다.

법리이다. 영미법상 중요한 원칙이며, 거래의 안전을 위해 매우 중요한 역할을 한다.

5 선하증권의 유래와 변천

(1) 선하증권의 연원

상인이 선박을 직접 소유하여 자기의 화물만을 운송하던 자가운송시에는 굳이 선하증권이나 용선계약서(C/P)와 같은 수령증 또는 계약서를 필요로 하지 않는다. 그러나 운임수취를 목적으로 남의 화물을 운송하는 타인운송시에는 어떠한 형식으로든 선주와 화주간에 그 증표가 오고 갔을 것이다. 따라서 기원전 수세기 전부터 이미 공동해손을 법제화할 만큼 예지를 발휘했던 고대인들은, 비록 오늘과 같은 B/L·C/P에는 못미치더라도, 틀림없이 그에 상응하는 증표·증서를 활용하였을 것이다.

기록상 B/L의 뿌리는 해상활동이 활발했던 11세기 지중해에서 찾아볼 수 있다. 여러 문헌들 가운데 B/L의 연원이 될 만한 가장 오랜 기록은 1063년에 편찬된 '트라니 해사조례(海事條例)'(Ordonnance Maritime of Trani)이다. 여기에는 "선장은 반드시 본선에 서기(clerk)를 두고 장부(book) 또는 대장(register)을 작성해야 한다."고 규정하고 있다. 또한 1255년에 편찬된 프랑스의 칙령집(Le Fuero Real)은 "선주는 본선에 적재된 모든 물품의 성질(nature)과 수량(quantity)을 본선의 대장(register)에 기재해야 한다."는 규정이 있는데, 본선의 서기가 작성한 장부·대장이 바로 선하증권의 뿌리(前身, rudimentary B/L)인 것이다.

이들 장부·대장·기록(book or register or writing)은 ① 화물의 수령증, ② 선원의 고용계약서, ③ 용선계약·기타의 계약서로 오늘날의 항해일지(log book)의 기능도 겸한 것이었다. 이때는 양피지(parchment)를 사용하고, 또한 그것이 귀하던 시절이라 본선에 관한 모든 사항을 하나의 장부에 기재하였을 것이다.

그러나 무산모험상인(無産冒險商人)으로 출발했던 상인들이 유산자본가(有産資本家)로 변신하면서, 위험한 항해를 기피하여 화물과 동승하지 않고 수하인에게 문서만 보내면서, 이들 문서와 다른 독립된 문서, 즉 적하명세사본(선하증권)이 분리된다. 즉, 도착지의 수하인이 화물을 인도받을 수 있는 증거가 필요했기 때문이다.

(2) 근대의 선하증권

해사법원의 기록에 의하면 16세기 초부터 유럽의 상인들이 B/L을 권리증권으로 이용하면서, B/L의 양수인(transferee)은 도착지에서 선장에게 화물의 인도를 요구할 수 있는 관행이 정착된다. 16세기 말에는 B/L은 "선장이 본선에 적재된 화물의 수량과 상태를 인정하는 서류"로 정의되면서 B/L의 사용이 보편화되었다. 초기의 B/L은 단지 화물의 수량(quantity)만을 기재하고 있고, 소수의 B/L이 화물의 상태(condition)를 기재했다.

스페인어로 작성된 1546년의 B/L에는 "선장이 화물을 수령하였음을 확인하고, B/L의 여백(margin)에 화인(marked)된 화물을 수하인 또는 그의 고용인에게 용선계약서(C/P)에 약정된 운임을 받고 인도할 것을 약속하며, 선장이 서명한 동일한 내용(one tenor)의 B/L 3통을 교부하고, 그 중 하나를 사용하면 나머지는 실효(失效)한다."고 기재되어 있다. 즉, 이때부터 화물의 상태와 함께 화물에 화인(shipping mark)을 표기하고, B/L에도 화인을 표기하여 C/P와 별도로 B/L을 발행하였던 것이다.

1554년에는 최초로 해난(海難, perils of the sea)을 면책으로 약정한 B/L이 등장하고, 17세기의 B/L의 기능은 현재와 거의 차이가 없다. B/L에 화인을 표기하고 누구로부터 인수하여 누구에게 인도해야 한다는 등을 기재하며, 통상 여러 나라 말로 인쇄하여 3통을 동일한 내용으로 발급한다. 당시의 B/L은 이미 소유권의 이전(pass the property)을 의도하는 양도문언과 함께 배서로 소유권이 이전되었다.

B/L의 배서효과에 대한 최초의 판례(Snee v. Prescott)는 1743년이다. 재판부는 "B/L의 백지배서(blank endorsement)는 소유권의 이전에는 불충분하므로 기명배서(special endorsement)를 해야 한다."고 판결하였다. 그러나 1780년에는 "기명배서와 백지배서에 차이가 없다."는 판례가 나왔다.

1793년의 Lickbarrow v. Mason 사건은 B/L의 배서로 운송중인 화물의 소유권이 이전되느냐에 대한 분쟁이다. 배심원들은 "B/L의 지시문언 또는 증권 자체의 양도로 화물의 소유권이 이전된다. 그리고 항해의 종료전이면 배서를 통해 증권을 유통·양도하더라도 소유권이 이전된다. 백지배서를 받은 양수인이 소유권을 취득함은 물론, 그가 증권에 다시 자기의 지시문언을 기재하여 타인에게 재양도할 수 있다. 따라서 백지배서는 소지인에게 화물을 인도하라는 지시문언과 같은 효력이 있다."고 평결하였다.

(3) 영국의 선하증권법(Bills of Lading Act)

18세기 말이 되면 B/L은 3통을 교부하여 배서·양도로 유통시켜 무역화폐로서 기본기능을 갖추게 된다. 그러나 B/L의 양도로 소유권의 이전은 가능한 것으로 공인되었지만, C/P(=운송계약)와 B/L의 관계, 그리고 B/L의 증거력 등에 대한 법적 성격이 불분명하여 분쟁의 소지가 남아 있었다.

이러한 문제점의 해결을 위해 1855년 영국이 선하증권법을 제정하였다. 즉, 그때까지 송하인이 수하인에게 화물에 대한 권리(title to the goods)를 이전하기 위해 B/L을 양도하더라도, 운송계약에 약정된 권리・의무는 이전되지 못했다. 관습법상 계약(contract)은 이전될 수 없었기 때문이다. 이 당시의 B/L은 거의가 C/P에 기초하여 발급한 것으로, B/L이 독자적으로 발급된 것은 정기선 운항이 확립된 19세기 초부터이다.

운송도중 선주의 과실로 화물이 멸실・손상되면, 운송계약의 당사자가 아닌 수하인이나 양수인이 화물의 소유권을 갖기 때문에 문제가 생긴다. 즉, 이들은 계약의 당사자가 아니라서 선주를 상대로 제소할 수 없다. 따라서 1855년 영국의 선하증권법[6]은 B/L을 수하인에게 양도한 때에는, B/L상의 권리・의무도 이전된다는 점을 골자로 한 법이다. 즉, B/L에 기재된 수하인・양수인에게 제소권(提訴權)을 부여하고, B/L이 선적에 대한 결정적 증거(conclusive evidence of shipment)임을 입법화한 것이다. 1855년 선하증권법은 3개조에 불과하다. 그 골자를 요약하면 아래와 같다.

① 수하인 및 양수인의 권리와 의무

수하인・양수인에게도 직접 계약을 체결한 당사자(송하인)와 마찬가지로 B/L에 구현된 계약(contract contained in the B/L)상의 권리와 의무가 적용된다. 즉, 화물에 대한 소유권・제소권과 권리・의무가 B/L과 함께 그대로 이전된다.

② 이해관계인의 권리

모든 당사자의 운송정지권, 선주의 운임청구권, 수하인・양수인의 화물인도청구권 등은 어떠한 경우에도 침해되지 않는다.

③ 선하증권의 증거력

수하인 등이 소지한 B/L은 선적에 대한 결정적 증거이다. 수하인・양수인이 정당한 대가를 지불하고 취득한 B/L은, 이들이 B/L 취득시 화물이 선적되지 않았음을 통고받지 않았다면, 비록 그 화물의 전부 또는 일부가 선적되지 않았더라도, 선

6) 1855년 선하증권법은 1992년 해상화물운송법(Carriage of Goods by Sea Act 1992)으로 대체되었다. 따라서 그 법은 1992년까지 140여년 동안 영국에서 선하증권의 법규로 효력을 유지해 왔다. 1992년 법은 선하증권과 기타 운송서류에 관한 법규로 선하증권・해상운송장(sea waybill)・본선화도지시서(本船貨渡指示書, ship's delivery order)의 범위・기능 등을 규정하고 있다.

장 또는 기타 B/L의 서명인에 대해 선적에 대한 결정적 증거가 된다. 다만 선장 등의 서명인이 송하인·증권의 소지인·인도청구권자의 사기(詐欺)로, 사실과 다른 서명을 했고, 지기의 과실(default)이 없었음을 입증하면 책임을 면할 수 있다.

제2절 선하증권의 종류

1 발행시기에 따른 분류

(1) 선적선하증권(Shipped B/L)

화물을 특정선박에 적재하였음을 명시한 B/L로 'on board B/L'이라고도 한다.[7] 선적전에 B/L을 발행했더라도, 즉 수취선하증권을 발행한 경우라도, 선적후 'shipped' or 'on board'라는 문구와 날짜를 기재하고, 발행자가 서명하면 선적 B/L이 된다. 이것을 선적부기(船積附記, on board notation or on board endorsement)라 한다. 컨테이너 운송시 선적 B/L을 요구하면 이러한 절차가 필요하다. 또한 경우에 따라 선적전에도 보상장(L/I : Letter of Indemnity)을 받고 선적 B/L을 발행하는데, 이 경우 발행행위는 위법이지만, B/L 자체는 유효하다.

(2) 수취선하증권(Received B/L)

본선이 아직 입항하지 않았지만 선박이 지정된 경우에 선사가 화물을 수령하고 선적전에 발행한 B/L이다. B/L에는 'received for shipment'라고 기재하며, B/L 발행후 그 B/L에 실제 선적일을 기재하고, 선사 또는 그 대리인이 서명하면 선적 B/L과 같은 효력을 갖는다.

컨테이너 화물은 터미널에 반입된 후(FCL) 또는 컨테이너에 적입된 후(LCL), 발행한 부두수령증(D/R) 또는 혼재선하증권(house B/L)과 상환하여, 선적전에 B/L을 발

7) 영국에서는 Shipped B/L이라 하고, 미국에서는 On Board B/L이라 한다. 미국은 화물을 창고에서 인수하는 관습이 있기 때문에 미국의 B/L은 모두 수취식이다. 그것은 'Received for shipment'로 시작하며, 송하인이 요구하면 선적전에 그대로 교부하고, 선적후에는 선적일자를 기재하고 서명하여 선적필(船積畢)로 만든다.

행하기 때문에 수취 B/L이 된다. 그런데 수취 B/L로 취결(就結, negotiation)[8]을 할 경우, 은행은 후에 화물을 반드시 선적한다는 보장이 없으므로, 신용장이 이를 허용하지 않으면 수리를 하지 않았으나, 4차개정 신용장통일규칙(UCP 400 ; 1983)부터 신용장이 특별히 선적 B/L을 요구하지 않으면, 수취 B/L도 수리하게 하였다.

그러나 현재 한국의 은행들은 신용장에 수취 B/L의 수리를 특별히 지시하는 문언, 즉 'Received B/L acceptible'이 없으면 수취선하증권(received B/L)을 수리하지 않고 있다. 포워더가 발행한 House B/L도 신용장의 지시가 없으면 수리하지 않고 있다.

2 화물사고의 유무에 따른 분류

(1) 무사고 선하증권(Clean or Unclaused B/L)

선적화물에 외관상 아무 이상이 없어, B/L에 어떠한 유보문언(=단서)도 없이 깨끗하게 발행된 B/L이다. 선적시 화물의 상태를 점검한 일등항해사가 선적완료후 본선수취증(M/R : mate's receipt)의 비고란(remark)에 화물의 이상유무(異常有無)를 기재하면, 선사는 이를 근거로 B/L을 발행한다. 선적시 외관상 화물에 이상이 없으면, M/R에도 유보문언이 없게 된다. B/L은 M/R에 기초하여 발행하기 때문에, B/L도 "외관상 양호한 상태로 선적되었음"(shipped on board in apparent good order and condition)으로 기재하여 발행한다. 이를 무사고 B/L이라 한다.

6차개정 신용장통일규칙(UCP 600; 2007)에는 "은행은 무사고 운송서류만 수리한다. 무사고 운송서류는 물품 또는 포장에 하자(瑕疵)가 있음을 명시적으로 표시해주는 유보문언이나 단서가 없는 운송서류이다. 신용장에 운송서류가 '무사고 선적' 이어야 한다는 조건을 포함한 경우에도 '무사고'라는 단어를 운송서류에 기재할 필요가 없다. 인코텀스는 특히 다음 3가지 문언이 있어도, 무사고 B/L이라고 규정하고 있다.

① '중고상자 또는 중고드럼'(second-hand cases or used drum)과 같이 포장이 불충분하다고 명시적으로 기재하지 않은 경우, ② 화물의 성질이나 포장으로 인해 발생한 손해에 대하여 운송인이 책임을 지지 않는다고 명시한 경우, ③ 물품의 내용·

8) 취결 : 수출상이 신용장 개설은행 또는 수입상을 지급인으로 하는 환어음을 발행하고, 운송서류를 담보로 자기의 거래은행에서 대금을 미리 전도받는 것, 흔히 말하는 네고(negotiation)이다. 이때 은행입장에서 보면 환어음·운송서류의 매입이고, 수출상의 입장에서 보면 환어음·운송서류의 매도이다.

중량·품질 등에 대하여 운송인은 관여하지 않았다는 문언이 있는 경우 등이다.

(2) 사고부 선하증권(Foul; Claused; Unclean; Dirty B/L)

선적 당시 화물의 포장·수량 등에 결함 또는 이상이 있어, 그 사실을 B/L에 그대로 기재하여 발행한 B/L이다. 예컨대 파손된 상자 셋(3 cases damaged), 부족분 3개 미해결(3 packages short in dispute) 등의 문구가 기재된 B/L이다. 신용장이 허용하지 않으면, 그러한 문언이 있는 B/L을 은행은 수리하지 않는다.

따라서 수출상은 선적시 화물에 이상이 발견되면, 즉시 대치 또는 재포장해야 하며, 선박이 곧 출항하거나 선적기일이 임박하여 대치·재포장이 곤란하면, 선사에 보상장(L/I : letter of indemnity)을 제출하고 무사고 B/L을 받을 수 있다.

한편 송하인이 적입한 컨테이너 화물의 경우, 운송인은 내용물과 수량을 확인할 수 없어, 'Shipper's load and count'(송하인 적입·계량), 'Said by shipper to contain'(송하인이 적입) 등의 부지약관(不知約款, unknown clause)이 기재되거나, 신용장의 수익자가 아닌 자를 송하인으로 기재한 B/L도 무사고로 보고 수리해야 한다(UCP 600 26조).

3 수하인의 표시방법에 따른 분류

(1) 기명식 선하증권(Straight B/L)

B/L의 수하인란에 수하인의 상호 및 주소를 기재한 B/L이다. 예컨대 '수하인란'에 'Al Gosaibi Corp. P.O. Box 25, Dammam, Saudi Arabia.'라고 기재한다. 이때 화물에 대한 권리가 기재된 수하인에게 귀속되기 때문에 B/L의 유통에 제한을 받는다. 따라서 상품대금이 이미 결제되었거나, 신용장이 요구한 경우가 아니면, 좀체로 기명식으로 발행하지 않는다.

미국에서는 기명식 B/L은 선적화물이 목적지에 도착하면, B/L에 기명된 당사자만 그 화물을 인수할 수 있기 때문에, 운송중 화물의 전매나 유통이 제한을 받는다. 그러나 영국과 대륙법계에서는 기명식도 B/L에 배서금지 문언이 없으면 배서·양도가 가능하다. 이때 기명된 당사자만 배서·양도할 수 있다. 우리 상법도 B/L에 양도금지 문언이 없으면, 배서·양도할 수 있게 규정되어 있다.

일반적으로 전매(轉賣)가 필요없는 화물, 즉 다국적기업의 내부거래, 소량화물, 이사화물 등에 이용하는 해상운송장(sea waybill) 및 운송기간이 짧아 B/L의 유통이 실효가 없는 항공운송에서 항공운송장(air waybill)을 기명식으로 발행하여 원본 1부가 화물과 함께 수하인에게 보내진다.

(2) 지시식 선하증권(Order B/L)

수하인란에 수하인의 상호・주소를 기재하지 않고, 'to order' 또는 'to order of … Bank'라고 기재한 B/L이다. 이는 유가증권인 B/L의 유통・전매를 자유롭게 하기 위해서이다. 따라서 'to order'인 경우 선사는 누군가(지금은 알 수 없지만 B/L 소지인)의 지시를 받아 화물을 인도해야 한다. 'to order of … Bank'의 경우 '… Bank'는 L/C 개설은행 또는 확인은행(확인신용장일 경우)이며, 선사는 그 은행이 지정한 당사자에게 화물을 인도한다.

지시식 B/L은 백지배서(白地背書)로 양도가능하며, 이 B/L의 소지인은 화물의 소유권자가 된다. 통상 신용장은 "운임선불, 통지처 수입상, 지시식으로 작성된 무사고 선적선하증권 전통"(full set of clean on board bill of lading made out to order, marked freight prepaid and notify accountee)을 요구한다. 화물이 운송중 자유롭게 전매・유통될 수 있도록 B/L을 지시식으로 발행하는 것은 현대의 신속한 유통제도에 부합되는 것이며, 특히 은행의 개입으로 결제가 이루어지는 신용장 제도와 조화를 이룬다.

4 유통성의 여부에 따른 분류

(1) 유통가능 선하증권(Negotiable B/L)

유통가능이란 B/L을 전매・양도할 수 있다는 의미이다. 이는 B/L이 화물을 표창(表彰 ; 體化 ; embody)하는 유가증권으로서 물권적 효력(B/L의 인도는 화물을 인도한 것과 같은 효력)을 발휘하기 때문에, 운송중인 화물(아직 목적지에 도착하지 않은 화물)의 B/L을 전매하여, 매매당사자가 신속하게 자금을 융통할 수 있게 한 것이다.

해상운송은 장기간을 요하기 때문에, 선사로부터 B/L을 입수한 수출상은 이를 거래은행에 매도(네고)하고, 또 수입상은 개설은행에 수입대금을 지불하고 수취한 B/L을 갑에게 이윤을 붙여 팔고, 갑은 을에게, 을은 병에게 순으로 유통・전전하는 것이다. 이때 배서를 통해 갑・을・병의 순으로 B/L의 권리가 이전된다.[9] 자유로

9) 옛날 범선시대로부터 유래한 항해기간중의 B/L의 유통・전매는 오늘날의 고속 컨테이너선 시대는 거의 없

이 유통가능한 B/L은 앞서의 지시식 B/L을 말하고, 미국을 제외하고는 기명식 B/L도 배서금지의 문구가 없으면 유통가능하다.

한편 선사는 통싱 3통의 B/L 정본(正本)과 함께 여러 통의 B/L 사본(寫本)을 발행하는데, 정본만이 화물과 상환가능하며, 은행도 이들 정본만을 매입(negotiate)하므로, 이들 정본만을 유통가능 선하증권(negotiable B/L)이라 한다.

(2) 유통불능 선하증권(Non-Negotiable B/L)

유통불능은 전매・양도가 허용되지 않는 B/L이다. 즉, 기명식에 배서금지의 문언이 있는 B/L이다.[10] 해상운송중인 무역화물의 경우는 유통불능 B/L은 드물고, 이삿짐 등을 운송할 때 이용된다.

한편 항공운송은 운송기간이 2~3일에 지나지 않아, 항공운송장(air waybill)은 모두 기명식으로 발행하며 유통불능이다. 해상운송장(sea waybill)도 기명식으로 발행하며 유통불능이다.

또한 선사는 통상 정본(original) 외에도 자료 및 참조용으로 여러 통의 사본(copy)을 발행하는데, 이들 사본은 'Non-Negotiable'이라는 표시를 하기 때문에, 화물과 상환이 되지 않을 뿐만 아니라 은행에서도 매입하지 않는다. 이들 사본을 유통불능 B/L이라 하기도 한다.

지만, 원유・석탄・곡물 등 부정기선 화물은 종종 B/L의 전매로 물품의 매매가 이뤄지고 있다.

10) 선하증권은 환어음보다 유통성이 약하다. 환어음은 유통불능(not negotiable)이란 문언이 없으면, 당연히 유통가능하지만, B/L은 원칙적으로 유통가능(negotiable)이란 문언이 있어야 유통가능하다. 그러나 실무에서는 B/L의 수하인(consignee)란에 'to order'를 기재하고 Notify Party란에 수하인의 상호를 기재하면 유통가능하다. 유통불능은 수하인란에 수하인의 상호(商號)를 기입하고 통상 스탬프로 Non-Negotiable이라고 표기한다.

유통불능 기명식 선하증권의 양도

중소기업은행(원고)과 한진해운(피고) 사이에 기명식 B/L의 양도(讓渡)에 관한 다툼이 있었다. 쟁점은 '유통불능'(non-negotiable)이라는 문구가 인쇄된 기명식 B/L을 소지한 신용장 개설은행인 중소기업은행이 B/L의 '정당한 소지인'으로서 화물인도청구권을 갖는지의 여부였다. 모든 교과서에 유통불능 B/L은 양도가 불가하다고 명백히 밝히고 있는데도, 다수의 법률전문가들(원고측 변호인 6명, 피고측 7명)이 치열한 공방을 벌리며 3심까지 간 사건이다.

"화물에 대한 권리는 B/L을 통해 행사한다. B/L의 제시없는 인도청구는 거절해야 한다."는 B/L의 권리증권성 및 상환증권성 등은 B/L 원본을 소지한 기업은행이, B/L 원본과 상환(相換)하지 않고 화물을 인도한 운송인(한진)에게 책임을 물을 수 있는 사유가 된다. 결국 "기업은행은 B/L의 정당한 소지인이 아니다."라는 법원의 판단으로, B/L 원본의 소지, 즉 권리증권이라는 일반원칙이 양도불능이라는 특별원칙에 패배한 것이다.

신방어패럴은 1996년 5월 상하이의 지안진으로부터 나염면직물을 매수하여, 스리랑카의 차르카에게 매도하기로 하고, 기업은행에서 지안진을 수익자로 신용장을 개설하였다. 한진해운은 1996년 8월 면직물을 '한진동해호'에 선적하고, 송하인(shipper) 지안진, 수하인(consignee) 차르카, 양륙항 콜롬보, 유통불능(Non-Negotiable)으로 기재된 기명식 B/L을 지안진에게 교부하였다.

지안진은 차이나은행에 화환어음을 매도(賣渡, negotiation)하였고, 차이나은행은 기업은행에 신용장 대금을 추심(推尋)해 왔다. 대금결제를 지체하던 신방이 도산(倒産)하여 기업은행이 $66,564를 차이나은행에게 지급하고 B/L을 양도받았다. B/L에는 기명된 수하인(차르카)의 서명 또는 날인이 없었다.

한진은 B/L 원본을 회수하지 않고, 추후 B/L을 제출하겠다는 각서를 받은 다음 차르카에게 화물을 인도하였다. 이에 대해 기업은행은 한진이 B/L과 상환(相換)하지 않고 화물을 인도하여 채권행사를 할 수 없게 되었다면서, 한진에게 5,500만원의 손해배상청구소를 서울지법에 제기했던 것이다.

서울지법은 기업은행의 패소로 판시하였고 기업은행이 항소했다. 서울고법은 한진에게 70%의 과실을 인정하여 3,800만원의 손해배상을 명령하자 한진이 상고했다. 대법원은 재판부 전원의 일치된 의결로 2심판결을 파기하여 환송했다.

본 판례는 유통불능 기명식 B/L의 화물인도청구권자는 수하인으로 기재되어 있는 者이고, B/L에 수하인으로 기재되어 있지 않은 자는, 비록 그가 B/L 원본을 소지하고 있더라도 화물인도청구권이 없다는 것을 확인해 주었다. 유통불능 기명식 B/L은 수하인으로 기재된 자가 아니면 누구도 수하인이 될 수 없다는 것이다.

이 판례는 유통불능 기명식 B/L의 성격을 명확히 정의한 이정표가 될 것이다. 운송중에 전매가 예상되는 화물은 유통불능 기명식 B/L을 사용해서는 안된다. 신용장 개설은행은 가급적 유통불능 기명식 B/L을 피하고, 유통가능 지시식(negotiable order) B/L의 사용을 신용장에 명시해야 한다. 만약 부득이 사용해야 하고 수입상을 신용할 수 없을 경우에는, 신용장 개설시 물품대금의 선급 또는 적절한 담보를 확보하는 것이 최선의 방법이다.

5 계약의 성격에 따른 분류

(1) 용선계약서부 선하증권(B/L under C/P)

석유・곡물・석탄・철광석・기타 살화물(bulk cargo)은 통상 용선계약을 체결하여 운송하고 B/L도 발행한다. 이때 운송계약서는 용선계약서(C/P)가 되고 B/L은 단지 영수증의 기능을 하기 때문에, 10가지 법정기재사항을 중심으로 간략하게 발행한다. 거기에 화물이 양호한 상태로 적재되었다는 사실과, 본선은 화물에 대해 송하인이 기재한 내용을 인정하지만, 화물의 상태에 대해서는 직접 확인하지 못했다는 단서, 즉 "중량・수량・가액・품질은 알 수 없음"이라는 문언을 추가약관(variable rider)으로 부기한다. 그리고 B/L에는 C/P의 약관이 B/L에 편입(incorporate)된다는 문언과, 선하증권 통일조약(1924년 헤이그규칙 또는 1968년 헤이그-비스비 규칙)이 B/L에 편입되어 적용된다고 기재한다.

그런데 용선계약서부 B/L은 네고시 은행이 수리하지 않는 서류이다. 이로 인해 많은 불편이 있었다. 따라서 신용장통일규칙(UCP 600) 제22조에 신용장이 용선계약서부 B/L을 요구 또는 허용한 경우 수리하게 했다. 물론 신용장에 그러한 요구・허용이 없으면, 은행은 수리하지 않는다. 신용장이 용선계약서부 B/L을 요구・허용하면, 은행은 그 명칭에 관계없이 다음과 같은 서류를 수리해야 한다.

① 용선계약에 따른다고 명시한 서류, ② 선장・선주 또는 그 대리인이 서명・인증한 서류, ③ 운송인의 명의가 있거나 없는 서류, ④ 물품이 선적되었음을 명시한 서류, ⑤ 신용장에 지정된 선적항・양륙항이 명시된 서류, ⑥ 1통이든 여러 통이든 발행된 정본 모두로 구성된 서류, ⑦ 범선에 의한 운송이라는 명시가 없는 서류, ⑧ 기타 신용장의 조건을 충족한 서류.

그러나 은행은 이러한 서류 외에 첨부된 C/P의 내용은 심사할 필요가 없다. 신용장 개설의뢰인이나 수익자는 용선계약의 당사자이기 때문에, C/P를 제시하더라도 은행은 이를 심사하지 않고, 은행의 책임없이 다음 당사자에게 송부하면 된다. 즉, 용선계약서부 B/L을 제시받은 은행은 이것의 기초가 된 C/P와는 무관하게 이를 수리할 수 있다.

(2) 정기선 선하증권(Liner Bills of Lading)

B/L은 정기선사가 발행하는 유일한 운송계약의 증거(sole evidence)이므로 부정기

선에 이용하는 B/L보다 훨씬 포괄적(comprehensive)이다. 전술한 모든 정보와 특별약관에 더해, 많은 면책약관(exception clause), 이른바 보호약관(protective clause)과 항해의 성격 또는 화물의 특성상 요구되는 추가조항(additional provisions)들을 포함한 모든 특수조건(all the special terms and conditions)을 포함하고 있다.

신용장이 요구하는 선하증권

신용장에서 B/L을 요구하는 문언은 통상 다음과 같다. 이는 곧 수출상이 네고(negotiation)할 때에 은행에 제시해야 할 B/L의 요건을 의미한다. 그러나 이것과 다른 표현도 많고 단어의 순서가 달라지기도 한다.

Full set of clean on board ocean bills of lading (dated not later than July 31, 2022) made out to order (or of Woori Bank) and blank endorsed, and marked 'freight prepaid' (or collect) and notify 'accountee'.

① Full set of B/L : B/L 정본 모두를 제시하라는 것이다. B/L은 통상 3통의 正本을 발행한다. 이들 정본은 각각 'Original・Duplicate・Triplicate'로 표시하며 3통 모두가 동일한 효력을 갖는다. 따라서 정본 하나하나가 곧 화물이 체화된 유가증권으로서, 정본 1통만 있어도 화물을 처분할 수 있으므로, 네고은행은 B/L 정본을 모두 첨부한 환어음만을 매입한다. 3통을 발행하는 이유는 오랜 관습이 그래왔고, 우송중 분실을 염려해 B/L을 2회로 나눠 우송하기 위해서이다.

② Clean B/L : 무사고 선하증권, 즉 네고시 화물이 온전한 상태로 선적되었음을 입증하는 B/L을 제출해야 한다. 선적화물에 이상이 있는 경우, 사고부 선하증권(foul or dirty B/L)이 발행되며 은행은 이를 수리하지 않는다. 통상 B/L에는 "Received by the carrier from the shipper in apparent good order and condition unless otherwise indicated herein."로 인쇄되어 있기 때문에, B/L에 사고문언이 기재되지 않으면 무사고 B/L이 된다.

③ On Board B/L : 네고시 선적필 B/L을 제출하라는 것이다. 재래선의 경우는 대부분의 B/L이 선적필로 발행되어 그다지 문제가 되지 않았지만, 컨테이너선은 거의 수취식(received B/L)으로 발행되므로, 선적필 B/L이 되려면 선적후 수취식 B/L에 선적부기(船積附記, on board notation)를 해야 한다. 수취식 B/L에 선적부기를 하면 선적필 B/L이 된다.

④ Ocean B/L : 해상선하증권이어야 한다는 것이다. 우리가 흔히 선하증권이라 일컫는 Bill of Lading은 엄밀한 의미에서 운송증권이라는 뜻이라서, 해상운송이 아닌 운송에도 B/L은 다반사로 사용하고 있다. 복합운송증권이 대표적인 예이다. 따라서 복합운송시 신용장이 Ocean B/L을 요구하면 주의를 요한다. 항구(케냐의 Mombasa)로부터 1,000km 깊숙이 위치한 내륙국 잠비아의 루사카(Lusaka) 인도조건으로 매매계약이 체결되었다. 수출상은 루사카 도착조건으로 포워더에게 물품운송을 의뢰하고, 포워더로부터 교부받은 FIATA FBL을 은행에 제시하였는데 은행은 지급을 거절했다. L/C가 요구한 'Ocean B/L'이 아니라는 것이다. 결국 L/C를 변경해야 했고, 그로 인한 물적・정신적

피해가 적지 않았다.

⑤ Dated not later than July 31, 2022 : 선적이 7월 31일 이전에 이뤄져야 한다는 의미이며, B/L의 선적일자란에 7월 31일 이전의 날짜가 기재된 B/L을 제시하지 않으면 네고가 되지 않는다. 통상 신용장에 선적일자가 명시되므로 굳이 이런 문언을 명시하지 않더라도 7월 31일까지 선적을 하지 않으면 안된다.

⑥ Made out to order : 지시식 B/L, 즉 B/L의 수하인란에 'to order'로 기재한 B/L을 제시하라는 것이다. 이는 선사가 목적지에서 누구에게 화물을 인도할 것인가에 관한 사항이다. 'to order'는 선사는 누군가(지금은 알 수 없지만 B/L 소지인)의 지시를 받아 화물을 인도해야 한다. 한편 "Made out to order of Woori Bank"는 수하인란에 'to order of Woori Bank'로 기재한 B/L을 제시하라는 것이다. 이때 'Woori Bank'는 L/C의 개설은행 또는 확인은행(확인신용장일 경우)이며, 선사는 우리은행이 지정한 자에게 화물을 인도해야 한다.

⑦ Blank endorsed : B/L을 백지배서하여 제시하라는 것이다. 백지배서는 양도자(송하인)가 양수인명을 기재하지 않고, B/L 뒷면에 자기의 서명만 하여 양도하는 방법이다. 백지배서를 하면 타배서에 비해 은행이 자유롭게 화물을 지배할 수 있어 가장 선호한다. 한편 B/L 뒷면에 'Deliver to…'라고 양수인을 기재하고 서명하면, 기명식 배서(full endorsement)가 되고, 만약 그 B/L을 타인에게 양도하려면 그 양수인의 서명을 요해 약간의 불편이 따른다.

⑧ Marked freight prepaid : 운임지불필 B/L을 제출하라는 것이다. 이는 곧 매매조건이 CFR(CPT) 또는 CIF(CIP) 조건이다. FOB 조건이면 운임후불조건인 'Freight collect'로 표기하기도 한다. 그러나 FOB 조건을 곧 후불조건인 것으로 오해해서는 안된다(많은 문헌들이 이를 오해하고 있다). FOB와 CIF의 차이는 누가 운임을 지불하느냐이지 운임을 언제 지불하느냐가 아니다. 그리고 선불과 후불은 화주와 선주의 관계이고, FOB와 CIF는 매도인과 매수인의 관계로 당사자가 다르다.

⑨ Notify Accountee : B/L의 통지처란에 환어음의 지급인(accountee), 즉 수입상의 상호와 주소를 기재하라는 것이다. 복수의 통지처가 있는 경우도 있다. 이 경우 부통지처(副通知處)를 Also Notify Party라 한다.

6 특수선하증권

(1) 통선하증권(Through B/L)

복수의 운송인이 관여한 통운송의 운송증권으로, 1인의 운송인이 2종 이상의 운송수단으로 운송하는 경우와 2인 이상의 운송인이 공동으로 운송할 경우, 운송인간에 승계운송계약(承繼運送契約)이 체결되기 때문에, 최초의 운송인이 전구간에 대하여 발행하는 B/L이다.

통선하증권은 통상 1차 운송인만 서명하지만, 2차 이후의 운송인은 각각 독립해서 자기 담당구간의 운송을 인수(부분운송)하는 것으로 연대책임을 지지 않으며, 2차 이후의 운송인이 하청의 지위에 있는 것도 아니다. 따라서 1차 운송인은 2차 이후의 운송인에 대한 송하인의 운송대리인에 불과하며, 2차 이후의 운송인과 계약체결 등 접속수배로 의무가 완료된다.[11]

(2) 복합운송증권(Multimodal/Intermodal/Combined Transport Document)

화물의 출발지로부터 목적지까지 육상・해상・항공 등 2가지 이상의 다른 운송수단으로 일관운송(through transport)할 때에 발행하며, 복합운송인이 전구간의 운송을 책임지고 발행하는 증권이다. 복합운송증권은 주로 문전에서 문전까지(door to door) 일관운송하는 컨테이너 화물에 발행하는데 통선하증권과는 약간의 차이가 있다.[12]

오늘날 많은 화물들이 복합운송 형태로 운송되고 있고, 이들 화물에 대해 해상선하증권(ocean B/L)이 아닌 복합운송증권을 발행하고 있다. 이들 복합운송증권은 해상구간만 커버하는 해상선하증권에서 약간씩 변형된 것들이다. 명칭은 Multimodal Transport B/L, Intermodal Transport B/L, Multimodal Transport Document 등이다.

컨테이너로 많은 화물을 복합운송하고 있어, 신용장통일규칙은 신용장이 특별히 해상선하증권을 요구하지 않으면, 은행은 복합운송증권을 수리하게 하고 있다. 그리고 신용장에 환적이 금지되었더라도, 은행은 복합운송증권에 "환적될 것이다 또는 될 수 있다."(Transhipment will or may take place.)라고 명시된 서류는 환적금지(transhipment prohibited)의 조건을 무시하고 수리한다. 즉, 복합운송에서 환적은 필

11) 통선하증권은 운송계약을 체결한 제1선사가 발행한다. 즉, 제1선사가 운송을 인수하여 그 일부를 제2선사에게 부분운송을 시키는 형태이다. 따라서 운송계약이 화주와 제1선사 사이에만 존재할 때 단독통운송이라 하고, 통선하증권에 제1선사・제2선사가 같이 서명할 경우에는 전구간의 운송을 공동으로 인수하는 것이 되어 공동통운송이라 한다. 특히 제1선사・제2선사의 담당구간을 B/L에 표시하는 경우를 연속운송이라 한다.

12) ① 통운송은 동종운송수단(同種運送手段, sea/sea) 또는 이종운송수단(異種運送手段, sea/air/land)과의 조합이 가능하고 복합운송은 이종운송수단의 조합을 말한다. ② 계약형태면에서 통운송은 각 운송구간이 부분운송이지만, 복합운송은 전구간 운송계약으로서 2차 이후의 운송인은 하청운송의 형태를 취한다. ③ 운송인의 책임체계는 통운송은 분할책임(network liability) 체계이고, 복합운송은 통합책임(uniform liability) 체계를 이상으로 하고 있지만, 실무상 어려움이 많아 분할책임제가 적용되고 있다. ④ 통운송에서는 1차 운송인은 송하인의 운송대리인이지만, 복합운송에서는 1차운송인은 원청운송인이고 2차운송인은 하청운송인이 된다.

연적이기 때문에, 은행은 환적의 허용 여부에 관계없이 복합운송증권을 수리한다. 다만 전구간의 운송을 1통의 복합운송증권으로 커버해야 한다.

(3) 집단선하증권(Groupage B/L)과 혼재선하증권(House B/L)

집단선하증권은 수송할 화물이 컨테이너 1개 분량이 안되어(LCL cargo) 포워더가 같은 목적지로 가는 화물을 하나의 운송그룹으로 구성하여 선적해 보낼 때 선사가 포워더에게 교부하는 B/L을 말한다. LCL을 FCL로 만드는 작업을 혼재(混載, consolidation)라 하는데, 이것은 화주에게 포장비의 절감, 신속한 수송, 저렴한 운임, 손상감소 등의 이점이 있다.

따라서 혼재를 주선한 포워더는 선사로부터 정상적인 선하증권(Master B/L; Groupage B/L)을 받고, 각각의 화주들에게는 일종의 선적증명서를 발급해 주는데, 이것이 바로 House B/L이다. 혼재운송에 대해 영국에서는 House B/L 대신 화도지시서(貨渡指示書, delivery order)를 이용한 적이 있다. 1984.10.1. 4차개정 신용장통일규칙의 발효전까지 신용장에 'House B/L acceptible'의 문언이 없으면, 은행이 인수하지 않았기 때문에 법적 효력이 강한 화도지시서(D/O)로 House B/L을 대신했던 것이다.

(4) 주선인 선하증권(Forwarder' s B/L)

운송주선인(freight forwarder)이 발행한 B/L이다. 주선인은 계약운송인으로서 운송수단(선박・항공기・철도・트럭 등)이 없는데도 실제운송인(actual carrier)처럼 운송주체로 활약하고 책임도 진다. 즉, 운송인에게는 화주입장에서, 화주에게는 운송인의 입장에서 책임을 지고 의무를 이행한다. House B/L은 LCL 화물에 한정되지만, 포워더 B/L은 FCL・LCL을 모두 포괄하므로 House B/L은 포워더 B/L의 일부이다.

(5) 약식선하증권(Short Form B/L)

일단 B/L로서 필요한 기재사항은 갖추고 있지만, 일반선하증권(long form B/L)에서 볼 수 있는 이면약관이 없는 간이식으로서 미국 등을 중심으로 이용되고 있다. 그러나 일단 분쟁이 생기면 Long Form B/L의 화주・선주의 권리나 의무에 준거하도록 되어 있다. 이러한 B/L은 용선계약부 B/L을 발행할 때 많이 이용된다.

(6) 시효초과 선하증권(Stale B/L)

B/L의 종류라기보다는 선적후 일정기간(5~10일) 내에 은행에 B/L을 제시해야 되는데, 그 기간이 경과된 B/L을 말한다. 즉, 시효가 지나 효력을 상실한 B/L이다. 신용장에는 통상 환어음의 지급(payment)·인수(acceptance)·매입(negotiation)을 위한 B/L의 제시기한이 B/L 발행일로부터 5~10일로 명시된다. 그 기간이 지나면 네고은행은 신용장 개설은행에 문의해 매입여부를 결정한다. 신용장에 B/L의 제시기한이 명시되어 있지 않은 경우, 발행일로부터 21일이 경과되면 그 B/L은 Stale B/L이 된다[신용장통일규칙(UCP600, 14조)]. 21일이 경과한 뒤에 제시하면, 은행은 신용장에 'Stale B/L acceptable'이란 문언이 없으면 수리하지 않는다.

(7) Surrender B/L

이것 역시 정식 B/L이 아니고 후술할 보증장(L/G)을 대체하려는 편법적 B/L이다. 송하인이 선적항에서 교부받은 B/L 원본을 배서(背書)하여 곧바로 선적항에서 운송인에게 반환(surrender)함으로써, B/L의 유통성(negotiability)이 소멸된 B/L이다. 송하인이 B/L 원본을 수하인에게 송부하지 않고, 운송인에게 반환하여 수하인이 양륙지에서 B/L 원본을 제시하지 않고 화물을 인수할 수 있게 한 것이다.

송하인은 선적항에서 교부받은 B/L 원본에 배서한 후 선적항 대리점에 반환하거나, 서렌더를 원할 경우 B/L 발행 전에 '서렌더 요청서'를 제출한다. 송하인이 보낸 운송서류가 수하인에게 도달하는데 시간이 걸리고 양륙항의 선사(船社) 대리점이 수하인을 잘 알고 있는 경우에 사용한다. 이는 보증장(L/G)을 대체하는 것으로 은행으로부터 L/G를 받으려면 수수료를 내야하고 번거로움 때문에 고안한 것이다.

수하인은 송하인으로부터 팩스로 B/L 원본 카피를 받아 통관하고 물품을 인수한다. 운송인은 양륙항의 대리점에게 별도로 그 사실을 알린다. 신용장 거래일 경우, 신용장에 반드시 "Surrender B/L Acceptable"이라는 문언이 있어야 이용할 수 있다.

그런데 서렌더 B/L은 분쟁이 생길 경우 B/L로 인정하지 않아 피하는 것이 좋다. 대법원은 서렌더 B/L은 상환증권성이 없어 B/L이 아니라며 이면약관의 책임제한 조항에 근거한 운송인의 항변을 배척하였다(MV Empress, 대법원 2006.10.26. 선고 2004다27082 판결). 선사들은 '서렌더 B/L'보다 상법에 규정된 (8)항의 '해상운송장'을 이용하는 것이 좋을 것이다.

Stale B/L 거래조건에서의 Surrender B/L의 효과

엄격한 B/L의 권리증권성 및 상환증권성으로 인해 한국의 해운업계는 1985~1989년의 제일은행 대 천경/협성의 보증도에 대한 대법원 판결 이후 곤욕을 치러왔다. 한국내 B/L 분생, 즉 천경/협성, 동원실업, 금하방직 등 대부분의 분쟁이 한결같이 3~6개월 유효기한의 '일람불 L/C, Stale B/L'이라는 편법적인 신용장 거래방식에서 발생했다. 이는 신용장 개설수수료는 0.2~0.25%인데 반해, 이런 편법거래에 의한 대지급이자(貸支給利子)는 7~8%나 되어 은행들의 유도로 비정상적 거래를 계속하고 있기 때문이다.

대만 등으로부터 세녹스(유사휘발유)를 수입·판매해오다가 세녹스에 세금이 부과되면서 연쇄부도로 이어져 수입업체 오랙스정유가 신용장 대금을 결제하지 못하고 도산하여 발생한 소송건으로 신용장을 개설한 국민은행이 "한진해운 등은 35억 3천만원과 그 이자, 삼호해운 등은 10억 2천만원과 그 이자를 지급하라"는 소송을 제기했다.

2010년 9월 대법원은 '일반선하증권'을 발행한 삼호해운은 귀책(歸責)으로 판결하고, 'Surrender B/L'을 발행한 한진해운은 면책(免責)으로 판결했다. 따라서 운송인들(선사·대리점·포워더)은 원자재나 대량의 화물을 장기간 반복적으로 수입해오는 3~6개월 유효기한의 '일람불 L/C에 Stale B/L' 거래조건인 경우, 한진해운처럼 'Surrender B/L'을 발행하면 억울한 피해를 입지 않을 것이다.

승소한 한진해운의 운송서류 조건은 다음과 같다. Documents Requirements : ⓐ Commercial Invoice in triplicate, ⓑ 2/3 original clean on board ocean bills of lading made out to order of Kookmin Bank Ltd. marked 'freight payable as per Charter Party' and Notify Party left in Blank., ⓒ Beneficiary's certificate to certify that <u>1/3 original clean on board ocean bills of lading has been companied goods</u>.

그리고 패소한 삼호해운의 운송서류 조건은 다음과 같다. Documents Requirements : ⓐ Commercial Invoice in triplicate ⓑ 3 original clean on board ocean bills of lading made out to order of Kookmin Bank Ltd. marked 'freight payable as per Charter Party' and Notify Party left in Blank.

(8) 해상운송장(Sea Waybill)

해상운송장(이하 SWB)은 B/L의 상환성(相換性)으로 인한 불편을 해소하기 위해 등장한 운송증권이다. 신용장거래인 경우나 아닌 경우나, 통상의 무역거래는 운송서류를 첨부한 화환어음으로 결제가 이루어진다. 운송서류의 핵심은 B/L이고, 특약이 없는 한, B/L 정본(正本) 모두(full set)를 제시해야 한다.

B/L은 은행을 경유하여 수입상에게 도달하는데, 인접국과의 거래시 B/L보다 화물이 먼저 도착하는 경우가 많다. 이때 수입상은 B/L 도착전에 화물을 인수하기 위

해 은행이 발행한 보증장(L/G : Letter of Guarantee)을 선사에 제출하고 화물을 인수하는데, 그 절차와 보증료가 문제이다. 이러한 문제의 해결을 위해 1970년대에 등장한 것이 SWB이다. SWB는 굳이 B/L을 요하지 않을 때 이용하며 통상 1통만 발행한다. 형식은 B/L과 같고 수하인을 명기하며 유통금지 문언이 있고 화환어음의 저당·매매·양도 등이 불가능하다.

SWB는 단순한 운송물의 증명서로 목적지에서 화물과 상환(相換)을 요하지 않는다. SWB의 수하인은 본인임을 입증하면 SWB의 제시없이 화물을 인수할 수 있다. 즉, 화물이 SWB보다 먼저 도착할 경우, 은행이 발행한 보증장(L/G)을 제출하지 않아도 화물을 인도받을 수 있다. SWB는 전매(轉賣)가 필요없는 화물, 즉 다국적기업의 내부거래(본지사의 거래)나 소량화물·이사화물 등에 이용한다. 2000년 이후 한진해운이 발행한 운송증권의 40%가 SWB일 만큼 많이 이용하고 있다. 신용장통일규칙(UCP 600) 제21조에 SWB의 은행수리요건에 대한 규정이 있다.

2008년 8월 발효된 개정상법에는, "운송인은 화주의 청구가 있으면 B/L 대신 SWB를 발행할 수 있고 전자식으로 발행할 수 있다(863조). SWB를 발행하면 운송인이 SWB에 기재된 운송물을 수령 또는 선적한 것으로 추정한다. 운송인이 운송물을 인도할 때 수령인이 SWB에 기재된 수하인이라고 믿을만한 사유가 있으면, 수령인이 권리자가 아니더라도 운송인은 그 책임을 면한다(864조)"고 규정하고 있다.

(9) 보상장(Letter of Indemnity)

B/L은 아니지만 B/L과 밀접한 관계가 있는 문서이다. 선적시 검수인(tallyman)은 매화물마다 화물의 개수·포장상태를 점검하고, 그 결과를 검수집계표(outturn report)로 작성하여 일등항해사에게 제출한다. 일등항해사는 이를 기초로 본선수취증(M/R : mate's receipt)을 작성하여 송하인에게 교부한다. 이때 화물에 이상(수량부족·포장불비·파손 등)이 있으면 M/R의 비고란에 그 사실을 사고문언으로 기재한다.

B/L은 M/R에 근거하여 작성하는데, M/R의 비고란에 사고문언이 있으면 B/L에도 그 사고문언을 기재하여 이른바 Dirty B/L이 된다. Dirty B/L은 은행이 매입(취결)하지 않으므로, 송하인은 "본 화물에 대한 클레임은 송하인이 전적으로 책임을 지고, 만약 선사에 클레임이 제기되면 그에 대해 보상하겠다."는 내용의 보상장(L/I)을 선사에 제출하여 Clean B/L을 발급받는 관행이 있다.

그런데 L/I는 B/L의 진실성을 해치는 허위표시(misrepresentation)로서, 수하인 등의 증권소지인을 속이는 결과가 되어 법리상 명백한 불법서류이다.[13] 거래의 안전을 위해 설정된 금반언(禁反言, estoppel)의 원칙에 위배되기 때문이다. 만약 Clean B/L 소지인이 선사를 상대로 클레임을 제기하면, 선사는 일차적인 책임을 면할 수 없다. 이때 선시는 일단 그에게 배상을 하고 송하인으로부터 보상받는 수밖에 없다. 따라서 선사는 L/I의 처리에 신중을 기해야 한다.

그러나 이에 대한 실무적 요구 또한 크다. 즉, 단기간에 많은 화물을 선적하기 때문에, 본선측과 송하인측의 의견이 다를 때(예, short in dispute), 이에 대한 재조사가 어렵고, 또 비고의 내용이 거래당사자에게 문제가 되지 않는 경미한 사항도 있다(예, old bottle · repacked 등). 따라서 L/I는 거래의 신속과 원할을 돕는 면이 적지 않다.

L/I는 통상 여러 통이 작성되며, 정본(正本)은 Clean B/L을 발행한 선적지의 선사 또는 대리점이 보관하고, 부본은 본선과 양륙지의 점소(店所)에 보관하여 클레임에 대비한다. 또한 L/I를 발행하면 반드시 보험회사에 알려야 한다. 알리지 않으면 사기로 간주되어, 사고가 발생하더라도 보험금을 받지 못한다. 그리고 적하목록(mani- fest)에 M/R의 비고내용을 그대로 기재하고, 그 화물에 대해 Clean B/L이 발행되었음을 밝혀야 한다.

(10) 보증장(Letter of Guarantee)

역시 B/L과 밀접한 관계가 있는 문서이다. 국제우편제도의 미비로 선적지 은행이 발송한 B/L 원본이 중도에 분실되거나 너무 늦게 도착하는 사례가 많고, 한일(韓日) · 한중(韓中)과 같은 근거리 항로인 경우, 화물이 B/L보다 먼저 도착하기 때문에, 오래전부터 B/L을 대신하여 은행(L/C 개설은행)이 발행한 보증장을 받고 화물을 인도하는 국제적인 관행이 있어 왔다.[14)]

그런데 이러한 관행이 앞서 서술한 B/L의 권리증권성(인도증권성), 상환증권성(제시증권성 · 환수증권성), 채권증권성, 처분증권성 등의 법리에 위배되어, 앞서 L/I와 마찬가지로 불법서류로 간주되어, 선사들이 다음의 판례와 같이 많은 피해를 보고 있다. 따라서 선사는 L/G에 의한 화물인도시에는 각별한 주의를 요한다.

13) 이러한 관행(practice)에 대해 영국의 법원은 L/I는 계획된 속임수(an act calculated to deceive)라 하여 법적으로 무효(legally unenforceable)로 하고 있다. 따라서 운송인은 B/L의 기재를 믿고 문제가 있는 화물을 구매한 수하인에게 책임을 져야 한다.

14) 한국선박대리점협회에 따르면 1987.5.1.~1988.4.30. 1년 동안 B/L에 의한 화물인도는 16,507건이고, L/G에 의한 화물인도는 3배가 넘는 50,932건에 이른다. L/G에 의한 화물인도는 1988년 수입화물 B/L 72,885건 중 38%에 해당하는 27,456건이었고, 1984년 35%, 1985년 34%, 1986년 37%, 1987년 39%였다.

중소 알루미늄합금 제조업체인 동원실업(대표 이은수)이 1987.2~1988.3에 7개 은행의 L/G 서식을 구해. 가짜서명을 하여 20여개 선사 및 대리점으로부터 74회에 걸쳐 $880만 상당의 화물을 인도받아 처분하고 잠적한 사기사건이 발생하였다.

그러자 은행들은 B/L이 아닌 가짜 L/G 소지자에게 화물을 인도한 행위가 불법이라며 선사들에게 손해배상을 청구하였고, 선사들은 L/G 인도가 오랜 무역관행이며 은행이 1년이 넘도록 B/L을 소지한 채 방치한 점 등으로 반론하였다. 1992년의 대법원 상고심(上告審) 20여건 대부분을 소송가액의 70%를 선사측의 부담으로, 나머지 30%는 원고(은행)의 책임으로 판결하였다.

판결을 보면 : 선사측의 과실은 ① 운송인이 B/L을 받지 않고 화물을 인도한 행위는 B/L 소지인의 화물에 대한 권리의 침해로서 불법행위(tort)이고, ② 보증도의 관행은 B/L 소지인에 대한 운송인의 면책을 위한 것이 아니라, 오히려 보증도로 인해 B/L 소지인이 손해를 입을 경우, 운송인이 손해를 배상할 것을 전제로 하기 때문에, 보증도가 정당한 행위가 되거나, 운송인의 주의의무가 경감·면제될 수 없고, B/L 소지인이 아닌 자에게 운송물을 인도함으로써, B/L 소지인에 대해 고의 또는 중대한 과실에 의한 불법행위를 범했다는 것이다.

은행측은 ① L/G 서식관리를 부실하게 하였고, ② 신용상태가 불량한 회사에 Usance L/C 및 Stale B/L을 허용하여 대금결제 및 화물인도기간이 장기화되어 운송인의 불법행위가 유발되었으므로 30%의 과실상계를 면할 수 없다는 것이다.

보상장과 보증도

(1) 보상장(Letter of Indemnity)의 위법성

보상장(L/I)은 기본적으로 무효이다. 보상장이 얼마나 위험한지 그 사례를 본다. Brown Jenkinson v. Percy Dalton 사건(1957)에서 피고(송하인)는 런던에서 함부르크로 오렌지 주스를 보내려 했다. 원고(선박대리점)는 피고에게 통(barrels)이 낡아 일부 주스통이 누출되고 있어 사고부(claused) B/L을 발급하겠다고 통보했다. 송하인은 보상장을 제시하고 무사고(clean) B/L을 교부받았다. 보상장에서 송하인은 그 화물에 관련된 모든 손해에 대해 선장·선주에게 무조건(unconditionally) 보상하겠다고 약속했다.

함부르크에서 주스의 누손(漏損)에 대해 선주는 무사고 B/L에 근거하여 수하인에게 배상을 해야 했다. 원고(보상장을 받은 선박대리점)가 송하인(피고)에게 제소했다. 그러나 원고에게 보상장을 교부했던 송하인이 보상장은 사기적 불실표시(fraudulant misrepresentation)를 의도한 것이므로, 보상계약(contract of indemnity)은 불법(illegal)이라면서 배상을 거절했다.

항소심(Appeal Court)은 보상장이 송하인에게 구속력이 없다고 판결했다. 재판부는 선주가 허위인줄 알면서 B/L에 허위사실을 표시하였고, 이는 기만(欺瞞)이라는 불법행위를 의도한 행위이므로, 송하인(피고)이 그 허위표시에 의한 손해를 보상하겠다는 약속은 무효라는 것이다.

이 판결에 모두가 놀랐다. 피고(송하인)가 무사고 B/L을 요청하였고, 그가 손해를 보상하겠다고 분명히 약속했다. 이는 송하인이 그가 원하는 것을 얻기 위해 선주를 기망(欺罔)한 것이다. 그럼에도 불구하고 법원은 과실의 정도(balance of fault)는 송하인이 덜하며, 그 보상계약이 수하인 또는 B/L의 양수인을 사기할 의도가 명백하므로 무효라고 판단했다. 반면에 수하인은 B/L에 화물이 양호한 상태로 선적되었다고 기재된 이상, B/L의 기재와 같은 화물을 인수할 권한이 있음을 재확인했다.

만약 보상장이 발행되면 그 사실을 보험사에 고지해야 한다. 그렇지 않으면 그 화물이 손해를 입더라도 보험사는 보상을 거부한다. 콩을 담은 포대가 약하고 일부가 찢어졌다면서 선장이 사고부 B/L을 발급하려 하자, 보상장을 제출하여 무사고 B/L을 발급하였다. 그런데 항해중에 본선이 폭발하여 전손을 입었다.

손해액은 $300만에 달했고 포괄보험으로 부보한 콩에 대해 보험사가 보험금 지급을 거절했다. 많은 이유중 하나는 보상장을 발행하고도 보험사에 고지하지 않았으며, 보상장의 발행은 중대한 사실(material fact)로서 피보험자가 중대한 고지의무를 위반했다는 것이다. 이 분쟁은 결국 타협으로 종결되어 보험사의 주장이 법원에서 심판되지 않았지만, 화주에게 항상 머리를 조아리는 보험사도 보상장에 대해 이처럼 시비를 걸고 있으니 보상장은 피하는 것이 최선일 것이다.

(2) 보증도

B/L이 발행되면 B/L 소지인만이 양륙항에서 화물의 인도를 요구할 수 있다. 이는 B/L이 권리증권(document of title)이기 때문이다. 따라서 영미법에서는 B/L과 상환하지 않고 화물을 인도하는 보증도가 진정한 화물의 소유권자에 대한 권리침해(interference)가 된다. 진정한 소유권자, 즉 정당한 B/L 소지인에게 화물을 인도해야 비로소 B/L은 권리증권으로서의 효력이 종료되는 것으로 보아 왔다.

B/L의 상환(相換)에 대한 책임이 매우 엄격한데, 이는 근본적으로 선주를 보호하기 위한 제도이다. Lickbarrow v. Mason 사건(1794) 이후 B/L은 화물에 대한 권리증권이며 유통증권이라는 것이 법적으로 공인되었다. 따라서 B/L의 배서·양도로 화물의 소유권이 이 사람 저 사람에게 이전될 수 있다. 운송인은 이러한 배서의 당사자도 아니고 배서사실도 모르기 때문에, 각 배서단계마다 화물의 진정한 소유권자를 알 수 없다. 그런데도 운송인은 진정한 소유권자에게 화물을 인도해야 할 책임이 있다. 이처럼 난처한 입장의 선주를 돕기 위해, 法은 반드시 B/L 소지인에게 화물을 인도하게 한 것이다. 따라서 B/L의 상환제도는 운송인을 보호하기 위한 것이다.

그러나 해상매매(海上賣買)가 다반사이던 범선시절의 유물인 B/L의 상환제도가 고속선 시대의 상거래에 맞지 않아 국제해운회의소(International Chamber of Shipping)와 각국의 무역절차 간소화 위원회 및 기타의 기관은 해상운송장(sea waybill)·등록시스템(registry system)·Data-freight 시스템 등을 고안했으나 문제를 완전히 해소하지는 못했다. 이러한 문제점들은 현재 머스크 등이 도입한 블록체인(block chain) 기술로 해결될 것이다.

7 전자식 선하증권(Electronic Bill of Lading)

(1) 전자식 선하증권의 개요

오래전부터 많은 나라가 무역서류를 EDI(electronic data interchange) 메시지로 대체하려는 전자화를 추진해 왔고, 우리나라도 이를 위해 1992년 한국무역통신(KTNET)을 설립하였다. EDI란 컴퓨터끼리 거래정보의 전자적 교환을 의미한다. 그런데 컴퓨터끼리의 정보교환도 일정한 약속하에 통신하지 않으면 안된다. 이에 국제표준규약으로 1987년 유엔이 개발한 UNEDIFACT[15] 및 1987년 국제상업회의소가 채택한 UNCID[16] 2가지가 있다.

인코텀스도 1980년까지는 전통적인 서류의 교환을 전제로 하였지만, 인코텀스 1990에서는 당사자가 합의하면, EDI 메시지를 종이문서 대신 사용할 수 있다고 규정했었는데, 2010년 인코텀스에서는 당사자들의 합의 또는 관습인 경우, 전자통신에 서면통신과 동일한 효력을 부여하였다.

현재 주로 유럽에서 EDI 메시지로 운송서류를 대체한 것은 해상운송장(SWB)이다. B/L은 지시식으로 발행하면 권리증권·수령증·운송계약의 증거 등 3가지 성질을 갖고, 정보전달 및 권리의 증명이라는 2가지 역할을 한다. 이에 비해 기명식으로 발행하는 SWB(Sea Waybill)는 권리증권이 아니라서 권리는 증명하지 못하고, 단순히 정보만을 전달하기 때문에 SWB의 EDI 대체는 간단하다. SWB는 권리와 서류가 분리되어 있고, 그 점유가 특별한 의미를 갖지 않아 무서류 시스템(paper less system)의 첫번째 대상이 된 것이다.

(2) EDI에 의한 선하증권의 대체

권리증권인 B/L도 EDI 메시지로 대체가 가능하다. B/L이 권리증권이라는 것은 선사가 B/L을 제시한 자에게만 물품을 인도해야 한다는 의미이다. EDI는 이 메커니즘을 어떻게 전자화할 것인가가 과제이다. 이는 모든 당사자의 합의만 있으면 간단하다. 특히 선사는 화물에 대한 처분권을 가진 당사자의 지시에 따라 화물을 인도하면 된다. 이러한 처분권은 B/L의 경우 B/L의 소지인이 갖고 있지만, EDI를 사

15) Electronic Data Interchange for Administration, Commerce and Transport; 행정, 상업 및 수송에 관한 전자자료 교환

16) The Uniform Rules of Conduct for Interchange of Trade Data by Teletransmission ; 원격전송에 의한 거래정보의 교환에 관한 통일규칙.

용하면 선사에게 전자적 지시를 할 권한을 가진 자가 갖는다.

CMI는 1990년 6월 파리 총회에서 '전자식 선하증권에 관한 CMI 신규칙'을 채택하였다. 그런데 CMI 규칙은 전자식 B/L의 자료·개인키의 인증기관을 선사(船社)가 맡는 것으로 규정하고 있다. 그러나 선사가 인증기관이 되면 컴퓨터 시스템을 구축하고 운영하는데 필요한 엄청난 자금[17]을 감당할 수 없다는 점과, 운송계약의 당사자 가운데 하나인 船社가 파산위기와 같은 극단의 상황에서는 데이터를 변경할 수 있다는 점이 문제가 된다.

(3) Bolero 시스템의 전자식 선하증권

1990년 CMI가 '전자식 선하증권에 관한 CMI 규칙'을 제정하고, 1996년 UNCITRAL이 '전자상거래 모델법'을 제정하는 등 범세계적으로 전자상거래에 대한 법적 환경이 정비되고, 전자통신의 안전성을 높일 수 있는 암호화 기법이 발전하면서, 운송서류 일체를 전자화하여 상업적(商業的)[18]으로 운영하려는 시스템이 바로 Bolero (Bill of Lading Electronic Registry Organization)이다.

1994년 6월 컨소시엄 형태로 시작된 볼레로는 SWIFT[19]와 TT Club[20]이 합작으로 설립한 볼레로 운영회사(Bolero Operation Ltd.)와 선사·은행·통신회사 등의 사용자 그룹으로 구성된 볼레로 협회[21]가 무역서류의 전자화로 범세계적 서비스 제공을 목표로 했었다.

볼레로는 B/L을 포함하여 무역서류 전반에 대한 전자화라는 점에서, B/L만을 전자화하려는 과거의 시스템과 다르다. 볼레로는 과거 B/L만의 전자화 과정에서 나타났던 문제점들을 보완하고, 무역서류 전반의 안전성·신뢰성을 높일 수 있는 운영시스템을 취했다.

중앙등록기관의 운영은 'SeaDocs'에서 문제가 되었던 특정은행 중심의 운영이나,

17) 일본에서 개산(槪算)한 결과 초기 구축비용 250억엔, 운영비로 연 30억엔이 필요하다.

18) 상업적이란 전자화를 통해 그 주체, 즉 볼레로가 영리(營利)를 추구한다는 의미이다.

19) SWIFT : Society for Worldwide Interbank Financial Telecommunications(세계은행간금융전신망)는 1973년 15개국 239개 은행이 창립하여 189개국 6,700 금융기관을 대상으로 각종 업무정보교환 서비스를 제공하는 중립적 비영리법인이다. 우리나라는 1992년 3월부터 이용하고 있다.

20) Through Transport Club : 복합운송, 즉 컨테이너 부문의 P&I 클럽으로 80여개국의 운송업자·포워더·항만당국 등이 회원으로 참여하고 있으며, 컨테이너 선단의 2/3, 1,725개의 항만시설, 5,890개 운송업자의 보험을 담당하고 있다.

21) Bolero Association Ltd.는 1995년 설립되어 수출입업자·선사·포워더·보험회사·상업회의소 등으로 구성된 볼레로 서비스의 사용자 그룹으로서, 그 서비스를 사용자의 구미에 맞게 하기 위해 결성된 그룹이다.

운송계약의 당사자인 운송인이 등록기관 역할을 하는 CMI 규칙을 피하고, SWIFT와 TT Club이 출자한 별도의 조직을 설립하여 중앙등록기관으로 삼았다. 따라서 이 중앙등록기관은 어느 조직과도 직접적인 이해관계가 없는 중립적인 조직이며, 내부적으로도 기능별로 조직을 분리하여 정보흐름의 독점에 따른 폐해를 예방하고 있다.

볼레로에서 전자식 B/L이 유통될 수 있는 동인(動因)은 당사자의 약정으로 권리의무를 이전할 수 있기 때문이다. 즉, 종이 B/L에서 이전되는 것은 화물의 인도청구권이며, 이러한 권리의 이전이 관습과 법률로 확립되어 있으므로, 당사자들이 계약으로 약정하여 전자식 B/L의 유통을 가능하게 한 것이다.

그런데 볼레로의 서비스를 이용하려면 최저 연회비가 US$5,000인데다[22] 입회비·연결비용·거래수수료 등을 부담해야 하고, 기존의 비용 일부도 여전히 발생한다. 즉, 신용장 개설·변경·통지 등의 수수료는 볼레로의 사용여부와 관계없이 발생한다. 따라서 기존의 비용을 절감하지 못하면서, 새로운 비용만 추가되어 기업들의 호응을 얻지 못해 결국은 실패로 끝나고 말았다.[23]

(4) 선하증권과 블록체인

2017년 3월 머스크 라인은 IBM과 파트너십을 맺고 블록체인(block chain) 기술을 운송계약·선적·운반 등 전과정에 적용하는 하이퍼레저(hyperledger) 프로젝트를 착수했다. 머스크는 이를 통해 거래의 투명성·효율성은 물론 1천만 개에 달하는 컨테이너의 이동경로를 추적하고, 서류업무를 획기적으로 줄여 연간 수십억 달러의 비용감축을 기대하고 있다.

블록체인은 '공공거래장부' 또는 '분산형 거래기록시스템'으로 불리며, 거래정보를 특정기업의 중앙서버가 아닌 P2P(개인간) 네트워크 형태로 분산시켜 계약당사자 모두가 공동으로 거래내역을 기록·관리하는 방식(shared ledger, 분산원장)이다. 평균 10분 간격으로 거래정보가 하나의 암호화 블록을 형성하고, 다시 블록과 블록이 결합하여 체인을 형성한다. 하나의 문서를 여러 장 만들어 유통시키는 것보다, 여러 사람에게 동시에 문서의 사본을 갖게 하는 것이, 위조를 어렵게 하고 해킹을 막을 수 있다는 점을 활용했다.

22) 정보량이 많은 기업은 그 비용을 개별적으로 협상하기로 되어 있다(www.bolero.net/decision/price).
23) 볼레로는 원래 1998년부터 본격적인 서비스를 개시하기로 계획했었으나, 이때 이미 자본금을 잠식한 상태이며 한국의 사무소도 폐쇄되었다.

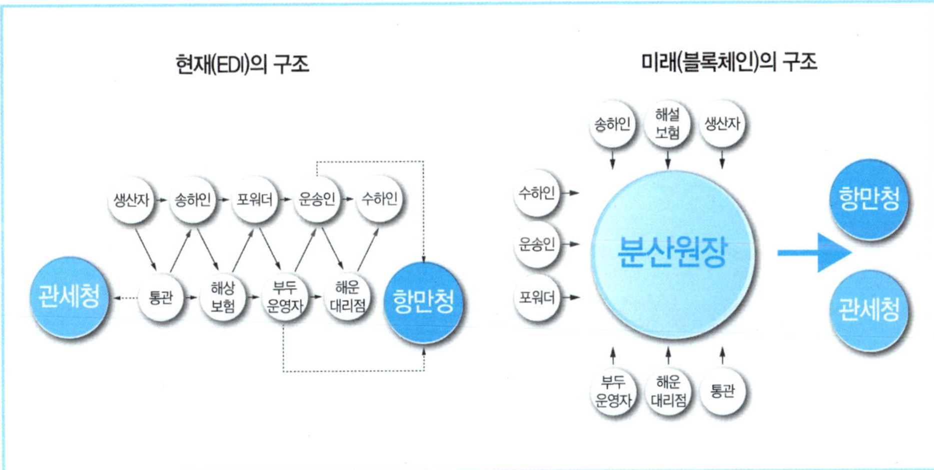

[EDI 시스템과 블록체인의 구조]

2018년과 2021년에 전세계를 떠들썩하게 한 디지털화폐 '비트코인'은 블록체인 기술에 바탕한 '가상장부'에 그 거래내역이 실시간으로 기록된다. 거래에 참여하는 모든 당사자가 똑같은 거래장부를 공유하고, 거래마다 이를 대조하기 때문에 위변조가 어렵고 보안에 강하다. 블록체인의 경우 화주가 온라인으로 선사에 선적을 의뢰하면, 그 정보가 담긴 '블록'이 자동으로 생성된다. 화주・선사・항만・세관・하역회사・은행 등 각 당사자들에게 이 블록이 전송되어, 모든 당사자들이 그 거래를 확인하고 승인한다. '승인했다'는 내용도 또 다른 블록으로 만들어져 기존 블록에 연결된다.

화물량과 계약내용이 모두 블록으로 연결되어 실시간으로 공유・관리가 가능하다. 이는 곧 '문서없는(paperless) 사회'를 구현하여 '선하증권' 등 각종 운송서류가 사라지게 될 것이다. 현재로서는 B/L이 어떤 방식으로 유통될지 모르지만, '비트코인'처럼 가상공간에서 양도와 양수가 이뤄질 것이다. 블록체인 기술은 금융・유통・물류・전자무역 등 다방면에 적용가능하다. 혹자는 지난 30~40년을 인터넷이 세상을 지배한 것처럼 앞으로는 블록체인이 세상을 지배할 것으로 예측하고 있다.

IBM은 블록체인의 도입으로 전세계 컨테이너 해운・물류의 비용절감액이 연 $270억에 이를 것으로 추산하고 있다. 세계경제포럼(WEF)은 2025년까지 전세계 GDP의 10%인 $8조의 거래가 블록체인으로 이뤄질 것으로 예측한 바 있다. HMM(=현대상선)도 2017년부터 블록체인에 대한 연구를 시작했고, 남성해운도 블록체인 시험가동을 위해 IBM과 협의에 들어갔다. 부산항만공사도 블록체인 연구를 진행중이다.

블록체인의 장점으로, ① 똑같은 거래장부를 공유하여 불필요한 검증단계가 생략된다. ② 제3의 중개자 없이 투명하고 안전하게 거래할 수 있다. ③ 고가 고성능의 서버 없이도 중요한 정보를 관리할 수 있다. ④ 거래정보를 조작하거나 해킹이 불가능하다.

운송서류의 전자화

(1) 웹사이트를 통한 APL의 B/L 발행

APL은 인터넷으로 B/L을 발급하고 있다. 화주가 APL의 웹사이트에 들어가 선적명세를 기재하면 APL의 화면에 B/L이 뜬다. 화주가 그 기재내용을 점검하고 직접 프린터로 인쇄한다. 그 B/L의 원본은 물론 사본에도 APL의 화상서명(image signature)이 찍혀 나온다. L/C 거래일 경우, 화상서명된 B/L도 신용장통일규칙(UCP 500)에 의거 은행이 수리를 하게 되어 있어 문제가 되지 않는다.

송하인은 먼저 APL의 웹사이트에 등록을 하고, ID와 비밀번호(code)를 받아, 화상 B/L의 송하인(shipper)란에 비밀번호를 입력하고 신원을 확인해야 접속과 인쇄를 할 수 있다. 또한 송하인은 B/L에 기재된 당사자(수하인·포워더·통지처)에게 인터넷으로 APL의 B/L 화상에 접근하게 할 수도 있고, APL에게 요청하여 수하인이 B/L을 인쇄하게 할 수도 있다.

송하인은 APL의 문서처리과정을 추적하여, 그의 B/L이 수하인에게 이전되는 과정을 확인할 수 있고, 필요하면 그 B/L을 변경할 수도 있다. 송하인은 APL로부터 B/L 서식을 제공받고, 그 서식을 부당하게 사용하지 않는다는 엄격한 서약을 해야 한다. 이는 완전한 전자식 B/L이 아닌 일반서식 B/L에 가깝다. 여전히 일반서식 B/L을 선호하는 화주들의 취향에 맞춘 것으로 전자식 B/L을 향한 과도기적 단계라 할 수 있다.

(2) NYK의 Pegasus 시스템

NYK는 2000년 12월부터 고객의 사무실에서 직접 B/L을 인쇄할 수 있는 'Pegasus' 시스템을 운영중이다. NYK는 PDF 파일로 B/L을 포맷하고, 14일이 경과해도 고객이 인쇄하지 않으면 B/L의 파일이 소멸하며, 화주나 포워더가 인쇄를 하려면 NYK로부터 별도의 서식을 지급받는다. B/L은 고객에게 인터넷으로 전송하고, EDI로 전송하는 경우는 거의 없다. 화주들은 선하증권보다는 주로 해상운송장을 이용한다.

이 시스템은 스케줄, 화물추적, 운임문의, 예약, 선적지시, B/L의 처리, 선적명세, 통지, 사고보고(事故報告), 선복유무(船腹有無) 등의 정보를 제공하고, 나아가 사기(詐欺)의 방지를 위해, 발행한 B/L의 추적 및 화주 개개인에 대한 맞춤보고(customized report) 기능도 제공한다. NYK는 INTTRA, Info Nexus, Cargo-Smart에 모두 가입하고 있어, NYK 선박을 이용하려면 NYK 홈페이지에 직접 접속하거나 포털의 링크접속을 하면 된다. 현재 화주가 인터넷으로 예약을 신청하면, NYK 직원이 선복·컨테이너의 유무(有無)를 점검하여 2시간 내에 확인해 주고 있다. 장기적으로는 사람의 개입이 없이 시스템끼리 처리를 하겠지만, NYK는 아직 그에 이르지 못했다고 고백한다.

(3) e-L/G, e-D/O, e-B/L

한국은 2003년 전자보증장(電子保證狀, e-L/G)의 도입에 이어, 2005년에 전자화도지시서(電子貨渡指示書, e-D/O)를 도입했다. 이로써 화주가 선사에 가지 않고 D/O를 발급받고, D/O 발급내용이 화주·포워더·창고에 실시간(實時間)으로 통지되어 D/O의 위변조(違變造)가 원천적으로 봉쇄되고, 수입화물의 무단반출이 방지되며 신속한 화물인도와 교통비·인건비·보관료 등의 비용절감이 가능하다. e-D/O는 단순히 D/O 업무의 전자화(電子化)를 넘어, 화물인도동의서·보세운송동의서·자가운송신청서 등 수입화물 서류를 전자화하고 하역비·창고료 등 부대비용의 전자결제도 가능해져 무역업무 전자화의 진일보가 된다.

나아가 전자선하증권(e-B/L)의 도입을 위해 개정해상법에 e-B/L 조항도 신설했다. 제864조에 "운송인은 용선인 또는 송하인의 동의(同意)를 얻어 제865조의 선하증권(=서면 B/L)을 발행하는 대신, 법무부 장관이 지정하는 등록기관에 등록하는 방식으로 전자선하증권을 발행할 수 있다."고 규정하고 있다. 2008년 12월 유엔이 채택한 '국제화물운송협약'에도 '전자문서'에 관한 규정이 있다.

운송인은 서면 B/L을 발행하는 대신에 화주가 동의하면 법무부장관이 지정하는 등록기관에 등록하는 방식으로 e-B/L을 발행할 수 있다. 이때 e-B/L은 서면 B/L과 동일한 법적 효력을 갖는다. e-B/L은 전자서명을 하여 송신하고 화주가 이를 수신해야 효력이 생긴다. e-B/L의 권리자는 배서의 뜻을 기재한 전자문서를 작성한 다음 e-B/L을 첨부하여, 지정된 등록기관을 통해 상대방에게 전송하는 방식으로 그 권리를 양도할 수 있다.

배서의 뜻을 기재한 전자문서를 상대방이 수신하면 B/L을 배서하여 양도한 것과 동일한 효력이 있고, 전자문서를 수신한 권리자는 서면 B/L을 양수한 소지인과 동일한 권리를 취득한다. e-B/L의 등록기관의 지정요건, 발행 및 배서의 전자적 방식, 운송물의 구체적인 수령절차와 기타의 필요한 사항은 대통령령으로 정한다.

제3절 선하증권에 관한 국제조약

1 조약의 성립배경

자고(自古)로 운송계약상의 운송인의 책임은 아주 엄격하였다. 로마법의 수탁책임(Receptum haftung)[24]에 기초하여, 운송인은 운송물의 손해에 대해 절대적인 무과실 책임 또는 결과책임을 져야 했다. 영국에서도 관습법상 해상운송인은 화물을 안전하게 운송하여 수령한 상태 그대로 인도하고, 운송도중 화물에 생긴 일체의 손해를 배상해야 하는 절대책임(absolute liability)을 진다.

반면에 해상운송인은 손해가 발생하더라도 손해액 전액을 배상하지 않고 포장당 또는 kg당 일정액 이상을 배상하지 않는다는 책임제한(limitation of liability)제도로 보호를 받고, 한편으로는 계약자유의 원칙에 따라 B/L에 면책약관(exceptions clause)[25]을 추가하여 그 책임을 경감 또는 면제받을 수 있었다.

앞서 해난(海難, perils of the sea)을 면책으로 약정한 B/L을 1554년에 네덜란드에서 발급한 사실을 언급한 바 있다. 이것이 점차 확산되어 천재(天災, Act of God), 화물 고유의 하자(inherent vice)에 의한 손해도 해난과 함께 면책으로 인정되었다. 그러나 18세기 들어 소송이 빈번해지고 선주들의 패소가 잦아지자 선주들은 면책의 범위를 넓혀 갔다.

예컨대 1795년의 Smith v. Shepherd 사건에서 법원은 떠다니는 난파선의 돛대와 충돌하여 침몰한 선박의 선주에게, 그 사고의 원인은 해난이 아니라면서 화물손해에 대한 변상을 명령하였다. 이후 법원이 어떤 사고에 대해 선주에게 불리하게 판결하면, 선주는 새로운 약관을 추가하여 면책약관은 마치 산호초처럼 자꾸만 늘어났다.

즉, 이전의 관습법상의 면책위험뿐만 아니라 해상 및 항해상의 거의 모든 위험을 면책으로 규정한 것이다. 심지어 선주 자신의 과실까지도 면책을 주장하기에 이르러 화주들의 불만이 컸다. 19세기에 기선이 등장하고 해운의 독과점이 강화되면서,

24) 울피아누스 고시의 주해(註解) 제14권에 "선주·여관 또는 역사(驛舍)의 주인이 타인의 물품을 운송 또는 보관할 것을 약속하고서 이를 원래대로 반환하지 않을 경우 이들을 상대로 제소할 수 있다."고 하여 절대적 반환의무를 지운데서 유래한다.

25) 면책약관(exoneration clause), 보호약관(protective clause), 과실약관(negligence clause) 등으로 불리운다.

그 정도가 더욱 심해졌다. 그리하여 "선주는 운임만 받고 아무런 의무도 부담하지 않는 것 같다."고 혹평한 판사도 있었다.

여기에 화주·은행·보험자들로부터 면책약관의 제한운동이 일기 시작했다. 이들은 화주의 입장이 고려되지 않는 임의적 약관의 추가·변경을 방지하기 위해, B/L의 약관과 양식의 국제적인 통일이 필요가 있다고 느꼈다. 또한 당시의 B/L이 단순한 수령증의 성격을 넘어 유가증권으로서 금융의 담보물이 되기 위해서도 통일이 필요했다.

이에 부응하여 국제법협회(ILA : International Law Association)가 1879년의 런던회의를 거쳐, 1882년 리버풀 회의에서 이른바 'Conference Form B/L'을 채택하였다. 여기에서 처음으로 '적절한 주의의무'(due diligence) 개념을 도입하고, 선주의 책임한도액을 포장(package)당 100 스털링 파운드로 결정했다.

1885년 '함부르크 선하증권'과 1886년의 '함부르크 브레멘 선하증권'으로 이어지면서 운송인의 면책조항이 상당부분 삭제된다. 그러나 1887년의 런던회의에서는 선주측의 영향력이 커서 리버풀 양식으로 회귀하고, 1893년에는 보다 많은 부문에서 선주에게 유리한 런던회의 규칙도 만들어졌다.

한편 국제상법회(Le Congres International de Droit Commercial)는 1888년 브뤼셀에서 국제법협회가 채택한 함부르크규칙에 덧붙여, ① 감항성의 결여, ② 화물의 취급과실, ③ 선원 등 고용인의 중과실, ④ 선주·선장의 과실 등에 대한 면책의 금지를 결의하고 각국의 채택을 권고하였으나, 각국은 그 권고에 소극적이었다. 자국 선주의 보호와 해운의 육성을 위해 면책약관의 규제에 나서지 않았던 것이다.

그러나 면책약관의 발호는 국제적인 여론을 불러 일으켰고, 특히 영국 선주들의 일방적인 면책약관에 시달리던 미국의 화주들이 대항수단을 강구하게 된다. 이것이 바로 1893년에 제정된 하터법이다.

운송인의 책임주의

① 과실책임주의

과실책임주의(doctrine of liability for negligence)는 선량한 관리자로서 적절한 주의의무(due diligence)를 전제로 한다. 따라서 운송인이 주의의무를 다하지 못해 발생한 손해에 대해서는 책임을 져야 한다. 이때 화주는 운송인이 주의의무를 태만히 했음을 입증해야 한다. 즉, 화물의 멸실·손상이 운송인의 과실에 의한 것임을 화주가 입증하면 운송인은 책임을 면할 수 없다. 그러나 손해발생의 빈도가 높은 사유에 대해서는 운송인의 부담을 덜어주기 위해 면책사유로 하고 있다.[1)]

② **과실추정주의**

과실추정주의(presumption of negligence)는 운송중에 발생하는 모든 사고에 대해 일단 운송인에게 과실이 있는 것으로 추정한다는 뜻이다. 따라서 운송인은 스스로 무과실을 입증해야 면책이 될 수 있다. 즉, 거증책임이 운송인에게 전가되어 운송인이 자기 또는 사용인이 적절한 주의의무를 다 했음을 입증해야 한다. 화물의 멸실·손상이 운송인의 과실에 의한 것이 아님을 입증하지 못하거나, 운송인이 적절한 주의의무를 다 했음을 입증하지 못하면 책임을 면할 수 없다. 한국·일본·독일은 과실추정주의를 취하고 있다.

③ **무과실책임(결과책임)주의**

무과실책임(liability without negligence)은 운송인의 과실유무를 불문하고 배상책임을 지는 것이다. 다만 다음의 절대책임과 달리 불가항력, 포장의 불비, 화물고유의 성질, 통상의 소모·누손 등으로 발생한 손해에 대해서는 면책을 인정하고 있다. 이 원칙을 적용하는 운송법은 영미의 관습법(common law), 미국의 주간통상법, 철도화물운송조약(CIM), 도로화물운송조약(CMR), 프랑스 상법, 독일 상법상의 철도의 책임 등이 있다.

④ **절대책임주의**

절대책임(liability objective, absolute liability)은 손해의 결과에 대해 절대적으로 책임을 지는, 즉 면책의 항변을 용인하지 않는 제도이다. 도로화물운송조약(CMR)은 차량의 결함에 의한 화물손해에 대해 이 원칙을 적용하고 있다. 그리고 항공운송에 관한 국제조약인 몬트리올 협정(발효) 및 과테말라의정서는 여객의 사상에 대해 항공사는 절대책임을 지게 되어 있다 (승객 자신에게 기여과실이 있는 경우는 제외된다).

1) 전형적인 면책사유들은 다음과 같다. ① 송하인이나 수하인의 고의 및 중과실, ② 화물고유의 하자·자연적인 소모·충해(蟲害) 등, ③ 화물의 성질에 의한 발화·폭발·부패·변질 등, ④ 동맹파업 혹은 동맹태업·폭동·사변 등, ⑤ 불가항력에 의한 화재·풍수해 등, ⑧ 법령이나 공권력의 발동에 의한 운송의 정지·개장(開裝)·몰수 등.

2 1893년 하터법(Harter Act)

남북전쟁(1861~1865년) 이후 미국의 해운업이 극도로 퇴조하여, 해운국인 영국 선주들의 과도한 면책약관의 남용에 시달리던 화주국 미국이 1893년 하터법을 제정하여 면책약관에 대해 일대 전환점을 마련하였다. 하터법은 항해과실[26)]과 상사과

26) 항해과실(航海過失, errors of navigation and management of ship)은 항해 또는 본선의 관리중에 선장이나 선원이 저지른 과실을 말한다. 항해과실에 의한 화물손해에 대해서는 운송인은 면책이다[4조 2항 (a)호]. 그 이유는 항해·조선(操船)은 고도의 기술적 분야이고, 선주는 유자격자인 선장 등의 기능을 신뢰하

실[27])을 명확히 구분하는 최초의 법이다.

즉, 그때까지 약관으로 항해과실에 대한 면책과 상사과실에 대한 귀책을 당사자들이 약정하던 것을, 법으로 면책・귀책을 확정하여 당사자들의 자의성을 배제시킨 것이다. 이처럼 면책약관을 제한하는 미국법이 제정되자, 화주국인 영국의 자치령들이 잇달아 면책제한법을 제정하였다. 즉, 1904년 호주의 해상운송법, 1908년 뉴질랜드의 운송 및 선원법, 1910년 캐나다의 수상운송법 등이 그것들이다.

그리고 하터법은 미국이 1924년 헤이그규칙을 수용하면서, 1936년 미국해상화물운송법(USCOGSA : Carriage of Goods by Sea Act 1936)으로 대체된다. 하터법은 8개 항으로 구성되어 있는데, 주요 골자 4개 항만 소개한다.

① 선주・선장・대리인 등의 선적, 적부(stowage), 보관, 관리의 부주의 및 과실에 의한 손해, 불인도에 의한 손해 등에 대한 면책약관은 무효이다. 즉, 상사과실의 면책을 부인한 것이다.

② 선주・선장・대리인 등은 예정된 항해를 수행할 수 있도록 본선의 감항성을 유지해야 한다. 선장・선원・대리인・고용인 등은 주의를 기울여 화물을 적부하고, 이들이 화물을 화주에게 무사히 인도해야 할 의무를 경감・회피하는 약정은 무효이다.

③ 본선이 감항성을 갖춘 경우에는 선주・대리인・용선인 등은 항해상・관리상의 과실에 의한 멸실・손상에 대해 면책이다. 또한 선주・용선인・대리인・선장 등은 천재(天災), 화물고유의 하자, 포장의 불비, 화주와 그 대리인의 작위・부작위(act or omission)[28])에 의한 손해, 인명・재산의 구조를 위한 이로(離路, deviation) 등에 의한 손해에 대해 책임지지 않는다. 즉, 항해과실의 면책을 법으로 보장한 것이다.

④ 선주・선장・대리인 등은 송하인에게 B/L 또는 운송서류를 교부할 의무가 있다. 그리고 이들 서류의 식별에 필요한 화인(貨印, mark), 포장의 개수 또는 용적・중량・외관

여 항해를 위임하였기 때문에, 항해개시 후 육상에 있는 선주는 바다를 항행하는 본선의 승무원을 지휘할 수 있는 입장이 아니며, 해상(海象) 및 기상(氣象)에 대응하는 기술도 없기 때문이다.

27) 상사과실(商事過失, errors of cargo handling and custody)은 화물의 선적・적부・운송・보관・양륙이 적절하고 신중하게 이뤄지지 않은 경우, 즉 화물의 취급과 관련된 선주의 과실을 말한다. 상사과실에 대해서는 선주는 면책약관이 있어도 책임을 면할 수 없다(3조 2항). 이처럼 선주는 항해과실에 대해서는 면책이지만, 상사과실에 대해서는 귀책이므로, 모든 화물손해에 대하여 "not responsible"이었던 종래의 절대적 과실약관은 배제되어 화주와 운송인간에 균형을 이루게 되었다.

28) 작위(作爲) : 적극적 행위, 즉 돈을 준다, 남의 물건을 훔친다, 살인을 한다 등 행위자의 의식적・고의적 행위. 부작위(不作爲) : 소극적 행위, 규범적 행위를 기피하거나 소홀히 하는 행위이다. 즉, 엄마가 어린아이에게 젖을 먹이지 않는다거나 자식이 노부모를 모시지 않는 행위 등이다.

상태를 기재해야 한다. 이들 서류는 선주 등이 기재한 대로 화물을 수령했다는 명백한 증거가 된다.

3 1924년 헤이그규칙(Hague Rules)

B/L의 면책약관은 각국의 협력을 요하는 것이었고, 각국의 해운정책과도 맞물려 있어 국제적 합의를 보기가 쉽지 않았다. 따라서 하터법의 획기적 의의에도 불구하고 면책약관의 제한운동은 실효를 거둘 수 없었다. 거기에 1차대전(1914~1918년)의 발발로 면책약관의 제한운동도 중지되었다. 그런데 대전 후의 사회 전반의 이완으로 선원 등 운송종사자들의 도의심이 퇴락하여 적하의 도난 등이 전쟁 전의 20배에 이를 만큼 심각하였다.

그런데도 화주·은행·보험자들이 면책약관에 묶여 속수무책이었다. 이에 통일된 국제적 제한법의 필요성이 고조되었고, 더불어 종래 이 문제에 소극적이던 영국도 관심을 기울이기 시작했다. 영국의 관심과 면책제한에 대한 여론에 자극된 국제법협회(ILA)는 하터법을 기초로, 1921년 헤이그 회의에서 헤이그규칙(Hague Rules, 1921)을 채택하였다. 이것이 1924년 선하증권 통일조약, 즉 헤이그규칙의 모태가 된다. 그러나 헤이그규칙은 조약과 달리, 채용 여부가 당사자의 자유에 맡겨지는 데다, 내용에도 적지 않은 결함이 있어 보편적 통일조약으로 정착하지 못했다.

이후 1922년 국제해사위원회[만국해법회(CMI : Comite Maritime International)][29]가 런던회의에서 영국의 주도 아래 헤이그규칙에 약간 수정한 것을 초안으로, 1924년 8월 '선하증권 통일조약'(International Convention for the Unification of Certain Rules of Law relating to Bills of Lading)이 영국·미국·독일·프랑스·일본 등 26개국의 서명으로 채택되었다.

즉, 채용여부가 자유로운 사적 규범인 헤이그규칙에 약간의 수정을 가해 공적 규범인 국제조약으로 1931년 6월부터 발효된 것이다. 그리고 앞서의 헤이그규칙이 이

29) 1897년에 창립되어 앤트워프에 본부를 두고, 해사사법(海事私法)에 관한 조약의 성립에 많은 기여를 하고 있는 국제적 입법조사기관이다. CMI는 정부대표에 의한 공적 성질을 가진 기구가 아니고, 각국의 해사협회(national association)와 종신의 개인회원으로 구성되고 있는 민간기구(non-governmental organization)이므로, CMI에서 채택된 조약안은 벨기에 정부에 회부되어, 벨기에 정부가 해사법외교회의를 소집하여, 거기서 각국의 정부대표가 당해 조약안을 심의·서명하여 국제조약으로 성립시키는 것이 관례로 되어 있다.

조약의 모태였기 때문에, 통칭 헤이그규칙이라 부르고 있다.

1924 선하증권 통일조약, 즉 헤이그규칙은 B/L상의 운송인 면책약관의 제한을 중심으로, 해상운송계약의 주요사항을 거의 규정하고 있다. 그 기조는 운송약관의 이행과 운송물의 손해에 대해, 운송인의 최소한의 의무와 책임, 그리고 최대의 권리와 면책의 한계를 규정한 것이다. 그 골자는 다음과 같다.

① 운송인의 의무

헤이그규칙에 규정된 운송인의 기본의무는 선박의 감항성 유지의무로 다음의 3가지이다. 즉, ⓐ 운송인이 선적개시로부터 출항시까지 감항성을 갖출 수 있도록 주의의무를 다할 것, ⓑ 본선에 적합한 선원을 승선시키고, 의장(艤裝)을 갖추며, 선용품을 보급할 것, ⓒ 본선의 선창·냉장실·기타 화물운송에 이용될 모든 장소가 화물의 수령·운송·보관에 적절하고 안전할 것 등이다.

또한 운송인은 화물의 취급·보관 등에 주의의무를 다 해야 하고, 송하인이 서면으로 신고한 포장물의 개수·용적·중량·외관상태 등을 기재한 B/L을 교부해야 한다.

② 적용범위

헤이그규칙은 용선계약에는 적용하지 않는다. 단 용선선(傭船船, chartered ship)이 B/L을 발행한 경우, 그 B/L이 운송인과 B/L 소지인과의 관계를 규제하면, 그 B/L도 규칙을 적용한다. 이 조약은 영국과 미국이 각각의 해상화물운송법(UKCOGSA, 1924·USCOGSA, 1936)으로 입법화하면서 그 조문을 거의 그대로 수용하였다.

③ 책임원칙 및 책임제한금액

헤이그규칙은 화물손해에 대한 운송인 책임에 대해 과실책임주의 원칙하에, 본선의 감항성에 대한 주의의무의 결여 및 운송물 주의의무의 결여인 상사과실에 대해서는 면책을 금지하고, 항해과실 및 화재와 그 밖의 불가항력 사유에 대해 운송인의 면책을 인정하였다. 아울러 운송인의 책임을 운송물 1포장·1단위에 대해 100스털링 파운드로 제한하였다.

④ 조약의 효과

조약은 B/L에 의한 해상운송계약을 합리적으로 규율하여, 운송인과 화주 및 기타 거래관계인의 공정·공평(fair and equitable)한 지위를 보장하고, 무역화폐(currency of trade)로서의 B/L의 유통성을 높여 국제무역을 원활하게 하였다. 즉, B/L을 수수(授受)하는 사람은 자기의 권리의무를 명확히 알 수 있고, 조약의 보호로 부당한 면책약관이 없는 B/L의 발행을 요구하고, B/L로 금융을 편리하게 활용할 수 있게 되었다. 보험자도 자기가 부담하는 위험의 범위를 명확히 알 수 있어, '선하증권 통일조약'은 B/L의 유통에 따른 무역업자·은행·보험업자 등에게 다대한 이익을 주게 된다.

4 1968년 헤이그-비스비 규칙(Hague-Visby Rules)

헤이그규칙은 주요 해운국을 비롯하여 많은 나라가 직간접으로 채용하여, 다변적인 입법조약(law-making treaty)으로 성공을 거둔 셈이다. 그런데 조약성립 후 이를 채용하여 국내법을 제정한 각국의 법이 조약해석상의 상위로 약간씩 차이를 보이게 되었고, 사회·경제적 환경의 변화와 컨테이너·팔레트의 등장과 같은 수송기술의 혁신으로 조약의 개정이 불가피해졌다.

선하증권 통일조약의 개정은 1959년부터 국제해사위원회(CMI)가 개시하였다. CMI는 7개 항목의 적극적 권고사항[30)]을 제시하면서, 선하증권조약의 추가의정서(additional protocol)로 명명하고, 중세 한자동맹의 본부가 있었고 비스비 해법(海法)으로 유명한 북해 고틀랜드 섬의 비스비항의 이름을 따서 비스비규칙(Visby Rules)이라 칭하고, B/L조약 전체를 헤이그-비스비 규칙으로 부르기로 했다.

이후 해상운송인의 책임한도와 조약의 적용범위에 대한 의견대립이 격렬하여, 1963년의 CMI 26차 뉴욕총회, 제12차 브뤼셀 해사법 외교회의 1·2회기를 거쳐, 1968. 2.23. '선하증권조약 개정의정서'(Protocol to Amend the International Convention for the Unification of Certain Rules of Law Relating to Bills of Lading), 즉 헤이그-비스비 규칙을 채택하여 1977.6.23.부터 발효되었다.

이 개정의정서로 1924년의 헤이그규칙은 여러 부문에 걸쳐 수정되고, 또 새로운 원칙이 채용되었다. 그 골자는 다음과 같다.

① 적용범위

헤이그규칙은 체약국에서 발행한 B/L에 적용한다고 되어 있으나, 비스비규칙(헤이그-비스비 규칙의 약칭임, 이하 同)은 그 적용범위를 현저히 확장하였다. 즉, ⓐ B/L을 체약국에서 발행한 경우, ⓑ 운송이 체약국의 항구로부터 개시한 경우, ⓒ

30) ① 송하인·수하인의 과실에 의한 선적·적부·양륙시 발생한 손해에 대한 운송인의 책임, ② 운송물 손해의 통지, ③ 운송물의 부당인도에 대한 손해배상청구권의 기한, ④ 운송물에 대한 손해배상책임한도액, ⑤ 운송인 등의 불법행위, ⑥ 원자력 손해, ⑦ 쌍방과실충돌약관 등의 7항목이다. 이들 항목은 소위원회가 개정을 적극적으로 권고한 것들이다.

B/L 조약의 규정 또는 조약을 국내법화하고 있는 나라의 법률로 당해 운송계약을 규제한다는 뜻, 말하자면 지상약관(paramount clause)을 비스비규칙으로 약정하면 선박·운송인·수하인 등 모든 이해관계인의 국적을 묻지 않고 조약을 적용한다.

② 선하증권의 증거력

B/L의 유통성 강화를 위해, 선의의 B/L 소지인에게는 B/L의 절대적 증거력을 인정하고 있다.

③ 책임제한액의 인상과 중량제의 병용

운송인의 책임한도를 포장당 100스털링 파운드에서 10,000포앙카레 프랑(Poinca- re Franc)[31]으로 인상하고, 동시에 화물의 총중량 1kg당 30포앙카레 프랑도 산출하여, 그 중 많은 금액을 운송인의 책임한도액으로 한다.

④ 화물손해액 산정기준의 명확화

손해액은 화물을 양륙한 장소·일시를 기준으로 하고, 알 수 없을 때에는 상품거래소의 가격(commodity exchange price), 그것도 없으면 통상의 가액을 기준으로 한다.

⑤ 컨테이너 약관(container clause)의 신설

1924 헤이그규칙이 예상한 포장형태(carton, bale, crate, drum, bundle, etc.)와 현저히 다른 대형포장(container, pallet, trailer, skid, etc.)을 이용함에 따라 컨테이너·팔레트 또는 이와 유사한 운송용기에 적입한 운송물에 대해 이른바 '컨테이너 약관'을 두어, 포장과 단위의 개념을 명확히 하였다. 즉, B/L에 컨테이너에 적입한 운송물의 포장·단위의 수가 기재되어 있으면 그것이 기준이 되고, 기재가 없으면 컨테이너를 하나의 포장으로 본다.

⑥ 책임제한 배제사유의 규정추가

운송인이 의도적으로 손해를 일으키거나, 손해가 일어날 것을 알면서 행한 작위·부작위로 손해가 발생하면 운송인은 책임제한의 혜택을 누리지 못한다.

31) 포앙카레 프랑은 1928년 당시 프랑스 수상이었던 Raymond Poincare의 성(姓)을 따서 붙인 명칭으로, 1928년부터 1938년 폐화될 때까지 프랑스에서 통용된 법정통화로, 1포앙카레 프랑은 순도 1,000분의 900인 금 65.5mg(=0.0655g)을 말한다. 이처럼 금가치로 운송인의 책임한도액을 정한 것은 화폐가치의 하락으로 화주들이 불이익을 당하지 않도록 하고 운송인의 책임을 국제적으로 통일시키려 함이었다.

5 1979년 헤이그-비스비 규칙 개정의정서

국제운송조약에는 운송인의 책임한도를 포앙카레 프랑으로 표시한 경우가 많다.[32] 그런데 문제는 조약을 개정(Hague-Visby Rules)한 지 10여년이 지나면서 국제금융체제에 많은 변화가 생겼고,[33] 금(金)이 통화의 기능을 상실해 버린데 있다. 즉, 1978.3.31.에 미국이 금의 공정가격제도를 폐지하고, 새로운 국제결제수단으로 SDR(Special Drawing Rights)[34]을 창조하는 등 많은 변화가 있었다. 따라서 조약상의 포앙카레 프랑을 각국의 통화로 환산할 기준이 모호해져, 운송인과 화주의 다툼이 그치지 않았던 것이다.

이처럼 포앙카레 프랑의 환산을 둘러싸고 소란과 분쟁이 그치지 않자, 이 문제의 해소를 위해 비스비규칙에 규정된 포앙카레 프랑을 새로이 창출된 국제통화단위인 SDR로 대체하는 개정의정서가 국제해사위원회(CMI)의 발의로 1979.12.21. 브뤼셀에서 채택하여 1984.6.14.부터 발효하고 있다.

그 내용을 보면, 선적전에 화물의 가액을 신고하고 그 가액이 B/L에 기재되지 않은 화물에 대해, 운송인은 포장당 666.67SDR과 총중량(gross weight) 1kg당 2SDR을 산출하여 더 많은 금액을 책임한도액으로 한다(2조 1항). SDR은 국제통화기금(IMF)이 정의한 통화단위로서, 그것의 환산은 IMF 회원국일 경우, IMF의 평가방법에 따

32) 포앙카레 프랑으로 책임제한을 표시한 국제해사조약은 ① 1957년 선주책임제한조약, ② 1961년 해상여객운송조약, ③ 1961년 원자력선조약, ④ 1967년 해상여객·수하물운송조약, ⑤ 1968년 헤이그-비스비 규칙, ⑥ 1969년 유탁(油濁)민사책임조약, ⑦ 1971년 유탁손해보상국제기금조약, ⑧ 1974년 해상여객·수하물에 관한 아테네조약, 항공관계조약은 ① 1929년의 바르샤바조약, ② 1938년 해상항공기구조조약, ③ 1952년 항공기에 의한 지상의 제3자 손해에 관한 로마조약, ④ 1955년 헤이그의정서, ② 1971년 과테말라의정서 등이 있다.

33) 1944년 7월 미국이 달러화의 금태환을 약속한 이후부터 만성적인 국제수지 적자를 견디다 못해 1971.8.15. 닉슨 대통령이 금태환을 정지할 때까지 금의 공정가격은 US$35/oz(US$1 : 순금 0.888671g)이었다(Bretton Woods). 달러가 평가절하되면서 금의 공정가격은 1971년 12월과 1973년 2월에 각각 US$38/oz, US$42.22/oz로 조정되었다(Smithonian System). 이후 1976년 IMF총회에서 변동환율제가 채택되고 1978.4.1. 변동환율제 발효 1일전인 1978.3.31. US$42.22/oz을 끝으로 금의 공정가격이 폐지되어 고정환율제도 마감했다.

34) 브레튼우즈체제에서의 난제, 즉 유동성 딜레마(liquidity dilemma; 미국의 국제수지가 균형을 이루면 유동성 부족, 적자를 보이면 달러의 신뢰도 저하)를 해결하기 위해 IMF는 1967년 9월 SDR(특별인출권)의 창출을 결의하여 1SDR=순금 0.888671g=US$1로 정해 1970년 1월부터 시행에 들어갔다. 그러나 SDR가 페그(peg)한 달러화의 불안정이 계속되자 1970년 7월부터 복수통화 페그방식, 곧 16개국의 통화로 구성된 바스켓(basket)으로 매일 매일의 SDR 가치를 결정했는데, 너무 복잡하여 1981년 1월부터는 $, DM, ¥, FFr, £ 등 5개국 통화로 줄이고 5년마다 가중치를 조정해 오다가, 유로화의 출범으로 2001.1.1. $·₡·£·¥ 4개로 줄었는데, 2015.11.30. IMF가 중국 위안(元)화의 SDR 편입을 발표하고 실제 편입은 2016.10.1.에 이뤄져 현재 5개 통화 바스켓으로 결정하고 있다.

라 법원이 지정한 일자의 환산율을 적용한다. IMF 회원국이 아니면 그 나라 정부가 정한 방법으로 환산한다. IMF 비회원국으로 본 의정서의 적용을 법으로 금한 경우에는, 666.67계산단위(unit of account; SDR)에 대해서는 10,000화폐단위(monetary unit; Poincare Franc)로, 2계산단위에 대해서는 30화폐단위로 대체할 수 있다.

화폐단위는 순도 1,000분의 900인 금 65.5mg(=0.0655g)의 가치로 하고, 그것의 환산은 그 나라의 법에 따르며, 국내화폐로 환산된 금액과 앞서의 계산단위로 환산한 금액과 실질적 가치로 동액이 되어야 한다(2조 2항). 그리고 헤이그규칙의 비준국이 아닌 나라가 본 의정서를 비준하면 헤이그규칙을 비준한 것과 같은 효력을 갖는다(6조).

본 의정서는 포앙카레 프랑을 SDR로 대체하기 위해 체결된 것이다. 이러한 예는 항공운송조약에서도 볼 수 있는데 1975년의 몬트리올 추가의정서 1·2·3과 1999년 채결하여 2003년에 발효된 몬트리올조약이 있다.

포앙카레 프랑 환산에 대한 분쟁 예

대표적인 분쟁이 'Franklin Mint v. Trans World Airlines.' 사건이다. 1979년 3월 피고(TWA)가 원고(Franklin)로부터 필라델피아에서 런던까지 의뢰받은 고가의 주화(valuable coins) 4뭉치(packages) 714lbs(323.865kg)를 운송중 분실하였다. TWA(피고)는 원고가 그 가액을 별도로 신고하지 않았으므로, 바르샤바조약(Warsaw Convention : 항공화물운송에 관한 국제조약)에 의거 kg당 250 포앙카레 프랑만 변상하되, 1978.3.31. 미국의 금 최종공정가격(the last official price of gold of the U.S.A=US$42.22/oz)을 기준으로 US$6,476[1)]를 보상하겠다고 제안하였다. 이에 대해 원고는 포앙카레 프랑이 폐화(廢貨)되었고, 금의 공정가격도 폐지되었으므로, 1kg당 순도 90%의 금 65.5mg을 324배(714lbs= 323.87kg)하여, 우선 금의 중량(4.77kg)을 산출하고, 여기에 금의 현시가를 곱해야 한다면서, 그에 해당하는 $250,000의 배상을 요구하여 송사가 발생했다.

미연방지법에서는 "…SDR이 가장 설득력있는 환산기준이지만, …금의 공정가격이 바르샤바조약 22조에 대한 미정부의 해석과 가장 가깝고, …당사자들의 원래 의도와 합치된다."면서 배상액을 TWA가 산출한 $6,476로 판결하였다.

원고가 불복하여 항소하였고, 항소심은 ① 금의 최종공정가격은 1978년 미의회에서 평가수정법(Par Value Modification Act)을 폐지한 이후에는 이를 채택할 법적·논리적 근거가 없고, ② 금의 자유시장 가격은 통화가치와는 관계없는 단순한 상품으로서 금의 수요와 공급으로 결정되는 유동적인 가격이며, ③ SDR은 IMF의 창조물로 이것의 사용에 관하여 바르샤바조약에 아무 규정도 없고, 조약의 체약국과 무관한 IMF가 언제든지 변경할 수 있다. ④ 현행 프랑스 프랑은 국내통화에 불과하며, 조약이 이것의 사용을 배제하기 위한 특별조치로 제22조 4항에 포앙카레 프랑을 정의하고 있다.

따라서 이들 4가지 방식을 모두 채택할 수 없어, 미국법원은 바르샤바조약상의 책임제한을 집행할 수 없다(unenforceable). …다만 본 판결은 조약상의 책임제한의 집행을 거부(decline)하는 최초의 판결이므로, 본건의 집행명령(mandate)을 발한 후 60일 이후에 발생하는 사건에 한하여 적용하고, 그 이전의 사건에 대해서는(본건포함) 종래와 같이 金의 최종공정가격으로 계산해야 한다면서, 배상액을 $6,476로 확정하여 원고의 패소로 판결하였다.

그러나 이 판결 후 60일 이후에 발생하는 사건에 대해 책임제한의 집행을 거부한다는 것은, 곧 미법원이 바르샤바조약의 책임제한을 부인하는 것이라서, IATA(International Air Transport Association) 등이 가세하여 다시 TWA가 대법원에 상고하였다.

대법원은 ① 바르샤바조약은 자기이행조약(self-executing treaty)이라서 평가수정법의 폐기는 조약의 책임제한규정에 영향을 줄 수 없고, 체약국들이 조약의 유효성을 계속 주장하고 있으며, 조약 발효후 사정이 변했다고 그 효력을 부인할 수 없으므로, 미국은 조약을 준수해야 할 의무가 있다. ② 미의회가 평가수정법을 폐기하면서, 이후에는 공정가격 외의 다른 환산기준을 제시하지 않았고, 어느 누구도 동법의 폐지로 조약상의 책임제한규정에 영향을 줄 것을 의도하거나 기대하지 않았으며, 조약 제정자들의 의도 및 기존의 국제관례에 비추어, 조약상의 책임제한액을 자유시장의 금가격과 연계시킬 수도 없으니, 금의 최종공정가격에 의거 포앙카레 프랑을 달러로 환산해야 한다면서 TWA의 승소($6,476)로 판결하였다.

1) 계산근거 : 화물의 총중량은 323,865kg(=714lbs×453,592g), 따라서 보상액은 80,966 포앙카레 프랑(=250×323,865kg), 순금량은 4,77kg(=80,966×0,0655g×0,9), 이는 153,387온즈(=4,77kg÷31,1035g), 달러로 환산하면 $6,476(153,387oz×$42,22)

6 1978년 함부르크규칙(Hamburg Rules)

국제해사위원회(CMI)가 주도한 헤이그규칙의 개정조약인 비스비규칙과는 별도로, 개발도상국의 발의로 새로운 선하증권 통일조약에 대해 근원적인 재검토가 이뤄지고 있었다. 즉, 1967년 UNCTAD[35]에서 개도국이 "종래의 B/L 조약을 중심으로 하는 해상운송인의 책임에 관한 국제법 체제와 관행은, 식민지를 지배하던 시대의 선진 해운국을 위한 것이고, 화주국인 개도국의 사정을 무시한 것이며, 개도국 경제발전의 저해원인이 되고 있다."고 주장하여, 선진국측도 이 문제의 검토에 나섰다.

UNCTAD의 권고를 받은 유엔국제무역법위원회(UNCITRAL)는 1972년부터 개정작업을 시작하여 선진 해운국과 개도국의 격렬한 논쟁을 거쳐, 1976년 유엔총회에 상정하여 1978년 3월 함부르크의 개정조약안을 채택하였다.

35) 국제연합무역개발회의(United Nations Conference on Trade and Development) : GATT 체제하에서 선진국과 개도국간의 경제적 격차의 심화, 즉 남북문제의 해결을 위해 결성된 기구이다. 1962년 7월 카이로의 개도국(77그룹) 모임에서 회의결성을 채택하여 그 해 12월 UN 총회에서 결의하여 오늘에 이르고 있다.

이 조약은 20개국이 비준하여 가입서를 기탁한 후 1년이 경과해야 발효하게 되어 있다. 1991년 11월 잠비아가 20번째로 비준하여 발효요건을 충족, 1992.11.1.부터 발효되었다. 그러나 비준국들이 몇몇 나라를 제외하고는 이름도 생소한 신생・약소국들로, 이들 비준국 모두를 합해도 전세계 물동량의 2%에도 미달하여, 실질적인 발효에 이르지 못했다.

함부르크규칙에서 확대 개정된 요지는 다음과 같다.

① 조약의 적용확대 및 운송인의 책임가중

1924 헤이그규칙은 B/L을 발행하지 않는 운송・용선운송・생동물・갑판적 운송・특수화물의 비상업적 운송 등에 조약의 규정이 적용되지 않거나, 특약으로 운송인의 면책이 가능했다. 그러나 함부르크규칙은 용선운송을 제외하고는 모두 적용된다.

② 운송인의 책임기간 확대

헤이그규칙은 순수한 해상운송에만 적용되지만, 본 규칙은 해상운송을 중심으로 타운송까지 포함되어, 특히 컨테이너 운송은 집하・인도를 위한 육상운송까지 포함된다. 따라서 헤이그규칙의 운송인의 책임구간이 "from tackle to tackle"이라면 본 규칙은 "from receipt to delivery"로 확대되었다(4조).

③ 책임한도액의 인상

운송인의 책임한도액은 멸실 및 손상은 포장당 또는 선적단위당 835SDR나 kg당 2.5SDR 가운데 많은 금액으로 하고, 지연손해는 지연화물 운임의 2.5배(단, 운송계약상의 운임총액을 상한으로)로 규정하고 있다.

④ 면책카탈로그(catalogue of exceptions)[36]의 폐지

헤이그규칙은 과실책임주의로 감항성 및 화물의 취급 등에 관한 양대(兩大) 주의의무와 그 위반에 대해서는 귀책이지만, 항해과실을 비롯하여 화재 등 17개 당연면책사유, 곧 면책카탈로그를 인정하고 있다. 그러나 본 규칙은 과실추정주의[37]와 함께 해난구조행위를 제외한 종래의 면책카탈로그, 특히 항해과실・선박관리의 과실・선박의 화재에 대한 면책을 폐지하고 있다. 다만 화재와 생동물 운송에 대해 운송인의 거증책임이 약간 완화되고 있다.

36) 해상고유의 위험・천재(天災), 전쟁・공적(公敵), 공권력의 행사・검역, 송하인측의 작위・부작위, 동맹파업・직장폐쇄 등 17항목의 화물운송에 영향을 미칠 가능성이 있는 사유를 열거하고 이를 통상 면책위험이라 하며, 'Excepted Perils・'Exception List・Exception Catalogue라고 칭하고 있다.

37) 거증책임이 운송인에게 전가되어 운송인이 면책이 되려면 자기 또는 자기의 고용인이 면책임을 입증해야 한다.

⑤ 지연손해에 관한 운송인의 책임명시

헤이그규칙에는 없는 인도지연에 대해 명시적으로 규정하고 있다. 인도지연은 계약에 명시 또는 합리적으로 기대되는 인도예정일 내에 인도하지 못한 경우로, 인도예정일 후 60일이 경과되면 운송물이 멸실된 것으로 본다.

⑥ 손해통지기한 및 제소기한의 연장

헤이그규칙은 인도 당시 또는 외관상 나타나지 않는 손해는 인도일로부터 3일내에 손해의 개황을 서면으로 통지하지 않으면, B/L의 기재와 같이 인도한 것으로 추정한다. 이에 대해 본 규칙은 15일로 늘렸고, 인도지연에 대해서는 인도일로부터 60일 이내에 서면으로 통지하지 않으면 지연손해의 청구권을 상실한다(19조 5항).

또한 헤이그규칙은 인도일 또는 인도예정일 후 1년내에 제소하지 않으면, 운송인은 그 책임을 면한다고 규정되어 있다(3조 6항). 비스비규칙은 당사자의 합의로 제소기한을 연장할 수 있다는 규정과 제3자에 대한 구상권의 제소기한은 1년이 경과하더라도 가능하다고 추가했었다. 이에 대해 본 규칙은 제소기한을 2년으로 연장하고, 소외(訴外)의 중재절차를 시효중단 사유로 규정하고 있다.

⑦ 보상장(letter of indemnity)의 효력 및 적용범위

화물의 수령시・선적시 이상이 있음에도, 무사고 B/L을 교부받기 위해 송하인이 운송인에게 제출하는 보상장은 운송인과 송하인간에는 유효하지만, 제3자에게는 무효이다(17조 2항).

⑧ 선하증권의 기재사항과 그 증거력

헤이그규칙은 B/L에 화물의 식별을 위한 화인(貨印), 포장의 개수, 용적 및 중량, 외관상의 하자 등의 기재를 요구하고 있다. 본 규칙은 그 밖에 화물의 종류, 위험성 여부, 운송인・송하인・수하인의 상호 및 주소, 선적항・양륙항, B/L의 발행일자, 운임에 관한 사항, 특약 등의 기재를 요구하고 있다(15조 3항).

헤이그규칙은 B/L을 운송물의 수령・선적의 명백한 증거라 했고, 헤이그-비스비 규칙은 선의의 제3자에 대해 B/L 기재의 부인을 허용하지 않았다. 본 규칙은 화물의 외관상태에 대한 기재가 없으면, 외관상 양호한 상태로 간주하고, 특히 당해 운송이 조약의 규제를 받는다는 사실을 B/L에 기재하지 않으면, 운송인은 불기재로 인해 발생한 소송비용을 포함한 화주의 손해를 배상해야 한다(23조 4항).

⑨ 재판관할조항의 신설

헤이그규칙은 재판관할에 대한 규정이 없어 혼란이 적지 않았다. 본 규칙은 ⓐ 피

고의 주영업소·평소의 거소지(居所地), ⓑ 계약체결지, ⓒ 선적항·양륙항, ⓓ 계약체결지, ⓔ 본선·그 자매선의 압류지 법원 가운데, 원고가 선택한 법원이 재판관할권을 갖는다고 규정하였다. 이처럼 사전의 관할합의를 인정하지 않고, 원고에게 선택권을 주기 때문에 대부분 화물사고의 원고인 화주는 유리한 위치에 서게 된다. 중재지도 재판관할에 준하여 결정하고, 중재에도 조약의 적용을 보장하도록 규정하고 있다.

7 2008년 로테르담규칙

UNCITRAL[38]의 주도로 새로운 국제화물운송조약[39]이 2008년 12월 유엔총회에서 18장(98개 조항)으로 채택되었다. 전자선하증권·해상운송장·복합운송 등 시대의 변화와 업계의 불편과 요청을 반영하여 새로운 국제조약을 마련한 것이다.

골자는 아래와 같다.

① 정기선 운송이라도 운송증권을 발행하지 않으면, 이 조약을 적용하지 않지만, 용선계약 운송에서도 운송증권을 발행하면 이 조약을 적용한다.
② 화주들의 불만요인인 항해과실 면책을 폐지하고, 선박의 화재면책도 축소되었다.
③ 선박의 감항성 의무가 종전의 항해전(航海前)에서 全항해기간으로 확대되었다.
④ 화주에게 화물의 감항성(堪航性) 의무를 부과하고 화물의 수령의무를 부과했다.
⑤ 선사의 손해배상책임한도를 인상하여, 포장당·단위당 875SDR와 1kg당 3SDR 가운데 높은 금액으로 배상해야 한다.[40]
⑥ (인도일자를 약속하고) 인도지연이 발생하면, 그 화물운임의 2.5배 내에서 손해를 배상해야 한다.
⑦ 기존의 조약은 해상운송과 항만지역까지만 적용하였는데 도로·철도 등의 복합운송까지 확대되었다.
⑧ 손해구간이 밝혀진 화물손해는 당해 구간의 법규를 적용하고, 불명손해(non-localized damage)는 해상운송에서 발생한 것으로 간주한다.

---

38) 유엔국제무역법위원회(United Nations Commission on International Trade Law).

39) UN Convention on Contracts for the International Carriage of Goods Wholly or Partly by Sea. 여기의 'wholly'는 해상운송만 할 경우이고, 'partly'는 복합운송을 할 경우를 의미한다.

40) 화물손해에 대한 운송인의 책임한도가 헤이그-비스비 규칙은 포장당 666.67SDR·kg당 2SDR이고 함부르크규칙은 835SDR·kg당 2.5SDR였는데, 신조약은 포장당 8.75SDR·kg당 3SDR 가운데 높은 금액으로 인상했다. 책임한도의 인상은 아프리카 국가가 주도했고, 한국과 중국은 책임한도 인상에 강력하게 반대했었다.

⑨ 전자적 운송기록은 조약이 규정한 운송증권의 발행(發行) · 소지(所持) · 양도(讓渡)와 동일한 효과가 있다.

⑩ 이행당사자 규정을 두어, 항만내(港灣內)의 하역업자 · 터미널업자도 조약의 적용을 받아 운송인처럼 책임을 부담하고 항변권(히말라야 약관)을 원용할 수 있다.[41)]

⑪ 선사와 화주의 책임 · 의무를 규정한 이 조약의 규정을 당사자의 합의로 배제할 수 있다.[42)]

⑫ 클레임은 화물인도 후 7일 이내에 제기하고 2년 이내에 제소해야 한다.

⑬ 20개국 이상이 비준하고 12개월이 경과하면 발효한다. 미국 · EU · 아프리카 국가들이 조약에 만족하고 있어 조기발효를 예상했었는데, 왠일인지 서명만 하고 비준을 미뤄 17년이 지난 2025년에도 미발효 상태이다.[43)]

⑭ 본 조약을 비준할 때 헤이그-비스비 · 함부르크규칙을 폐기해야 한다.

우리나라는 선사의 손해배상책임한도의 인상 등을 개편한 개정상법(海商篇)이 2008년 8월 발효되었기 때문에, 당분간 이 조약을 수용할 가능성이 없다. 그러나 이 조약은 미국이나 EU 등 선진국들이 비준할 경우, 그 지역을 운항하는 선박의 운송증권에 원용되어 통용될 것이다.

41) 'Maritime Performing Party'란 용어를 사용하여 선적항 · 양륙항의 항만내(within a port area)의 당사자만을 대상으로 하고 있음에 유의(留意)해야 한다. 따라서 항만 밖의 이행보조자가 히말라야 약관의 혜택을 받으려면 운송증권의 약관에 별도로 규정해야 한다. ICD까지의 보세운송 · ICD의 하역업자는 조약의 적용을 받지 못하고 운송증권 약관의 적용을 받는다.

42) 대량운송계약(volume contract)의 경우, 선사와 화주는 당사자의 합의로 조약에 규정한 권리 · 의무 · 책임을 증감할 수 있다고 명시하고 있다(제83조). 이 조항은 미국의 강력한 요청으로 포함되었다.

43) 2013년 9월 미국, 프랑스, 덴마크, 네덜란드, 노르웨이, 스웨덴, 스페인, 그리스, 스위스, 폴란드 등 25개국이 서명했고 콩고, 스페인, 토고, 카메룬, 베닌 등 5개국만 비준하여 2025년 현재 아직 미발효 상태이다. 조약의 서명(signature)은 조약의 취지 · 목적에 대한 찬의(贊意)의 표명이다. 비준(ratification)은 조약을 수용한다는 동의로, 통상 국회가 조약의 내용을 심사하여 조약의 참여에 대한 결정을 한다.

2007년 개정상법(해상편)

개정상법(해상편)이 2007.8.3. 법률 제8581호로 공포되어 2008.8.4.부터 발효되었다. 1962년 상법 제5편으로 제정되어 1991년 1차개정 이후 16년만의 대폭적인 2차개정이었다. 개정의 주요내용은 전자선하증권・해상운송장 등을 수용하고, 여객선 선주의 책임한도・선적단위당 책임한도의 증액과 개품운송・복합운송에 대한 규정을 추가했다.

① 선주의 포장당・선적단위당 책임한도액을 500SDR(75만원)에서 헤이그 비스비 규칙의 666.67SDR(90만원)로 인상하고, 운송물 1kg당 2SDR의 중량당 책임제한제도를 새로이 도입했다[1](797조 1항).

② 해상운송이 포함되는 복합운송을 규정하고, 분할책임(network liability)제도를 채택하여 복합운송인은 손해발생구간의 적용법에 따라 책임을 지되, 손해발생구간이 불명인 때에는 운송거리가 가장 긴 구간의 법에 따라 책임을 진다[2](816조).

③ 종이 B/L 대신 법무장관이 지정한 관리기관의 정보통신망에서 전자 B/L을 발행할 수 있고, 전자 B/L은 종이 B/L과 동일한 법적 효력을 갖는다. 그리고 보증도 등의 불편을 덜기 위해 해상운송장을 운송증권으로 인정했다(862~864조).

④ 송하인은 운송인이 요구하면 화물명세서를 제출해야 한다.[3] 송하인이 화물명세서에 허위・부정확한 기재를 하여 손해가 발생하면 운송인에게 그 손해를 배상해야 한다.

⑤ 구법에서는 부합계약(附合契約)인 개품운송과 용선계약인 항해용선을 하나의 조항에 규정했는데, 개정법에서는 개품운송과 항해용선으로 분리하고, 용선계약을 항해용선・정기용선・선체용선(나용선)으로 나누어 각각 정의・권리・의무를 규정했다(791조~851조).

⑥ 환경오염의 방지・경감작업을 장려하기 위하여 환경손해방지 작업에 종사하면 성공여부에 관계없이 특별보상을 청구할 수 있게 했다(885조).

⑦ 여객선은 여객의 사상(死傷)에 대한 선주의 책임한도를 여객의 정원에 46,666 SDR(7천만원)을 곱한 금액에서 여객의 정원에 175,000SDR(2억원)를 곱한 금액으로 상향조정했다[4](770조 1항).

⑧ 상법의 강제적용조항이 삭제되었고, 주운송인에 정기용선자도 포함시켰다.

---

1) 구법에서는 중량당 책임제한이 없어 자동차・기계 등 고가물 화주에 대한 배상이 불합리했었다. 예컨대, 신법에서는 10톤짜리 핫코일 1뭉치의 책임제한액은 666.67SDR이 아닌 20,000SDR(=10,000kg×2SDR)이 된다.

2) 운송거리가 같거나 장거리 구간을 알 수 없으면, 운임이 가장 비싼 구간의 법을 적용한다.

3) 화물명세서에는 다음의 사항을 기재하고 송하인이 기명날인・서명해야 한다. ⓐ 운송물의 종류・중량・용적, 포장의 종별, 개수와 기호 ⓑ 도착지, ⓒ 수하인과 운송인의 성명・상호・영업소・주소, ⓓ 운임과 그 선불・착불의 구별, ⓔ 화물명세서의 작성지와 작성년월일

4) 이 금액은 1996년 선주책임제한조약 개정의정서에 준한 것이다. 그밖의 인적・물적 손해는 변경하지 않았다. 우리 상법은 국제법(선주책임제한조약)을 그대로 수용하지 않고, 선박의 크기를 세분하여 영세선주를 배려하고 있다.

제4절 선하증권의 기재사항

1 법정기재사항과 임의기재사항

B/L에는 반드시 기재해야 하는 법정기재사항과 계약당사자간의 약정에 의한 임의기재사항이 있다.

(1) 법정기재사항

법정기재사항은 대체로 B/L의 앞면(앞면의 스케줄란)에 기재하고, 발행할 때마다 그 내용이 달라지는 가변적 사항이다. 우리 상법 853조는 다음의 사항을 요구하고 있다.

① 선박의 명칭, 국적 및 톤수

선박명은 선적한 화물에 대한 권리의 특정성을 부여하기 위한 것이다. 선박의 국적은 기국(旗國)이며, 국제법상 문제가 생길 때 재판관할 등의 기준이 된다.

② 송하인이 서면으로 신고한 운송물의 종류 · 중량 또는 용적 · 포장의 종별 · 개수와 기호

B/L은 선적된 운송물을 대표하는 유가증권이므로, 기재사항은 운송물의 내용과 동일해야 한다. 운송물의 종류에 따라 중량 · 용적 가운데 어느 것이든 기재해야 하며, 포장의 종류, 예를 들면 상자 · 마대 · 통 등으로 기재하고, 벌크화물인 경우에는 그 요지를 기재한다. 이러한 기재사항은 송하인이 운송인에게 신고한 내용을 근거로 작성하기 때문에, 송하인이 거짓으로 신고하였을 경우, 운송인은 그 화물로 인해 발생한 손해에 대해 면책이고, 더욱이 2배의 운임을 과징한다는 약관도 있다.

③ 운송물의 외관상태

운송인은 수많은 운송물의 내용 · 상태 등을 현실적으로 검사할 수 없어, 화물의 외관상태라도 점검하여, B/L에 '외관상 양호한 상태' 또는 '포장의 불비 · 파손 · 물에 젖음' 등의 이상 여부를 반드시 기재해야 한다. 따라서 양륙지에서 화물을 인도할 때 선적할 때의 외관상태와 동일하게 인도하면, 운송인은 그의 책임을 다한 것으로 간주하여, 포장 내부의 화물손상 등에 대해 운송인은 면책이다.

④ 용선인 또는 송하인의 성명 또는 상호

B/L은 운송계약을 근거로 발행하고, 송하인은 그 계약의 당사자이기 때문에, 그

의 성명·상호를 기재해야 한다. 이는 화물의 발송인이 누구인가를 밝혀주므로, 운송계약과 무관한 B/L의 거래자들에게 판단자료를 제공한다.

⑤ 수하인 또는 통지수령인의 성명 또는 상호

기명식(straight) B/L에는 수하인란에 반드시 수하인의 상호·주소를 기재하고, 지시식(order) B/L에는 수하인란에 상호·주소를 기재하지 않고 'to order' 또는 'to order of … Bank' 등을 기재하여 도착지에서 화물인도에 지장을 줄 수 있기 때문에 별도로 통지처를 기재한다. 통지처는 대부분 수하인이지만 때로는 하역업자인 경우도 있다. 용선운송일 때는 운송인이 본선의 도착통지를 할 의무가 없으므로, 수하인은 스스로 본선의 도착일에 유의해 필요한 조치를 취해야 한다. 한편 통지처의 기재는 화물처리의 촉구·화물의 인도 등을 위해 수하인의 연락처를 알 필요가 있어 기재하는 것으로, 기재되어 있는 통지처가 반드시 수하(受荷) 권리자를 의미하는 것은 아니다.

⑥ 선적항

화물을 선적한 항구 또는 화물을 수령한 항구이다. 선적항의 기재는 화물의 도착일시를 예상할 수 있는 기초가 되고, 거래당사자에게 약정사항을 입증하는 방법이기도 한다. 그러나 법적으로는 이 기재의 진위나 결여가 B/L 자체의 효력에 영향을 미치지 않는다는 견해가 많다.

⑦ 양륙항

양륙항은 화물을 양륙하여 수하인에게 인도하는 항구로, 선박의 도착을 의미하는 것은 아니다. 양륙항이 기재되지 않으면 화물을 인도할 곳이 없는 것이 되어 B/L은 무효이다. 또한 양륙항선택화물(optional cargo)은 2개항 이상이 병기된다.

⑧ 운 임

운임은 통상 선불인 경우 금액의 표시없이 '운임선불'(freight prepaid)로 표시하지만, 후불인 경우에는 그 액수를 기재해야 한다. 금액의 기재가 없으면, B/L 자체는 유효하지만 운송인은 B/L 소지인에게 대항할 수 없다.

⑨ 발행지와 발행연월일

B/L의 발행지는 서명한 장소로서 선적항과 일치하지 않아도 된다. 발행일은 일반적으로 선적완료일로 간주되므로, 신용장의 선적기일에 맞지 않을 경우, 수하인은 이에 근거하여 선적기일 위반으로 클레임을 제기할 수 있다. 무역화물은 예를 들면 '1월적', '2월 하순적' 등과 같이 월단위로 표기하고 있어, 월말에서 다음 달에

걸쳐 선적하면, 동일선박에 선적한 화주들의 권익을 균등하게 하기 위해, B/L 발행일을 본선의 출항일로 통일시키는 것이 일반적이다.

⑩ 여러 통의 선하증권을 발행한 때에는 그 발행통수

B/L은 1통으로 족하지만 관습상 정본(正本) 3통을 1조로 발행하며, 송하인의 요청에 따라 발행통수가 조정된다. 2통 이상의 정본을 발행할 경우, 서명한 각 정본은 동등한 효력을 가지며, 화물인수는 그 중 1통만으로 가능하고, 인수와 동시에 같은 조의 다른 정본들은 모두 무효가 된다. 거래의 안전을 위해 그 발행통수를 반드시 기재해야 하며, 화환어음의 결제시에는 정본 모두를 은행에 제시해야 한다.

⑪ 운송인의 성명 또는 상호

⑫ 운송인의 주된 영업소 소재지

(2) 임의기재사항

임의기재사항은 선주와 화주의 권리와 의무에 대한 약정으로 대부분 선주의 책임면제에 관한 것이다. 따라서 이를 면책약관(exception clause), 보호약관(protection clause), 과실약관(negligence clause)이라 한다. 면책약관은 B/L의 앞면이나 뒷면에 인쇄되어 있는데, 이러한 면책약관을 일반약관(general clause)이라 하고, B/L의 여백에 수기(手記)·타이핑·고무인 등으로 표시하는 약관을 특별약관(special clause)이라 한다.[44] 임의기재사항은 화물·항로 등에 따라 달라져 그 내용도 각양각색이다.

임의기재사항의 주요 항목을 열거한다.

① 본선항해번호(Voyage No.)

이는 원래 본선 운항에 관한 선사의 참조용으로 '동향 제4항차(4-E)', '서향 제4항차(4-W)' 등과 같이 편의에 따라 기재한다.

② 운임지불지 및 환율

운임의 선불·후불, 필요한 경우 지불지를 기입한다. 운임을 외화로 지불하면, 통상 선불은 B/L의 작성일, 후불은 본선 도착일의 환율을 적용한다.

③ 선하증권번호(B/L No.)

화물의 처리·서류취급의 편의를 위해 B/L에 번호를 기재한다. 각국의 세관은

44) B/L의 인쇄약관과 수기(手記) 또는 타자된 약관이 상충되면, 수기 또는 타자된 약관이 우선한다. 약관이 모호하면 법원은 그 약관으로 이익을 보는 자에게 불리하게 해석한다. B/L이 양도되면 양도인은 화물에 대한 물권(物權, title to the goods)을 상실하고, 이후부터 B/L에 체화(embody)된 모든 책임(all further responsibility)으로부터 해제된다.

전산관리로 화물의 원활한 유통과 통관의 효율을 위해 표준화된 B/L 번호를 요구한다. 1989년부터 미국이 실시하고 우리나라도 실시하고 있다. 예컨대 Master B/L은 ⓐ 총 16자리 이내로 하되, 앞의 4자리는 선사고유 코드로, 선사가 알파벳 문자로 지정하여 관세청에 등록하면 중복 또는 기타 사유가 없으면, 그 선사의 고유코드로 인정한다. ⓑ 나머지 12자리는 선사 자율로 하며, 알파벳 문자나 숫자를 사용하되, 문자는 앞이나 뒤의 숫자와 섞이지 않게 묶어 사용한다. ⓒ 선사는 3년 이내에 같은 번호를 다른 B/L에 사용하지 못한다. ⓓ 예시문; HACS(고유코드) PUSA 4321 7803(자율부분), 또는 SABC 9621 23456.

④ 면책약관(General or Exception Clause)

운송중 선사의 권리·의무에 대한 제반조항이 B/L의 앞면·뒷면에 열거되는데, 선사의 책임면제·경감조항이 대부분이므로 이를 면책약관이라 한다. 현재 선사에서 발행하는 B/L의 면책조항은 종류도 많고 내용도 다양하지만, 대체로 1924년 헤이그규칙, 1968년 헤이그-비스비 규칙, 그리고 이것들을 채택한 국내법에 준거하고 있다.

해상위험의 특수성을 반영한 면책조항은 구체적인 사건이 일어나 쟁점이 되면 보충되어 왔기 때문에 광범위하고 복잡하다. 면책조항은 계약당사자간의 특약이지만 무제한으로 확대할 수 없으며, 그 유효성은 B/L의 본질에 어긋나지 않고 공공질서를 해치지 않는 선에서 인정하고 있다. 이들 면책조항은 읽기 힘들 정도의 작은 글자로 씌어 있으나 중요하므로 숙지하고 있으면 좋다.

(3) 일반약관 또는 면책약관

① 불가항력

선주와 그 사용인(선원·선장 등)이 예견할 수도 방지할 수도 없는 폭풍·좌초·유빙(流氷) 등의 해난(海難)에 의한 손해와 결빙·낙뢰 등의 천재(天災, Act of God)에 의한 손해에 대하여 선주는 과실 여부에 관계없이 면책이다.

② 전쟁위험

어뢰·폭탄·폭발·나포·봉쇄 등의 전쟁행위에 기인한 손해는 면책이다.

③ 공권력 등 제3자의 행위에 의한 손해

검역·압류 등 규제와 파업·폭동·절도 등에 기인한 손해는 면책이다.

④ 과실약관(Negligence Clause)

선장·선원·도선사(pilot; 수로안내인)·기타 사용인의 본선 운항·관리중의 과실

(항해과실)에 기인한 손해는 책임지지 않는다. 즉, 헤이그규칙에도 선장・선원・도선사・기타 선주 사용인의 항해과실에 기인한 손해는 면책이고, 화물의 선적・적부・보관・인도 등에 관련된 과실(상사과실)에 의한 손해는 귀책으로 규정하고 있다.

⑤ 잠재하자

선주는 본선의 감항성(seaworthiness)을 유지할 주의의무가 있다. 그런데 상당한 노력에도 발견할 수 없는 선체・기관・설비 등의 숨은 하자로 인한 손해에 대해서는 면책이다. 즉, 선주가 감항성을 위해 적절한 주의의무를 다 했다면 면책이다.

⑥ 이로약관(Deviation Clause)

선주는 인명・재산의 구조, 피난, 연료・식품의 보급, 기타 타당한 사유로 예정된 항로를 벗어나거나 목적항 이외의 항구에 자유로이 기항할 수 있다.

⑦ 부지약관(Unknown Clause)

FCL 화물은 통상 송하인이 컨테이너에 화물을 적입한다. 이때 운송인은 그 내용물의 수량・상태 등을 알지 못하므로, 내용물에 이상이 생기더라도 책임을 면하기 위해 '송하인이 신고한 명세'(particulars declared by shipper), '송하인 적입・계량'(shipper's load and count), '적입했다고 함'(said to contain) 등을 B/L에 기재하는데, 이를 부지약관(不知約款)이라 한다. 그런데 법원은 이 부지약관을 운송인에게 매우 엄격하게 적용하려 한다. 특히 중량은 간단히 계측할 수 있으므로, 중량을 계측하지 않은 운송인은 부지약관의 보호를 받지 못할 수도 있다.

⑧ 화물 고유의 성질

변질・부패・파손되기 쉬운 화물에 대한 손해는 화물 고유의 성질에 기인한 것으로 보아 면책이다. 즉, 유리제품・도자기・액상화물・어패류・육류・청과류・생동물 등의 파손・누손・부패・폐사 등은 면책이다.

⑨ 고가품약관

고가품은 취급에 특별한 조치가 필요하므로, 화주가 그러한 물품의 종류・품질・가격 등을 신고하지 않으면, 그 멸손(滅損)에 대해 선주는 헤이그규칙 등의 손해배상 책임한도액(예컨대, 666.67SDR) 이상은 배상하지 않는다.

⑩ 위험물약관

사전신고 없이 선적된 화물이 위험물로 밝혀지면, 선장은 임의로 양륙・투기(投棄)할 수 있다. 그리고 그로 인해 발생한 손해는 화주의 책임이다. 수출입금지품・전시(戰時) 금지품・위법화물도 위험물과 동일하게 적용된다.

⑪ 클레임약관

화물에 대한 클레임 제기방법 · 시효 · 금액결정의 기준 · 한도 등에 대해 명시하고 있다. 화물의 멸실 · 손상 등의 클레임은 인도장소에서 화물의 이동전에 서면으로 인도지의 선사와 그 대리인에게 즉시 통고해야 하고, 통고가 지연되면 선사는 클레임에 응하지 않아도 된다.

상법 804조 1항은 수하인이 운송물 일부의 멸실 · 손상을 발견한 때에는 지체없이 운송인에게 그 개요를 서면으로 고지해야 한다. 멸실 · 손상을 즉시 발견할 수 없는 것이면 수령한 날로부터 3일 이내에 통지해야 한다. 통지가 없으면 운송물이 멸실 · 손상없이 수하인에게 인도된 것으로 추정한다.

클레임의 시효에 대해 통상 B/L은 클레임의 서면통지로부터 1년, 헤이그규칙은 화물인도일로부터 1년이 지나면 선사의 책임이 소멸한다고 규정하고 있다. 배상액은 통상 CIF 가액이지만, B/L에서는 선적지의 가액과 실제로 지불한 모든 비용의 합계액을 배상액으로 한다. 그러나 이 규정은 선주의 책임제한액(포장단위당 £100 또는 666.67 SDR 등)을 한도로 하기 때문에, 실제의 배상액은 둘 중 적은 것으로 한다.

(4) 기타약관

① 공동해손약관(General Average Clause)

선박 · 화물이 공동으로 위험에 처했을 때, 선장의 판단하에 선박 또는 화물의 일부를 희생시켜 선박과 화물 모두를 구하고, 희생된 선주 · 화주의 손해와 비용을 모든 이해관계자가 공동으로 부담하는 제도를 공동해손이라 한다. 그런데 공동해손은 처리절차가 복잡하고 각국의 법규도 상이하여 1877년 요크-앤트워프 규칙(York- Antwerp Rules)이라는 국제통일규칙이 마련되어 있다.

이후 요크-앤트워프 규칙은 수차례의 수정보완을 거쳐 지금까지 YAR-1994에 준거해 왔는데, 2016년 YAR-2016이 새로이 수정 채택되어 앞으로는 YAR-2016이 B/L 약관에 편입될 것이다. B/L에는 통상 "공동해손은 운송인이 시정한 정산인이 선정한 통화로, 1994년(또는 2016년) 요크-앤트워프 규칙에 의거, 운송인이 선택한 항구 또는 장소에서 정산하고 진술하며 해결한다."고 규정된다.

② 뉴제이슨 약관(New Jason Clause)

다음의 쌍방과실충돌약관과 같이 이 약관은 미국발 · 미국향 항해에서만 필요하다. 하터법과 1936년 미해상운송법(USCOGSA)은 미국발 · 미국향 화물을 적재한 선박에 대해 선주가 감항성 유지를 위해 주의의무를 다 했다면, 본선의 관리·항해과실에 기인한 손해에 대해 선주는 면책이다.

그러나 미국 대법원은 1898년 Irrawady호 사건에서, 본선의 관리·항해과실에 기인한 공동해손에 대해, 선주는 화주로부터 공동해손분담금(general average contribution)을 징수할 수 없다고 판결했다. 선주의 과실로 해손이 발생했기 때문에, 선주의 희생은 공동해손에서 제외하고, 오히려 화주에게 배상해야 한다는 화주들의 주장을 수용했던 것이다. 하터법은 선주의 면책을 규정한 것으로 공동해손에는 적용할 수 없다는 것이다.

이후 선주들은 B/L에 미국발·미국향 화물의 화주는 항해과실에 기인한 공동해손의 분담금을 부담해야 한다는 약관을 삽입하였고, 1912년 Jason호 사건에서 미대법원은 그 약관이 유효하다는 판결을 내려 'Jason Clause'로 불리게 되었다. 이후 본선을 자사선(自社船)이 구조하더라도, 타사선(他社船)이 구조한 것과 같이, 선주는 구조비를 본선의 화주들이 분담한다는 내용을 추가하여 'New Jason Clause'를 추가했는데 그 골자는 다음과 같다.

"공동해손을 미국의 법과 관행으로 정산하고, 선주가 감항성 유지를 위해 적절한 주의의무를 다 했다면, 항해의 전후에 관계없이, 선주의 과실이 있든 없든, 사고가 발생하면 선주는 법·계약·기타 어느 것에 의해서도 그 사고에 대해 책임지지 않는다. 화주는 공동해손으로 발생한 비용과 희생을 분담하고, 화물의 구조비 등을 부담해야 한다. 만약 구조선이 같은 선주의 소유선이면, 타사소유 구조선에게 지불하는 것과 같이 구조비를 100% 지불해야 한다. 화주는 화물을 인도받기 전에, 분담금·구조비 등을 충당할 수 있는 충분한 금액을 선주에게 공탁해야 한다."

③ 쌍방과실충돌약관(Both to Blame Collision Clause)

뉴제이슨 약관과 같이 본 약관도 선박이 미국을 기항(寄港)할 경우에 필요한 약관이다. 본 약관 역시 항해과실의 경우 화주가 선주를 제소할 수 없는데, 화주가 그 손해를 우회하여 보상받는 변칙(anomaly)을 바로잡기 위한 것이다.

쌍방과실로 화물이 손해를 입을 경우, A선의 화주 X는 자기 화물을 적재한 선박, 즉 A선에게는 면책약관 때문에 배상청구를 할 수 없다. 그러나 미국법은 상대선, 즉 B선에게 불법행위(tort)로 배상청구를 할 수 있다. 이때 B선은 X에게 B선의 과실비율만큼 배상하고, A선의 선주로부터 A선의 과실비율만큼 배상을 받는다. 결국 A선의 선주는 X에게 직접 배상하지는 않았지만, B선을 통해 A선 화주에게 간접 배상하게 된다. 이는 결과적으로 B/L의 항해과실 면책약관의 실효(失效)를 의미한다.

본 약관은 이러한 변칙을 바로잡는 것이다. 따라서 A선의 선주는 X가 B선으로부터 받은 보상금을 도로 내놓게 하여, 실효(失效)된 면책약관의 효력을 회복시키려는 것이다. 전형적인 약관의 취지는 다음과 같다.

"본선이 충돌의 당사자로서 책임을 져야 할 경우에는 미국법에 따르며 본 약관을 적용한다. 타선의 과실 및 본선의 과실 등으로 충돌하여 그 손해를 타선의 선주가 본선 화주에게 배상했거나, 타선의 선주 · 그 화주가 본선으로부터 배상받을 경우, 본선의 화주는 타선의 선주로부터 배상받은 금액을 본선에 상환(償還)해야 한다. 본 조항은 충돌선 외의 모든 충돌물의 소유자 · 운영자 · 관리자의 과실에 의한 충돌에도 적용된다."

미국을 기항하는 선주는 본 약관을 준수해야 한다. 세계 어느 곳에서 발생한 충돌사고라도, 그 당사자인 미국 선주는 미국내의 어느 항구에서고, 상대선의 선주가 소유한 모든 선박에 대해 마치 충돌선인 것처럼 차압(差押)할 수 있기 때문이다.

2 선하증권의 발행 및 배서

(1) 발행의무자

B/L은 송하인의 청구로 운송인, 그의 위임으로 선장 · 기타의 대리인이 발행한다(852조 1~3항). 또한 정기용선인[45] 및 선박임차인(선체용선인)도 선주와 마찬가지로 발행할 수 있다. B/L의 작성은 운송계약의 필수요건은 아니다. 우리의 해상법은 화물을 수령하면 선적전이라도 B/L을 교부할 수 있다는 수령주의를 취하고 있다(852조 1항). 이는 헤이그규칙 등 대다수 해상법의 추이를 따른 것이다.

45) 1991년 이전의 구해상법은 B/L의 발행에 대해 선주주의를 취해 선주 · 선장 · 대리인 · 선박임차인(裸傭船人)만이 B/L을 발행할 수 있었다. 그런데 선주주의에서는 정기용선과 재용선(sub charter)은 정기용선인 및 재용선인이 자기 명의로 B/L을 발행할 수 없어 문제가 복잡했다. 선주주의에서 총체적 책임제한의 주체는 선박소유자(선박임차인 포함)로 되어 있기 때문에, 정기용선인은 운송의 주체이면서도 총체적 책임제한을 주장할 수 없고 무한책임을 져야 했다. 따라서 실무에서는 B/L의 발행자가 본선의 소유자가 아니면, 예컨대 타사선(他社船)을 정기용선하여 영업할 경우, B/L상의 운송인은 그 발행자인 정기용선인이 아니라 본선의 소유자라 하거나, 본선의 소유자만 책임을 지고 정기용선인은 책임을 지지 않는다는 취지의 약관, 이른바 양위약관(讓位約款, Demise Clause)이 B/L에 삽입하곤 했다. 그러나 신해상법에서는 운송인주의로 전환하였기 때문에, 타사선을 용선하여 영업하는 정기용선운송인도 총체적 책임제한을 주장할 수 있어 양위약관은 더 이상 필요하지 않게 되었다.

(2) 발행형식

B/L은 권리증권이라서 배서로 양도가능한 유통가능으로 발행할 것인가, 유통불능으로 발행할 것인가, 그리고 유통가능(negotiable)으로 발행하면, 누구를 수하인으로 발행하느냐가 중요한 문제이다. 수하인의 표시방법으로 기명식・지시식・지참인식・기명지참인식・무기명식 등이 있다. 어떤 형식으로 발행할 것인가는 발행청구권자인 송하인이 결정할 사항이다.

① 기명식은 수하인란에 수하인의 상호 및 주소를 기입하는 것이다.

② 지시식은 'to order'와 같은 단순지시식과 'to order of … Bank', 'to order of … Co., Ltd.'와 같은 기명지시식, 'to order or order of … Bank or to order of … Co., Ltd.'와 같은 선택지시식으로 나눌 수 있다.

③ 지참인식은 'Bearer'로 기입하며, 기명지참인식은 일명 선택무기명식이라고도 하는데 표기는 'Bearer or … Co., Ltd.'로 한다.

④ 무기명식은 일명 백지식(白地式)인데 수하인란을 공란(blank)으로 두는 것이다. 이때 B/L의 취급은 지참인식과 같다.

(3) 배서형식

B/L을 타인에게 양도하기 위해 배서할 때, 피배서인(endorsee)의 표시방법에는 기명식・지시식・백지식・선택무기명식의 4종류가 있다.

① 기명식(full endorsement) 배서는 피배서인의 이름을 명기하여 배서인(endorser)이 서명한다. 아래의 예는 모두 Tigers Trading Co., Ltd가 송하인으로서 배서한 예이다.

[예] : Deliver to .... Co., Ltd.
Tigers Trading Co., Ltd.
(signed)
____
Manager

기명식으로 발행하면 최초의 배서인은 B/L에 수하인으로 기명된 자(者)이며, 배서의 연속(continuous chain of endorsement)으로 권리가 이전된다. 즉, 배서된 기명식 B/L을 다시 유통시키기 위해서는 피배서인이 또 배서해야 한다.

② 지시식 배서는 피배서인의 이름을 명기하지 않고 지시인(orderer), 즉 송하인 또는 신용장 개설은행(opening bank)의 지시를 받아, 그들이 지정한 자에게 화물을 인도하라는 문언과 함께 배서인이 서명한다.

[예] : Deliver to order or Deliver to order of … Bank.

Tigers Trading Co., Ltd.

(signed)

Manager

③ 백지식(白地式) 배서방식은 2가지가 있다. 하나는 피배서인의 이름이 없고, 인도문언과 배서인의 서명만 있는 것이고, 다른 하나는 피배서인의 이름과 인도문언이 없고 배서인의 서명만 있는 방식이다.

[예] : a. Deliver to (공란)

Tigers Trading Co., Ltd.

(signed)

Manager

b. (공란)

Tigers Trading Co., Ltd.

(signed)

Manager

④ 지참인식은 피배서인을 지정하지 않고 지참인에게 인도하라는 인도문언과 함께 배서인이 서명하는 방법이다.

[예] : Deliver to the Bearer

Tigers Trading Co., Ltd.

(signed)

Manager

이때 유의해야 할 점은 B/L은 수표나 어음과 달리 불완전유통증권이므로, B/L의 정당한 권리자가 배서・양도해야 하고, 그 의사가 분명히 나타나야 하므로, 배서인의 기명날인은 어느 경우에도 필요하다.

3 선하증권의 작성요령

① Shipper(송하인) : 상호를 기재하며 혼동이 예상될 때는 주소를 병기하여 명확히 하는 것이 좋다.

② Consignee(수하인) : 신용장에 명시된 대로 기재한다. 신용장거래는 통상 지시식으로 'to order' 또는 'to order of …Bank'로 기재한다.

Bill of Lading

① Shipper ABC TRADING CO., LTD. 160 BANGBAE-DONG, SEOCHO-KU, SEOUL, KOREA	⑦ B/L No QSM47022
② Consigness TO ORDER	⑧ Remarks COUNTRY OF ORIGIN : REPUBLIC OF KOREA
③ Notify Party XYZ TRADING INC. 64 BIAOSHAN ROAD, QINGDAO, CHINA	
④ vessel R.MARINER ⑤ Voy. No V-211W ⑥ Flag	

⑨ Pre-Carriage by :	⑩ Place of Reciept QINGDAO	⑪ Final Destination
⑫ Port of Loading BUSAN, KOREA	⑫ Port of Reciept QINGDAO	⑬ Place of Delivery ㉑ QINGDAO, CHINA

⑮ Marks and No. ⑯ CNTR No. ⑰ SEAL No.	⑱ No. & Kinds of P'kgs or CNTRs	⑲ Description of Goods	⑳ Gross Weight ㉑ Measurements

HJCU2122594/K163256
KSCU 2

"FREIGHT PREPAID" "SHIPPER'S LOAD COUNT"
1×20'CNTR
SAID TO CONTAIN :
690 CTNS(25,376PCS) OF
PARTS FOR DOLLY & ETC, AND
NON SELF-PROPELLED VEHICLE
COMPONENTS FOR HAND TRUCK

TRA-EAST

QINGDAO
C/T NO. : 1-690
MADE IN KOREA

㉒ Total No of p'kgs or Units (in words)	SAY : ONE(1×20')CONTAINER ONLY.

㉓ Freight & charge	㉔ Revenue Tons	㉕ Rate	㉖ Per	㉗ Prepaid	㉘ Collect
O/FREIGHT 20'				US$500.00	
CHC 20'				WON30,000	
CTX 20'				WON20,000	
W/F @WON174/CBM				WON2,958	
DOC @WON3,700/B.L				WON3,700	

㉙ Freight Prepaid At SEOUL, KOREA	㉚ Freight Payable At	㉛ Place of Issue BUSAN, KOREA
㉜ Total Prepaid In	㉜ No. of Original B/L THREE(3)	㉞ Date of Issue SEP 23, 1992

㉟ Laden On Board The Vessel Date SEP 23, 1992 By :	㊱ By : CHOYANG SHIPPING CO., LTD.

③ Notify Party(통지처) : 통상 신용장에 'Notify Accountee'로 기재된 신용장 개설의뢰인, 즉 수입상 또는 그의 대리인을 통지처로 기재한다.

④ Vessel : 화물을 수송하는 선박명을 기재한다.

⑤ Voyage No. : 본선의 항차번호로 선사가 임의로 정한 일련번호를 기재한다. 1항차는 출발항에서 목적항을 거쳐 출발항에 귀항하는 것이며, 출항·귀항을 구별하기 위해 East(E), West(W), South(S), North(N) 등을 표기한다.

⑥ Flag : 선박의 등록국을 기재한다.

⑦ B/L No. : 선사가 정한 번호를 기재한다. 통상 선적항과 양륙항의 알파벳 문자와 숫자를 이용하고 일련번호를 매긴다.

⑧ Remarks : 운송인의 로고·상호·운송조건 등을 인쇄하고 공란에는 타항목에 표시하지 못한 기타의 정보(예 : 원산지·송장번호·내륙운송정보 등)를 기재한다.

⑨ Pre-Carriage By : 화물 인수지점에서 본선 선적항까지의 운송인을 기재한다.

⑩ Place of Receipt : 운송인이 송하인으로부터 화물을 수령한 장소, 즉 Busan CY, Busan CFS 등으로 기재한다.

⑪ Final Destination : 화물의 최종 목적지를 기재한다. B/L에 운임이 기재되어 있지 않으면 참조사항에 불과하며, 복합운송이 아니면 기재하지 않는 경우가 많다.

⑫ Port of Loading : 화물을 선적하는 항구명·국명을 기재한다. 예) Busan, Korea.

⑬ Port of Discharge : 화물의 양륙항과 국명을 기재한다.

⑭ Place of Delivery : 운송인이 화물을 수하인에게 인도하는 장소를 명시한다.

⑮ Mark and No. : 포장명세서에 표시한 화인·포장의 일련번호(1~50)를 기재한다.

⑯ Container No. : 화물을 적입한 컨테이너 번호를 표기한다.

⑰ Seal No. : 컨테이너 봉인번호를 표기한다.

⑱ Number & Kinds of Pkgs or CNTRS : 운송인이 인수한 화물의 수량을 표기하며, CY 인수조건의 화물이면 컨테이너의 종류와 수량(예, 1×40′ CNTR)을 표기한다.

⑲ Description of Goods : 포장명세서와 송장에 기재된 상품의 명세를 기재한다.

⑳ Gross Weight : 포장의 무게를 포함한 총중량을 기재하고, 포장명세서·송장과 일치하지 않으면 그 사실을 부기(附記)하고, 수출입의 경우 포장명세서와 B/L의 기재가 다르면 통관이 안되므로 세심히 작성해야 한다.

㉑ Measurements : 가로×세로×높이 최대길이의 용적을 기재한다. 역시 포장명세서 등의 기타 서류와 일치해야 한다.

㉒ Total Number of Package or Units(In Words) : 상품의 수량 또는 컨테이너 개수를 숫자가 아닌 문자로 기재한다.

㉓ Freight and Charge : 운임 및 모든 요금, 즉 CAF, CFS Charge, Wharfage 등을 기재하며, 복합운송 B/L에는 Inland Charge를 표기한다.

㉔ Revenue Tons : 중량톤 · 용적톤 가운데 많은 것을 기재한다. 즉, 총중량 · 총용적에 운임단위를 곱하여 총중량의 운임이 총용적의 운임보다 많으면 M/T를, 총용적의 운임이 많으면 CBM을 기재한다.

㉕ Rate : 운임톤당(per revenue ton) 운임단가 및 CFS Charge, Wharfage, BAF, CAF의 퍼센트 등을 기재한다. Wharfage의 경우, 국내에서는 톤 이하는 무조건 올려 계산하므로 만약 7.01cbm이라면 8cbm으로 기재한다.

㉖ Per : 용적당 · 중량당, 컨테이너는 개당으로 표기한다.

㉗ Prepaid : 선불운임의 금액을 표기한다. 운임지불조건은 적하목록(manifest)에 Freight Prepaid 또는 Freight Collect로 표시하므로 혼동은 되지 않으나, 간혹 기재하지 않은 경우도 있어, 구별하여 각각의 난에 기재하는 것이 좋다. 복합운송이면 복합운송을 명시하기 위해 구간표시를 하고 각 구간마다 운임을 표시하는 것이 좋다.

㉘ Collect : 후불운임의 금액을 표기한다. 금액의 기재가 없으면 B/L 자체는 유효하지만, 운송인은 B/L 소지인에게 청구할 수 없다.

㉙ Freight Prepaid at : 선불운임을 지불하는 장소이다. 즉, 화물을 부산에서 선적해도 운임을 서울에서 지불하면 Seoul, Korea로 기재한다.

㉚ Freight Payable at : 수하인이 지불하는 후불운임의 지불장소이다. 도착지에서 약정된 운임을 지불하지 않으면 운송인 또는 그 대리점은 화도지시서(D/O : delivery order)를 교부하지 않는다.

㉛ Place of Issue : B/L의 발행장소를 기재한다.

㉜ Total Prepaid in : 선적지 통화기준 선불운임 및 모든 요금의 합계, 즉 외화표시 운임에 환율을 곱하여 선적지 통화로 운임을 산출하고, 여기에 모든 요금을 합하여(부가세는 제외함) 총액을 표기한다.

㉝ No. of Original B/L : B/L 정본(正本)의 발행통수를 기재한다. B/L 정본은 통상 3통을 1조로 발행하며 통수는 제한이 없다. 정본 B/L은 Original · Duplicate · Triplicate 표기가 있고, 은행과의 거래를 위해 Negotiable이라는 문언도 표시된다. 정본 B/L은 발

행통수에 관계없이 1통을 회수하면 나머지는 효력을 상실한다(857조 2항). B/L 사본에는 Copy Non-Negotiable이라 표기하고, B/L Copy는 유가증권으로서 효력이 없고 단지 참조서류에 불과하다.

㉞ Date of Issue : 원래 B/L 발급일자를 기재해야 하지만, 통상 선적일자를 기재한다.

㉟ On Board Date : 화물의 선적일자를 기재한다. 통상 B/L 발급일자와 일치하며, 발급일자가 선적일보다 늦을 수는 있으나, 빠르면 B/L의 선(先)발행, 즉 위법으로 은행이 매입하지 않는다. 선적일자 아래에 B/L 발행자가 서명해야 한다. 일단 발행자가 서명한 후에 B/L을 수정할 경우에는, 재발급하거나 '수정'(correction) 스탬프를 찍고 서명해야 한다. 그러나 중량·용적 등 상품의 가격에 영향을 미치지 않는 부분에는 스탬프만 찍어도 유효하다.

㊱ By : 선사의 상호와 서명자의 이름을 기재한다. 대리점이 발행하면 x x x as Agent of x x x Carrier라고 표기한다. 은행에 따라 신용장통일규칙(UCP 600) 20조에 의거, 선사의 상호앞에 'On behalf of a Carrier의 명시를 요구하는 경우도 있다.

제5절 HMM(현대상선)의 선하증권 약관해설[46)]

운송인 또는 협력업체(Subcontractor)는 화물(Goods) 또는 화물을 적입했다고 신고한 컨테이너 또는 포장물을, 본 B/L에 별도의 표시가 없으면, 화주로부터 외관상 양호한 상태로 수령하여, B/L의 앞면 또는 뒷면의 모든 조항에 의거, 수령지 또는 선적항에서 양륙항 또는 인도지까지 운송하여 인도한다. 운송인이 요구하면 화주는 화물 또는 화도지시서(貨渡指示書; D/O)와 상환(相換)하여 정당하게 배서된 본 B/L을 제시해야 한다.

46) B/L은 선사마다 양식도 다양하고 약관내용도 상당한 차이가 있다. 그러나 B/L이 공통적으로 포함해야 할 내용들은 대부분 포함하고 있어, 어떤 B/L 하나를 이해하면 다른 B/L을 이해하는 데 어려움이 없다. 제7판까지는 한진해운 B/L을 서술했는데 한진이 파산해버려, 제8판에서는 HMM(2020.4.1. 현대상선에서 HMM으로 상호 변경) B/L로 대체했다. HMM 홈페이지에서 영문 B/L을 볼 수 있다. 그리고 이 B/L의 번역은 HMM의 2021년도 영문약관을 저자가 임의 해석한 것으로 HMM의 B/L 해석에는 일체 영향을 미치지 않는다.

BILL OF LADING

HMM

Shipper / Exporter (Complete name and address)	Booking No.	B/L No.
	Export References	
Consignee (Complete name and address)	Forwarding Agent References	
	Point and Country of Origin	
Notify Party (Complete name and address)	Also Notify Party / Domestic Routing / Export Instructions	

COPY COPY
COPY COPY

Pre-Carriage by	Place of Receipt *	Port of Discharge
Ocean Vessel / Voyage / Flag	Port of Loading	Place of Delivery *
Onward Inland Routing (For the Merchants Ref.)	For Transshipment to	Final Destination(For the Merchants Ref.)

PARTICULARS FURNISHED BY SHIPPER

Container No./Seal No. Marks and Numbers	No. of Containers or Other Pkgs	Description of Packages and Goods	Gross Weight	Measurement

ORIGINAL

Total Number of Containers or Packages (in words)

VOID

Freight & Charges	Rate	Unit	Prepaid	Collect
		Total Charges		

Declared Value
(Optional) : US $

(PACKAGE LIMITATION CLAUSE)
Section 4, (5) of U. S. Carriage of Goods by Sea Act-1936 : Neither the carrier nor the ship shall in any event be or become liable for any loss or damage to or in connection with the transportation of goods in an amount exceeding $500 per package lawful money of the United States, or in case of goods not shipped in packages, per customary freight unit or the equivalent of that sum in other currency, unless the nature and value of such goods have been declared by the shipper before shipment and inserted in the Bill of Lading and additional freight has been paid as required. This declaration, if embodied in the Bill of Lading, shall be prima facie evidence, but shall not be conclusive on the carrier. THIS LIMITATION OF LIABILITY SHALL APPLY TO ALL SHIPMENTS INVOLVING CARRIAGE OF THE GOODS TO OR FROM A PORT OF THE UNITED STATES, INCLUDING ALL STAGES OF MULTIMODAL TRANSPORTATION.

IN ACCEPTING THIS BILL OF LADING, the shipper, owner and consignee of the goods, and the holder of the Bill of lading expressly accept and agree to all its stipulations, exceptions and conditions, whether written, stamped or printed, as fully as if signed by such shipper, owner, consignee and/or holder. No agent is authorized to waive any of the provisions of the clauses. IN WITNESS WHEREOF, the master or agent of the said ship has affirmed to Bill of Lading, all of this tenor and date, ONE of which being accomplished, the others to stand void.

*Applicable only when this document is used as an multimodal transport Bill of Lading

Number of Original B(s) / L	On Board Date

Dated at ______________________

By ______________________

Received by the Carrier or Subcontractor from the Merchant in apparent good order and condition unless otherwise indicated, the Goods or the containers or packages said to contain the Goods to be carried subject to all the terms on the face and back of this Bill of Lading, from, the place of receipt or the port of loading to the port of discharge or place of delivery, there to be delivered. If required by the Carrier, this Bill of Lading duly endorsed must be surrendered in exchange for the Goods or delivery order.

1. DEFINITION

[illegible]

2. CLAUSE PARAMOUNT

[illegible]

3. EXEMPTIONS; DEFENSES

[illegible]

4. SUBCONTRACTING; RIGHTS, AND DEFENSES OF SUBCONTRACTORS

[illegible]

5. RESPONSIBILITY FOR LOSS OR DAMAGE

[illegible]

6. ROUTE OF TRANSPORT; TRANSSHIPMENT; FORWARDING

[illegible]

7. LIBERTIES

[illegible]

8. DESCRIPTION OF PARTICULARS OF GOODS

[illegible]

9. USE OF CONTAINER

[illegible]

10. CARRIER'S CONTAINER

[illegible]

11. CONTAINER PACKED BY MERCHANT

[illegible]

12. SPECIAL CARRIAGE OR CONTAINER

[illegible]

13. DANGEROUS GOODS, CONTRABAND ANTI-DRUG

[illegible]

14. STOWAGE UNDER AND ON DECK

[illegible]

15. LIVE ANIMALS AND PLANTS

[illegible]

16. VALUABLE GOODS

[illegible]

17. HEAVY LIFT

[illegible]

18. DELIVERY BY MARKS

[illegible]

19. DELIVERY

[illegible]

20. FIRE

[illegible]

21. GOVERNMENT ORDERS AND CONTINGENCIES

[illegible]

22. LIEN ON GOODS

[illegible]

23. FREIGHT AND CHARGE

[illegible]

24. NOTICE OF LOSS OF OR DAMAGE TO THE GOODS AND TIME FOR SUIT AGAINST CARRIER

[illegible]

25. LIMITATION OF LIABILITY

[illegible]

26. GENERAL AVERAGE ; NEW JASON CLAUSE

[illegible]

27. BOTH TO BLAME COLLISION

[illegible]

28. CARRIER'S TARIFF

[illegible]

29. GOVERNING LAW AND JURISDICTION

[illegible]

30. SUPERSEDING CLAUSE

All agreement or freight engagements for the shipment of the Goods are superseded by this Bill of Lading.

31. SEVERABILITY OF TERMS

The terms of this Bill of Lading are severable, and if any part of terms is declared invalid or unenforceable, the validity or enforceability of any other part of term shall not be affected.

(1) 정의

본 B/L에서 사용되는 용어는 다음과 같이 정의한다.

(A) '운송인'(Carrier)은 본 B/L의 발행인 · 본선 그리고 본선의 선주들 · 용선인들 · 관리인들 · 운항자들을 의미한다.

(B) '화물'(Goods)은 본 B/L 앞면에 기재된 운송물(cargo)을 의미하고, 또 그 운송물이 화주 또는 그 대리인이 제공 · 준비한 컨테이너에 적입되어 있으면, 그 컨테이너(들)도 포함된다.

(C) '복합운송'(Multimodal Transportation)은 1통의 B/L로 해상 및/또는 육상의 화물운송을 의미한다.

(D) '적재'(Laden on Board) 또는 본 B/L에서 사용하고 있는 유사용어는, 화물이 본선에 선적되었거나, 선적항에서 운송인 · 협력업체가 점유하고 있음을 의미한다. 그리고 복합운송의 경우 최초의 운송인이 협력업체이면, 화물이 철도화차 · 기타의 내륙운송수단에 적재되었거나 협력업체가 점유하고 있음을 의미한다.

(E) '화물의 멸실 또는 손상'(Loss of or Damage to the Goods)은 화물 및 그 화물과 관련된 멸실 · 손상에 대한 모든 주장 및/또는 클레임을 포함하고, 또한 오인도 · 불인도 · 지연으로 인한 경제적 손실에 대한 주장과 클레임도 포함된다.

(F) '화주'(Merchant)는 화물(Goods)의 송하인(shipper) · 위탁인(consigner) · 수하인(consignee) · 소유자(owner) · 수령인(receiver) 그리고 본 B/L의 소지인으로 본 B/L 또는 본 B/L 앞면에 표기된 용선계약서의 운송인의 의무이행에 대한 모든 운임 · 체선료 · 지연손해의 지불에 대하여 운송인에게 공동 또는 단독으로 책임을 지는 모든 당사자이다.

(G) '포장물'(Package)은 컨테이너 · 밴 · 트레일러 · 팔레트 · 차량 그리고 어떠한 명칭이든 그와 유사한 포장단위를 말한다. 다만 살물(撒物)로 선적된 화물은 제외한다.

(H) '협력업체'(Subcontractor)는 하역업자 · 항만노무자 · 부선(解船)업자 · 터미널운영자 · 창고업자 · 트럭업자 · 철도회사 · 대리점 그리고 본 B/L에 의거한 (운송인과 직접 계약체결 여부와 관계없이) 운송인의 의무를 이행하는 개인 · 기업 · 법인 · 협력업체의 협력업체(들)도 포함된다.

(I) '본선'(Vessel)은 본 B/L 앞면에 기재되어 있는 선박과 그 선박의 전체 · 일부를 대체(代替)하는 모든 선박 · 부선(解船) · 피더선 · 기타의 운송수단을 포함한다.

(2) 지상약관(至上約款)

(A) 아래의 (B) 조항을 제외하고, 1968.2.23. 브뤼셀에서 개정한 '1924년 헤이그 규칙 개정의정서'(헤이그 비스비 규칙)로 개정된 1924.8.24. 브뤼셀에서 조인한 'B/L에 관한 일부규칙의 통일을 위한 국제조약'(헤이그규칙)을 선적국이 입법화했으면 본 B/L에 적용된다. 헤이그 비스비 규칙을 선적국에서 입법화하지 않았으면, 그에 상응하는 양륙지국의 법률을 적용한다. 선적지국・양륙지국이 헤이그 비스비 규칙을 입법화하지 않았으면 본 B/L에 헤이그 비스비 규칙이 적용된다. 헤이그 비스비 규칙이 적용되면, 1979.12.21. 브뤼셀에서 조인된 헤이그 비스비 규칙 의정서(1979 SDR 의정서)가 강행적으로 또는 본 B/L에 의거 적용된다.

(B) 본 B/L이 미국의 수출입 화물에 적용되거나, 미국의 다른 법률이 강행 적용되는 경우에는, 1936년 미국의 해상화물운송법과 그 개정법(이하 USCOGSA라 한다)에 준거하고, 그 법조항이 본 B/L에 편입된다. 그리고 USCOGSA의 조항은 본선의 선적전부터 양륙까지, 운송인 또는 모든 운송단계의 복합운송 협력업체가 이 화물을 점유하는 동안 내내 적용된다.

(3) 책임제한: 항변(抗辯)

(A) 적용가능한 모든 국가의 법률(laws)・법령(statutes)・규정(regulation)이 운송인에게 부여한 일체의 권리・항변・면책・제한・조건・면제・자유・법적보호를 본 B/L의 어떠한 조항도 제한・박탈하지 못한다.

(B) 본 B/L과 준거법 그리고 관련 용선계약에 약정・편입된 권리・항변・면책・제한・조건・면제・자유・법적보호에 대하여, 그 소송의 근거가 계약이든 불법행위든 그 밖의 어떠한 것이든 운송인에게 제기된 모든 소송에 적용된다.

(4) 협력계약: 협력업체의 면책 및 면제

(A) 운송인은 화물의 선적・양륙・처리・보관・적부・운송・섬유・보실핌(care), 그리고 화물에 대해 운송인이 인수한 의무의 일부 또는 전부에 대하여 복합운송의 모든 단계에 어떠한 조건으로도 협력계약을 체결할 권리가 있다.

(B) 화주가 협력업체에게 클레임을 제기하면, 히말라야 약관을 채택한 법규가 협력업체에게 혜택을 명시적으로 허용한 것과 같이, 그 협력업체와 각각의 대리인은 본 B/L이 운송인에게 부여한 모든 권리・항변・면책・제한・조건・면제・

자유・법적보호를 전적으로 누릴 수 있다.

(5) 멸실 또는 파손에 대한 책임

(A) 본 B/L이 항구간 화물운송에 사용되면, 운송인은 본선에 선적전・양륙후 발생한 화물의 멸실・손상에 대하여 책임지지 않는다. 본 B/L 앞면에 표기된 '최종목적지'(final destination)는 오직 화주의 참조용일 뿐, 화물에 대한 운송인의 책임은 양륙항에서 화물의 양륙과 동시에 종료된다. 운송인의 선적전・양륙후의 운송・보관・처리의 수배는 화주의 대리인으로서 행하는 것으로 그에 대해 어떠한 책임도 지지 않는다. 본선 선적전의 사전운송(pre-carriage)과 양륙후의 사후운송(on-carriage)은 화주의 위험과 비용으로 이행한다.

(B) 위 제2조의 (A)・(B)항 가운데 하나가 적용되면, (권리・항변・면책・책임・조건・면제・자유・법적보호를 포함한, 그러나 그에 국한되지 않는다.) 모든 복합운송단계를 포함하여, 화물의 선적전 운송과 본선에서 양륙할 때까지, 운송인 또는 모든 협력업체가 화물을 점유하는 전(全)운송단계에 헤이그 비스비 규칙 또는 USCO GSA의 조항이 적용된다.

(C) 운송인은 화물을 특정시기, 특정의 시장 또는 용도에 맞출 수 있도록 양륙항・인도지에 도착시키는 것을 보증하지 않고, 또 운송인은 지연으로 인한 직접・간접의 화물의 멸실・파손에 대하여 책임지지 않는다.

(D) 운송인은 운송인이 통제할 수 없는 동맹파업・직장폐쇄・노사분쟁・거래상의 분쟁 및/또는 불가항력적 사태와 관련된 또는 그 연장으로 인한, 운송인의 당사자 여부와 관계없이, 화물의 멸실・파손에 대하여 책임지지 않는다.

(6) 운송경로 : 환적(換積): 계반(繼搬)

(A) 화물은 본 B/L에 기명된 본선 또는 운송인의 소유・운항여부 그리고 경로의 직항여부・광고여부・관습여부를 불문하고, 화주에게 고지하지 않고 운송인의 재량으로 어떠한 경로든, 육상・수상・공중의 모든 타운송수단으로 통합(single)・분할(several shipments)하여 운송할 수 있다.

(B) 운송인・협력업체는 환적을 위해 화물의 전부 또는 일부를 어떤 항구・장소에도 양륙할 수 있고, 그것을 해상 또는 육상에 보관하며, 모든 운송수단으로 계반(forwarding)할 수 있다.

(C) 화물을 양륙항・인도지에서 발견할 수 없거나 오송(誤送)된 경우는, 발견 즉시

당초 예정된 양륙항・인도지로 계반하지만, 운송인은 그 계반으로 발생한 화물의 멸실・파손에 대하여 일체 책임지지 않는다.

(D) 본 B/L에 기명된 본신은, 운송인의 소유・운항 여부에 관계없이, 본 B/L에 기명된 본선의 도착・출항의 전후에 관계없이, 화주에게 고지하지 않고 운송인의 재량으로 타선박(들)으로 대체할 수 있다.

(E) 본 6조에 의거한 운송인의 조치는 계약상의 운송행위로 간주하고, 그러한 조치 또는 그로부터 발생한 결과는 일탈(逸脫; deviation)[47]로 간주되지 않는다. 이러한 조치로 운송인에게 책임이 있는 경우, 운송인은 본 B/L의 모든 권리・항변・면책・제한・조건・면제・자유・법적보호를 전적으로 누릴 수 있다.

(7) 자유

(A) 운송 개시전에 현존(現存)・예견(豫見) 여부에 관계없이, 어떠한 경우에도 운송인・협력업체(선장 및 화물을 운송・보관하는 모든 사람을 포함하고, 그들에만 국한되지 않는다)는 화물의 멸손・위험, 사람의 부상・사망, 본선・재산에 대하여 운송의 개시・운송의 계속, 양륙항에서 화물의 양륙 또는 인도지에서의 화물의 인도가 위험・이행불능・위법이거나, 운송인 또는 화주의 이익에 반하거나 반할 것으로 판단되면, 운송인・협력업체는 다음의 조치를 취할 수 있다:

(1) 화주의 위험・비용으로 컨테이너를 개봉 또는 운송인이 바람직하다고 생각하는 기타의 방법으로 화물을 처분할 수 있다. 그리고

(2) 화물이 본선・여타의 운송수단에 적재되기 전에는, 보상없이 운송계약을 취소하고, 화주에게 화물의 인수를 요구하며, 화주가 응하지 않으면 화주의 위험과 비용으로 운송인이 선택한 장소에 화물을 보관할 수 있다.

(3) 화물이 어떤 장소에서 환적을 기다리면, 그곳에서 운송을 종료하고 화주의 위혐과 비용으로 운송인・협력업체가 선택한 장소에 화물을 보관할 수 있다.

(4) 화물이 본선・여타의 운송수단에 적재되어 있으면, 화주의 위험・비용으로 화물의 전부・일부를 운송인・협력업체가 선택한 항구・장소에서 양륙하거나, 선적항・수령지에 되돌려 보내 양륙할 수 있다. 본 7조 (A)항의 조치 이

47) Deviation은 원래 항로를 벗어나는 이로(離路), 즉 항로이탈을 의미했지만, 후에 위험을 증가시키는 일체의 행위가 일탈행위로 확대되어 중대한 계약위반이 된다. 선창적 B/L을 발행하고 선사 임의로 갑판적(甲板積)을 하면, 즉 관습 또는 합의가 없는 갑판적은 일탈(逸脫)이 되어 선사가 책임을 져야 한다. 일탈은 현실적 위험의 증가이기 때문에 중대한 계약위반으로 간주되어 B/L의 면책약관 및 책임제한도 무효가 된다.

후부터 운송인은 화물의 점유·운송에 대하여 책임지지 않는다.

(B) 위 7조 (A)항의 조치를 취한 이후부터 운송인·협력업체가 화물을 보관·환적·계반 등의 수배를 하더라도, 그것은 단지 화주의 대리인으로서 화주의 위험·비용으로 수배하는 것이며, 그러한 대리행위에 대해 일체 책임지지 않는다. 화주는 7조 (A)항의 조치로 발생한 본선의 지연·비용을 포함한 모든 추가 운임·요금·비용의 지급청구를 받으면, 즉시 운송인에게 지불하고, 운송인은 그 범위에서 화물에 유치권을 행사할 수 있다.

(C) 위 7조 (A)항의 사태는 전쟁·적대행위·폭동·민란·기타의 소요; 일체의 항구·항로의 폐쇄·장해 및 위험; 통상(通商) 및 거래(去來)의 봉쇄·금지·제한; 검역·위생·기타 비슷한 규제와 제한; 운송인·협력업체 고용인의 참여여부를 불문한 부분파업·총파업·직장폐쇄·기타의 노동쟁의; 항만·부두·임해터미널·유사한 장소에서의 체선; 화물의 선적·양륙·인도·기타의 처리를 위한 노동력·설비의 부족 또는 부재와 장해; 전염병·질병; 악천후 또는 천심(淺深; 얕은 수심)·결빙·사태(沙汰)·기타의 항행·운송 장해의 존재 및 우려에서 일어난 사고가 포함되지만, 단지 이것들에 국한되지 않는다.

(D) 본선은 직항로·광고한 항로·관습적 항로의 이탈 여부에 관계없이, 어느 항구·어떤 장소든 순서에 관계없이 몇 번이고 기항할 수 있고, 예정했든 안했든 어떤 항구·장소에도 결항할 수 있다.

(E) 본선은 화물의 적재 여부와 양륙항을 향한 항진의 전(前)·후(後)에 관계없이, 나침판·기타 항해기구의 조정, 시험항해와 시운전, 적재 여부에 관계없이 입거(入渠)·수리소의 출입·부두의 이동, 모든 항구에서의 급유·선용품 조달, 모든 사람의 승하선, 금제품·폭발물·군수품·위험물의 운송, 도선사 없는 항행, 예인(曳引)·피예인(be towed), 인명·재산의 구조와 구조를 시도할 자유가 있다.

(F) 운송인은 본 7조의 모든 자유에 추가하여 화물의 운송·취급·본선의 항해에 관하여 현실적(actual)·자칭적(自稱的; purported) 정부·공공기관과 본선의 보험조건으로 권한을 가진 위원회 또는 개인의 명령·지시·규제·권고에 따를 자유가 있다.

(G) 본 7조로 운송인이 취한 조치는 계약상의 운송행위에 포함되고, 그러한 조치와 그로 인한 결과는 일탈(逸脫; deviation)로 간주되지 않는다. 이러한 조치로 운송인에게 책임이 있어도 운송인은 본 B/L의 모든 권리·항변·면책·제한·조건

· 면제 · 자유 · 법적보호의 이익을 전적으로 누릴 권리가 있다.

(8) 화물의 명세 또는 특징

본 B/L 앞면의 화인 · 품질 · 수량 · 중량 · 용적 · 성질 · 가격 · 기타 화물에 관한 명세는 화주가 제공한 것이다. 운송인은 그러한 명세의 정확성에 대해 책임지지 않고 그에 기속(羈束)되지도 않는다. 화주는 자기가 신고한 명세의 정확성을 운송인에게 담보하고, 그것의 부정확으로 발생한 모든 멸실 · 손상 · 비용 · 배상책임 · 벌금에 대해 운송인에게 보상해야 한다.

(9) 컨테이너의 사용

운송인 · 협력업체가 화물을 수령할 때에 화물이 컨테이너에 적입되어 있지 않으면, 운송인 · 협력업체는 그 화물을 어떤 형태의 컨테이너에도 적입하여 운송할 자유가 있다.

(10) 해상운송인의 컨테이너

(A) 운송인의 컨테이너 · 기타 기기의 멸실 · 손상에 대하여, 그 멸실 · 손상이 화주 · 그 대리인 · 화주의 협력업체 · 화주가 고용한 · 그를 대리하는 사람들의 점유 · 관리 중에 발생하거나 그에 기인한 경우, 화주는 전적인 책임을 지고 운송인에게 보상해야 한다.

(B) 화주 · 그 대리인 · 화주의 협력업체 · 화주가 고용한 · 그를 대리하는 다른 운송업체들의 점유 · 관리 중에 운송인의 컨테이너 · 그 내용물로 인한 사람의 사망 · 상해, 재산의 멸실 · 손상에 대하여 운송인은 책임지지 아니하며, 화주는 이에 대하여 운송인에게 보상하고 운송인을 보호하며 피해를 입히지 않아야 한다.

(11) 화주가 적입한 컨테이너

운송인 · 협력업체가 수령한 화물이 화주 · 그 대리인이 적입한 컨테이너에 내장(內藏)되어 있으면:

(A) 본 B/L은 본 B/L의 앞면에 기재된 개수의 컨테이너를 수령한 증거일 뿐, 내용물의 상태 · 명세는 운송인이 알지 못하고, 운송인은 내용물의 상태 · 명세의 정확성에 대해 책임지지 않는다.

(B) 화주는 아래의 내용을 담보한다:

(1) 컨테이너 내용물의 적부(積付)・컨테이너의 폐문(閉門)・봉인(封印)이 안전하고 적절하다는 것,

(2) 컨테이너・그 내용물이 제14조를 포함한 본 B/L의 모든 조항의 취급・운송에 적합하다는 것. 화주가 이들 담보를 위반하면, 화주는 사람・재산(본선과 화물을 포함하고, 이것에만 국한되지 않음)에 대한 일체의 결과적인 멸실・손상의 책임을 지고, 화주는 사람・재산(본선과 화물을 포함하고, 이것에만 국한되지 않음)에 대한 일체의 결과적인 멸실・손상에 대하여 운송인에게 보상하고 피해를 입히지 않아야 한다.

(C) 화주는 개개의 컨테이너를 사용하기 전에 검사하여, 컨테이너가 본 B/L에 약정된 운송에 적합하고 양호한 상태라는 것을 표기해야 한다. 화주가 적절한 검사를 하였다면, 그 부적합이 컨테이너를 적입할 때 또는 적입하기 전에 명백히 밝혀질 수 있으면, 운송인은 컨테이너의 부적합으로 인한 화물의 멸실・손상에 대하여 책임지지 않는다.

(D) 운송인・협력업체가 봉인(들)에 이상없이 컨테이너를 인도한 경우, 그 인도는 본 B/L의 운송인의 의무를 완전하게 이행한 것으로 간주되며, 운송인은 화물의 멸실・손상에 대하여 책임지지 않는다.

(E) 운송인・협력업체는 필요하다고 판단되는 때와 장소에서, 화주에게 통지하지 않고 화주의 위험과 비용으로, 화주의 적입 여부에 관계없이 어떤 컨테이너든 개봉하여 그 내용물을 검사할 권리가 있다.

(F) 내용물 검사를 위해 세관・다른 기관이 컨테이너의 봉인을 파괴한 경우, 운송인은 그로 인한 일체의 멸실・손상・비용에 대하여 책임지지 않는다.

(G) 운송인・협력업체와 인수도(引受渡) 전에 화주가 적입・봉인한 컨테이너 내용물의 화인・번호・포장의 종류・개수・품명・수량・품질・중량・용적・성질・종류・가격・기타의 명세를 포함한 컨테이너 내용물에 대한 본 B/L의 모든 기재는 화주가 제공한 것이고, 운송인・협력업체가 점검한 것이 아니다. 운송인・협력업체는 선적항에 봉인된 컨테이너의 중량을 측정할 설비도 없고, 컨테이너 내용물을 검사하거나 중량을 측정하지 않는다. 본 B/L의 '선적완료 또는 무사고 선적'의 표기는 오로지 컨테이너에 관한 것일 뿐, 컨테이너 내용물에 관한 표기가 아니다.

(12) 특별운송 또는 특수컨테이너

(A) 운송인은 화주·그 대리인이 적입한 냉동·보온·단열·통풍·기타 일체의 특수선창·특수컨테이너에 적입된 화물과 특수긴데이너의 운송·보관을 인수하지 않는다. 그리고 운송인은 아래의 조건이 충족되지 않으면, 이들 화물과 컨테이너를 통상의 화물·일반컨테이너로 취급한다:

(1) 운송인과 화주는 이러한 화물·컨테이너의 운송·보관을 위해 서면으로 특별히 합의해야 한다.

(2) 이러한 특별한 합의는 본 B/L의 앞면에 명시되어야 한다. 그리고

(3) 요구한 특별요금을 지불해야 한다.

(B) 운송인의 운송개시 전 또는 개시할 때에, 특수선창과 운송인이 제공한 특수컨테이너의 관리·정비에 적절한 주의의무를 다 했을 경우, 냉동·보온기기의 단열, 본선의 설비·기기 또는 컨테이너 장치의 숨은 결함·고장·정지로 인해, 특수선창과 운송인이 제공한 특수컨테이너에 적입된 화물에 발생한 멸실·손상에 대하여 운송인은 일체 책임지지 않는다.

(C) 운송인은 화주·그 대리인이 제공한 특수컨테이너의 성능에 대하여 책임지지 않는다.

(D) 운송인·협력업체가 화물을 냉동컨테이너에 적입하고, 화주가 소정의 온도범위를 유지할 것을 요구하여, 그 사실을 본 B/L에 기재한 경우, 운송인·협력업체는 자동온도조절기를 요구한 온도의 범위로 조절하지만, 그 온도가 컨테이너 내부에서 유지되고 있음을 보증하지 않는다.

(E) 운송인·협력업체가 수령한 화물을 화주와 그 대리인이 냉동컨테이너에 적입한 경우, 내용물을 적절히 적부하고 자동온도조절기와 통풍을 세팅하는 것은 화주의 의무이다. 운송인은 화주의 이러한 의무위반으로 발생한 화물의 멸실·손상에 대하여 일체 책임지지 않고, 또한 운송인은 컨테이너 내부에서 의도한 온도가 유지되고 있음을 보증하지 않는다.

(13) 위험물, 금제품(禁制品) 및 약물금지

(A) 폭발성·인화성·방사성·부식성·가해성(加害性)·해독성·위험성이 있는 화물은, 이러한 화물의 운송전에 화주의 서면신청이 있고, 운송인이 승낙한 때에 한하여 운송한다. 당해 신청서에는 송하인·수하인의 성명·주소와 함께, 화물의 품명·

성질·분류·위험의 성질·무해화(無害化)하는 방법이 명확히 기재되어야 한다.

(B) 화주는 이러한 화물을 내장한 포장물 또는 컨테이너의 외부에 화물의 성질과 위험을 명확히 지워지지 않게 표기해야 한다.

(C) 화주는 이러한 화물의 적용법·규정이 요구하는 일체의 서류와 증명서를 제공해야 한다.

(D) 위 13조 (A)·(B)·(C)항의 규정을 따르지 않은 화물을 운송인·협력업체가 인수하여, 그것이 금제품이거나 법률·규정으로 금지되는 것으로 판명되면, 운송인은 화주에 대한 보상없이, 자기의 재량으로 그 화물을 무해화·투기(投棄)·양륙·기타 처분을 할 권리가 있고, 화주는 그 화물의 점유·운송으로 인해 직간접으로 발생한 멸실·손상과 배상책임·운임상실 등을 포함한 일체의 비용에 대하여 책임을 지고 운송인에게 보상해야 한다.

(E) 운송인·협력업체가 화물을 수령할 때에는 위험하지 않았더라도, 운송인은 위 13조 (A)·(B)·(C)에 의거 수령한 화물이 위험하게 되면, 언제든지 본 13조 (D)에 부여된 권리를 행사할 수 있다.

(F) 운송인은 화물의 위험성으로 발생한 사람의 사망·상해 또는 본선·화물·기타 재산의 멸실·손상에 대하여 책임지지 아니하며, 화주는 이에 대하여 운송인에게 보상하고, 운송인을 보호하여 피해를 입히지 않아야 한다.

(G) 1986년 미국의 약물남용금지법·그 개정법의 조항에 의거, 운송인은 적하목록(manifest)에 기재하지 않은 마약·마리화나의 본선 적재 또는 은닉의 방지에 최대의 주의의무를 다 할 것을 담보한다. 화주는 적하목록에 기재하지 않은 마약·마리화나가 화물 또는 포장 내에서 발견되면, 벌금을 포함하여 그로 인한 모든 시간손실·비용에 대하여 책임을 지고 운송인에게 보상해야 한다.

(14) 창내적(艙內積) 및 갑판적(甲板積)

(A) 컨테이너 또는 밴(van) 안에 적입된 화물 또는 트레일러·샤시 위에 적재된 화물은 창내적·갑판적으로 운송될 수 있다. 이들 화물이 갑판적으로 운송되면, 이에 반하는 어떠한 관습이 있더라도, 운송인은 '갑판적부'(on deck stowage)라는 문구를 본 B/L 앞면에 기재하지 않아도 된다. 그러한 갑판적 운송은 일탈(deviation)로 간주되지 않는다.

(B) 선미루(船尾樓, poop)·선수루(船首樓, forecastle)·갑판실(deck house)·차량갑판(遮浪甲板, shelter deck)·여객실·기타 일체의 유개공간(有蓋空間; covered-in space)

에 적부된 화물, 또는 그 장소가 어디든 컨테이너에 적입된 화물은 공동해손을 포함한 모든 목적을 위해 창내적으로 간주한다.

(C) 목재・토건장비, 기타 관습적으로 또는 무리없이 갑판적 운송되는 모든 화물은 운송인의 재량으로, 화주에게 고지하지 않고, 갑판적 운송에 고유한・부수되는 위험에 대하여, 운송인의 책임부담없이 갑판적으로 운송할 수 있다. 그러한 화물이 갑판적 운송되면, 그에 반하는 어떠한 관습이 있더라도, 운송인은 '갑판적부'라는 문구를 본 B/L 앞면에 기재하지 않아도 된다. 이러한 갑판적 운송은 일탈로 간주되지 않는다.

(D) 갑판적 운송화물 또 그렇게 운송된다고 본 B/L에 기재된 화물(컨테이너 적입화물은 제외)은, 이러한 화물의 갑판적재 또는 갑판적 운송에 고유한・부수적인 위험으로 발생한 화물의 멸실・손상을 포함한(그러나 그에 국한되지 않는다) 모든 위험은 화주가 부담하고, 운송인의 부주의・본선의 불감항성・여타의 원인에 관계없이, 위 제2조 (A)・(B)의 헤이그규칙・USCOGSA・본 B/L 가운데 적용가능한 조항의 혜택을 누릴 수 있다.

(15) 생동물 및 식물

생동물・식물의 보관・운송은 그 운송에 고유한・부수적 위험으로 발생한 모든 멸실・손상의 위험은 화주가 부담하고, 기타 모든 면에서 운송인은 위 제2조 (A)・(B)의 헤이그규칙・USCOGSA・본 B/L 가운데 적용가능한 조항의 혜택을 누릴 수 있다.

(16) 고가화물

운송인・협력업체가 수령하기 전에 화주가 그 화물의 성질・가액을 서면으로 신고하여, 그 화물의 성질・가액을 본 B/L의 앞면에 기재하고, 요구한 할증운임을 지불한 경우가 아니면, 귀금속・원석・화학품・보석・화폐・서류(writings)・유통증권(negotiable instruments)・유가증권(securities)・문서(documents)・예술품・가보(家寶)・화주에게만 특별한 가치를 갖는 물품을 포함한 여타 모든 고가화물의 멸실・손상・그에 관련된 손해에 대하여 운송인은 책임지지 않는다.

(17) 중량물

(A) 1뭉치당・1포장당 총중량이 2,240 파운드(1M/T)를 초과하면, 운송인・협력업체

가 수령하기 전에 화주가 서면으로 그 중량을 신고하고, 그 뭉치·포장 외부에 지워지지 않도록 그 중량을 선명하게 표시해야 한다.

(B) 화주가 17조 (A)의 의무를 이행하지 않으면, (1) 운송인은 화물의 멸실·손상·손해에 대해 책임지지 않고, (2) 화주는 모든 사람·재산에 가한 멸실·손상의 결과에 대한 책임을 지며, 그리고 (3) 화주는 운송인이 입은 일체의 멸실·손상·배상책임의 결과에 대해 운송인에게 보상해야 한다.

(18) 화인(貨印)에 의한 인도

(A) 운송인·협력업체가 화물을 수령할 때, 화물·포장·컨테이너에 양륙항명·인도지명과 함께 화인이 선명하고 지워지지 않도록 표기되어 있지 않으면, 운송인은 화인으로 인한 화물의 불인도(不引渡)에 대하여 책임지지 않는다.

(B) 화주는 화물·포장·컨테이너의 화인이 본 B/L에 표기된 화인과 일치하고, 또 양륙항·인도지에서 강행 적용되는 모든 법률·규정에 전적으로 합치함을 담보한다. 화주는 화인의 부정확·불완전으로 인한 모든 멸실·손상·비용에 대하여 운송인에게 보상해야 한다.

(C) 화인·번호로 식별할 수 없는 화물·화물쓰레기·잔류액체·달리 계량할 수 없는 미청구물(未請求物) 등의 인도를 완료하기 위해, 동종화물(同種貨物)에 대한 수량부족·중량부족·파손이 명백한 화주들에게 그 비율에 따라 배분할 수 있다.

(19) 인도(引渡)

(A) 선적은 본선이 선적가능한 상태가 되면 곧바로 개시해야 하고, 주간(day)은 물론 운송인이 요구하면 야간(night)·일요일·공휴일에도 선적해야 한다. 본선이 선적준비가 완료된 때에 선적하기로 약정한 화물이 준비되어 있지 않으면, 운송인은 그 화물의 선적의무가 해제되고, 본선은 별도의 통지없이 발항(發航)할 수 있으며, 화주는 부적운임(不積運賃)을 지불해야 한다. 운송인은 화물을 양륙·인수하거나, 화물을 양륙·인수할 사람·회사를 지명할 권리가 있다. 운송인의 지명(指命) 여부에 관계없이, 그렇게 행동(양륙·인수)한 자는 화주의 대리인이고, 인도장소가 선측이든 부두이든 화주는 해당요금을 지불해야 한다. 화주는 본선이 양륙가능한 상태가 되면 곧바로 화물을 인수할 준비를 하고, 주간은 물론 운송인이 요구하면 야간·일요일·공휴일에도 인수할 준비를 해야 한다. 본선이 화물의 인수를 요구할 때에 화주가 인수하지 않거나, 화물이 지체없이

선측(船側)에서 옮겨지지 않을 경우, 운송인은 화물을 이동하거나, 부두·선창에 양륙하여 창고에 입고 또는 타선(他船)·바지선(lighters)에 양륙하고, 컨테이너에 적입·석출하여, 법적 권한의 유무에 관계없이 화물에 대한 화주 단독의 위험과 비용으로 매각할 자유가 있고, 이 경우에도 운송계약은 이행된 것으로 간주한다.

(B) 운송인은 자기의 재량으로 언제든지 선측·세관·창고·부두 또는 본 B/L 앞면에 기재된 양륙항·인도지의 기타 일체의 장소에서 화물을 인도할 수 있다.

(C) 인도는 양륙과 동시에 이뤄져야 한다.

(D) 인도는 화주 소유 보세창고를 포함한 화주·세관·기타의 공공기관에 할 수 있고, 이후 운송인은 그 화물에 대하여 더 이상 책임지지 않는다.

(E) 운송인·협력업체가 수령한 화물이 화주·그 대리인이 적입한 컨테이너인 경우:

(1) 운송인은 수령한 컨테이너 총개수에 대해서만 인도책임을 진다. 운송인은 컨테이너를 개봉하여 그 내용물을 인도하지 않아도 된다.

(2) 적어도 본선의 양륙항 도착예정일 3일전에 화주가 운송인에게 서면으로 요구해야, 운송인의 재량으로 컨테이너를 개봉하여, 그 내용물을 서면요구에 따라 인도할 수 있다. 이때 컨테이너의 봉인에 이상이 없으면 본 B/L의 운송인의 의무는 해지되며, 운송인은 이러한 인도의 결과로 발생한 멸실·손상에 대하여 책임지지 않고, 화주는 운임·일체의 추가비용을 적절히 정산해야 한다.

(F) 운송인이 자기의 편의상 화물을 컨테이너에 적입한 경우, 운송인은 화물을 컨테이너에 적입한 상태로 인도하지 않아도 된다. 또한 화주와 운송인의 사전합의를 조건으로, 운송인의 재량으로 화물을 컨테이너에 적입한 상태로 화주에게 인도할 수 있다. 이때 컨테이너가 정상적인 봉인상태로 인도되면, 본 B/L의 운송인의 의무는 해지되고, 운송인은 컨테이너 내용물의 멸실·손상에 대하여 일체 책임지지 않는다.

(G) 이에 반하는 어떠한 관습이나 약정에 관계없이, 또 본 B/L의 앞면에 통지처가 기재되어 있음에도 불구하고, 운송인은 서면·기타의 방식으로 화주·그 밖의 사람들에게 화물의 도착·양륙·기타의 처분을 통지할 의무가 없다.

(20) 화재(火災)

화재로 인한 화물의 멸실·손상이 선적전·양륙후에 발생하고, 화재의 원인이 계약위반 · 불법행위일지라도, 운송인의 고의 · 과실로 발생한 화재가 아니면, 운송인은 화재로 인한 화물의 멸실 · 손상에 대하여 일체 책임지지 않는다.

(21) 정부의 명령 및 비상사태

운송인은 선적 · 출항 · 도착 · 항로 · 기항 · 운송중지 · 양륙 · 목적지 · 인도 · 기타 사항에 관하여 모든 정부 · 국제기구 · 그 소속부서의 권위로 행동하거나 행동하고 있다고 주장하는 모든 개인, 또는 본선의 보험조건으로 그러한 명령 · 지시 · 권고를 할 권한을 가졌거나 가졌다고 주장하는 모든 위원회 · 개인의 명령 · 지시 · 권고에 따를 자유가 있다. 만약 그러한 명령 · 지시 · 권고를 이유로 또는 그것들을 따름으로써 본선이 당초 예정했던 항구로 항행하지 못하면, 운송인 · 본선 선장의 재량으로 다른 항구를 선택하여 항행할 수 있고 거기에서 화물을 양륙할 수 있다. 운송인 · 선장이 전쟁 · 모의전쟁 · 적대행위의 임박 · 존재로 운송의 이행이 불안 · 위법 · 바람직하지 않거나 그러한 위협이 있을 경우에는, 운송인 · 선장의 재량으로 선적항 · 여하한 다른 항구 · 장소에서 컨테이너로부터 화물을 인출 · 양륙할 수 있다. 만약 운송인이 통제할 수 없는 전염병 · 검역 · 결빙 · 동맹파업 · 직장폐쇄 · 노동쟁의 · 항행금지 · 혼잡 · 불가항력 사태로 적양(積揚)의 곤란이 현실적으로 존재하거나 위협받으면, 본선이 지체 · 억류됨이 없이 안전하게 선적항에 도착 · 입항 · 출항 또는 양륙항에 도착 · 입항하여 통상의 방법으로 양륙 또는 지체 · 억류됨이 없이 안전하게 항해를 계속할 수 있는지에 의심이 가면, 운송인 · 선장의 재량으로 선적항 또는 여하한 다른 항구 · 장소에서 컨테이너로부터 화물을 인출 · 양륙할 수 있다.

본 21조 위에서 열거한 사정이 생기면, 운송인은 언제든지 본 B/L에 약정된 화물운송을 후일로 연기하거나, 본 B/L의 발행전 · 발행후와 관계없이, 계약의 전부 또는 일부를 해지(解止)할 수 있다. 본 21조의 모든 조항에 따른 화물의 양륙 · 인도 · 기타의 처분은 본 계약상의 완전한 인도 · 이행이 되어 운송인은 더 이상 책임을 지지 않는다. 본 21조에서 열거한 사정으로 양륙항의 변경 · 지체 · 억류가 발생하고, 그리고/또는 그러한 상태에서 화물에 어떠한 역무(service)를 제공하면, 운송인은 적절한 추가보상을 받을 권리가 있고, 그 요금의 화물에 대한 유치권을 갖는다.

(22) 화물에 대한 유치권(留置權)

(A) 운송인은 본 B/L과 일체의 다른 B/L 또는 관련계약서에 의거 화주에게 부과할 모든 운임 · 부적운임 · 체선료 · 지체보상금 · 공동해손분담금 · 하역비 · 보관료 · 컨

테이너의 일당비용(日當費用)·기타 일체의 대금(대금의 회수비용과 변호사료 포함)에 대하여 운송인이 점유·통제하고 있는 화주의 화물·관련서류·일체의 다른 화물·재산을 유치(lien)할 수 있다. 운송인은 화주에게 통지하지 않고, 화물을 공매 또는 사적으로 매각하여 유치권을 행사할 수 있다. 화물의 매각액이 채권액과 발생한 경비 및 수수료를 충당할 수 없으면, 운송인은 그 부족액을 화주로부터 회수할 권리가 있다.

(B) 무료허용기간을 초과하여 상당기간 동안(for reasonable time) 화물의 인도청구가 없고, 운송인의 판단에 화물의 손상·감가가 예상되면, 운송인은 재량으로 유치권을 행사하거나, 화주의 위험과 비용으로 그러한 화물을 매각·투기(投棄)·기타의 방법으로 처분할 수 있다.

(23) 운임 및 요금

(A) 운임은 화주가 신고한 명세에 근거하여 산정되고, 화주는 운송인·협력업체가 화물을 수령할 때에 신고한 내용물·수량·중량·용적·가액·기타의 명세가 정확함을 운송인에게 보증한 것으로 간주한다. 그러나 운송인은 실제로 명세를 확인할 목적으로 언제라도 화주의 위험과 비용으로, 컨테이너 또는 포장물을 개봉할 수 있다. 명세의 신고가 부정확하면, 화주는 운송인에게 다음에 대해 책임을 져야 한다:

(1) 명세를 정확히 신고했다면 지불해야 할 운임과 지불한 운임의 차액, 더하기

(2) 정확한 명세를 확인하기 위해 발생한 비용, 더하기

(3) 정확한 운임액에 가산하여,[48] 확정손해배상금(liquidated and ascertained damages)으로 운송인에게 지불해야 한다.

(B) 기재된·의도했던 운임은 선불 또는 목적지에서의 후불에 관계없이, 화물이 선적되면 인도지까지 운임은 전액 취득된다. 운송인은 본선·화물의 멸실 여부와 본 B/L에 허용된 운송인의 자유권 행사 여부에 관계없이, 실제로 지불했든 안했든, 지불해야 할 모든 운임·요금을 수취하고 보유할 권리가 있다. 운임은 파손·결함 화물에 대해서도 전액 지불해야 한다.

(C) 운임과 요금은 일체의 상계·공제없이 전액을 현금으로 지불해야 한다.

(D) 운송인·협력업체가 수령한 화물은 운송인의 동의가 없거나, 본 B/L의 지불해

48) 요컨대 운임의 2배에 기타 제비용을 더해 징구하겠다는 의미이다.

야 할 운임·요금 전액을 지불한 후가 아니면 화주가 회수·처분할 수 없다.

(E) 본선의 선적준비가 완료된 때에 화물이 준비되어 있지 않고, 그 원인이 운송인이 본 B/L의 의무를 이행하지 못해 발생한 것이 아니면, 화주는 부적운임을 지불해야 한다.

(F) 화주는 (1) 화물에 부과되는 모든 관세·세금·영사료·기타의 요금, 그리고 (2) 화주가 화물과 관련된 공공기관의 법률과 규정을 위반하고, 화물에 필요한 영사·검역·기타의 증명서를 입수하지 않아 발생한 경우를 포함하여, 그 화물로 인해 운송인이 부담한 모든 벌금·피해·손실에 대한 책임을 지고 운송인에게 보상해야 한다. 화주는 모든 공공기관이 거부한 수출입 화물의 반송운임과 요금에 대하여 책임져야 한다.

(G) 운송인·협력업체가 화물에 대한 분류·검사·수선·보수·재조정·다른 보전·보살핌(care)이 필요하다고 판단하면, 운송인·협력업체의 재량으로 자기가 직접 또는 협력업체를 통해 화주의 대리인 자격으로, 화주의 위험과 비용으로 그러한 작업을 할 수 있다.

(H) 화물의 주선업무(forwarding services)를 하는 모든 당사자는 화주의 일수대리인(一手代理人; exclusive agent)으로 간주되고, 이들에게 지불한 운임과 요금은 운송인에게 지불한 것으로 간주하지 않는다.[49]

(I) 화주는 본 23조의 운임·요금을 회수하기 위한 운송인의 변호사비·비용·경비에 대하여 책임져야 한다.

(J) 화주는 본선이 본 B/L에 지정된 양륙항의 기항으로 발생하는 일체의 전쟁위험 추가보험료에 대하여 책임을 지고, 그 추가보험료는 본 B/L 23조의 화물이 부담해야 할 요금(charge)이 된다.

(24) 해상운송인에 대한 클레임의 고지 및 제소시효

(A) 화물의 멸실·손상·그 개요를 양륙항·인도지에서 인도전에 또는 인도할 때에 운송인에게 서면으로 고지하지 않고 그 멸실·손상이 외관상 드러나지 않으면, 인도후 3일 내에 그 사실을 고지하지 않으면, 화물은 본 B/L 앞면의 기재대로 인도된 것으로 간주한다.

49) 화주가 운송인이 아닌 제3자에게, 예컨대 포워더에게 운임을 이미 지불했더라도 운송인은 화주에게 운임을 청구할 권리가 있다는 의미이다.

(B) 화물인도후 또는 인도했어야 할 날로부터 1년 이내에 제소하지 않으면, 운송인은 화물의 멸실·손상·책임을 포함하여, 이것들에만 국한되지 않는, 화물에 대한 모든 책임에서 해제된다.

(25) 책임의 제한

(A) 본선에 선적하기 전과 양륙할 때까지 이어지는 해상·육상의 운송구간과 복합운송의 모든 구간을 포함하여, 운송인·협력업체가 화물을 점유한 전(全)기간에 발생한 멸실·손상에 대해 본 25조의 모든 조항이 적용된다.

(B) 아래 25조 (C)·(D)·(E)를 조건으로, 화물의 멸실·손상에 대한 운송인의 책임범위를 결정함에 있어, 화주는 순송장가액(net invoice cost)에 운임과, 만약 지불했다면 보험료를 가산한 금액이 화물의 정상가액(sound value)이라는 데에 동의한다. 운송인은 일체의 이윤상실·간접손해(consequential loss)에 대하여 책임지지 않는다.

(C) 화주가 선적 전에 화물의 가액·성질을 서면으로 신고하여 본 B/L의 앞면에 기재되고, 태리프·계약에서 요구한 할증운임을 지불하지 않으면, 운송인은 화물의 멸실·손상에 대해 다음의 포장당·단위당 책임제한을 초과한 금액에 대하여 책임지지 않는다: (1) 복합운송화물을 포함하여 미국의 항구를 출입하는 화물운송의 책임은 포장당 미화 500달러, 비포장 화물은 관습적인 운임단위당 미화 500달러로 제한된다; 또는 (2) 기타의 다른 모든 선적물(및/또는 법원이 책임제한을 본 25조 (C)항 (1)의 포장당·관습적인 운임단위당 미화 500달러로 강제하지 않으면)의 책임제한은 화물의 Kg당 2SDR(또는 같은 금액의 현지통화) 또는 포장당·단위당 666.67SDR(또는 같은 금액의 현지통화) 가운데 높은 것으로 한다.

(D) 신고가액이 B/L 앞면에 기재되고, 태리프·계약에서 요구한 초과운임이 지불되었지만, 포장당·단위당 화물의 실제가액이 신고가격을 초과하면, 신고액을 가액으로 간주하고, 만약 운송인에게 배상책임이 있을 경우, 그의 책임은 신고가액을 초과하지 않는다. 모든 부분적 멸실·손상은 신고가액을 기준으로 비례하여 정산한다. 화물의 신고가액·그 성질을 고의로 허위신고하면, 운송인은 어떠한 금액에 대해서도 책임지지 않는다.

(E) 화물이 화주·그 대리인이 적입한 컨테이너·그와 유사한 운송용기로 단위화되어 있으면, 그러한 컨테이너·유사용기의 개수는 본 25조의 책임제한을 적용할 때 포장·단위의 개수로 간주하기로 분명히 합의한다.

(26) 공동해손: 뉴제이슨 약관[50]

(A) 공동해손은 1994년 요크-앤트워프 규칙, 그리고 그 규칙에 관련규정이 없는 사항은 정산이 행해지는 항구・장소의 법률과 관습에 따라, 운송인이 선택한 항구・장소에서 운송인이 선택한 통화로 정산하고 해결한다. 공동해손정산서는 운송인이 선임한 정산인이 작성한다. 화주는 화물의 인도전에 공동해손 합의서(agreement) 또는 맹약서(bond)와 화물의 추정분담금・구조비・특별비용의 충당에 충분한 현금을 공탁하고 운송인이 요구하는 추가담보를 제공해야 한다.

(B) 항해의 개시전・개시후에 사고・위험・손상・재해가 발생하고, 그 원인이 무엇이든 과실여부에 관계없이, 그 과실・그 결과에 대하여 운송인이 법률・계약・기타에 의거 책임지지 않으면, 화물과 화주는 공동해손의 성질・그러한 성질로 발생한 일체의 희생・멸실・비용의 지불에 운송인과 공동으로 연대하여 분담하고, 화물로 인한 구조비・특별비용도 지불해야 한다. 구조선이 운송인의 소유선・운항선인 경우에도, 구조료는 그 구조선이 제3자의 소유선인 것과 같이 전액을 동일한 방법으로 지불해야 한다.

(27) 쌍방과실충돌약관

본선이 타선의 과실 또는 본선의 항해 또는 운송인의 관리 중에 본선의 선장・선원・도선사・대리인의 작위・과실・태만으로 타선과 충돌하여 발생한 직접・간접의 손해 또는 배상책임이 발생하면, 타선・그 선주・그 운항자가 본선의 화주에게 지불했거나 지불해야 할 화물의 멸실・손상・일체의 클레임에 대해, 타선・그 선주・그 운항자가 그들의 클레임 일부를 본선의 클레임과 상계・공제・회복하면, 본선의 화주는 본선이 타선의 선주에게 배상한 모든 손해・배상책임에 대해 본선에 상환해야 한다. 본 조항은 충돌선・충돌물의 소유자・운항자・관리자와 기타 일체의 선박・물체의 소유자・운항자・관리자의 과실에 의한 충돌・접촉・좌초・기타의 사고에 대해서도 적용된다.

50) 본 26조와 아래의 27조는 본서 제7장 선하증권, 제4절, (4) 기타약관의 ① 공동해손약관, ② 뉴제이슨약관, ③ 쌍방과실충돌약관의 해설을 참조하면 이해가 빠를 것이다.

(28) 운송인의 태리프

본 B/L은 본 B/L에 편입되어 운송인이 적용하는 태리프에 의거 발행한 것이다. 유의할 점은 무료장치시간 · 체선료 · 지체보상금 · 일낭비용(日當費用) · 보관료 · 소송비 등을 포함한 추가비용과 관련한 조건과 조항이다. 태리프 사본은 요청하면 운송인 · 그 대리점으로부터 입수가능하며, 화주는 이 태리프를 인지하고 수용한다. 본 B/L과 태리프가 상충되면 B/L이 우선한다.

(29) 준거법 및 재판관할권

(A) 본 B/L 또는 B/L과 관련된 모든 클레임은, 본 B/L의 2조와 3조 (A)항을 포함하여 다른 규정이 없으면, 오로지 한국법에 의거한다. 본 B/L에 의거한 (화물의 멸실 · 손상을 포함하여, 그러나 그것에 국한되지 않는다) 일체의 소송은 계약위반 · 불법행위 · 기타에 관계없이 대한민국 서울민사지방법원에 제기해야 한다.

(B) 위 29조 (A)항에도 불구하고, 28조의 요금을 포함하여, 그러나 그것에 국한되지 않는, 화주의 책임으로 운송인에게 발생한 운임 · 요금 · 기타 일체의 비용에 대한 모든 소송은, 화주의 사법관할권내의 모든 법원에 제기할 수 있고, 그 사법관할권의 법규가 운송인이 화주에게 제기한 소송에도 적용된다.

(30) 우선약관

본 B/L은 화물의 선적에 관한 모든 합의와 운송계약에 우선한다.

(31) 조항의 분할성

본 B/L 조항은 분할 가능하므로, 어떤 조항의 일부가 무효 · 강행불가이더라도, 타조항의 유효성 · 강행성에는 일체 영향을 미치지 않는다.

당사자법리, 불법행위, 히말라야약관, 순환보상약관

19세기 후반에 개발한 계약당사자법리(privity of contract doctrine)로 오직 계약당사자끼리만 상호 제소가 가능하다. 따라서 이 법리로 인해 수하인은 운송계약의 당사자가 아닌 선주의 사용인 · 대리인 · 독립계약자를 직접 제소할 수 없다. 그런데 Donoghue v. Stevenson 사건(1932)에서 영국의 귀족원(House of Lords)은 불법행위(tort of negligence) 개념을 개발했다. 이후 예컨대 하역업자의 과실로 화물이 손상되면, 수하인은 하역업자를 불법행위로 직접 제소할 수 있게 되었다.

여기에 이들 사용인들이 운송계약의 면책약관을 원용할 수 있는지가 문제이다. 이들은 당사자법리로 운송인에게 허용된 B/L의 면책약관을 직접 원용할 수 없다. 계약당사자가 아닌 하역업자는 피소는 당하면서도 B/L의 면책약관을 원용할 수 없었던 것이다. 더욱이 불법행위는 헤이그/비스비 규칙이 규정한 책임제한도 무력화한다. 히말라야 약관은 이러한 문제점을 해소하고, 선주의 사용인 · 대리인 · 독립계약자가 B/L의 면책혜택을 주장할 수 있게 하기 위한 것이다.

원고 아들러 부인(Mrs. Adler)은 P&O의 여객선 히말라야(Himalaya)호 승객이었다. 하선중(下船中)에 승강대(gangway)의 고박(固縛)이 풀려 부상을 입었다. 그녀와 P&O 사이의 운송계약인 승선표(sailing ticket)에는 다음의 약관이 있었다. "회사의 사용인이 … 업무중에 그의 과실 또는 어떠한 원인이 되든, 직간접으로 승객 개인에게 가한 부상에 대해 회사는 일체 책임지지 않는다."

이에 아들러 부인은 P&O를 제소하지 않고, 선장과 갑판장을 과실에 의한 불법행위로 제소했다. 항소심은 전원일치로, 피고들(선장 · 갑판장)은 선사를 보호하기 위한 약관을 원용할 수 없다고 판결했다(1955). 이 사건은 1932년 불법행위법리가 등장한 뒤 운송인의 사용인(employee)에게 제기된 첫번째 불법행위소송으로 원고가 승소한 사건이다. 즉, 운송계약의 면책약관은 사용인(선장 · 갑판장)을 보호하지 못했던 것이다. 법원은 ① 사용인은 계약의 당사자가 아니기 때문에, ② 약관에 사용인이 면책이라는 문언이 없었기 때문이라고 설시(說示)했다.

그러자 이후의 유사한 사건에 대해, (예컨대) 헤이그/비스비 규칙에 규정된 책임제한을 회피하기 위해, 화주들은 운송인을 계약위반으로 제소하지 않고, 사용인 · 대리인 · 독립계약자 등을 불법행위로 제소하였다. 이에 선사들은 B/L에 선원 등 모든 사용인 · 대리인 · 독립계약자 등의 이행보조자도 선주의 면책 · 책임제한을 원용할 수 있다는 약관을 추가하였다.

이것이 바로 히말라야 약관(Himalaya clause)이며, Adler v. Dickson 약관이라 하기도 한다. 그러나 법원은 약관의 문언보다는 어떻게든 당사자법리 위주로 접근함으로써 히말라야 약관의 효력이 순탄치 못했다.[1] 이를 보완하기 위해 순환보상약관(circular indemnity clause), 즉 부제소약관(우리나라 법원의 용어)이 등장한 것이다.

순환보상약관은 대부분의 복합운송증권에서 볼 수 있다. 순환보상약관은 운송물에 대한 클레임은 계약당사자에게만 제기하라는 것이다. 전형적인 순환보상약관은, ① 송하인(shipper)은 계약당사자가 아닌 어느 누구에게도 클레임을 제기하지 않는다. ② 그럼에도 불구하고 클레임을 제기하면, 송하인은 운송인에게 그 손해에 대해 보상해야 한다는 것이다.

순환보상약관으로 화주(cargo interests)가 계약당사자가 아닌 자에게 제소할 수 없게 되었다. 화주가 운송인의 사용인을 제소하면, 그 사용인은 순환보상약관을 내세워 소송에 응하지 않아도 된다. 화주는 계약당사자인 운송인을 제소하라는 것이다. 그리고 손해의 원인이 사용인의 귀책으로 판명되면, 화주는 운송인에게 소구소(遡求訴, recourse action)를 제기하고, 운송인은 사용계약에 의거 사용인에게 구상권(right of recourse)을 갖는다. 그래서 이를 순환보상이라 한다. 순환보상은 영국・호주 법원에서는 분명히 유효하다. 최근 홍콩에서도 유효하다는 판결이 있었다.

---

1) 미연방 대법원은 해상화물운송법(USCOGSA)의 책임제한권을 내륙운송인까지 확대하는 이른바 히말라야약관이 유효하다고 만장일치로 판결했다. 포워더가 호주에서 제작한 기계류를 미국 헌츠빌까지 운송계약을 체결하고, 그 책임을 하청운송인까지 확장하는 ICC 복합운송증권을 발행했다. 해상구간을 담당한 船社(Hamburg Süd) 역시 이러한 내용이 포함된 B/L을 발행했다. 화물은 사반나항에 안전하게 양륙되어 헌츠빌까지 철송(鐵送)하는 도중에 열차의 탈선으로 손상을 입었다. 화주가 철도회사에 손해배상을 청구하여, 1심에서 철도회사가 히말라야 조항을 원용할 수 있다는 판결이 나왔으나, 2심에서 판결이 뒤집혀 대법원까지 갔다. 대법원은 히말라야 약관은 해상・육상운송인 모두 적용할 수 있다고 판결했다. 철도회사는 해상화물운송법(COGSA)의 책임제한권을 인정받아 10개 컨테이너의 손해 $150만 대신 $5,000의 손해를 배상했다.(*American Shipper*, 2004.11.24)

PART 3

항공운송

Chapter

8 항공운송의 기초

제1절 항공운송의 개념 및 발전과정

1 항공운송의 개념

운송이라 하면 육상・해상운송으로 인식하고 있고, 실제로 대부분이 육상・해상운송에 의존하고 있다. 그러나 눈부신 항공기술의 발달로 대량수송이 가능해졌고, 모든 부문에서 신속한 운송이 절실히 요구되어 항공운송이 일반화되어 가고 있다.

수출입화물의 대부분이 해상운송에 의존하고 있지만, 산업구조가 중후장대형(重厚長大型)에서 경박단소형(輕薄短小型)으로 변하고, 상품의 적시공급(適時供給)이 경쟁요소가 되어 항공운송이 나날이 증가하고 있다. 이는 반도체・무선통신기기 등 소형고가경량형(小型高價輕量)의 전자제품의 교역이 급증하면서 항공화물의 비중이 지속적으로 증가하기 때문이다.[1)]

항공화물의 비중은 중량기준으로는 1%에 불과하지만, 2021년 전세계 항공화물의 운송가액은 연 $666억으로 전세계 교역의 35%에 달하는데 매년 10.3%씩 증가하여 2030년에는 $1,335억으로 예상한다. 보석류・반도체・의약품・구호품・광학기기・시계・생화(生花)・경주용 자동차・경주용 말 등은 거의 100% 항공으로 운송하고 있고, 연 3,280억 통의 서신과 74억 개의 소포가 항공으로 오가고 있다.

항공운송(air transport)은 항공기의 스페이스(plane's space)에 여객과 화물을 탑재(搭載)하고, 국내외의 공항(air port)에서 공로(空路, air route)로 다른 공항까지 운항하는 수송시스템이다. 항공운송은 해상・육상운송에 비해 뒤늦게 도입된 수송시스템

1) 2004년에는 반도체, 휴대폰 등 소형 첨단제품의 수출증가로 인천공항이 수출입(금액기준)에서 부산항을 앞섰다. 2024년 항공화물 수송실적(톤킬로) 1위 DHL, 2위 FedEx, 3위 UPS, 4위 Emirates SkyCargo, 5위 Cathay Pacific, 6위 Lufthansa Cargo, 7위 China Airlines Cargo, 8위 Singapore Airlines Cargo 순이다.

이지만, 가장 체계화된 물류시스템으로 완벽에 가깝게 운용되고 있는 수송부문이다.

2 항공운송의 발전과정

수송의 변천은 인력・가축・수레・마차・뗏목・범선・선박・철도・트럭 등과 같이 속도와 적재량이 증가하면서 마침내 항공기의 시대를 맞이하게 되었다.

인류 최초의 동력기(動力機, self-propelled man-carrying airplane, 12마력, 복엽기)의 비행(69초, 260m)은 1903년 12월 라이트(Wright) 형제가 개시했다. 이후 항공기는 프로펠러에서 제트엔진으로 발전하고, 1970년대에는 점보제트기의 등장과 초음속기도 출현했다.[2)]

항공화물운송은 1910년 11월 200파운드(90.7kg)의 견직물을 라이트식 복엽기(複葉機)의 양날개에 달고, 미국 오하이오주의 Dayton-Columbus의 65마일(106km)을 57분에 운반한 것이 최초이다.

【 First flight of the Wright Flyer I, 1903.12.17. 】

【 Wilbur(1867~1912), Orville(1871~1948) 】

2) 인류 최초의 경항공기(輕航空機, lighter-than-aircraft)는 1783년 프랑스의 몽골피에(Montgolfier) 형제가 700ft3의 종이풍선에 뜨거운 공기를 주입하여 200m 상공에 띄워 2,500m를 날게 하였고, 1785년에는 프랑스인 블랑샤르(Blanchard)와 미국인 제프리스(Jeffries)가 풍선을 타고 도버해협을 횡단했다. 1884년에는 프랑스의 러나르(Renard) 대위가 사람을 태우고 바람을 거슬러 출발지로 되돌아올 수 있는 조정가능한 비행선(飛行船, airship or dirigible)을 제작하고, 독일의 제펠린(Zeppelin) 대위는 1900년 시속 20마일의 탑승용 비행선(Zeppelins)을 제작하여 1910~14년에 남대서양을 75회나 횡단하며 35,000명의 승객을 수송하였다. 한편 중항공기(重航空機, heavier-than-aircraft)는 1810년 "물체가 뜨려면 그 무게를 받쳐줄 수 있는 날개가 필요하다."는 영국 케이레이(Caylay)경의 항공기 제작원리에 기초하여 많은 사람들이 동력추진기를 만들어 비행을 시도하였지만, 1903.12.17. 라이트 형제가 최초로 성공하였다. 1927년 린드버그가 대서양을 횡단하여 국제항공운송도 개시했다.

이어서 1918년에는 미국의 체신부가 뉴욕－워싱턴－시카고의 우편수송을 개시하여 정기성(定期性) 항공화물운송의 막을 올렸다. 그러나 화물전용기가 대량화물을 수송하기 시작한 것은 양차대전 중의 군용기에 의한 군수품의 수송이다. 그리고 민간항공기가 화물을 대량으로 수송하기 시작한 것은 1958년 제트화물기의 등장부터이다.[3] 더불어 항공화물운송은 항공기가 여객만 수송하는 수단이란 고정관념에서 벗어나 물류와 직결된 획기적인 수송기관으로 각광을 받게 된 것이다.[4]

그러나 본격적인 대량운송시대가 막을 열게 된 것은 1970년부터 점보제트기가 각 항로에 취항하기 시작한 때부터이다. 여객운송은 350석의 좌석, 화물운송은 주갑판(main deck)과 하부의 화물창(belly compartment)에 약 100톤의 화물을 탑재할 수 있게 된 것이다. 이에 따라 최근에는 항복량(航腹量, air space)도 계속 늘어 해상운송과 더불어 새로운 현대적 수송수단으로 자리를 잡았다.

이미 주요 항공사들은 화물전용기를 운항할 수 있는 시스템과 조직을 갖추고, 세계 어느 곳이든 해상운송·육상운송과 경쟁하면서 운항할 수 있는 범세계적 수송시스템을 갖추고 있다. 1970년대 이후에는 복합운송용 컨테이너(intermodal/multi-modal module container)를 개발하여 Sea/Air/Land·Air/Land 등의 일관운송분야(一貫運送分野)에까지 진출하였다.

3 한국의 항공운송

우리나라는 1913년 가을 일본해군 중위 나라하라(奈良原三次)가 서울의 용산연병장에서 비행기(50마력 엔진)의 첫선을 보인 후, 1921년 일본 오구리(小栗) 비행학교를 졸업하고 일본항공국이 실시한 비행면허시험에 수석으로 합격하여, 한국인 최초의 비행사가 된 안창남(安昌男)[5]이 1922.12.10. 일본에서 분해하여 운반해 온 애기(愛機) 금강호를 조립, 비행회(飛行會)를 가졌던 때부터 항공기 시대가 열렸다.

3) 2차대전이 끝날 무렵(1944년 or 1945년)에 록히드사가 P-80(뒤에 F-80으로 개칭) Shooting Star라는 제트전투기를 내놓으면서 제트시대로 돌입하였다.

4) 1992년 대한항공은 44톤의 발전소용 터빈을 B747로 수송하고 2007년에는 42톤의 발전기 장비를 수송하였다. 2009년 GS건설은 아르메니아의 발전소용 186톤의 발전기를 러시아의 AN225기로 운반하여 세계 최대의 중량물 운송기록으로 기네스북에 올랐다.

5) 우리보다 한 세대(世代) 앞선 선배들은 "쳐다보니 안창남(安昌男), 굽어보니 엄복동(嚴福童)"이라는 노래로 식민지하의 한을 달랬다고 한다. 엄복동은 자전거 수리공으로 1918년부터 매년 장충단공원 운동장에서 벌어진 자전거 경주에서 번번히 우승을 휩쓴 인물이다.

1920년대에는 안창남 외에도 장덕창, 신용욱, 서왈보, 최용덕 등과 1925년 중국 운남육군항공학교(雲南陸軍航空學校)를 졸업한 권기옥, 1926년 일본 3등 비행사 면허를 취득한 이정희, 1933년 일본에서 한국까지 장거리 비행중 사망한 박경원 등의 여류비행사가 있다.

1929년 4월 일본항공이 한국 최초의 민항노선을 개설하여 동경-후쿠오카(福岡)-대구-서울-평양-신의주-다렌(大連)을 매일 1회 운항하고, 1930년 5월에는 박영효가 설립위원장, 신용욱이 교장인 조선비행학교를 여의도에 설립하여 9월부터 유료관광여행을 개시했다.

1936년 10월 신용욱이 조선항공회사(Korean Aviation Company) 또는 신항공회사(愼航空會社, Shin Air Service Company)[6]를 설립하여 서울-이리의 정기항로를 개설하고, 2차대전 직전까지 10대의 경비행기와 DC-3기 1대를 도입하여 활기를 띠었었고, 1945년 광복후 대한민국항공사(KNA : Korea National Air Line)로 개칭하여 서울-부산을 취항하였다.

1949년 6월에는 한미항공협정이 체결되어 9월부터 미국의 North West가 시애틀-도쿄-서울 노선에 취항하였고, KNA는 1951년 10월에 서울-도쿄 전세운항을 개시하였다. 1954년 7월에는 서울-타이베이-홍콩을 취항하여 최초의 국제정기노선으로 기록된다. 1952년 12월에는 한국도 ICAO 회원국이 되었다.

1958.2.16. KNA의 창랑호(滄浪號)가 부산에서 서울로 오던 중 평양으로 납치되는 사건이 발생했고, 거기에 당시의 빈번한 환율변동으로 부품구입 등에 어려움을 겪은 데다, 유류세가 대폭 인상되어 적자폭이 커지면서 KNA는 1962.1.20. 서울-홍콩 노선의 중단과 함께 도산하고 말았다.

1961년 2월에 신항공법이 통과되고 1962년 3월에 대한항공공사법(大韓航空公社法)이 공포되어 6월에 국영항공사인 대한항공공사가 설립되었다. 그러나 부실경영으로 인한 만성적자에 시달리다가, 1969년 한진상사에 그 운영권을 양도하여 오늘의 대한항공(Korean Air Lines : KAL)으로 변신하였다.[7] 1988년 2월에는 금호그룹이 아시아나 항공을 설립하여 국내의 항공산업이 경쟁시대로 돌입하였고, 뒤이어 이른

6) 전자는 신용욱씨가 주장하던 명칭이고 후자는 당시의 조선총독부가 부르던 명칭이다.

7) 대한항공공사 민영화는 1969년 1월 재무부가 주식을 산업은행에 현물출자한 뒤 1969년 2월 산업은행이 한진상사에게 10년 분할상환 조건으로 15억원에 매각하였다. 당시 프로펠러기 7대, 제트기 1대 등 8대로 모든 좌석수가 400여석으로 해외 취항지도 일본의 3개 도시뿐이었다. 2025년 현재 대한항공이 보유한 항공기는 여객기 141대, 화물기 23대 등 총 164대, 아시아나항공은 여객기 70대, 화물기 12대 총 82대를 보유하고 있다.

바 저가항공사로 불리우는 제주항공(2005, 인천·제주), 진에어(2008, 인천·김포, KAL 자회사), 에어부산(2007, 김해공항, 아시아나 자회사), 이스타항공(2007, 인천·김포), 티웨이항공(2010, 인천, 구(2004)한성항공), 에어서울(2015, 인천, 아시아나 자회사), 플라이강원(2016, 양양공항), 에어로케이항공(2016, 청주공항), 에어프레미아(2017, 인천) 등이 국내외 여객항공시장을 서비스하고 있다.

한편 아시아나항공은 2009년 12월부터 유동성 위기를 겪어 2020년 11월 산업은행 주도로 대한항공이 인수하기로 했다. 항공사의 기업결합은 국내외 항공시장에 미치는 영향이 커서 해당 국가의 승인이 필요하고, 승인이 안 나면 해당 노선의 취항이 어렵다. 그동안 미국, 중국, 일본, EU 등의 승인을 기다렸는데 2024.12.3. 미국 법무부가 합병을 승인하면서 2024.12.11. 아시아나항공은 대한항공의 자회사로 편입되었다. 이후 아시아나항공은 대한항공 산하의 브랜드로 운영되다가 2026.10.25. 부터 아시아나항공은 대한항공으로, 에어서울과 에어부산은 진에어로 완전히 통합될 예정이다.

제2절 항공운송의 특성

1 항공운송의 경제적 특성

(1) 항공운송수요

항공운송용역은 특히 화물운송 분야는 1970년대에 대형 화물전용기(Boeing 747 or DC10 등)가 등장하여 대량수송이 가능해지고, 운임의 인하와 화물의 신속한 인도가 실현되면서 물류차원에서 총체적인 수요분석을 하고 있다. 항공운송수요는 해상 및 육상운송 수요와 달리 수요의 파생이 특이한 경제적 특성을 갖고 있다.

그것은 ① 국민경제의 발전과 소득수준의 향상, ② 대치가능(代置可能)한 다른 운송수단(해상운송과 육상운송)의 유무, ③ 항공운송 용역의 질적 수준(즉, 항공기의 속도, 안전도, 운항횟수, 운항의 정확성, 공항조건(空港條件) 등), ④ 항공운송 업체의 마케팅 전략, ⑤ 계절적 변화와 기후조건, ⑥ 항공운송시장의 규모, ⑦ 공항과 도시간의 거리 등으로 결정된다.

(2) 항공산업과 국제경쟁

항공산업은 육상・해상운송과 달리 경쟁상 자연독점(natural monopoly) 상태도 아니고, 그렇다고 순수경쟁(pure competition) 상태도 아닌 특수한 운수산업이다. 자연독점상태란 항공사의 규모가 대단히 크고 공항건설에도 거대한 자본이 소요되기 때문에 누구나 쉽게 참여할 수 없는 산업이라는 의미이다. 그러나 한 국가에서 항공산업을 1개 기업이 독점하고 있더라도, 국제적 경쟁이 격심하기 때문에 국제노선에서는 자연독점상태란 존재할 수 없다.

순수경쟁상태란 미국과 같이 항공운송시장이 크고 여러 항공업체가 경쟁함으로써 대체이용이 완전한 상태에 있는 경우를 의미하며, 이때는 국내노선도 국제노선과 마찬가지로 경쟁으로 이용자를 보호할 수 있다.

따라서 항공운송사업은 경쟁하고 있지만, 항공산업의 특성 때문에 항공사들은 상호 묵계적인 과점경쟁상태(oligopolistic interdependence)라고 말할 수 있다. 국제항공시장이 상호 묵계적인 과점상태인 이유는 정부간의 항공협정이 쌍무협정이며, 항공사들이 스스로 자멸하는 극단적인 경쟁행위를 피하려 하고, IATA(국제항공사협회)[8]나 ICAO(국제민간항공기구)[9] 등에서 가격경쟁을 제한하거나 규율하고 있기 때문이다.

이러한 상호 묵계적 과점경쟁상태의 항공사들은 제한된 경쟁하에서도 자사(自社)의 시장과 이윤확대를 위해 ① 항공기의 시설개수(施設改修)와 신종기(新種機) 도입, ② 정기운행의 회수・빈도의 증대, ③ 새로운 항로의 개척, ④ 안전운항과 편리도・연결운항의 증대, ⑤ 서비스의 질적 개선 등으로 운임을 경쟁적으로 인하하고 있다.

1960년대까지만 하더라도 이러한 과점적 경쟁은 질서를 유지했으나, 1970년대 이후 항복(航腹)의 과잉에 따른 경쟁의 격화로 과점적 경쟁이 심화되어 굴지의 항공사들이 도산하거나 도산의 위기에 처한 사례를 많이 볼 수 있다.

특히 국제노선뿐 아니라 국내노선에서도 심한 경쟁을 하는 미국의 항공사들은 심각한 경영압박에 시달리고 있다. 그러나 국내노선에서 독점권을 갖고, 국제노선

8) IATA(International Air Transport Association) : 항공사가 중심이 되어 설립된 민간협의단체.
9) ICAO(International Civil Aviation Organization) : UN 전문기구의 하나이며 정부간 국제협력기구.

에서는 쌍무협정 및 IATA·ICAO의 협정에 따라 운항하면서, 정부의 비호를 받고 있는 국가의 항공사나 국영항공사는 아직 독과점적 이익을 누리고 있다.

2 항공운송의 서비스적 특성

운송에 대한 화주의 입장은 물품이 빠르고 낮은 요율에 간편한 절차로 운송되기를 원하는 것이다. 항공운송이야말로 이러한 화주들의 요구(needs and requirements)를 충족시키기에 충분한 조건을 갖추고 있다. 이를 구체적으로 서술한다.

(1) 서비스의 적시성

항공운송의 가장 두드러진 장점은 적시성(適時性)이다. 항공기의 발착시간·정시운항(on-time operation)·운항횟수(frequency)가 적시성을 결정짓는다.

화주(또는 포워더)가 원하는 발착시간은 주로 저녁 일과후에 출발하여 다음날 오전중에 목적지에 도착하여 수하인에게 인도되는 것(over night delivery)이다. 즉, 낮의 일과시간에 발송할 화물을 수집하고, 발송절차를 밟은 후에 공항까지 운반하여 항공사에 인도하기까지 시간이 걸리므로 항공기 출발시간은 야간이 되는 경우가 많다.

수하인 입장에서도 일과시간에 화물을 인수하고 분류하여, 빠른 시간에 소매상(혹은 실수요자)에게 인도하는 것이 가장 바람직하다. 예컨대, 모든 한국발 미주향 화물기(pure-freighter)의 출발시간은 오후 5시 이후이며, 미주 도착시간은 당일 아침시간(현지시간)이다. 미주발 한국향 화물기도 현지의 늦은 저녁시간에 출발하여 서울 도착은 이른 아침시간이 된다.

그러나 일본에 수출되는 꽃게·갯지렁이·송이버섯·꽃 등의 변질성 화물(perish- able products)은 이른 아침시간의 항공기를 이용한다. 즉, 산지(産地)의 일과시간에 수집된 물품들은 야간에 육로로 수송되어 공항에 도착하는 시간이 다음날 아침인 데다, 가장 빠른 시간(오전 9시 이전)의 항공편을 이용해서 1시간 45분을 비행하면, 당일 오전에 일본의 시장에서 판매할 수 있기 때문이다.

변질성 물품 외에도 전자제품과 그 부품·의류·카메라 등도 점차 일야인도(over night delivery)[10]를 이용하고 있다. 특히 속달우편(speed mail), 은행의 수표·어음 및

10) Over Night Delivery란 하룻밤(一夜)에 운반하여 다음날 오전에 화주에게 인도하는 것으로, 서울에서 미주

기타 재무서류 등은 일야인도(一夜引渡)를 필수조건으로 하고 있다. 그러나 화주의 일야(一夜)서비스 요구에도 불구하고, 공항주변의 소음규제 등으로 항공기의 야간운항은 점차 규제를 받고 있다.

화주의 관심은 빠른 발착시간 외에도 정시운항에 있다. 이는 지속적으로 신뢰할 만한 항공편 스케줄은 화주의 생산·유통계획에 중대한 영향을 미치기 때문이다. 예컨대, 이른 아침시간에 일본으로 운항하는 항공편이 일정치 않고 신뢰성이 없으면 꽃게·갯지렁이·버섯 등의 일본시장에 대한 수출확대는 불가능하기 때문이다.[11)]

(2) 서비스의 완벽성

화주는 운송인(또는 포워더)으로부터 완벽한 서비스를 기대한다. 따라서 운송인 또는 그 대리인은 픽업(pick-up)·인도(delivery)·화물추적(tracing)이나 특수취급을 요하는 위험품·귀중품·중량물품·기타 보험과 클레임 등을 취급할 수 있는 능력을 요한다.

서비스의 완벽성은 문전(door to door) 서비스를 의미한다. 이는 송하인의 창고에서 상품을 픽업, 항공기로 운송하여 도착지에서 수하인의 창고에 인도해 주는 서비스이다. 최근에는 택배업무의 발달로 서비스가 더할 나위 없이 완벽에 가까워졌다.

화주는 한 물품의 운송과정에 참여한 운송업자가 복수(複數)[12)]라 하더라도, 대화의 창구는 하나이기를 원한다. 수송과정 전체에 대한 책임소재가 單一해야 문제가 발생해도 화물의 추적·클레임·보험 등의 업무처리가 용이하기 때문이다. 또 다른 항공화물서비스의 중요한 요소는 통관을 포함하여 복잡한 수출입수속과 특수취급을 요하는 물품[13)]의 처리능력이다. 이처럼 서비스의 완벽성을 요구하는 화주들을 충족

(美洲)·유럽의 각 도시로의 운항은 운항시간이 일야를 초과하더라도 시차(時差)로 인한 일야인도 효과를 갖는다.

11) 1990년대에 중국대륙에는 고가(高價)의 송이버섯이 대량으로 생산되는데도 수송능력이 없어 대일수출(對日輸出)을 못했다. 도로망이 갖춰지지 않아 오지(奧地)에서만 산출되는 버섯을 공항이 있는 도시까지 반입하려면 송이버섯의 생명인 향(香)이 달아나서 상품가치가 없다. 한편 1989년부터 평양-북경-도쿄로 이어지는 항공편으로 상당량의 북한산 송이버섯이 일본에 공급되고 있다.

12) ① 육상운송업자, ② 항공사(연결편이 있는 경우 타항공사), ③ 선박회사(sea/air일 경우), ④ 기타(창고업자 등)를 총칭한다.

13) 특수취급을 요하는 물품은 포장·탑재방법·서류작성 등에서 IATA의 규정을 준수하는 것으로서 다음의 종류가 있다. ① AVI(live animals), ② DGR(dangerous goods), ③ PER(perishables), ④ VAL(valuable goods), ⑤ 기타(자동차, 기계류)의 중량품·온도·습도 등에 민감한 컴퓨터 등은 특수취급을 요한다.

시키기 위해서는 물류전문업체로 포워더(air freight forwarder)의 역할이 크게 부각된다.

〈표 8-1〉은 화주들이 항공화물운송에 대해 어떠한 서비스를 중시하는가를 측정한 더글라스사의 조사표이다. 지속적인 정시(定時) 픽업·인도가 가장 중요한 항목으로 나타나고 있다. 보잉사 역시 화주가 항공화물을 이용하는 이유는 인도서비스와 운항스케줄에 있음을 확인하였고, 플라잉 타이거사의 조사에는 신뢰할 수 있는 지속적인 운항스케줄로 나타났다. 요컨대 항공화물운송은 이러한 화주들의 요구사항을 충족시킴으로써 빠른 성장을 계속해 온 것이다.

[표 8-1 항공운송 서비스 이용기준과 비중]

순위	선정된 서비스 기준	비중
1	지속적인 정시(定時) 픽업·인도	92.4
2	운임	79.8
3	수송시간	79.1
4	수송경로 및 운항지역	73.9
5	서비스 빈도수	72.1
6	분실 또는 파손경험	69.2
7	화물의 적시접수(適時接受)	65.6
8	문전배달	61.9
9	화물추적 능력	61.8
10	클레임의 신속처리	60.8
11	특정요구의 수용성(受容性)	55.5
12	장비의 유용성(有用性)	50.6
13	오프라인 지점에서의 서비스 능력	50.2
14	항공사의 인기·명성	47.1
15	특수장비 및 서비스의 유용성	41.0
16	고유가(高油價)로 인한 미래의 요율인상 가능성	36.2
17	정보제공 서비스	35.0
18	Consolidation or Break-Bulk1) 서비스	33.9
19	금후의 에너지 및 환경문제에 대한 취약성	25.1
20	접수자(接受者)의 자질	24.5
21	타직원에 의한 접수가능성	22.6
22	수송기관의 연료효율성	21.1
23	수송기관이 환경에 미치는 효과	11.7

자료 : Douglas Aircraft Co, 1980. *Cargo Logistics Aircraft Systems Study.*

주1) : Consolidation은 출발지에서의 화물의 혼재(混載)를 의미하고, 도착지에서는 혼재된 화물을 접수, 분류, 인도하는 업무가 발생되는데, 이를 Break-Bulk 서비스라 한다.

3 항공운송의 원가적 특성

화주가 서비스 다음으로 중시하는 것이 운임이다. 보잉사의 조사에서도 운임의 순위는 3위였다. 그런데 항공화물의 핸디캡은 요율이 높다는 점이다. 즉, 항공화물의 운임은 어떤 운송수단보다도 높아서 타운송수단과의 경쟁은 불가능해 보인다.

그러나 항공화물도 운임면에서 타운송에 비해 유리한 점이 있다. 우선 요율표(tariff)상으로도 항공요율이 해상요율보다 유리한 점이 있다. 즉, 45kg 미만은 대체로 항공운송이 유리하다. 항공운임과 해상운임은 그 계산방법이 다르고 부대비용도 다르기 때문에 정확한 비교는 어려우나, 일반적으로 경량화물은 유리한 것으로 알려져 있다. 그 외에도 전반적인 유통비용(total distribution cost) 측면에서 원가를 분석하면, 항공운임이 해상운임보다 유리해질 수 있다.

항공운임이 타운송수단에 비해 유리하다는 사실을 입증하기 위해 총물류비 개념의 컴퓨터 분석모델을 연구가들이 개발하였는데, 그 개념으로 해상운송과 항공운송을 비교하면 다음 그림과 같다.

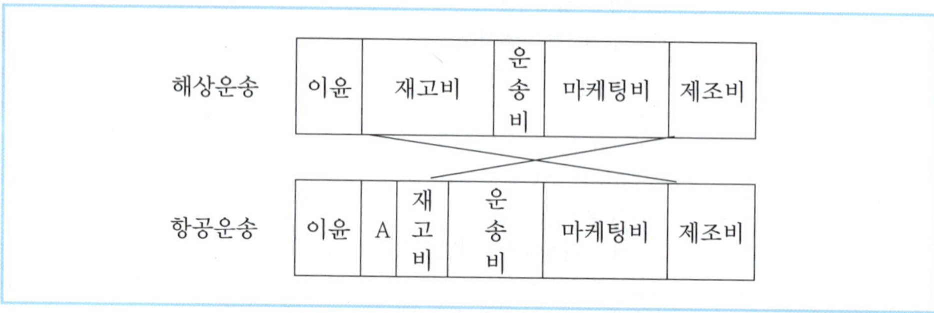

[해상운송과 항공운송의 비교]

항공운송의 운송비는 해상운송보다 훨씬 높지만, 재고비용에서 많은 비용을 절감하여 전체적으로 'A'라는 잉여를 얻음을 알 수 있다. 그러나 이러한 비교는 모든 경우에 적용되는 것은 아니며, 운임이 너무 높아 현실적으로 재고비용 절감으로 상쇄할 수 없는 경우가 훨씬 많다.

항공운송이 유리한지 해상운송이 유리한지를 분별해 주는 분기점(APT : Air Potential Threshold), 즉 다음 그림은 물류비용을 정밀히 분석하고, 상품가치를 정확히

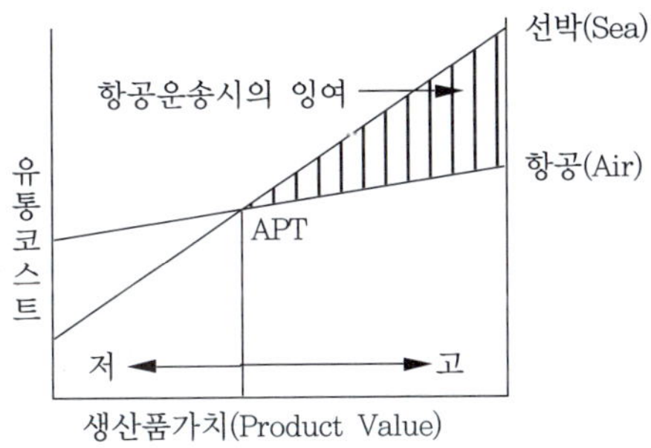

[항공 · 해상운송의 손익분기점]

표시할 수 있다는 가정하에 APT를 산정한 것인데 상품가치가 높을수록 항공운송이 유리함을 보여준다.

총물류비 개념으로 항공운송과 해상운송을 비교한 결과 물품가액이 높을수록 항공운송이 유리한 것으로 분석되었다. 중량 22kg/box, 용적 0.15cbm/box, 단가 US$300/box, 박스당 1대를 적입한 17″ 컴퓨터 모니터 100박스와 중량 13kg/box, 용적 0.1cbm/box, 단가 US$500/box, 박스당 24벌을 적입한 고급의류 100박스를 서울에서 취리히까지 운송할 경우의 항공 · 해상의 운임과 물류비는 〈표 8-2〉와 같다.

요컨대 물류비를 분석함으로써 창고료 · 포장료 · 보험료 · 수수료 · 자본비용 등에서의 비용도 절감하고 판매를 증대시키는 효과도 있음을 알 수 있다. 그러나 아직까지도 항공운송의 이용률은 세계적으로 1%(중량기준)에 지나지 않는다.

[표 8-2 서울-취리히 물류비 비교]

(단위 : 원)

		총운임	운송중 재고비	안전 재고비	총물류비	차 액
모니터	항공	7,840,000	27,781	42,740	7,910,521	3,318,932
	해상	3,428,000	458,384	705,205	4,591,589	
고급의류	항공	4,690,000	69,452	106,849	4,866,301	190,685
	해상	2,560,000	833,425	1,282,192	4,675,616	

자료 : 한진물류연구원 박영재 선임연구원 박사학위 논문에서 발췌(Korea Shipping Gazette, Mar. 8, 1999, p. 137).

4 항공화물운송의 대상품목

일부(一部)의 원자재·광석 등을 제외하면 거의 모든 제품을 항공기로 운송할 수 있다. 항공화물의 수요확대는 신상품(新商品)의 등장이 계기가 되었고, 그 품목의 변화과정은 우리나라 산업발달의 역사를 반영하고 있다. 1960년대의 가발, 1970~80년대 모피류·전자제품, 1990년대의 전자제품·의류 등 패션제품이 항공화물시장을 주도했고, 최근에는 반도체·휴대폰·LCD(LED) 등 고가의 IT제품이 주종을 이루고 있다.[14)]

(1) 긴급을 요하는 물품(Emergency Freight)

① **긴급 수요품** : 기계·선박·항공기 등의 부품, 혈청 등 긴급의료품, 상품견본, 납기(納期)가 긴박한 상품, 계절유행상품, 투기상품, 재해구호품 등.

② **신속운송을 요하는 품목** : 생화(生花)·생동물·생선·송이버섯·꽃게 등[15)]

③ **시기를 놓치면 가치가 없어지는 품목** : 신문·잡지·뉴스필름·원고 등.

④ **여객의 탁송품중 긴급품** : 신변품·애완동물·세일즈맨의 샘플 등.

(2) 중량에 비해 고가이거나 귀중품으로 운임부담력이 있는 품목

모피·미술품·귀금속·시계·의약품·의류·전자·전기제품·광학기기·반도체·각종 부품 등.

(3) 물류관리 및 마케팅 전략품목

현지 딜러(dealer)들의 재고소진으로 인한 품절의 방지, 신속하고 확실한 서비스 체제 확립, 자사 상품의 경쟁력 제고, 창고시설과 재고상품에 자본이 잠기지 않도록 항공운송을 이용한다.

14) 한국의 5대 수출품목은 무선통신기기·반도체·자동차·컴퓨터·선박 등이다. 이 가운데 무선통신기기·반도체·컴퓨터(노트북) 등은 주로 항공기를 이용한다.

15) 이마트는 코로나19로 물류대란이 길어지자 수입과일의 공수비중을 늘리고 있다. 과일은 운송기간이 길면 과숙이 되어 한국에 도착하기도 전에 썩거나 신선도가 떨어진다. 칠레산 체리는 해상운송은 40일 내외이지만 공수하면 5일 내외로 한국에 도착한다. 캘리포니아산 포도의 해상운송은 20~30일이고 항공운송은 3~4일이다. 이마트는 매주 12톤 정도의 포도를 공수하는데, 2020년에 15% 이하였던 공수물량을 2021년에 40%로 늘렸다. 매경 2021.12.8.

(4) 타운송수단의 미약에서 오는 수요

도로·항만 등의 불비(不備)로 항공이 아니면 운송할 수 없는 경우, 예로 에티오피아·소말리아 등의 구호품을 항공기로 벽지(僻地)에 투하한다.

대형 항공기의 등장과 기술의 진보로 수송이 불가능한 품목은 거의 없지만, 화물칸의 용적한계, 중량한계에 따른 제한은 있다. 1차적으로 항공기의 도어 크기가 용적을 제한하는데, B747 화물기는 폭 3.4m, 높이 3m가 최대한계이다.

따라서 금후의 항공화물은 '상품이 무엇인가?'가 아니라 '어떤 조건으로 유통되고 있는가?'에 좌우된다. 대형 항공기의 등장으로 항공화물은 더욱 다양화·대형화되고, 항공사들의 지속적인 원가절감 노력·대고객서비스 향상으로 해상운임과의 격차를 줄이고 신속·정확한 Door to Door 서비스 체제로 성장하고 있다.

5 항공화물운송의 장점

항공운송에 대한 불만은 한마디로 '비싸다'는 것이다. 직접비용만을 단순 비교하면 확실히 비싸다. 그러나 왜 많은 사람들이 서울-부산을 여행하면서 값싼 무궁화호를 두고 값비싼 KTX나 비행기를 이용하는가? 그것은 시간이 바로 돈(time is money)이기 때문이다. 상품의 판매가격은 생산원가와 유통비용으로 구성된다. 일반적으로 유통비용이 50% 이상을 점(占)한다. 스피드로 대변되는 항공운송의 장점을 열거한다.

(1) 직접원가면에서의 장점

① 항공화물은 최소의 포장으로 족해 포장비(재료비·인건비)가 절감된다.

② 신속·안전·확실하므로 보험료가 싸다.

③ 운송중인 상품에 대한 자본비용(투입자본의 이자)이 절감된다.

④ 수요에 응해 적시(適時)에, 적량(適量)을 신속·빈번하게 발송할 수 있어 발착양지(發着兩地) 및 중계지 등에서 보관비가 절감된다.

⑤ 운송기간이 짧아 화물취급(handling)이 줄어 도난·훼손 등이 적다.

(2) 간접원가면에서의 장점

① 신속운송으로 자본회전율을 높일 수 있다.

② 재고품의 진부화 · 변질 등의 손실을 줄인다.

③ 발착양단(發着兩端)에서의 보관기간이 짧아 보관시설에 대한 투자 · 임차료 · 관리비 등이 절감된다.

(3) 기타의 장점

① 선도(鮮度)를 생명으로 하는 상품의 시장을 확대할 수 있다.

② 원격지 시장에 대한 유행품 · 계절품의 판매경쟁력이 높아진다.

③ 급격한 수요변화에 대응할 수 있어 상기(商機)를 잃지 않는다.

④ 생산설비의 부품을 신속히 조달하여 가동률을 높인다.

⑤ 정시발착에 화물의 소재파악이 용이하며 신뢰도가 높다.

이상은 항공운송의 장점을 유통비용 면에서 정리한 것이다. 사실 운임은 상품가액의 50%를 점하는 유통비용의 일부분에 지나지 않는다. 따라서 항공운임에 대한 편견을 버리고, 물류체계 전반의 시각에서 항공운송의 적극적 · 긍정적 활용이 요망된다.

Chapter

9 항공화물의 탑재와 운송절차

제1절 항공기의 개요

1 항공기의 정의

항공기란 사람이 탑승·조종하여 민간항공에 이용되는 비행기, 비행선, 활공기(glider), 회전날개 항공기(helicopter), 기타 대통령령으로 정하는 항공기를 말한다. 비행기는 고정날개와 동력장치를 가진 것인데, 사용하는 동력장치에 따라 프로펠러기, 제트기, 로켓트기, 터보 프로펠러기 등으로 구분하고, 기체구조에 따라 단엽(單葉)·복엽(複葉), 고익(高翼)·저익(低翼) 등으로 구분한다. 비행기는 고정된 날개에 작용하는 공기력으로 양력(揚力)을 얻는다는 점에서 모두 같다.

항공기는 공중을 날기 때문에 안전에 대한 신뢰가 높아야 하고, 항공역학적 요구로 중량을 줄여야 한다. 따라서 가볍고 강한 금속을 사용한다. 강하다는 것은 경성(硬性), 인성(靭性), 내마모성(耐磨耗性), 내식성(耐蝕性) 등이 높아야 하고 저항과 변형에 강해야 한다. 항공기 재료로 사용하는 금속은 철금속·비철금속으로 대별되는데, 철금속은 강철·강합금이고, 비철금속은 알루미늄·니켈·듀랄루민·모넬 등이다. 항공기 재료의 약 95%가 알루미늄 합금이다.

2 항공기의 종류

(1) 크기에 의한 분류

① 협동기(峽胴機, Narrow Body Aircraft; Conventional Aircraft)

동체가 좁은 재래식 소형기종으로 데크(deck)로 상부실·하부실(compartment)로 구분하며, 하부실에는 단위탑재용기(ULD : unit load device)를 탑재할 수 없고, 낱개

화물(break bulk cargo)을 수작업으로 탑재한다. 종류는 A-320, B-707 · B-727 · B-737 · B-757 등이 있다.

② 광동기(廣胴機, Wide Body Aircraft; High Capacity Aircraft)

동체가 넓은 대형기종으로 상부실 · 하부실로 구분하며, 특히 보잉 747은 3개의 데크로 상 · 중 · 하부실(upper/main/lower compartment)이 있고, 하부실에 ULD(Unit Load Device)를 탑재할 수 있다. A-300 · A-380, B-747 · B-767, DC-10 등이 있다.

(2) 용도에 의한 분류

① 화물전용기(Freighter : All Cargo)

상하부실에 화물만 탑재하도록 제작된 항공기로 A-300F · A-380F, B-707F · B-727F · B-747F,[1] DC-8F · DC-10F 등과 같이 F가 붙는다.

② 겸용기(Mixed/Combination)

상부실에 여객 · 화물을 탑승 · 탑재할 수 있는 항공기.

③ 여객기(Passenger)

상부실에 여객, 하부실에 수화물 · 화물 · 우편물을 탑승 · 탑재할 수 있는 항공기.

(3) 전환가능성에 의한 분류

① 화물전용기(Freighter)

내부공간을 최대한 활용하기 위해 좌석(seat)이나 선반(rack) 등을 제거하고, 화물만 수송할 수 있는 항공기로서 여객기로 전환이 불가능하다.[2]

② 화객겸용기(Convertible)

필요에 따라 여객기에서 화물기 또는 그 반대로 전환이 가능한 항공기.

③ 신속전환기(Rapid/Quick Change)

겸용기로 극히 짧은 시간에 전환이 가능한 항공기로 QC형이라 하며, 낮에는 여

---

1) B747F는 다시 B747-200F · B747-300F · B747-400F · B747-400ERF 순으로 진화하고 있다. B747-400ERF의 제원(諸元)은 길이(length) 70.66m, 폭(wing span) 64.44m, 높이(height) 19.41m, 최대 운항거리 8,415km, 순항속도(cruising speed) 916(km/h), 최대 화물탑재중량 117.55M/T, 최대 화물탑재용적 705.7cbm, 최대탑재 팔레트(main deck) 30개, 최대탑재 컨테이너(LD3, lower deck) 32개.

2) 2022년 6월 현재 전세계 화물기 28,674대 가운데 30%는 전용기로 제작되었고, 70%는 여객기의 개조형이다. 기령(機齡) 60년의 DC-3가 지금도 화물기로 운항중이다. 신형 B747F는 $1.5억이고, 중고기(中古機) 구입가 $2천만~5천만으로 개조비용은 $3천만이다. 그동안 싱가포르 · 이스라엘 · 중국만 B747의 개조를 해왔는데, 대한항공도 2006년부터 보잉의 동의를 얻어 개조사업에 참여했다.

객용, 밤에는 화물용으로 운항한다.

현재 민간항공기로 사용하는 주요 기종은 Boeing의 B-720 · B-727 · B-707 · B-737 · B-747 여객기와 화물전용기인 B-707F와 B-747F가 있고, Mc-Donald Douglas의 DC-3에서 DC-10까지 여객기와 화물전용기인 DC-8F와 DC-10F가 있다. 또한 유럽 5개국(영국 · 프랑스 · 독일 · 스페인 · 네덜란드)이 공동개발 제작한 A-300 · A-310 · A-380 시리즈로 화물전용기로도 사용하고 있다. 이외에 록히드사의 Tristar와 Fokker의 F-27/F-28 등이 있는데 대부분 여객기로만 사용하고 있다.

여객기 좌석 떼어내고 화물기로 날다

항공사들이 여행객 감소로 운항이 중단된 여객기를 화물기로 개조하고 있다. 대한항공과 아시아나항공이 코로나19로 여객기 운항이 80% 줄었는데도, 화물운송을 늘려 영업흑자를 내자 아예 여객기를 화물기로 개조하는 것이다. 대한항공은 2020년 4~9월에 월평균 420대의 여객기를 띄워 승객 없이 화물만 수송했다. 다만 화물기 개조는 부분개조다. 여객기를 화물기로 완전 전환하려면 승객좌석 위 짐칸(오버헤드빈)과 식사 등을 준비하는 서비스 공간을 모두 떼어내고, 항공기 바닥도 튼튼한 재질로 바꿔야 한다. 큰 화물이 들어갈 수 있도록 입구도 만들어야 하는데, 이는 수개월의 작업을 요하고 다시 여객기로 환원하려면 비용이 많이 든다. 그래서 좌석을 뜯어내고 화물을 고정하는 잠금장치를 설치하는 수준의 개조만 진행한다. 3~4일 정도면 개조가 가능하며, 추후 다시 좌석을 넣어 여객기로 운항할 수도 있다.

[표 9-1 대형 화물전용기의 명세]

(단위 : Kilo Ton)

순위	기종	제작사	이륙중량	자체중량	탑재중량
1	AN-225	안토노프	600	285	250
2	A380-800F	에어버스	590	252	150
3	AN-124	안토노프	405	175	150
4	747-LCF	보잉	364	180	140
5	MD-11F	맥도/더글	273	114	91
6	IL96T	일류신	270	132	92
7	AN-22	안토노프	250	114	80
8	IL76MF/TF	일류신	210	101	52
9	A300-600ST	에어버스	155	86	47

10	AN-70	안토노프	145	66	47

주 : ① AN-225의 화물용적은 1,300㎥, 항속거리는 공운항시 15,500km/h, 만재상태에서는 4,500km/h, 최고속력 850km/h, 순항속도 800km/h.

초대형 항공기와 초음속 여객기

우크라이나 키에프의 Antonov Design Bureau가 개발한 구소련 우주사업용 AN 225는 최대이륙중량 600톤, 자체중량 285톤에 화물 250톤을 적재할 수 있다. 므리야(Mriya; Ukrainian Dream)라 불리우는 AN225는 현재 1988년에 생산된 1대만이 운항하고 있다. 생산중이던 2번기는 소련의 붕괴로 중단되었고, 수차례 완공을 시도하다가 2009년 완전히 포기했다. 원래 우주왕복선을 동체(胴體) 위에 얹어 수송하기 위해 설계되었는데, 지금은 중량화물 수송기로 이용한다. 70m 높이의 타워(tower)와 같은 장척화물(長尺貨物)을 유선형으로 포장하여 동체 위에 얹어 수송할 수 있다.

길이 43m, 폭 6.4m, 높이 4.4m의 동체 내에는 16개의 컨테이너, 60~80대의 승용차・덤프트럭, 개스・석유・광산・발전・제조설비 등을 해체하지 않고 수송가능하며, 보잉 737 동체를 AN225 동체 내에 싣고 날개와 꼬리는 동체 위에 얹어 수송할 수 있다. 2009년 GS건설이 186톤의 아르메니아 발전소용 발전기를 운반하여 최대중량물 운송기록으로 기네스북에 올랐다. 전세 사용료는 시간당 $3만이라고 한다. 현재 적재능력 150톤의 자매기(姉妹機) AN124 20대가 활발히 운항하고 있다.

2005년 4월 처녀비행을 하고 2007년 10월 상업비행을 개시한 A380은 길이 73m,날개 79.8m, 높이 24.1m, 550석(B747 350석), $3~4억(B747 $2억 1,100만)으로 날아다니는 호텔로 불리우는 2층 구조의 최신예 항공기이다. 항공사의 주문에 따라 스낵바・라운지・회의실・샤워실 등의 편의시설도 가능하다. 편의시설을 없애고 일반석으로 채우면 840석까지 늘어난다. A380은 동체가 첨단소재로 만들어져 B747보다 소음은 35% 정도 줄었고 연료도 17% 절약된다.

그런데 A380은 연료비와 주기료 등 운영비용이 많이 들어 2021년에 생산을 중단했다. 인천-미주 운항시 연료비만 2억원 이상이다. B777・A350보다 2.3~3배에 달한다. 그래서 루프트한자, 에어프랑스, 싱가포르항공 등이 A380 운항을 중단하고 중형기로 재편하고 있다. KAL도 A380・B747 대신 B787・B737 맥스 등 중・소형기로 기단(機團)을 재편해 가성비를 높이는 중이다.

3 항공기의 화물탑재실

화물실은 A・B・C・D・E급 화물실로 분류한다. A・B급은 온도조절과 환기가 되고, C급은 환기만 되고, D・E급은 온도조절・환기가 불가능한 밀폐장소이다.

(1) 비행고도와 기내기압

제트기는 1만~1만 5천m 고도로 비행하기 때문에, 상부화물실을 포함한 동체(胴體) 전체의 기압을 조절해야 한다. 높은 고도를 비행할 때는 항공기 내부기압과 외기압의 차이가 매우 커서 인체는 물론 화물에도 치명적인 영향을 미칠 수 있다. 따라서 기내압력을 850~900밀리바로 유지하기 위해 기체는 다음과 같이 제작되어 있다.

① 비행고도 6천m에서 지상기압과 동일한 기압을 기내에서 유지할 수 있게 설계되어 있다. 이 고도의 외기압은 약 820밀리바이다.

② 비행고도 1만 2천m(250~300mb) 이상에서는 에어컨에 의존하는데, 이때는 지상의 1/4~1/3의 희박하고 찬 공기를 터보압축기로 압축・냉각시켜 기내로 보낸다. 이러한 기압유지는 상부화물실에만 가능하기 때문에 생동물 등의 탑재시 유의해야 한다.

(2) 온도와 습도

상부화물실은 기압과 함께 온도와 습도가 고도에 관계없이 일정수준을 유지하게 되어 있지만 하부화물실은 문제가 될 수 있다. 그러나 항공기 제작시 이와 같은 상황을 고려하여 기체의 외부 판넬과 화물실 내벽 사이를 따뜻한 공기가 흐르게 하고, 그 사이를 단열재로 보온하고 있어서 외기온도(-30℃~-4℃)와 달리 출발 당시의 온도에서 약 10~15℃ 정도 하락한다. 습도는 출발지 당시와 별 차이가 없다.

생동물 탑재시에는 기압・온도・습도를 사전에 엄밀히 검토하여 탑재하고, 대량의 생동물을 수송할 때에는 특히 환기에 유의해야 하며, 생동물 자체에서 발산되는 열과 습기를 감안하여 기내 환경을 정기적으로 점검(check)해야 한다.

상부화물실・하부화물실 바닥은 레일이 장착되어 자동적으로 작동하고, 사람이 아닌 기계가 탑재토록 되어 있으며, 적재된 컨테이너・팔레트가 바닥에 고착되도록 고박장치(locking system)가 장착되어 있다. 따라서 항공기 이착륙시 화물에 가해지는 압력과 화물의 쏠림이 방지된다.

(3) 점보기(B-747)의 화물탑재실

① 도어

주화물실 도어는 기수부(機首部)의 Main Door(forward cargo door)와 기측(機側) 좌후방의 Side Cargo Door(main cargo door)가 있다. 또한 하부화물실의 후방에도 Rear Cargo Door와 Bulk Cargo Door가 있고, 전방에도 도어가 또 하나 있다.3)

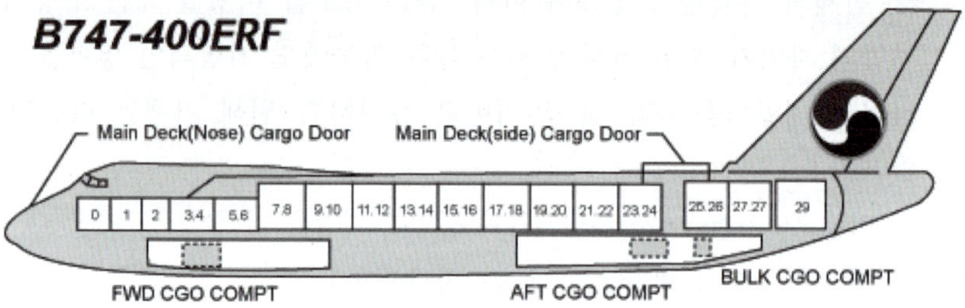

【 B747-400ERF 화물실 구조 】

② 데크

항공기의 내부공간은 Upper Deck, Main Deck, Lower Deck로 구분된다. 특히 승객이 탑승하는 Main Deck를 캐빈(cabin)이라고 한다.

③ 화물실

주화물실(main compartment)인 Main Deck에는 표준사이즈 88″×125″ 팔레트 28개를 탑재하고, 하부화물실(lower compartment or belly)의 전후방에도 컨테이너・팔레트・이글루(igloo)를 적재할 수 있다.

4 항공기의 탑재용기 및 탑재능력

해상의 컨테이너선이 20′・40′ 컨테이너를 사용하는 것과 같이, 화물기도 가로×세로가 88″×125″인 팔레트(pallet)와 컨테이너(container), 즉 상부화물실(main deck)

3) 도어는 화물의 적재여부를 결정한다. B747-400ERF의 도어 크기는, Nose Door : 3.56m×2.49m, Side Door : 3.4m×3.12m, Lower Deck : 2.64m×1.68m, Bulk Cargo : 1.12m×1.19m 등이다.

에 88″×125″×96″의 컨테이너를 적재하고, 하부화물실(lower deck)에는 88″×60″×64″의 LD-3 컨테이너를 적재한다.

항공기에 탑재가능한 최대 컨테이너는 8′×8′6″×20′이다. B-747F는 상부화물실에는 88″×125″×96′의 팔레트 또는 컨테이너 29개를 탑재가능하며, 하부화물실에는 LD-3 컨테이너(88″×60″×64″) 30개를 탑재가능하여, 비행거리에 따라 차이는 있지만 평균 100톤(500cbm, 최신형 747-400 화물전용기는 122MT, 771cbm)의 화물을 탑재할 수 있다.

항공기의 화물실에 탑재되는 화물은 그 종류가 매우 다양하기 때문에, 수송중 화물에 손상을 주지 않도록 유의해야 하고, 화물실 자체가 화물의 원상태를 유지하기 어려울 때는 사용하는 컨테이너로 그 기능을 대처하기도 한다.

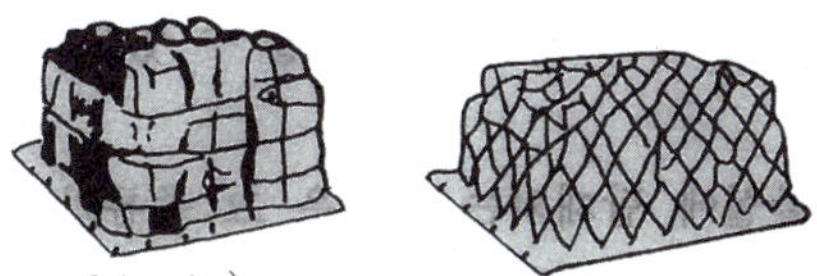

(number is engraved in rim)

【 항공기 팔레트와 망 】

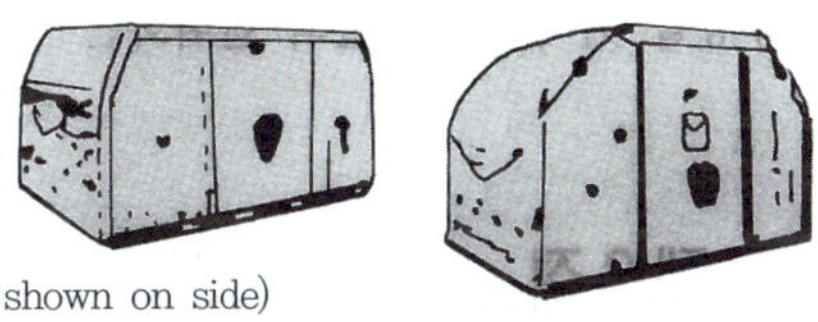

(number is shown on side)

【 상부화물실 탑재용 컨테이너 】

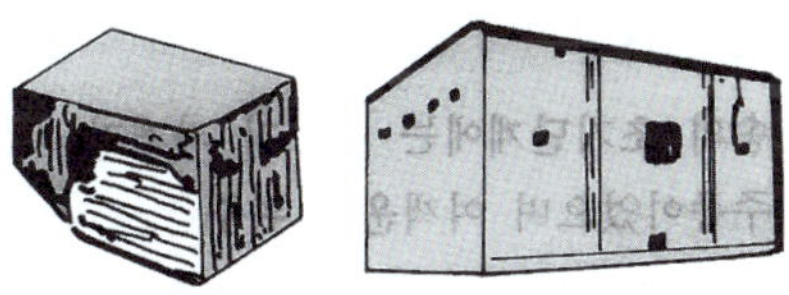

(number is shown on side)

【 하부화물실 탑재용 컨테이너 】

또한 대부분의 항공사가 항공기 연결시간을 3~4시간 정도로 책정하고 있는데, 이는 100톤의 화물을 내리고 싣는데 3~4시간이 걸린다는 의미이다. 따라서 단시간 내에 하역을 하기 위해서는 컨테이너나 팔레트를 이용한 화물의 단위화(unit load system)가 필요하고, 항공사와 항공사의 연계수송을 위해서도 화물의 단위화는 필수적이다.

제2절 항공화물의 탑재방식

항공화물의 탑재용기는 벌크탑재에서 화물의 단위화(unitization)로 개발되어 왔다. 이는 항공화물운송의 대량·고속·저렴화 추세 외에도 항공기의 대형화·효율적인 항공기의 가동·지상 하역작업의 기계화 및 컨테이너화에 따른 불가피한 조치였다.

항공화물운송의 초기단계에는 항공기 자체가 극히 소형이고, 운송화물은 우편물이 주종이었으며 여객운송 위주였기 때문에, 화물을 항공기로 운송한다는 것은 부수적이었다. 따라서 항공기 화물실은 수용능력이 극히 제한되어 인력에 의한 벌크탑재로 충분했다.

그러나 2차대전을 계기로 대량화물의 항공운송이 일반화하고, 대형항공기와 화물전용기가 개발되어 톤단위의 대량운송이 가능하여, 종래의 벌크탑재 방식에서 대량운송에 걸맞는 팔레트·컨테이너가 도입되어 화물탑재의 단위화가 이루어졌다. 또한 항공기의 경제성 제고를 위해, 항공기의 가동률을 극대화하고, 정비에 소요되는 시간과 화물의 상하역에 소요되는 시간을 최대한 단축시켜야 해서, 컨테이너·팔레트에 의한 화물탑재가 필연적이었다.

일반적으로 대형기의 한달 가동시간은 400시간 이상이어야 경제성이 있다. 정비·공항사정 등의 항공기 가동의 장애요인을 극복하기 위해서는, 지상조업기간의 단축이 필수적이라서 필연적으로 화물의 단위화가 등장하여, 오늘날의 항공화물 탑재방식은 벌크·팔레트·컨테이너 탑재방식으로 분류된다.

1 벌크 탑재(Bulk Loading)

화물전용기를 제외한 대부분의 항공기는 객실의 아래가 화물실로 되어 있기 때문에 화물을 적재할 때는 각각의 개별화물을 인력(人力)으로 적재하는 방법밖에 없다. 하부화물실이라서 화물실이 좁고 작업에 큰 제약이 있다. 프로펠러기는 화물실의 천정이 낮아 작업자는 누워서 작업을 하지 않으면 안된다.

이러한 악조건에서도 화물의 절대량이 적었으므로 큰 문제는 없었다. 그러나 제트기가 도입되고 탑재량이 많아지면서 상황이 달라졌다. 대형 제트기에는 여객의 수하물(luggage)만도 2~3톤이 되고, 탑재작업의 능률이 항공기의 가동률을 좌우한다는 사실을 인지하게 된 것이다.

화물전용기가 정기편(定期便)에 취항한 것은 1944년이지만, 1950년대 후반의 제트기의 등장으로 프로펠러기가 화물전용기로 개조되었고, 프로펠러 화물기의 탑재량은 13~15톤 정도였다. 당시의 항공화물은 대부분 소화물(小貨物)로 화물량이 적었고, 개당 중량은 평균 10kg으로 프로펠러 화물기에 만재(滿載)하면 1,300~1,500개 정도였다. 프로펠러 화물기는 화물실을 나이론제의 튼튼한 망(網, net)으로 구획을 나누어, 화물이 넘어지지 않게 하고, 각 구획은 각각 적재량을 정해두었다.

따라서 하나하나의 화물을 릴레이로 화물실에 넣으면서 항공기의 안전을 해치지 않고 단시간내에 적재해야 해서 상당한 숙련이 필요했다. 벌크탑재는 원시적인 탑재방식이지만, 좁은 화물실과 한정된 스페이스에 탑재효율을 높일 수 있어, 요즘에도 제트기의 하부화물실은 대부분 벌크탑재 방식을 이용하고 있다.

2 팔레트 탑재(Pallet Loading)

항공기는 화객을 싣고 하늘을 날지 않으면 수익을 올리지 못하므로 지상체류시간의 단축은 항공사에게 지상과제이다. 지상체류시간의 단축을 위해 1962년에 등장한 팔레트 탑재방식이다. 팔레트는 목판(木板)을 알루미늄으로 덮어씌운 운반용구로서, 팔레트 위에 화물을 올려놓고 그물로 고정시키고, 항공기에 탑재할 때는 Lift Loader와 항공기 화물실의 바닥에 장치되어 있는 굴림대(roller bed) 위를 굴려 기내(機內)의 정위치에 고정시킨다. 이 시스템은 모든 면에서 항공화물 취급방식의 기본이다.

팔레트의 크기는 화물기 밑바닥(floor)의 폭과 문의 크기(door size)로 결정된다. 길이는 88″(2.235m) · 89″(2.261m)의 2종류가 있고, 폭은 108″(2.743m) · 125″(3.175m) 등이며, 높이는 86″(2.184m) · 88″와 96″(2.438m) · 118″(2.997m) 등 여러 종류가 있어 사용하는 항공기에 따라 크기를 조정하여 탑재한다.

한편 항공기의 화물실을 단면으로 잘라보면 터널형으로 되어 있다. 그래서 팔레트 탑재는 터널을 잘라 그 속에 꽉 채운 것으로 보면 된다. 따라서 팔레트에 화물을 적재할 때는 그 적재형태를 터널형의 윤곽(輪廓, contour)으로 꾸려야 한다.

그래서 팔레트 탑재를 할 때는 미리 최대로 적재할 수 있는 윤곽(contour)을 고려하여 화물을 적재하고, 빈 곳이 있으면 채우는 동시에 한정된 시간에 효율적인 적재를 해야 해서 상당한 숙련이 필요하다. 그리고 항공기의 기종에 따라 윤곽이 달라 주의를 요한다. 즉, DC형과 Boeing형의 차이가 있음은 물론 같은 보잉이라도 화물전용기와 화객겸용기는 천정의 높이 · 컨투어가 미묘하게 틀린다.

국제선에서는 팔레트의 교환(pallet interchange), 즉 화물이 팔레트와 함께 항공사 간에 빈번하게 교환되므로, 상호 팔레트 교환을 할 때는 컨투어에 지장이 없도록 자기 회사의 컨투어는 물론 타사의 컨투어도 알아야 한다. 그러나 실제 작업에 임할 때 그때그때의 필요에 맞추기가 어려우므로 교환사용을 해도 지장이 없는 컨투어를 미리 정해 놓는 것이 좋다.

이 경우 자사기(自社機) 탑재의 탑재효율이 다소 희생되는 것을 감수해야 한다. 대한항공은 88″×125″ 팔레트당 허용탑재용적은 458ft^3(12.97CBM)이지만, 교환사용을 고려하여 사용하는 컨투어의 용적은 420ft^3(11.89CBM)가 되어 허용용적의 6.5%를 교환사용을 위해 희생시키고 있는 것이다.

【 Pallet Loading 】

【 Container Loading 】

팔레트 적재시 윤곽(輪廓)에 맞는 금속제 또는 글라스 화이바 커버를 팔레트 위에 올려놓는 방법으로 이글루(igloo)가 개발되었는데 현재 많은 항공사가 활용하고 있다. 이글루란 눈과 얼음으로 만든 에스키모인의 집으로, 팔레팅했을 때의 컨투어의 모양과 비슷하여 항공사들이 애칭(愛稱)으로 부르는 것이다.

이글루도 88″×108″와 88″×125″ 이글루 2종이 있다. 지게차가 아니면 취급하기 힘든 대형 또는 중량화물을 제외하고는, 이글루의 이용가치가 대단히 높아 모든 팔레트를 이글루화하는 항공사도 있다.

이글루는 컨테이너보다 가볍고 용량에 대한 자중(自重)이 약 1.0lb/ft^{3}이다. 그러나 문제점은 밑바닥이 팔레트라서 전면을 받치는 굴림대가 필요하고, 항공운송 이외의 타수송수단과 공용(共用)이 불가능한 점이 결점이다. 이글루의 모습은 아래와 같다.

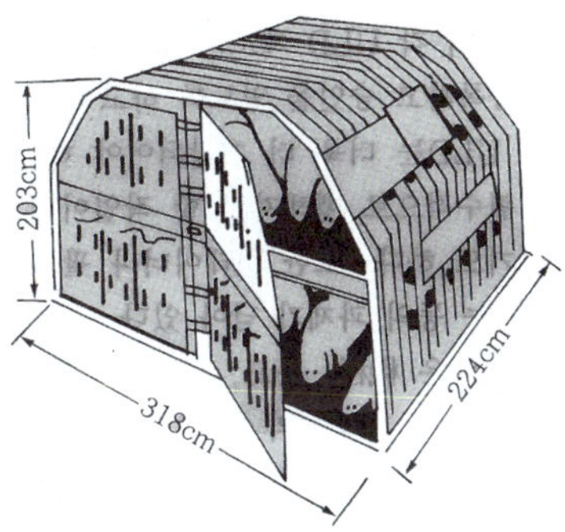

[가축용 igloo]

3 컨테이너 탑재(Container Loading)

직육면체의 항공화물용 컨테이너는 선박에서 사용하는 컨테이너와 같은 모양과 규격을 가지나, 컨테이너 자체의 중량(重量)과 강도(强度)는 가볍고 약하다. 이유는 항공기에 사용하는 컨테이너는 자체의 중량을 최대한 줄여야 더 많은 화물을 실을 수 있기 때문이며, 또 선박보다는 외부의 힘을 덜 받기 때문에 강도(强度)면에서 떨어지게 된다. 현재 사용하는 컨테이너는 10′와 20′ 컨테이너가 일반화되어 있다.

의류용(garment) 컨테이너는 옷이 구겨지거나 모양이 변하는 것을 방지하고 바로 도착지 백화점 진열대에 내놓을 수 있도록 옷걸이(hanger)에 걸어 수송하고 있다. 이러한 컨테이너의 사용은 시장상황에 적절히 대처하고 부대비용을 절감하여 코스트를 낮출 수 있고 소요시간을 최대한 단축할 수 있는 등 여러 가지 장점을 가지고 있다.

가축용 이글루와 의류용 컨테이너는 화물전용기나 여객기의 상부화물실 · 하부화물실(lower deck)에 탑재되는 용기(容器)이다. 물론 팔레트를 사용할 수도 있는데, 이때는 높이를 64″까지만 쌓아야 한다. 크기는 88″×125″×64″ · 60.4″×125″×64″ · 60.4″×61.5″×64″가 있으며, 하부화물실에 실리는 컨테이너는 항공기의 일부분으로 간주되어 규격과 모양이 하부화물실에 꼭 맞도록 되어 있다.

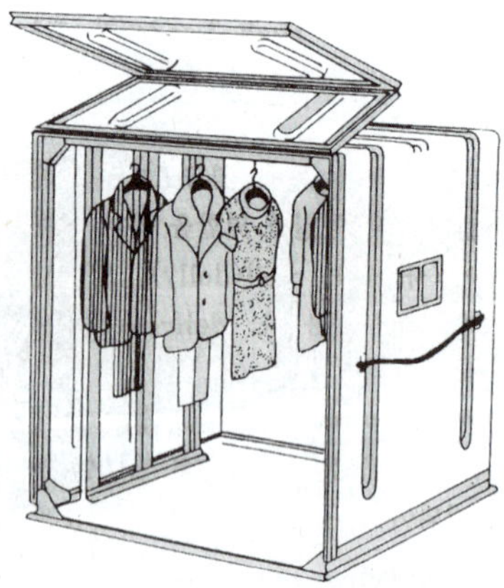

【 Garment 컨테이너 】

지금까지 언급한 탑재용기는 IATA(국제항공사협회)의 Unit Load Device(ULD)[4] Board가 설정하여 항공사가 보유 · 운용하고 있는 것들이다. IATA ULD Board는 컨테이너 · 팔레트의 형태 · 규격을 항공기 내부에 가장 적합하게 고안하여 각 ULD

4) ULD(unit load device)란 항공운송에만 사용되는 항공화물용 컨테이너 · 팔레트 · 이글루를 의미한다. 종래의 벌크화물을 항공기의 탑재에 적합하도록 설계 · 제작된 단위탑재 용기인 것이다. 여기에는 IATA에서 허가한 업자가 시판하는 것과 항공사에서 소유하고 있는 2가지 종류가 있다. IATA의 허가 아래 각종 비행기의 화물칸에 맞도록 만든 항공용 상자는 Aircraft ULD라고 하며, 컨테이너 · 팔레트 · 이글루는 대개 여기에 속한다. 또 화물의 성질에 맞추고 화물칸의 탑재상태와는 관계없이 만든 비항공용 상자는 Non-Aircraft ULD라 한다.

제조사에 통보하고, 제작회사는 제작한 ULD를 IATA에 등록하고 승인을 얻어야 한다.

항공기에 사용하는 ULD는 더욱 더 개발되어야 하고 통일되어야 한다. 이는 대량 수송을 위해 필요하고 항공기 기동률을 높일 수 있는 방법이다. 또한 컨테이너·팔레트의 자중(自重)을 최대한 줄이고 강도를 높이는 것 등도 과제이다.

항공기의 최대이륙중량은 기종(機種)·온도·바람·활주로 상태 등으로 항상 변하는데, 최대이륙중량에서 항공기의 중량·연료를 공제한 것이 화물탑재허용중량이 된다. 따라서 탑재용기의 무게를 최대한 줄여야 더 많은 화물을 탑재할 수 있다. 또한 항공사에게는 어떤 형태·종류의 화물도 적재가능하며, 수송방법에 구애받지 않는 용기가 필요하다. 이 점에서 IATA는 ULD에 대한 규정이나 기술연구에 매우 중요한 역할을 하고 있으며, 지금도 지속적인 연구와 투자를 하고 있다.

지금까지 언급한 IATA 승인 ULD 외에, 화주 소유의 ULD도 많이 사용하고 있는데, 이러한 ULD도 IATA ULD Board의 승인을 얻게 하여, 항공운송의 타당성을 사전에 엄격히 점검하고 있다. 화주소유 ULD는 그 종류가 매우 다양한데, IATA도 이것들을 정리하여 각 유형별로 분류하고 고유번호를 부여하여, 운임정책과 취급에 일관성을 견지하고 있다.

4 지상조업

컨테이너·팔레트 탑재방식은 단시간에 대량화물의 처리가 주목적이기 때문에 컨테이너·팔레트를 취급하는 지상의 적양작업(積揚作業)도 기계화되어야 해서, 현대화된 공항의 화물터미널은 대부분 기계화·전산화되어 있고, 탑재장비도 자동화되어 있다.

인천공항의 화물터미널에 모든 화물을 자동으로 조작할 수 있는 ETV(elevation transport vehicle)가 설치·운영되고 있으며, 대형화물기에 컨테이너·팔레트를 적재할 수 있는 고가탑재기(高架搭載機, high loader)도 있어 최대용량(maximum capacity)이 30M/T이므로 웬만한 화물은 처리할 수 있는 능력을 갖추고 있다.

또한 적재된 ULD를 터미널에서 항공기까지 수평이동이 가능한 이동차(transporter), 이동차와 동일한 역할을 하지만 자체 기동성이 없어 견인차(tugcar)와 연결하여 사용하는 돌리(dolly), 항공기의 벌크화물실 탑재에 사용하는 자체구동 컨베이어, 지게차 등의 장비를 사용하고 있다.

화물터미널시설은 화물을 완전히 컨테이너화하여 항공기에 자동으로 탑재되어 일관작업이 가능한 시스템으로 발전하였고, 터미널의 전산화가 완벽하게 구비되어, 모든 화물의 움직임을 실시간으로 파악하여 통제하고 있다.

제3절 항공화물의 운송절차

1 항공화물의 예약

항공화물운송을 위해서는 우선 화주 또는 항공화물대리점으로부터 운송화물의 예약이 필요하다. 항공사는 수입(收入)의 확인을 위해 확실한 예약을 받아야 하고, 이는 공신력(公信力)을 높일 수 있는 최선의 방법이다. 또한 화주는 자기 화물의 운송을 확신하기 위해 예약이 필요하다.

항공사의 업무 가운데 예약은 가장 기본적이고 중요한 업무이기 때문에, 화물운송의 전산화와 전세계 판매망의 온라인화로 예약부터 목적지에서 수하인에게 인도할 때까지 모든 업무가 완벽하게 전산화되어 있다. 한 편의 항공기가 출발하기 위해서는 영업·수송·운항·정비 등 각 분야의 상호 유기적인 협조와 노력을 요하고, 화물을 원만하고 안전하게 수송하기 위해서는 항공사와 화주가 상호 긴밀히 협력해야 한다.

항공기의 스케줄은 보통 6개월 단위로 운용되므로, 항공기 출발 6개월 전부터 해당편의 예약이 가능하다. 화주를 대신한 항공화물대리점이 화물의 명세를 항공사에 통보하고 해당편에 예약을 한다. 이때 필요한 내용은 항공화물운송장번호, 개수, 중량, 출발지·목적지, 원하는 항공편과 출발일자, 품목, 대리점명, 화주명, 화물의 용적 등이며, 이 내용을 접수하면서 항공사의 예약요원은 바로 해당편의 탑재여부를 통보한다. 항공기의 스페이스·화물크기·예약상태 등을 컴퓨터로 점검하여 자동적으로 예약가능 여부를 판단하기 때문이다.

각 항공편의 스페이스 운용방안은 항공사마다 차이가 나지만, 최대의 수입을 올리면서 대고객 서비스에 만전을 기하기 위한 노력은 같다. 따라서 예약내용을 보면 화물을 보지 않더라도, 그 화물의 실체를 알 수 있고, 해당 항공편에 탑재할 때 스페이스를 최대로 활용할 수 있도록 탑재계획을 수립할 수 있다.

또한 화물을 항공기에 탑재하기 선에 출발일시・도착일시・도착지에서의 제반 조치사항을 화주에게 통보해 주어야 한다. 이를 위해서 자체 전산망으로 가능하면 자체 통신망을 이용하고, 타항공사가 개입할 경우에는 전세계 항공사 대부분이 가입한 SITA(Société Internationale de Télécommunications Aeronautiques) 통신망으로 필요한 정보를 신속하게 교환할 수 있다. 항공사들의 독자적인 통신망인 SITA는 홍콩・뉴욕・마드리드・프랑크푸르트・베이루트・로마・파리・런던・암스테르담에 중계소를 두고, 전세계의 항공사와 연결하여 통신이 가능하도록 조직되어 있다. SITA는 예약은 물론 항공사의 모든 통신에 이용되고 있으며, 그 신속성은 항공사의 업무와 상응하는 수준이다.

화물을 단일구간만 운송하면 1개 항공사가 출발지에서 목적지까지 수송하기 때문에 복잡하지 않지만, 2개 이상의 항공사가 운송에 참여할 때는 출발지에서 전구간에 대한 사전예약을 확인해야 한다. 특히 항공업무는 정보교환이 많아 문화와 언어를 초월한 원만한 의사소통이 필수적이다.

따라서 IATA와 ATC(Air Traffic Conference of America)는 항공사간의 원만하고 경제적인 의사소통을 위해 항공화물정보전달체계(cargo interline message procedure)를 제정하여 全항공사가 시행하게 하고 있다. 이 절차는 항공사간에 주고 받는 전문(電文)의 종류를 크게 4가지로 분류하여, 각 종류별로 전문(電文)의 양식과 약어를 설정하여 쉽게 이해하고, 신속하게 정보를 교환하게 하고 있다. 물론 각 항공사는 컴퓨터에 의해 자동적으로 정보교환이 되도록 포맷화(format)하여 운용하고 있다.

실제 예약업무는 항공사와 대리점의 업무이고, 화주는 필요한 서류와 화물을 인도하면 제반 예약상황과 운송일정을 통보받을 수 있다. 이렇게 접수한 화물예약 내용은 항공기 출발 약 10시간 전에 종합이 되어, 출발지 공항으로부터 해당편의 탑재지시서를 통보받을 수 있다.[5] 그리고 공항창고에 인도한 화물과 탑재지시서를 대조하면서 팔레트 작업(palletizing)을 한다.

탑재지시서를 통보받으면 해당편의 모든 예약업무는 종결되는데, 항공사의 상품

5) 화물전용기가 아니면 화물예약 부서는 스페이스의 최대활용을 위해 지속적으로 여객예약 부서와 접촉하여 화물예약을 접수한다. 한편 10kg 미만의 화물은 예약없이 탑재가능하다. 완전 예약된 상태라도 약간의 여유공간이 있기 마련이므로, 출발 수시간 전에 접수되면 가장 빠른 항공편을 이용할 수 있다. 이를 Free Sale제도라 한다.

은 항복(航腹, space)이고, 항공기가 활주로를 이륙함으로써 상품은 소멸하기 때문에 생산되는 상품을 최대한 판매하기 위해서는 예약업무가 매우 중요하다. 저장·보관이 불가능한 항공상품(航空商品)에 대한 예약업무의 과학적·체계적인 운용은 필수적이다.

2 항공화물의 집하

항공사의 집하활동은 송하인·수하인을 직접 방문하여 화물을 유치하기도 하고 대리점 등을 통한 간접집하를 한다.

(1) 직접집하

항공사의 직접판매(commercial selling)는 3가지로 나눌 수 있다. 이는 ① 대송하인판매(shipper sales), ② 대수하인판매(consignee sales), ③ 대양자판매(對兩者販賣, both ends promotion)이다. 직접집하는 무역조건, 즉 누가 운임을 지급하느냐에 따라 달라진다. 따라서 판매대상은 송하인·수하인 중에 운임을 지급하는 쪽이다. 그러나 더 효과적인 판매는 양쪽, 즉 송하인·수하인을 동시에 판매촉진을 하는 것이다.

(2) 간접집하

① 대리점(Agent) 집하

대리점은 계약을 맺은 항공사를 대신하여 항공운송 서비스의 판매·판촉을 맡아, 그 대가로 항공사로부터 수수료(commission)를 받는다. 항공사는 한꺼번에 많은 송하인·수하인을 대상으로 집하활동을 할 수 없으므로, 대리점 판매를 한다. 또한 각 항공사는 점유율의 극대화를 위해 이들 대리점을 적극 활용하기 때문에 이들의 역할이 매우 중요하다.

② 혼재업자(Air Freight Forwarder, Consolidator) 집하

혼재업자는 대리점과 달리 독자적인 운송약관·태리프를 갖고, 이것들을 근거로 개별적으로 화주나 대리점과 운송계약을 체결하고, 혼재항공운송장(house air way-bill)을 발행한다. 이처럼 항공사와 비슷한 역할을 하므로, 혼재업자를 '항공기없는 항공사'라 한다. 그러나 항공기가 없기 때문에 혼재업자는 집하한 화물을 수송하기 위해, 항공사와 운송계약을 다시 체결하지 않으면 안된다.

항공사의 운임은 건당 중량이 커지면 킬로그램(혹은 파운드)당 요율(rate)이 낮아지기 때문에 혼재업자는 이것을 근거로 영업을 한다. 개별화주로부터 운송을 의뢰받을 때에는 항공사와 같은 운임을 적용하지만, 여러 화주로부터 집하한 화물을 모아 대량화물이 되면 항공사로부터 ㎏당 더 싼 요율을 적용받아 영업을 한다.

혼재업자는 화주에게는 운송인이 되지만, 항공사에게는 송하인(shipper)이 되어 운송을 위탁하고, 화주로부터 받은 운임과 항공사에 지불하는 운임의 차액(margin)을 취한다. 항공사는 혼재업자에게도 대리점과 동일한 커미션을 지급하는 경우도 있다.

③ 총판매대리점(General Sales Agent) 집하

총판매대리점은 주로 불취항(off-line)지역(인구 1만명 이상을 요건으로 한다)에서 판매망의 확장·수입증대를 위해 항공사가 타항공사의 대리점 또는 IATA 대리점이 아닌 업자를 총판매대리점으로 지정한다. 총판매대리점은 지정된 국가·지역에서 여객 ·화물의 양쪽 또는 한쪽의 판매를 행하며 항공사의 홍보활동을 하고, 예약을 받고, 지역내 각 대리점으로부터 대금의 수납 등 대리점을 관리하여, 부가수수료(附加手數料, overriding commission, 2.5%)를 통상의 수수료(5%)에 더해 받는다(항공사로부터 7.5%를 받지만 다시 관할 IATA 대리점에 5%의 수수료를 지급하므로 순수입은 2.5%이다).

④ 타사(Interline) 집하

항공사가 운항하지 않는 노선이나 목적지에서도 집하할 수 있으며, 타항공사도 그 항공사의 노선이나 목적지를 판매할 수 있는데, 이는 MITA(multilateral interline traffic agreement)에 가입한 항공사들 사이에서만 가능하다. 이 협정으로 타항공사를 대리하여 판매한 금액에 대하여 MITA에서 약정한 일정률의 집하수수료를 받는데, 타항공사가 판매해 주는 금액이 상당하다. 각 항공사는 이를 위해 서로가 부단한 판촉활동을 벌이고 있으며, 항공사끼리 밀접한 유대관계를 유지하면서 판촉에 임하고 있다.

3 수출화물의 운송절차

항공화물의 운송절차는 선박에 의한 운송절차와 큰 차이는 없다. 단지 시간과 업무량이 단축되고 신속히 처리된다는 차이가 있을 뿐이다.

① 수출상·수입상이 매매계약을 체결하여 수출준비가 완료되면, 화물의 출고시간에 맞추어 항공사를 선정하고, 해당 항공사에 예약(booking)을 한다. 이러한 업무는 주선업

자(freight forwarder)가 중간매체로 대행한다.

② 화물운송 예약시에는 출발지·도착지, 포장개수, 각 포장상자의 중량(weight)·용적(dimension), 상품명 등과 함께 지정 항공편에 예약을 의뢰한다. 일반적으로 항공편은 선박에 비해 운항회수·수송지역이 다양하고 쉽게 예약할 수 있으나, 성수기(한국의 경우 7월~12월)에는 가능한 한 최대의 여유기일을 가지고, 미리 예약을 하는 것이 좋다. 또한 전세계 항공사가 상호 연계운송(successive transport)계약을 체결하고 있으므로, 출발지에서 특정 항공사에 의뢰하면 목적지까지 항복(航腹)과 연결편을 확정하여 운송에 대한 제반사항을 사전에 제공받을 수 있다.

③ 화주는 수출서류를 준비하고 상품을 포장하여 통관절차를 밟는다. 화물포장시 다음 사항을 고려해야 한다.

(a) 운송도중에 발생할 모든 위험{충격·진동·하압(荷壓)·습도·온도·광선·방사선·도난 등}으로부터 내용물을 보호하여 안전하게 목적지에 도착할 수 있도록 적절한 포장을 한다.

(b) 하역·운반·보관 등에 적합하도록 크기·중량·용적·형태·수량 등을 합리적으로 결정한다.

(c) 수송·하역 도중 타화물과 섞이거나 잘못 취급하지 않도록 명확하게 표시하는 화인(貨印, marking) 외에도, 항공사는 식별표(識別表, identification mark)를 제작하여 항공운송장(air waybill) 번호, 개수, 도착지를 표기·부착하고 있다.

(d) 이외에도 작업성·기능성·효율성·경제성 등을 고려하여 포장해야 한다.

④ 화주는 포장이 완료된 화물을 보세구역(bonded area)에 반입하고, 상업송장·포장명세서 등의 서류와 함께 수출신고서(export declaration)를 관할세관에 제출한다. 수출신고가 합법적이고, 기재한 사항과 화물이 동일하고 수출관련 법령에 따라 적절한 절차가 이루어졌다고 확인되면 수출신고서에 신고필 스탬프가 찍힌다.

⑤ 항공사 또는 그 대리점(항공운송주선인)이 항공운송장을 발행하고, 화물의 내용에 따라 적절한 라벨(label)을 부착한다. 항공사는 화물의 이상유무·포장상태 등을 점검하여 접수하는데 방사성 물질, 자성(磁性)을 가진 화물, 생동물, 폭발물, 가연성 물질, 부식성 화물, 독극물 등은 화물의 취급과 운송에 특별한 주의를 기울여야 하고, 엄격한 포장과 운송규정을 준수해야 한다. 위험물(dangerous goods)과 생동물(liveanimal) 취급에 대한 제반규정은 해당국가의 관련법과 ICAO/IATA가 제정한 규정에 따라야 한다.

⑥ 탑재가 결정된 화물은 적하목록(air cargo manifest)에 기재하고, 세관반출용 적하목록을 세관에 제출하여 화물의 반출허가를 받는다.

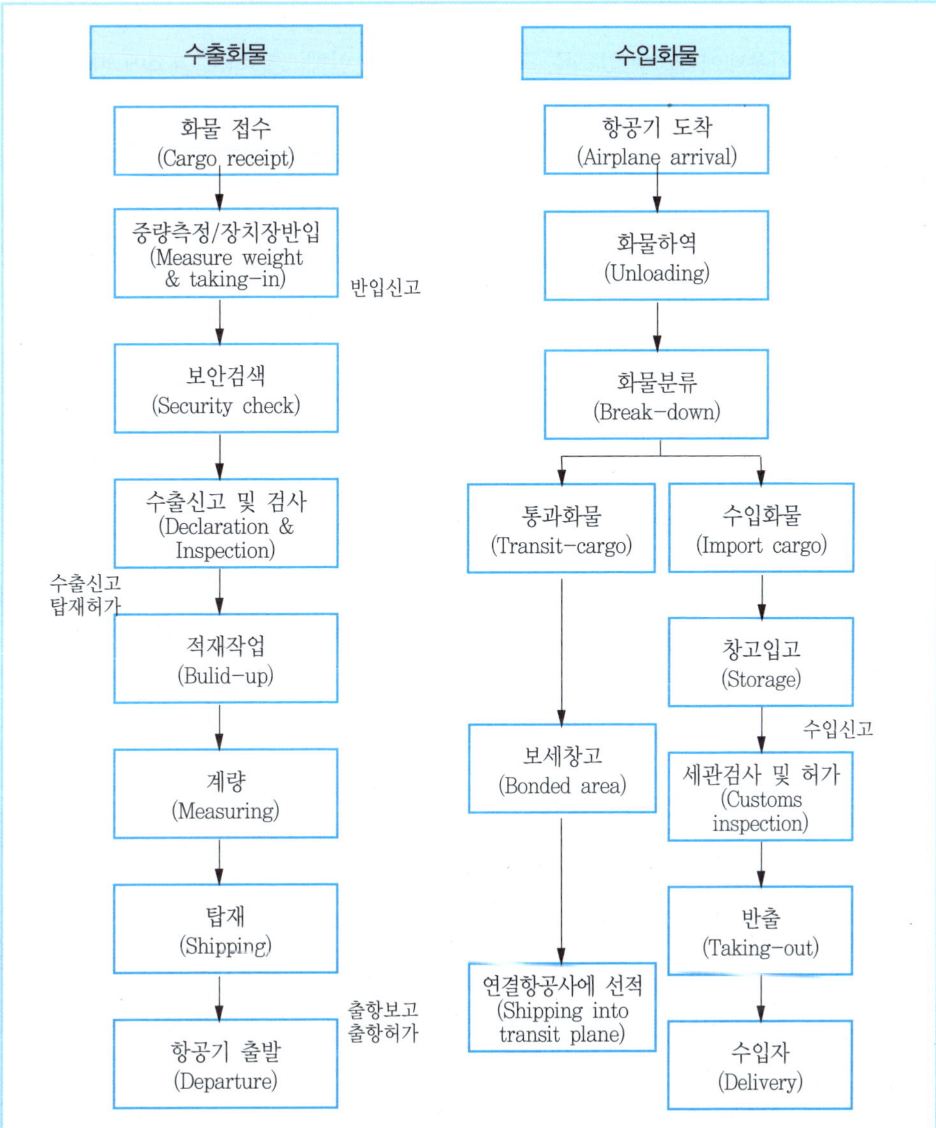

【 수출입 항공화물 처리절차 】

⑦ 화물반출용 적하목록으로 화물장치장에서 화물을 픽업하여, 행선지별로 짐차(cargo cart)나 컨테이너 · 팔레트에 적재한다.

⑧ 탑재책임자는 항공기 운항에 필요한 자료와 수하물 · 우편물 · 화물량에 따라 탑재계획을 작성한다. 이때 가장 중요한 것이 Weight & Balance로 항공기 운항중 무게가 한가운데에 올 수 있도록, 화물탑재 위치를 안배(按配)하고 계획에 따라 신속 · 정확하게 탑재한다.

⑨ 항공기 출발후 도착지 · 중간기항지에 화물탑재의 내용, 특수화물의 명세 · 품목, 화주(수하인), 탑재위치 등을 통보한다. 출발지 · 중간기항지 · 목적지 사이에 상호 원만한 협조와 충분한 정보교환 없이는 만족한 화물운송이 될 수 없기 때문에, 항공기 출발후의 업무처리는 매우 중요하다. 대부분의 항공사는 화물탑재와 관련된 업무가 전산화되어 있고, 전세계 취항지점(就航支店)과 온라인화되어 있기 때문에 항공운송장 번호만 알면 언제, 어디서나 즉시 화물의 위치를 파악할 수 있다.

4 수입화물의 운송절차

① 각편의 출발지로부터 화물의 명세가 전문(電文)으로 통보되기 때문에, 항공기 도착전에 화물취급 장비를 준비하고, 특수화물에 대한 사전조치는 물론 수하인(consignee)에게 화물도착통지를 한다.

② 항공기가 도착하면 검역관이 기내검역을 하고 출발지에서 온 정보에 의거 미리 작성한 하기지시서(下機指示書, unloading instruction)에 따라 하역한다.

③ 내려진 화물은 분류장으로 옮겨 서류와 대조 · 분류하는데, 서울 도착화물은 공항세관 · 서울세관 · 남서울세관 화물로 분류한다.

④ 도착화물은 항공사가 보관하지 않고, 탑재명세서와 화물을 대조 · 확인하고, 파손유무를 점검한 후 보세창고에 보관하고 관련서류는 항공사가 보관한다. 공항세관을 제외한 서울세관 · 남서울세관 또는 부산 · 대구로 보내지는 화물은, 세관의 감독하에 보세운송업자가 운반한다.

⑤ 화물의 목적지가 부산인 경우, 항공운송장에 목적지를 부산으로 표기하면, 통과화물(transit cargo)로 취급하여 항공사가 항공기 또는 보세운송차량으로 부산까지 운송해준다.

⑥ 항공운송장의 분류 · 정리가 끝나면 수하인에게 화물도착통지를 한다. 자가보세장치장

을 가진 수하인은 인천공항 도착 즉시 화물을 인수할 수 있다.

⑦ 수입통관은 수하인 또는 수하인이 지정한 통관업자가 하고, 항공사로부터 항공운송장을 수령한 수하인 또는 통관업자는 수입신고서를 세관에 제출하고, 수입허가를 얻어 통관·인수하면 모든 절차가 끝난다.

⑧ 창고배정은 항공운송장에 표기된 내용에 따라 세관에서 하고, 한국이 아닌 타국행 화물은 통과화물로 분류되어 항공사가 지정한 항공편에 탑재되어 최종목적지로 간다.

5 수입화물에 대한 항공사의 부대서비스

(1) Free House Delivery(FHD) Service

항공운송에는 화물이 목적지 공항에 도착하여 수하인에게 인도될 때까지 모든 비용, 즉 관세·보관료·트럭운임·수수료·배달료 등을 송하인이 부담하는 조건이 있는데 이를 Free House Delivery or Free Domicile Delivery라 한다.

이는 도착지의 모든 비용을 미리 산출할 수 없기 때문에, 항공사가 개입하여 사후정산의 방법으로 화주에게 편의를 제공하는 제도이다. 즉, FHD 화물이 도착하면 항공사는 지정통관업자로 하여금 일단 모든 비용을 지불하게 하고, 화물인도 후에 그 비용을 항공사에 청구하면, 항공사는 AWB 발행점에 정산서(CAA : cargo accounting advice)를 보내 송하인에게 그 비용을 청구하게 하여 입금이 되면 통관업자에게 지불하는 식으로 진행된다.

(2) Cash on Delivery(COD) Service

COD(Collect on Delivery; 화물대금인환제도)도 항공사의 중요한 서비스의 하나이다(단, WWACT[6] No.14-charge for COD Service에 의거 한국은 제외되고 있다). COD는 상품과 현금을 맞바꾸는 결제방식이다. COD는 송하인이 멀리 있기 때문에 항공사가 송하인을 대리하여 상품을 인도하고, 그 대금을 받아 송하인에게 송금해 주는 것이다. 수하인은 물품대금과 운임(COD의 경우 대부분이 착불)을 항공사에 지불하고 화물을 인수한다. 항공사는 은행을 통해 그 대금을 송하인에게 송금하고, 각 당사자(송하인·수하인·AWB 발행점)에게 송금통지(remittance advice of COD collection)를 하면

6) World Wide Air Cargo Tariff(WWACT)란 국제화물운송에 관한 규칙 및 운임률표로서 뉴욕에 있는 International Air Tariff Co.에서 발행하고 있으며 많은 항공사가 가맹하고 있다.

된다.

(3) Bank Consignment(은행앞 화물)

실수하인이 따로 있고, 항공운송장(AWB)의 수하인란에 은행명을 기재하여 은행이 명의상의 수하인인 경우이다. 이는 은행이 수입상에게 신용을 공여한 경우(신용장), 수입화물의 수하인을 은행으로 하여 채권을 확보하고 대금결제를 확실히 하기 위한 조치이다. 이때 실수하인은 AWB에 Also Notify Party로 기재된다.

은행앞 화물에 대해 항공사는 일반화물과 달리 처리한다. 도착통지를 은행과 실수하인에게 발송하고, 관련서류는 은행의 지시(bank release)가 있을 때까지 항공사가 보관하며, 비록 실수하인이 요구해도 화물의 인도·검사 등의 요구에 응하지 않는다.

Bank Release는 은행이 화물에 대한 처분권을 실수하인에게 양도하는 문서이다. 그러나 항공운송장은 기명식·양도불능이므로, 비록 양도하더라도 은행은 법적 수하인으로 남아, 은행이 지정한 제3자가 수하인의 의무를 이행하지 않으면 그 책임은 다시 은행으로 소급한다. 상거래 질서의 확립, 화물인도 사고의 방지, 화주에 대한 서비스를 확실히 하는 차원에서 항공사는 이러한 일에 신중을 기하고 있다.

Chapter

10 항공운임 및 항공화물운송주선업

제1절 항공운임

1 운임산출규정

(1) IATA의 운임산출규정

항공운임은 IATA가 제정한 운임표(tariff)와 규정(rule and regulation)을 기초로 결정한다. 이 규정과 운임표는 Air Cargo Tariff Ⅰ·Ⅱ에 있다. 보다 상세한 내용을 알려면 IATA 결의(Resolutions)를 참고해야 한다. IATA는 운임·운송조건·기타 항공운송업무와 관련된 주요사항을 결정하되, 당해 정부의 승인을 조건으로 한다.

IATA 화물운임조정회의는 운항원가를 분석하여, 운임·요금의 결정, 통화규정, 운송의 판매·처리에 종사하는 중간업체의 수수료 수준 등 제반규칙의 설정·변경을 협의·결정한다. IATA의 운임협정은 2국간 항공협정에 의한 운임결정을 IATA가 수탁하는 형식을 취한다. 운임조정회의가 결정한 운임·규칙이 Tariff Coordinating Conference Resolution이다.

IATA는 편의상 세계를 3개의 운송구역(TC : traffic conference)으로 나누었는데, 제1구역은 남북아메리카, 제2구역은 유럽·중동·아프리카, 제3구역은 동아시아·오세아니아이다. 각 구역내의 운임은 구역별 회의를 통해 개별적으로 결정한다.

그러나 전체의 합의를 얻을 수 없는 경우를 위해 '보조구역협정'(IATA 구역을 다시 분할한 보조구역내·보조구역간의 소구역에 대한 협정) 또는 2국간 운임에 한정된 '한정협정' 방식을 추가로 채용하여, 그 회의에서 결정한 운임이 경쟁운임(open rate)이 되는 것을 피하고 있다. 또한 운임설정 외에 '제3~4'의 자유운송[1)]을 하는 항공사는

1) 1944년 11월에 52개국이 참가한 시카고 국제민간항공회의(시카고 회의)에서 국제민간항공조약(시카고조약)을 채택하였다. 이 조약은 상업항공운송을 5개 자유(five freedoms)로 나누어 정의하고 있다. 제1의 자유 :

운임조정회의의 사전승인 없이, 양국 정부의 협정으로 독자적인 운임을 2국간에 도입할 수 있다.

1979년에 도입한 현행 운임제도의 특징은 운임조정회의에 참여하지 않은 IATA 가맹항공사는 IATA의 운임협정에 따를 필요가 없고, 회의를 거치지 않고 2국간에 독자적인 운임을 설정할 수 있어, IATA의 운임통제력이 현저하게 약화되었다. 그러나 대다수 항공사는 IATA에서 합의한 운임을 채택하고 있다.

IATA의 가장 중요한 기능은 여러 항공사의 이해를 조정하여 운임협정을 체결하고 운임을 국제적으로 통제하는 것이다. 그러나 엄격하게 운임을 통제해 온 IATA의 기능은 1990년대에 크게 약화되었다. 이는 IATA에 가맹하지 않은 정기항공사와 부정기운항(charter)의 증가로 경쟁이 치열해져, IATA가맹 항공사도 자기들이 결정한 협정운임을 스스로 파기하는 상황에 이르렀고, 경쟁이 치열한 지역의 운임은 협정을 체결하지 않은 자유운임으로 하고 있다. 기본규정과 운임부과방법을 서술한다.

(2) 한국의 운임산출 규정

우리나라도 IATA의 운임조정회의 결의에 따라 항공운임을 산출하며, 그 기초가 되는 일반규칙은 다음과 같다.

① 요금・요율・그와 관련된 규정은 항공운송장 발행 당일의 것을 적용한다.

② 항공화물요금은 공항에서 공항까지의 운송만이며, 부수적인 이적(移積)・통관・인도(引渡)・보관・기타 서비스에 대한 요금은 별도로 계산한다.

③ 항공화물운임은 출발지의 현지통화(local currency)로 표기하고, 출발지에서 목적지까지 편도만 적용한다. 한국・브라질 등 많은 국가들이 US$로 표기해 왔는데, 한국은 1996년부터 원화로 표기하고 있다.

④ 별도의 규정이 없으면 요율과 요금은 가장 낮은 것을 적용한다.

⑤ 모든 요율은 kg당 요율이며, 미국에서 출발하는 화물은 파운드당(453.6g) 요율이다.

⑥ 화물의 실제 운송경로는 운임산출시 근거로 한 경로와 일치하지 않아도 된다.

⑦ IATA 운임조정위원회의의 각 구간별 요율은 해당 정부의 승인을 얻어야 유효하다.

타국의 영공통과 자유, 제2의 자유 : 급유 등의 기술착륙의 자유, 제3의 자유 : 자국에서 타국으로의 수송의 자유, 제4의 자유 : 타국에서 자국으로의 수송의 자유, 제5의 자유 : 제3국간 수송의 자유.

2 중량계산

이떤 화물의 적용요율을 찾으려면 운임부과중량(chargeable weight)을 먼저 결정해야 한다. 운임부과중량은 다음의 3가지 방법으로 결정한다.

(1) 실중량(Actual Weight)에 의한 방법

화물의 실제무게(actual weight)를 기준으로 운임을 산출한다. 어떤 화물의 무게가 포장명세서(packing list)에 45kg이라면, 45kg에 해당구간의 kg당 요율을 곱하여 운임을 산출한다. 소수점이 있으면 0.5kg 미만은 0.5kg으로 절상하고, 0.5kg 이상은 1kg으로 절상한다.

〈예〉 20.2kg → 20.5kg이 운임부과중량

그러나 파운드(lb : 453.6g)로 중량을 계산할 때는 소수점 이하는 무조건 파운드로 절상하여 운임을 산출한다.

〈예〉 42.3lb → 43lb가 운임부과중량

(2) 용적량(Measurement)에 의한 방법

항공기의 운용은 항공기 총이륙중량(總離陸重量, total weight)과 총항복(總航腹, total space)을 고려한다. 항공기 이륙허가중량을 초과하면 활주로에서 날아 올라갈 수 없고, 항공기 공간은 한정되어 있어 무한정 탑재가 불가능하다. 따라서 항공사는 화물의 용적량(容積量)과 실중량(實重量) 중 더 많은 것을 운임부과중량으로 삼고 있다.

용적량은 화물의 가로×세로×높이로 계산하고, 이때 최대가로×최대세로×최대높이로 계산한다. 직육면체가 아닌 화물이라도 직육면체의 부피로 계산한다. 소수점은 cm/inch 모두 사사오입(四捨五入)한다.

〈예〉 162.2×155.6×141.4cm → 162×156×141cm로 정리한 후 부피를 구한다.

이 부피를 운임부과중량으로의 환산은 6,000cm^3와 366in^3를 각각 1kg으로 한다.

〈예〉 ① 162×156×141cm = 3,563,352cm^3,

3,563,352cm^3 ÷ 6,000cm^3 = 593.892kg,

따라서 594kg이 운임부과중량.

〈예〉 ② 64×55×61inch = 214,720in^3,

214,720in^3 ÷ 366in^3 = 586.666kg,

따라서 587kg이 운임부과중량.

그러면 선박에서의 1cbm(1m^3)을 항공중량으로 환산해 보면,
100×100×100cm=1,000,000cm^3,
1,000,000cm^3÷6,000cm^3=166.666kg,
따라서 1cbm은 167kg이 된다.

화물중량이 80kg, 용적이 80×90×100cm인 화물의 운임부과중량은 얼마인지 보면,
80×90×100cm=720,000cm^3,
720,000cm^3÷6,000cm^3=120kg,
실중량이 80kg, 용적량이 120kg으로 용적화물로서 운임부과중량은 120kg이 된다.

일반적으로 화물의 무게가 ft^3(가로·세로·높이가 각각 30.48cm)당 9lb(4kg) 이하일 때 운임을 용적화물로 부과하고, 9lb 이상일 때는 고밀도화물(high density cargo)로서 실중량(實重量)으로 부과한다.

한국에서 수출되는 화물중 의류·장난감 등은 대체로 용적량을 적용하고 원단·전자부품·기계류 등은 실중량을 적용하고 있다.

(3) 화주보호를 위한 운임적용방법

항공화물의 운임은 동일구간에 중량단계별로 운임률이 다르다.
〈예〉 서울 → 파리일 때
최저운임 $61.93,
45kg 미만 $13.29/kg,
45kg 이상 $9.97/kg,
500kg 이상 $6.87/kg

이때 운임부과중량이 40kg인 화물이 있다면, 45kg 미만 요율인 $13.29를 적용한 $13.29×40kg=$531.60보다는, 45kg 이상 요율인 $9.97×45kg=$448.65가 더 싸다. 이럴 때는 운임부과중량을 45kg으로 하고, 운임은 $448.65를 적용한다. 즉, 가능한 한 화주에게 유리한 태리프를 적용해 주는 것이 일반원칙이다.

3 항공운임의 종류

(1) 일반화물요율(GCR : General Cargo Rate)

이 요율은 다음의 특정품목할인요율(SCR) 또는 품목분류요율(class rate)이 적용되지 않는 모든 화물에 적용되는 가장 기본적인 요율이다. 일반화물요율은 최저운임, 45kg 미만 요율, 45kg 이상 요율, 300kg 이상 요율 등이며, 대체로 중량이 많으면 많을수록 더 싼 요율이 적용된다.

또한 같은 구간이라도 수송방향에 따라 요율에 차이가 난다. 즉, 서울~파리 구간일 때 서울발 파리착 적용요율과 파리발 서울착 적용요율이 다르고, 통화도 다르다. 서울발은 원화이고 파리발은 프랑스 프랑이다.

① 최저운임(Minimum Charge)

1건의 화물운송에 적용하는 가장 적은 운임이다. 즉, 화물의 중량에 45kg 미만 요율을 곱하여 계산한 운임이 최저운임보다 적을 때에는 최저운임을 적용하고 Tariff에 'M'으로 표시된다.

〈예〉 최저운임이 US$61.93이고, 45kg 미만이 US$13.29/kg이면, 화물의 무게가 4.65kg 이하일 때 최저운임을 적용한다.

US$61.93 > US$61.80($13.29 × 4.65kg)

② 기본요율(Normal Rate)

45kg 미만 요율로 'N'으로 표시되어 있다.

③ 중량단계별 할인요율(Quantity Rate)

태리프는 중량이 많아지면 더 낮아진다. 즉, 45kg 이상 요율, 100kg 이상 요율, 200kg 이상 요율 등으로 중량단계에 따라 점점 더 낮은 요율이 적용된다.

(2) 특정품목할인요율(Specific Commodity Rate)

이 요율은 특정구간에서 동일품목이 계속적으로 반복·운송되는 품목에 대해 일반품목보다 요율을 낮춰 항공운송의 이용을 촉진·확대하려는 것이다. 이 요율은 해상운송품목 가운데 항공운송을 이용할 가능성이 있는 품목에 대해 할인요율을 제공하여 항공운송으로 유인할 수 있다. 이 요율은 해당요율마다 설정된 최저중량의 제한을 받는다. 이는 원래 대량화물을 위해 설정한 요율이기 때문이다.

특정품목할인요율(SCR)은 CORATE라고도 하며, 특정구간에서 특정품목에 대해 설정한다. 즉, 서울발 프랑크푸르트착 구간에는 특정품목할인요율이 여러 종류 설정되어 있는데, 서울발 동경착 구간에는 전혀 다른 품목의 SCR(예 : 품목번호 0300 및 0850)이 설정되어 있다.

【 표 10-1 Tariff 】

date type	note	item	min wght		local curr.
SEOUL ①			XR		SEL
Dollar ②					KGS
FRANK			DE M	④	61.93
FURT ③			N		13.29
			45		9.97
			500		6.87
		2199	100		6.12
		2199	250		5.72
		2199	500		5.28
		2741	100		6.13
		4209	100	⑤	5.58
		4209	250		5.15
		4402	100		6.61
		4402	500		6.36
		6425	100		7.28
		8392	100		6.75
		8392	500		6.18
		9202	100		6.61

① 출발지
② 적용화폐
③ 도착지
④ 일반요율
⑤ 특정품목 할인요율

0001-0999 : 생선, 육류, 채소, 과일
1000-1999 : 생동물, 식물성 제품
2000-2999 : 직물, 섬유류
3000-3999 : 금속, 기계제품
4000-4999 : 자동차, 전기제품
5000-5999 : 비금속, 광물성 제품
6000-6999 : 화학제품
7000-7999 : 종이, 고무, 나무제품
8000-8999 : 과학기재, 정밀기계
9000-9999 : 기타제품

특정품목할인요율은 그 요율에 설정된 최저중량의 제한을 받는데, 이는 대량의 상품운송에 적용하기 위한 것이다. 예컨대 서울발 동경착 버섯(mushrooms)에 적용되는 SCR 0850은 최저중량이 100kg으로 설정되어 있어, 그 이하의 소량에 대해서는 특정품목할인요율을 적용할 수 없다.

IATA는 이러한 특정품목을 항목별로 분류하여 4자리 숫자로 표기하여, 모든 항공사가 적용토록 통일했는데 분류내용은 다음과 같다. 예를 들면 〈표 10-1〉에 나타난 서울-프랑크푸르트 구간의 Tariff ⑤에 2199 품목이 있고 중량이 100/250/500

kg이 있는데, 2199는 섬유류를 의미하고 100/250/500kg은 최저중량을 나타낸다. 즉, 섬유류의 중량이 100kg · 250kg · 500kg 이상이 되면 운임률이 낮아진다. 특정품목할인요율은 해당구간에 반드시 해당품목의 요율이 설정되어 있어야 적용된다.

(3) 품목분류요율(Commodity Classification Rate)

품목분류요율은 몇 가지 특정품목에만 적용되고, 특정지역에만 적용되기도 한다. 이 요율이 적용되는 특정품목은 ① 신문 · 잡지 · 정기간행물 등 서적류, ② 시체, ③ 비휴대 수하물, ④ 귀중화물, ⑤ 생동물 등이다.

각 품목별 적용요율은,

① 신문 · 잡지 등 서적류는 미주, 미주 – 구주 운송이면 해당구간의 45kg 미만 적용요율의 75%를 적용하고, 기타 나머지 운송구간은 50% 할인을 해준다.

② 시체(corpse)는 구주지역내 수송을 제외한 전구간에 대해 중량에 관계없이 45kg 미만 요율을 적용한다.

③ 비휴대수화물(non-hand carried luggage)은 개인의류 및 개인용품에만 해당되며, 전구간에 대해 45kg 미만 요율의 50%를 할인해 주고 있다. 이 품목은 여객의 항공권구간과 운송구간이 일치해야 한다.

④ 금괴 · 화폐 · 증권 · 보석 등과 1kg당 $1,000 이상의 귀중품은 45kg 미만 요율의 200%까지 할증하여 부과한다.

⑤ 생동물 수송은 항공사에 문의하면 관련규정을 상세히 들을 수 있다.

그리고 품목분류요율은 별도로 설정한 것이 아니고, 운송구간에 따라 기존 태리프를 할인하거나 할증(割增)하여 적용한다.

(4) 종가운임(Valuation Charge)

신고가액(declared value for carriage)이 1kg당 US$20을 초과하면 종가운임이 부과된다. 무신고(無申告, no value declared : NVD)도 하나의 신고로 간주된다. 실가액(實價額)이 kg당 $20을 넘더라도 종가운임을 지불하지 않으려면 신고가격란에 'NVD'로 기재하면 된다. 그러나 사고가 나면 항공사의 책임액은 kg당 $20로 제한된다.

① 귀중품을 제외한 일반화물 : 1kg당 $20을 초과한 부분(금액)에 대해 0.5%의 종가운임이 부과된다.

② 귀중품 : 신고가액의 전액에 대해 0.1%의 종가운임이 부과된다.

〈예 1〉 신고가액 US$6,000, 실중량 400kg인 일반화물 :

$6,000÷400kg=$15(kg당 $20 미만, 종가운임 부과안함).

〈예 2〉 신고가액 US$5,000, 실중량 100kg인 일반화물 :

$5,000÷100kg=$50(kg당 $20 이상, 종가운임 부과함).

이때 미국발착이면 $5,000×0.5%=$25.00이 종가운임으로 추가되고, 미국발착이 아니면 {$5,000−($20×100)}×0.5%=$15.00이 추가된다.

(5) 팔레트-컨테이너 운임(BUC : Bulk Unitization Charge)

송하인이 팔레트·컨테이너에 적입한 상태 그대로 수하인에게 인도하는 화물에 적용하는 운임이다. 이는 화물의 종류에 관계없이 일정구간에 한해 팔레트·컨테이너당 크기와 개수로 운임이 부과된다. 의류가 대표적인 BUC 이용품목이다. 포장비를 절감하고 도착지에서 다시 다림질을 하지 않아도 되기 때문에 대부분이 Hanger Container로 수송하여 컨테이너 운임을 적용하고 있다.

항공기의 탑재용기(ULD : Unit Load Device)는 탑재용량에 따라 Type 1-Type 9까지 분류하고 각 타입에 운임이 설정되어 있다. BUC 운임은 기본운임(pivot charge)과 초과중량요율(over pivot rate)로 구성되고, 각 타입마다 정액한계중량(pivot weight : 기본운임으로 운송할 수 있는 최고중량)이 설정되어 있다.

즉, 특정 ULD에 적입된 화물은 그 ULD에 설정된 정액한계중량(pivot weight) 이하이면, 무조건 기본운임(pivot charge)을 적용하고, 탑재된 화물의 중량이 정액한계중량을 초과하면, 화물의 중량과 정액한계중량의 차이에 kg당 요율로 표시되는 초과중량요율(over pivot rate)을 곱한 것을 기본운임에 가산하여 전체운임을 구한다.

예를 들면 서울-뉴욕 구간에 기성복 2,500kg을 타입 2H 컨테이너에 탑재했을 때 먼저 서울-뉴욕의 BUC 태리프를 보면,

ULD type : 2H

Pivot weight : 2,436kg

Pivot charge : $8,781.78

Over pivot rate : $3.81/kg

즉, $8,781.78+(2,500kg−2,436kg)×$3.81=$9,025.65

따라서 이 화물의 컨테이너 운임은 $9,025.65가 된다.

이때 화물이 2,300kg이면 기본중량 2,436kg에 미달하므로 기본운임인 $8,781.78이 부과된다.

현재 한국발 BUC 태리프는 미국의 LA·시카고·뉴욕 구간에 설정되어 있으며, 이 구간 항공화물의 대부분에 BUC 태리프 운임이 적용되고 있다. 이는 BUC 태리프가 다른 요율보다 10~30% 싸고, 대량화물에 대한 서비스 강화조치의 일환이기도 하다.

실제 서울－LA·시카고·뉴욕 구간의 BUC는 용적에 비해 중량이 더 큰 화물일수록 더 많은 혜택을 받을 수 있게 설정되어 있는데, 용적화물이 많아 용적이 작은 중량화물을 유인하기 위한 전략이다.

(6) 혼합화물요율(Mixed Consignment Rate)

혼합화물은 수종(數種)의 서로 다른 화물이 1장의 항공운송장으로 운송되는 화물이다. 단 수종의 화물이더라도 운임률이 같을 때는 혼합화물로 보지 않는다. 그리고 ① 귀중품, ② 생동물, ③ 시체, ④ 외교행낭, ⑤ 별송수하물 등은 혼합금지품목이다.

혼합화물의 운임은,

a. 화물의 중량(또는 용적)에 일반화물운임률(GCR)을 곱해 계산한다.
b. 송하인이 각 화물의 중량·품명을 별도로 신고하면, 신고한 각각의 화물을 마치 별도로 탑재한 것처럼 운임을 적용한다.
c. 컨테이너 하나에 수종의 화물을 적입하면 가장 높은 화물의 운임률을 적용한다.
d. 별도로 신고한 일부화물의 운임이 최저운임에 달하지 못해도, 일건화물(一件貨物) 전체액이 최저운임에 달하면, 일부화물에 대해 최저운임을 적용하지 않는다.
e. 종가운임은 일건화물 전체 신고가액에 기초하여 산정한다.

이상에서 언급한 화물운임은 IATA가 요율을 설정하여 해당국가의 인가를 얻어서 시행하고 있는 것이며, 기본원칙은 이용자에게 가장 유리하고 합리적인 요율을 제공하는 것으로서, 다른 수송수단과 경쟁할 수 있는 유리한 여건을 제공하는 것이다.

제2절 항공화물취급업

구항공법(1993.12.27. 개정 이전의 항공법)은 항공운송총대리점업, 항공화물운송대리점업, 항공운송주선업, 상업서류송달업으로 구분했었다. 항공운송총대리점업은 항공사를 위해 유상(有償)으로 항공기에 의한 여객·화물의 운송계약체결을 대리하는 사업이라 했고, 항공화물운송대리점업은 항공사·총대리점을 위해 유상으로 항공기에 의한 화물의 운송계약체결을 대리하는 사업이라 했다.

항공운송주선업은 타인의 수요에 응해 유상으로 자기의 명의로 항공사의 항공기를 이용하여 화물을 혼재하여 운송하는 사업이고, 상업서류송달업은 타인의 의뢰를 받아 유상으로 우편법 제2조 2항 단서규정에 해당하는 수출입 등에 관한 서류 및 그에 부수되는 견본품을 항공기를 이용하여 송달하는 사업이라고 규정했었다.

이러한 구항공법상의 총대리점·화물대리점·항공주선업·서류송달업 외에도 1991년 12월에 제정·공포된 화물유통촉진법의 복합운송주선업이 있었다. 화물유통촉진법 제2조는 복합운송주선업을 "타인의 수요에 응해 자기의 명의와 계산으로 타인의 선박·항공기·철도·자동차 등 2가지 이상의 운송수단을 이용하여 화물운송을 주선하는 사업"이라고 규정했다.

이처럼 항공법·화물유통촉진법에 2중으로 규정되어 있던 항공화물취급업에 대해 정부는 1993년 12월 항공법을 개정하여, 항공화물운송대리점업과 항공운송주선업을 삭제해 버렸다. 따라서 항공화물취급업을 규정하고 있던 법규 및 업종은 화물유통촉진법에 의한 복합운송주선업이며, 복합운송주선업자는 종전의 항공화물운송대리점·항공운송주선업의 역할을 동시에 수행할 수 있게 되었다.

한편 1995년 12월 화물유통촉진법의 개정으로 1976년 9월부터 존속해 오던 해상운송주선업도 1996년 6월에 복합운송주선업으로 흡수·통합됨에 따라 복합운송주선업 등록업체는 누구든지 해상·항공의 구분없이 육해공을 망라한 대리업무·주선업무를 영위할 수 있게 되었다.

따라서 아래의 항공화물운송대리점·항공운송주선업자의 업무구분은 이제 제도적 차원이 아닌 항공화물운송업계내 실무적 차원의 업무분장이라 할 수 있다. 즉, 신항공법이 발효된 1994년부터는 대리점·주선업의 영역구분이 없어져 항공은 물론 철도·트럭·해상운송도 주선할 수 있는 범용적 복합운송주선업자로 변모했다.

따라서 복합운송주선업자는 필요에 따라 언제든지 단순대행으로 수수료(commission)를 취하거나 혼재(consolidation)를 하여 이윤(margin)을 취할 수 있다.

또한 정부는 물류체계의 효율화와 물류산업의 경쟁력 강화를 위해 2007.8.3. '화물유통촉진법'을 '물류정책기본법'으로 변경하고, '복합운송주선업'을 '국제물류주선업'으로 변경하여 현재는 '국제물류주선업자'가 해상·항공의 구분없이 육해공을 망라한 대리업무·주선업무를 영위하고 있다.

1 항공화물운송대리점(Air Cargo Agent)의 역할

항공사 또는 총대리점을 대리하여 항공사의 운송약관·태리프·스케줄에 의거하여 항공화물을 판매하고, 항공화물운송장(AWB : air waybill)을 대리발행하며 이에 부수되는 업무를 수행하여, 그 대가로 소정의 수수료를 항공사로부터 받고 있다. 현재 적용되는 수수료는 항공화물운임의 5%이다.

대리점은 항공사를 대신하여 수출입화물의 항공수요를 탐색하여 유치하고 운송계약을 체결하는 것이다. 항공화물대리점의 가장 중요한 업무가 항공사를 대리하여 수출입항공화물을 집하(集荷)하는 것이므로, 이에 부수하여 발생하는 모든 업무는 집하·운송과 관련되는 부수업무로 볼 수 있다.

먼저 화물의 중량·크기·품목 등을 사전에 체크하여 항공화물운송장(AWB)을 발행한다. 이를 위해 송하인은 운송물의 세부사항을 기록한 송하인 지시서(shipper's letter of instruction)를 대리점에 제시한다. 이 서류는 통상 인쇄된 양식으로서 대리점이 송하인에게 제공하여 작성하게 한다.

주내용은 송하인(shipper)·수하인(consignee)의 성명과 주소, 목적지, 원하는 항공사, 개수, 중량과 용적, 상품의 성질과 내용, 상품가격, 운임지불방법, 부보여부, 첨부서류 등이다. 또한 상업송장, 출발지와 도착지의 세관이 요구하는 통관서류, 위험물·생동물 등 특별취급을 요하는 화물은 IATA 규정에 의한 위험물신청서나 생동물신청서와 같은 서류를 화주가 작성·서명하여 항공사에 제출해야 한다.

이러한 서류가 완비되면 화물을 수령하여 각 포장의 화인(貨印, marking)을 확인하고 AWB상의 화주 성명과 주소의 일치 여부, 포장이 화물의 특성에 따라 적절하게 되었는지, 항공기 탑재에 문제가 없는지를 확인하여 목적지·AWB 번호·포장개수의 일련번호가 표기된 식별표(identification label)를 부착하고, 화물의 성질에 따라 취급할 수 있도록 IATA가 설정한 표찰(label)을 부착한다. 이 밖에도 항공화물대리점이 수행하는 업무는 다음과 같다.

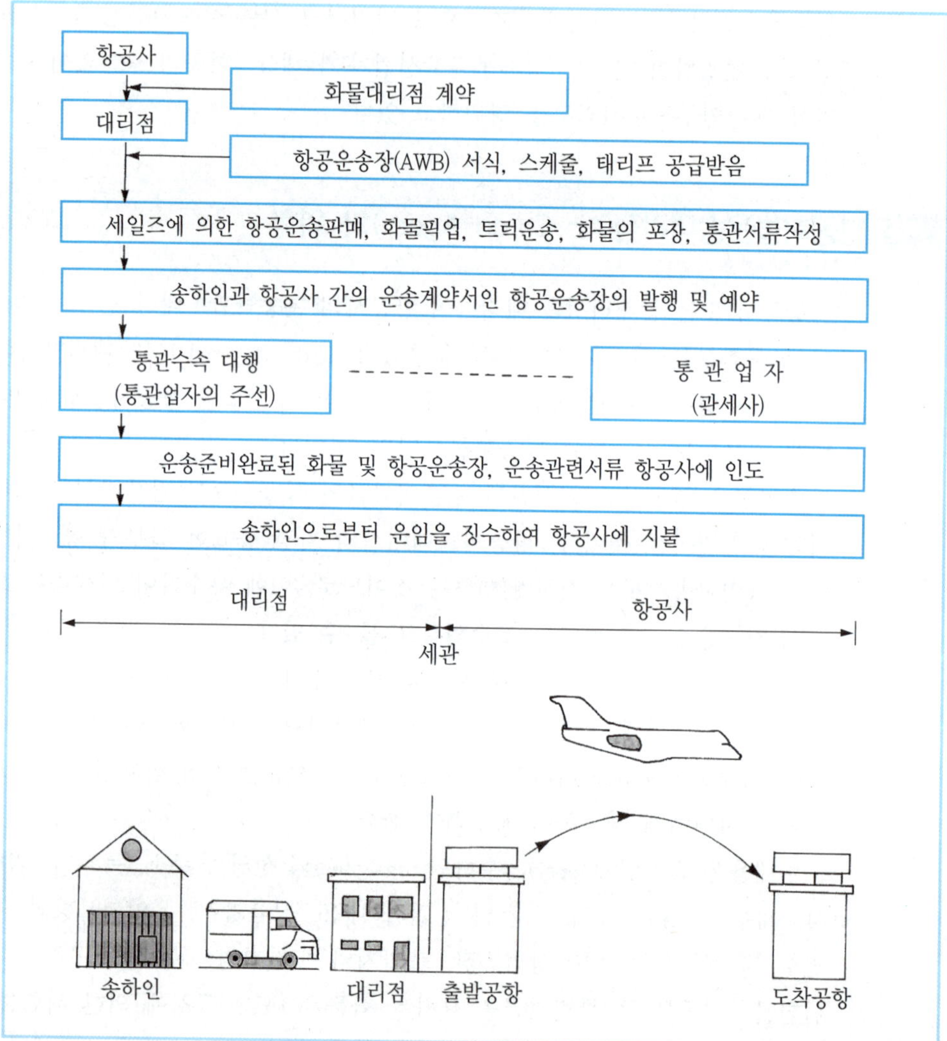

[항공화물대리점의 업무절차]

(1) 수출입통관 수속대행

일반적으로 수출입화물의 통관은 대리점이 대행한다. 수출화물은 통관절차가 간편하지만 수입화물은 복잡하다. 수출입화물 통관절차는, ① 항공사로부터 AWB 등 운송서류를 인수하고, ② 수입상에게 화물의 도착통지를 하면, 수입상은 대리점에 화물의 정확한 내용을 알려주어 통관에 지장이 없게 하고, ③ 세관 당국에 송하인과 수하인, 통관신고인, AWB 번호, 원산지, 화물중량 및 개수, 원산지, 화물의 총가격 등을 기재하여 세관에 신고하고, ④ 법률이 정한 관세를 납부하고 화물을 인도받는다. 관세는 국가에 따라 차이가 있으나 대체로 화물운임을 포함한 물품가격, 즉 CIF 가액을 기준으로 관세율에 따라 부과되며 현지통화로 환산하여 징수하고 있다.

(2) 트럭킹(Trucking Service)

화물의 항공운송 이전(pre-carriage)과 이후(on-carriage)의 픽업·배달을 위해서 대리점은 트럭킹을 주선할 수 있다. 실제 화물의 최초 출발지, 최종 도착지점은 공항이 아닌 제조업자의 공장 또는 수하인의 창고로서 이들 지점과 공항간의 효율적인 트럭킹 주선은 대리점의 주요한 업무이다. 따라서 대리점은 픽업, 인도 장소와 시간, 트럭킹 시설 등 제반여건을 고려하여 가장 저렴한 가격으로 고객에게 서비스해야 한다.

(3) 부보(Insurance)

화주는 운송도중 화물의 분실·멸실에 대비하여 보험에 들며 3가지 부보(付保)방법이 있다. ① 화주가 직접 항공화물보험에 부보하거나, ② 화주가 부보를 의뢰하면 보험회사를 알선하여 고객의 이름으로 부보하고, 고객으로부터 보험료를 징수하여 보험회사에 납부하는 방법, ③ 고객이 요구시 항공사의 화주보험(shipper's interest insurance)에 부보하여, AWB의 보험금(amount of insurance)란에 보험금액을 기입하고 항공사에 보험료를 지불하는 방법이 있다.

(4) 화물추적(Tracing)

항공화물의 증가로 화물사고의 빈도가 높아지고 있어 대리점은 화주가 요구할 때는 즉각적인 소재파악이 가능하도록 필요한 조치를 취해야 한다. 항공사의 전산망이 대리점과 연결되어 예약·추적 등 모든 화물의 움직임을 직접 확인할 수 있다.

(5) 상담역(Consultancy)

고객(importer, exporter)은 대리점이 수출입규정 등 국제무역에 대한 모든 것을 알고 있기를 기대하며 실제로 많은 자문을 구하고 있다. 따라서 대리점은 항공화물 관련지식은 물론 수출입절차 전반에 대한 지식을 습득하여 고객의 상담에 즉각 응할 수 있는 역량을 갖추어야 한다.

이상에서 살펴본 바와 같이 대리점은 항공사의 업무를 위임받아 항공사를 대신하여 송하인과 수하인에게 필요한 항공화물운송서비스를 제공하는 것이다.[2] 항공화물대리점은 수출입업체를 대상으로 영업활동을 전개하여 개개의 화물에 대해 항공사의 Master AWB를 발행하고 운임의 5%를 수입으로 삼는 서비스업체이다.

그리고 이전에는 항공화물대리점은 혼재화물은 판매할 수 없었으나, 1994년부터는 항공사의 운임수준을 충족시킬 수 없는 화물인 경우에도 혼재화물로 판매하여 적정수준의 이익을 창출하고 있다.

한편 항공화물대리점은 IATA의 인가를 얻은 IATA 대리점과 정부로부터 대리점업허가를 받았지만 IATA의 인가를 얻지 않은 Non-IATA 대리점으로 분류된다. 그런데 항공운송은 국제간의 분업형태를 갖추어야 하고, 대외적인 신용(credit and prestige)을 위해 대부분의 대리점이 IATA 대리점 면허를 취득하고 있다.

IATA 가맹 항공사의 화물판매는 IATA 인가 대리점이어야 한다. 그러나 IATA 인가 대리점이 Non-IATA 항공사의 대리점으로 영업하는 것은 IATA가 정한 수수료(5%)를 상회하지 않으면 문제가 되지 않는다. 또한 IATA 항공사는 IATA 대리점을 전용대리점(exclusive agent) 또는 총판매대리점(general sales agent)으로 지정할 수 없다. IATA 대리점 또한 Non-IATA 항공사의 총판매대리점이 될 수 없다.

IATA 대리점은 개인이든 법인이든 항공화물의 판매촉진 및 부대서비스를 제공할 수 있고, 해당국가에 화물판매와 취급을 위한 영업장과 제반시설을 갖추고 재정신용도를 충족해야 하며 항공운임·요금의 정산, 수출입 수속에 관한 대화주 서비스를 제공할 수 있고, 운임을 수금하여 항공사에 송금하는 업무를 이행할 수 있는 자에게만 주어진다.

2) 항공사의 대리점 지정방식은 2가지가 있다. ① 항공사 단독으로 개개의 대리점을 선정하는 방식, ② IATA 사무국에 일괄 위임해 두고 IATA 인가 대리점은 자동적으로 대리점이 되는 방식이 있다.

이처럼 IATA 대리점은 IATA라는 국제기구가 공인하는 대리점으로 항공사, 화주, 해외거래선의 신뢰를 받을 수 있어 그만큼 영업활동이 용이해진다. 그리하여 IATA 대리점은 1개사 단독 또는 수개사 공동으로 혼재업무를 겸업하며 통관・트럭킹・창고업 등을 겸해 종합항공화물취급업자(integrated air carrier)를 지향하는 추세이다.

IATA 대리점은 IATA의 대리점 규칙을 준수해야 한다. 예컨대 IATA 협정운임의 오적용(용적량을 적용해야 하는데 실중량을 적용하거나 할인적용품목이 아닌데도 적용하는 등) 또는 운임의 할려(rebate) 등이 금지되어 있다. 또한 항공사로부터 수수료 이상의 것을 받아서도 안된다. 예컨대 광고선전비, 송금유예기한 연장 등이 금지된다. 그러나 판촉자료 및 종사원의 교육 등은 지원받을 수 있다. IATA 대리점 인가는 점포별 인가제가 아닌 국가 단위의 인가제를 채택하고 있어, 특정국이 인가를 얻으면 그 나라에서는 대리점 재량으로 점포의 개폐 및 증설이 가능하다.

2 항공화물운송주선인(Air Freight Forwarder)으로서의 역할

항공화물운송주선인은 항공사의 항공기를 이용하여 자기의 명의로 타인의 화물을 유상으로 운송하는 사업자이다. 항공화물 포워더(=주선인)는 사업영역에 따라 단순히 계약운송인으로서, 운송만 책임지는 협의의 포워더와 운송은 물론 항공사와 화주의 대리업무, 통관, 육상집배, 보관 등의 부대업무까지 책임지는 광의의 포워더로 구분한다. 이들을 혼재업자(consolidator)라 한다.

혼재업자는 자기의 운송약관과 태리프(tariff)를 가지고 혼재항공화물운송장(house air waybill)을 발행하여 서비스를 제공하고 있다. 이 점에서 항공사와 유사한 면이 있으나, 현실적으로 항공기가 없으므로 집하한 화물을 운송하려면, 혼재업자가 송하인이 되어 항공사와 운송계약을 체결해야 한다.

항공화물운송주선인을 혼재업자라 부르는 이유는, 영업형태가 개개의 소량화물을 집하・혼재하여 항공사에 대량의 혼재화물[3]로 판매하기 때문이다. 흔히 혼재업

3) 혼재화물(混載貨物, consolidated cargo)이란 항공법에 근거하여 정부로부터 면허를 받은 항공화물운송주선인(통칭 혼재업자)이 자기의 운송약관에 기초하여 항공사의 공시운임보다 싼 운임으로 다수의 화주로부터 다양한 화물을 수탁받아, 동일 목적지향 화물을 모아 그 화물의 화주가 되어 항공사와 운송계약을 체결・운송하는 화물이다. 혼재업자는 화주이면서 항공사와 같은 법적지위를 갖는다. 따라서 정부는 항공사와 같은 법적규제 및 감독규정을 준용하고 있다.

자를 항공기를 갖지 않은 항공사라 하는데, 이들은 각 항공사의 스케줄을 조합하여, 각 요일별로 항공사와 계약한 스페이스(space)를 기초로 화물을 집하한다.

화물은 1kg에서 몇톤 단위의 대화물까지 집하하며, 당해 요일의 항공사 스페이스를 블록(block)화하여 자기의 항공기처럼 영업을 한다. 또한 항공사가 직접 판매하는 화물과 경쟁하기 위해, 혼재업자도 당국에 자기의 운임을 신고하여 항공사와 같은 자격으로 영업을 한다. 일반적으로 혼재업자의 운임은 항공사의 운임보다 10% 정도 낮게 설정하여 항공사와 경쟁을 한다.

그러면 이렇게 낮은 운임으로 어떻게 항공사와 경쟁하는지 그 예를 본다.

서울 - 도쿄의 운임이, 항공사 운임 :

최저요금 - US$29.00

45kg까지 - US$1.99/kg

45kg 이상 - US$1.49/kg

서울 - 도쿄간의 요율, 혼재업자 운임 :

최저요금 - US$20.00

45kg까지 - US$1.80/kg

45kg 이상 - US$1.40/kg

일 때, 혼재업자가 1kg, 20kg, 30kg의 화물을 집하했다면, 전체운임은 $20.00+$1.80×20kg+$1.80×30kg=$112가 된다.

그리고 3개의 화물을 혼재하여 운송할 때 항공사에 지불할 운임은 $1.49×51kg=$75.99이다. 따라서 그 차액 $36.01이 혼재업자의 영업이익이 되는 것이다.

이것은 극단적인 예가 되겠지만, 혼재업자는 이와 같이 여러 화물을 혼재하여 생기는 운임의 차액을 수입원(收入源)으로 영업하고, 자체 영업망이 형성된 지역의 판매만 하고 있다.

따라서 혼재업자를 통해 화주와 항공사는 각각 다음의 이점을 갖는다.

① 화주는 항공사의 공시운임(公示運賃)보다 싼 운임을 이용한다(단, 혼재수속으로 탑재가 반나절 내지 하루가 늦어진다). ② 항공사는 혼재업자로부터 일괄 인수하여 화물처리업무가 간소화된다. 또한 낮은 혼재운임으로 보다 많은 화물을 집하할 수 있다.

한편 혼재되는 개개화물의 운송장을 House Air Waybill이라 하는데, House AWB은 출발지와 도착지의 통관에 사용할 수 있고, 혼재업자와의 운송계약 역할을 한다. 따라서 혼재화물을 항공사에 인도하면 항공사는 Master AWB을 발행하고, House AWB

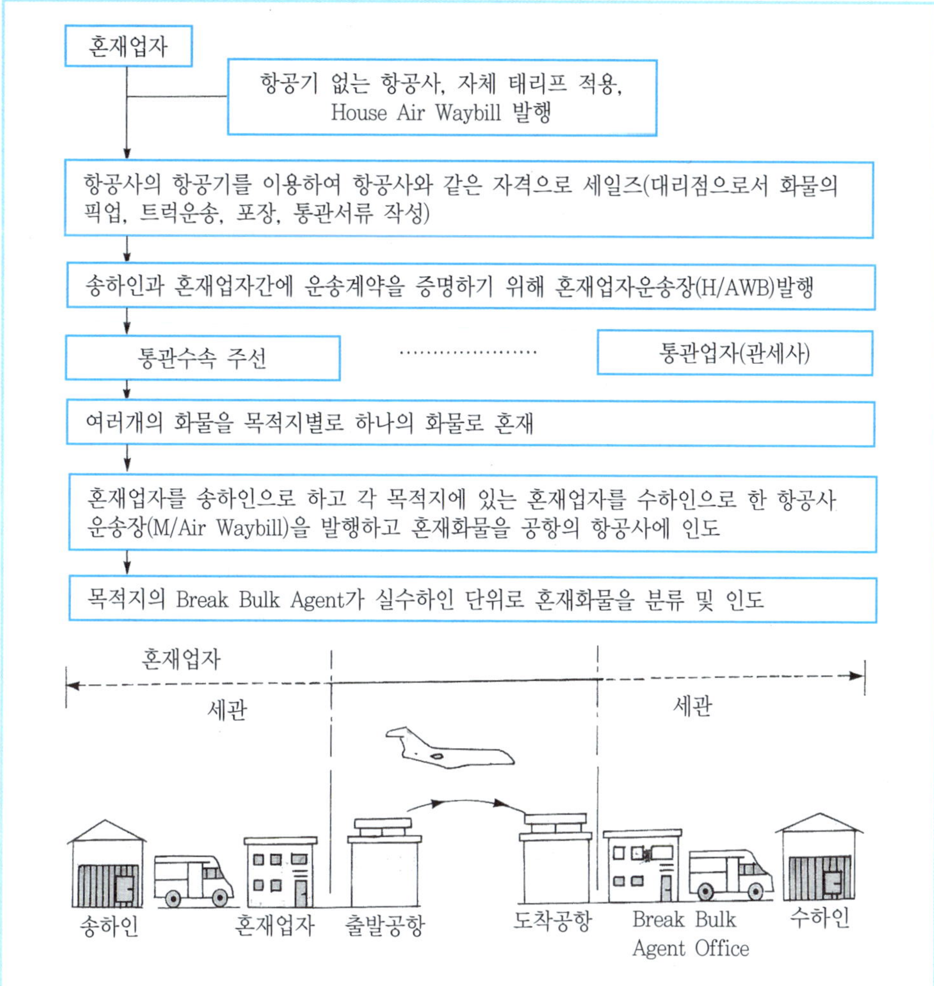

【 항공화물혼재업자 업무절차 】

은 첨부하여 화물과 함께 목적지로 간다. 송하인에게 교부하는 운송장은 House AWB이고 Master AWB은 항공사와 혼재업자의 운송계약을 증빙하는 서류에 불과하다.

혼재화물이 목적지에 도착하면 혼재화물인수대리점(break bulk agent)이 수하인별로 혼재화물을 분류하여 인도한다. House AWB에 근거하여 수하인에게 화물을 인도하면 일단 운송업무는 마감되고, 착지불일 때는 운임을 징구한다. 혼재업자는 운송인이고, 화주이면서 화물집하자이다.

혼재업자의 역할은, ① 화물을 집하·혼재하여 항공사에 운송을 의뢰하고, ② 화물의 출발·환적·도착 등 화물이동을 추적하며, ③ 벌크화물을 팔레트·컨테이너로 단위화하고, ④ 출발지·도착지의 통관업무와 문전서비스에 필요한 조치를 취하며, ⑤ 이원지역(離遠地域)으로 재운송되는 화물에 필요한 제반서류의 작성, 운송수단을 결정하고 운송을 의뢰한다. ⑥ 보세운송이 필요하면 보세운송을 주선하는 일 등이다.

또한 혼재업자의 중요한 역할이 인수대리점(break bulk agent) 업무이다. 각 지역별로 업무제휴(partnership)를 맺고, 혼재화물이 도착하면 항공사로부터 AWB를 수령하여 첨부된 House AWB별로 화물을 분류(devanning)하고, 수하인에게 도착통지·통관대행·후불운임을 징수한다.

징수한 운임은 약정에 따라 송금하고, 일정기간 단위로 수수료를 정산하고 있다. 또한 House AWB의 최종목적지가 이원지역(離遠地域)이면, 그 화물에 대해 다시 운송장을 발행하여 최종목적지까지 운송을 주선한다. 근래에는 서비스 향상과 수요 창출을 위해 화물이 도착하면 통관·배달하는 문전서비스 체제를 구축하고 있다.

한편 혼재화물로 수탁받지 않는 화물 20여 종류가 있다. 주요 화물을 열거하면 ① 귀중품(1kg당 $1,000 이상의 화물·귀금속), ② 통화·증권·채권·미사용 우표 등, ③ 서신, ④ 생동물, ⑤ 시체, ⑥ 변질되기 쉬운 화물, ⑦ 폭발물 등의 위험물이다.

제3절 국제택배

1 국제택배의 개념 및 특징

국제택배란 서류 및 소형·경량 물품을 항공기를 이용하여 문전서비스를 제공하는 것이다. 1970년대 미국에서 항공운송사업의 규제완화를 계기로 개발된 신종 서비스로 한국에서도 기업의 해외진출과정에서 신속한 문서전달수단으로 활성화되었다.

국제택배는 외국의 택배업체와 제휴하여 우편법의 제한을 받지 않는 운송서류·계약서·업무서류·카탈로그·설계도 등의 문서를 대상으로 하는 상업서류송달(courier) 서비스와 상품의 견본·선물·기계부품 등의 소형·경량 물품의 탁송품(parcel) 배달서비스로 45kg 이하의 시판용이 아닌 물품만을 영업대상으로 했었다.

그 특징으로,

① 스피드를 생명으로 일정기간 내에 인도를 보장한다.

② Door to Door(or Desk to Desk) 서비스를 제공한다.

③ 일괄요금(package fee)으로 수령에서 인도까지 풀서비스한다.

④ 이용자는 거의 기업이고, 90% 이상이 서류 등의 쿠리어 화물이다.

⑤ 항공화물의 80% 정도가 45kg 이하의 소형화물로 탁송물의 신장세가 매우 높다.

그 운영방식으로는 3가지 형태가 있다.

① 자사혼재방식

단독으로 탁송물을 일정단위로 모아 항공사에 직접 탁송하는 것이다. 이때 자사의 네트워크를 벗어나는 서류 등의 쿠리어 화물은 쿠리어 전문업체에게 중계된다.

② 타사혼재방식

대부분의 택배업자가 취하는 방법으로 타사와 연계하여, 상호 네트워크를 이용하여 혼재운송하는 것이다. 탁송품의 경우 통상 이 방법에 의존하고 있다.

③ On Board 방식

택배품을 탁송수하물로 항공사에 탁송하는 방법으로 쿠리어(서류수송)에서 볼 수 있다. 온보드 택배품은 간이통관(여행용구 통관)이 인정되고 있다.

그러나 위 방법은 초기의 이야기이고, 지금은 FedEx · UPS · DHL 등의 국제택배업체들이 500~600대의 항공기를 소유(또는 임차)하여 전세계 시장에 직접 운반하고 있다.

2 국제택배 서비스 현황

MS의 빌 게이츠 전 회장은 "21세기는 소프트웨어와 택배산업이 최고의 성장률을 기록할 것"으로 전망했다. 그런데 택배는 인터넷 이전에도 존재했었다. 오래전부터 통신판매(mail order)가 성행한 미국 · 유럽 등은 택배시스템이 잘 갖춰져 있다. 한국은 TV 홈쇼핑으로 택배의 중요성이 부각되긴 했지만, 그 가치가 강조된 계기는 전자상거래의 활성화 이후이다. 사이버쇼핑 · 모바일 쇼핑 등 무점포판매의 급성장이 전세계적인 택배수요의 확대로 이어지고 있다.

(1) UPS(United Parcel Service)

UPS는 가장 오랜 역사를 자랑하고 있다. 1907년 시애틀에서 19세의 James Casey가 친구로부터 $100를 빌려 American Messenger Company를 설립하여 '최고의 서비스를 최저의 요금으로'(Best Service and Lowest Rates)라는 슬로건을 걸고 출발한 UPS는 주로 미국내의 백화점, 우편주문점(Mail Order House) 등의 배달서비스를 대행하면서 성장해 왔다.

1919년 상호를 UPS로 바꾸고 1975년에 최초로 캐나다에 사업소를 개설하였으며 1976년에 서유럽에 진출하여 타사에 비해 국제화가 늦은 편이다. 본사는 조지아주 애틀란타에 있다. UPS의 사풍을 흔히 "몰몬교와 해병대를 합해 둘로 나눈듯한 것"으로 비유하곤 했는데, 그것은 집배원(集配員)들이 머리를 짧게 자르고, 갈색 제복도 항상 반듯하게 다려 입어야 하며, 종업원지주제를 실시하는 등 독특한 기업문화를 갖고 있기 때문이다.

UPS는 2024년 현재 50만명, 차량 12만대, 항공기 501대(전세 210대 포함)로 200개국을 서비스하여 2023년 매출총액은 $910억이다.

(2) FedEx(Federal Express Corporation)

미국에서 FedEx라는 고유명사는 최단시간에 물품을 전달해주겠다는 뜻의 동사로 쓰일만큼 친숙하다. 1989년 세계 최대의 화물항공사 Flying Tiger를 매수하여 종합항공화물운송사(integrated air carrier)[4]로 변신한 페덱스는 1971년 6월에 창업하였으며,[5] 테네시주 멤피스의 본사와 아시아는 홍콩, 유럽은 브뤼셀에 지역본부가 있다.

일반기업의 업무가 끝나는 시점에 페덱스의 화물전용기는 운항을 시작하기 때문에 '별밤의 항공사, 올빼미 작전' 등으로 회자되기도 한다. 51만명의 인원이 650대의 항공기와 21만대의 차량으로 220개국에서 서비스하며 2024년 매출총액은 $877억이다.

페덱스는 서류보다는 비서류, 즉 각종 수출입화물에 강세를 보인다. 페덱스는 기

4) 공중과 지상을 연결하는 포괄수송서비스로 완전한 Door to Door 서비스를 제공하는 기업이다.

5) 창업자 Fred Smith(1944~)는 예일대에서 Hub & Spoke와 일야인도(一夜引渡, overnight delivery) 집배시스템에 대한 리포트로 C학점을 받았다. 해병대 장교로 월남전에 2번이나 참전하여 무공훈장을 3개나 받고 1969년 전역한 뒤, 1971년 FedEx를 창업하여 자신의 리포트 아이디어를 현실화하여 A++로 성공한 인물이다.

【 Federal Express Carrier 】

업용 서류를 전달하는 특송기업의 이미지를 벗고, 종합물류기업(integrator)으로 거듭나고 있다. 수출입상이 창고가 필요하면 페덱스가 창고시설을 빌려주고, 재고관리와 통관업무도 맡아 처리해주고 있다.

페덱스는 통신위성과 연결된 최첨단 추적시스템 FedEx COSMOS를 1979년부터 가동하고, 현재는 인터넷과 연결하여 실시간 추적서비스를 제공하여 정시배달률이 99%에 달하며 배송현황을 실시간(real time)으로 제공한다. 직원들은 Super Tracker라는 검색기에 화물정보를 시시각각 입력하여 고객에게 화물의 위치를 정확히 알려준다.

2015년 4월 페덱스는 유럽에 탄탄한 육상운송 네트워크를 갖추고 있는 네덜란드의 TNT Express를 $48억(5조원)에 인수했다. 항공운송에선 유럽영업이 문제가 없지만, 트럭과 창고가 필요한 육상운송에 취약한 페덱스에게는 온라인쇼핑 활성화로 가정까지의 배달이 늘어 육상운송이 중요해 인수한 것이다. 페덱스는 TNT 인수로 5만8천명의 인력과 19개의 육송허브와 550개의 창고를 얻었다.

(3) DHL

국제택배의 신구자[6]인 DHL은 창업자인 변호사 3인(Dalsey, Hillblom, Lynn)의 머리글자를 딴 것으로 1969년 샌프란시스코에서 출범했다. 이들은 '서류배달이 너무 늦은 것이 불만스러워' 미국 서해안과 하와이를 오가며 선하증권(B/L)을 긴급 우송하는 것부터 시작했다. 1970년대 초부터 필리핀·일본·홍콩·싱가포르·호주에 진출한 DHL은 1970년대에 다국간서비스를 제공하는 유일한 국제택배업체였다.[7]

6) 타사들은 미국내에서만 영업을 했던데 비해 DHL이 설립은 늦었지만 국제택배서비스를 처음 개시했고, 특히 문서송달에 강세를 보였다.

DHL은 냉전시대의 소련·동유럽·이란·이라크·중국·베트남·북한 등에 진출하여 국제화가 가장 빠르고 강한 업체였다. 2002년 독일 체신청(Deutche Post)이 DHL을 100% 인수하여 지금은 독일기업이 되었다. 전세계 220개국을 서비스하며, 종업원 9만명, 8만대의 집배차량, 250대의 비행기, 2016년 매출액은 ₡168억에 달했다(DHL의 현황은 Deutsche Post DHL Group의 재무제표에 섞여 있어 2016년 이후의 실적은 알 수 없다). 그러나 적자누적으로 2009년 1월부터 미국내 항공·육상 택배를 중단했다. 미국 밖의 국제택배는 계속 서비스한다.

DHL은 1977년부터 일양익스프레스를 대리점으로 지정하여 최초로 한국에서 국제택배업을 해오다가, 2001년에 일양과 DHL이 각각 90 : 10의 비율로 DHL Korea를 설립하고 직영체제로 전환했다. 한국내 국제택배는 DHL이 약 40%를 점하고 페덱스와 UPS가 각각 20% 선에서 근소한 차이로 2, 3위를 점한다. 한국인들에게 DHL은 곧 국제특급우편을 대변하는 보통명사와 같이 친숙한 브랜드이다.

3 한국 택배업체의 국제택배

해외교민·유학생·주재원 등에게 보내는 소화물이 증가하면서 국내 택배업체들도 국제택배를 강화해 왔다. 합병전의 대한통운은 UPS, 현대택배(=현재의 롯데택배)는 FedEx, 한진은 FedEx·DHL 등과 제휴하여 서비스해 오다가 2006년부터 각각 독자행보를 시작했다.

대한항공 계열의 한진이 국제택배에 가장 적극적이다. 한진은 1989년 미국 LA지점 설립을 시작으로 뉴욕·시카고 등에 10여개 영업소와 200여개의 화물센터를 운영하며, 대한항공 직항편을 이용하여 2009년 유학준비생·어학연수생을 위한 특화서비스를 개시했다. 유학서류를 전세계 어느 곳이든 건당 2만원(0.5kg)에 배송해 주는 서비스이다.[8)]

대한통운은 미국 UPS와 합작법인[9)]을 통해 국내 최초로 국제택배를 개시하여 '코

7) 현재 세계 최강으로 꼽히는 FedEx는 1981년에 캐나다 토론토에 진출하면서 국제택배를 시작했고, UPS는 1975년에 캐나다, 1976년에 독일에 진출했지만 초기에는 각각 국내서비스에 그쳤다.

8) 2009년 5월 개시한 한진의 유학서류 서비스로 고객을 빼앗긴 DHL도 11월부터 전세계 어디든 2만2천원에 보낼 수 있는 서비스를 개시했다. 그래서 경쟁은 소비자를 기쁘게 한다.

9) UPS는 1988년 고려항공화물을 대리점으로 지정하여 한국에 진출했었고, 1996년 3월 대한통운과 합작법인 UPS-KEC를 설립하여 국제택배를 서비스했었다.

리아 익스프레스'라는 국제택배 전담조직을 만들고 서비스해 오다가, 소유지분을 UPS에 넘기고 2008년 4월 금호아시아나그룹에 팔렸고, 다시 2011년 12월 CJ그룹이 인수하여 2013년 4월 CJ대한통운으로 출범하면서, 기존의 CJ택배의 해외네트워크와 결합하여 서비스하고 있다.

합병전의 CJ도 2010년 독일 프랑크푸르트, 2011년 영국 런던에 거점을 마련했었고, 2009년 인도 TV홈쇼핑 시장에 진출한 CJ오쇼핑을 교두보로 2011년 7월 인도에서 현지 택배사업을 시작했다. 현지법인을 설립하고 물류센터·배송차량·IT시스템 등 인프라를 갖춰 집하·배송뿐만 아니라 창고보관·유통가공·재고관리 등 토털서비스를 제공하고 있다.

그리고 2010년을 전후로 해외직구(海外直購)가 성행하면서 내국업체의 국제택배도 활성화되고 있다.[10] CJ대한통운·한진·우체국이 2025년 현재 국제택배업계의 3강 구도를 형성하고 있다. CJ대한통운은 미국·중국·독일 등 16개국 71개 거점을 두고 안정적인 국제택배를 서비스하고 있다.

전술한 바와 같이 한진은 미국 50개주 전역을 3일 내에 배송하는 프리미엄 국제특송 서비스와 시급하지 않은 화물을 저렴한 요금으로 배송하는 이코노미 서비스 등 다양한 서비스를 제공해 높은 호응을 얻고 있다. 한진의 해외배송 플랫폼인 이한엑스(eHanEx)는 해외배송·구매대행 서비스를 제공하고, 미국·일본·중국 상품을 포장부터 통관까지 원클릭으로 처리해 직구족(直購族)들에게 인기를 끌고 있다.

1979년 사업을 개시한 우체국 EMS(Express Mail Service)는 UPU(만국우편연합)의 서비스 품질평가에서 최고상인 금상을 7년 연속 수상하는 등 국내외에서 서비스품질을 인정받았다. 특히 국제전산망을 통해 미국·일본·영국·홍콩 등 약 59개국으로 발송한 물품의 배송상황을 실시간으로 조회할 수 있다. 우체국은 UPS와 제휴하여 전세계 210여개국 UPS 네트워크를 활용, 'EMS 프리미엄'서비스를 제공하고 있다.

10) 해외직구는 2000년경부터 시작되어 2010년 이후 대중화되고 급성장했다. 2024년 1/4분기(3개월) 해외직구는 1조 6,476억원으로 중국 9,384억원, 미국 3,753억원, EU 1,421억원이며, 화장품 6,757억원, 의류·패션 3,798억원, 음반·비디오·악기 1,259억원 순이다. 2024년 1/4분기 해외직판은 3,991억원으로 중국 2,434억원, 미국 582억원, 일본 545억원이며 화장품 2,471억원, 의류·패션 771억원, 음반·비디오·악기 181억원 순이다.

Chapter

11 항공운송에 관한 국제조약 및 국제기구

제1절 항공운송에 관한 국제조약

1차대전 후 급속도로 발달한 항공운송이 국내뿐만 아니라 국제적인 교통수단으로 발전됨에 따라, 항공업무의 국제적인 협조 및 통일규제가 요구되어, 국제항공운송의 규정에 관한 통일조약인 바르샤바조약이 체결된 이후, 헤이그의정서와 몬트리올협정에 의한 개정을 거쳐 오늘에 이르고 있다.[1)]

1 바르샤바조약(Warsaw Convention)

1925년 10월 항공운송업계는 항공운송인의 책임에 관한 조약의 마련을 위해 항공법에 관한 국제회의를 파리에서 가졌다. 이 회의에서 항공운송인의 등록, 담보권의 인정・이전, 차압(差押), 공동공손(共同空損), 항공기 임대차, 제3자에 대한 손해배상 및 책임제한, 보험, 승무원의 법적 지위 등의 제문제를 연구・토의하였다.

동시에 이 회의에서 항공사법(航空社法)에 관한 제조약의 초안작성을 위한 자문기관으로 국제항공법전문위원회(CITEJA)를 설치하였고, 여기서 작성된 조약초안을 중심으로 1929.10.12. 바르샤바회의에서 체결한 것이 바르샤바조약[2)]이다.

이 조약은 '항공운송인의 책임에 관한 통일조약'으로 제정되었는데, 항공기 사고

1) 1919년 파리에서 조인된 CINA(International Convention for Air Navigation)가 국제항운의 모법(constitution) 역할을 하고 있다. CINA는 공중에 대한 주권(sovereignty)을 인정하여 민항기가 타국의 영공을 통과하려면 그 나라의 허가를 얻도록 규정하였다. CINA는 유럽의 26개국만 비준하여 세계적인 항공조약이 되지 못했다. 한편 1928년 2월 하바나에서 조인된 민항에 관한 미주조약(Pan-American Convention on Commercial Aviation)도 영공에 대한 주권이 불가침(complete & exclusive)임을 재천명하였는데 미국 등 21개국이 비준했다.

2) 정식명칭(title)은 '국제항공운송에 관한 규칙통일을 위한 조약'(Convention for the Unification of Certain Rules Relating to International Carriage by Air)

로 인한 여객·화물에 대한 손해배상 범위·책임한도를 설정하여 항공운송인과 여객·화주의 이익을 조정하는 공평의 원칙을 견지하고 있다. 항공운송인의 책임에 관한 주요 내용을 정리하면 〈표 11 1〉과 같다.

운송인은 여객운송시 항공기내 또는 승강중에 발생한 승객의 사망·부상 등에 대해 배상할 책임이 있고(제17조), 화물(수하물 포함) 운송시 화물의 파손(destruction)·멸실(loss)·훼손(damage)에 대해 배상해야 하며(18조 1항), 여객, 화물 및 수하물(위탁수하물 : checked baggage, 휴대수하물 : unchecked baggage)의 연착(delay)으로 발생한 손해에 대해서도 책임을 져야 한다(제19조).

[표 11-1 바르샤바조약]

서명일		발효일
1929. 10. 12		1933. 2. 13
가맹국	101개국(미·영·러 등), 한국·태국·터키·베트남 등은 비가입	
책임한도액	여　　객 : 1인당 125,000FGF(US$10,000) 위탁수하물 : kg당 250FGF(US$20.00) 휴대수하물 : 1인당 5,000FGF(US$400.00) 화　　물 : kg당 250FGF(US$20.00)	
적용원칙	과실추정주의, 유한책임*	
청구기한	Damage 위탁수하물 : 수령후 3일내 화　　물 : 수령후 7일내 Delay 위탁수하물 : 처분가능일후 14일내 화　　물 : 처분가능일후 14일내	

주 ① FGF는 French Gold Franc의 약자이며 포앙카레 프랑(Poincare Franc)이다.
② 괄호안의 US$는 FGF를 1978.3.31. 미국이 공시한 金의 최종공정가격(US$42.22/oz)으로 환산한 금액.
③ 위탁수하물은 여객이 직접 기내(機內)에 반입하지 않고, 화물표를 받아 별도로 화물칸에 적재·운송하는 화물이다.

* 과실추정주의는 운송중에 발생하는 모든 사고에 대해 일단 운송인에게 과실이 있는 것으로 추정한다. 따라서 운송인은 무과실을 입증해야 면책이 될 수 있다. 유한책임은 책임한도액 이상을 배상하지 않는다는 의미이다. 다만 운송장이 불비·불완전한 경우와 운송인의 고의로 손해가 발생한 때(제25조)에는 운송인은 무한책임을 진다.

2 헤이그의정서(Hague Protocol)[3]

바르샤바조약 체결후 25년이 지나는 사이에, 특히 2차대전 후의 항공운송은 놀

3) 정식명칭은 "1929년 10월 12일 바르샤바에서 서명된 국제항공운송에 관한 통일규칙을 위한 조약의 개정을 위한 의정서"(Protocol to Amend the Convention for the Unification of Certain Rules Relating to International Carriage by Air Signed at Warsaw on 12 October 1929)

랄만큼 발전하였고, 인권의 신장·생산력의 증대로 인간의 가치가 증대되었으며, 항공기술의 발달로 그 안전도(安全度)도 많이 향상되어, 25년전의 바르샤바조약으로는 여러 가지 면에서 현실에 맞지않아 바르샤바조약을 개정하게 된 것이다. 즉, 바르샤바조약을 시대의 변화를 반영하여 현실화하는 것이 개정의 목적이며, 특히 중요한 것이 여객에 대한 책임한도액이다.

책임한도액에 대한 국제적 통일을 기하기 어려운 여건인데도, 그것을 바르샤바조약의 2배(25만 포앙카레 프랑 : US$20,000)로 인상했다는 것은, 어느 정도 현실을 반영한 헤이그의정서의 의의라 할 수 있겠다(〈표 11-2〉).

본 의정서의 특징은 ① 조약과 협정을 합쳐서 하나의 단일문서로 본다고 규정한 점, ② 여객에 대한 책임한도액을 100% 인상한 점, ③ 고의비행(wilful misconduct)의 개념을 구체화한 점, ④ 운송인의 이행보조자(servants and agents)도 책임제한을 원용할 수 있는 점, ⑤ 운송장의 기재내용을 단순화한 점, ⑥ 양도가능 항공운송장의 발행가능성을 규정한 점, ⑦ 클레임 청구기한을 연장한 점, ⑧ 화물·수하물에 대한 과실면책조항을 삭제한 점 등이다.

그리고 원조약의 당사국이 아니더라도 이 의정서를 비준하면 개정조약에 대한 가입효력이 있다. 이러한 규정에 따라 우리나라도 1967.10.11.부터 개정조약의 효력이 발생되었다. 미국은 가입하지 않고 있다.

[표 11-2 헤이그의정서]

<table>
<tr><th colspan="2">서명일</th><th>발효일</th></tr>
<tr><td colspan="2">1955. 9. 8</td><td>1963. 8. 1</td></tr>
<tr><td>가맹국</td><td colspan="2">77개국(한·영·러 등), 미국·중국 등은 비가입</td></tr>
<tr><td>책임한도액</td><td colspan="2">여　　객 : 1인당 250,000FGF(US$20,000)
위탁수하물 : kg당 250FGF(US$20.00)
휴대수하물 : 1인당 5,000FGF(US$400.00)
화　　물 : kg당 250FGF(US$20.00)</td></tr>
<tr><td>적용원칙</td><td colspan="2">과실추정주의, 유한책임</td></tr>
<tr><td>청구기한</td><td colspan="2">Damage 위탁수하물 : 수령후 7일내
화　　물 : 수령후 14일내
Delay 위탁수하물 : 처분가능일후 21일내
화　　물 : 처분가능일후 21일내</td></tr>
</table>

3 몬트리올협정(Montreal Agreement)

1955년의 헤이그의정서에 대해 미국은 여객에 대한 책임한도액 25만 골드프랑이 너무 낮다는 이유로 이를 비준치 않고 오히려 1965년 11월 폴란드 정부에 바르샤바 조약을 탈퇴하겠다는 통보를 하였다. 이에 ICAO는 미국의 탈퇴를 막기 위해 회원국의 특별총회를 가졌으나, 미국의 한도액과 대다수 국가의 한도액 간에 격차가 커서 합의에 도달하지 못했다.

여기에 그때까지 방관적 태도를 취하던 IATA가 미국 정부와 직접 교섭을 하지 않고, 미국을 출발・도착・경유하는 주요 항공사들의 회의를 몬트리올에 소집하여, 〈표 11-3〉과 같이 항공사들이 협정을 맺어 미국 정부의 동의를 얻었다. 이와 같은 항공사간의 협정이 바로 몬트리올협정이며 1966.5.13. 미국 민간항공국(Civil Aero- nautics Board)의 승인을 얻어 5월 16일자로 발효되었다.

이에 따라 미국을 경유하거나 출입하는 항공사들은 1966.5.16. 발효된 몬트리올협정이 포함된 운송약관을 미국 민간항공국에 제출해야 했다. 그리고 몬트리올협정 체결에 따라 미국은 바르샤바조약 탈퇴서를 철회하고, 미국 국내선 항공사 포함 100여개국의 항공사가 가맹・발효되고 있다.

주요 내용은 다음과 같다.

① 여객에 대한 책임한도를 소송비・제비용을 포함할 경우에는 US$ 75,000, 소송비・모든 비용에 대해 별도의 규정을 두고 있는 국가는 US$58,000로 인상했다.

② 바르샤바조약과 그 개정조약이 다같이 운송인의 책임에 대하여 과실추정주의를 취하고 있는데 반하여, 이 협정은 손해의 결과에 대해 절대적으로 책임을 지는, 즉 면책(免責)의 항변(抗辯)이 일체 용인되지 않는 절대책임주의(doctrine of absolute liability)를 취하고 있으며, 오직 여객운송에 관한 규정만 두고 있다. 따라서 화물운송에 대해서는 바르샤바조약이 그대로 적용된다.

③ 항공운송인은 원조약 20조 1항의 운송인 면책규정을 원용할 수 없다는 것이다. 따라서 승객에게 기여과실(contributory negligence)[4]이 있는 경우를 제외하고, 운송인은 협정 17조에 규정된 사고에 대하여 절대책임을 진다.

4) 승객이나 화주의 잘못으로 인해 사고 또는 손해가 발생한 경우를 의미한다.

[표 11-3 몬트리올협정]

서명일		발효일
1966. 5. 13		1966. 5. 16
항공사	미국 : 573사, 외국 : 112사	
책임한도액	여 객 : 1인당 US$75,000(소송비용 포함) US$58,000(소송비용 불포함) 위탁수하물 : kg당 US$20.00 휴대수하물 : 1인당 US$400.00 화 물 : kg당 US$20.00	
적용원칙	유한책임, 과실추정주의(화물), 절대책임주의(여객)	
청구기한	바르샤바조약과 동일	
적용구간	Origin/Destination/Agreed Stopping Place가 U.S.A인 경우에만 적용	

4 기타의 조약 및 의정서

(1) 과달라하라조약

항공기의 임대차(hire), 용기(傭機, charter), 상호용기(相互傭機, interchange) 등의 꾸준한 증가로 ICAO의 법률위원회는 이에 관한 새로운 조약의 필요성을 느껴 1960년 9월 몬트리올 회의에서 초안을 마련하였다.

이를 토대로 1961년 9월 멕시코의 과달라하라(Guadalajara)에서 과달라하라조약[5]을 채택하였는데, 이것이 1961년 9월에 서명을 시작하여 1964년 5월에 발효되었다. 이 조약 역시 바르샤바조약・헤이그의정서와 합하여 하나의 단일문서를 구성한다.[6] 우리나라와 미국 등은 가입하지 않았다.

(2) 과테말라의정서

조약의 개정은 계속 이어지기 마련이다. 1965년 ICAO 총회에서 또다시 책임한도액 개정의 필요성이 제기되어, 1971년 과테말라 외교회의에서 통과되었는데 이를

5) 정식 명칭은 "계약운송인이 아닌 자가 행한 국제항공운송에 관한 규칙통일을 위한 바르샤바조약을 보완하는 조약"(Convention Supplementary to the Warsaw Convention for the Unification of Certain Rules Relating to International Carriage by Air performed by a Person Other than the Contracting Carrier).

6) 1929년 바르샤바조약, 1955년 헤이그의정서, 1966년 몬트리올협정, 과달라하라조약을 총칭하여 바르샤바 체제(Warsaw System or Instruments)라 한다.

과테말라의정서(Guatemala Protocol)[7]라 한다. 이는 1955년 헤이그의정서의 개정의정서로서 2003년 11월의 몬트리올조약(Montreal Convention)으로 승계·발효되었다.

주요 내용은 여객의 사상에 대한 운송인의 절대책임, 책임한도액의 절대성(unbreakable liability limitation),[8] 한도액의 정기적 자동수정, 화해촉진조항 신설, 내국적 보조조치(domestic supplement)[9]의 허용, 재판관할권의 확대 등 바르샤바체제를 근본적으로 개정하는 것들이다.

(3) 몬트리올 제1·제2·제3·제4 추가의정서

과테말라의정서는 여객·수하물 운송규정의 개정에 초점을 두고 있으므로 화물·우편물 운송규정도 보조를 맞출 필요가 있었다. 이에 1972년 5월 ICAO 법률위원회가 작업에 들어가 1975년 9월 몬트리올 외교회의에 초안이 제출되었다. 그런데 그 회의에서 바르샤바조약, 헤이그 및 과테말라의정서에 표시된 통화단위를 포앙카레 프랑에서 SDR로 변경해야 한다는 제안이 있었고, 이를 받아들여 채택된 것이 바로 1·2·3·4 의정서이다.

제1추가의정서(Montreal Additional Protocol No.1)는 바르샤바조약의 화폐단위인 포앙카레 프랑을, 제2추가의정서는 헤이그의정서, 제3추가의정서는 과테말라의정서의 포앙카레 프랑을 각각 SDR로 변경하는 것이며, 제4추가의정서는 화물·우편물 운송에 관한 개정의정서이다(〈표 11-4〉).

그러나 이들 의정서들은 미국·일본·독일 등 주요국이 비준을 하지 않은 상태에서 발효요건인 30개국이 비준하여 1998년 6월에 발효되었다. 그러나 항공운송의 경우 특히 영향력이 큰 미국이 항공운송장의 전자화를 위해 1999년 3월 제4추가의정서만 비준하여 현재 제4추가의정서만 발효되고 있다.[10]

바르샤바조약 제3조에 출발지에서 목적지까지 항공운송장을 휴대하기로 되어 있는데, 제4추가의정서는 "송하인의 동의하에 운송기록을 갖춘 어떠한 방법으로도 운송장을 대체할 수 있다."로 변경하고 있다. 따라서 항공사와 포워더는 항공운송장

7) The 1971 Protocol of Guatemala City to Further Amend the 1929 Warsaw Convention.

8) 바르샤바조약·헤이그의정서·몬트리올협정에서는 운송증권의 불비·불완전과 운송인의 고의로 손해가 발생하면, 운송인은 무한책임을 지는데, 본 의정서에서 규정한 한도액이 최고한도액으로서 어떠한 경우(故意 포함)에도 이 한도액을 초과할 수 없다는 의미이다.

9) 국내법으로 조약의 내용변경이 가능하다는 의미로, 예컨대 한도액을 늘리거나 줄일 수 있다는 말이다.

10) 제3추가의정서는 여객에 대한 항공사의 책임한도를 10만SDR로 인상했지만, 미정부는 무한책임을 주장하면서 제3~4추가의정서를 분리하여 비준했던 것이다.

의 EDI 전송으로 문서비용이 절감되어 수백만달러를 절약할 수 있게 되었다.

[표 11-4 조약의 책임한도 비교]

조약 \ 책임원인	여객의 사상 · 연착	휴대수하물의 멸실 · 파손 · 연착	화물 · 위탁수하물의 멸실 · 파손 · 연착
① 바르샤바조약(1929)	FGF125,000	FGF5,000	FGF250/kg
② 헤이그의정서(1955)	FGF250,000	FGF5,000	FGF250/kg
③ 몬트리올협정(1966)	US$75,000	US$400/1인당	US$20/kg
④ 과테말라의정서(1971)	FGF1,500,000(사상) FGF62,500(연착)	FGF15,000	FGF250/kg
⑤ 몬트리올추가의정서 1975 No. 1(바르샤바조약)	SDR8,300	SDR332	SDR17/kg
⑥ No. 2(헤이그의정서)	SDR16,600	SDR332	SDR17/kg
⑦ No. 3(과테말라의정서)	SDR100,000(사상) SDR4,150(연착)	SDR1,000	수하물 : SDR1,000 화물 : SDR17/kg
⑧ No. 4(화물 · 우편물)	–	–	SDR17/kg

1. 화물 및 위탁수하물의 책임한도는 "가격신고"가 없을 경우임.
2. ③의 US$75,000은 소송비용이 포함된 금액이며, 포함되지 않으면 US$58,000이다.

(4) 몬트리올조약(Montreal Convention)

몬트리올조약은 바르샤바조약과 관련협정의 통합을 위해 가진 1999.5.28. 몬트리올의 ICAO 국제항공법회의에서 채택되어 2003.11.4. 발효되었다.[11)]

몬트리올조약은 바르샤바조약의 기본구조를 유지하면서 ① 항공운송인의 손해배상책임을 강화하고, ② 여객운송 관련소송에 있어 바르샤바조약의 4개 관할권에 제5관할권[12)]을 추가하고, ③ e-비즈니스 관련사항을 새로 규정하는 등 일부 내용을 개정하였다.

또한 5년 주기로 IMF의 물가상승률(10% 이상일 때)을 반영하여 배상한도를 재조정하고, e-비즈니스와 관련하여 운송증권을 서면(書面)으로 교부하지 않더라도 책

11) 정식명칭은 "국제항공운송규칙에 관한 통일조약"(The Convention for the Unification of Certain Rules For International Carriage by Air). 우리나라는 2007.9.20. 조약을 비준하여 2007.12.29.부터 발효되었다.

12) 바르샤바조약에서 인정한 ① 운송인의 주소지, ② 운송인의 주영업소 소재지, ③ 운송계약이 체결된 영업소 소재지, ④ 도착지 법원의 4개 관할에, 추가로 ⑤ 승객의 주소지 법원을 제5관할로 인정하였다.

임제한을 원용할 수 있게 하였다.

운송인은 화물의 파괴·분실·손상으로 인한 손해와 승객의 수하물과 화물의 지연으로 인한 손해에 대하여 책임을 져야 한다. 수하물·화물과 관련한 항공운송인의 배상책임한도는 수하물의 파괴·분실·손상·지연은 승객 1인당 1,000SDR, 화물의 파괴·분실·손상·지연은 화물 1kg당 17SDR이다. 다만 송하인이 그 가액을 신고하고 추가요금을 지불하면 운송인은 신고가액을 한도로 배상해야 한다.

그러나 운송인·고용인·대리인의 고의나 손해의 발생을 인지하고 행한 작위·부작위에 의한 손해로 입증될 경우 책임제한은 적용되지 않는다.

우리나라는 '상법 항공운송편'이 담긴 상법 개정안이 2013년 11월부터 발효되어 승객이 사고로 숨지거나 상해를 입으면, 항공사는 10만SDR(1억 8천만원)까지는 별도의 소송절차 없이 배상책임을 진다. 여객기의 연착은 승객 1인당 최대 국제선 4,150 SDR(750만원), 국내선 500SDR(90만원)까지 항공사가 배상해야 한다.

[표 11-5 몬트리올조약]

서명일		발효일
1999. 5. 28		2003. 11. 4
가맹국	미국·EU·일본·중국·한국 등 133개국 비준(2018.9. 현재)	
책임한도액	여객(사망, 부상) : 100,000SDR → 113,100→ 128,821→151,880SDR/kg(下同) 여객(지연) : 4,000SDR → 4,694→ 5,346→6,303SDR/kg(2024.12.28.) 위탁수하물 : 17SDR/kg → 19→ 22→26SDR/kg(上同) 휴대수하물 : 1,000SDR → 1,131→ 1,288→1,519SDR/kg(上同) 화물 : 17SDR/kg → 19→ 22→26SDR/kg(上同)	
적용원칙	절대책임주의, 유한책임	
청구기한	Damage 위탁수하물 : 수령후 7일내 화 물 : 수령후 14일내 Delay 위탁수하물 : 처분가능일후 21일내 화 물 : 처분가능일후 21일내	

* 물가상승률이 10% 이상일 경우 5년 주기로 책임한도액을 반영하기로 한 조약 24조에 따라 2004~2009년 IMF 소비자물가지수(CPI) 상승률 13.1%를 적용하여, 책임한도를 2009.12.30. 1차, 2019.12.28. 2차, 2024.12.28. 3차로 인상하였다.

5 바르샤바조약(헤이그의정서)의 적용대상

바르샤바조약(헤이그의정서)(이하 조약)은 적용대상을 다음과 같이 규정하고 있다. "이 조약은 항공기로 행하는 수하물·화물의 모든 유상(有償)의 국제운송에 적용한다. 또한 이 조약은 항공사가 무상(無償)으로 행하는 항공운송에도 적용한다."(1조 1항).

따라서 항공운송을 업으로 하고 있는 자가 행하는 승객·수하물·화물의 국제운송에 대해서는, 유상이든 무상이든 모두 이 조약을 적용하지만, 항공운송을 업(業)으로 하지 않는 자가 대가를 받지 않고 행하는 항공운송에는 적용하지 않는다. 또한 '화물'에는 우편물이 포함되지 않는다. 즉, 제2조 2항에는 "이 조약은 우편물·소포우편물 운송에는 적용하지 않는다."는 규정이 있다.

'국제운송'은 당사자들의 약정으로 운송중단·환적의 유무에 관계없이 출발지·도착지가 각각 체약국(締約國)내에 있는 운송, 그리고 출발지·도착지가 체약국내에 있고 타국(체약여부 불문)을 예정기항지로 하는 운송을 말한다. 체약국내의 내국운송은 국제운송으로 인정하지 않는다(제1조 2항). 즉, 이 조약에서 말하는 '국제운송'은 다음의 ①·②·③의 운송에 한하고 ④·⑤는 포함되지 않는다.

① A 체약국내 공항 → B 체약국내 공항
② A 체약국내 공항 → B 체약국내의 예정기항지 → A 체약국내 공항
③ A 체약국내 공항 → C 비체약국내의 예정기항지 → A 체약국내 공항
④ A 체약국내 공항 → A 체약국내 공항
⑤ A 체약국내 공항 → C 비체약국내 공항

또한 ②·③의 예정기항지는 기항이 예정되어 있는 공항이어야 하고, 불시착륙 등에 의한 착륙지는 예정기항지가 아니며, 이러한 운송은 국제운송에 해당되지 않는다.

제2절 항공운송에 관한 국제기구

1 FAI(Federation Aeronautique Internationale)

국제민간항공의 발전을 위해 각국의 민간항공단체를 1개국 1개 단체에 한하여 가맹시키기로 하고, 연맹설립을 위해 프랑스의 Aero-club을 중심으로 한 항공인들의 노력으로 1905년 10월 FAI(국제항공연맹)가 설립되었다.[13)]

FAI는 ICAO · IATA와 관계를 갖고, 민간항공단체가 바라는 항공정책의 방향 · 문제점 · 새로운 사업 등을 건의한다. FAI의 주요사업은 ① 일반항공, ② 항공우주, ③ 항공학술, ④ 항공스포츠, ⑤ 낙하산 · 모형기, ⑥ 항공기록에 관한 사항 등이다.

2 시카고 회의(Chicago Conference)

항공운송은 2차대전 후 항공기 제작기술의 발달에 힘입어 안전성의 제고 및 대량수송의 실현으로 눈부신 성장을 이루었다. 1960년대의 제트기 출현과 전자 · 전기기술의 발달로 안전성 · 자동화가 크게 높아져, 항공운송은 1970~80년대에 전세계의 평균 경제성장률의 3배에 달하는 연평균 6.5~8.5%의 고성장을 이룩했다.

그러나 이러한 항공운송의 성장은 국제항공질서의 확립에도 기초한다. 국제항공질서 확립의 계기는 보다 자유롭고 경제적인 항로의 설정과 전세계 항공운송의 표준 · 관행(standard and practices)의 정립을 위해, 미국이 1944년 11월 시카고에 소집한 국제민항회의이다. 여기에서 ① 'Five Freedoms'[14)]에 의한 하늘의 자유 확립, ② 국제민간항공조약의 제정, ③ 국제민간항공기구의 설치를 협의했다.

---

13) 1903년 라이트 형제의 최초비행 2년 후, 1905년 브뤼셀의 올림픽회의(IOC)에서 항공과학 · 항공스포츠 향상을 위한 국제항공연맹(FAI)이 탄생했다. 영문타이틀은 'World Air Sports Federation'으로 스포츠 조직으로 분류된다. 100개국 100만의 개인회원으로 구성되어 있고, 우주선을 포함한 각종 항공기, 즉 비행선 · 수상비행기 · 수륙양용비행기 · 활공기 · 모형항공기 · 낙하산 등에 대한 규칙제정 · 기록승인 등을 관장하는 비영리 민간항공단체로, 조종사의 면허를 관장하고 개인비행의 간소화를 위해 수첩(carnet)을 발급하며, 본부는 스위스 제네바 호반의 로잔(Lausanne)에 있다. 한국은 1959년에 가입했다.

14) ① 영공통과의 자유, ② 기술상의 목적(연료보급, 수리 등)을 위한 착륙의 자유, ③ 본국의 승객 · 화물을 타국에 수송할 수 있는 자유, ④ 타국으로부터 본국향(本國向) 승객 · 화물을 수송할 수 있는 자유, ⑤ 타국의 승객 · 화물을 3국간에 수송할 수 있는 자유, Full up Right라고도 한다.

민간항공기구의 설립목적은,

① 국제민간항공운송의 안정과 성장을 도모하고,

② 항공기 제작과 운항기술을 증진하며,

③ 항로・공항・운항설비의 발전을 도모하고,

④ 안전과 규칙적・효율적 항공운송을 위한 전세계인의 요구에 부응하고,

⑤ 불필요한 경쟁으로 인한 경제적 손실을 방지하는 등 각국 정부간의 국제협력 증진에 목적을 두고 있다.

그러나 하늘의 자유화(自由化, open sky policy)는 항공선진국의 국제항공시장 제패를 우려하는 대부분 국가들의 반대에 의해 무산되었고, 1946년 영국과 미국이 체결한 '버뮤다협정'을 효시로 국제항공운송은 2국간 쌍무협정으로만 이뤄지게 되어, 오늘날까지 2국간 항공협정체제가 국제항공질서로 정착되어 있다.

3 ICAO(International Civil Aviation Organization)

1944년 9월의 시카고회의(Chicago Conference)에서 결의된 국제민간항공기구(ICAO)가 1945년 6월 잠정적으로 설립되었다가, 1947년 4월 영구조직으로 유엔전문기관으로 발족했다. 총회, 이사회, 항공운송위원회, 항공운항업무 공동지원위원회, 법률위원회, 재정위원회, 사무국으로 구성되어 있고, 본부는 캐나다 몬트리올에 있다.

ICAO의 기능은,

① 항공운송의 안전성・정시성・효율성에 관한 국제표준・권고안을 채택하고, 채택한 내용은 시카고조약(Chicago Convention)의 부속서류(annexes)로 지정하여, 각체약국(各締約國)의 동의를 얻고,

② 국제항공법회의에서 국제항공법을 초안하고 ICAO 의결을 거쳐, 각 체약국의 비준절차를 밟고,

③ 공항시설 설치・공항운영, 기타 항공운항시설에 대한 기술적・재정적 지원을 하며,

④ 체약국간의 분쟁해결 등이다.

한국은 1952년 12월에 가입하였고, 현재 회원국수는 153개국이다.

4 IATA(International Air Transport Association)

ICAO가 정부간의 국제협력기구임에 반해, 1945년 4월 국제정기항공사들이 설립한 순수 민간단체로서 총회・집행위원회・운송위원회・재정위원회・기술위원회・법률위원회로 구성되어 있고, 본부는 몬트리올에 있다.

항공권의 약관을 포함한 항공권의 규격・발권절차를 통일하고, 운임협정 및 서비스 내용도 규정하여 항공사간의 출혈경쟁을 방지하며, 회원사의 판매업무를 위임하기에 적합한 대리점을 지정하는 외에 기술분야의 협력・통신약호의 통일・출입국 절차의 간소화 등을 위해 노력한다.

IATA의 주업무인 운임협정은 객화(客貨)를 불문하고, 전체 회원사가 동일하게 적용하고 있다. 이것을 기반으로 각 항공사는 상호 연계운송계약을 체결하여, 타사노선도 자사노선처럼 객화가 이용할 수 있게 하여, 발생 가능한 불편이나 시간적 지연으로부터 객화를 보호하고 있다.

그러나 IATA의 설정운임은 해당국가의 승인을 받게 되어 있어, 각국의 국내법에 따라 시행되고 있다. 2025년 현재 120개국 290개 항공사(전체 항공운송의 80%)가 가입하고 있다. 대한항공은 1989년 1월, 아시아나항공은 2002년 5월 가입했다.

바르샤바조약의 주요 규정

① 운송인의 책임

운송인은 화물의 멸실・손상에 대해 그 원인이 항공운송중에 발생한 것이면 책임을 진다. 손해의 원인이 '항공운송중'에 발생한 경우에만 운송인의 책임이라는 것이다. 항공운송중이란 화물이 공항 또는 항공기 내에 있거나, 공항이 아닌 곳에 착륙한 경우 등 어떤 장소이든 항공사의 관리하에 있는 기간이다.

'항공운송기간'에는 공중이 아닌 육상・해상・하천의 운송기간은 제외된다. 다만 이러한 운송이 운송계약 이행중의 적재・인도・환적을 위한 것이면, 반증이 없는 한, 손해는 항공운송 중에 발생한 깃으로 추정한다.

예컨대 항공사의 대리점이 수출화물을 송하인의 창고에서 공항까지 또는 창고와 공항의 중간지점에 있는 화물터미널까지 육상운송을 하면, 이 운송은 항공운송이 아니고 국내법상의 육상운송이다.

또한 항공운송에 필요한 적재・인도・환적을 위해 공항 밖에서 운송할 경우, 그 사고가 공항 밖에서 발생했다는 입증이 없으면, 항공운송 중에 발생한 것으로 추정한다. 이는 항공화물의 손해에 불명손해(concealed damage)가 많고, 사고발생장소의 확정이 어려우므로 운송기간이 긴 항공운송 중으로 추정하는 것이다. 그러나 반증이 없을 때로 한정하여, 사고가 공항 밖에서 발생했음을 입증하면 추정은 실효한다.

운송인은 화물의 연착으로 인한 손해에 대해 책임을 진다. 화물이 도착해야 할 때까지 도착하지 않아 수하인에게 손해가 발생하고, 운송인의 과실이 있으면 운송인에게 배상책임이 있다는 것이다. 운송인이 과실이 없었음을 입증하지 못하면, 운송인의 과실이 있었던 것으로 추정한다. 과실이 없었다는 거증책임은 운송인에게 있다.

운송인은 본인과 그 사용인이 손해의 방지를 위해 필요한 모든 조치를 취했다는 것 또는 그 조치를 취하는 것이 불가능했다는 것을 입증하면 책임을 면한다. 과실추정주의로 주의의무를 다 했음을 입증하면 운송인·그 사용인이 면책이라는 규정이다.

화물운송에 대한 운송인의 책임은 1kg당 250금프랑*을 한도로 한다. 다만 송하인이 화물을 운송인에게 인도할 때에 그 가액을 신고하고 할증운임을 지급한 경우에는 예외이다. 이때 운송인은 신고가액이 실제가액을 초과했다는 것을 입증하지 않는 한, 신고가액을 한도로 보상해야 한다. 할증요금은 곧 '종가요금'을 말하며, 신고가액은 원칙적으로 CIF 가액이어야 한다.

운송인의 책임을 면제하거나, 이 조약이 규정한 책임한도보다 낮게 약정한 약관은 무효이다. 약관은 무효이더라도 운송계약은 유효하여 이 조약의 적용을 받는다. 운송약관에 운송인이 화주에게 불리한 조건을 약정하면(면책·낮은 한도액 설정) 이용자 보호를 위해 무효로 한 것이다. 예컨대 연착에 대해 어떠한 경우에도 책임을 지지 않는다거나, 화물의 멸실에 대한 배상책임을 1kg당 US$20 미만으로 약정하는 것 등이다. 이때 그 약관만 무효이고 운송계약 자체는 유효하며 조약의 적용을 받는다.

운송인·그 사용인이 손해를 발생시킬 의도로 또는 손해가 발생할 것을 알면서 무모하게 행한 작위·부작위로 손해가 발생한 것이 입증되면 책임제한은 적용되지 않는다. 사용인의 작위·부작위인 경우 그가 직무수행 중이었음을 입증해야 한다. 운송인·그 사용인의 고의 또는 손해가 발생할 것을 예견하면서 감행한 행위로 인한 손해이면(사용인은 직무수행중의 행위였다고 입증된 경우) 책임제한을 원용할 수 없다는 것이다. 여기에는 부작위도 포함된다.

② 송하인의 권리 및 책임

송하인은 운송계약상의 모든 채무(債務)의 이행을 전제로, 화물의 회수를 위해 발송지·도착지·중간기항지에서 화물을 유치(留置, lien)하거나, 운송장에 기재된 수하인 이외의 자에게 도착지·기항지에서 화물을 인도하거나 출발지 공항으로 반송을 청구하여 화물을 처분할 수 있다. 그 권리의 행사로 운송인 또는 타인에게 손해를 끼쳐서는 않되고, 그 권리의 행사로 발생한 비용을 부담해야 한다. '운송계약상의 모든 채무'는 운임·제요금을 말한다.

즉, 송하인은 항공사에 화물을 인도한 후 ① 발송지 공항·도착지 공항에서 화물의 회수, ③ 운송도중에 화물의 유치 요청, ② 운송장에 기재된 수하인 이외의 자에게 화물의 인도 요청, ④ 발송지 공항으로 화물의 반송을 요구할 수 있는 권리가 있다. 다만 송하인은 항공운임 등 모든 채무를 지급해야 그 권리를 행사할 수 있다. 또한 이를 위해 소요된 비용을 지급할 의무가 있다.

운송인은 송하인으로부터 운송장을 받지 않고 화물의 처분에 대한 송하인의 지시에 따를 경우, 이로 인해 당해 운송장의 정당한 소지인이 입은 손해에 대하여 책임을 져야 한다. 이때 송하인에 대한 운송인의 구상권은 침해받지 아니한다.

송하인이 화물처분권을 행사할 때에는 운송인에게 운송장을 제시해야 한다. 제3자가 화물에 대한 권리를 송하인으로부터 양수받은 경우, 운송인은 그 운송장도 수취해야 한다. 항공운송장은 유가증권은 아니지만, 그 소지인에게 화물에 대한 지시권과 처분권을 인정하기 때문에, 운송인이 송하인의 지시에 따르는 경우, 운송장을 요구해야한다는 규정이다. 송하인의 권리는 수하인의 권리가 발생할 때에 소멸한다. 다만 수하인이 운송장 또는 화물의 수취를 거부하거나, 수하인을 알 수 없을 때에는 송하인은 권리를 회복한다.

송하인의 화물에 대한 처분권은 화물이 도착하여 수하인의 인도청구권이 발생하면 소멸한다. 다만 수하인이 운송장 또는 화물의 수취를 거부한 경우 또는 수하인의 소재를 알 수 없으면 '인도불능'이 되고 송하인의 화물처분권이 회생하여 수하인의 권리는 발생하지 않는다.

③ 수하인의 권리 및 책임

화물을 인수하려는 수하인은 운송인에 대한 채무를 청산해야 한다. 또한 운송장에 기재된 운송조건을 충족시킨 후 운송장의 교부와 화물의 인도를 청구할 수 있다. 채무는 후불운임・기타요금・입체금(立替金)・현금인도(COD) 등 수하인이 지불해야 할 금액을 말한다. 운송조건은 수하인이 운임을 지급한다거나 기타 화물의 인수를 위해 구비해야 할 조건을 말한다.

화물이 목적지에 도착하면(도착통지가 없더라도 화물이 실제로 도착해 있으면 됨) 수하인은 화물・운송장의 인도를 항공사(또는 혼재업자)에게 청구할 권리가 생긴다. 그 권리를 행사하려면 수하인은 운임이나 기타의 채무액(송하인이 항공사에 의뢰한 추심금・항공사의 입체금)을 항공사에 지급해야 한다.

그러나 수하인이 화물의 수령을 거부하거나 수하인을 알 수 없을 때에는 화물에 대한 송하인의 처분권은 계속된다. 운송인은 반대의 특약이 없으면, 화물의 도착을 수하인에게 통지해야 한다. '통지'는 통상 Arrival Notice를 말한다.

운송인이 화물의 멸실을 인정하거나 도착했어야 할 날로부터 7일이 경과해도 화물이 도착하지 않으면, 수하인은 운송인에게 운송계약상의 권리를 행사할 수 있다. '운송계약상의 권리'는 운송인에게 운송의 이행을 요구할 수 있는 권리이고, 운송인의 채무불이행으로 발생한 수하인의 손해배상청구권을 말한다.

④ 항공운송인에 대한 배상청구 및 소송

수하인이 이의를 제기하지 않고 화물을 수취하면, 반증이 없는 한, 화물은 양호한 상태로・운송증권에 따라 인도한 것으로 추정한다. 화물의 외관에는 이상이 없지만, 내용물에 이상이 있을 경우는 수령시에 수하인이 클레임을 제기하기가 어렵다. 이 경우 수하인이 클레임을 제기하지 않고 화물을 수령하면, 일단 화물은 운송계약에 따라 양호한 상태로 인도된 것으로 추정한다. 그러나 수령후에 손해가 발견되면 '추정'은 취소되고, 수하인은 클레임을 제기할 수 있다.

이상이 있을 경우, 수하인은 화물의 수취일로부터 14일 이내에 클레임을 제기해야 한다. 연착은 수하인이 화물을 처분할 수 있었던 날로부터 21일 이내에 클레임을 제기해야 한다. 14일이 경과하면 수하인은 클레임 청구권을 상실하고, 운송인의 배상책임은 소멸한다. 모든 클레임은 운송장에 유보문언을 기재하거나, 약정된 기한내에 서면으로 제기해야 한다. '운송장'은 수하인이 화물을 수령한 것을 입증하는 서류로서, 항공사에 인도하는 Air Waybill을 가리킨다.

운송인에게 사기(詐欺)가 있는 경우가 아니면, 소정의 기간내에 클레임을 제기하지 않으면, 운송인에 대한 소송은 성립되지 않는다. 소송은 원고의 선택에 따라, 체약국내 운송인의 주소지·운송인의 본점 소재지·계약을 체결한 운송인 영업소의 소재지 법원·도착지 법원 중 하나에 제기해야 한다.

소송은 도착지의 도착일 또는 도착했어야 할 일자 또는 운송중지일로부터 기산하여 2년 내에 제기해야 하고, 그 이후에는 제기할 수 없다. 화물의 파손·멸실에 대한 배상청구소송은 화물이 목적지에 도착한 날로부터 2년이고, 연착에 대한 소송은 항공기가 목적지에 도착했어야 할 날 또는 운송중지일로부터 2년이다.

---

* 250금프랑은 순분 9/10인 금의 65.5mg으로 구성되는 통화단위를 의미한다. 이것으로 각국 통화로 환산할 수 있다. 금화 이외의 각국 통화로의 환산은 소송의 경우 판결일의 당해 통화의 금가액에 따라야 한다. 미국통화에의 환산예는 다음과 같다. 1금프랑=순분 9/10×금 65.5mg=순금 0.05895g. 따라서 250금프랑=순금 14.7375g이다. 1978년 4월 IMF의 금평가(金評價) 폐지시 금의 공정가격은 1온스(31.1g)당 US$42.22이었다. 이것을 14.7375g에 맞추면 250금프랑=US$20.00이 되고 이것이 현재까지 사용되고 있다.

Chapter

12 항공화물운송장

제1절 항공화물운송장의 개념, 기능 및 성질

1 항공화물운송장의 개념

육상운송시 화물상환증(carriage note, waybill), 해상운송시 선하증권을 발행・교부하는 것처럼 항공운송도 항공화물운송장(AWB : air waybill, air consignment note[1] : 이하 운송장 또는 항공운송장)을 작성・교부한다.

항공운송장은 송하인(shipper)과 항공사(carrier)가 운송계약을 체결하였음을 입증하는 증거서류이며, 동시에 송하인으로부터 화물을 수령하였다는 증거서류이다.[2] 그리고 운송계약의 유효기간은 항공운송장을 발행하는 시점, 즉 송하인・그 대리인이 운송장에 서명하는 순간부터 해당 항공사가 인정한 대리점(break bulk agent)이 AWB에 명시된 수하인(consignee)에게 화물을 인도할 때까지이다.

그런데 이 AWB는 IATA가 양식과 발행방식을 통일하고 표준화하여 전세계 항공사가 동일한 양식의 운송장(universal AWB)을 사용하도록 의무화하고 있다. 항공운송은 연계운송이 불가피하여 연계운송계약(interline traffic agreement)을 체결한 항공사들의 운임정산・운송조건・취급방식・사고처리에 대한 표준화로 통일을 기하고, 1동의 운송장으로 언어・법률・노선・국적을 불문하고 출발지에서 도착지까지

1) 항공운송장을 미국에서는 Air Waybill, 유럽에서는 Consignment Note or Air Consignment Note라고 한다. Air Waybill과 유사한 Air Bill이 있다. 이는 미국의 국내화물에 발행하는 운송장 또는 혼재업자가 발행하는 운송장이다. 항공사의 Air Waybill과 혼재업자의 Air Bill을 구별하기 위해, 항공사가 혼재화물에 발행하는 운송장을 Master Air Waybill, 혼재업자가 개개의 화물에 발행하는 Air Bill을 House Air Waybill이라 한다.

2) 항공운송장은 반증이 없는 한 운송계약・운송조건・화물의 수령에 대한 증거력을 갖는다(바르샤바조약 11조 1항). 또한 반증이 없는 한 화물의 개수・중량・치수・포장 등 화물의 외관에 대한 운송장의 기재는 증거력을 갖는다. 운송인이 송하인의 입회하에 내용물을 검사한 결과를 운송장에 기재하거나 화물의 외관에 대해 기재한 경우가 아니면, 운송장은 운송인에게 불리한 증거가 되지 않는다.

원활한 운송을 보장하기 위해서이다.

2 항공화물운송장의 기능

항공화물운송장은 항공운송인의 청구로 송하인이 작성·교부하는 것이 원칙이지만, 통상 항공사·항공사의 권한을 위임받은 대리점이 발행한다. 운송장의 기능을 요약하면 아래와 같다.

① 운송계약의 증거

AWB는 송하인과 항공사의 운송계약 체결을 입증하는 증거서류이다. AWB도 B/L과 같이 운송계약서가 아닌 증거서류에 불과하다. AWB는 운송거리나 참여 항공사의 수에 관계없이 출발지에서 도착지까지 화물의 운송을 보장한다. 항공사용 원본 ①이 이에 해당된다.

② 화물수령증

AWB는 항공사가 송하인으로부터 화물을 수령했음을 입증하는 화물수령증이다. 송하인에게 교부하는 원본 ③이 이에 해당된다.

③ 송장

AWB는 화물과 함께 목적지에 보내져 수하인이 화물과 운임·요금을 대조하고 확인할 수 있는 송장 역할을 한다. 원본 ②가 이에 해당된다.

④ 청구서

송하인에게는 선불운임과 제요금(諸料金)의 청구서, 수하인에게는 후불운임·제요금의 청구서로 사용된다.

⑤ 보험증서

AWB에 보험금액·보험료가 기재된 화주보험(air waybill insurance)을 부보하면 보험증서가 된다.

⑥ 수출입신고서(통관용) 및 수입통관자료

AWB로 수출입신고가 가능한 화물의 수출입신고서로 사용할 수 있다. 과세기준이 되는 CIF 가액 중 운임·보험료의 입증자료로 AWB를 수입신고서에 첨부할 수 있다.

⑦ 운송인에 대한 송하인의 지시서

송하인은 AWB에 화물의 운송·취급 등의 지시사항을 기재할 수 있다. 화물의 출발지 · 경유지 · 목적지 등의 각 지점에 화물이 적절 · 원활하게 취급 · 인도 · 정산될 수 있도록 필요한 사항을 AWB에 기재하여 화물과 함께 보낸다.

⑧ 사무처리용 사료

AWB의 발행사(first carrier)와 제2운송사(second carrier) 이후의 각 후속운송인 · 대리점에서 운임의 정산 · 회계자료 등으로 사용한다. 부본 No.5 · No.6 · No.7 · No.8 등이 이에 해당하고 No.9는 대리점용 자료이다. 국내용 AWB는 발행사용 · 출발지 공항용 · 후속용 · 접속운송용 · 예비용 등이 있다.

⑨ 화물인도증서

도착지에서 수하인에게 화물을 인도했다는 증서이다. 부본 No.4가 이에 해당하며 수하인의 서명(sign) 또는 날인을 받는다.

혼재용 AWB는 각 항공사가 독자적으로 디자인한 서식(form)을 사용하지만 기본적으로 IATA AWB 서식을 사용하기 때문에 전술한 각 기능 · 성질은 거의 동일하다.

운송계약은 AWB를 발행한 시점, 즉 송하인 · 그 대리인이 AWB에 서명하거나, 항공사 · 그 대리인이 AWB를 발행하는 순간에 발효하며, AWB에 기재된 수하인에게 화물을 인도하면 종료한다.

3 항공화물운송장의 작성

운송계약은 불요식의 낙성계약이므로, 항공화물운송계약이 있다 하여 반드시 항공운송장을 작성해야 하는 것은 아니다. 항공운송장은 송하인이 작성함이 원칙이고, 운송인이 송하인의 동의하에 작성하더라도, 그것은 송하인을 대신하여 작성한 것으로 추정한다.

몬드리올조약(Montreal Convontion)에는 송하인이 항공운송장 원본 3통을 작성한다고 규정하고 있다. 그러나 실제로는 송하인이 작성하여 운송인에게 교부하는 경우는 거의 없고, 항공화물대리점이나 혼재운송인들이 항공사로부터 AWB 용지를 받아 필요사항을 기재하고, 화물을 수령한 뒤 항공사의 대리인으로서 송하인용 원본에 서명하거나 항공사가 서명하여 송하인에게 교부한다. 송하인은 항공운송장 원본 3통을 1조로 작성하여 화물과 함께 운송인에게 교부해야 하며,

제1원본은 '운송인용'이라 기재하고 송하인이 서명하며,

제2원본은 '수하인용'이라 기재하고 송하인·항공사가 서명하여 화물과 함께 이를 도착지에 송부하고,

제3원본은 '송하인용'으로 항공사가 화물인수 후 서명하여 송하인에게 교부한다.

그리고 송하인은 운송장에 기재된 화물의 명세·신고가 정확하다는 것을, 그 운송장을 누가 작성했든, 책임을 지고, 명세 및 신고의 불비·부정확·불완전으로 제3자에게 자기 또는 항공사가 책임질 경우 불법행위(tort)로 배상책임을 진다.

항공운송장의 필수기재사항은 육상운송장은 5가지(상 제126조)이고, 선하증권은 10가지(상 제814조)인데 비해 다음 3가지뿐이다. ① 출발지·도착지, ② 예정기항지, ③ 적용조약 및 항공사의 책임제한의 고지이다.

기재사항의 불비는 운송계약의 효력과 무관하고, 문제부분은 조약의 적용을 받는다. 다만 ③의 고지가 없으면, 운송증권의 교부가 없는 것과 같아져, 운송인은 몬트리올조약 제22조의 책임제한규정을 적용할 수 없다.

운송장은 원본 3장과 부본(dummy AWB) 6장이 원칙이고, 항공사에 따라 부본을 5장까지 추가할 수 있다. 대한항공은 원본 3장과 부본 9장 총 12장을 발행한다.[3]

원본 ①은 녹색으로 운송장 발행 항공사용이며 운임·기타 회계처리에 사용하며, 송하인과 항공사의 운송계약체결에 대한 증거서류이다.

원본 ②는 적색으로 수하인용이며 목적지에서 화물과 함께 수하인에게 인도한다.

원본 ③은 청색으로 송하인용이며 항공사의 화물수령증이고 운송계약을 체결했다는 증거서류가 된다.

부본 ④는 황색으로 화물인도 항공사용이며, 도착지에서 수하인이 화물을 인수할 때 서명하여 항공사에 돌려주는 화물인도증명서로 운송계약을 이행했다는 증거서류이다. 이 외에 부본 ⑤~⑨는 모두 백색으로 도착지공항용·발행대리점용·연계운송에 참여하는 각 항공사용이다.

운송장 발행의 근거는 신용장·상업송장·포장명세서 등이며, 작성된 운송장의 내용이 근거서류와 일치해야 한다. 운송장에 기재되는 내용은 출발지, 목적지, 운송항공사, 송하인, 수하인, 통화, 운송신고가격, 세관신고가격, 보험, 운임, 상품명, 운임지불방법, 중량, 취급상의 주의사항 등이다.

---

3) IATA는 AWB의 전자화(paperless)를 시행중이다. AWB 1조(組, 12장)의 유통비용이 $6이고 매년 6천만조가 유통되어, 전자화로 항공운송업계가 연 $3.6억을 절감할 수 있다. 전자식 AWB에는 세관의 동의가 필수적인데 미국의 세관이 US Custom's Air Automated Manifest System을 개발하여 시행하고 있지만, 종이문서를 완전히 배제하지 못해 일각에서는 회의적인 견해도 있다.

4 항공화물운송장의 법적 성질

(1) 비유통증권

항공운송장은 선하증권과 달리 양도성이나 유통성이 없다. 항공운송장에는 선명히 'Not Negotiable'이라고 표시되어 있으며 유통이 금지된 '비유통증권'으로 발행한다.

운송장의 원본 ①은 항공사용으로서 항공사가 운송계약의 증거로 보관하는 것일 뿐 유통성 유가증권이 아니다.

원본 ②는 수하인용으로서 화물과 함께 도착지에 보내져 항공사가 수하인에게 교부하는 것으로 역시 유통을 목적으로 하는 것이 아니다.

원본 ③은 송하인용이다. 도착지에서 수하인이 항공사에게 화물의 인도를 청구할 때, 항공사는 송하인용 원본 ③의 '제시'를 요구하지 않는다.

항공사는 도착지에서 운송장에 기재된 수하인에게 화물과 함께 수하인용 원본 ②를 인도하면 되고, 출발지에서 송하인에게 교부한 원본 ③을 소지하고 있는지는 묻지 않는다. 송하인이 소지하는 원본 ③은 송하인의 화물처분권에만 효력이 있다.

이처럼 항공운송장에 유통성을 부여하지 않는 이유는 항공화물이 신속하게 운송되어 수하인에게 인도되기 때문이고, 해상화물은 수송에 장기간을 요해 운송도중에 상품의 매매거래를 할 수 있도록 B/L 자체를 매매의 대상으로 인정한 것이다.

그런데 헤이그의정서(개정 바르샤바조약 제15조)에는 "이 조약의 어떠한 규정도 유통가능한 항공운송장의 발행을 금지하지 아니한다."는 규정이 있었다. 그러나 1975년의 몬트리올회의에서는 헤이그의정서 제15조를 삭제하고 컴퓨터로 증권을 발행할 수 있게 하였기 때문에 유통가능한 항공운송장은 영원히 발행되지 않을 것이다.

그리고 현재는 IATA의 결의로 유통가능 항공운송장의 발행은 금지되어 있다. 하지만 실무에서는 신용장이 개설된 항공화물은 은행을 수하인(consignee)으로 발행(수입상은 Notify Party)하고, 도착지에서 은행의 배서(endorsement)를 받아 수입상에게 화물을 인도함으로써 항공운송장의 은행매입(bank negotiation)이 가능하다.

이처럼 항공운송장은 화물인도청구권을 대표하는 권리증권도 아니고, 담보채권의 목적물이 될 수도 없는 단순한 증거증권에, 운송장에 명백하게 Non-Negotiable이라 기재되어 있는데도, 은행이 배서하여 수입상에게 양도하는 것은 은행의 담보권을 보호함과 동시에 항공화물의 긴급·신속성에 대한 배려이다.

(2) 지시증권 및 불완전처분증권

지시증권이란 송하인이 운송인에게 운송계약의 이행에 필요한 세부사항을 항공운송장을 통하여 지시한다는 뜻이다. 지시의 내용은 수하인 지정과 부보여부 및 통지처 지정 등이다. 운송인은 그 지시에 따라 충실히 운송을 이행하고, 타당한 이유 없이 송하인의 지시를 따르지 않아 화주에게 손해를 입히면 무한책임을 져야 한다.

송하인의 지시와 관련하여 논의되어야 할 점은 송하인의 처분권(right of control)이다. 육상·해상운송은 수하인의 발전적 지위[4)]에 따라, 화물이 목적지에 도착하여 수하인이 화물에 대한 우선적 권리를 취득하기 전까지, 즉 수하인이 목적지에서 화물의 인도를 청구하기 전까지는, 송하인에게 그 화물에 대한 처분권이 있다. 그리고 화물이 목적지에 도착하면, 수하인도 송하인과 병존적 권리를 갖기 때문에, 운송인에게 화물의 인도를 청구하고, 기타 화물의 처분에 관한 지시를 할 수 있다(상 제140조).

그러나 항공운송장은 양도불능의 비유통증권이므로, 수하인에게 완전한 처분권이 인정되지 않는다. 즉, 송하인에게는 처분권이 인정되지만, 수하인에게는 극히 제한된 처분권만 인정되므로 항공운송장은 완전한 처분증권이 되지 못한다.

송하인은 ① 출발지 공항·도착지 공항에서 화물을 회수하거나, ② 운송 도중의 공항에서 화물을 유치(lien)하거나, ③ 운송장에 기재된 수하인 이외의 자에게 화물을 인도하거나, ④ 출발지 공항으로 화물의 반송을 요구하는 등의 화물처분권을 가진다. 다만 그 권리의 행사로 운송인 또는 타인의 이익을 해(害)하여서는 않되며, 또 그 행사로 인해 발생한 비용을 부담해야 한다.

수하인은 화물이 도착하면 항공사에게 항공운송장의 교부청구 및 화물의 인도청구권을 갖는다. 그런데 송하인은 처분권의 행사에 반드시 운송장을 제시해야 하지만, 수하인은 증권의 제시를 요하지 않는다. 즉, 수하인의 권리는 운송계약상의 청구권이지, 증권상의 청구권이 아니라는 뜻이다.

따라서 수하인은 자신의 신원을 입증하면, 운송장 원본이 없어도 화물의 인도청구가 가능하다. 결국 항공운송에서 수하인의 처분권은 증권상의 처분권이 아니라 계약상의 청구권일 뿐이다. 따라서 항공운송장은 송하인만 처분권을 갖기 때문에,

4) 수하인의 발전적 지위란 화물이 목적지에 도착하기 전에는 송하인만이 그 화물에 대한 권리·의무를 가지나, 목적지에 도착한 후에는 송·수하인이 동시에 병존적 권리를 갖고, 수하인이 인도청구를 하면 수하인의 권리가 우선하며, 송하인의 권리는 잠재적 권리로 후퇴하게 되는 것을 말한다(상 제139조 2).

선하증권 등 유가증권의 완전한 처분권이 아닌 불완전처분증권이다.

(3) 증거증권

항공운송장은 재산권을 대표하지도 못하고 유통성도 없으므로 유가증권(valuable instrument)이 아니며 단순한 증거증권·화물수령증에 불과하다. 따라서 항공운송장이 아닌 다른 문서로 운송계약을 입증할 수 있다. 증거증권이란 항공운송장이 ① 항공운송계약이 존재한다. ② 운송인이 운송을 위해 화물을 인수하였다. ③ 화물운송조건의 증거라는 뜻이다. 이처럼 운송장이 화물을 수령하였다는 증거이기 때문에, 운송장에 서명을 하면 화물을 수령하지 않았다는 거증책임은 운송인에게 있다.

(4) 면책증권

항공사는 정당한 증권소지자에게 화물을 인도하면 그 책임을 면한다. 송하인이 화물을 처분하려면 증권을 제시하라는 규정을 반대 해석하면, 곧 증권제시자의 처분에 따르면 비록 그 증권제시자가 진정한 권리자가 아니라도 운송인은 면책이라는 의미이다. 이러한 법리는 수하인에 대해서도 같다. 즉, 화물을 인도하는 세관이나 운송인은 수하인용 운송장을 제시하는 자에게 화물을 인도하면 면책이다.

(5) 불요식증권

운송계약은 불요식의 낙성계약이므로 운송장의 작성이 항공화물운송계약의 성립요건은 아니다. 따라서 항공운송장의 기재사항이 조약에 규정되어 있기는 하지만, 그 기재에 결함이 있어도 운송장은 무효가 되지 않고, 기재의 책임자가 불이익을 받는 것에 그친다. 실무적으로는 대부분의 항공사가 IATA 표준운송장을 이용하고 있지만, 반드시 표준운송장을 사용해야 하는 것은 아니며, 표준운송장에 수정·변경을 하여 사용하더라도 항공운송장의 법적 성질은 변하지 않는다.

5 항공운송장과 선하증권의 비교

항공운송장(AWB : air waybill)은 해상운송의 선하증권(B/L)과 같은 기능을 하지만, 그 법적 성질은 크게 다르다. B/L은 운송물의 수령·선적을 확인하고, 양륙지에서 B/L과 상환하여 운송물의 인도를 약속한 수령증이고, B/L에 배서·양도하여 운송물의 소유권을 이전할 수 있는 권리증권(document of title)이다. 그 법적 성질은 물권적 · 채권적 유가증권이고 처분증권이다. 또한 요인증권 · 지시증권 · 문언증권이다. 이에 비해 AWB는 항공사가 운송물을 수령하고 교부하는 화물수령증이지만 권리증권은 아니며, 수취식이고 원칙적으로 기명식이며 비유통성(비양도성) 증권이다.

AWB와 B/L의 공통점 · 차이점은 다음과 같다.

① AWB와 B/L은 공히 운송계약의 체결을 입증하는 증거서류이다.

② AWB와 B/L은 공히 송하인으로부터 화물을 수령했음을 증명하는 수령증이다. B/L은 유통성 · 양도성 · 담보성이 있지만 AWB는 없다. 또한 AWB는 'Not-negotiable'(유통금지)이라고 명시되어 비유통증권으로 발행된다. 이에 반해 B/L은 배서 · 양도금지의 기명식이 아니면 배서로 양도가능한 유통증권이다.

③ AWB는 운송인용 · 수하인용 · 송하인용 원본 3통(original)과 6통 이상의 부본(copy)을 발행하고, 그 중 어느 것도 운송계약상의 권리행사 및 이전에 필요한 것이 아니어서 권리증권이 아니지만, B/L은 운송계약상의 권리행사 · 이전에 필요한 권리증권으로 원본 3통과 여러 통의 비유통성 사본을 발행한다.

④ AWB는 수하인이 도착지에서 항공사에 화물의 인도를 청구할 때 송하인에게 교부된 원본을 상환하지 않아도 된다. 항공사는 수하인용 원본에 기재된 수하인에게 도착지에서 화물과 함께 수하인용 원본을 인도하고, 수하인이 송하인에게 교부된 원본의 소유 여부는 묻지 않는다. 따라서 AWB는 상환증권이 아니고, B/L은 B/L을 제출하지 않으면 선사가 화물을 인도하지 않으므로 상환증권이다.

⑤ AWB는 수취식(received)이고 B/L은 통상 선적식(shipped)이다. 즉, B/L은 신용장통일규칙 제26조가 적용되어 원칙적으로 선적선하증권[shipped(or on board) B/L]으로 발행한다. 신용장이 선적선하증권을 요구하지 않으면 은행은 수취선하증권도 수리한다. 이에 비해 AWB는 항공사가 화물의 수령과 동시에 발행하는 수취식이다. 그러나 항공운송은 발착편수도 많고 화물을 수령하여 탑재할 때까지 시간이 짧아, 수취식이라도 수하인에게 불이익의 위험이 적지만, 항공사가 화물을 항공기에 탑재하지 않을 위험은 수취식 B/L처럼 존재한다.

⑥ AWB는 모두 기명식이지만 B/L은 통상 지시식이다. 지시식 B/L은 특정의 수하인을 기재하지 않고, 선사는 도착지에서 송하인 또는 신용장 개설은행이 지정한 자에게 화물을 인도한다. 또한 B/L은 유통증권이라서 그 소유권이 배서 · 양도로 이전되고, 배서된 B/L의 선의취득자는 증권에 표창된 물품의 소유권을 갖는다.

AWB는 모두 기명식으로 발행되는데, 항공화물운송에서 지시식은 도착지 공항에서 화물처리를 지연시켜 항공운송의 신속성을 잃게 된다. 따라서 AWB는 매수인을 수하인으로 기명하면 매수인이 신속하게 화물을 인수할 수 있어 좋지만, 신용장 거래는 통상 신용장 개설은행이 수하인이 되어 담보권을 확보하고 매수인은 Notify Party란에 기재한다. 또한 신속을 요하는 동식물・식품・화학약품의 수입상과 신용도가 높은 수입상은 수하인으로 기명한다.

⑦ AWB는 운송인(항공사)의 청구로 송하인이 작성하여 화물과 함께 항공사에게 교부하는데, B/L은 송하인의 청구로 운송인(선사 또는 대리점)이 작성하여 송하인에게 교부한다. 그러나 이는 법에 정해진 것이고, 실무에서는 항공사의 위임을 받은 대리점이 항공사로부터 AWB 용지를 받아 필요사항을 기재하고 송하인이 화물을 인도하면 인도서류(delivery sheet)에 수령자가 서명하여 송하인에게 교부한다. 즉, 실무에서는 AWB・B/L을 송하인의 대리인 포워더가 작성하고 항공사・선사가 서명한다. 또한 AWB는 원본 3통중 송하인용 원본에만 항공사가 서명하고, B/L은 원본 3통을 모두 선사가 서명한다.

6 항공운송장과 신용장통일규칙(UCP 600)

2007년 7월 발효된 UCP 600은 19~27조에 운송서류를 규정하고 있는데, 항공운송서류(Air Transport Document)는 제23조에 있다. 신용장(L/C)에서 AWB를 요구하면 수출상이 제시한 운송서류는 23조의 요건을 충족해야 한다. L/C에서 AWB를 요구하면 제시한 서류가 심지어 선하증권 또는 다른 명칭으로 표시되더라도 제23조의 요건을 충족하면 항공운송장으로 간주한다.

항공운송서류는 어떤 명칭을 사용하든 다음의 요건을 갖춰야 한다.

① 운송인의 명칭(상호)을 표기하고 운송인・그 대리인이 서명해야 한다. 대리인의 서명은 그 대리인이 운송인을 위한 것인지 또는 운송인을 대리하여 서명한 것인지를 표시해야 한다.

② 운송을 위해 물품을 수령했다는 표시가 있어야 한다.

③ 발행일을 표시해야 한다. 항공운송장에 실제 선적일에 대한 구체적인 부기(附記)가 없으면 발행일을 선적일로 간주한다.

④ 신용장에 기재된 출발공항과 도착공항의 표시가 있어야 한다.

⑤ 신용장이 원본 전통(full set)을 요구하더라도 송하인용 원본이 있으면 된다.

⑥ 운송조건을 포함하거나 운송조건이 포함된 다른 참조처를 표기해야 한다. 그러나 운송 조건의 내용은 심사하지 않는다.[5)]

⑦ 환적은 신용장에 기재된 출발공항에서 도착공항까지 운송도중 하나의 항공기에서 양하(unloading)하여 다른 항공기에 재선적(reloading)하는 것을 의미한다.

⑧ 全구간을 1통의 항공운송서류로 커버하면 항공운송장에 물품이 환적되거나 환적될 수 있다는 표시를 할 수 있다

⑨ 환적되거나 환적될 수 있다고 표시한 항공운송장은 비록 신용장이 환적을 금지했더라도 수리할 수 있다.

UCP 500에서는 신용장에 다른 내용이 없으면 발행일을 선적일로 간주하였으나, UCP 600에서는 다른 선적서류와 마찬가지로 선적부기일자(船積附記日字)를 선적일로 간주하는 것으로 개정하였다. 이는 다른 운송서류와 선적일 기준이 달라 혼란이 있었기 때문이고 업계의 관행을 반영한 것이다.

출발공항·도착공항의 표기는 Full Name 대신에 IATA 코드를 사용해도 무방하다. 예컨대, 신용장에서 출발공항을 Incheon으로 요구하면 AWB에는 IATA 코드인 ICN으로 표기해도 문제가 되지 않는다. 또한 항공운송장은 원본의 용도가 각각 다르기 때문에 신용장에 AWB 원본 전통(full set)을 요구하더라도, 송하인용(for shipper) 원본 1부만 제출하면 된다.

제2절 항공운송장의 약관 및 작성요령

IATA AWB의 약관

2003.11.4. 발효된 몬트리올조약을 많은 국가들(2007.9. 97개국)이 비준함에 따라 IATA는 AWB 이면약관을 개정하여 2008.3.17.부터 시행에 들어갔다. 개정된 항공운송장 이면약관은 몬트리올조약에 따라 운송인의 책임한도를 17SDR로 상향조정하고 문안을 간결하게 한 것이 그 특징이다.

5) "항공운송장의 운송조건은 다음과 같다." 또는 "다른 참조번호에 따른다."라는 문구가 있으면, 은행은 이러한 조건은 심사하지 않는다. 가끔 이러한 조건을 트집잡아 개설은행에서 하자를 통지하는 경우가 있는데, 매입은행은 이 조항을 들어 반박할 수 있다.

항공운송장 – 계약조건

Ⅰ. 항공운송장 앞면에 표기된 공시

여기에 명시된 물품(화물)들은 이면약관의 조건에 따라 (단서가 없으면) 외관상 양호한 상태로 수령했음을 인정한다. 송하인의 명확한 반대가 없으면 운송인은 모든 화물을 다른 방법으로 운송할 수 있고, 운송인이 적합하다고 판단하는 중간기착지의 경유운송에 송하인은 동의한다. 송하인은 운송인의 책임한도에 대한 공시를 인지하고, 필요하면 고가의 화물을 신고하고 추가비용을 지불하여 책임한도를 증가시킬 수 있다.

Ⅱ. 항공운송장 이면약관의 조건

운송인의 책임한도에 관한 공시

'운송인의 책임한도에 관한 공시'라는 표제(title)에 운송의 최종목적지가 외국이거나 외국을 경유할 경우에는 바르샤바조약이나 몬트리올조약을 적용하고, 화물의 멸실·손상·지연에 대한 운송인의 책임은 대부분 제한된다.

고가의 화물을 신고하지 않으면, 운송인의 책임한도는 적용조약·적용법률에 따라 해당국가의 통화로 환산한 kg당 17SDR 또는 250FGF으로 제한된다. 운송조건에 운송인의 책임한도를 더 많은 금액으로 명시하지 않으면, 250FGF는 17SDR로 환산하여 처리한다.[6)]

계약조건

1. 여기에 표시된 계약 및 공시에서 :

'운송인'에는 항공운송장을 발행하는 항공운송인과 화물을 직접 운송하거나 운송을 책임지거나 운송과 관련된 여타의 서비스를 제공하는 모든 당사자에 포함된다.

'SDR'은 국제통화기금(IMF)에서 정의한 특별인출권이다.

'바르샤바조약'은 1929.10.12. 바르샤바에서 조인된 국제항공운송의 일부규칙의 통일조약, 1955.9.28.의 헤이그개정조약(헤이그의정서)과 몬트리올의정서 1·2 또는 4번을 의미하며, 필요에 따라 이 가운데 하나를 운송계약에 적용한다.

6) 몬트리올조약에 따르면 5년 주기로 물가상승률을 반영하여 재조정하기로 했기 때문에, 17SDR은 매 5년 주기로 달라져 2014년에 19SDR, 2019년 22SDR, 2024년 12월에 26SDR로 인상되었다.

IATA

Shipper's Name and Address

Shipper's Account Number

Not Negotiable

Air Waybill

Issued by

Copies 1, 2 and 3 of this Air Waybill are originals and have the same validity.

Consignee's Name and Address

Consignee's Account Number

It is agreed that the goods described herein are accepted in apparent good order and condition (except as noted) for carriage SUBJECT TO THE CONDITIONS OF CONTRACT ON THE REVERSE HEREOF. ALL GOODS MAY BE CARRIED BY ANY OTHER MEANS INCLUDING ROAD OR ANY OTHER CARRIER UNLESS SPECIFIC CONTRARY INSTRUCTIONS ARE GIVEN HEREON BY THE SHIPPER, AND SHIPPER AGREES THAT THE SHIPMENT MAY BE CARRIED VIA INTERMEDIATE STOPPING PLACES WHICH THE CARRIER DEEMS APPROPRIATE. THE SHIPPER'S ATTENTION IS DRAWN TO THE NOTICE CONCERNING CARRIERS' LIMITATION OF LIABILITY. Shipper may increase such limitation of liability by declaring a higher value for carriage and paying a supplemental charge if required.

Issuing Carrier's Agent Name and City

Accounting Information

Agent's IATA Code

Account No.

Airport of Departure (Addr. of First Carrier) and Requested Routing

Reference Number

Optional Shipping Information

To	By First Carrier	Routing and Destination	to	by	to	by	Currency	CHGS Code	WT/VAL PPD	WT/VAL COLL	Other PPD	Other COLL	Declared Value for Carriage	Declared Value for Customs

Airport of Destination

Requested Flight/Date

Amount of Insurance

INSURANCE—If Carrier offers insurance, and such insurance is requested in accordance with the conditions thereof, indicate amount to be insured in figures in box marked "Amount of Insurance."

Handling Information

SCI

No. of Pieces RCP	Gross Weight	kg lb	Rate Class / Commodity Item. No.	Chargeable Weight	Rate / Charge	Total	Nature and Quantity of Goods (incl. Dimensions or Volume)

Prepaid	Weight Charge	Collect
	Valuation Charge	
	Tax	
	Total Other Charges Due Agent	
	Total Other Charges Due Carrier	
Total Prepaid		Total Collect
Currency Conversion Rates		CC Charges in Dest. Currency
For Carrier's Use only at Destination		Charges at Destination

Total Collect Charges

Other Charges

Shipper certifies that the particulars on the face hereof are correct and that **insofar as any part of the consignment contains dangerous goods, such part is properly described by name and is in proper condition for carriage by air according to the applicable Dangerous Goods Regulations.**

Signature of Shipper or his Agent

Executed on (date) at (place) Signature of Issuing Carrier or its Agent

IATA CASS–Korea

ORIGINAL 3 (FOR SHIPPER)

NOTICE CONCERNING CARRIERS' LIMITATION OF LIABILITY

If the carriage involves an ultimate or stop in a country other than country of departure, the Warsaw Convention or the Montreal Convention may applicable and in most cases limit the liability of the Carrier in respect of loss of, damage or delay to cargo. Depending on the applicable regime, and unless a higher value is declared, liability of the Carrier may be limited to 17 Special Drawing Rights per kilogram or 250 French gold francs per kilogram, converted into national currency under applicable law. Carrier will treat 250 French gold francs to be the conversion equivalent of 17 Special Drawing Rights unless a greater amount is specified in the Carrier' s conditions of carriage.

CONDITIONS OF CONTRACT

1.In this contract and the Notices appearing heron:
CARRIER includes the air carrier issuing this air waybill and all carriers that carry or undertake carry the to cargo or perform any other services related to such carriage.
SPECIAL DRAWING RIGHT(SDR) is a special Drawing Right as defined by the International Monetary Fund.
WARSAW CONVENTION means whichever of the following instruments is applicable to the contract of carriage:
the Convention for the Unification of Certain Rules Relating to International Carriage by Air, signed at Warsaw, 12 October 1929; that Convention as amended at The Hague on 28 September 1955; that Convention as amended at The Hague 1955 and by Montreal Protocol No. 1, 2, or 4(1975) as the case may be.
MONTREAL CONVENTION means the Convention for the Unification of Certain Rules for International Carriage by Air, done at Montreal on 28 May 1999.

2.2.1 Carriage is subject to the rules relating to liability established by the Warsaw Convention or the Montreal Convention unless such carriage is not "international carriage" as defined by the applicable Conventions.

2.2 To the extent not in conflict with the foregoing, carriage and other related services performed by each Carrier are subject to:

2.2.1 applicable laws and government regulations;

2.2.2 provisions contained in the air waybill, Carrier's conditions of carriage and related rules, regulations, and timetables (but not the times of departure and arrival stated therein) and applicable tariffs of such Carrier, which are made part hereof, and which may be inspected at any airports or other cargo sales offices from which it operates regular services. When carriage is to/from the USA, the shipper and the consignee are entitled, upon request, to receive a free copy of the Carrier's conditions of carriage. The Carrier's conditions of carriage include, but are not limited to:

2.2.2.1 limits on the Carrier's liability for loss, damage or delay of goods, including fragile or perishable goods;

2.2.2.2 claims restrictions, including time periods within which shippers or consignees must file a claim or bring an action against the Carrier for its acts or omissions, or those of its agents;

2.2.2.3 rights, if any, of the Carrier to change the terms of the contract:

2.2.2.4 rules about Carrier's right to refuse to carry;

2.2.2.5 rights of the Carrier and limitations concerning delay or failure to perform service, including schedule changes, substitution of alternate Carrier or aircraft and rerouting.

3.The agreed stopping places (which may be altered by Carrier in case of necessity) are those places, except the place departure and place of destination, set forth on the face hereof or shown in Carrier's timetables as scheduled stopping places for the route. Carriage to be performed hereunder by several successive Carriers is regarded as a single operation.

4.For carriage to which neither the Warsaw Convention nor the Montreal Convention applies, Carrier's liability limitation shall not be less than the per kilogram monetary limit set out in Carrier's tariffs or general conditions of carriage for cargo lost, damaged or delayed, provided that any such limitation of liability in an amount less than 17 SDR per kilogram will not apply for carriage to or from the United States.

5.5.1 Except when the Carrier has extended credit to the consignee without the written consent of the shipper, the shipper guarantees payment of all charges for the carriage due in accordance with Carrier's tariff, conditions of carriage and related regulations, applicable laws(including national laws implementing the Warsaw Convention and the Montreal Convention), government regulations, orders and requirements.

5.2 When no part of the consignment is delivered, a claim with respect to such consignment will be considered even though transportation charges thereon are unpaid.

6.6.1 For cargo accepted for carriage, the Warsaw Convention and the Montreal Convention permit shipper to increase the limitation of liability by declaring a higher value for carriage and paying a supplemental charge if required.

6.2 In carriage to which neither the Warsaw Convention nor the Montreal Convention applies Carrier shall, in accordance with the procedures set forth in its general conditions of carriage and applicable tariffs, permit shipper to increase the limitation of liability by declaring a higher value for carriage and paying a supplemental charge if so required.

7.7.1 In cases of loss of, damage or delay to part of the cargo, the weight to be taken into account in determining Carrier's limit of liability shall be only the weight of the package or packages concerned.

7.2 Notwithstanding any other provisions, for "foreign air transportation" as defined by the U.S.Transportation Code:

7.2.1 in the case of loss of, damage or delay to a shipment, the weight to be used in determining Carrier's limit of liability shall be the weight which is used to determine the charge for carriage of such shipment; and

7.2.2 in the case of loss of, damage or delay to a part of a shipment, the shipment weight in 7.2.1 shall be prorated to the packages covered by the same air waybill whose value is affected by the loss, damage or delay. The weight applicable in the case of loss or damage to one or more articles in a package shall be the weight of the entire package.

8. Any exclusion or limitation of liability applicable to Carrier shall apply to Carrier's agents, employees, and representatives and to any person whose aircraft or equipment is used by Carrier for carriage and such person's agents, employees and representatives.

9. Carrier undertakes to complete the carriage with reasonable dispatch. Where permitted by applicable laws, tariffs and government regulations, Carrier may use alternative carriers, aircraft or modes of transport without notice but with due regard to the interests of the shipper. Carrier is authorised by the shipper to select the routing and all intermediate stopping places that it deems appropriate or to change or deviate from the routing shown on the face hereof.

10. Receipt by the person entitled to delivery of the cargo without complaint shall be prima facie evidence that the cargo has been delivered in good condition and in accordance with the contract of carriage.

10.1 In the case of loss of, damage or delay to cargo a written complaint must be made to Carrier by the person entitled to delivery. Such complaint must be made:

10.1.1 in the case of damage to the cargo, immediately after discovery of the damage and at the latest within 14 days from the date of receipt of the cargo;

10.1.2 in the case of delay, within 21 days from the date on which the cargo was placed at the disposal of the person entitled to delivery.

10.1.3 in the case of non-delivery of the cargo, within 120 days from the date of issue of the air waybill, or if an air waybill has not been issued, within 120 days from the date of receipt of the cargo for transportation by the Carrier.

10.2 Such complaint may be made to the Carrier whose air waybill was used, or to the first Carrier or to the last Carrier or to the Carrier, which performed the carriage during which the loss, damage or delay took place.

10.3 Unless a written complaint is made within the time limits specified in 10.1 no action may be brought against Carrier.

10.4 Any rights to damages against Carrier shall be extinguished unless an action is brought within two years from the date of arrival at the destination, or from the date on which the aircraft ought to have arrived, or from the date on which the carriage stopped.

11. Shipper shall comply with all applicable laws and government regulations of any country to or from which the cargo may be carried, including those relating to the packing, carriage or delivery of the cargo, and shall furnish such information and attach such documents to the air waybill as may be necessary to comply with such laws and regulations. Carrier is not liable to shipper and shipper shall indemnify Carrier for loss or expense due to shipper's failure to comply with this provision.

12. No agent, employee or representative of Carrier has authority to alter, modify or waive any provisions of this contract.

'몬트리올조약'은 1999.5.28. 몬트리올에서 조인된 국제항공운송의 일부규칙의 통일조약을 의미한다.

2.1 본 운송이 바르샤바조약 또는 몬트리올조약에서 정의한 '국제운송'이면 본 운송은 동 조약에서 규정한 책임조항을 적용한다.

2.2. 전항(前項)에 위배되지 않으면(국제운송이면) 각 운송인이 수행하는 운송·기타 서비스는 다음의 적용을 받는다.

2.2.1. 관련 법률 및 정부규정

2.2.2. 항공운송장의 약관, 운송인의 운송조건과 관련 규칙·규정 및 시간표(발착시간은 제외)와 각 운송인의 태리프를 적용한다. 이것들은 운송조건의 일부가 되어 정기노선은 공항당국 또는 기타 화물영업소의 점검을 받을 수 있다. 미국으로 수입 또는 미국에서 수출할 경우, 송하인과 수하인은 운송약관의 사본을 요구할 수 있다. 운송약관은 다음의 내용을 포함하지만 이에 한정되는 것은 아니다.

2.2.2.1. 부서지거나 상하기 쉬운 물품을 포함하여 물품의 멸실·손상·지연에 대한 운송인의 책임한도,

2.2.2.2. 운송인·그 대리인의 작위·부작위에 대해 송하인·수하인이 운송인에게 제기할 클레임의 청구기한·제소기한을 포함한 클레임의 제한,

2.2.2.3 필요하면 계약조건을 변경할 수 있는 운송인의 권리,

2.2.2.4 운송을 거부할 수 있는 운송인의 권리에 대한 규정,

2.2.2.5. 운송인의 권리, 스케줄의 변경, 대체운송인·대체항공기, 항로변경을 포함한 서비스 제공의 지연·실패에 대한 책임한도.

3. 경유지(필요하면 운송인 임의로 변경가능)란 출발지·목적지를 제외하고, 본 운송장의 앞면에 기재된 장소 또는 시간표에 경유지로 기재된 곳들이다. 그리고 여러 운송인들이 참여하는 승계운송도 단일운송으로 간주한다.

4. 바르샤바조약이나 몬트리올조약이 적용되지 않는 운송일 경우, 운송인의 kg당 책임한도는 화물의 멸실·손상·지연에 대한 운송인의 태리프·운송약관에서 약정한 한도 이상이어야 하고, 이러한 책임한도가 17SDR/kg보다 적으면 미국 발착(發着) 운송에는 적용되지 않는다.

5./5.1 운송인이 송하인의 서면동의 없이 수하인에게 신용(credit)을 공여한 경우를 제외하고, 태리프·운송약관·관련규정·관련법률(바르샤바조약 또는 몬트리올조약을 수용한 국내법)을 포함하여, 정부의 규정·명령·요구 등으로 책정된 모든 운송비에 대해 송하인은 지불을 보증해야 한다.

5.2. 화물이 전혀 인도되지 않고, 비록 운임을 지불하지 않았더라도, 그 화물에 대한 클레임은 인정된다.

6./6.1. 바르샤바조약과 몬트리올조약에 운송이 허용된 화물에 대해, 송하인은 필요한 경우 고가의 화물을 신고하고 추가운임을 지불하여 책임한도를 증가시킬 수 있다.

6.2. 바르샤바조약이나 몬트리올조약이 적용되지 않는 운송은 운송약관에서 정해진 절차와 적용가능한 태리프에 의거, 필요한 경우, 운송인은 송하인이 고가의 화물을 신고하고 추가운임을 지불하여 책임한도를 증가시키는 것을 허용해야 한다.

7./7.1. 화물의 일부가 멸실·손상·지연되면, 당해 포장단위의 중량만으로 운송인의 책임한도를 결정한다.

7.2. '국제항공운송'의 어떠한 다른 규정이 있더라도, 미 항공법이 정의한 국제항공운송은,

7.2.1 화물이 멸실·손상·지연되면, 운송인의 책임한도는 운임부과중량으로 결정한다.

7.2.2. 화물의 일부가 멸실·손상·지연되면, 7.2.1의 화물의 중량이 멸실·손상·지연으로 가액이 달라지면, 같은 항공운송장으로 커버되는 포장단위 비율로 결정한다. 포장내 물품의 하나 이상이 멸실·손상되면 적용중량은 포장 전체의 중량을 적용할 수 있다.

8. 운송인이 누리는 면책사항·책임한도 등은 운송인의 대리점·직원·지사원과 항공기·장비의 소유자(임대차시)·그 대리점·직원 등에게도 적용된다.

9. 운송인은 본 운송을 신속히 완수할 책임이 있다. 관련법률·태리프·정부의 규정이 허용하는 선에서 운송인은 임의로 송하인의 이익을 고려하여 통지없이 다른 운송인·항공기·운송수단으로 대체할 수 있다. 운송인은 임의로 항로를 결정

할 수 있고, 임의로 운송장 앞면에 기재된 항로를 변경(變更)하고 이로(離路)할 수 있다.

10. 수하인이 이의(異意)없이 화물을 수령하면, 운송약관에 따라 양호한 상태로 화물을 인도했다는 우선적(*prima facie*) 증거가 된다.

10.1. 화물이 멸실·손상·지연되면, 수하인은 운송인에게 다음과 같이 서면으로 클레임을 제기해야 한다.

10,1.1. 화물의 손상은 발견 즉시, 늦어도 화물인수 후 14일 이내,

10.1.2. 지연은 화물이 수하인에게 인도된 뒤 21일 이내,

10.1.3 인도불능은 항공운송장 발행일로부터 120일 이내, 항공운송장을 발행하지 않았으면, 운송인이 화물을 인도했어야 할 날로부터 120일 이내,

10.2. 클레임은 항공운송장 발행인·최초운송인·최후운송인·손해발생 구간의 운송인 중 누구에게도 제기할 수 있다.

10.3. 10.1에 명시한 기간에 서면으로 클레임을 제기하지 않으면, 운송인에게 어떠한 소송도 제기할 수 없다.

10.4, 항공기가 목적지에 도착한 날·도착하기로 한 날·운송이 중단된 날로부터 2년 이내에 클레임을 제기하지 않으면, 운송인에 대한 손해배상청구권은 소멸된다.

11. 송하인은 화물의 포장·운송·인도와 관련된 모든 적용법규, 즉 출발지·도착지의 관련법률·규정을 준수하고, 그러한 법규의 준수에 필요한 관련서류를 항공운송장에 첨부해야 한다. 송하인의 법규위반으로 발생한 손실·비용에 대해 운송인은 책임지지 않으며, 송하인은 이러한 손실·비용에 대해 운송인에게 배상해야 한다.

12. 운송인의 대리점·직원·지사원 등 어느 누구도 본 약관을 수정·변경·포기할 권한이 없다.

Chapter

13 항공화물보험, 전세운송, 특수화물

제1절 항공화물사고와 보험

1 항공화물사고의 종류

화물의 사고란 정상적인 취급과정을 벗어난 화물의 파손·손상·지연·분실 등을 의미한다. 그 종류는 아래와 같다.

(1) 멸실(Loss) 및 손상(Damage)

운송도중 발생하여 상품가치를 소멸시킬 수 있는 화물상태의 변화를 의미한다. 화물의 멸실·파손·변질, 생동물의 폐사·부상 등이다.

(2) 지연(Delay)

화물이 예정된 시간에 원하는 목적지에 도착하지 않는 현상으로, 다음과 같은 요인으로 발생한다.

① Shortshipped

예정된 항공기의 적하목록(cargo manifest)에는 기재되었으나, 화물이 탑재되지 못한 경우이다. 당연히 지연의 원인이 된다.

② Offload

(a) Planned Offload : 출발지·경유지에서 항공기의 안전을 위해 의도적으로 화물을 내리는 경우이다. 역시 지연의 원인이 된다.

(b) Offload by Error : 경유지에서 실수로 화물이 내려진 경우이다.

③ Overcarried

화물이 양하되어야 할 지점을 지나서 양하된 경우이다. 지연의 원인이다.

④ Shortlanded

(a) 적하목록에는 기재되어 있으나, 화물이 도착하지 않은 경우이다.

(b) 출발지에서 Shortshipped/Offloaded 통보가 없으면 일단 분실로 간주하여 항공기 출발지·경유지에 불착통보를 한다. 불착통보는 항공기 도착 후 24시간 이내에 발송하는 것이 원칙이다.

⑤ Cross Labelled

대리점·항공사의 실수로 표찰(label)을 다른 것과 바꾸어 부착하거나, AWB 번호 ·목적지를 잘못 기재하여 발생한 사고이다. 지연의 원인이 된다.

(3) 분실(Missing)

① 화물분실(Missing Cargo)

(a) 화물의 분실은 통상 아래의 취급과정에서 발견된다.

탑재시·양하시·창고점검시·화물인도시·타항공사에 인계시

(b) 화물이 분실되면 가능한 모든 장소를 찾아보고 관련공항에 추적의뢰서(tracing message)를 발송한다.

② 서류분실(Missing Cargo Document)

화물과 함께 송부되는 항공운송장(AWB)과 운송장의 첨부서류인 상업송장·포장명세서·보험증서 등의 서류를 분실한 경우이다.

(4) 인도불능(Non-Delivery)

Non-Delivery란 운송장의 수하인이 수취를 거절하거나, 물품도착 후 14일 이내에 수하인에게 인도할 수 없는 경우이다.

① 인도불능의 원인

(a) 운임지불방법으로 인한 수취거절 : 송하인과 수하인의 운임에 관한 약정이 선불(prepaid)인데 후불(charge collect)로 수송하면 화물의 인수를 거절할 수가 있다.

(b) 요율(rate)의 오적용 : 주로 후불조건에서 요율산정이 잘못되면 인수를 거절할 수 있다.

(c) 주소의 오기(誤記)·불명 : 운송장에 수하인 및 Also Notify Party의 주소를 오기 또는 불명확하게 기재하면 통지불능으로 인도가 어렵다.

(d) 수하인의 도산, 휴·폐업

② 인도불능화물에 대한 송하인의 지시

(a) 착불(collect)조건인데 수하인이 화물을 포기하거나, 사정에 의해 화물이 폐기되면 송하인이 모든 운임을 지불해야 한다.

(b) 화물도착 후 60일 이내에 송하인이 운임 및 창고료를 포함한 미청산요금의 지불을 보증해야 그 화물에 대한 송하인의 유치지시(instruction of holding the shipment further)를 수용할 수 있다.

(c) 화물을 분할하여 인도하거나 수하인을 2인 이상으로 지정할 수 없다.

(d) 송하인은 전화나 전문으로 처리지침을 통보할 수는 있지만, 이의 확정을 위해 항공사에 서면통보의 의무가 있다.

2 항공사의 책임

항공운송의 최대장점은 정시성·안전성·신속성이며 모든 항공사는 이를 위해 최선의 노력을 다 하고 있다. 항공화물운송도 신속·정확을 생명으로 하고 있으나 항공기의 사고, 화물의 취급부주의 등 불의의 사태를 대비하여 모든 화물의 책임규정을 두고 있다.

항공사는 위탁받은 화물에 대하여 운송계약의 약정에 따라 화물을 안전하고 확실하게 운송할 의무가 있다. 운송계약은 항공사의 고의·과실로 화물이 멸실·훼손되면, 송하인·수하인·기타 클레임 청구자에게 과실이 없으면, 항공사는 그 손해를 배상한다고 약정하고 있다.

항공화물의 운송계약은 1929년 바르샤바에서 조인된 바르샤바조약·헤이그의정서에 준거하여, 운송장에 화물의 가액신고(declared value for carriage)가 있으면 신고가액까지 변상하고, 화물의 중량에 대해 kg당 ＄20를 배상하도록 되어 있다.

또한 항공사는 위와 같은 손해를 책임지기 위해 화물배상책임보험(freight legal liability insurance)에 부보하고 있다. 즉, 항공사는 자기의 운송화물을 부보하여 발생할지도 모르는 위험에 대처하고 있으며, 손해가 발생하면 보험회사가 항공사를 대신하여 kg당 ＄20을 화주에게 보상해 준다.[1)]

화물가액을 신고하면 항공사는 종가운임(valuation charge)을 부과하는데, 신고가

1) 1990년 5월에 조인(調印)하고 2003년 11월에 발효된 몬트리올조약은 $20을 SDR17로 변경하고, 5년 주기로 물가상승률이 10% 이상이면 배상한도를 재조정하기로 했기 때문에 2025년 현재는 26SDR을 적용해야 한다.

액에 kg당 $20을 공제한 나머지 가액에 0.4%를 적용한다. 예컨대 화주가 화물 500kg의 가격을 $10만으로 신고하면, ($10만-$20×500kg)×0.4%=$360이 종가운임이 되고, 이것을 납부해야 손해가 발생하면 $10만을 배상받을 수 있다.

3 항공화물보험

(1) 항공화물배상책임보험(Freight Legal Liability Insurance)

항공사는 운송약관에 의거 유한책임을 지지만, 통상 그 책임을 담보하기(cover) 위한 화물배상책임보험에 부보한다. 이 보험은 화물이 항공사의 귀책사유로 멸실·훼손되어 항공사가 배상해야 할 경우, 그 배상액을 보험회사가 지불하는 것이다.

(2) 화물보험(Air Cargo Insurance)

운송화물이 사고로 멸실·파손되면 그 손해를 보상받기 위해 화주가 직접 보험회사에 부보하는 보험이다. 일반적인 해상보험과 같은 보험이다. 화물보험은 사고가 발생하여 보험회사가 화주에게 보상한 후, 항공사에 대위권(subrogation)[2]을 행사하는 문제가 생긴다. 따라서 가능하면 후술하는 화주보험에 부보하는 것이 좋다.

(3) 화주보험(Shipper's Interest Insurance)

화주보험은 항공운송의 신속성·간편성에 맞춰 항공화물의 부보를 간편하게 한 보험이다. 각 항공사 또는 대리점은 보험회사의 대리점으로서 언제든지 화주를 위해 이 보험을 주선할 수 있으며, 대부분의 항공사는 운송화물에 대한 화주보험제도를 채용하고 있다. 부보방법은 항공운송장의 Insurance Amount란에 보험금액을 기입하고 소정의 보험료를 지불하면 부보가 된다.

부보액은 송장가액이나 목적지에서의 현재가액의 110%까지 부보할 수 있고, 사고가 발생하면 그 범위내에서 보상받을 수 있다. 보험은 항공사 또는 대리점이 화물을 수령하고 운송장을 발행하면 발효되어, 통상의 운송과정을 거쳐 도착지에서 화물이 수하인에게 인도되면 종료된다.

화물보험은 화물의 종류·포장·기종(機種)·경로·담보조건 등으로 보험료율이

2) 보험회사가 화주에게 보험금을 지급하면, 화주가 그 화물(잔존물)에 대하여 가지는 권리와 제3자에 대하여 가지는 권리(구상권)를 보험회사가 취득하는 제도이다. 이것은 보험의 이득금지원칙에서 비롯된 제도이다.

달라지고, 전문적인 보험지식도 필요하지만, 화주보험은 간소화를 위해 운임률로 보험료율이 자동적으로 정해진다. 화물보험은 매건마다 보험증권(insurance policy)을 발행하지만, 화주보험은 보험증권을 발행하지 않고, 요청이 있으면 부보증명서(certificate of insurance)를 발행한다.

4 항공운송의 클레임

항공사에 운송을 위탁하고 항공사가 운송한 화물이 항공사의 귀책사유로 손해를 입으면 피해당사자인 송하인·수하인·그 대리인이 서면으로 제기하는 손해배상청구이다.

(1) 클레임 청구의 기간제한

클레임 제기나 클레임 의사의 통고는 규정된 기간내에 서면으로 해야 한다.

① 일부손실을 포함하여 파손에 대한 클레임은 화물인수일로부터 14일 이내에 제기해야 한다.

② 지연에 대한 클레임은 물품이 수하인의 처분에 놓인 날, 즉 화물의 도착통보를 받은 날로부터 21일 이내에 제기해야 한다.

③ 분실에 대한 클레임은 AWB 발행일로부터 120일 이내에 제기해야 한다.

④ 제소기한은 항공기 도착일 또는 운송중지일로부터 2년이다.

(2) 이중운송(Duplicate Shipment)의 운임

분실·손상·지연의 배상방법으로 이중운송(duplicate shipment)에 대한 무임운송(無賃運送)은 없다. 즉, 어떠한 경우에도 송하인·수하인은 운임을 지불해야 하고, 물품에 대한 손해보상은 오직 클레임을 통해 해결해야 한다.

(3) 클레임과 운임

화물이 분실·손상, 목적지에 도착하지 못하더라도 운임·수수료·기타 항공사에 지불해야 할 금액은 선불·후불에 관계없이 전적으로 항공사의 수입으로 확정되며, 화물의 분실·손상에 대한 클레임은 모든 운임을 지불할 때까지 제기할 수 없다. 단, 화물이 완전히 분실되면 운임의 지불과 관계없이 그 클레임은 제기할 수 있다. 이때 클레임과 운임은 완전 별도로 처리된다.

제2절 항공화물의 전세운송(Charter)

1 전세운송의 개요

항공화물의 전세운송은 일정량의 화물운송을 위해 항공기의 전부 또는 일부를 임차(charter)함을 의미하며, 운송중 화물의 보호관리를 위한 탑승원(attendant)이 포함된다.

현재 전세운항은 일반화되어 많은 종류의 화물이 전세기를 이용하고, 미국에서 수출되는 생동물이나 군수물자가 전세운송되며, 특정지역에 특수수요가 늘면, 정기편의 공급을 초과하므로, 전세기를 이용하여 수요에 충족하고 있다.

항공사는 정기노선이든 미취항노선이든 전세운송을 위해서는 상대국의 착륙허가를 얻어야 하며, 중간기착지나 영공통과를 위해서도 사전에 해당국가의 허가를 얻어야 한다. 따라서 한번의 전세운항을 위해서는 새로운 항공사가 하나 설립되고, 새로운 운항노선이 하나 개설되는 것으로 보면 된다.

화주는 화물의 중량을 감안하여 기종을 선택하고, 운항희망일자를 결정하여 항공사에 통보하면 항공사는 항공기의 여력을 점검하고 스케줄을 작성, 해당국가에 착륙허가와 영공통과 허가신청을 낸다. 더불어 해당공항의 시설・지상조업장비・연료공급・승무원의 휴식대책・중간기항지 선정 등으로 최대의 화물을 탑재하여 운항할 수 있는 운항루트를 선정하고 필요한 조치를 취한다.

전세운항에는 필요한 조치가 많고 상대국의 규정 등을 감안하여 충분한 시간여유를 두고 항공사와 협의해야 하며, 요구되는 여유일자를 1개월 정도 예상해야 한다.

2 전세운임

전세운송은 IATA 태리프가 없어, 그 운임은 반드시 일정한 것이 아니고 기종・화물・목적지・기타조건에 따라 다양하게(case by case) 결정된다. 통상 전세운임은 다음의 2가지 방법으로 결정된다.

(1) 원가에 의한 방법

항공사는 각 기종에 대한 원가를 분기별·월별로 산출해 낼 수 있으므로(선박의 Hirage or Charterage를 의미함) 해당 운송구간에 운항시간(block time)을 구하여 시간당 원가를 곱하면 운임이 계산된다. 운항구간은 중간기착지를 포함하며 운항시간은 각 구간의 운항시간을 합하여 구한다.

또한 전세운항은 출발지와 목적지는 물론 전세운항의 출발지까지 가는 Ferry[3] 구간에도 운임을 적용한다. 예컨대 홍콩 – 런던 챠터로 대한항공 전세기를 이용한다면 서울 – 홍콩, 홍콩 – 런던을 합하여 구한다. 즉, 서울 – 홍콩 구간이 페리구간이다.

(2) 거리에 의한 방법

전세운항을 위해 항공사는 별도의 전세운임을 설정하여 운용하기도 한다. 대부분 마일당 요율을 설정하여 전체거리에 마일당 요율을 곱하여 운임을 산출한다. 이를 위해 IATA는 거리표(mileage manual)를 만들어 공인된 거리를 이용하게 하고 있다. 거리의 기준은 공항~공항의 거리이며 국가에 따라 별도의 산출방식을 적용하기도 한다.

위 2가지 방법으로 산출한 운임에 목적지 국가에 따라 No Objection Fee를 징수하기도 하는데 이 비용은 화주가 부담해야 한다. No Objection Fee or Royalty는 해당 국가의 국적항공사나 정부가 해당 전세운항을 반대하지 않는 조건으로 징수하는 금액이다. 전세운임의 일정비율을 요구하기도 하고 편당 얼마를 요구하기도 한다.

기종·운임·루트·출발일자 등이 확정되면 화주나 대리점과 전세계약을 체결하고 운임의 10%를 먼저 징수한다. 전세계약은 출발 1개월 전에 체결함이 원칙이나 수요의 발생에 따라 급한 것은 출발 며칠 전에 체결되는 것도 있다. 어떤 경우에도 항공기 출발 전까지는 운임의 100%를 항공사에 납부해야 한다.

3) 여기에서의 Ferry란 통상 우리가 인식하고 있는 페리개념과는 달리 항공기가 어떤 목적을 위해 공운항(空運航)하는 것을 말한다. 선박의 경우는 Ballast Voyage라 한다. Ferry는 Pre-carriage와 Post-carriage로 분류된다.

3 전세운송과 IATA 규정

차터에 의한 대량 일괄운송은 정기편 운송에 비해 통상 요금면에서 저렴하므로 정기편에서 기대할 수 없는 신규 화물수요의 개발에 이용할 수 있다. 이러한 할인 효과 외에도 영업상 필요로 하는 일괄운송수요에 응하는 것은 무역진흥을 위해서도 필요하다. 그리고 차터는 항공기 가동률을 높이는 데 큰 역할을 한다.

불특정 다수의 일반화주를 위한 정기운송은 사회적·공공적 수요를 충족하는 것으로 화물의 다소를 불문하고 취항하지 않으면 안된다. 그러므로 전세운송이 정기운송의 시장질서를 혼란시키고 그 발달을 저해해서는 안된다는 취지에서 전세운송에 대한 최소한의 규칙을 제정한 것이 IATA 결의(IATA Resolution 045a)이다.

IATA 차터결의 045a는 1948년에 채택되었다. 목적은 전세자가 IATA 운임 이하의 가격으로 일반대중에게 스페이스를 전매(轉賣)하는 것을 금지하고, 차터계약은 1인(人)의 전세자(법인·자연인)가 1대의 항공기 스페이스를 전부 차터하도록 규제하는 것이다. 즉, 이 결의로 다음의 2가지 원칙이 확립되었다.

① 1기전체(entire plane load)의 개념 확립과 전매의 금지이다.

② 전세자가 사용하고 남은 잉여스페이스는 전세자의 동의를 얻어 항공사나 정부가 이용할 수 있고, 전세자가 지불해야 할 요금은 스페이스의 잔여 유무와 관계없이, 1기전체(一機全体)의 차터금액을 지불하거나 약간을 감액한다는 원칙이다.

그러나 항공시장의 비약적 확대·항공기의 대형화에 수반하여 분할전세(split charter) 문제가 대두되었다. 이에 1952년에 전세자의 자격을 명확히 하기 위해 IATA는 자가사용(own use)과 연고성(affinity) 개념을 확립하여 일반대중과 구별하게 했다. 자가사용 전세(own use charter)란 1인의 자연인·법인의 차터를 말하며, 전세기 이용자들 사이에 차터요금의 분할부담은 금지되어 있다. 연고성 전세(affinity charter)란 차터의 목적이 여행이 아니어야 하며, 연고단체(affinity group)는 2만명 이하의 회원단체이어야 한다.

현행 화물차터결의 045a는 1967년 10월 구결의 045에서 화물과 여객을 분리시킨 것이다. 이에 의하면 화물차터는 자가사용만 인정되고, 전세자가 전부 또는 일부, 직접·간접을 불문하고 타인에게 전매하지 않으면 자가사용으로 간주한다. 그러나 화물에는 여객의 연고차터와 같은 경우는 없다.

차터결의 045a에서는 화물차터시에 지상운송업자(surface forwarder : 선박·철도·트럭 등)와의 계약을 금지하고 있다. 그러나 지상운송업자 자신의 화물은 예외이다.

또한 수송의 판매·유치를 업으로 하는 자는 차터할 수 없다. 그러나 업자가 실전세자(true charterer)의 대리인으로 차터계약에 서명하는 것은 무방하다. 따라서 원칙적으로 혼재화물의 차터는 성립될 수 없다.

4 전세계약서

전세계약서는 각 항공사가 각각 제정한 양식(form)을 사용하고 있다. IATA 양식은 제정되어 있지 않고, IATA 차터신청서식(cargo application form)이 있어 그것을 이용할 수 있다. 전세계약서가 있으면 항공운송장의 발행이 불필요하지만, 실무상 화물취급(handling), 통관, 바르샤바조약의 채택, 기타 편의상 전세계약서에 맞는 운송장의 발행이 필요하다.

통상 계약서를 작성할 때 화주나 대리점은 계약서에 확실한 탑재중량을 명기하도록 요구하지만, 항공기의 탑재중량은 출발 당시의 기온·활주로 사정·중간기착지 등에 따라 달라지기 때문에 사전에 확정중량을 계약서에 기재할 수는 없다. 따라서 계약서에는 출발 당일의 해당 항공기의 최대탑재허가중량 내에서 보장한다고 기재한다.

보험도 일반화물과 같이 취급되어 부보가능하나 항공기 1대당 최고보상액이 2억 5천만달러(총체적 유한책임제도)이기 때문에 이 액수를 초과하면 별도의 조치를 취해야 한다. 이를 위해서는 사전에 해당 항공사·보험회사와 협의하여 적절한 조치를 취하면, 어떤 종류의 화물이나 가격에 관계없이 해결될 수 있다.

현재 우리나라는 원칙적으로 3국간 전세운항을 허용하지 않고 있다. 즉, 미국의 어느 항공사가 한국에서 발생된 화물을 전세운항하여 제3국인 독일로 수송하는 것은 허용하지 않고 있다. 따라서 한국에서 발생하여 독일로 가는 화물은 한국과 독일의 국적 항공사만 전세운항이 가능하다. 이는 대부분의 국가가 시행하는 것으로 일종의 자국기(自國機) 보호정책이다.

제3절 위험화물 및 특수화물

1 위험화물에 대한 규정

항공화물에서 위험화물은 항공운송 중 발생하는 기압·온도의 변화, 운항중의 진동과 공간의 제한에 따라 항공기·인명·인접화물 등에 피해를 줄 우려가 있는 화물로서 IATA의 Dangerous Goods Regulations(이하 DGR)에 수송여부 및 제한사항이 규정되어 있다. 예를 들어 페인트·드라이 아이스·배터리·자동차 등도 항공운송에서는 위험화물로 규정하고 있다. 위험화물은 항공기의 안전을 위하여 위험화물의 성질을 가장 잘 알고 있는 화주가 DGR 규정에 따라 포장(packing)·표기(marking)·표찰(labelling) 등을 하고, 운송을 위탁할 때에 특별히 취급할 수 있도록 신고해야 한다.

2 IATA 위험품목

(1) 위험품목

DGR의 위험품목은 9개 부류(9 class)로 ① 폭발물(explosive), ② 가스(gas), ③ 인화성 액체(flammable liquid), ④ 가연성 고체(flammable solid), ⑤ 산화성 물질(oxidizer), ⑥ 독극물(toxic substance), ⑦ 방사성 물질(radioactive), ⑧ 부식성 물질(corrosive) ⑨ 기타(miscellaneous) 제한품목에 의해 A·B·C 그룹으로 분류된다.

(2) 위험품목에 준하는 품목

다음의 품목은 위험품에 준하는 것으로 항공운송시 포장(packaging), 화인(貨印, marking), 표찰(labelling) 등에 충분한 주의를 해야 한다.

에어솔·탄약·기압계(수은)·배터리·호흡조정기(압축공기·산소통)·액정수소(냉동액)·화학약품·기타 공업용 물질·신제품 냉동제(프레온가스)·고압가스통·의료용 의료기구(가스통·알콜·수지)·드라이아이스(냉동제)·전기제품(자성물질·수은)·전자관(수은)·엔진(연료포함)·냉동과실·채소·헤어토닉(hair tonic)·살충제(가연성·유독성·부식위험)·계기류(수은)·실험기구(위험성·화학약품)·락카(가연성)·기계류

(고압가스 · 가연성 · 배터리 · 방사성) · 압력계(수은) · 의약품 · 자동차 · 자동차 부품(연료 · 배터리 · 셀루로스 페인트) · 오토바이 · 오토바이 부품 등이다.

(3) 위험품 수송에 대한 규정

IATA 규칙은 A · B · C 순으로 위험품목을 분류하여 TNT · 다이너마이트 · 어뢰 등의 수송금지품목을 명확하게 하고, 수송가능한 품목은 보관방법 및 표시방법을 명시하고 있다. 또한 여객기와 화물기로 구분하여 포장조건 · 취급방법 · 1개 포장당 순내용량을 규정하고 있다.

운송가능품목은 품명을 정확하게 표시하여 신고하고, 운송중 안전한 취급에 필요한 지침을 명시해야 한다. 내용품은 IATA 규칙에 따라 포장에 필요한 표시를 하고, 10종류의 라벨이 준비되어 있으므로 취급이 용이하도록 화주는 정확한 라벨을 각 포장마다 부착해야 한다.

이상과 같이 항공사는 화주 · 그 대리인이 화물의 내용을 정확히 표시하고 IATA 규칙의 조건을 만족시킨다는 증명이 있어야 위험화물을 수탁한다.

3 특수화물의 취급

특수화물이란 수령 · 보관 · 혼재시 특별취급을 요하는 화물이다. 특수화물은 ① 중량화물(HEA : heavy cargo), ② 부패성 화물(PER : perishables), ③ 고가화물(VAL : valuable cargo), ④ 유해(遺骸, HUM : human remains), ⑤ 생동물(AVL : live animal), ⑥ 외교행낭(DIP : diplomatic pouch) 등이다.

(1) 중량화물(Heavy Cargo)

중량화물은 포장당 무게가 150kg을 초과하는 화물이다. 대형화물은 소형기(小型機)의 하부화물실(belly compartment)이나 하나의 ULD에 탑재할 수 없는 화물을 말한다. 따라서 접수시 그 화물을 탑재할 항공기 화물실을 확인해야 한다. 150kg 이상의 화물이 하나 이상이면 'HEA' 코드와 각각의 무게를 AWB의 취급요령(handling infor- mation)란에 기재해야 한다.

(2) 부패성화물(Perishables)

부패 · 변질로 운송중 가치를 잃기 쉬운 화물이다. 부패성 화물은 우유 · 버터 · 치즈 · 육류 · 꽃 · 나무 등이다. 모든 부패성 화물은 반드시 제한된 운송기간에 목적지까지 운송되도록 예약해야 한다.

(3) 고가화물(Valuable Cargo)

운송신고가격이 kg당 US$1,000을 초과하는 물품이다. 금 · 보석 · 화폐 · 유가증권 · 주식 · 채권 · 다이아몬드 등이다. 신고가격이 US$50만을 초과하면 사전승인이 필요하다. AWB의 취급요령란에 'VAL'이라고 기재한다.

(4) 생동물(Live Animals)

생동물은 건강상태가 양호하고, IATA 생동물 규정(IATA live animals regulations)에 따라 포장해야 하며, 전구간의 예약이 확인되어야 수송이 가능하다. 화주는 수송전에 생동물의 검역증서, IATA 규정의 포장, 경유지(transit station)에서의 특별조치, 수하인의 즉시 인수준비 등을 점검해야 한다. AWB의 화물성질 · 수량(nature and quantity of goods)란에 동물명을 영문으로 기재해야 한다.

PART 4

복합운송

Chapter

14 복합운송의 기초

제1절 복합운송 및 복합운송인의 개념

1 복합운송의 개념

(1) 복합운송의 정의

복합운송이라는 용어는 1929년 바르샤바조약(국제항공운송 통일규칙에 관한 조약)에서 출발하여, 1956년 4월 해륙(sea/land) 복합운송용 컨테이너가 개발되면서, 실질적인 개념으로 발전되기까지는 통운송(through transport)이나 승계운송(successive trans- port)으로 이해되고, 그러한 개념 위에서 운송계약이 체결되어 왔다.

통운송(通運送)이 일찍부터 발달하게 된 이유는, 통운송의 경우 송하인은 1인의 운송인과 한번만 운송계약을 체결하면 되므로, 후속운송인과 계약을 체결하는데 소요되는 수고와 비용을 절약할 수 있고, 또한 출발지에서 도착지까지 확정된 운임을 미리 알 수 있어, 오퍼(=견적) 등을 용이하게 할 수 있는 점에 있다.

통운송은 흔히 육상・해상・항공 통운송으로 구별된다. 그러나 실제로는 각 구간별로 운송수단을 달리하여 여러 운송이 결합하는 경우가 많다. 이처럼 운송수단을 달리하는 통운송을 복합운송이라 한다.

복합운송은 하나의 계약으로 운송의 시작부터 종료까지 全과정에 걸쳐, 운송물을 적어도 2가지 이상의 서로 다른 운송수단으로 운송하는 것이다. 따라서 특정화물의 운송을 위해 여러 운송수단을 이용하더라도, 수개의 운송계약을 체결하고, 그에 따라 운송증권을 발행하면, 이는 부분운송・구간운송으로 복합운송과 구별한다.[1)]

1) 복합운송은 다음과 같이 분류된다. ① 부분운송 : 각 운송구간마다 화주와 운송인의 운송계약이 성립되어 각 운송인은 자기의 운송구간만 책임진다. ② 하청운송 : 1인의 원청운송인이 전구간을 인수하고 여타 운송

복합운송의 예를 본다. 수원의 삼성전자가 헬싱키의 카리나사에 LCD TV 1만대를 수출하려고 한다. 그런데 헬싱키는 인도양 – 수에즈 – 발틱해로 이어지는 해상운송보다 시베리아 철도, 즉 SLB(Siberian Land Bridge)를 이용하면 더 경제적이다. 즉, 부산–보스토치니는 선박, 보스토치니–헬싱키는 시베리아 횡단철도와 핀랜드 철도를 이용하는 것이다.

이처럼 해륙(sea/land) 복합운송이 주류를 이루고 있지만, 해상운송의 저렴성과 항공운송의 신속성을 결합한 해공(sea/air) 복합운송도 이뤄지고, 내수로운송이 발달한 유럽에서는 해상 – 내수로 – 육상 등의 복합운송도 이뤄진다.[2] 따라서 오늘날에는 오히려 순수한 단일운송(unimodal transport)만으로 이루어지는 운송이 드문 편이다.[3]

복합운송이란 용어가 공식적으로 사용된 것은, 1949년 국제상업회의소의 "국제복합운송증권에 관한 조약초안"에서 통운송(transport homogène)에 대비된 용어로 복합운송(transport combiné or hétérogène)이란 표현을 사용한 것에서 비롯된다.

이후 복합운송은 Combined, Intermodal, Multimodal Transport 등 3가지 호칭이 혼용되어 왔었다. TCM 조약안과 ICC 통일규칙은 Combined, 유엔복합운송조약은 Multimodal, 미국에서는 Intermodal Transport라 했었다. 그러나 1992년 UNCTAD/ICC 복합운송증권규칙이 Combined를 Multimodal로 대체했기 때문에, 하나로 통일되기까지 당분간 Multimodal 및 Intermodal Transport가 혼용될 것이다.[4]

인은 하청운송인으로 참여하기 때문에 화주와 계약관계가 성립하지 않는다. ③ 연대운송 : 全운송인이 전체운송의 계약당사자가 되어 각 운송인이 전체운송에 대한 연대책임을 진다(일본에서는 相次運送이라 함). 복합운송은 성질상 하청운송으로 원청운송인과 송하인이 전구간의 운송계약을 체결하고, 여타 운송인은 복합운송증권에 의거 순차적으로 운송을 이행하는 형태이다. 복합운송과 비교되는 통운송 · 일관운송 · 승계운송 · 순차운송 등이 있는데, 학술적 · 법적으로 구분이 되지 않아, 통념상 통운송을 제외하고 일관운송 · 승계운송 · 순차운송 등은 복합운송과 통운송에 적용될 수 있는 용어이다.

2) 유럽에서는 북해 · 지중해 · 흑해를 Rhein · Main · Donau 강과 이를 가로지르는 운하 등으로 연결하여 총 3,500km에 달하는 내수로 운송이 이루어지고 있다.

3) 2종류 이상의 운송수단도 부수적으로 행하는, 즉 집하와 인도(pick-up and delivery)를 위해 2종의 운송수단을 이용했다면 복합운송으로 간주되지 않는다(UN 국제복합운송조약 제1조 1항).

4) UNCTAD는 Multimodal Transport Handbook에서 다음과 같이 구분하고 있다.

① Combined Transport : 하나의 운송단위 또는 1대의 차량에 적재한 화물을 도로 · 철도 · 내수로와 연계하여 운송한 경우이다.

② Intermodal Transport : 운송인 중 1인이 전구간을 조직(organize)하고 복수의 운송수단을 이용하며, 출발지에서 목적지까지 하나 이상의 중계지점을 거쳐 운송한다. 그 책임은 전구간을 어떻게 분할하느냐에 좌우되며, 서로 다른 증권을 사용한다.

③ Multimodal Transport : 전구간을 조직한 운송인이 책임을 지고 1통의 복합운송증권이 발급된다. 한편

(2) 복합운송의 요건

복합운송은 하청운송으로서 복합운송에 관여하는 여러 운송인 가운데 1인의 운송인이 전구간의 운송을 인수하고, 전부 또는 일부 구간을 다른 운송인으로 하여금 운송하게 하는 것이다. 이때 송하인과 계약을 체결한 운송인만 전구간에 대하여 책임을 지고, 실제로 운송을 실행한 운송인은 하청운송인이 되어, 이들과 송하인은 직접적인 법률관계가 일어나지 아니한다.

따라서 복합운송은 복합운송인이 적어도 2가지 이상의 서로 다른 운송수단으로, 전구간을 하나의 운임으로 하나의 운송계약을 체결하고, 화물의 손해는 계약을 체결한 운송인이 전적으로 책임지는 운송방식으로 그 특징은 다음과 같다.

① 하나의 운송계약

운송에 대한 全책임이 복합운송인에게 집중되기 때문에, 송하인은 복합운송인을 상대로 1번만 운송계약을 체결하고, 복합운송인이 운송의무를 이행하기 위하여, 각 구간의 운송인과 체결하는 하청운송계약은 복합운송계약과는 무관하여 송하인은 알 바가 아니다.

② 하나의 책임주체

복합운송인이 全책임을 진다해도 복합운송인이 전체 운송을 실행하는 것은 아니다. 오히려 어느 한 구간도 복합운송인 자신이 실행하지 않는 경우가 많다. 따라서 누가 운송을 실행하느냐에 관계없이, 1인의 계약운송인이 운송 전체를 책임지는 것이 복합운송의 중요한 특징이다.

③ 단일의 운임

각 구간별로 분할된 운임이 아닌 전구간에 대한 단일운임을 특징으로 한다.

④ 운송수단의 다양성

복합운송은 서로 다른 운송수단으로 이행한다. 운송인의 수가 문제가 아니라, 운송수단의 종류가 문제이며, 그 운송수단은 각각 다른 법적 규제를 받는 것이어야 한다.

따라서 지금은 복합운송조항(상법 816조)을 별도로 두어 달라졌지만, 구상법(舊商法)과 같이 도로·철도·내수로 운송에 모두 육상운송법을 적용할 경우에는, 이들로 이뤄지는 복합운송은 사실상 서로 다른 운송수단을 사용했음에도 복합운송으로

유럽의 일부 보험사들은 Intermodal은 트럭/철도와 같이 육상에서의 연계운송으로 해석하고, Multimodal은 선박/철도 또는 선박/항공과 같이 해상/육상, 해상/공중을 연계하는 복합운송으로 해석하고 있다.

보지 않는다. 그리고 운송수단의 다양성은 계약에 명시해야 하는 것은 아니고, 실제운송에서 여러 운송수단을 이용하면 복합운송이 된다.

(3) 컨테이너 운송과 복합운송

육해공을 연결하는 복합운송은 하나의 운송수단에서 다른 운송수단으로 신속하게 환적할 수 있는 새로운 운송기술, 특히 컨테이너 운송의 개시와 더불어 비약적으로 발달하였다. 컨테이너 자체는 대형용기에 지나지 않으나, 그 견고성으로 그 속에 적재된 운송물을 잘 보호하고, 또 표준규격으로 여러 운송수단에 잘 맞게 된다. 무엇보다도 컨테이너의 장점은 화물의 신속·안전한 환적이 가능하고, 하역의 기계화로 시간·경비를 크게 절감한 데 있다.[5]

따라서 운송의 시작에서 종료까지 환적이 많으면 컨테이너가 큰 효용을 발휘한다. 즉, 컨테이너는 문전에서 문전까지(door to door) 일관운송을 제공하는 복합운송에 가장 적합하다. 그러나 컨테이너 운송과 복합운송을 동일시하는 것은 잘못이다. 왜냐하면 오늘날에는 컨테이너 외에도 복합운송에 적합한, 즉 환적을 용이하게 하는 새로운 운송기술이 발달하고 있고,[6] 드물기는 하지만 컨테이너 적입이 불가능한 운송물도 복합운송을 하고 있기 때문이다.[7] 그러나 컨테이너에 비해 그러한 운송은 미미하다.

운송의 컨테이너화는 선진해운국을 중심으로 해상운송에서 먼저 이루어졌고, 북미대륙철도 및 시베리아 횡단철도와 해상운송을 연결하는 새로운 복합운송경로의 개척으로 해륙복합운송은 비약적으로 발달하였다. 엄밀하게는 컨테이너 운송과 복합운송을 동일시할 수는 없지만, 오늘의 복합운송은 거의 컨테이너 운송을 중심으로 이뤄지고 있기 때문에, 1970년대 이후 복합운송에 관한 국제규칙·조약들은 한결같이 컨테이너 운송을 염두에 두고 제정되어 있음을 알 수 있다.

오늘날의 복합운송은 곧 컨테이너 운송을 연상할 만큼 복합운송은 컨테이너 운송에 의존하는 바가 크다. 따라서 본서에서도 컨테이너 운송을 중심으로 복합운송을 서술하게 될 것이다.

5) 컨테이너선은 재래선보다 83%의 시간을 절약하고 하역효율은 10~20배에 달한다.
6) Pallet, Ro-Ro, LASH(Lighter Aboard Ship), BACAT(barge aboard catarman) 등이 있다.
7) 1980~1988년 이란·이라크 전쟁으로 이라크의 바스라항이 폐쇄되자 컨테이너 화물은 물론 컨테이너 적입이 곤란한 시멘트·철근·합판 등 건축자재가 1인의 운송인 책임하에 1장의 운송증권으로 쿠웨이트·요르단을 거쳐 복합운송이 대량으로 이뤄진 바 있다.

2 복합운송인의 개념

1) 복합운송인의 정의

복합운송인은 이종(異種)·동종(同種) 수송수단을 조합하여 수송하는 운송인으로서 후술할 TCM 조약안은 CTO(combined transport operator), 유엔조약은 MTO(multimodal transport operator), 미국에서는 ITO(intermodal transport operator)라고 부른다.

TCM 조약안은 복합운송인을 ① 복합운송증권을 발행하며, ② 화물의 수령에서 인도까지 전구간에 걸쳐 자기의 이름으로 운송을 이행하고, ③ 그 운송에 대하여 조약에 규정된 책임을 부담하며, ④ 복합운송증권에 기명된 자 또는 정당하게 배서된 증권의 소지인에게 확실하게 화물을 인도하기 위하여 필요한 모든 조치를 다하는 자로 규정하고 있다.

그리고 유엔복합운송조약은 복합운송인이란 스스로 또는 그 대리인을 통해서 운송계약을 체결하고, 송하인이나 운송인의 대리인이 아닌 주체(하청운송인이 아님)로서, 계약의 이행을 책임지는 자로 정의하고 있다.[8)]

따라서 복합운송인은 자기의 명의와 계산으로 화주를 상대로 복합운송계약을 체결한 계약당사자로, 운송 전반을 계획하며 운송기간중 여러 운송구간을 적절히 연결하고 총괄하여 운송이 원활하게 이루어지도록 조정하고 감독하는 자이다.

2) 복합운송인의 범위 및 자격요건

(1) 복합운송인의 범위

복합운송인은 전구간에 대한 운송인의 지위로 복합운송증권의 발행자가 된다. 그리고 유엔복합운송조약(미발효)은 복합운송인에게 전구간의 책임을 집중시키고, 전체운송의 실행에 관여하는 실제운송인 등을 복합운송인의 이행보조자로 본다.

유엔조약은 복합운송인에는 복합운송인이 복합운송계약의 이행을 위해 동원하는 그 대리인·사용인(employee)·기타의 사람이 포함되며, 송하인·수하인에는 각각의 사용인·대리인이 포함된다.

8) 〈Multimodal Transport Operator〉 means any person who on his own behalf or through another person acting on his behalf concludes a multimodal transport contract and who acts as principal, not as agent or on behalf of the consignor or of the carriers participating in the multimodal transport operations, and who assumes responsibility for the performance of the contract.

그리고 복합운송인은 그 직무의 범위에서 복합운송인의 사용인・대리인・그 밖의 운송계약을 이행하는 사람의 작위(作爲, act done with intent) 또는 부작위(不作爲, omission done with intent)에 대하여 복합운송인이 모두 책임을 진다.

이상과 같이 복합운송조약은 1인의 계약주체, 즉 복합운송인에게 全운송에 대한 원청운송인으로서 운송의무를 부여하고, 나아가 화물의 수령에서 인도까지 도중에 생긴 멸실・손상・지연으로 인한 손해에 대해, 손해발생장소가 어디인가를 묻지 아니하고 책임을 지우고 있다.

1인의 계약주체(MTO, ITO)에 책임을 집중시키는 개념은 국제해법회 초안에서 이미 확립되었고, TCM 조약안에 승계되어 유엔복합운송조약에서 확정된 것인데, 이것이 바로 복합운송의 특징이며 장점을 그대로 반영한 것이다.

한편 복합운송인이 화주와 운송계약을 체결한 당사자로서 全운송에 대한 책임주체가 되는 데에는 복합운송인의 자격이 문제가 된다.

이 점에 대해 미국의 해운법은 복합운송인의 면허요건을

① 연방해사위원회(FMC)가 충분한 경험(experience)과 자질(character)을 갖추었다고 인정하는 자,

② 화물의 멸실・손상에 대한 손해배상책임을 보증하기 위해, 재무장관이 인정하는 보증회사가 발행하는 보증서를 제출하는 자로 규정하고 있다.

이 2가지 기준은 아무런 운송수단도 갖지 않은 자가 복합운송인으로 활동할 때, 그 신용의 결여로 문제가 발생하는 것을 방지하기 위한 안전기준이다.

미국에서 복합운송인으로 활동하기 위해서는 FMC로부터 해상운송주선인(OFF : Ocean Freight Forwarder) 또는 무선박운송인(NVOCC : Non-Vessel Operating Common Carrier)의 면허를 취득해야 한다. 면허발급요건은 ⓐ 미국내에서 3년 이상 포워딩 업무에 종사한 자, ⓑ $50,000의 보증금을 예치할 것, ⓒ 포워딩 업무수행에 적절한 자질을 갖출 것 등이다.

NVOCC는 1998년 개정법 이전에는 국적에 관계없이 $5만이었지만, 개정법은 미국적 NVOCC은 본사 $7만 5천, 지사 $1만, NVOCC 및 OFF 겸업자는 $10만, 외국적 NVOCC는 $15만으로 구분하여 인상하였다.

우리나라도 1976년 9월 '외항해상운송 부대사업 면허요령'으로 해상화물운송주선업이 처음 제도화된 이후, 1991년 12월 화물유통촉진법의 제정으로 운송주선업이 해운법・화물유통촉진법으로 이원화되었다가, 1995년 12월 화물유통촉진법의 개정

으로, 해운법의 해상화물운송주선업이 1996년 6월 화물유통촉진법의 복합운송주선업으로 일원화되었는데, 2007년 8월 '화물유통촉진법'이 '물류정책기본법'으로 변경되어 '복합운송주선업'도 '국제물류주선업'으로 변경되어 현재에 이르고 있다..

물류정책기본법상 복합운송인, 즉 국제물류주선인이 되려면 다음의 요건을 갖춰야 한다. 자본금은 법인 3억원 이상, 개인 자산평가액 6억원 이상에 1억원 이상의 보증보험에 가입할 것. 다만, ① 자본금·자산평가액이 10억원 이상인 경우, ② 컨테이너 장치장을 소유하고 있는 경우, ③ 금융기관으로부터 1억원 이상의 지급보증을 받은 경우, ④ 1억원 이상의 화물배상책임보험에 가입한 경우 등 4개 중 하나만 충족하면 보증보험에 가입하지 않아도 된다.

국제물류주선업의 등록기준 신고제도

2012.12.2. 개정·시행 중인 '물류정책기본법' 제43조에 국제물류주선업 신고제도가 신설됐다. 신고는 본사 소재 각 시·도에서 한다.

국제물류주선업자는 3년마다 등록기준을 충족하고 있는지를 관할 관청에 신고해야 한다.

- 구비서류 : 총 5종

1. 국제물류주선업 등록증 원본(→ 회수 후 신규등록증 재발급)
2. 3억원 이상의 자본금(비법인은 6억원 이상의 자산평가액) 보유 증명서류(→ 법인사업자: 자본금 3억원 이상 개인사업자, 6억원 이상의 현금잔고 보유증명서)
3. 1억원 이상의 보증보험가입 증명서류 또는 물류정책기본법 시행령 제30조의 2에 따른 기준에 적합함을 증명하는 서류(→ 화물배상책임보험 또는 인허가보증보험 가입증명서 사본)
4. 자기 명의로 발행할 한글·영문으로 작성된 선하증권과 항공화물운송장의 양식·약관에 관한 서류(→ 회사명이 기재된 선하증권 또는 항공화물운송장 양식 1부)
5. 법인 대표자 및 임원에 대한 결격사유를 확인할 수 있는 서류

한편 육·해·공을 일관하는 복합운송을 조직하고 책임지는 복합운송의 주체에 대해 다소의 혼동이 있는 것 같다. 한국은 흔히 복합운송인이라 하면 이른바 포워더, 즉 운송주선인만을 의미하고 선사·항공사와 같은 운송수단보유자(vessel operator)들은 복합운송인이 아닌 것으로 잘못 인식하고 있다. 그러나 이들 선사나 항공사도 엄연히 복합운송인이 될 수 있고, 실무에서도 이들에 의해 복합운송이 매우 활발하게 이루어지고 있다.

(2) 복합운송인의 당사자

여기에 복합운송의 주체, 즉 복합운송인이 될 수 있는 당사자들은 다음과 같다.

① 실제운송인(Actual Carrier)형 복합운송인

UNCTAD/ICC 복합운송증권규칙에서, 운송인은 복합운송인과 동일인 여부에 관계없이 실제로 운송의 전부 또는 일부를 이행하거나 이행을 약속하는 자로 정의한 바와 같이, 실제운송인형 복합운송인은 자신이 직접 운송수단(선박·트럭·항공기 등)을 보유하면서, 복합운송인의 역할을 수행하는 자이다. 즉, 미국의 VOCC(Vessel Operating Common Carrier)가 이에 해당한다.

곧 실제운송인은 HMM·KAL과 같이 운송수단을 보유한 선박회사·철도회사·트럭회사·항공회사 등이다. 컨테이너의 등장으로 선사의 운송책임은 종래의 선측에서 선측까지(tackle to tackle)로부터 터미널에서 터미널까지(terminal to terminal)로 확대되고, 다시 해상운송에 그치지 않고 문전에서 문전까지 운송을 일괄하여 인수하는 복합운송의 주체가 되고 있다.

② 계약운송인(Contracting Carrier)형 복합운송인

계약운송인은 선박·트럭·항공기 등의 운송수단을 직접 보유하지 않으면서도, 운송주체자로서 역할과 책임을 다하는 운송인을 말한다. 즉, 계약운송인은 실제운송인에게는 화주로서, 화주에게는 운송인으로서 책임과 의무를 수행한다. 이러한 유형의 국제물류주선업자로 해상운송주선인(ocean freight forwarder)과 항공운송주선인(air freight forwarder) 등이 있다. 통상 계약운송인형 복합운송인을 프레이트 포워더형 복합운송인이라 하며, 미국의 NVOCC(Non-Vessel Operating Common Carrier)가 해당한다.

제2절 복합운송에 대한 국제규칙

1 국제규칙의 제정배경

복합운송이 이상적으로 실현되기 위해서는 단일운송주체(single carrier)와 통합책

임체계(uniform liability system)가 필요하다. 즉, 육해공의 상이한 운송인이 상호 계약을 체결하고 그 중 1인의 운송인이 원청운송인으로 주체가 되고, 다른 운송인들은 하청운송인으로 이행보조자가 되는 것이다.

그러나 현실적으로는 몇개 기업의 단순한 연계로 운송이 이뤄지고 있어, 이상적인 복합운송은 실현되지 못하고 있다. 국제운송질서도 운송수단에 따라 분리・고립된 비통일적 개별법 체계로 운송질서가 유지되어 왔다는 점이다. 예를 들면,

해상운송에서는,

① 1924년의 "선하증권통일조약"(Hague Rules),

② 1968년의 "개정 선하증권통일조약"(Hague-Visby Rules),

③ 1978년의 "유엔해상화물운송조약"(Hamburg Rules : 1992.11.1. 발효)

④ 2008년의 "국제화물운송조약"(Rotterdam Rules : 2018년 현재 미발효)

육상운송에서는,

① 1975년의 "국제도로화물운송조약"[9](CMR),

② 1985년의 "개정국제철도화물운송조약"[10](CIM),

항공운송에서는,

① 1929년의 "국제항공운송에 관한 통일조약"(Warsaw Convention),

② 1955년의 "개정 국제항공운송조약"(Hague Protocol)

③ 1999년의 "국제항공운송규칙에 관한 통일조약"(Montreal Convention)이 있다.

따라서 화물이 여러 구간에 걸쳐 운송되면, 각 구간마다 서로 다른 조약 또는 국내법이 적용되는 운송증권을 발행하게 된다. 예컨대 해상운송에는 헤이그규칙이 적용되는 선하증권(B/L)을 발행하고, 항공운송에는 바르샤바조약이 적용되는 항공운송장(air waybill)을 발행하며, 육상운송에도 역시 관련조약(CMR・CIM)이 적용되는 화물상환증(waybill) 등을 운송증권으로 발행하고 있다.

이처럼 번거로운 문제를 해결하기 위해 거론된 것이 국제복합운송에 관한 통일규칙의 제정인 것이다. 그 과정을 서술한다.

9) "도로화물운송에 관한 국제조약"(CMR : Convention on the Contract for the International Carriage of Goods by Road) : 1956년 5월 체결, 1961년에 발효되어 26개국이 가맹하고 있다. 1978년 7월에 개정된 조약이 현재 적용되고 있다.

10) "철도화물운송에 관한 국제조약"(CIM : International Convention concerning the Carriage of Goods by Rail) : 1952년 서유럽 22개국 서명, 1956년 발효, 수차의 개정에 이어 현재는 1985년에 개정된 COTIF/CIM 조약이 적용되고 있다.

2 국제복합운송조약

(1) 국제복합운송조약의 성립과정

① UNIDROIT 초안

1949년 국제상업회의소(ICC : International Chamber of Commerce)의 의뢰를 받은 국제해법회(CMI : Comité Maritime International)가 "국제복합운송조약에 관한 조약초안"을 마련하였다. 이것은 복합운송에 관한 세계 최초의 조약안으로서, 1961년에 UNIDROIT[11]에서 재검토되어 새로이 "국제복합운송에 관한 조약안"으로 채택되었다. 이 조약안의 책임체계는 주로 CMR(도로화물운송조약)에 기초한 점이 특징이다.

② Tokyo 규칙

국제해법회가 1965년 9월 국제컨테이너 소위원회를 설치하고 1968년 9월까지 9번의 회의를 거쳐 마련한 국제복합운송조약안이 1969년 3월 제28회 도쿄총회에서 만장일치로 채택되어 도쿄규칙(Tokyo Rules)으로 불리우게 된다. 그 내용은 1924년의 헤이그규칙에 기반한 선하증권과 같은 유통성 복합운송증권에 중점을 두고 있다.

③ TCM 조약안의 성립과 백지화

그러나 이들 2개 초안(UNIDROIT 초안 · CMI 도쿄규칙)은 해석상 혼란이 있어 유럽경제위원회의 내륙운송위원회(Inland Transport Committee)가 이들을 통합하여 1970년 로마초안(Rome draft)을 작성하고, 이후 항공업계의 의견을 반영하여 정부간해사자문기구(IMCO)가 1971년 11월 TCM[12] 개정안으로 공포하였다.

이렇게 완성된 TCM 개정안은 1972년 5월 UNCTAD(유엔무역개발회의) 총회에서 "TCM 조약이 근본적으로 개도국의 경제발전에 어떠한 영향을 미치며, 기술적인 면에서 과연 국제복합운송에 걸맞는 수준에 와 있는가?"라는 의문과 함께, 조약에 개도국의 의견을 충분히 반영해야 한다는 등의 문제의 제기로 백지화되고 말았다.

(2) 유엔국제복합운송조약의 성립

1972년 TCM 조약안이 백지화되면서 국제복합운송조약의 무대는 UNCTAD의 무역개발위원회의 정부간준비그룹(IPG : Intergovernmental Preparatory Group)으로 바뀌었다. IPG는 1979년 3월에 조약초안을 마련하고, 많은 우여곡절 끝에 1980년 5월

11) 국제사법통일협회(UNIDROIT : International Institute for the Unification of Private Law)
12) TCM : Transport Combiné Internationale de Marchandises(국제화물복합운송조약안)

제네바 회의에서 채택되었다. 이것이 바로 1980년 유엔국제복합운송조약(UN Convention on International Multimodal Transport of Goods)인 것이다.

이 조약의 채택에는 상당한 어려움이 있었다. 그 이유로 ① 기존 조약들과 상충, ② 비준국・비비준국의 각기 다른 조약의 적용, ③ 기존조약 가운데 복합운송에 대한 예외적인 취급, ④ 일반운송에 관한 기존조약 중 일부가 타운송수단에도 적용되어 상호 충돌하는 문제 등이다.

그러나 이처럼 어렵게 만들어진 조약이 채택된지 42년이 경과한 오늘날까지 발효되지 못하고 있다. 그것은 근본적으로 조약의 준비과정에서 실무계를 대표하는 ICC(국제상업회의소), IUMI(국제해상보험연합회), ICS(국제해운회의소) 등이 복합운송인의 책임에 대해 분할책임체계(network system)[13]를 지지해 왔음에도, 유엔조약은 복합운송의 이상을 추구한 나머지 현실을 무시하고 소위 변형된 통합책임체계(modified uniform system)[14]를 채택하여 발효요건인 30개국의 비준을 얻지 못하고 있다.

그 내용을 보면 판명손해는 국내법・국제조약・유엔조약의 책임한도액 중 가장 높은 금액으로 하고, 불명손해는 해상구간이 포함되면 함부르크규칙의 110%(918.51 SDR/package or 2.75SDR/kg), 해상구간이 포함되지 않으면 8.33SDR/kg)를 적용하기로 규정하였다.

이 조약은 앞서 해상운송에서 서술한 바와 같이 운송인의 책임을 크게 강화시킨 함부르크규칙을 모태로 초안되어 선진해운국들의 외면을 당한 것이다.

(3) 국제복합운송조약의 주요내용

이 조약이 현재 발효되고 있지는 않지만, 복합운송에 관한 여러 개념의 정의와 함께 전반적인 복합운송의 이해에 많은 도움을 주고 있어 주요내용을 조감해 본다.

① 총 칙

제1조에서 복합운송・복합운송인・복합운송계약・복합운송증권・송하인・수하인・화물・국내법・눈서 등을 정의하고 있다. 즉, 복합운송은 복합운송계약에 기초하여 최소한 2종 이상의 운송수단을 이용한 2국간의 화물운송이다. 복합운송인

13) 각 운송구간에 고유한 기존의 제조약과 국내법규로 책임을 정하는 것으로 급격한 운송관행의 변혁을 회피하고 기존의 제관행과 원만한 조화를 이루면서 국제적 통일법제로의 조기이행을 가능하게 한다.

14) 화물의 손해발생구간 및 그 구간의 판명 여부에 관계없이 과실책임주의로 동일한 책임을 진다. 이는 복합운송의 체계를 갖추기 위해서는 복합운송인에게 책임을 집중시키는 것이 바람직하다는 견해에 기초한다. 그러나 현실적으로 적용하는 데에는 많은 어려움이 있다.

은 운송위탁자인 송하인의 계약상대로서 복합운송계약을 체결하고, 송하인 또는 복합운송에 참여하는 운송인의 대리인이 아닌 주체로서 행동하며, 그 계약의 이행을 책임지는 자이고, 복합운송인과 송하인의 개념은 그 자신뿐만 아니라 대리인을 포함한다. 복합운송계약은 복합운송인이 운임을 대가로 복합운송을 이행할 것을 약속하는 계약이다. 문서란 전보・텔렉스도 포함된다.

② 증 서

복합운송인이 화물을 수령한 때에는 송하인의 선택(option)으로 유통성(negotiable)・비유통성(not-negotiable)[15]의 복합운송증권을 발급하는데, 증권에는 복합운송인의 서명이 있어야 한다. 그러나 복합운송증권의 발행이 복합운송계약의 필수요건은 아니다.

복합운송증권에 기재된 화물의 종류・화인(貨印)・개수・무게 등이 정확하지 않음을 복합운송인이 알고 있거나, 그렇게 의심할 만한 정당한 사유가 있을 때, 그러한 사항을 확인할 방법이 없을 때에는 복합운송인은 그러한 부정확성・의심의 이유・확인방법의 결여 등에 관하여 복합운송증권에 유보문구[16]를 표기해야 한다.

운송인이 복합운송증권에 화물의 외관상태를 기재하지 않았으면 화물이 외관상 양호한 상태였던 것으로 간주한다. 그러므로 복합운송증권은 위의 유보문구가 없으면, 복합운송인이 증권의 기재대로 수령했다는 우선적 증거(*prima facie* evidence)이며, 증권을 유통증권으로 발행하면 수하인과 선의의 제3자에게 반증이 허용되지 않는다.

③ 최종조항

제8장의 최종조항은 수탁자(제33조)・서명・비준・수락・승인・가입(제34조)・보유(제35조)・발효(제36조)・적용일자(제37조)・기존 조약에서의 제권리와 의무(제38조)・개정(제39조)・폐기(제40조) 등인데, 발효조항만 요약하면 다음과 같다.

모든 국가는 비준・수락・승인으로 이 조약의 당사국이 될 수 있으며, 서명을 위해 이 조약은 1980.9.1.~1981.8.31.에 뉴욕 유엔본부에 개방하고, 그 이후에는 비서명국들을 위해 개방하며, 30개국 정부가 서명한 12개월 후에 발효된다. 이 조약의 발효요건이 충족된 후, 이 조약에 가입한 국가는 비준서 기탁 12개월 후에 발효되며, 발효와 동시에 이 조약의 규정은 적용된다.

15) 화물이 운송중일 때 증권의 매매를 통해 화물의 매매가 가능한 증권은 유통증권이고, 매매가 불가능한 증권은 비유통증권이다.

16) 주로 책임의 회피를 내용으로 하는 문구가 많은데 예를 들면, "~할 경우에는 운송인은 책임지지 않는다"는 등의 문구를 말한다.

3 국제상업회의소의 복합운송증권통일규칙

(1) 통일규칙의 제정

UNCTAD에서 복합운송조약의 심의가 난산을 겪고, 1972년 11월의 국제 컨테이너 운송회의에서 TCM 조약안이 백지화되자 실무계를 대표하는 국제상업회의소(ICC)는 1973년 12월에 "복합운송증권을 위한 통일규칙"(Uniform Rules for a Combined Transport Document 1973)을 제정・발표했다. 이 규칙은 1975년 5월 복합운송에서 지연책임[17]에 대한 약간의 수정이 가해져 1991년 말까지 적용되어 오다가 후술하는 UNCTAD/ICC 규칙으로 대체된다.

이는 선하증권을 중심으로 한 종래의 신용장통일규칙에 수정을 가해 일정한 조건을 갖춘 복합운송증권을 은행이 매입할 수 있게 한 것이다. 그리고 증권의 발행자로서 책임을 명확히 하기 위해 복합운송통일규칙에 준거하여 증권을 발행토록 규정하였다.

(2) 복합운송통일규칙의 요점

ICC 통일규칙은 ① 일반규정, ② 정의, ③ 유통증권, ④ 비유통증권, ⑤ 복합운송인의 책임, ⑥ 당사자의 권리의무, ⑦ 멸실 또는 손상에 관한 책임, ⑧ 지연에 대한 책임, ⑨ 잡칙, ⑩ 제소기한 등 10개 항목 19개 규칙이다. 이는 기본적으로 국제해법회와 UN정부간해사자문기구의 복합운송조약안, 즉 도쿄규칙과 TCM 조약안을 취한 것이다. 그 요점은 다음과 같다.

① 적용의 임의성

통일규칙이 적용되는 복합운송계약에는 복합운송증권통일규칙(ICC Brochure 제298호)에 준거한다는 문구[18]가 있는 유통・비유통 복합운송증권을 발행해야 한다. 그런데 이러한 복합운송증권을 발행하더라도, 그 계약에 ICC 통일규칙의 적용 여부는 계약당사자들의 의사에 따른다.

② 복합운송인

복합운송증권의 발행자가 복합운송의 책임주체라는 것은 유엔조약과 동일하다.

---

17) 1973년 ICC가 규칙을 마련하였으나 운송인들이 지연책임에 이의를 제기하고 사용을 거부하여, 지연책임 규정을 삭제한 것이 1975년 개정규칙이다.

18) "Negotiable(or Non-negotiable) FIATA Combined Transport B/L issued subject to ICC Uniform Rules for a Combined Transport Document(ICC publication 298)."

다만 통일규칙은 복합운송인의 자격을 국내법상 소정의 면허취득자로 하고 있다. 이는 원래 특정운송수단의 소유를 요건으로 하지 않는 복합운송인의 재력 및 신용을 확보하기 위해, 관련 국내법의 자격조건을 인정하려는 것이다.

③ 복합운송인의 책임

ICC 통일규칙은 복합운송인의 책임에 관해, 손해원인을 멸실・손상・지연으로 나누고, 멸실・손상에 대한 불명손해(concealed damage)에 적용하는 기본책임(basic liability)과 판명손해에 적용하는 분할책임체계를 채택하고 있다. 즉, 판명손해는 당해구간의 국내법 또는 국제조약의 책임한도로 하고, 불명손해는 kg당 30FGF(포앙카레프랑=SDR2/kg)를 최저액으로 하되, 특약으로 그 이상을 정할 수 있다고 규정하였다.

4 UNCTAD/ICC 복합운송증권규칙

(1) 복합운송증권규칙의 제정

복합운송증권에 관한 국제상업회의소 통일규칙(ICC Publication No. 298)은, 국제해법회(CMI)의 도쿄규칙과 로마사법국제위원회(UNIDROIT)의 TCM 조약안을 기초로 제정되어, FIATA FBL 및 발틱국제해사회의/국제선주협회(BIMCO/INSA)의 COMBIDOC 등 많은 표준운송증권에 채용되어, 1991년까지 널리 사용되어 왔다.

그런 가운데 1980년의 유엔국제복합운송조약을 주도했던 UNCTAD 해운위원회는 거래당사자 및 타국제기구와 긴밀히 협조하여 1988년 UNCTAD/ICC 합동작업반을 조직하고 3년의 작업과정을 거쳐 헤이그/비스비규칙, ICC 통일규칙 등을 기초로, 복합운송증권에 관한 국제규칙(UNCTAD/ICC Rules for Multimodal Transport Documents 1992)을 제정하여, 1992.1.1.에 시행에 들어가 오늘에 이르고 있다.

(2) UNCTAD/ICC 복합운송증권규칙의 요점

UNCTAD/ICC 증권규칙은 전문(preamble) 및 규칙의 해설(explanation of the rules)(13개 규칙으로 구성되어 있음)과 ① 적용, ② 용어 정의, ③ 복합운송증권에 기재된 정보의 증거력, ④ 복합운송인의 의무, ⑤ 복합운송인의 책임, ⑥ 복합운송인의 책임한도, ⑦ 복합운송인의 책임제한권 상실, ⑧ 송하인의 책임, ⑨ 물품의 멸실・손상의 통지, ⑩ 제소기한, ⑪ 복합운송인에 대한 규칙의 적용, ⑫ 복합운송인의 사용인・대리인・기타 당사자에 대한 규칙의 적용, ⑬ 강행법규 등으로 구성되어 있다.

그 요점은 다음과 같다.

① 본 규칙은 단일운송·복합운송의 여부에 관계없이 운송계약에 편입(incorporate)하여 적용할 수 있다.

② 운송인의 반증책임을 전제로 한 과실추정주의와 변형통합책임체계(modified uniform liability system)를 채택하였다.

③ 운송인은 사용인의 항해과실, 본선관리의 과실, 고의·중과실에 의한 화재가 아니면 면책이고, 감항성 결여시 주의의무를 다 했음을 입증하면 면책이다.

④ 운송인의 책임한도는 종가운임을 지불하지 않으면, 포장당 666.67SDR 또는 kg당 2SDR 중 많은 금액을 초과하지 않는다. 또한 해상·내수로 운송이 없으면 kg당 8.33SDR를 초과하지 않는다. 컨테이너 화물은 그 적입단위(個數)를 증권에 기재하면 그 단위를 책임한도 산정단위로 한다.

⑤ 외관상 나타난 화물의 멸실·손상 등은 화물인도시에, 외관상 나타나지 않는 멸실·손상은 인도후 6일내에 서면으로 고지하지 않으면 정상인도로 간주한다.

⑥ 화물인도후 9개월 내에 소송을 제기하지 않으면 운송인은 모든 책임을 면한다.

⑦ 운송인의 고의·무모로 인한 손해와 예상할 수 있는 손해에 대한 작위·부작위는 책임제한의 혜택이 박탈된다.

Chapter

15 복합운송인의 책임 및 복합운송운임

제1절 복합운송인의 책임

복합운송은 점차로 계약주체인 원청운송인(MTO · ITO)에게 책임이 집중되고, 각 운송구간의 실제운송인(actual carrier)은 하청운송인 · 이행보조자로 역할을 하게 되었다. 따라서 원청운송인은 육해공 운송인 중 어떤 운송인이든 전구간의 책임을 부담하고 복합운송증권을 발행한다. 그러나 원청운송인에 대한 책임집중은 각 구간의 국내법과 국제규칙이 마찰을 빚고 있어, 이 문제에 대해 고찰해 볼 필요가 있다.

1 복합운송인의 책임체계

(1) 통합책임체계(Uniform Liability System)

운송물의 멸실 · 손상 · 지연 손해가 복합운송의 어느 구간에서 발생하였느냐를 묻지 않고 복합운송인은 동일한 기준으로 책임지는 제도이다. 이는 비록 복합운송이 많은 구간운송으로 구성되지만 화주에게는 하나의 운송이고, 만약 복합운송인이 운송구간마다 서로 다르게 책임을 부담한다면, 사고가 어디에서 발생하였느냐에 따라, 그 배상액이 달라지는 불합리 때문에 하나의 기준으로 책임지게 하고 있다.

본 체계는 간명법을 취하기 때문에 이른바 엄격책임을 피할 수 없어, 유일한 면책사유로 불가항력적 사유만을 인정하고 있다(무과실책임원칙). 즉, 복합운송인은 면책사유로 멸실 · 손상 · 지연을 피할 수 없었고, 그 결과를 방지할 수 없었음을 입증하면 책임지지 않는다.

본 체계의 문제점은 책임수준을 어디에 맞추느냐로 이해가 엇갈리게 된다. 예컨대 책임수준을 헤이그/비스비규칙의 수준으로 정하면, 보다 높은 수준의 다른 운송수단, 즉 철도(CIM) · 도로(CMR) 운송중에 발생한 화물손해는 화주 · 그 보험자가 불리하고, 반대로 CIM · CMR 책임수준에 맞추면 복합운송인의 부담이 커서 운임인상으로 이어져 결국 화주의 부담을 증가시킬 우려가 있다.

본 체계를 처음 채택한 것은 국제해법회(CMI)의 복합운송조약 제3초안의 마련을 위한 IMCO/ECE 회의에서, 미국과 캐나다 대표가 강하게 주장하여 결국 TCM 조약안의 대체안으로 채택하였으나 이것도 백지화되고, 국제복합운송조약에서 변형통합책임체계로 바뀌었는데, 이 조약도 미발효 상태라서 통합책임체계는 사장된 상태이다.

(2) 분할책임체계(Network Liability System)

손해발생구간을 판명 · 불명으로 나누어 각각 다른 책임체계를 적용하는 방식이다. 불명손해(concealed damage)는 그 손해가 해상구간에서 발생한 것으로 추정하여, 헤이그/비스비규칙을 적용하거나 별도로 정한 기본책임(basic liability)을 적용한다.

판명손해는 그 구간의 국내법이나 국제조약을 적용한다. 만약 손해가 항공구간에서 발생하면 바르샤바조약, 해상구간에서 발생하면 헤이그 비스비규칙을 각각 적용한다.

본 체계는 전통적인 국제상거래 관행 · 질서에 급격한 변동을 가져오는 것이 아니라서, 복합운송을 촉진하고, 화주가 부보하는 화물보험과 복합운송인이 부보하는 책임보험이 공존하여 보험비용을 최소화하는 등의 장점으로 선진해운국이 지지한다.

즉, 1965년의 UNIDROIT 초안부터 TCM 조약안 · ICC 통일규칙에 이르기까지 지배적인 복합운송책임체계로 채택되어, 현재 실무에서 사용하는 복합운송증권은 거의 모두 이 체계를 취하고 있다.

복합운송의 책임체계는 복합운송에 관련된 많은 당사자의 이해와 직결되기 때문에 가능한 한 타협적이며 온건한 것이 바람직하다. 그런데 문제는 손해발생장소를 알 수 없는 불명손해를 어떤 수준으로 하느냐이다. 즉, 강행적으로 적용되는 국내법 · 국제조약인가, 아니면 임의적인 법규를 포함하여 개개의 약관으로 할 것인가이다.

이 점에 대해서는 전자(前者)를 취해야 한다. 왜냐하면 임의적 법규 · 약관은 보상범위에 대한 예측이 어렵고, 건마다 적용법규나 면책약관을 놓고 혼란이 불가피하기 때문이다. 한편 최근에는 판명손해도 별도로 정한 기본책임(basic liability)을 적용하자는 변형분할책임체계도 제창되고 있다.

(3) 변형통합책임체계(Modified Uniform Liability System)

이는 분할체계와 통합체계의 절충방식으로 유엔조약이 채택한 책임체계이다. 유엔조약은 손해발생구간에 관계없이 동일한 책임을 적용한다는 점에서 통합체계를 채택한 것으로 보이나, 손해발생구간이 판명되고, 그 구간의 법정책임한도가 유엔조약의 책임한도(918.51SDR/package or 2.75SDR/kg)보다 높으면, 그것의 적용을 인정하여 분할책임체계를 가미하고 있어, Modified Network System or Flexible System이라 칭하기도 한다.

유엔조약의 변형통합체계에 대한 평가는 구구하다. 혹자는 이를 분할체계와 통합체계의 장점을 살려 복합운송의 이상에 충실하면서도, 기존의 복합운송질서와 조화를 이루어 이해관계인의 이익을 보장해 주는 이상적인 책임체계라고 극찬을 하는가 하면, 운송인의 책임법에서 책임제한규정만을 떼어내 복합운송인의 책임에 적용시켜 법체계의 일관성을 해치는 무리한 제도라는 비판도 있다. 즉, 전체로서 일관된 체계의 책임규정에서 단지 책임한도규정만을 분리시켜, 유엔조약의 책임체계에 편입시키는 것은 마치 사과를 떼어 포도나무에 접목시키는 것과 다를 바 없다는 것이다.

그러므로 유엔조약은 논리적 일관성보다는 실무적 타당성을 우선하고 있어, 이 방식에 대한 궁극적인 평가는 실무적 시행을 거친 후에 가능하겠지만, 아직까지 여기에 기초하여 작성된 운송증권은 없다.

(4) 운송책임체계의 문제점

① 통합책임체계의 문제점

통합책임체계는 간편하고 명확하다는 장점이 있다. 운송관계자는 모두 자신의 위치를 확실하게 알 수 있고, 배상청구자는 여러 법제가 적용되는 분할책임체계와 같이 자기에게 유리한 조건을 찾기 위해 고심할 필요도 없다. 그러나 이 체계는 서로 상반된 상황에서 타협점을 찾기가 어려워 문제이다. 즉, 기존의 각 운송법제의 원칙과 한도가 서로 달라서, 이 가운데 무엇을 선택하느냐가 문제이다.

실제로 고가의 화물을 운송하는 항공운송은 책임한도를 높게 설정한 바르샤바조약을 폐기할 수 없다. 또한 CMR·CIM도 유럽의 복합운송에 중요한 위치를 점하고 있는데, 이 역시 책임한도가 높아[1] 쉽게 폐기할 수 없다.

1) 지연손해에 대해 CMR(국제도로운송조약)은 운임한도액(23조 5항), CIM(국제철도운송조약)은 운임의 2배(34

복합운송에서 해상구간은 가장 비중이 큰데, 통합책임체계의 한도가 기존의 해상법과 크게 다르면, 복합운송인은 해상운송인과 마찰을 일으켜 복합운송의 발전을 서해하게 된다.

그리고 복합운송인은 복합운송을 계획하고 완수하기 위해, 필요한 운송수단을 수배하고 조정하는 지위에 있고, 운송에 대한 전책임(全責任)을 부담하고 있기 때문에, 그 책임을 감당하기 위해서는 복합운송인의 자격을 일정수준 이상으로 제한할 필요가 있다는 점이다.

그런데 이 문제는 복합운송인에 대한 공법상의 규제에 관한 것이므로, 국제조약에는 이에 관한 규정을 두지 않고 국내법에 미루고 있다.[2] 국내법의 규제는 ① 복합운송인이 국제복합운송을 수행하기에 충분한 업무능력을 가지고 있을 것, ② 운송물에 생긴 손해를 보상할 충분한 재정능력을 가질 것 등이다.

또한 복합운송인에게 충분한 배상능력과 업무능력을 요하기 때문에 결국 복합운송인은 거대한 자본 및 기술을 보유한 다국적기업이 될 수밖에 없고, 이를 배경으로 육해공의 주요 운송로를 독점하여 다른 국가의 내륙운송까지 지배하기에 이르렀다.

이에 개도국들은 몇몇 선진해운국의 복합운송기업이 주도하는 복합운송의 발전에 의혹의 눈초리로 보게 되었고, 국제적 규제에 복합운송인의 활동을 통제할 공법적 조항・원칙의 삽입을 강하게 주장하였다. TCM 조약안의 백지화나 유엔조약의 체결을 위한 정부간준비위원회의 오랜 준비과정은 이 문제의 해결을 위한 것이었다.

한편 보험비용은 배상액과 직결되는데, 통합책임체계의 책임한도가 기존 운송법의 최저책임한도를 초과하면 보험료율도 높아지게 된다. 보험료의 상승은 곧 운임의 상승으로 이어져 결과적으로 손해를 보는 것은 화주・소비자들이 된다.

② 분할책임체계의 문제점

분할책임체계는 복합운송인의 책임이 당해 운송구간의 실제운송인에 대한 복합운송인의 청구권으로 보장된다는 점과, 그 적용이 간편하고 기존의 운송법과 마찰

조 2항)를 운송인의 책임한도로 하고 있다.

2) 유엔조약 체결과정에서 복합운송인의 면허(licensing)에 관하여 개발도상국과 선진국 간에 많은 다툼이 있었다. 즉, 77그룹(개발도상국)은 유엔조약안에 복합운송인이 자국내에서 활동할 경우 갖추어야 할 요건의 최소한의 기준을 정할 것을 제안하였으나 B그룹(선진국)은 그러한 기준은 각 나라마다 크게 다르기 때문에 이를 조약에 규정하는 것은 바람직하지 않고, 따라서 복합운송인과 그들의 활동에 대하여 규제할 권리는 개별국가에 유보되어야 한다는 입장을 고수하였다. 결국 B그룹의 의견이 관철되어 유엔조약 전문(f)의' 인정약관'으로 삽입되었고 본문에는 이를 규정하지 않았다.

을 최소화한다는 것이 장점이다. 그러나 이 방식은 기존의 조약이 적용될 수 없는 경우에는 문제가 생긴다. 예컨대 육상운송의 경우, 국경을 통과하지 않는 도로·철도운송은 당해 국가의 법적용을 받고 CMR·CIM 조약의 적용을 받지 않는다.

또 컨테이너 화물을 적입·인출하는 터미널에도 이들 조약은 적용되지 않기 때문에, 운송관계자는 전세계 여러 지역의 수많은 법규와 관행을 파악하여 자신이 노출되는 위험의 범위를 확인하는 데 어려움을 겪게 된다.

그러므로 이 방식은 국지적 손해에 대하여 당해구간에 적용되는 국제조약을 적용할지 국내법을 적용할지, 책임한도액은 고액인지 저액인지를 결정해야 한다. 또한 불명손해는 어느 구간의 법규를 적용할지를 결정해야 하는 어려움이 있다.

컨테이너 운송은 성격상 불명손해가 많이 발생한다. UNCTAD 통계는 화물손해배상청구의 40~60%가 불명손해라는 것이다. 컨테이너 운송에서 발생하는 고액의 손해배상청구는 컨테이너에 생긴 구멍으로 인한 침수(浸水)에 의한 것이다. 침수로 인한 화물손해는 드러나지 않는 경우가 많고, 컨테이너 자체가 흔적없이 행방불명이 되는 경우도 적지 않다. 이러한 경우에 사고발생구간이나 손해발생구간을 판명한다는 것은 불가능하거나 매우 어렵기 때문에, 이때 어느 구간의 법제를 적용할 것인가는 매우 어려운 문제가 아닐 수 없다.

2 복합운송인의 책임제한

민법상의 손해배상은 손해액 전액을 배상하는 무한책임과 손해액의 일부만 배상하는 유한책임이 있다. 이러한 유한책임은 기업 손해배상책임의 특징으로, 특히 운송분야에서 두드러지게 나타난다. 운송에 관한 국제조약에는 예외없이 운송인의 손해배상책임이 금액적으로 제한되고 있다. 즉, 운송인은 개개의 운송물손해에 대해 일정액을 한도로 손해배상을 하는 개별적 유한책임원칙이 확립되어 있다.[3] 이렇게 운송인의 책임을 제한하는 것은 운송인과 화주의 타협의 산물(産物)로서 운송인의 보호와 화주의 보호라는 양면적인 의미가 있다.[4]

3) 이러한 '개별적 유한책임'에 대해 해상법에는 모든 채권자에 대한 선주의 책임이 총액적으로 제한되는 '총체적 유한책임' 제도도 있다.

4) 20,000teu 컨테이너선과 747 점보기에 적재된 화물가액은 수천만·수억 달러에 달한다. 그런데 만약 운송인의 과실로 전손(total loss)이 발생하여 수천만·수억 달러를 운송인이 전액을 배상해야 한다면 운송회사는 즉각 도산하고, 어느 누구도 운송업을 하려 하지 않을 것이다. 그러면 운송수단이 없어지고 더불어 유무

그런데 모든 국제운송조약이 책임제한규정(liability limitation clause)을 두고 있지만 그 방법은 다양하다. 중량기준(weight), 포장단위(package or unit), 2가지를 병용하는 방법, 사건당(incident) 등, 각 방법의 예이다.

(1) 중량기준

① 국제항공운송조약

- 1929년 바르샤바조약 : 250PF[5]/kg
- 1966년 몬트리올협정 : US$20/kg
- 1999년 몬트리올조약 : 17SDR/kg을 기본으로 5년 주기 물가상승률 반영

② · 1952년 철도운송조약(CIM) : 50FG[6]/kg

- 1985년 개정철도운송조약 : 16.67SDR/kg

③ · 1956년 도로운송조약(CMR) : 25FG/kg

- 1978년 개정도로운송조약 : 8.33SDR/kg

(2) 포장단위(package) 및 선적단위

① 1924년 헤이그규칙 : £100/package or unit

② 일본의 국제해상물품운송법 : 666.67SDR/포장당(1993.6)

③ 미국의 해상화물운송법 : US$500/package or unit

④ 캐나다의 해상화물운송법 : C$500(=US$420)/package or unit

⑤ 대만의 해상법 : NT$9,000(=US$347)/package or unit

(3) 병용방식(중량과 포장단위)

① 1968년 헤이그-비스비규칙 : 10,000PF/package · 30PF/kg 중 많은 금액

- 1979년 헤이그-비스비규칙 개정의정서 : 666.67SDR/package · 2SDR/kg 중 많

상통(有無相通)이 되지 않아 경제가 마비된다. 그리고 어떤 사람이 운송업을 하더라도 위험부담이 커서, 이를 보상받기 위해 운임을 대단히 높게 책정할 것이다. 이것이 운송인의 배상책임을 제한하는 이유이다.

5) PF는 Poincare Franc으로 순도 90%인 금 64.5mg(=0.0645g)이다.

6) Franc Germinal(FG) : 90%의 금 322.5mg(=0.3225g)으로 포앙카레 프랑의 5배. 프랑스 혁명기(1789~1799년)인 1793년 기독교적 그레고리력 대신 과학적인 공화력(혁명력)을 제정한다며 3.21.~4.19.을 파종월, 즉 Germinal월로 명명했다. 1799년 저미널月(4.17)에 법정통화를 창출하면서 Franc Germinal이라 명명하고 1834년까지 통용하다가 French Franc(FF)으로 불리웠다. CIM(1952) · CMR(1956) 등에서 청산단위(clearing unit)를 FG로 정했으나 CIM은 1978년, CMR은 1985년에 각각 SDR로 대치하였다.

은 금액

② 1978년 함부르크규칙 : 835SDR/package · 2.5SDR/kg 중 많은 금액

③ 1980년 유엔복합운송조약(미발효) :

- 복합운송에 해상운송구간이 있으면 함부르크규칙의 110%(=918.51SDR/package or 2.75SDR/kg)
- 복합운송에 해상운송구간이 없으면 8.33SDR/kg(CMR)

④ 1975년 ICC 복합운송통일규칙 :

- 사고발생구간이 판명되면 당해구간의 국내법 또는 국제조약
- 사고발생구간이 불명이면 최소 30PF/kg 또는 특약으로 더 높은 금액도 가능함.

⑤ 1992년 UNCTAD/ICC 복합운송통일규칙 : 666.67SDR/package · 2SDR/kg 중 많은 금액

⑥ 2008년 로테르담규칙 : 875SDR/package · 3SDR/kg 중 많은 금액(미발효)

⑦ FIATA FBL : 666.67SDR/package · 2SDR/kg 중 많은 금액

⑧ 한국의 해상법 : 666.67SDR/package · 2SDR/kg 중 많은 금액

(4) 사건기준

① 노르웨이의 포워더약관 : 20,000Cr/건(=US$2,004/건; 2025.6.18. 환율)

② 독일의 포워더약관 : 2SDR/kg(단, 200만DM/건당 이하, 그리고 그 포워더에 대한 클레임 총액한도는 1,000만DM)

제2절 복합운송운임

1 복합운송운임의 의의

복합운송이 해륙(海陸)으로 이루어지면 그 운임은 해상운임+육상운임+화물처리비+운송인 이윤 등으로 구성된다. 이때 단순히 운임만 비교하면 복합운임은 각 운송단계별 운임의 합계액과 같거나 높아진다. 그러나 화주가 몸소 각 단계별로 계약

을 맺고, 화물이 환적되는 지점에 가서 수도(受渡)한다면, 그 비용과 수고(手苦)가 막대할 것이다. 따라서 복합운임표의 편익은 육상·해상으로 나뉜 운임을 통합·단순화시켜 화주가 간편하게 채산을 산출하고, 운임지불도 1회로 마무리하는 것이다. 이때 만약 운임까지 낮출 수 있다면 복합운송은 금상첨화가 될 것이다.

복합운송운임을 미국의 예를 중심으로 조감해보면 다음과 같다.

미국은 해상운송과 육상운송의 규제기관(regulatory agency)이 각각 다르다. 해상운송은 연방해사위원회(FMC), 육상운송은 주간통상위원회(ICC=STB)[7)]가 담당해 왔다. FMC는 해상운송 일체를 관장하고, ICC는 철도·트럭 운송을 관장해 왔다.

그런데 1984년 해운법이 제정되기 전까지는 복합운송을 위법으로 규정하여, 해상운송인은 해상에서만, 육상운송인은 육상에서만 운송해야 하고,[8)] 해상운임과 육상운임도 각각 FMC와 ICC의 감독을 받았다. 따라서 해륙운임의 규제가 분리되어 복합운임은 구간운임의 합계액이었고, 그 합계액보다 낮은 복합운임의 제공은 불가능했다.

이러한 가운데 기관들이 각각 복합운임의 법제화를 시도했지만 상호 견제와 이해의 충돌로 번번이 좌절되었다. 그러다가 1965년 미국의 민간항공위원회(CAB)·연방해사위원회(FMC)·주간통상위원회(ICC) 등이 복합운임제의 법안을 발의한다.

즉 1966년의 FMC 복합운임제 법안, 복합운임제가 포함된 1968~1969년의 미교통부(DOT) 무역간소화법안(Trade Simplification Bill) 등이다. 그동안 외국항로가 포함된 복합운임제를 반대하던 ICC가 1968년 4월 후술할 컨테이너 마린사의 해륙복합운임표를 수용하면서 복합운임제가 공인되기에 이른다.

1968년 이후 복합운임제는 해상과 육상이 각각 FMC와 ICC에 신고하여(filing) 운영해 오다가, 1984년 해운법의 발효와 함께 공중운송인(common carrier)의 범주에 무선박운송인(NVOCC)과 원양운송주선인(OFF : ocean freight forwarder)이 포함되면서, 1인 운송인의 단일복합운임제가 가능해졌고, 이들 복합운송인은 FMC의 규제를 받으며 복합운임표(tariff)도 FMC에 제출·인가를 받도록 하였다.

7) Interstate Commerce Commission : 1998년에 육상운송위원회(STB : Surface Transportation Board)로 명칭이 바뀌었다.

8) 이러한 규정 때문에 Sea-Land와 McLean Trucking을 소유한 맬콤 맥린은 트럭회사를 처분해야 했다. ICC는 해상운송업과 도로운송업을 겸할 수 없다는 규정을 들어, 시랜드의 트레일러는 픽업·인도를 위해 각항 터미널의 일정구간(뉴욕은 50마일)을 벗어날 수 없어, 내륙운송은 타사의 트레일러를 사용해야 했다. 이는 내국화물의 경우이고, 외국화물은 더 까다로워 픽업·인도에도 자사 트레일러를 전혀 사용할 수 없었다. 즉, 단일기업의 복합운송은 명확히 위법이었던 것이다.

이 점에서 1984년 해운법은 복합운송의 발전에 하나의 전기(轉機)가 되었다. 즉, 해운법이 도입한 독자행동권(I/A) · 기간/물량운임(TVR) · 서비스계약(S/C) 등을 유효 적절하게 활용하여 복합운송이 활성화될 수 있었다. NVOCC가 복합운송인의 자격으로 집하하여, 선사 등의 실제운송인에 대해 화주의 자격으로 TVR나 S/C를 활용할 수 있게 된 것이다. 이 점은 대화주의 경우도 마찬가지다.

2 복합운송운임의 예(例)

(1) 컨테이너 마린(Container Marine Lines)의 예

1968년 1월 미국의 컨테이너 마린은 영국의 내륙지점에서 대서양을 횡단하여 뉴욕을 거쳐 미국의 내륙지점에 이르는 경로와 그 역경로(逆經路)의 해륙복합운임표(tariff)를 미국의 FMC에 신고하였다. 그 운임표는 2가지 품목을 제외한 全품목에 대해 컨테이너 하나에 얼마라는 무차별운임률(FAK rate)로 신고했는데, 미국의 내륙운송구간을 제외한 복합운임으로 승인을 받아 1968년 5월부터 시행에 들어갔다.

그러나 그 운임은 문전에서 문전까지(door to door)의 운임으로 톤당 $250이라는 매우 높은 요율을 적용하였기 때문에, 화주들의 외면으로 실패하고 말았다. 실제로 그 운임표로 운송된 것은 서향(영국 → 미국)의 스카치위스키뿐이었다. 컨테이너 마린이 영국 내륙에 자사의 운송수단이 없어 영국의 철도 · 트럭에 하청을 줄 수밖에 없었다.

동사(同社)는 이들 하청업체들에게 지급하는 육상운임과 그 항로의 동맹운임의 합계액보다 낮은 운임을 제시하여 스카치위스키를 유치하였던 것이다. 이는 동사가 선박을 직접 운항하는 선사이기 때문에 가능했다. 이처럼 복합운임이란 이름으로 동맹운임보다 낮은 운임을 제시하자 동맹으로부터 엄중한 항의가 있었고,[9] 결국 1971년 3년만에 복합운임표를 취소하고 말았다.

(2) 시트레인(Seatrain)의 예

1971년 12월 시트레인은 FMC · ICC에 미 내륙운송을 포함한 3종류의 해륙복합운임표, 곧 영국 → 미서안, 구주 → 미서안, 일본 → 미동안의 품목별 복합운임을 신

9) 컨테이너 마린은 북대서양 항로의 동향(미국 → 영국), 서향(영국 → 미국) 해운동맹의 멤버였고, 서향의 해운동맹은 이중운임제(dual rate system)를 채택하고 있었다.

고했다. 이는 파나마 운하를 경유하는 전해상(全海上, all-water) 동맹운임과 같았으며, 1972년 1월에 FMC・ICC로부터 승인을 받았다. 1972년 2월에는 역경로인 미동인・걸프 → 일본의 복합운임표를 제출하여 승인을 받았다. 원래 대륙횡단 철도운임과 파나마운하 경유 해상운임은 비교할 수 없을 정도로 철도운임이 높다.

그러나 대량화물에 대한 철도의 파격적인 할인으로 시트레인은 운송기간을 크게 단축하면서 全해상운임과 같은 복합운임을 제시할 수 있었다. 예컨대, 당시의 컨테이너 1개당 미동안 – 미서안 정상운임은 $1,500인데, 시트레인이 연간 12,500개를 보증하면 박스당 $696.37로 낮아지게 된다. 그리고 1~20개는 $898, 21~40개는 $850, 41~60개는 $796, 61개 이상은 $727선이었다. 거기에 유럽 – 미북서안은 全해상운송(all water service; 파나마운하 경유)보다 11일이 짧고, 미동안 – 일본은 全해상운송보다 5~7일이 짧다. 이로써 시트레인은 화주로부터 대대적인 환영을 받아, 업계의 신데렐라로 각광을 받는다("Seatrain tomorrow's GM in US shipping").

즉, 시트레인은 전구간의 운송주체가 되어 1통의 운송증권・일관운임・일관책임으로 히트를 친 것이다. FMC는 복합운송을 지지하는 입장을 취해, 이미 1968년 4월 컨테이너 마린의 복합운임을 승인한 바 있고, 이러한 복합운송을 재래의 운송방식과 다른 새로운 운송방식으로 보고 승인을 했던 것이다.

흔히 이를 MLB(mini land bridge)라 하며, 극동 – 미동안・걸프, 유럽 – 미서안 항로를 각각 태평양과 대서양을 대륙철도로 연결하는 랜드브리지였다. 당시 동향항로에는 일본/북미태평양운임동맹(TPFCJ)이 있었고, 시트레인은 1972년 3월에 가맹한 멤버사로, 이 항로에 동맹의 Local Rate・OCP Rate에 MLB Rate를 추가한 것이다.

시트레인의 성공을 지켜본 선사들, 즉 시랜드・APL・OOCL・USL・Zim・머스크・일본선사 등 14개 주력선사가 미동안 – 극동 복합운송에 연이어 참여하고, 미서안 – 유럽 경로에는 AEIL・Italia SpA・Lykes・Sea-Land・USL 등이 MLB 서비스를 개시하였다. 이 가운데 Manchester Liners는 캐나다에서 MLB 서비스를 개시했다.

한편 MLB가 정착된 이후, 1977년 States Steamship Lines가 대만・홍콩・싱가포르와 미국 내륙지점을 잇는 이른바 Micro Land Bridge를 개시한다. 태평양운임동맹은 이를 달가워하지 않았으나, 1980년 시랜드의 동맹탈퇴를 계기로 Micro Land Bridge를 IPI(Interior Point Intermodal)로 호칭을 변경하여 동맹도 적극적으로 서비스했다. 거기에 1980년대 초에 이단적열차(DST : double stack train)가 등장하여 철도의 생산성이 배가되고 복합운송이 뿌리를 내리면서, 복합운송운임은 더 이상 논란의 대상이 되지 않고 있다.

Chapter

16 복합운송증권

제1절 복합운송증권의 개념 및 종류

1 복합운송증권의 개념 및 성격

어떠한 운송에서도 운송물을 대표하는 증권이나 증거가 필요하다. 육상운송의 화물상환증, 해상운송의 선하증권, 항공운송의 항공운송장, 복합운송에서는 복합운송증권이 필요하다. 복합운송증권은 선박·철도·항공기·트럭 등 종류가 다른 2가지 이상의 운송수단의 조합으로 이루어지는 운송에 대해 복합운송인이 발행하는 증권으로, 발행자인 운송인이 운송물의 수령을 증명하고, 운송계약의 증거가 되는 권리증권(document of title), 즉 유가증권[1]으로서의 성격을 갖는다.

즉, 복합운송증권은 선하증권과 같이 유통증권으로서의 기능, 구체적으로는 화주에게 화환(貨換)의 담보기능과 그 편익을 제공하기 위해 발행하는 것이다. 그러나 복합운송증권이 항상 유통증권으로 발행되는 것은 아니다. 복합운송의 경로나 조합된 운송수단(예컨대 항공운송을 1구간으로 하는 경우)에는 증거증권으로 발행될 수도 있는데, UNCTAD/ICC 통일규칙에서는 복합운송증권의 유통성(negotiability)을 다음과 같이 규정하고 있다.

유통증권은 "Negotiable Multimodal Transport B/L issued subject to UNCTAD/ICC Rules for Multimodal Transport Documents(ICC publication 481)"이라는 문언을 기재하고, 비유통증권은 "Non-negotiable Multimodal Transport B/L issued subject to UNCTAD/ICC Rules for Multimodal Transport Documents(ICC pub-

1) 복합운송증권이 유가증권이기 위해서는 그 발행자, 즉 운송인에 대한 증권소지인의 화물인도청구권이 나타나야 하며 흔히 이용되는 문언은 다음과 같다. "Received by the Carrier from the shipper in apparent good order and condition unless otherwise indicated herein mentioned to be carried…from the place of receipt … to the place of delivery shown herein and there to be delivered unto order or assigns."

lication 481)"이라는 문구로 그 성질을 구분하고 있다.

복합운송증권을 유통증권으로 발행하면 증권이 ① 지시식(order) 또는 무기명식이어야 하며, ② 지시식이넌 배서로 양도할 수 있고, ③ 무기명식이면 배서없이 양도할 수 있다는 등의 문언, 그리고 비유통증권으로 발행하면 ① 지명된 수하인을 기재하고, ② 복합운송인은 증권에 지정된 수하인 또는 수하인이 지정한 자가 아니면 화물을 인도할 의무가 없다는 등의 문언으로 발행방법·그 효력에 대해 규정하고 있다.

2 복합운송증권의 종류

복합운송증권은 여러 기준으로 분류할 수 있다. 복합운송인이 부담하는 책임내용에 따라 분할책임형(network liability)과 통합책임형(uniform liability)으로 분류할 수 있다. 또한 증권의 발행자, 즉 해상운송인·육상운송인·항공운송인·운송주선인이 발행하는 증권으로 나눌 수 있다. 그러나 보다 중요한 분류는 복합운송증권이 선하증권의 형식을 취하는지 여부, 또 유통성인지 비유통성인지, 유통성이면 기명식인지 지시식인지의 구분이기 때문에 여기에 초점을 맞춰 서술한다.

(1) UNCTAD/ICC 복합운송증권통일규칙에 준거하는 증권

복합운송증권통일규칙에 준거한 증권을 신용장이 요구하면 "Negotiable(or Non-negotiable) Multimodal Transport Document issued subject to ICC Publication No. 481"의 문언이 신용장에 기재된다. 이때 제시된 증권이 복합운송증권이 아닌 다른 명칭(title)의 증권이더라도, 신용장이 요구하는 서류로서 UNCTAD/ICC의 복합운송증권통일규칙에 준거한다는 문구가 있으면 수리가 가능하다.

화환신용장통일규치은 선하증궈에 관해서, 그 담보성(擔保性 : 네고 가능성)의 판단기준으로 ① 발행자, ② 선적의 증명, ③ 창내적(艙內積) 등 3가지 조건을 규정하고 있다. 즉, B/L은 선박회사나 그 대리인이 발행하고, B/L에 기재된 화물이 특정선박에 실렸으며, 선창(船艙, hold)내에 적치(積置)되어 있다는 것을 증명할 때, 비로소 특정화물의 선적을 담보하게 되는 것이다.

그런데 선적과 관계없이 화물을 인수하고 발행하는 수취식 복합운송증권은 선하증권의 담보성 판단기준인 상기 3조건을 충족시키지 못하므로, 신용장통일규칙에 합당한 것이라고 볼 수 없기 때문에 개정이 필요하였다. 따라서 1974년에 개정된 화환신용장통일규칙(UCP 300)에는 다음과 같은 조항이 추가되었다.

〈복합운송서류〉

① 신용장이 복합운송증권을 요구하거나 복합운송을 지정하고도 증권의 형식이나 발행인에 관해 신용장에 명시가 없으면, 은행은 제시된 그대로의 증권을 수리한다.

② 복합운송이 해상운송을 포함한 경우, 선박에의 선적을 표시하고 있지 않아도 수리하고, 또 컨테이너 화물인 경우에는 증권에 갑판적 운송의 가능성을 나타내는 문언이 있어도, 실제로 갑판에 적재되었다는 문구가 없으면 수리한다.

위와 같이 신용장에 복합운송증권을 요구 또는 복합운송을 할 수 있다고 밝히고 있다면, 그 증권이 어떠한 형식이든 어떤 사람이 발행하든, 그 증권은 담보성이 있어 은행이 수리한다.

또 복합운송이 해상을 1구간으로 하고, 그 증권이 선하증권의 성격이라도 특정선박에의 적재, 즉 선적(on board) 사실의 증명을 요하지 않고, 컨테이너 화물은 갑판적에 대한 유보조항이 있어도, 실제로 갑판적되었다는 문구가 증권에 없으면 수리한다는 규정으로 복합운송증권을 담보성 운송서류로 만들었다.

(2) 선하증권 형식의 복합운송증권

현재 사용하고 있는 복합운송증권의 대부분은 선하증권의 형식을 취하고 있다. 이들 증권의 대부분은 아래의 예시와 같이 복합운송을 의미하는 용어를 그 명칭에 포함하고 있고, 운송계약도 하청운송의 형태를 취하고 있다.

Multimodal Transport Bill of Lading,
Intermodal Transport Bill of Lading,
Combined Transport Bill of Lading,
Through Bill of Lading

이것들이 신용장의 요구서류이면 선하증권 형식의 복합운송증권으로 보아도 좋다. 다만 통선하증권으로 불리우는 운송서류는 특수한 성질을 가진 증권이 있고, 통선하증권이 해상선하증권의 일종으로 간주되기 때문에, 통선하증권을 발행할 때에는, 신용장에 복합운송증권을 의미한다는 것을 밝혀 두는 것이 좋다.

한편 국제운송주선인협회연맹(FIATA)은 피아타복합운송선하증권(FIATA Multimodal Transport Bill of Lading : FIATA FBL)이라는 복합운송용 선하증권 양식을 이용하고 있다. 이는 TCM조약 초안에 근거하여 1970년 6월에 처음 작성되었고, 이후 수차례 개정·보완되어 1974년 3차개정 신용장통일규칙(UCP 300)에서 담보성을 확보한 이후 폭넓게 이용되고 있다.

(3) 기타의 복합운송증권

신용장통일규칙(UCP 600) 19조에는 은행은 신용장에 별도의 명시가 없으면, 상품의 발송·수취·선적이 명시되어 있고, 운송인·그 대리인이 발행한 운송서류를 수리한다고 규정하고 있다. 여기에서 상품의 발송·수취·선적을 명시하는 서류는, 선하증권·복합운송증권 외에도 다양한 운송서류가 있고, 표제(表題, title)에 복합운송을 나타내는 용어가 없는 모든 운송증권을 말한다.[2)]

그러므로 신용장이 선하증권·복합운송증권 이외의 증권을 요구하고, 그 증권을 구체적으로 명시하지 않으면, 운송인·그 대리인이 발행한 운송서류만 지칭한다고 본다. 여기의 운송인은 스스로 운송을 이행하는 자로 운송주선인이나 혼재업자는 포함되지 않는다. 즉, 선하증권이나 복합운송증권이 아닌 운송증권을 운송주선인·혼재업자가 발행하면, 그 증권을 특정운송인의 대리인으로 발행하거나, 신용장이 운송주선인·혼재업자가 발행한 증권을 허용한 경우에만 은행이 수리한다는 것이다.

신용장통일규칙(UCP 600)과 운송서류

제6차 개정 신용장통일규칙(UCP 600)은 19조~27조에 운송서류를 규정하고 있다.

제19조 적어도 2개 이상의 다른 운송방식을 포괄하는 운송서류(Transport Document Covering at Least Two Different Modes of Transport)

제20조 선하증권(Bill of Lading)

제21조 비유통 해상운송장(Non-negotiable Sea Waybill)

2) 흔히 이용되는 운송증권은 다음과 같다 : 철도화물운송장(rail waybill)·철도화물수탁증(railway consignment note)·내수로선하증권(inland waterway B/L)·내수로화물수탁증(inland waterway consignment note)·운송장부본(counterfoil waybill)·우편소포수령증(postal receipt)·우송증명서(certificate of mailing)·항공우편수령증(air mail receipt)·항공화물운송장(air waybill)·항공운송수탁서(air consignment note)·항공소포수령증(air parcel receipt)·트럭화물운송장(trucking company waybill)

제22조 용선계약서 선하증권(Charter Party Bill of Lading)
제23조 항공운송서류(Air Transport Document)
제24조 도로 · 철도 · 내수로 운송서류(Road, Rai1 or Inland Waterway Transport Document)
제25조 택배영수증 · 우편영수증 · 우편증명서(Courier Receipt, Post Receipt or Certificate of Posting)
제26조 갑판적재, 내용물 부지약관, 운임의 추가비용(On Deck, Shipper's Load and Count, Said by Shipper to Contain and Charges Addition to Freight)
제27조 무사고 운송서류(Clean Transport Document)

UCP 500에서는 '복합운송서류'를 'Multimodal Transport Document'로 규정하였으나 UCP 600에서는 'Transport Document Covering at Least Two Different Modes of Transport'로 규정하고 있다. 2종 이상의 운송방식을 커버하는 운송서류를 Multimodal or Combined Transport로 표기해도 무방하며, 서류의 명칭으로 'Multimodal/Combined/Intermodal Transport B/L 등을 사용한다.

제20조의 선하증권에 대해 UCP 500에서는 Marine/Ocean Bill of Lading이라고 불렀으나 UCP 600에서는 Bill of Lading으로 개정하였다. 다른 운송서류 조항과 같이 제20조의 선하증권도 그 명칭에 상관없이, 수출상이 제출한 선하증권이 제20조의 조건을 충족하면 된다.

제21조의 Non-Negotiable Sea Waybill(비유통성 해상운송장)은 유가증권이 아니라는 점 외에는 선하증권과 동일하다. 따라서 UCP 600에서 규정하고 있는 수리요건도 제20조 선하증권의 수리요건과 동일하다. 다만 신용장이 'Non-Negotiable Sea Waybill'만을 요구하면 수하인(consignee)을 기명식으로 표기해야 한다.

3 복합운송증권의 법적 성질

전술한 바와 같이 국제상업회의소는 선하증권과 다른 새로운 유형의 운송증권인 복합운송증권의 발행가능성을 열어 놓았다. 그런데 복합운송이 해륙공을 연결하는 새로운 운송형태라고는 하지만, 사실상 복합운송구간에서 해상운송이 차지하는 비중이 가장 크기 때문에, 자연히 해상운송인이 복합운송인으로서 전구간에 대한 책임을 지고, 그가 발행하는 복합운송증권은 해상운송증권의 형태를 취한다.

따라서 실무적으로 선하증권(bill of lading)이란 용어를 사용하지 않는 복합운송증권은 거의 없다. 그렇다고 복합운송증권을 선하증권과 동일시하는 데는 문제가 있지만, 본서는 복합운송증권의 법적 성질을 선하증권에 준하여 서술한다.

(1) 유가증권

선하증권이 유가증권이듯 복합운송증권도 유가증권의 특성을 갖는다. 즉, 복합운송증권이 표창(表彰)하는 화물의 인도청구권(引渡請求權)이 증권과 밀접하게 결부되어 있어, 권리의 이전·행사에 증권의 점유가 필수이며, 증권의 권리자에게 화물을 인도하면 운송인은 면책이며(면책성), 증권의 이전(移轉, transfer)으로 증권의 권리를 양도하고(양도성), 증권의 제시·상환으로 화물의 인도를 청구하며(제시성·상환성), 증권의 권리내용이 증권의 문언만으로 정해지고(문언성), 증권의 취득자가 알 수 없는 사유로 그 권리를 침해받지 않는다(항변절단)는 것 등이다.

(2) 권리증권

복합운송증권은 유가증권 중에서도 특히 인도증권으로서, 증권의 인도(引渡)가 곧 화물의 인도와 동일한 효력을 갖게 한다. 영미법에서는 이것을 권리증권이라 한다.

(3) 지시증권

증권에 권리자로 기명되어 있는 특정인 또는 그가 지정하는 자에게 권리의 행사를 인정하는 것을 의미한다. 이는 기명증권과 지참증권을 절충한 것으로 배서로 계속적인 양도가 가능하다.[5] 지시증권에는 통상 지시문언(=order)이 있지만, 지시문언 없이 특정인을 지정하고, 유통금지(non-negotiable) 문구가 없으면 배서로 양도할 수 있다. 영국은 기명식 B/L도 배서로 양도 가능하지만 미국은 기명식 B/L은 양도가 불가능하다.

지시증권으로 권리를 행사하려면 증권의 소지만으로는 불충분하고, 연속된 배서로 정당한 증권의 권리자가 되어야 한다. 지시증권은 최초의 권리자가 백지배서를 하면, 이후 지참증권과 같이 유통될 수 있다. 대부분의 복합운송증권은 지시식으로 발행되는데, 지시증권도 'order of xxx Bank'와 같이 수하인을 지정하여, 수하인 또는 그가 지정한 자(者)에게 화물을 인도하게 발행한 경우, 수하인을 지정하지 않고 수하인란에 단순히 '(to) order'로 표시하는 2가지 방식이 있다.

복합운송증권이 '(to) order'로 발행되면, 증권의 발행인(복합운송인)에게 화물을 위

5) 지시증권은 배서·교부, 무기명증권은 단순한 교부, 기명증권은 지명채권의 양도방식과 증권의 교부로 권리가 이전된다. 영미법상 선하증권은 유사유통증권(quasi-negotiable instrument)으로 유통증권(negotiable instrument)과는 항변의 절단여부에 차이가 난다.

탁한 송하인이 증권의 권리자로서 화물의 인도를 청구하거나 배서를 하여 인도청구권을 양도할 수 있다. 이에 비해 복합운송증권이 'order of xxx Bank'로 발행되면 그 특정인(은행)만 화물의 인도청구권을 배서·양도할 수 있다. 이때 송하인은 수하인이 매매계약상의 중요한 급부(매매대금의 결제)를 이행하지 않으면, 화물을 유치(lien)하여 이행을 강제할 수 있을 뿐 더 이상의 권리행사는 제한된다.

수하인이 명시된 기명증권은 증권이 수하인의 수중에 들어가기 전까지는 누구도 배서로 증권을 양도할 수 없어 그만큼 유통성이 제한된다. 그러므로 증권이 송하인의 수중에 있을 때나 송부 도중에 분실한 경우에도, 수하인의 배서가 없으면 그 누구도 증권을 선의취득할 수 없기 때문에 송하인은 보호를 받는다. 따라서 송하인에게는 단순한 지시증권보다는 수하인이 명기된 지시증권이 더 좋을 것이다.

지시식 복합운송증권은 배서로 양도되는데, 배서는 증권의 뒷면이나 증권에 부착된 보전(補箋=附箋)[6]에 할 수 있다. 배서는 정식배서와 약식배서가 있다. 정식배서는 피배서인의 성명을 기재하고 배서인이 기명날인한다. 그러나 통상 백지배서(약식배서)를 사용하는데, 이는 배서인의 기명날인만으로 이루어진다. 배서로 피배서인(백지배서는 최후의 소지인)은 정당한 소지인이 된다.

배서는 단순한 채권양도와 달리 항변절단(抗辯切斷)[7]의 효과를 갖는다. 가령 증권의 발행인으로서 복합운송인이 배서인에 대한 인적청구권(개인적인 채권·채무관계)으로 증권의 권리가 침해되지 않는다. 또한 어음과 달리 복합운송증권의 배서는 담보적 효력(연대채무)이 없다. 증권의 정당한 소지인은 배서가 연속된 증권의 소지인이다.

(4) 기명증권

증권에 특정인이 권리자로 명기되어 있고, 원칙적으로 배서금지의 운송증권으로 비유통증권(non-negotiable instrument)이다. 따라서 운송인은 증권에 기재된 당사자에게만 화물을 인도해야 한다. 기명증권의 권리행사를 위해서는 증권을 제시해야 하고, 다른 방법으로 권리를 증명하여 권리를 행사할 수 없는 점이 단순한 자격증권[8]과 다르다(영국에서는 B/L에 기명된 자가 배서하면 유통가능하고, 미국에서는 아예 유

6) 보전은 배서가 여러번 거듭됨에 따라 더 이상의 여백이 없는 때에 어음면을 연장시킨 지편(紙片)을 말한다.

7) 예컨대 복합운송인 A가 수출상 B에게 운임외상조건으로 증권을 교부하고 B가 수하인 C에게 배서·양도하면, A가 B로부터 운임을 받지 못했다 해서 이미 C에게 가 있는 증권의 효력을 부인할 수 없는 제도가 항변절단이다. 법률용어로서의 항변은 상대방의 신청·주장을 부인하기 위해 별도의 사항을 주장하는 것이다. 즉, A가 B의 소유권을 부인하는 것이 항변(proof to the contrary)이요, 일단 배서를 하면 A의 항변권이 절단된다는 의미이다.

통불능이다).

이때 증권에 기명된 자만 정당한 소지인이 되기 때문에 배서로 양도는 불가능하지만 지명채권양도[9] 방법으로 양도할 수 있다. 통상 기명증권은 D/P(Payment against Document) 조건 등에서 대금결제를 확보하는 수단으로 이용한다. 이러한 운송증권은 복합운송조약에 명시적으로 규정된 바는 없지만 이론적으로 인정할 수 있고 또 실제적인 가치도 있다. 일반적으로 기명식 복합운송증권도 유가증권의 일종으로 본다.

(5) 유통증권

앞서 복합운송증권을 선하증권과 같이 유가증권으로 규정한 바 있다. 유가증권은 유통전전(流通轉傳)을 전제로 하므로, 복합운송증권도의 배서·양도로 화물에 대한 권리가 이전되는 유통증권이다.

우리 상법에서는 선하증권이나 화물상환증은 당연한 유가증권이기 때문에 유통성이 없는 것(배서금지 증권)은 있을 수 있지만, 유가증권이 아닌 것은 없다. 다만 실무적으로 선하증권은 원본 3통을 발행하고 비유통성의 사본을 여러통 발행한다. 그러나 UNCTAD/ICC 통일규칙과 유엔조약은 복합운송증권이 유통증권이 아닌 비유통증권만으로 발행될 수 있음을 인정하고 있다.

통일규칙·유엔조약이 비유통증권을 인정하는 이유는 항공운송을 의식한 때문이다. 즉, 항공운송은 신속하기 때문에 화물이 운송증권보다 빨리 목적지에 도달하는 경우가 많은데, 화물의 인도가 반드시 운송증권과 상환해야 가능하다면 항공운송의 신속성은 무의미해진다.

따라서 항공운송은 유통증권을 기피하고 있어, 항공업계의 요청으로 비유통증권을 규정한 것이다. 이러한 경향은 항공운송에 한정된 것이 아니고, 해상운송을 포함한 다른 운송분야도 기술혁신에 따라 운송기간이 단축되고 있어 비유통증권의 사용은 점차 늘어나고 있다. 비유통증권은 송하인의 동의로 기계장치나 기타수단으로 발행할 수 있는데(유엔조약 제5조 4항), 이로써 EDI(electronic data interchange)·팩스(facsimile)·인터넷(internet)을 이용할 수 있게 되었다.

8) 자격증권(資格證券=면책증권)은 채무자가 악의·중대한 과실 없이 증권의 소지인에게 채무를 이행하면, 그 소지인이 정당한 권리자가 아니더라도 책임을 면하는 증권으로 통상 면책증권(免責證券)이라 한다.

9) 지명채권(指名債權)은 채권자가 특정되어 있어 양도계약만으로 효력이 발생하여 권리가 이전된다. 그러나 채무자나 제3자에게 대항하려면 채무자에게 통지하거나 채무자의 승낙이 있어야 한다. 증권적 채권과 달리 지명채권은 채권의 성립, 존속, 행사, 양도 등을 위해 증권의 작성·교부를 요하지 않는다. 증권은 증거역할을 할뿐이다.

제2절 국제복합운송증권의 약관해설

1 FIATA FBL의 개요

국제운송주선인협회연맹(FIATA)은 1970년에 복합운송증권 양식을 제정하여 1978년 · 1988년 · 1992년에 각각 개정하였다. 지금까지 포워더들이 사용해 온 FIATA FBL(FIATA Combined Transport Bill of Lading)은 ICC(국제상업회의소)가 1973년에 제정한 '복합운송증권에 관한 ICC 통일규칙'을 근거로 했었는데, 1992년에 ICC가 '복합운송증권에 관한 UNCTAD/ICC 규칙'으로 개정하며 FIATA FBL도 개정되었다. 이것이 곧 FIATA MTBL(Multimodal Transport B/L)이며, 1994년부터 사용하고 있다.

FIATA는 FIATA MTBL(=FBL) 외에도, 1981년에 Forwarder's Certificate of Transport(FCT, 주선인운송증), Forwarder's Certificate of Receipt(FCR, 주선인수령증)을 제정하여, 각국의 운송주선인들이 사용하고 있다.

FBL과 FCT · FCR의 기본책임은 근본적으로 같지만, FBL은 유통가능한 유가증권이고 FCT · FCR은 비유통증권이다. 신용장이 FCT · FCR을 요구할 때에는 일반운송증권으로 수리될 수 있지만, L/C에 FBL만을 요구할 때는 FCT · FCR의 수리에 문제가 생긴다. 그리고 Forwarder's Certificate of Receipt(FCR)이 아닌 Forwarder's Cargo Receipt(FCR)[10)]가 화환어음의 부속서류로 사용되는 경우가 있는데, 이때는 주의를 요한다.

2 FIATA FBL의 약관해설

앞면 아래에 위탁자(consignor=송하인)의 신고(declaration)에 근거하여 앞면의 스케줄란(blank)을 기재하였음을 선언하고, 뒷면의 표준약관을 조건으로 화물과 함께 지시(instructions)를 접수하였으며, 본 증권에 별도의 기재가 없으면, 상기와 같이 운송 · 인도를 위해 외관상 양호한 상태로 인수하였음을 확인한다. 정당하게 배서한

10) Fowarder's Certificate of Receipt는 FIATA가 제정한 수령증을 의미하고, Forwarder's Cargo Receipt는 운송계약에 따라 주선인이 그때그때마다 발행하는 여러 형식의 화물수령증을 말한다. 그런데 양자의 약칭이 모두 FCR인 점에 유의하기 바란다.

복합운송증권 1통을 화물과 상환하고, 본 운송계약의 증거로 아래에 기재된 통수의 복합운송증권을 정본(original)으로 서명하였으며, 이 가운데 1통이 제시되면 나머지는 무효라고 기재되어 있다. 증권의 뒷면 맨위에 1994년 FIATA 복합운송선하증권에 관한 표준약관이라는 표제와 함께 정의가 시작된다.

* 정의(Definitions)

– '포워더'(freight forwarder)란 FBL을 발행하고, 그 앞면에 기명되어 있는 운송인으로서(as a carrier) 복합운송계약의 이행을 책임지는 복합운송인(multimodal transport operator)을 말한다.

– '화주'(merchant)는 송하인(shipper), 위탁인(consignor), 수하인(consignee), FBL 소지인(holder), 화물의 수령인(receiver) 및 소유자(owner)이다.

– '위탁인'(consignor)은 포워더와 운송계약을 체결하는 자이다.

– '수하인'(consignee)은 포워더로부터 화물을 수취할 권리를 가진 자이다.

– '인수'(taken in charge)는 포워더가 FBL에 명시된 화물의 수령장소에서 운송을 위해 화물을 수령하는 것을 말한다.

– '화물'(goods)은 갑판적·선창적에 관계없이 컨테이너·팔레트 또는 포워더가 제공하지 않은 유사한 운송·포장 용구와 생동물을 포함한 자산(property)을 말한다.

(1) 적용범위(Applicability)

그 명칭이 FIATA 복합운송선하증권(FBL)으로 되어 있음에도 불구하고, 본 약관은 단일운송수단(one mode of transport)만 사용한 경우에도 적용된다.

(2) FBL의 발행(Issuance of this FBL)

2.1 포워더는 본 FBL의 발행으로, a) 화물을 인수한 장소(FBL에 명시된 수령장소)에서 본 FBL에 지정된 인도장소까지 전운송(全運送)의 이행 및/또는 그 이행의 주선을 자기명의로 확약하며, b) 본 약관들에 약정된 책임을 부담한다.

2.2 포워더는 그의 사용인·대리인이 직무수행중에 저지른 작위·부작위 또는 본 FBL이 증명한 계약의 이행을 위해 고용한 기타인들의 작위·부작위에 대해, 본 FBL 약관의 범위에서 자신의 작위·부작위와 마찬가지로 책임을 진다.

(3) 유통성 및 화물에 대한 권리(Negotiability and title to the goods)

3.1 본 FBL은 '유통불능'이란 표시가 없으면 유통증권이 된다. 본 FBL은 화물에 대한 권리증권이며, 소지인은 배서로 증권의 화물을 인수·양도할 권리를 갖는다.

3.2 본 FBL에 기재된 정보에 대한 반대의 표시(contrary indication), 즉 '송하인 계량·적입·계수'(shipper's weight, load and count), '송하인이 포장한 컨테이너'(shipper- packed container) 또는 '이와 유사한 문구'(similar expressions)[11]가 인쇄되지 않거나 본 FBL에 추가되지 않으면, 포워더가 본 FBL에 기재된 화물을 인수하였다는 우선적 증거(*prima facie* evidence)가 된다. 그러나 본 FBL의 기재내용을 믿고 인수한 선의(in good faith)의 양수인에게 본 FBL을 유상(有償)으로(for valuable consideration) 양도하면 반증이 허용되지 않는다.

(4) 위험물 및 보상(Dangerous Goods and Indemnity)

4.1 화주는 위험물 운송에 대한 국내법·국제조약의 강행규정을 준수하고, 어떠한 경우에도 포워더가 위험물을 인수하기 전에, 위험의 정확한 성질을 서면으로 고지하고, 필요할 경우 취해야 할 예방조치를 포워더에게 고지해야 한다.

4.2 화주가 그러한 정보를 제공하지 않아, 포워더가 화물의 위험성과 취해야 할 예방조치를 알지 못하고, 화물이 인명·재산에 유해하다고 판단하면 보상없이 그 화물을 언제든지 어디에서나 양륙·파괴·무해화할 수 있다. 화주는 위험물의 인수·운송·그 부대서비스로 인한 모든 멸실·손상·책임·비용을 포워더에게 보상해야 한다. 그 화물의 운송에 수반하는 위험의 정확한 성질을 포워더가 알고 있었음을 입증할 책임은 화주에게 있다.

---

11) 흔히 이러한 문언을 부지약관(unknown clause)이라 한다. FBL에 부지약관이 있으면 FBL은 화물에 대한 명백한 증거가 되지 못한다. 그러나 금반언(estoppel) 원칙으로 선의의 제3자에게는 FBL의 기재내용을 부인할 수 없다. 이를 문언적·채권적·증권적 효력이라 한다.

Consignor

DAEWOO CORPORATION
C.P.O. BOX 2810
SEOUL, KOREA

FBL No. HUIX-BA9708111 KR 410

NEGOTIABLE FIATA
MULTIMODAL TRANSPORT
BILL OF LADING
Issued subject to UNCTAD/ICC Rules for Multimodal Transport Documents (ICC Publication 481).

Consigned to order of

TO THE ORDER OF
PT DATWA PERDANIA BANK

HONG-UL INC.

C. P. O. BOX 4073 SEOUL. KOREA
TEL: (02) 737-9751 (REP.)
FAX: (02) 737-7621
TLX: K34260

Notify address

PT. SURYA TOTO INDONESIA
JL. TOMANG RAYA NO. 18,
JAKARTA, TELP.NO. 5681318

	Place of receipt BUSAN, KOREA
Ocean vessel KUO TAI V-029S	Port of loading BUSAN, KOREA
Port of discharge JAKARTA, INDONESIA	Place of delivery JAKARTA, INDONESIA

Marks and numbers	Number and kind of packages	Description of goods	Gross weight	Measurement
SURYA TOTO L/C NO.: SDLCO-014493 (DATE: 970814) INV NO.: HICCJ71035A01 (DATE : 970828) I.R.N.: 047/030/5768 ITEM: SIZE: NET WT: GROSS WT: BOX NO : 1-13 MADE IN KOREA CY/CY CNTR NO.: GSTU7135410/45254	1X40'CNTR (13 BOXES)	"SHIPPER'S LOAD & COUNT" SAID TO CONTAIN 2,896PCS OF STRESS RELIEVED HARD BRASS TUBE JIS H3300 L/C NO.: SDLCO-014493 "FREIGHT COLLECT" SAY.: ONE (1) CONTAINER ONLY.	9,538KGS ON BOARD DATE : SEP. 03, 1997	16.750CBM

according to the declaration of the consignor

Declaration of interest of the consignor in timely delivery (Clause 6.2.)

Declared value for ad valorem rate according to the declaration of the consignor (Clauses 7 and 8).

The goods and instructions are accepted and dealt with subject to the Standard Conditions printed overleaf.

Taken in charge in apparent good order and condition, unless otherwise noted herein, at the place of receipt for transport and delivery as mentioned above.

One of these Multimodal Transport Bills of Lading must be surrendered duly endorsed in exchange for the goods. In Witness whereof the original Multimodal Transport Bills of Lading all of this tenor and date have been signed in the number stated below, one of which being accomplished the other(s) to be void.

Freight amount "FREIGHT COLLECT AS ARRANGED"	Freight payable at DESTINATION	Place and date of issue SEOUL, KOREA SEP. 03, 1997
Cargo Insurance through the undersigned ☐ not covered ☐ Covered according to attached Policy	Number of Original FBL's	Stamp and signature ACTING AS A CARRIER **HONG-UL INC.**
For delivery of goods please apply to: PT. CAMAR BARUNA JL. ALAYDRUS NO. 29C JAKARTA 10130, INDONESIA TEL: 021-3850081/7 ATTN: DINNY		

Standard Conditions (1992) governing the FIATA MULTIMODAL TRANSPORT BILL OF LADING

Definitions

- «Freight Forwarder» means the Multimodal Transport Operator who issues this FBL and is named on the face of it and assumes liability for the performance of the multimodal transport contract as a carrier.
- «Merchant» means and includes the Shipper, the Consignor, the Consignee, the Holder of this FBL, the Receiver and the Owner of the Goods.
- «Consignor» means the person who concludes the multimodal transport contract with the Freight Forwarder.
- «Consignee» means the person entitled to receive the goods from the Freight Forwarder.
- «Taken in charge» means that the goods have been handed over to and accepted for carriage by the Freight Forwarder at the place of receipt evidenced in this FBL.
- «Goods» means any property including live animals as well as containers, pallets or similar articles of transport or packaging not supplied by the Freight Forwarder, irrespective of whether such property is to be or is carried on or under deck.

1. **Applicability**
Notwithstanding the heading «FIATA Multimodal Transport Bil' of Lading (FBL)» these conditions shall also apply if only one mode of transport is used.

2. **Issuance of this FBL**

2.1. By issuance of this FBL the Freight Forwarder
 a) undertakes to perform and/or in his own name to procure the performance of the entire transport, from the place at which the goods are taken in charge (place of receipt evidenced in this FBL) to the place of delivery designated in this FBL;
 b) assumes liability as set out in these conditions.

2.2. Subject to the conditions of this FBL the Freight Forwarder shall be responsible for the acts and omissions of his servants or agents acting within the scope of their employment, or any other person of whose services he makes use for the performance of the contract evidenced by this FBL, as if such acts and omissions were his own.

3. **Negotiability and title to the goods**

3.1. This FBL is issued in a negotiable form unless it is marked «non negotiable». It shall constitute title to the goods and the holder, by endorsement of this FBL, shall be entitled to receive or to transfer the goods herein mentioned.

3.2. The information in this FBL shall be prima facie evidence of the taking in charge by the Freight Forwarder of the goods as described by such information unless a contrary indication, such as «shipper's weight, load and count», «shipper-packed container» or similar expressions, has been made in the printed text or superimposed on this FBL. However, proof to the contrary shall not be admissible when the FBL has been transferred to the consignee for valuable consideration who in good faith has relied and acted thereon.

4. **Dangerous Goods and Indemnity**

4.1. The Merchant shall comply with rules which are mandatory according to the national law or by reason of International Convention, relating to the carriage of goods of a dangerous nature, and shall in any case inform the Freight Forwarder in writing of the exact nature of the danger, before goods of a dangerous nature are taken in charge by the Freight Forwarder and indicate to him, if need be, the precautions to be taken.

4.2. If the Merchant fails to provide such information and the Freight Forwarder is unaware of the dangerous nature of the goods and the necessary precautions to be taken and if, at any time, they are deemed to be a hazard to life or property, they may at any place be unloaded, destroyed or rendered harmless, as circumstances may require, without compensation. The Merchant shall indemnify the Freight Forwarder against all loss, damage, liability, or expense arising out of their being taken in charge, or their carriage, or of any service incidental thereto.
The burden of proving that the Freight Forwarder knew the exact nature of the danger constituted by the carriage of the said goods shall rest on the Merchant.

4.3. If any goods shall become a danger to life or property, they may in like manner be unloaded or landed at any place or destroyed or rendered harmless. If such danger was not caused by the fault and neglect of the Freight Forwarder he shall have no liability and the Merchant shall indemnify him against all loss, damage, liability and expense arising therefrom.

5. **Description of Goods and Merchant's Packing and Inspection**

5.1. The Consignor shall be deemed to have guaranteed to the Freight Forwarder the accuracy, at the time the goods were taken in charge by the Freight Forwarder, of all particulars relating to the general nature of the goods, their marks, number, weight, volume and quantity and, if applicable, to the dangerous character of the goods, as furnished by him or on his behalf for insertion on the FBL.
The Consignor shall indemnify the Freight Forwarder against all loss, damage and expense resulting from any inaccuracy or inadequacy of such particulars.
The Consignor shall remain liable even if the FBL has been transferred by him.
The right of the Freight Forwarder to such an indemnity shall in no way limit his liability under this FBL to any person other than the Consignor.

5.2. The Freight Forwarder shall not be liable for any loss, damage or expense caused by defective or insufficient packing of goods or by inadequate loading or packing within containers or other transport units when such loading or packing has been performed by the Merchant or on his behalf by a person other than the Freight Forwarder, or by the defect or unsuitability of the containers or other transport units supplied by the Merchant, or if supplied by the Freight Forwarder if a defect or unsuitability of the container or other transport unit would have been apparent upon reasonable inspection by the Merchant. The Merchant shall indemnify the Freight Forwarder against all loss, damage, liability and expense so caused.

6. **Freight Forwarder's Liability**

6.1. The responsibility of the Freight Forwarder for the goods under these conditions covers the period from the time the Freight Forwarder has taken the goods in his charge to the time of their delivery.

6.2. The Freight Forwarder shall be liable for loss of or damage to the goods as well as for delay in delivery if the occurrence which caused the loss, damage or delay in delivery took place while the goods were in his charge as defined in Clause 2.1.a, unless the Freight Forwarder proves that no fault or neglect of his own, his servants or agents or any other person referred to in Clause 2.2. has caused or contributed to such loss, damage or delay. However, the Freight Forwarder shall only be liable for loss following from delay in delivery if the Consignor has made a declaration of interest in timely delivery which has been accepted by the Freight Forwarder and stated in this FBL.

6.3. Arrival times are not guaranteed by the Freight Forwarder. However, delay in delivery occurs when the goods have not been delivered within the time expressly agreed upon or, in the absence of such agreement, within the time which would be reasonable to require of a diligent Freight Forwarder, having regard to the circumstances of the case.

6.4. If the goods have not been delivered within ninety consecutive days following such date of delivery as determined in Clause 6.3., the claimant may, in the absence of evidence to the contrary, treat the goods as lost.

6.5. When the Freight Forwarder establishes that, in the circumstances of the case, the loss or damage could be attributed to one or more causes or events, specified in a – e of the present clause, it shall be presumed that it was so caused, always provided, however, that the claimant shall be entitled to prove that the loss or damage was not, in fact, caused wholly or partly by one or more of such causes or events:
 a) an act or omission of the Merchant, or person other than the Freight Forwarder acting on behalf of the Merchant or from whom the Freight Forwarder took the goods in charge;
 b) insufficiency or defective condition of the packaging or marks and/or numbers;
 c) handling, loading, stowage or unloading of the goods by the Merchant or any person acting on behalf of the Merchant;
 d) inherent vice of the goods;
 e) strike, lockout, stoppage or restraint of labour.

6.6. **Defences for carriage by sea or inland waterways**
Notwithstanding Clauses 6.2., 6.3. and 6.4. the Freight Forwarder shall not be liable for loss, damage or delay in delivery with respect to goods carried by sea or inland waterways when such loss, damage or delay during such carriage has been caused by:
 a) act, neglect, or default of the master, mariner, pilot or the servants of the carrier in the navigation or in the management of the ship,
 b) fire, unless caused by the actual fault or privity of the carrier, however, always provided that whenever loss or damage has resulted from unseaworthiness of the ship, the Freight Forwarder can prove that due diligence has been exercised to make the ship seaworthy at the commencement of the voyage.

7. **Paramount Clauses**

7.1. These conditions shall only take effect to the extent that they are not contrary to the mandatory provisions of International Conventions or national law applicable to the contract evidenced by this FBL.

7.2. The Hague Rules contained in the International Convention for the unification of certain rules relating to Bills of Lading, dated Brussels 25th August 1924, or in those countries where there are already in force the Hague-Visby Rules contained in the Protocol of Brussels, dated 23rd February 1968, as enacted in the Country of Shipment, shall apply to all carriage of goods by sea and also to the carriage of goods by inland waterways, and such provisions shall apply to all goods whether carried on deck or under deck.

7.3. The Carriage of Goods by Sea Act of the United States of America (COGSA) shall apply to the carriage of goods by sea, whether on deck or under deck, if compulsorily applicable to this FBL or would be applicable but for the goods being carried on deck in accordance with a statement on this FBL.

8. **Limitation of Freight Forwarder's Liability**

8.1. Assessment of compensation for loss of or damage to the goods shall be made by reference to the value of such goods at the place and time they are delivered to the consignee or at the place and time when, in accordance with this FBL, they should have been so delivered.

8.2. The value of the goods shall be determined according to the current commodity exchange price or, if there is no such price, according to the current market price or, if there are no such prices, by reference to the normal value of goods of the same name and quality.

8.3. Subject to the provisions of subclauses 8.4. to 8.9. inclusive, the Freight Forwarder shall in no event be or become liable for any loss of or damage to the goods in an amount exceeding the equivalent of 666.67 SDR per package or unit or 2 SDR per kilogramme of gross weight of the goods lost or damaged, whichever is the higher, unless the nature and value of the goods shall have been declared by the Consignor and accepted by the Freight Forwarder before the goods have been taken in his charge, or the ad valorem freight rate paid, and such value is stated in the FBL by him, then such declared value shall be the limit.

8.4. Where a container, pallet or similar article of transport is loaded with more than one package or unit, the packages or other shipping units enumerated in the FBL as packed in such article of transport are deemed packages or shipping units. Except as aforesaid, such article of transport shall be considered the package or unit.

8.5. Notwithstanding the above mentioned provisions, if the multimodal transport does not, according to the contract, include carriage of goods by sea or by inland waterways, the liability of the Freight Forwarder shall be limited to an amount not exceeding 8.33 SDR per kilogramme of gross weight of the goods lost or damaged.

8.6. a) When the loss of or damage to the goods occurred during one particular stage of the multimodal transport, in respect of which an applicable international convention or mandatory national law would have provided another limit of liability if a separate contract of carriage had been made for that particular stage of transport, then the limit of the Freight Forwarder's liability for such loss or damage shall be determined by reference to the provisions of such convention or mandatory national law.
 b) Unless the nature and value of the goods shall have been declared by the Merchant and inserted in this FBL, and the ad valorem freight rate paid, the liability of the Freight Forwarder under COGSA, where applicable, shall not exceed US$ 500 per package or, in the case of goods not shipped in packages, per customary freight unit.

8.7. If the Freight Forwarder is liable in respect of loss following from delay in delivery, or consequential loss or damage other than loss of or damage to the goods, the liability of the Freight Forwarder shall be limited to an amount not exceeding the equivalent of twice the freight under the multimodal contract for the multimodal transport under this FBL.

8.8. The aggregate liability of Freight Forwarder shall not exceed the limits of liability for total loss of the goods.

8.9. The Freight Forwarder is not entitled to the benefit of the limitation of liability if it is proved that the loss, damage or delay in delivery resulted from a personal act or omission of the Freight Forwarder done with the intent to cause such loss, damage or delay, or recklessly and with knowledge that such loss, damage or delay would probably result.

9. **Applicability to Actions in Tort**
These conditions apply to all claims against the Freight Forwarder relating to the performance of the contract evidenced by this FBL, whether the claim be founded in contract or in tort.

10. **Liability of Servants and other Persons**

10.1. These conditions apply whenever claims relating to the performance of the contract evidenced by this FBL are made against any servant, agent or other person (including any independent contractor) whose services have been used in order to perform the contract, whether such claims are founded in contract or in tort, and the aggregate liability of the Freight Forwarder and of such servants, agents or other persons shall not exceed the limits in clause 8.

10.2. In entering into this contract as evidenced by this FBL, the Freight Forwarder, to the extent of these provisions, does not only act on his own behalf, but also as agent or trustee for such persons, and such persons shall to this extent be or be deemed to be parties to this contract.

10.3. However, if it is proved that the loss of or such loss or damage to the goods resulted from a personal act or omission of such a person referred to in Clause 10.1., done with intent to cause damage, or recklessly and with knowledge that damage would probably result, such person shall not be entitled to benefit of limitation of liability provided for in Clause 8.

10.4. The aggregate of the amounts recoverable from the Freight Forwarder and the persons referred to in Clauses 2.2. and 10.1. shall not exceed the limits provided for in these conditions.

11. **Method and Route of Transportation**
Without notice to the Merchant, the Freight Forwarder has the liberty to carry the goods on or under deck and to choose or substitute the means, route and procedure to be followed in the handling, stowage, storage and transportation of the goods.

12. **Delivery**

12.1. Goods shall be deemed to be delivered when they have been handed over or placed at the disposal of the Consignee or his agent in accordance with this FBL, or when the goods have been handed over to any authority or other party to whom, pursuant to the law or regulation applicable at the place of delivery, the goods must be handed over, or such other place at which the Freight Forwarder is entitled to call upon the Merchant to take delivery.

12.2. The Freight Forwarder shall also be entitled to store the goods at the sole risk of the Merchant, and the Freight Forwarder's liability shall cease, and the cost of such storage shall be paid, upon demand, by the Merchant to the Freight Forwarder.

12.3. If at any time the carriage under this FBL is or is likely to be affected by any hindrance or risk of any kind (including the condition of the goods) not arising from any fault or neglect of the Freight Forwarder or a person referred to in Clause 2.2. and which cannot be avoided by the exercise of reasonable endeavours the Freight Forwarder may:
 abandon the carriage of the goods under this FBL and, where reasonably possible, place the goods or any part of them at the Merchant's disposal at any place which the Freight Forwarder may deem safe and convenient, whereupon delivery shall be deemed to have been made, and the responsibility of the Freight Forwarder in respect of such goods shall cease.
In any event, the Freight Forwarder shall be entitled to full freight under this FBL and the Merchant shall pay any additional costs resulting from the above mentioned circumstances.

13. **Freight and Charges**

13.1. Freight shall be paid in cash, without any reduction or deferment on account of any claim, counterclaim or set-off, whether prepaid or payable at destination.
Freight shall be considered as earned by the Freight Forwarder at the moment when the goods have been taken in his charge, and not to be returned in any event.

13.2. Freight and all other amounts mentioned in this FBL are to be paid in the currency named in this FBL or, at the Freight Forwarder's option, in the currency of the country of dispatch or destination at the highest rate of exchange for bankers sight bills current for prepaid freight on the day of dispatch and for freight payable at destination on the day when the Merchant is notified on arrival of the goods there or on the date of withdrawal of the delivery order, whichever rate is the higher, or at the option of the Freight Forwarder on the date of this FBL.

13.3. All dues, taxes and charges or other expenses in connection with the goods shall be paid by the Merchant.
Where equipment is supplied by the Freight Forwarder, the Merchant shall pay all demurrage and charges which are not due to a fault or neglect of the Freight Forwarder.

13.4. The Merchant shall reimburse the Freight Forwarder in proportion to the amount of freight for any costs for deviation or delay or any other increase of costs of whatever nature caused by war, warlike operations, epidemics, strikes, government directions or force majeure.

13.5. The Merchant warrants the correctness of the declaration of contents, insurance, weight, measurements or value of the goods but the Freight Forwarder has the liberty to have the contents inspected and the weight, measurements or value verified. If on such inspection it is found that the declaration is not correct it is agreed that a sum equal either to five times the difference between the correct figure and the freight charged, or to double the correct freight less the freight charged, whichever sum is the smaller, shall be payable as liquidated damages to the Freight Forwarder for his inspection costs and losses of freight on other goods notwithstanding any other sum having been stated on this FBL as freight payable.

13.6. Despite the acceptance by the Freight Forwarder of instructions to collect freight, charges or other expenses from any other person in respect of the transport under this FBL, the Merchant shall remain responsible for such monies on receipt of evidence of demand and the absence of payment for whatever reason.

14. **Lien**
The Freight Forwarder shall have a lien on the goods and any documents relating thereto for any amount due at any time to the Freight Forwarder from the Merchant including storage fees and the cost of recovering same, and may enforce such lien in any reasonable manner which he may think fit.

15. **General Average**
The Merchant shall indemnify the Freight Forwarder in respect of any claims of a General Average nature which may be made on him and shall provide such security as may be required by the Freight Forwarder in this connection.

16. **Notice**

16.1. Unless notice of loss of or damage to the goods, specifying the general nature of such loss or damage, is given in writing by the consignee to the Freight Forwarder when the goods are delivered to the consignee in accordance with clause 12, such handing over is prima facie evidence of the delivery by the Freight Forwarder of the goods as described in this FBL.

16.2. Where the loss or damage is not apparent, the same prima facie effect shall apply if notice in writing is not given within 6 consecutive days after the day when the goods were delivered to the consignee in accordance with clause 12.

17. **Time bar**
The Freight Forwarder shall, unless otherwise expressly agreed, be discharged of all liability under these conditions unless suit is brought within 9 months after the delivery of the goods, or the date when the goods should have been delivered, or the date when in accordance with clause 6.4. failure to deliver the goods would give the consignee the right to treat the goods as lost.

18. **Partial Invalidity**
If any clause or a part thereof is held to be invalid, the validity of this FBL and the remaining clauses or a part thereof shall not be affected.

19. **Jurisdiction and applicable law**
Actions against the Freight Forwarder may be instituted only in the place where the Freight Forwarder has his place of business as stated on the reverse of this FBL and shall be decided according to the law of the country in which that place of business is situated.

The ICC logo denotes that this document has been deemed by the ICC to be in conformity with the UNCTAD/ICC Rules for Multimodal Transport Documents. The ICC logo does not imply ICC endorsement of the document nor does it in any way make the ICC party to any possible legal action resulting from the use of this document.

4.3 어떤 화물이 인명・재산에 유해(有害)하면, 그 화물도 마찬가지 방법으로 어디에서나 양륙・파괴・무해화(無害化)할 수 있다. 그러한 위험이 포워더의 과실・부주의로 인한 것이 아니면 포워더는 일체 책임을 지지 않으며, 화주는 그러한 위험으로 인한 모든 멸실・손상・책임・비용을 포워더에게 보상해야 한다.

(5) 화물의 명세 및 화주가 행한 포장 및 검사(Description of Goods and Merchant's Packing and Inspection)

5.1 포워더가 화물을 인수할 때에 송하인은 FBL의 기재를 위해 자기 또는 그의 대리인이 고지한 화물의 일반적 성질・화인・번호・중량・용적・수량・필요한 경우 화물의 위험성 등 모든 명세의 정확함을 포워더에게 보증한다.

송하인은 그러한 명세의 부정확・부적절로 인한 일체의 멸실・손상・비용을 포워더에게 배상해야 한다. 송하인은 FBL을 양도했더라도 명세의 부실에 대해 여전히 책임을 져야 한다. 이러한 포워더의 배상청구권에도 불구하고, 포워더는 송하인 이외의 어떤 당사자에게도 책임을 면하지 못한다.[12]

5.2 포워더가 아닌 화주 또는 그의 대리인이 컨테이너・기타 운송용구에 화물을 적입・포장한 경우 그 결함・부적절 또는 화주가 제공한 컨테이너・기타 운송용구의 결함・부적합, 또는 포워더가 제공하고 화주의 적절한 검사로 명백히 이상이 없었던 컨테이너 또는 기타 운송용구의 결함・부적합으로 인한 멸실・손상・비용에 대해 포워더는 책임지지 않는다. 화주는 이로 인해 발생한 모든 멸실・손상・책임・비용을 포워더에게 보상해야 한다.

(6) 포워더의 책임(Freight Forwarder' s Liability)

6.1 화물에 대한 본 FBL의 포워더의 책임은 포워더가 화물을 인수한 때로부터 화물을 인도할 때까지이다.

6.2 화물의 멸실・손상・인도지연이 포워더가 자신・사용인・대리인 또는 제2조 2항에 언급된 기타인의 과실・부주의에 의한 것이 아니었음을 또는 기여하지 않았음을 입증하지 못하면 멸실・손상・인도지연이 제2조 1항 a호와 같이 화물이 포워더의 관리중에 발생하면, 포워더는 인도지연과 화물의 멸실・손상의 책임을 진다. 그리고 송하인이 특정일시의 인도를 원하고, 포워더가 이를 받아들여 본 FBL에 기

12) 비록 포워더가 송하인으로부터 배상을 받더라도, 포워더는 송하인 아닌 타인의 손해를 배상할 책임이 있다.

재한 경우에만, 인도지연으로 인한 손해에 대해 포워더가 책임을 진다.

6.3 포워더는 도착시간을 보증하지 않는다. 그러나 명백히 합의한 기간에 화물이 인도되지 않거나 그러한 합의가 없으면, 그 사정을 고려해 성실한 포워더가 합리적으로 인도할 수 있는 기간에 화물이 인도되지 않으면 인도지연으로 간주한다.

6.4 화물을 제6조 3항에 약정한 인도예정 후 연속 90일내에 인도하지 못하고, 반증이 없으면 화주(claimant)는 그 화물이 멸실된 것으로 간주할 수 있다.

6.5 사정에 따라(in the circumstances of the case), 화물의 멸실 · 손상이 포워더가 다음의 a)~e)에 열거한 하나 또는 그 이상의 원인 · 사건에 기인한 것임을 입증하면 그것을 원인으로 추정한다. 그러나 화주는 실제로 멸실 · 손상의 전부 또는 일부가 열거한 하나 또는 그 이상의 원인이나 사건에 기인한 것이 아님을 언제든지 입증할 수 있다.

a) 화주 · 그 대리인 · 포워더에게 화물을 인도한 자의 작위 · 부작위
b) 포장 · 화인 · 번호의 불충분 또는 결함
c) 화주 · 그 대리인의 화물취급 · 적재 · 적부 · 양륙
d) 화물 고유의 하자
e) 파업 · 직장폐쇄 · 조업정지 · 노조의 작업방해

6.6 해상 · 내수로 운송에 대한 면책 : 제6조 2항 · 3항 · 4항에도 불구하고, 해상 · 내수로 운송 중 다음과 같은 원인으로 멸실 · 손상 · 인도지연이 발생하면 포워더는 그에 대해 책임지지 않는다.

a) 선장 · 선원 · 도선사 · 기타 운송인의 사용인이 항해 또는 본선관리 중에 저지른 작위 · 과실 · 태만
b) 운송인의 실질적 과실(actual fault) 또는 은밀한 사주(使嗾, privity) 없이 발생한 화재, 그러나 멸실 · 손상이 본선의 감항성 결여로 발생할 때마다, 포워더는 항해개시 시점에 선박의 감항성을 위해 적절한 주의의무를 다 했음을 입증할 수 있다.

(7) 지상약관(Paramount Clause)

7.1 본 약관은 본 FBL이 증명하는 운송계약에 적용되는 국제조약 · 국내법에 저촉되지 않는 범위에서만 효력을 갖는다.

7.2 선적국에서 1924.8.25. 브뤼셀에서 제정된 선하증권통일조약(헤이그규칙) 또는 이미 발효중인 국가는 1968.2.23.에 제정된 브뤼셀의정서(헤이그-비스비규칙)를 입법

화한 그대로 모든 해상·내수로 운송에 적용하고, 그 규정은 갑판적·선창적 여부에 관계없이 모든 화물에 적용된다.

7.3 본 FBL에 미해상화물운송법(USCOGSA)을 강제적용 또는 임의적용할 경우, 본 FBL에 기재된 갑판적 화물을 제외하고[13] 갑판적 또는 선창적 여부에 관계없이 모든 해상화물운송에 적용한다.

(8) 포워더의 책임제한(Limitation of Freight Forwarder's Liability)

8.1 화물의 멸실·손상의 배상액은 화물이 수하인에게 인도된 장소·시기 또는 본 FBL에 준거하여 화물을 인도했어야 할 장소·시기의 화물가액을 참조해 결정한다.

8.2 화물의 가액은 상품거래소의 현재가격을, 그러한 가격이 없으면 현재의 시장가격을, 그러한 가격도 없으면 동일한 명칭·품질의 정상가액을 참조해 결정한다.

8.3 제8조 4항·제8조 9항을 조건으로, 포워더의 책임은 어떠한 경우에도 화물의 멸실·손상에 대해 포장당 또는 단위당 666.67SDR 상당액 또는 총중량 kg당 2SDR 상당액을 초과하지 않는다. 그러나 포워더가 화물을 인수하기 전에, 송하인이 화물의 성질·가액을 신고하고, 포워더가 이를 수락하여 종가운임을 지급하고, 그 가액을 본 FBL에 기재하면 그 신고가액이 한도액이 된다.

8.4 컨테이너·팔레트·유사한 운송용구에 하나 이상의 포장 또는 단위를 적입하고, 그 운송용구에 적입한 그대로 본 FBL에 기재하면, 각각을 포장·선적단위로 간주한다. 그러한 기재가 없으면, 그 운송용구를 하나의 포장·단위로 간주한다.

8.5 위 조항에도 불구하고, 복합운송계약에 해상·내수로 운송이 포함되지 않으면, 포워더의 책임은 멸실·손상된 화물의 총중량 kg당 8.33SDR을 초과하지 않는다.

8.6 a) 복합운송중 화물의 멸실·손상이 특정구간에서 발생하고, 그 특정구간에 별도의 운송계약이 체결되고, 거기에 적용되는 국제조약 또는 강행적 국내법의 책임한도가 다르면, 그 멸실·손상에 대한 포워더의 책임한도는 그 국제조약·강행적 국내법의 규정을 참조해 결정한다.

b) 화주가 화물의 성질과 가액을 신고하지 않았고, 본 FBL에도 기재하지 않았으며, 종가운임도 지급하지 않았는데, 미해상화물운송법을 적용하면, 포워더의 책임은 포장당 또는 포장 이외의 경우는 운임단위당 US$500를 초과하지 않는다.

13) 본 FBL에 갑판적으로 기재된 화물은 미해상운송법이 적용되지 않는다.

8.7 포워더가 인도지연의 손해와 화물의 멸실·손상 이외의 멸실·손상을 책임져야 할 경우, 포워더의 책임한도는 본 FBL에 표기된 운임의 2배를 초과하지 않는다.

8.8 포워더의 총책임은 화물의 전손(全損)에 대한 책임한도를 초과하지 않는다.

8.9 멸실·손상·인도지연을 의도하고 무모하게, 또는 멸실·손상·인도지연을 예견하면서 행한 포워더 자신의 작위·부작위로 멸실·손상·인도지연이 발생했음이 입증되면, 포워더는 책임제한의 혜택을 누릴 수 없다.

(9) 불법행위에 대한 소송(Applicabilty of Action in Tort)

클레임의 원인이 계약위반 또는 불법행위라 해도 본 FBL로 증명되는 계약(contract evidenced by this FBL : B/L은 계약이 아니고 계약의 증거라서 이렇게 표현함)의 이행에 대하여 포워더에게 제기된 모든 클레임에 본 약관이 적용된다.

(10) 사용인 및 기타인의 책임(Liability of Servants and Other Persons)

10.1 클레임의 원인이 계약위반·불법행위라 해도 본 FBL로 증명되는 계약의 이행을 위해 고용한 사용인·대리인·기타인(독립계약자 포함)에게 제기한 클레임도 본 약관을 적용하고, 포워더·사용인·대리인·기타인들의 총책임은 제8조의 한도를 초과하지 않는다.

10.2 본 FBL이 증명하는 계약을 체결할 때에, 포워더는 본 약관의 범위에서 대리인 또는 수탁인으로 행위하며, 그들은 계약의 범위에서 당사자이거나 당사자로 간주된다.

10.3 그러나 손해를 발생시킬 의도로 무모하게, 손해의 발생을 예견하면서 행한 제10조 1항에 열거한 당사자들의 개인적 작위·부작위로 화물의 멸실·손상이 발생했음이 입증되면, 그들은 제8조의 책임제한 혜택을 누릴 수 없다.

10.4 포워더와 제2조 2항·제10조 1항에 언급된 당사자로부터 보상받을 수 있는 총액은 본 약관들에서 규정된 한도를 초과할 수 없다.

(11) 운송방법 및 경로(Method and Route of Transportation)

포워더는 화주에게 고지하지 않고 화물을 갑판적·선창적할 수 있고, 화물의 취급·적부·보관·운송에 따른 수단·경로·절차를 자유로이 선택·대체할 수 있는 자유가 있다.

(12) 인도(Delivery)

12.1 화물이 본 FBL에 의거 수하인 또는 그 대리인에게 인도되거나 그들이 처분할 수 있는 장소에 놓이면, 또는 인도지의 법률·규정에 따라 당국 또는 기타 당사자에게 화물을 인도하거나, 포워더가 화주에게 화물의 인수를 요구할 수 있는 기타의 장소에 화물이 놓이면 인도한 것으로 간주한다.

12.2 포워더는 화주의 위험으로 화물을 보관할 수 있다. 이때 포워더의 책임은 종료되고, 요구가 있으면 화주는 화물의 보관비용을 포워더에게 지급해야 한다.

12.3 본 FBL의 운송이 포워더 또는 제2조 2항에 언급된 당사자의 과실 또는 부주의가 아닌 장애 또는 다른 종류의 위험(화물의 상태 포함)으로 영향을 받거나 받을 것 같고, 그것들을 합리적인 노력으로 피할 수 없으면, 포워더는 언제든지 본 FBL의 화물운송을 포기하고, 가능한 한 합리적 방법으로 포워더가 편리하다고 생각되는 장소에 화물의 전부 또는 일부를 화주의 처분에 둘 수 있다. 화물은 그곳에서 인도한 것으로 간주하고, 그 화물에 대한 포워더의 책임은 종료된다. 어떠한 경우에도 포워더는 본 FBL의 운임전액을 받을 권리가 있고, 화주는 전술한 사정으로 발생한 추가비용을 지급해야 한다.

(13) 운임 및 요금(Freight and Charges)

13.1 운임은 선불·후불(payable at destination)에 관계없이, 클레임·역클레임·상계를 이유로 할인(reduction)·연기(deferment)할 수 없고 현금으로 지급한다. 포워더가 화물을 인수하는 순간 운임은 취득(取得)되며, 어떠한 경우에도 환불되지 않는다.

13.2 본 FBL에 기재된 운임·기타 모든 요금은 본 FBL에 지정된 통화 또는 포워더의 선택(option)에 따라 발송지·목적지 국가의 통화로 지급하고, 환율은 선불운임에 대해서는 발송일의 발송지·목적지 은행의 일람불당좌어음(banker's sight bills current)에 적용되는 가장 높은 환율을 적용하며, 후불운임은 화주의 화물도착통지 접수일·화도지시서(D/O) 회수일의 환율 중 더 높은 환율을 적용하거나, 포워더의 선택으로 본 FBL 발행일의 환율을 적용한다.

13.3 화물에 관련된 모든 부과금·세금·요금·기타 비용은 화주가 지급한다. 포워더가 장비를 제공하면, 화주는 포워더의 과실·부주의로 기인하지 않은 모든 지체료·요금을 지급해야 한다.

13.4 화주는 전쟁·군사훈련·전염병·파업·정부의 명령 또는 불가항력에 의한 이로(離路)·지연(遲延)에 의한 일체의 비용과 기타 어떠한 성질의 비용도 운임에 비

례하여 포워더에게 보상해야 한다.

13.5 화주는 화물의 내용·보험·중량·용적·가액의 신고가 정확함을 보증한다. 그러나 포워더는 내용물을 검사하고 중량·용적·가액을 확인할 수 있는 재량권을 갖는다. 검사결과 신고가 정확하지 않은 것으로 판명되면, 본 FBL에 타화물에 대한 운임이 얼마로 기재되어 있더라도, 화주는 부과된 운임(freight charged)과 정확한 운임(correct figure)의 차액 5배에 해당하는 금액 또는 정확한 운임의 2배에서 부과된 운임을 차감한 금액 중 더 적은 금액을 포워더의 검사비와 타화물을 신지 못해 입은 운임손실에 대한 확정손해배상액(liquidated damages)으로 포워더에게 지급해야 한다.

13.6 본 FBL의 운송에 대해 포워더가 제3자로부터 운임·요금·기타 비용을 받기로 했더라도, 포워더가 지급청구 및 부지급(不支給)에 대한 증거(evidence)를 제시하면, 화주는 그 이유가 어떻든 지급하지 않은 금액에 대해 여전히 책임을 진다.

(14) 유치권(Lien)

포워더는 보관료·그 회수비용을 포함한 화주로부터 받아야 할 일체의 금액에 대해 화물 및 그 관련서류에 언제든지 유치권을 행사할 수 있으며, 포워더가 적절하다고 생각하는 합리적인 방법으로 유치권을 행사할 수 있다.

(15) 공동해손(General Average)

화주는 포워더에게 부과된 공동해손성격의 청구(claims of a GA nature)에 대해 포워더에게 보상하며, 이에 대해 포워더가 요구하면 담보를 제공해야 한다.

(16) 통지(Notice)

16.1 제12조에 의거 화물을 수하인에게 인도할 때에 수하인이 포워더에게 화물의 멸실·손상의 개황(general nature)을 서면으로 통지하지 않으면, 그 인도는 포워더가 본 FBL에 기재된 화물을 인도하였다는 명백한 증거가 된다.

16.2 멸실·손상이 외관상 명백하지 않으면, 제12조에 의거 화물을 수하인에게 인도한 날로부터 연속 6일내에 서면으로 통지하지 않으면, 인도의 명백한 증거가 된다.

(17) 소멸시효(Time Bar)

별도의 명시된 약정이 없으면(unless otherwise expressly agreed), 화물인도 후 또는

화물이 인도되어야 할 날 또는 화물이 인도되지 않아 제6조 4항에 따라 수하인이 그 화물이 멸실된 것으로 간주한 날로부터 9개월 내에 소송을 제기하지 않으면, 포워더는 본 약관의 모든 책임으로부터 면제된다.

(18) 일부무효(Partial Invalidity)

어떠한 조항 또는 그 조항의 일부가 무효로 판정되더라도, 본 FBL의 효력과 나머지 조항 · 그 일부에 영향을 미치지 않는다.

(19) 재판관할 및 준거법(Jurisdiction and Applicable Law)

포워더에 대한 소송은 본 FBL의 앞면에 기재된 포워더의 본점 소재지에서만 제기할 수 있고, 그 본점이 위치한 국가의 법률에 따라 재판한다.

* ICC 약호(emblem)는 본 증권이 UNCTAD/ICC 복합운송증권규칙에 일치시켜 ICC가 초안했음을 표시한다. 그러나 ICC 약호는 본 증권에 대한 보증이나 본 증권을 사용하여 발생하는 일체의 소송에 ICC는 어떠한 경우에도 당사자가 된다는 의미가 아니다.

Chapter

17 복합운송과 무역조건, 보험 및 통관

제1절 복합운송과 무역조건

컨테이너 화물의 복합운송 기회가 많아졌다. 1919년 창설된 국제상업회의소(ICC)는 1936년 FOB, CIF 등 11종의 정형무역거래조건(Incoterms)을 처음 초안한 이후 거래환경의 변화에 맞춰 주기적으로 개정해왔다. 1980년 인코텀스에 FRC, DCP, CIP 등의 컨테이너 운송에 적용할 새로운 조건이 신설되었는데, 1990년 인코텀스에서 FRC를 FCA로, DCP를 CPT로 약칭만 바뀌었을 뿐 그 내용에는 변동이 없다. FCA, CPT, CIP 조건을 서술한다.

1 운송인인도조건[Free Carrier(named place) : FCA]

이 조건은 수출상이 화물을 수입상이 지정한 장소(컨테이너 터미널)에서 운송인에게 인도하면 수출상의 의무가 완수된다는 점을 제외하고는 FOB 조건과 동일하다. 화물에 대한 책임은 본선의 적재가 아니라 운송인에게 인도한 지점(터미널 게이트)에서 수출상으로부터 수입상에게 이전된다.

여기서 운송인은 자기의 명의로 도로・철도・항공・해상・복합운송 등의 운송서비스를 제공하는 당사자이다. 수출상이 선하증권(bill of lading)・화물상환증(waybill)・화물수령증(carrier's receipt)을 제공하기로 한 경우에는, 운송인이 발행한 운송서류를 수입상에게 제공하면 의무를 이행하게 된다.

(1) 수출상(Seller, Exporter, Shipper)의 의무

① 수출상은 매매계약과 일치하는 물품을 공급하고, 계약상 요구가 있으면 그와 일치한다는 증거도 제공해야 한다.

② 수출상은 합의된 일자 또는 기간에 지정장소에서 합의된 방법 또는 관습적 방법으로 수입상이 지정한 운송인에게 물품을 인도해야 한다. 장소가 지정되어 있지 않거나, 이용할 수 있는 장소가 여럿일 때는 수출상은 자기에게 가장 편리한 장소를 선택할 수 있다.

③ 수출상은 자기의 위험과 비용으로 수출통관을 해야 한다.

④ 수출상은 수출물품에 부과되는 일체의 공과금을 납부해야 한다.

⑤ 수출상은 물품이 최초의 운송인에게 인도될 때까지, 그 물품과 관련된 모든 비용을 부담한다.

⑥ 수출상은 물품이 최초의 운송인에게 인도될 때까지, 그 물품에 대한 모든 위험을 부담한다.

⑦ 수출상은 자기비용으로 관습적인 포장을 해야 한다. 단 물품을 포장하지 않고 발송하는 것이 거래관습이면 포장하지 않아도 무방하다.

⑧ 수출상은 물품을 인도하기 위해 필요한 일체의 감정업무(품질・용적・중량・개수의 검사)의 비용을 부담한다.

⑨ 수출상은 물품인도에 관해 수입상에게 지체없이 통지해야 한다.

⑩ 수출상은 아래 수입상의 의무 ④항에 대해 수입상에게 신속히 통지해야 한다.

⑪ 수출상은 관행이면 수입상에게 물품을 인도하였음을 증명하는 서류・기타 증거를 자기의 비용으로 제공해야 한다.

⑫ 수출상은 수입상의 요청이 있으면 수입상의 비용으로, 수입상이 물품의 수입(또는 제3국 통과를 위해)에 필요한 선적지・원산지 국가에서 발행하는 서류를 취득하도록 최대의 협조를 해야 한다.

(2) 수입상(Buyer, Importer, Consignee)의 의무

① 수입상은 자기의 비용으로 운송계약을 체결하고, 수출상에게 운송인의 명세와 물품의 인도시기를 통지해야 한다.

② 수입상은 물품이 최초의 운송인에게 인도된 때(선적지의 CY or CFS)로부터 그 물품에 대한 모든 비용을 부담한다.

③ 수입상은 물품이 최초의 운송인에게 인도된 때(선적지의 CY or CFS)로부터 그 물품에 대한 모든 위험을 부담한다.

④ 수입상은 운송인을 지정하지 못하거나, 지정한 운송인이 약정된 일시에 물품을 수령하

지 못해 발생한 추가비용을 부담하고, 약정된 인도일로부터 그 물품에 대한 모든 위험을 부담한다.

⑤ 수입상은 영사서류·원산지증명서를 포함하여 위 수출상의 의무 ⑫에 명기된 서류의 취득에 소요되는 모든 비용을 부담한다.

2 운임지급운송인인도조건[CPT : Carriage Paid To]

이 조건은 CFR, 즉 이제는 옛 용어가 되어 버린 C&F 조건과 동일하다. 수출상이 지정된 목적지까지의 운임을 지급한다. 그러나 물품의 멸실·손상위험·일체의 책임은 물품이 최초의 운송인(CY or CFS)에게 인도된 시점(게이트 통과)에서 수출상으로부터 수입상에게 이전된다. 수출상은 운송인이 발행한 운송서류를 수입상에게 제공하면 의무를 이행한 것이 된다.

(1) 수출상의 의무

① 수출상은 매매계약과 일치하는 물품을 공급하고, 계약에 약정되어 있으면 그와 일치된다는 증거도 제공해야 한다.

② 수출상은 자기의 비용으로 도착지의 약정장소까지 통상의 경로·방법으로 운송계약을 체결한다. 그 장소가 약정되지 않았으면 수출상은 자기에게 가장 편리한 장소를 선택할 수 있다.

③ 수출상은 물품을 최초의 운송인에게 인도할 때까지 그 물품에 대한 위험(危險)을 부담한다.

④ 수출상은 물품을 최초의 운송인에게 인도했다는 사실을 수입상에게 지체없이 통지해야 한다.

⑤ 수출상은 자기의 비용으로 포장을 해야 한다. 단 물품을 포장하지 않고 발송하는 것이 거래관습이면 포장하지 않아도 무방하다.

⑥ 수출상은 물품을 적재하거나 최초의 운송인에게 인도하기 위해 필요한 일체의 감정업무(품질·용적·중량·개수의 검사)의 비용(費用)을 부담한다.

⑦ 수출상은 수입상에게 운송서류를 제공해야 한다.

⑧ 수출상은 자기의 위험과 비용으로 수출통관을 마치고, 선적국에서 물품에 부과한 일체의 공과금·물품의 적재비용을 납부해야 한다.

⑨ 수출상은 상업송장 및 수입상이 요청하면 수출상의 비용으로 원산지증명서를 수입상에게 제공한다.

⑩ 수출상은 수입상의 요청이 있으면 수입상의 비용으로 전항(前項)의 서류 외의 것으로 수입상이 물품의 수입(또는 제3국 통과를 위해)에 필요한 선적지 또는 원산지 국가에서 발행하는 서류를 취득하도록 최대의 협조를 해야 한다.

(2) 수입상의 의무

① 수입상은 도착지의 약정된 장소에서 물품을 인수하며, 운임을 제외하고, 운송중에 발생한 모든 비용·부과금·양륙비용을 부담한다.

② 수입상은 물품이 최초의 운송인에게 인도된 때로부터 그 물품에 대한 모든 위험을 부담한다.

③ 수입상에게 물품을 발송시킬 기간 및 목적지를 선정할 권리가 있으면, 이에 대한 지시를 제때에 하지 못해 발생한 추가비용 및 위험을 부담한다.

④ 수입상은 영사서류·원산지증명서를 포함하여 수출상의 의무 ⑩에 명기된 서류의 취득에 소요되는 모든 비용·부과금을 부담한다.

⑤ 수입상은 수입할 때 지급해야 할 관세 및 기타 일체의 조세와 공과금을 부담한다.

3 운임·보험료지급운송인인도조건[CIP : Carriage and Insurance Paid to]

이 조건은 앞의 'Carriage Paid To' 조건과 동일하나 수출상이 운송보험을 부보하는 점이 다르다. 즉, 수출상이 보험자와 보험계약을 체결하고 보험료를 지급한다.

(1) 수출상의 의무

①~⑩항은, 앞의 'CPT' 조건과 동일하다.

⑪ 수출상은 매매계약에서 약정한 대로, 수입상 또는 물품에 대한 피보험이익을 갖는 사람이 보험자에게 직접 구상할 수 있다는 조건으로 자기의 비용으로 운송보험에 부보하고, 수입상에게 보험증권·기타 부보의 증거를 제공해야 한다. 보험은 신용장에 약정된 통화로 송장금액의 110%로 부보하며, 명시적인 합의가 없을 때는 ICC(A)[1] 조건으로 부보한다.

1) 2010년 인코텀스에서는 ICC(C)였는데 2020년 인코텀스에서 ICC(A)로 바뀌었다.

(2) 수입상의 의무

본 조건에서 수입상의 의무는 앞의 'CPT' 조건과 같다.

4 운송인과의 관계

FOB · CFR · CIF 등의 무역조건은 매매당사자들의 위험부담 분계선을 물품이 본선에 적재되는 시점에 두고 있다. 즉, 물품이 본선에 적재되었을 때 위험이 수입상에게 이전된다. 그러나 1980년 인코텀스에서 선을 보인 FCA · CPT · CIP 조건은 컨테이너운송 · 복합운송에 맞춰 마련한 것으로, 수출상과 수입상의 위험부담의 분계(分界), 비용부담의 한계(限界) 등이 재래선 운송의 경우와 달라졌다. 3가지 조건에 대하여 운송인과 관련된 내용을 서술한다.

(1) 운송인인도조건(FCA)

수출상과 수입상의 위험부담은 수입상이 지정한 장소에서 수출상이 물품을 운송인에게 인도한 때(the time when the goods have been delivered into the charge of the carrier named by the buyer at the named point)에 수출상으로부터 수입상에게 이전된다.

여기의 지정된 장소란 수입상이 지정한 운송인이 화물수령을 위해 마련한 장치장을 뜻한다. 즉, 운송인의 운송책임이 개시되는 장소이며 운임의 기산점이 되는 장소로 컨테이너 터미널(CY · CFS · ICD)을 말한다. 이 조건에서 수입상은 자기의 비용으로 운송계약을 체결해야 한다. 따라서 수입상은 운송인의 책임이 개시되고, 운임이 기산(起算)되는 장소에서 물품의 수도(受渡)가 이루어지도록 매매계약을 맺는다.

운송인에게 인도한다는 것은 운송인의 장치장에 반입하면 화물이 운송인의 지배하에 놓이게 된다. 따라서 수출상은 장치장에 반입한 뒤 물품공급 증거서류(D/R; Dock Receipt)를 운송인으로부터 받아야 한다. 이 서류는 운송인이 화물을 목적지까지 운송하기 위하여 수령했음을 증명하는 수령증이며, 수출상이 수입상에게 계약대로 물품을 공급하였다는 증거서류가 된다.

컨테이너 화물에 대한 운송인의 운송책임은 화물을 수령한 시점, 즉 터미널 게이트에서 시작된다. 그리고 운송인은 화물수령의 증거로 부두수령증(dock receipt)을 교부한다. 따라서 FCA 조건에서 수입상이 운송인의 컨테이너 터미널을 물품의 인도장소로 지정한 경우, 수출상의 책임은 터미널 게이트에서 운송인에게 이전된다.

관세사 시험문제

2000년 관세사 자격시험에, "FOB 조건하의 수입시 CFS/CY 운송을 비교 설명하고 화물의 흐름에 대해 설명하시오(10점)"라는 문제가 있었다고 한다. 이에 한 수험생이 저자에게 다음의 질문을 해 왔다.

(1) 많은 응시자들이 "CFS/CY는 CFS to CY라는 운송형태인데, 비교대상도 주지 않고 무엇과 무엇을 비교하라는 것인가?"

(2) FCA를 FOB로 잘못 사용한 것은 아닌가?

CFS/CY를 CFS → CY(LCL → FCL), 즉, Buyer's Consolidation으로 이해한 수험생은 무엇을 비교하라는 것인지 당황했을 것이다. 그러나 출제자는 "FOB 조건의 수입에서 CFS → CFS(LCL → LCL)와 CY → CY(FCL → FCL)의 비교"를 요구했던 것으로 보인다. 다분히 오해할 수 있는 잘못된 출제이다. 저자에게 질문을 한 수험생이 소송을 제기하여 소란이 있었다고 들었다.

그리고 이 경우 FOB가 아닌 FCA가 되어야 한다. 그러나 FCA · CPT · CIP라는 용어가 등장한 지가 20여년이 경과했는데도, 실무에서는 FCA · CPT · CIP 대신 FOB · C&F(CFR) · CIF라는 용어를 사용하고 있다. 관습은 쉽게 바뀌지 않는다. 무역지식이 현장에서 도제식(on the job training)으로 전수되고 있어, FOB · C&F(CFR) · CIF가 그대로 이어지고 있는 것이다.

FCA · CPT · CIP를 아예 모를 무역종사자들도 많을 것이다. 아마 CFR를 아는 사람도 드물 것이다. 따라서 컨테이너 운송인데도 FOB · C&F · CIF를 사용하고 있고, 실제로 불편도 없고 법적으로도 이 문제로 분쟁은 없다. 국제적으로도 FCA · CPT · CIP 대신 FOB · C&F · CIF를 사용하고 있다. 현재로서는 FCA · CPT · CIP가 교과서에만 존재하는 개념이라 해도 과언이 아니다.

그래서 2010 인코텀스에서는 EXW · FCA · CPT · CIP · DAT[2)] · DAP · DDP의 7가지 조건은 운송방식에 관계없이 사용할 수 있는 조건이고(rules for any mode or modes of transport), FAS · FOB · CFR · CIF 조건은 해상 · 내수로 운송에만 사용할 수 있는 조건(rules for sea and inland waterway transport)으로 명시하여 구분하고 있다. 따라서 앞으로 자격시험 등에서는 FCA · FOB 등을 구분하여 출제하지 않으면 법적 분쟁에 휩쓸릴 가능성이 있다.

적하보험조건도 1963년의 A/R · W/A · FPA가 1982년부터 ICC(A) · (B) · (C)로 바뀌었는데도, 현업에서는 1963년의 A/R · W/A · FPA와 1982년의 ICC(A) · (B) · (C)를 병행 사용해왔다. 또한 1982년 ICC(A) · (B) · (C)도 다시 개정되어 2009년 1월 1일부터 ICC(A) : CL382 · ICC(B) : CL383 · ICC(C) : CL384 등으로 발효되었다. 그러나 적하보험은 앞으로도 여전히 1963년 · 1982년 · 2009년의 약관이 혼용될 것이다.

2) DAT는 '인코텀스 2020'에서 DPU(Delivered at Place Unloaded)로 바뀌었다.

(2) 운임지급 또는 운임·보험료지급 운송인인도조건(CPT, CIP)

수출상은 목적지까지 자기의 비용으로 운송계약을 체결하고 최초의 운송인에게 물품을 인도할 때까지 그 물품에 대한 위험을 부담한다. 따라서 위험부담은 물품을 최초의 운송인에게 점유·이전시켰을 때 수출상으로부터 수입상에게 이전된다. 즉, 수입상은 목적지에서 계약물품을 수령하게 되지만, 위험부담은 발송지에서 이전되므로 CFR·CIF 조건의 경우와 같다. 그리고 관례상 운송서류를 수출상이 수입상에게 제공하면 운송서류는 단순한 운송인의 화물수령증이 아니라 화물상환증·선하증권과 같은 유가증권적 성질을 갖는다. 그리고 수출상이 수출통관된 물품을 최초의 운송인에게 인도해야 한다는 것은 FCA의 경우와 마찬가지다.

제2절 복합운송과 보험

복합운송 화물은 거의 대부분 컨테이너에 적입하여 수송한다. 따라서 화주가 부보하는 통상의 화물보험에서는 컨테이너 운송 특유의 위험 및 사고가 우선 문제가 된다. 다음으로 항구와 항구(port to port) 사이를 운항하는 재래선과 달리 복합운송은 보험기간·보험구간이 문제가 되고, 복합운송인의 책임과 화주의 위험이 문제가 된다. 이는 보험계약에서 복합운송인이 부보하는 화물손해배상책임보험(cargo liability insurance)[3]과 화주가 부보하는 적하보험(cargo insurance)으로 요약할 수 있다.

1 컨테이너화물 손해의 종류

컨테이너화로 화물의 손해가 경감되었지만, 컨테이너라고 해서 각종 손해의 발생을 면할 수 있는 것은 아니다. 더구나 복합운송은 여러 운송수단으로 장기간에 걸쳐 장거리 수송을 하므로 튼튼한 컨테이너에 적입하더라도 수송구간의 자연조건

3) 운송인의 귀책사유로 화물에 손상이 생기면 운송인은 화주에게 손해배상을 해야 한다. 운송인이 그 배상책임을 보험회사에 전가하기 위해 부보하는 보험이다.

・터미널의 하역설비・하역기술・기타의 조건에 따라 손해의 종류가 다양하고, 그 발생빈도・손해액 등에도 영향을 미치게 된다.

① 발생빈도는 높으나 건당 손해액이 적은 사고는 파손・곡손(曲損)・도난(theft)・발하(拔荷, pilferage)[4]・불착(不着) 등이다.

② 발생빈도는 낮으나 건당 손해액이 많은 사고는 화재・갑판유실 등이다.

③ 컨테이너의 유지상태에 따라 손해의 발생빈도・평균손해액을 낮출 수 있는 손해는 우담수유손(雨淡水濡損) 등이다. 우담수유손이란 화물이 빗물・강물 등에 젖어 발생하는 손해이다(濡, 적실유).

④ 컨테이너 화물에 자주 발생하는 손해는 결로(結露)・한유손(汗濡損)・증한손(蒸汗損) 등이다.

위의 ②는 선박에 화재가 발생하면, 갑판상의 컨테이너가 소화에 방해가 되어 의외로 대규모의 손해가 되기 쉬운 점이다. 또한 갑판적 컨테이너의 결박방식・고정장치는 각종 기술개발이 진행되고 있으나, 손해방지를 위해서는 이러한 결박・고정을 완전히 했는지 안했는지가 중요한 문제이다.

2 인코텀스와 보험기간

복합운송은 컨테이너를 매대체(媒介體)로 문전에서 문전까지(door to door) 또는 창고에서 창고까지(warehouse to warehouse)라는 일관운송의 경제성・안전성을 추구하는 것이다. 화물보험에서도 보험기간・보험구간은 원칙적으로 최초의 수송개시시점(또는 지점)으로부터 수송종료시점(또는 지점)까지이며, 이는 협회적하약관[1982년 ICC 제8조의 운송약관]의 창고간 담보원칙으로 규정되어 있다. 즉, 화물을 보험증권에 기재된 출발지 창고에서 반출할 때부터 목적지 창고에 반입할 때까지를 담보한다.

컨테이너 운송은 본선에의 선적시점을 기준으로 한 FOB・CFR・CIF 등과 수출상과 수입상의 비용・위험 부담・수송방식에 차이가 생기기 때문에 국제상업회의소(ICC)[5]는 1980년 인코텀스에서 FCA・CPT・CIP 조건을 새로이 추가했던 것이다.

4) 도난(theft)은 화물을 포장채 훔치는 행위이고, 발하(pilferage)는 포장화물의 일부를 꺼내는 행위를 말한다. 위스키 박스에서 몇병을 꺼내는 행위가 발하이다.

5) 여기에서 우리는 ICC라는 약자가 서로 다른 의미로 사용되고 있음을 유의해야 한다. 일반적으로 국제상업회의소(International Chamber of Commerce)를 의미하지만, 보험에서는 협회적하약관(Institute Cargo Clause)을 의미한다.

이러한 조건은 FOB・CFR・CIF 조건 등과 대응관계이며, 수출상에서 수입상에게 위험의 이전시점은 복합운송의 최초운송인(first carrier)이 화물을 인수한(taken in charge) 때이다. 따라서 보험자의 담보책임이 개시되는 시점도 최초의 운송인에게 화물을 인도한 때이다.

이처럼 복합운송에 맞게 인코텀스와 보험약관의 보험기간 개시약관이 정비되어 있다. 즉, 보험회사의 담보가 FOB 등과 같이 본선적재 이후가 아니고 그 이전에 개시되기 때문에, 수입상은 출발지의 위험실태를 충분히 파악하여 보험계약 체결시 고지의무사항을 보험사에 정확히 고지해야 한다. 보험사도 출발지의 일반적 사정에 대해 충분히 정보를 수집해야 하지만, 개개의 매매계약에 대한 개별사정은 직접 당사자인 피보험자가 보험사에 제공해야 한다.

3 1982년 신협회적하약관의 컨테이너 조항

고색창연하던 해상보험증권이 간결한 보험증권으로 바뀌어 1982년 신협회적하약관(ICC : Institute Cargo Clause), 즉 ICC(A)・(B)・(C)가 제정되고, 전쟁약관과 동맹파업약관 등도 새로 제정되었다. ICC(A)는 1963년에 대폭 개정된 구협회적하약관 전손담보(A/R : all risk)와 거의 일치하고 ICC(B)・ICC(C)는 각각 분손담보(WA : With Average)・분손부담보(FPA : Free from Particular Average) 조건에 대비된다.[6)]

또한 분손담보와 분손부담보란 개념의 소멸로 약관의 명칭도 단순한 부호(A・B・C)로 바뀌었다. 더불어 오래전부터 문제가 되었던 컨테이너 운송에 새로운 약관이 추가되었다. 그 골자는 다음과 같다.

첫째, 화물의 포장불비・부적합으로 발생한 손해의 면책을 규정하고, 화주인 피보험자・그 사용인(employee)이 컨테이너에 적입하였을 때(shipper's pack), 그 적입에 결함이 있으면 보험회사는 면책이다.

즉, 송하인 적입이면, 그 적입의 불완전은 당해 컨테이너 화물 고유의 결함으로 간주하여 그에 기인하는 손해에 보험회사도 면책이 된다. 이는 한 분쟁사건에서 개품포장의 불완전은 당해 화물 고유의 결함이라는 판례로부터 유래한 것으로 컨테이너 화물에도 확대・규정된 것이다.

둘째, 운송수단, 즉 선박・기차・트럭・트레일러・컨테이너 등이 화물의 안전수

6) FPA는 1912년・WA는 1921년・AR는 1951년에 제정되었고, ICC는 1958년과 1963년에 개정되었다.

송에 부적합(unfitness)하면, 이에 기인한 손해에 대해서도 보험자는 면책이다. 다만 이 면책은 화물적재시 화주(피보험자)가 그 부적합성에 관여한 경우에만 적용된다. 관여의 여부는 경우에 따라 다르지만, 원칙적으로 확인과 점검을 게을리하여 부적합한 컨테이너를 사용한 경우이다.

컨테이너 B/L에도 화주는 선사로부터 수령한 컨테이너의 불량을 즉시 서면으로 고지해야 하며, 고지를 하지 않으면 완전한 컨테이너를 수령한 것으로 추정한다는 컨테이너 면책조항이 있는데, 위와 같은 협회적하약관의 면책규정은 컨테이너 B/L의 면책규정에 대응하는 규정이다.

셋째, ICC(A)는 All Risk 담보와 같이 전위험담보라는 점에서 특별히 언급할 사항은 없으나, ICC(B)・ICC(C)는 주요 담보위험 가운데 육상운송중의 주요위험(육상수송용구의 전복・탈선)이 명시되었고, 특히 ICC(B)에서는 주요 육상위험(지진・분화・낙뢰)이 명시담보되었다. 이는 해륙복합운송에 필요하고도 적절한 규정이라 할 수 있다.

한편 1982년 ICC(A)・(B)・(C) 이후 물동량과 911 이후의 테러위험 등 적하보험시장의 환경변화로 영국의 합동적하보험위원회(JCC : Joint Cargo Committee)[7]가 2006년 2월부터 3년의 작업을 거쳐 ICC(A) : CL382・ICE(B) : CL383・ICC(C) : CL384와 IWC : CL385・ISC : CL386 등[8]을 마련하여 2009.1.1.부터 발효되었다.

제3절 복합운송과 통과운송

1 통과운송에 관한 국제조약

복합운송에 중요한 사항의 하나가 통관제도이다. 만약 어떤 나라가 부두에서의 통관만을 고집한다면 복합운송은 그 나라의 부두에서 멈출 수밖에 없다. 즉, 통관

7) JCC는 런던국제보험인수협회(IUA : International Underwriting Association of London)와 로이드시장협회(LMA : Lloyd's Market Association)의 합동적하보험위원회이다.

8) ① Institute Cargo Clauses(A) : CL382, ② Institute Cargo Clauses(B) : CL383, ③ Institute Cargo Clauses(C) : CL384, ④ Institute War Clauses(Cargo) : CL385, ⑤ Institute Strike Clauses(Cargo) : CL386

지점이 항구나 공항에만 있다면 복합운송은 불가능하기 때문에, 복합운송의 성패는 통관제도에 달려 있다 해도 과언이 아니다.

더욱이 타국을 통과하는 랜드브리지 등의 복합운송이 경유국마다 통관절차를 밟고, 그에 따른 관세를 지불해야 한다면 복합운송은 불가능하다. 이러한 문제를 해결하기 위해 일찍이 국제보세운송 및 통운송제도가 확립되어 있다.

즉, 2차대전 후 각국은 무역촉진을 위해 관세인하·수입제한 완화 등을 골자로 '관세와 무역에 관한 일반협정'(GATT)을 탄생시켰다. GATT는 관세인하를 주목적으로 하는 기구이지만, 만약 운송로가 방해된다면 관세인하에도 불구하고 무역이 원활할 수 없기 때문에 트럭 등 운송수단의 자유로운 통과에 대하여 다음과 같이 규정하였다.

① 운송이 어떤 나라의 국경 밖에서 시작하여 국경 밖에서 끝나면, 그 나라의 영역을 통과할 때 이를 통과운송(transit transport)이라 하고, 모든 체약국에게는 가장 편리한 경로로 모든 체약국의 영역을 통과하는 자유를 부여한다. 또한 체약국내에서 화물의 환적·하역·운송방법의 변경 등도 허용된다.

② 선박의 국적·화물의 원산지·출발지·도착지·기타 운송수단의 소유사실 등으로 통과운송을 차별하지 않는다.

③ 체약국은 통과운송을 부당하게 지연·제한해서는 안되며, 통과에 수반되는 행정비용·제공된 서비스에 상당하는 과징금을 제외하고는 관세·통과세 등을 부과해서는 안된다. 부과하는 과징금과 절차 등은 운송조건에 합당해야 한다는 것 등이다.

한편 관세협력이사회(CCC : Customs Cooperation Council)는 물품의 교역을 촉진하기 위해 여러 나라의 관세영역을 통과하는 보세운송에 관한 국제조약을 다음과 같이 채택하였다.

① 보세운송 단위로는 용적이 1CBM 이상인 컨테이너·트레일러 등의 도로운반기구·철도화차·선박 등이다.

② 각 체약국은 보세운송에 대해 담보를 요구할 수 있으며, 그 금액은 가능한 한 낮게 책정해야 한다.

③ 각 체약국은 보세화물에 대해 검사할 수 있다. 그러나 그 물품이 운송단위로 운반되고 운반기구가 국제적인 공인을 얻어 제작된 경우에는, 관세봉인을 첨부하고 검사를 생략하는 것 등이다.

이상 개술한 통과운송·보세운송에 관한 국제조약은 화물의 통관지점을 화물의 출발지와 도착지로 하여 상품의 국제적 유통을 촉진하기 위한 것인데, 복합운송의 발전에도 크게 기여하고 있다. 그러나 복합운송은 컨테이너화로 발전된 것이고, 앞으로도 컨테이너 운송과 결부되어 발전될 것이므로 이상의 문제를 컨테이너 통관조약과 관련하여 살펴본다.

2 컨테이너의 통관조약

(1) 컨테이너 통관조약(CCC)

CCC는 Customs Convention on Containers 1956의 약칭이다. 1956년 유엔 산하의 유럽경제위원회(ECE)가 체결한 조약으로, 후술할 국제도로운송통관조약(TIR)이 컨테이너에 적입된 화물의 국제간 이동절차의 간소화를 도모한 것인데 비해, 본 조약은 컨테이너 자체의 국제통관절차의 간소화를 꾀한 것이다. 즉, 일시적으로 수입되는 컨테이너에 대해 재수출을 조건으로 면세반입의 인정, 체약국의 세관이 붙인 봉인의 존중 등을 내용으로 하는 조약이다. 이 조약은 국제운송에 컨테이너의 사용을 촉진하고 용이하게 하는 것을 목적으로 하고 있다.

조약의 골자는 다음과 같다.

① 체약국은 수입화물 운송을 위해 일시 수입된 컨테이너에 3개월 이내에 재수출할 것을 조건으로 수입세를 면제하는 일시 면세수입을 인정한다.

② 일정한 기술적 요건으로 제조되고 제조국 당국의 승인을 받은 컨테이너는 보세운송을 위한 용기로서 각 체약국에서 받아들인다.

③ 일시 수입된 컨테이너의 국내사용을 일정조건하에 인정한다.

(2) 국제도로운송 통관조약(TIR Convention)

Customs Convention on the International Transport of Goods under Cover of TIR Carnets의 약칭으로 국제도로운송수첩(TIR)의 담보로 이뤄지는 화물운송에 관한 통관조약이다. 1959년 유럽경제위원회(ECE)가 체결한 컨테이너 적입화물을 대상으로 하는 통관조약이다. 본 조약의 목적은 트럭 등 도로주행차량의 국제운송을 용이하게 하려는 것이다.

① 체약국은 도로주행차량이 운송하는 봉인된 컨테이너 화물에 대해 경유국에서 수입세나 수출세의 납부·공탁을 면제한다.

② 원칙적으로 경유지 세관에서의 세관검사를 면제한다.

이 편익을 향유하기 위한 조건으로 다음의 사항을 충족해야 한다.
(a) 도로주행차량·컨테이너는 소정의 기술요건을 갖출 것.
(b) 도로주행차량·컨테이너는 출발지 세관의 봉인을 받을 것.
(c) 운송은 국제도로운송수첩(TIR Carnets)[9]에 의한 보증이 있을 것.

(3) 신컨테이너 통관조약

컨테이너 운송의 초기단계에 제정된 컨테이너통관조약(1956년)과 국제도로운송통관조약(1959년)은 이후의 컨테이너 운송의 진전에 맞춰 불비점(不備點)을 보완해 왔다. 유럽경제위원회(ECE)는 이들 조약의 개정작업을 주도해 왔는데, 1972년 유엔과 정부간해사자문기구(IMCO)의 합동회의에서 全세계적으로 통용될 수 있는 조약으로 개정한 것이 Customs Convention on Containers 1972(신컨테이너조약)으로 1975년에 발효되었다. 그 골자는

① 국내운송 및 관리자의 정의 신설.
② 개인소송에 의한 컨테이너 차압기간도 재수출의무 이행유예의 사유로 한다.
③ 수입된 空컨테이너도 1회에 한하여 국내운송에 사용할 수 있다.
④ 수리를 위해 수입되는 컨테이너 부품·비품은 특정 컨테이너에 한정하지 않고 모든 일시 면세수입 컨테이너에 사용할 수 있다.

(4) 신국제도로운송 통관조약

역시 유럽경제위원회(ECE)의 주도로 구(舊)국제도로운송통관조약의 불비점을 보완하여 1975년 UN과 IMCO의 합동회의에서 全세계적으로 통용될 수 있는 조약으로 개정하여 1978년부터 발효되었는데, 한국도 1981년에 가입하였다. 구조약과 신조약의 주요 상이점은 다음과 같다.

① 운송과정의 일부가 도로운송으로 이루어지면 타운송수단의 다소에 불구하고 국제도로운송통관조약의 적용을 받을 수 있게 하였다.

9) TIR은 Transport International Routier의 약자이며, 컨테이너 용기의 대차(貸借)를 위해 기기수도증(equipment receipt E/R)을 발행하고 상호 서명하는 것과 같이 컨테이너를 적재한 트레일러의 수도증을 발행할 때 이용되며, TIR Carnet을 지닌 트레일러는 국경을 자유로이 이동할 수 있어 일종의 Visa 역할을 한다.

② TIR Carnets 1건당 최고보증한도액을 $5만 상당으로 했다.
③ 국제도로운송수첩의 유효기한을 설정할 수 있게 하였다.

(5) 국제운송통관조약(ITI)

Customs Convention on the International Transit of Goods의 약자이다. 관세협력이사회가 1971년 앞서의 신(新)국제도로운송통관조약과 병행하여 새로 채택한 것이다. 이 조약은 국제도로운송통관조약과 거의 같은 대상을 취급하고 있는 데다 국제도로운송통관조약보다 늦게 체결되었기 때문에 동 조약에 관한 諸결의나 개정 등을 참고하여 보다 광범위하고 세밀한 조약이 되었다. 예컨대 국제도로운송통관조약이 도로주행차량 또는 적재된 컨테이너의 도로운송을 대상으로 하고 있는데 비해, 본 조약은 각종 운송기기에 의한 육해공 모든 운송수단을 대상으로 하고 있다.

(6) 컨테이너 안전을 위한 국제조약

1972년 UN과 IMCO의 합동으로 채택한 International Convention for a Safe Containers 1972로 컨테이너 자체의 안전을 위한 조약으로 한국도 1978년에 가입하였다. CSC가 정의한 컨테이너는 다음과 같다.

(a) 영구적이며 반복사용이 가능하도록 견고하고,
(b) 중도에 다시 개폐하지 않고 하나 또는 둘 이상의 운송수단으로 신속히 환적되며,
(c) 안전・간편하게 취급할 수 있도록 특히 코너에 고정장치가 있고,
(d) 4면은 벽으로 막히고 각 면은 $14m^2$(20푸터) 이상이어야 한다.

9・11테러 이후의 컨테이너보안조치(CSI)

2001년 9・11 테러 이전의 국제조약이나 다자규범은 원활한 무역을 위한 세관절차의 간소화・표준회에 초점이 맞춰저 있었으나, 9・11 테러 이후 불법화물이 국가간 이동방지와 RFID 등 첨단 IT기술을 활용한 물류보안을 강화하고 있다. 9・11 테러 이후 미국은 컨테이너보안조치(CSI ; Container Security Initiative)로 2003.2.2.부터 미국행 화물의 14개 화물정보를 선적전(船積前) 24시간 전에 미국세관에 제출하게 하고 있다.[1)]

EU에서는 법규준수도(法規遵守度) 등 안전성이 우수한 업체를 세관이 인증하고, 우수업체에 대해서는 자국세관(自國稅關)은 물론 외국세관(外國稅關)에서도 신속통관・검사생략 등 통관절차상의 혜택을 부여하는 AEO(Authorized Economic Operation) 제도를 2008년 1월부터 시행하고 있다. 싱가포르는 AEO와 유사한 STP(Secure Trade Partner)제도를 시행중이며, 일

본은 AEO(2007)를 시행하는 등 화물보안을 강화하고 있는 추세이다.

우리나라 관세청도 2007년 6월 종합인증우수업체(AEO) 관련법령을 정비하고, AEO 시범사업을 거쳐 수출입안전관리우수업체(AEO)의 공인기준・심사절차・기타 제도운영에 필요한 사항을 정하여 수출입통관의 원활화를 위한 '종합인증우수업체 공인 및 관리업무에 관한 고시'를 2009년 4월에 제정하여 시행에 들어갔다.

AEO 적용대상업체는 수출입업체・관세사・국제물류주선업체(포워더)・보세운송업자・보세구역운영인(화물관리인 포함)・선박회사・항공사・하역업자 등 총 9개 업종이다. 종합인증우수업체(AEO)는 통관절차상의 특례를 비롯한 수출입물품의 검사대상 선별제외(무작위 선별은 제외대상 아님), 관세법상 관세 등에 대한 담보제공과 정산을 위한 건별・월별 사후납부를 위한 신용담보 등의 혜택을 누릴 수 있다.

---

1) Bulk Cargo and Break Bulk Cargo 운송인들은 미국 입항 24시간 전에 세관에 화물신고서(cargo declaration)를 제출해야 한다.

Chapter

18 복합운송의 주요경로

제1절 해륙복합운송

1 해륙복합운송의 개요

현재 선박・철도・트럭 등으로 조합되는 해륙복합운송은 해상루트가 중심을 이루면서, 트럭으로 내륙운송이 완결되는 방식과 대륙횡단철도에 의한 랜드브리지(land bridge) 방식으로 대별된다. 랜드브리지는 대륙횡단철도로 바다와 바다를 잇는 海-陸-海 복합운송경로를 말한다. 랜드브리지는 원래 특정구간에 대한 해상루트의 대체경로로 등장했으나, 철도측의 적극적인 노력으로 기간경로(基幹經路)로 자리잡고 있다.

전형적인 랜드브리지로는 수에즈・파나마 운하를 경유하는 극동-유럽간 항로를 대신하여, ① 극동-(선박)-보스토치니-(철도)-중・동・북유럽, 서아시아・중앙아시아를 잇는 SLB(Siberian Land Bridge), ② 극동-(선박)-북미서안-(철도)-북미동안-(선박)-서유럽을 잇는 ALB(American Land Bridge)가 있다.

또한 넓은 의미로는 해상운송의 일부를 육상운송으로 대체하는 것도 포함되는데, 미국의 중부・동부・걸프지역의 화물을 서안(西岸)에서 양륙하여 철도로 운송하는 경우(Mini & Micro Land Bridge)도 포함된다.

랜드브리지의 강점은 운송비용의 절감과 운송시간의 단축이다. 랜드브리지의 이론적 근거로 제시되는 맥킨지 보고서(영국 정부가 1967년 세계적인 운송컨설턴트 맥킨지에 위탁하여 조사한 보고서)는, 극동에서 유럽항로나 뉴욕항로에 취항하는 컨테이너선이 1,000~2,000개적 이하이면, 랜드브리지(SLB or MLB)를 이용하는 것이 보다 저렴한 운송이 된다는 것이다.

2 시베리안 랜드브리지에 의한 복합운송

시베리아 철도[1])를 이용한 운송은 이미 1926년에 개발되어 TSR, 즉 Trans Siberian Railroad라는 이름으로 알려져 있었으나,[2]) 1931년 만주사변으로 중단되었다가, 1967년에 재개되어[3]) 오늘에 이르고 있다. 즉, 전소련대외운수공단(SVT : Soyuzvneshtrans)[4])이 시베리아 철도로 운송을 재개한 것은 1967년이었는데, 이때는 마침 해상에서 컨테이너화가 본격화되는 시기였다.

SVT는 1967년의 시험운송 이래 운송체제를 정비하여 나호트카(Nakhodka)에서 서부국경까지 컨테이너 전용열차와 극동·발틱해·흑해에 컨테이너 전용선을 투입하고, 유럽제국(諸國)과 철도·도로 운송체제를 구축하는 한편, 유럽과 극동 양측에 포워더를 집하대리점으로 지정하여, 1971년 3월부터 본격적인 운송을 개시하였다.

한국이 TSR을 이용하기 시작한 것은 1973년 6·23 평화통일외교선언 이후부터이다. 6·23선언이란 냉전체제의 폐쇄성을 탈피하고 다원외교·개방외교를 표방하며, 남북한 동시 유엔가입 등을 제안하고 있다. 6·23선언 이후 1987년까지 한국의 TSR 화물은 일본 포워더(23개사)의 한국내 집하대리점(booking agent)을 통해 운송되었다.

그런데 1983년 이후 TSR 물량이 격감하고, 운임덤핑이 난무하는 등 동아시아 시장이 혼란에 빠지자, SOTRA는 1987년 4월, 독일의 포세이돈에게 일본을 제외한 한국·대만·홍콩·필리핀·호주 등 5개국에 대한 독점권을 부여하고, 포세이돈은 한국에 1개의 집하대리점(우진쉬핑)만을 지정하여, 시장질서를 회복하는 등 우여곡절을 겪었다. 페레스트로이카 이후 SOTRA의 독점체제가 무너지고, SVT도 TSR 수송을 재개하고 Eurasia Trans 등이 설립되어 한국내의 집하활동도 경쟁체제로 전환되었다.

---

1) 모스크바-보스토치니(블라디보스톡에서 30km 떨어짐) 8,640km로 1904년 니콜라스 2세 때 개통하였다.

2) 일본의 국철·한국철도·남만주철도·소련철도·독일철도 등 각국의 철도가 연결되어 일본-한국-만주-소련을 경유하여 독일 등 유럽 중앙과 연결하는 운송로가 활용되어, 1927년에는 연간 8,500여톤의 화물을 수송했다.

3) 1966년 일본의 Container Transport International Japan의 미야모도 부사장과 스위스의 Mat Transport의 모져 부사장의 아이디어가 일치하여 SVT를 설득 재개했다.

4) 구소련 무역부의 하부기관으로 외국무역에 대한 운송부문을 담당하며, 1980년 2월부터 SVT에서 분리되어, SOTRA(Sojuztransit : 소련철도운송관리공단)를 설립하고 시베리아횡단 컨테이너 서비스(TSCS : Trans-Siberian Container Service)를 관장했었다.

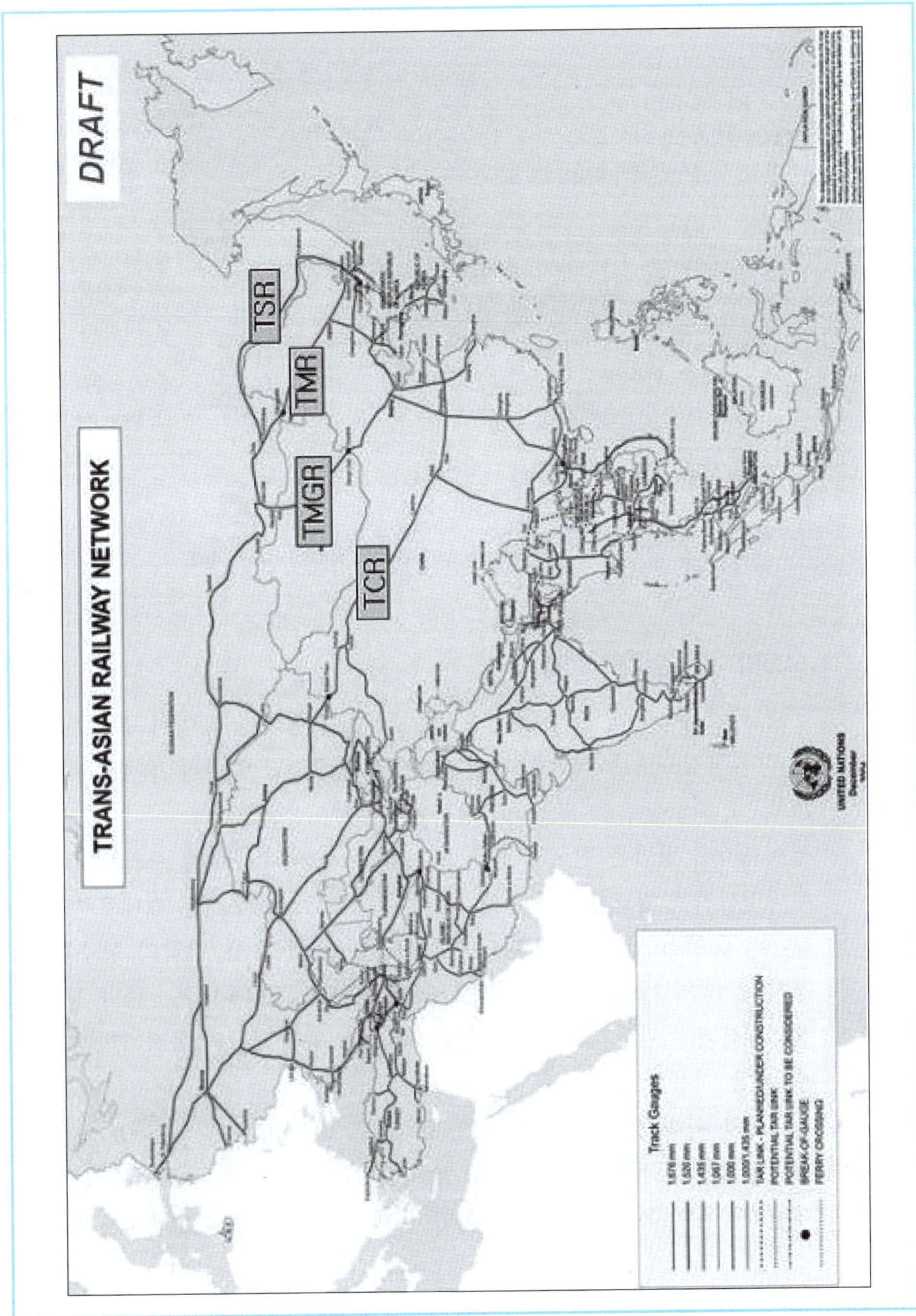

[시베리안 랜드브리지의 경로]

[표 18-1 대륙철도노선 현황]

구 분	구 간	거 리	복 선	전철화	궤 간	비 고
시베리아 횡단철도 (TSR)	블라디보스톡–하바로브스크–치타–울란우데–이르크츠크–옴스크–노보시브르스크–예카테린브르크–모스크바	9,880	9,880	9,880	러시아 광궤 (1,520mm)	수송능력 14만TEU 운영체계 : ETT
중국 횡단철도 (TCR)	연운항–정주–란조우–우르무치–아라산쿠(중)–드루즈바(카)–프레스코노르코프카(카)–자우탈리에(러)–TSR	8,613	7,127	5,001	중국표준궤 (1,435mm) 카자흐광궤 (1,520mm)	운영체계 : ETT
만주 횡단철도 (TMR)	도문–만주리(중)–지바이칼스크(러)–카리스카야(러)–TSR	7,721	7,367	6,067	중국 표준궤 (1,435mm)	
몽고 횡단철도 (TMGR	천진–베이징–에렌호트(중)–자민우드(몽)–울란바토르–수흐바토르(몽)–나우스키(러)–울란우데(러)–TSR	7,753	6,296	5,777	몽골광궤 (1,520mm)	몽고 전구간 단선 철도

출처 : 부산항만공사 자료

(1) SLB의 운송경로와 현황

SLB는 시베리아 철도를 경유하는 극동–유럽의 컨테이너 복합운송 서비스로서 러시아 국경으로부터 최종 목적지까지의 운송수단에 따라 ① Trans Sea, ② Trans Rail, ③ Tracons 등 3가지로 나누어진다.

이 3가지 방법은 한국과 보스토치니(Vostochny)는 선박, 보스토치니와 러시아 서부국경까지는 철도를 이용한다. 그러나 ①의 Trans Sea는 페테르부르그, 탈린(에스토니아) 등에서 영국・네덜란드・덴마크・노르웨이 등 각국의 항구까지 선박을 사용하고, ②의 Trans Rail, ③의 Tracons는 브레스트・쵸프・줄파 등의 국경역에서 유럽대륙과 이란・터키・아프가니스탄 등의 중동제국의 목적지까지 각국의 철도나 트럭[5]을 사용한다.

SLB의 최대 강점은 거리가 12,300km로 해상루트보다 7,800km가 짧다. 여기에 SLB의 운임은 동맹운임보다 15~30%, 전기제품・기계류는 40% 정도가 낮은 데다, 대량화물은 더욱 융통성 있는 운임이 제시되었었다.[6] TSR에서는 무차별운임(FAK)

5) 소련의 철도는 광궤(廣軌)로 1,520m인데 유럽의 철도는 표준궤도인 1,435m라서 국경역에서 환적이 불가피하지만, 트레일러는 문전에서 문전까지의 운송이 가능하고 항만・철도역에서 인도비용이 절약된다.

6) 선박의 경우 40푸터 컨테이너의 마일당 원가는 7.2센트・철도 60센트・트럭은 $1.6이다. 그런데 어떻게

및 기간/물량운임(TVR)으로, 60개까지는 FAK를 적용하고 60개가 넘으면 10%를 할인했었다.

그러나 1991년 구소련 붕괴후 SLB가 매년 운임을 인상한 반면에, 해상루트에서는 유력한 비동맹선사의 출현·서비스의 강화·동맹의 Box Rate 도입·특별운임(spe- cial rate) 채택·선사간의 경쟁격화로 동향(東向, eastbound) 운임이 계속 낮아져 SLB가 경쟁력을 상실하여 1976년의 12만teu를 고비로 80년대에는 7~8만teu, 1990년대에는 6~8만teu로 감소하였고, 한 때에는 통계조차 나오지 않을 정도로 세인(世人)의 관심 밖으로 밀려나고 말았다.[7)]

그동안 SLB는 해상루트에 비해 열세로 지적되었던 운영시스템·화물추적·적기수송 등의 문제점을 개선하기 위해, 개방체제(Perestroica) 이후 경쟁을 근간으로 하는 자본주의적 경영기법을 도입하고, 종래의 독점적·관료적 경영에서 탈피하여 대화주(對貨主) 서비스의 질을 높이기 위한 노력을 했었다.

즉, 전구간 복선화(複線化)가 1986년에 완결되었고, 1987년 냉동컨테이너 서비스 개시, 1989년에는 BAM(Baikal Amur Magistral=mainline) 철도[8)]의 개통으로 수송능력도 제고시켰다. 또한 SLB의 최대약점인 수송일수 안정을 위해 1990년 8월부터 Block Train[9)]으로 정시정요일(定時定曜日) 서비스도 개시했고, 이단적열차(DST : double stack train)도 계획했었다.[10)] 1990년에는 운영시스템의 개선을 위해 미국의 철도회사 CSX(Chassis Seaboard Excellence)와 컨설팅 계약을 맺었다.

그러나 소련이 붕괴되고 발틱 3국·우크라이나·벨로러시아·중앙아시아 7개국이 독립해 나가는 과정에서 정치·경제·사회의 불안정, 기존 조직의 와해, 기강의 해이로,[11)] 해상루트에서는 경쟁과열, 선박의 대형화로 운임이 크게 낮아져, SLB는

TSR가 All-Water Route보다 낮은 운임을 제시할 수 있는가가 의문일 것이다. 구소련의 철도운임은 1948년부터 1990년까지 한번도 변동이 없었으며, 1980년대의 미국 철도운임의 1/3 수준에 불과했었다.

7) 한국의 TSR 이용은 1990년대 초까지 유럽행 화물이 많았으나 1990년대 중반 이후 유럽행은 거의 중단되었다. 특히 일본은 TSR 이용실적이 1991년에 8.2만teu였으나 1997년에는 1.5만teu로 연평균 24.8%씩 감소했다.

8) 바이칼호를 사이에 두고 기존 TSR의 북쪽으로 Sovetskaya의 Gavan항에서 Taishet까지 전장 3,500km의 복선철도로서 1989년에 개통되었다.

9) 기존의 철도운송은 다양한 행선지의 컨테이너를 1대의 열차에 혼재함으로써 컨테이너가 엉뚱한 곳으로 가버린 예가 많았다. 블록트레인은 행선지별로 열차를 배정하여 중도에 화차를 떼었다 붙였다하는 작업이 없이 곧장 종착역까지 도달함으로써 시간의 단축은 물론 화물의 분실도 감소된다.

10) 이단적열차를 운행하려면 막대한 투자를 요한다. 우선 DST용 철도대차(flat car) 및 철도화차(locomotive), 그리고 터미널의 기기를 교체·추가해야 한다. DST용 철도대차만 해도 대당 US$60,000에 달해, 현재의 대차만 교체하려 해도 $2억을 상회하여, 러시아의 어려운 재정형편을 고려할 때 TSR의 DST화는 요원하다.

11) 일국체제(一國體制)에서 일사불란하던 철도가 CIS(Commonwealth of Independent States)로 분리되어, 언

랜드브리지로서의 경쟁력을 잃고, 미대륙(美大陸)의 Micro Land Bridge(IPI)와 같은 CIS 역내운송에 그치고 있어, 앞으로도 랜드브리지로서의 기능은 기대하기 어려울 것이다.

(2) TCR(Trans China Railroad)

1956년 중국과 구소련이 '중소통운송협약(中蘇通運送協約)'을 맺고 건설에 들어간 중국횡단철도(TCR)가 1990년 9월 TSR에 연결되면서, 새로운 복합운송경로로 관심을 모았었다. TCR은 총연장 4,018km로 산동반도 남쪽 연운항(連雲港, Lianyungang)을 기점으로, 정주 – 서안 – 난주 – 옥문 – 돈황 – 우루무치(Urumqi)를 거쳐 아라토샨코우(Alataw Shankou)를 종점으로, 소련의 접경 드루즈바(Druzhba)를 지나 노보시비르스크(Novosibirsk)에서 TSR과 접속되는 경로로 옛날의 비단길(silk road)과 일치한다.

TCR은 TSR에 비해 남쪽에 있어 겨울철 혹한에 의한 상품 손상이 적고, 거리도 약 2,000km가 짧아 수송기간이 7일 정도 단축되어 운임도 낮을 것으로 기대했었다. 그러나 TCR의 폭이 1.435m이고 TSR의 폭이 1.520m로 중국/카자흐스탄의 드루즈바와 벨라루스/폴란드 국경역인 브레스트에서 환적 또는 보기(boggie) 교환을 해야 하고, 중국 내의 수송정보·항만시설의 미비·TSR의 부진 등으로 30여년이 경과했음에도 랜드브리지 운송은 거의 없고, 역시 역내운송(域內運送)에 머무르고 있는 실정이다.

TCR이 랜드브리지로 활용되지 못한 이유는,

① 구조적으로 TSR의 협조없이는 TCR이 제기능을 발휘하지 못하게 되어 있는 가운데 TSR이 경쟁루트인 TCR에게 우호적일 수 없다. 따라서 TSR의 부진은 곧 TCR의 부진으로 이어진다.

② 중국이 시장경제화하면서 각 지역철도도 독립채산제로 전환하여 중앙정부에서 원가보다 현저하게 낮게 설정한 랜드브리지 운임이 당해 지역철도의 기피대상이 되어 총리가 직접 조정에 나설 정도이다.

③ 중국의 외환보유고가 넉넉하여 TCR을 외화벌이 수단으로 여기지 않아, 기본

어가 달라지고 서류가 달라져 절차가 복잡해졌으며, 관료적(bureaucratic) 신규정(新規定)들이 추가되는 등 다방면에 걸쳐 랜드브리지 방해요인이 등장했다. 화물의 도난이 극성을 부려 1990년 1/4분기에만 1,807명 철도종사원이 기소되고, 공(空)컨테이너가 제대로 회수되지 않는 등 많은 문제를 안고 있었다.

적으로 통과화물에 대한 배려는 물론 마케팅 등에 소홀하기 때문이다. 이런 가운데 그동안 부산-보스토치니-TSR을 이용하던 중앙아시아 루트가 우크라이나-러시아 전쟁에 북한·러시아 밀착으로 TCR을 대체경로로 삼는 것이다. 2024.12.10. 의왕 오봉역에서 자동차부품과 전자제품을 실은 컨테이너 50개를 부산항-연운항-TCR에 전용열차를 편성해 19일만에 카자흐스탄 알마티까지 시험 운송했다. 통관 등 행정절차를 개선하고 국경에서의 환적시간을 최소화해 신뢰성이 향상되었고, 다수의 물류기업이 물량을 모아 직통열차를 운행하면 비용을 약 10% 절감할 수 있어 대체경로가 되는 것이다.

(3) TKR(Trans Korea Railroad)

TKR는 TSR or TMR와 연결된 한반도의 철도를 의미한다.[12] 2000.6.15. 남북정상의 만남을 계기로 경의선의 복구공사가 개시되면서 TKR·TSR·TCR에 대한 보랏빛 청사진이 지상(紙上)을 장식했었다. 서울 – 베를린의 운임은 함부르크 경유 해상운송이 21,319km, 33일, $2,505/teu인데, 서울 – 신의주 – TMR – TSR를 이용하면 12,485km, 28일, $1,010/teu라는 환상적인 기사(記事)가 난무했던 것이다.

그러나 현실은 그렇지 못하다. 들뜬 기분에 운송시간·운송비용에서 철도가 해운보다 유리한 것으로 과장되었다. 철도와 해운의 경쟁력을 바로 보지 못한 것이다. 철도의 적재능력은 1980년대 초에도 최대 110teu였고 지금도 변함이 없다. 그러나 선박은 1980년대 초의 1,800teu에서 24,000teu로 커졌다. 규모의 경제에서 철도는 선박을 따를 수가 없다. 서비스도 해운에서는 많은 개선이 있었으나 TSR는 그렇지 못하다.

소요시간도 TSR는 10년 전부터 시속 100km라고 주장하지만 실제는 이에 미치지 못한다. 그러나 컨테이너선은 1990년의 시속 36km에서 지금은 45km로 빨라져, 서울- 베를린의 철도운송 거리는 해상운송 거리의 절반이지만 실제 운송시간은 비슷하다. TSR은 여러 국가를 통과하기 때문에 복잡한 절차로 운송이 지연되곤 한다. 요컨대 TSR의 경쟁력은 해상운송보다 열세(劣勢)이다. 다만 구간별 단거리 철도운송은 경쟁력이 있다.

12) ① TKR–TSR의 연결노선은, ⓐ 동해선(부산–포항–삼척–강릉)–원산–나진–하산–TSR, ⓑ 경의선–청년이천선(황해도 평산–강원도 세포)–평나선–TSR, ⓒ 경의선–신의주–심양–하르빈–치타–TSR, ⓓ 경원선–원산–평나선–TSR 등이 있고, ② TKR–TCR의 연결은 경의선–심양–북경–정주 또는 서안에서 TCR과 만나는 노선 등이 있다.

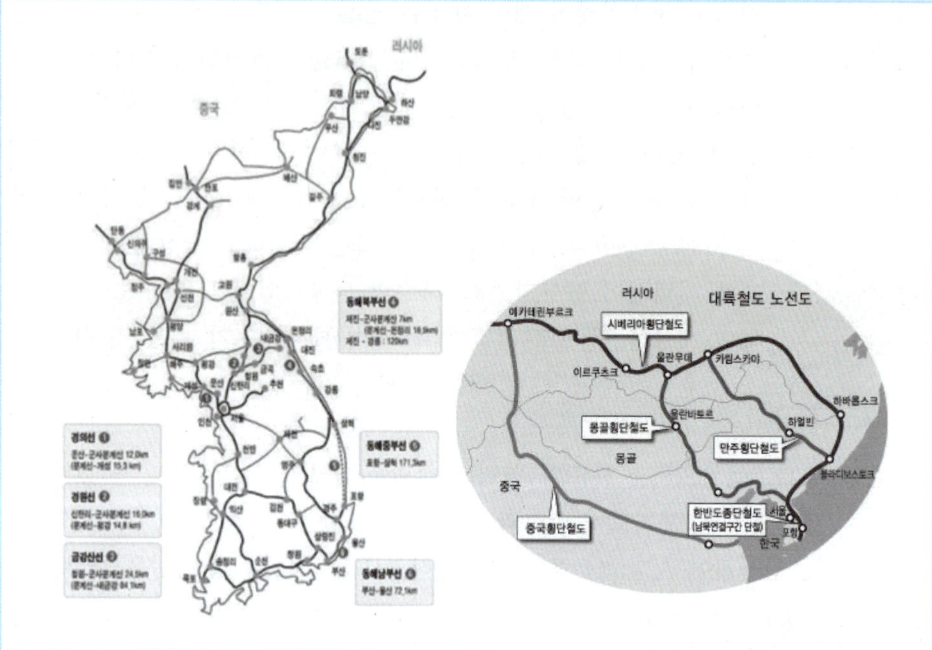

TKR이 개통되면 중국의 동북3성·몽골·러시아 등 TSR 주변국가의 천연자원을 철도로 반입하고, 생필품 등의 소비재를 이들 지역에 철도로 수출할 수 있어 경제적 효과는 기대할 만하다. 특히 한국과 러시아는 시베리아·극동의 자원개발 및 확보를 위해 TKR–TSR 연결에 열심이었다.[13] 북한은 2001년 8월 러시아와 철도연결협정을 체결하는 등 관심은 보였으나, 막대한 비용과 체제보안 등으로 지지부진했다.

문제는 북한철도의 노후이다. 현재 북한철도는 총 5,224km(남한 3,899km)인데 시설낙후로 운행속도는 시속 15~50km에 불과하다. 북한의 철도는 대부분 전기로 움직이고,[14] 97.0%가 단선(單線)인데 전력사정은 열악하고, 철도 의존도가 높아 여객의 60%, 화물의 90%를 철도가 맡고 있다. 방송에 출연한 탈북민들의 증언에 따르면 북한의 철도는 전력난으로 거의 운송기능을 상실한 것 같다.

2014년 하산–나진 프로젝트 완공을 계기로 러시아는 20년간 $250억을 투자하여 3,200km의 북한철도를 현대화하여 필요한 곳에 터널·교량 등을 건설하고[15] 광궤

13) 개보수(改補修)를 마친 하산~나진(54km)의 열차에 실려 나진항에 도착한 러시아산 석탄 4만500톤을 POSCO가 구입하여 현대상선이 차터한 중국 선박에 실려 2014.12.1. 포항에 도착했다.

14) 남북한 철도는 전력(남한 : 교류 2.5만볼트, 북한 : 직류 3천볼트) 및 신호체계도 다르다.

15) 러시아는 북한의 광물자원을 담보로 투자하고 있다. 2014년 10월 러시아 기업(모스토빅)이 $250억(26조

(1,520mm)와 표준궤(1,435mm)를 동시에 건설할 예정이었다. 북한은 TKR－TSR 연결노선으로 동해선(울산~포항~삼척)을 원했다. 동해선이 개통되면 강원도 제진－휴전선－원산－함흥－청진－나진을 거쳐 TSR와 연결된다. 또 만주횡단철도(TMR)와도 연결되고, TMR는 도문－카림스카야로 TSR와 합류한다.

2003년 도라산역・개성역이 연결되었고, 2018.4.27. 판문점 선언에서 남북정상이 경의선・동해선 남북 철도와 도로의 연결 및 현대화에 합의하여 경의선 도로와 경의선・동해선 철도 북측 구간의 공동조사를 마치고 2018.12.26. 북한 개성 판문역에서 남북 철도・도로의 연결 및 현대화 착공식이 있었다. 그러나 2024년 10월 북한이 경의선・동해선 도로를 폭파하여 남북육로는 완전히 끊겨버려 TKR은 물거품이 되고 말았다.

(4) 유라시아 횡단철도(TAR : Trans Asian Railway)

ESCAP[16)]은 1960년대 초에 아시아–유럽을 철도로 연결하기 위해 싱가포르–이스탄불의 14,000km 노선의 타당성을 조사했다. 조사결과 여객보다는 화물의 경제성이 높고, 약 2,000km의 단절구간(태국/방글라데시 : 1,400km, 이란의 Keman/Zahedan; 600km)과 상이한 철도의 폭[17)]이 문제로 파악되었다. 1970년대에는 ESCAP 지역의 경제성장으로 TAR가 다시 관심을 모았다. 1992년 4월 ESCAP 총회에서 ALTID[18)]의 추진을 결의하고 TAR도 본격적으로 추진하기로 했다.

ESCAP은 1994년부터 ① TAR 노선지정, ② 세관검사 등의 절차간소화, ③ 철도요금・운행조건 등의 국제조약안 마련, ④ 철도의 운행개시 등 4단계로 추진하기

1,850억원)이 소요되는 북한철도 현대화 사업에 참여하고 그 대가로 희토류와 티타늄, 탄탈럼, 금, 석탄 등을 받기로 했다. 북한의 희토류는 중국보다 7배나 더 많다. 북한의 천연자원 가치는 $6조로 평가된다. 총 5,224km의 북한 철도망 가운데 우선 3,200km의 현대화를 추진하기로 했지만, 검은 장막의 북한현황은 알 수 없다.

16) Economic and Social Commission for Asia and the Pacific(유엔 아시아 태평양 경제사회이사회), 유엔의 5개 지역 경제사회이사회 가운데 하나로 1947년 3월에 창립되었고, 설립목적은 역내 경제사회의 문제해결을 지원하여 경제 및 사회발전에 기여하는 것이다. 가맹국은 54개국이며 남한은 1954년, 북한은 1992년에 가입하였다.

17) 한국과 중국은 1,435mm인 표준궤(標準軌)이고, 미얀마, 태국, 말레이시아 등 동남아는 1,067mm 협궤(挾軌)이며, 몽고, 중앙아시아, 동유럽 등 구소련권은 1,520mm의 광궤(廣軌)이다. 그 밖에도 ESCAP 역내에는 1,676mm, 1,600mm, 1,000mm의 궤도도 있다.

18) ALTID(Asian Land Transport Infrastructure Development Project; 아시아 육상운송체제구축사업)는 ① 아시아 횡단철도(Trans Asian Railway), ② 아시안 고속도로(Asian Highway), ③ 국경통과절차 간소화조치(facilitation measures) 등 3개 사업으로 구성된다.

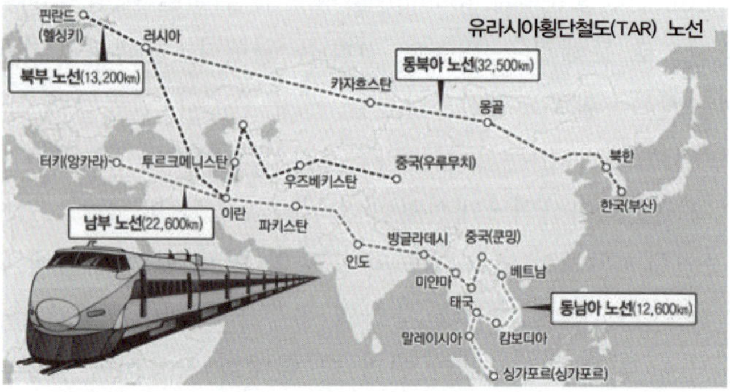

【 유라시아횡단철도 】

로 하고, 1단계로 1995~1997년에 TAR를 ① 북부노선 : 중국 · 카자흐스탄 · 몽골 · 러시아 · 한반도, ② 인도차이나 · 아세안, ③ 남부노선, ④ 중앙아시아 등 4개 노선으로 분할하고 타당성 조사를 완료했다.

2005년 11월 방콕의 정부대표자 최종회의에 29개국이 참가하여 각국의 노선지정 · 기술표준 등의 협의를 거쳐 '아시아 횡단철도 정부간 최종협정안'을 확정하고, 2006년 62차 인도네시아 ESCAP 총회에서 62개 회원국과 지역대표가 노선과 추진 일정을 합의했다. 합의내용은 2006년 11월 부산의 ESCAP 인프라 장관회의에서 조인되었다.

28개국의 철도를 연결하는 TAR는 동북아 · 북부 · 남부 · 동남아 등 모두 4개 노선으로 총연장 81,000km로 핀란드의 헬싱키–러시아–카자흐스탄–몽골–한국의 부산을 잇는 동북아 노선이 32,500km로 가장 길고, 13,200km의 북부노선은 핀란드의 헬싱키와 중국의 우루무치(烏魯木齊)를 연결한다. 남부노선과 동남아노선은 사실상 하나의 노선으로 터키의 앙카라와 싱가포르를 잇는다. 앙카라와 중국의 쿤밍을 잇는 남부노선은 22,600km, 쿤밍과 싱가포르를 잇는 동남아노선은 12,600km이다.

확정된 4개 노선 가운데 현재 철로가 놓여 있지 않은 구간은 13곳 7,060km이고, 나머지 73,900km는 기존의 철로를 활용한다. TAR의 가장 큰 난점은 철로폭 등 각국의 철로표준이 다른 점이다. 그리고 빈곤국은 투자액 마련에 난색을 표하고 있다.

한편 유라시아철도 북부노선에서는 컨테이너 전용열차가 정기적으로 오가고 있다. 2006년 11월 중국 내몽고 자치구 후허하오터–몽골–러시아–벨로루시–폴란드–독일 프랑크푸르트 구간 9,814km를 개시로 충칭–신장–뒤스부르크(渝新欧)선, 무한

【 중국-유럽 화물열차 노선 】

–신장–체코 파르두비체(漢新歐)선, 청두–폴란드 우쯔(蓉歐)선, 정저우–독일 함부르크(鄭歐)선, 쑤저우–만저우리–바르샤바(蘇滿歐)선, 허페이–신장–독일(合新歐)선 등 6개 노선에서 화물열차가 오가고 있다. 열차는 각국 세관통관과 열차바퀴 교체 등으로 15~18일이 소요되어 선박보다 20일 정도 짧고, 컨테이너당 운임은 트럭보다는 2천~3천元(36만~54만원)이 절약된다.

(5) 아시안 하이웨이(Asian Highway)

한·중·일·러·인도 등 32개국을 연결하는 55개 노선 14만km의 아시안 하이웨이 정부간 협정이 2005년 7월 발효되었다. 이 협정은 2004년 4월 ESCAP 총회에서 26개 회원국이 기존 또는 신설 고속도로·국도를 연결하기로 한 합의에 따른 것이다. 협정에 서명한 회원국은 2010년 말까지 기존·신설 노선을 '아시안 하이웨이'로 지정하고 자국예산(自國豫算)으로 도로를 정비하며 표지판을 설치해야 한다.

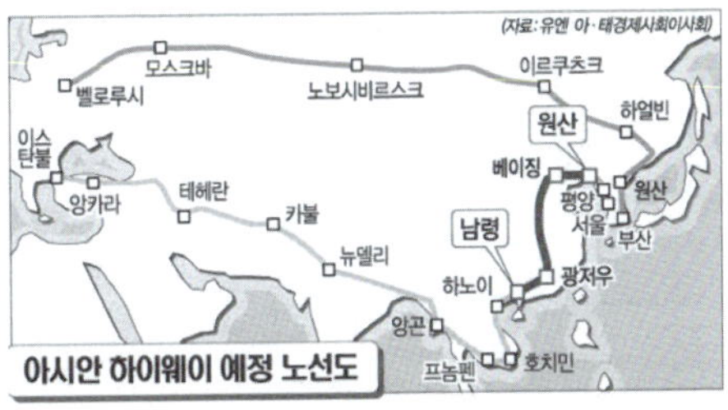

【 아시안 하이웨이 】

우리나라는 AH1·AH6 2개 노선(907km)[19]이 통과하며, 기존 경부고속도로와 국도 7호선을 지정하여 새로이 도로를 건설할 필요는 없고, 표지판에 노선번호(AH1·

19) ① AH1노선 : 일본 도쿄→후쿠오카 – (페리로 연결) – 부산–(경부고속도로)–서울→평양→중국→베트남→태국→인도→파키스탄→이란→터키, ② AH6노선 : 부산→(동해안 7번국도)→강릉→원산→러시아(하산)→중국→카자흐스탄→러시아.

AH6)를 추가하면 된다. 32개국 중 비준서를 제출한 나라는 한국・중국・일본・우즈베키스탄・베트남・스리랑카・미얀마・캄보디아・아제르바이잔 등이며 인도・이란・러시아 등 18개국이 약식 서명하고, 북한・방글라데시・필리핀・투르크메니스탄・싱가포르 등 5개국은 서명하지 않았다. 상당 국가가 재정문제로 도로의 포장・확장 등에 어려움이 있어, 실제 전노선(全路線)이 연결되기까지는 오랜 기간을 요할 것이다. 그리고 2000년대 중반 일부 교통 전문가들은 남아시아와 동남아시아의 경제・정치 환경을 고려할 때 이 프로젝트의 실행 가능성에 회의적이다.

3 북미대륙의 복합운송

(1) 아메리카 랜드브리지(ALB : America Land Bridge)

ALB는 1860년대 미대륙을 횡단하던 Rail Bridge의 개념에서 출발하여 이미 100년 이상의 역사를 갖고 있고, 본명은 랜드브리지였다. 그러나 SLB(TSCS)와 CLB(Canada Land Bridge)를 통한 극동-유럽 수송과 구별하기 위해 America Land Bridge라 부르는데 다음에 설명할 MLB(Mini Land Bridge or Micro Land Bridge)와는 약간의 차이가 있다.

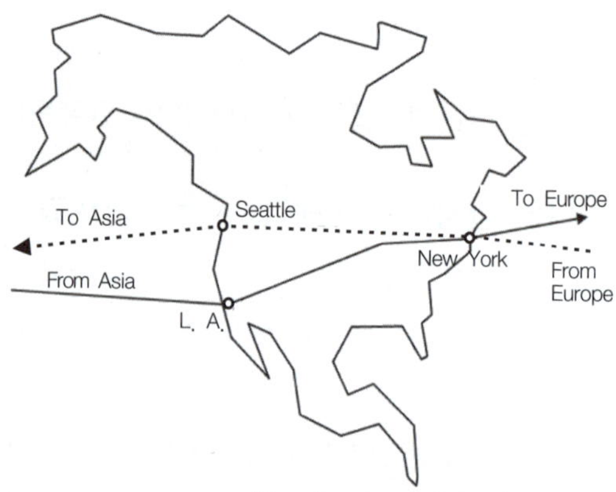

〈America Land Bridge〉

ALB가 복합운송 경로로 주목을 받게 된 것은 3가지 원인에 기인한다.

① 1966년에 Santa Fe 철도로 뉴욕-LA에 정기적인 컨테이너 대차(臺車, flat car)의 운행이 개시되고, ② 1967년 British Transport Docks가 "Containerization : the key to low cost transportation"에서 극동-유럽 컨테이너 운송이 미대륙을 통과하는 것이 비용상 우월하다고 주장했으며, ③ 1967년 중동전쟁으로 수에즈 운하가 봉쇄되자 미대륙 횡단운송을 적극적으로 검토하면서 부터이다.

소말리아 해적과 예멘 후티반군의 공격으로 홍해항로가 위험해 아프리카 남단 희망봉을 돌아 유럽을 오가고 있다. 2021년 에버그린의 초대형 컨테이너선 Ever Given호가 수에즈 운하 내에서 좌초돼 운하가 6일간 양방향 차단되어 희망봉으로 우회하는 등 ALB는 더 이상 대체경로가 되지 못하고 있다.

따라서 ALB는 극동-유럽 화물수송에 미대륙을 육교로 하는 복합운송이라 할 수 있다. 1980년대 초에 이단적열차(DST : double stack train)(제6장 컨테이너운송 각주 21) 참조)라는 혁신적 컨테이너 수송기법이 개발되어 그동안 잊혀졌던 ALB가 다시 관심의 대상이 된 적이 있었다. 즉, APL(American President Lines)이 극동에서 유럽까지 25~26일의 운송기간(transit time)으로 극동의 고부가가치 화물을 ALB로 운송하겠다는 계획을 밝혔힌 바 있으나, 이후 세계일주 서비스 등 ALB를 대체할 수 있는 항로개발로 APL의 계획은 현실화되지 못했다. ALB는 기본적으로 가장 고가의 경로로서, 수에즈운하 봉쇄와 같은 비상사태가 없는 한 이용하기 어렵다.

(2) 미니 랜드브리지(MLB : Mini Land Bridge)

극동-미동안・걸프, 유럽-미서안 항로에 대해 각각 태평양・대서양을 철도로 연결하는 미니 랜드브리지[20]는 시트레인이 1972년 영국-미서안 해상 및 철도 통운임(joint commodity rate for water-rail services) 인가를 주간통상위원회(ICC)에 신청하여 구체적으로 나타났다.

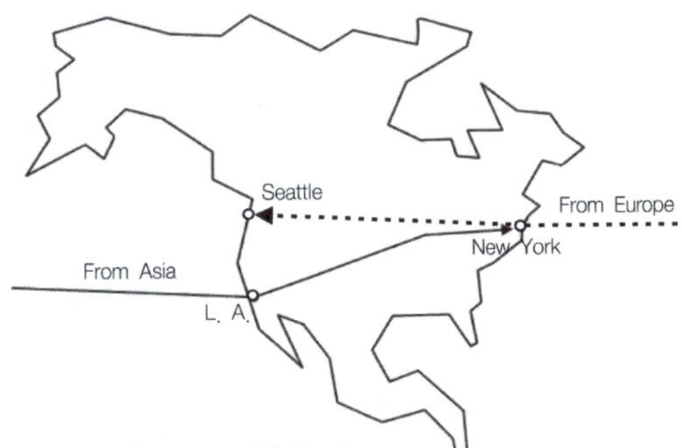

〈Mini Land Bridge〉

시트레인은 Santa Fe, Burlington Northern 등 5개 철도회사와 제휴하고 ① 뉴욕・보스톤・볼티모어・필라델피아 등과 극동, ② 롱비치・오클랜드・포틀랜드・시애틀 등과 유럽, ③ 휴스톤・뉴올리언즈 등과 극동경로에 대해 저율의 MLB용 운임설정에 성공하자, 각 컨테이너 선사도 1972년 후반부터 MLB용 태리프를 작성, 연방해사위원회(FMC)와 주간통상위원회(ICC)의 인가를 얻어 참가하기에 이른 것이다.

그 결과 오늘날에는 많은 선사가 참가하고 있는데, 극동-미동안에는 초고속 대형선이 투입되어 경쟁력에 문제가 있었지만, DST[21] 등장 이후 그 양상이 달라졌

20) 대서양・태평양 횡단을 제외시킨 이른바 미니랜드브리지가 나온 것이다. 따라서 ALB는 출발지와 목적지가 미대륙 밖의 극동 또는 유럽이 되지만, MLB는 출발지와 목적지가 미대륙 양안(兩岸)의 항구가 되고, 후술할 마이크로 랜드브리지는 출발지와 목적지가 미국의 내륙도시라는 점에 차이가 있다.

21) 미국의 열차는 최대 2.8km에 달한다. 40′ 5개(DST는 10개)를 적재한 100m 길이의 대차를 1량(one car)이라 하며, 통상 20량을 운행하고 28량까지 가능하다. 28량을 운행할 경우 280개, 560teu를 운반할 수 있다. 기관차는 2~3대를 연결하여 견인한다.

다. 즉, 내륙운송을 자사의 배선스케줄과 연계시켜 통합·조정하는 DST 운행선사는, 부산-뉴욕 운송일수(transit time)가 평균 20일인데 비해, 파나마 운하경유 전해상(all water) 서비스는 평균 30일이 소요되어 MLB의 효용이 크게 높아졌다.

(3) Micro-Land Bridge : IPI(Interior Point Intermodal)

미내륙 지역을 목적지·출발지로 하며, 통상 IPI 서비스라고 한다. 이는 도산해버린 States Steamship이 1977년 대만·홍콩·싱가포르와 미국 내륙지점에 개시한 복합운송이다.

IPI의 기본운임(base rate)은 해상운임이고, 이는 Local Rate에 철도운임의 가산을 원칙으로 하고 있다. 그러나 반드시 그 원칙이 적용되는 것은 아니며, 품목별로 많은 예외가 있다. IPI 지역은 넓기 때문에 IPI 1·2·3과 같이 3개의 지역그룹으로 나누어 운임을 설정한다. 미국행 화물은 목적지에 따라 대체적으로 West Coast, IPI 1·2·3, East Coast(All Water), East Coast & Gulf Port (MLB) 등으로 나누어 적용된다.

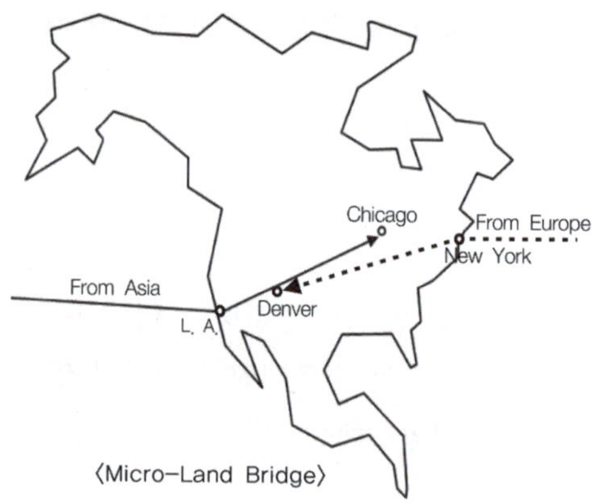

〈Micro-Land Bridge〉

(4) Reverse IPI

극동에서 북미동안까지 All Water Service를 제공하는 선사들이, 극동에서 파나마운하를 경유하여 북미동안 또는 걸프(멕시코만)의 항구까지 해상운송하고, 거기에서 철도에 환적하여 IPI 운송경로를 역으로 거슬러 제공하는 서비스이다. 예컨대 우리나라 수출상이 애틀란타의 수입상에게 상품을 보낼 경우, 애틀란타와 가까운 미동안의 사반나항까지 해상운송하고, 사반나에서 철도에 환적하여 역으로 거슬러와 애틀란타의 수입상에게 인도하면, 운송기

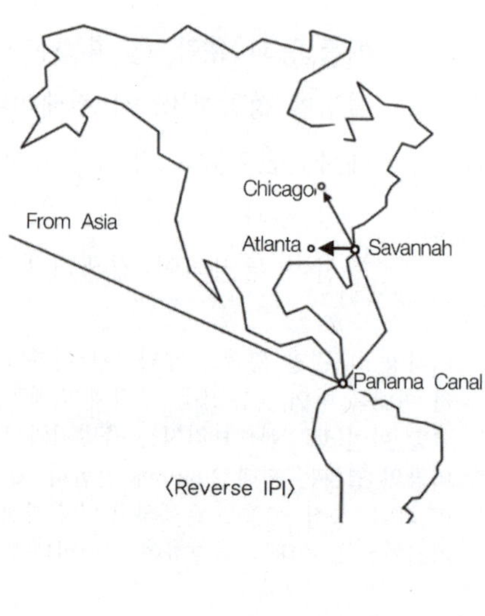

〈Reverse IPI〉

간은 IPI보다 더 걸리지만 운임이 절약된다. 애틀란타행 화물은 IPI로 운송하면 약 20일이 소요되고, 사반나를 경유 Reverse IPI로 운송하면 약 26일이 걸린다. 기타의 조건은 IPI와 같다.

(5) Canada Land Bridge

극동-유럽 복합운송에서 SLB의 대체경로로 1980년대에 거론된 루트이다. 일본의 미쓰비시 소꼬(1980년 4월 개시), 스미토모 소꼬(1981년 8월 개시)와 일본 익스프레스(1981년 2월 개시)가 이용가능성을 보여준 랜드브리지이다. 1982년까지 계속되었으나, 극동-유럽 해상운송에 맹외선이 등장하는 등 상황변화로 퇴조하고 말았다. 캐나다에는 캐나다 태평양철도와 캐나다 국유철도 등 2개사뿐이기 때문에 현재 캐나다 랜드브리지를 위한 전용철도는 없다.

4 유럽대륙의 복합운송

(1) 유럽의 철도

유럽의 복합운송은 미국에 비해 부진하다. 광대한 통일문화권을 형성해온 유럽 역내의 교통 및 통상은 기본적으로 자유이지만, 국경을 접한 20여개국이 서로 다른 이해관계를 갖기 때문에, 미합중국과 달리 제약도 많고 복잡하다. 복합운송은 철도가 축(軸)을 이루는데, 유럽의 철도는 기본적으로 여객을 우선하고 화물은 뒷전이다. 따라서 낮에는 화물열차를 세워두고 밤에만 운행하는 예가 적지 않다. 또한 거의가 국철(國鐵)이라서 각국 정부가 선거를 의식하여 여객부문에만 투자가 집중되어 왔다.

미국은 1980년대 초의 규제완화로 철도가 경쟁력을 회복한 데 반해, 1993년부터 경쟁체제로 전환한 유럽은 여러 이유로 성과를 내지 못하고 있다. 게다가 미국의 철도는 시설(infrastructure)과 운영(operation)이 단일체인데 비해, 유럽은 시설과 운영이 분리되어 운영의 효율을 기대하기 어렵게 되어 있다.

철도의 시장력(market forces) 강화를 위해 EU는 감독규정 91/440을 제정하여 멤버국의 시설과 운영을 분리하게 했던 것이다. 만약 한 주체가 시설과 운영을 겸하면 불공정 경쟁이 되기 때문에, 모든 운송업자가 시설을 동등한 조건으로 이용하게 하기 위한 취지이다. 그러나 결과는 서로 비용을 전가하려 하고, 일사불란한 운영체제의 구축을 어렵게 하고 있다. 더욱이 강성인 철도노조는 정치적 영향력도 커서 20~25%의 인력이 과잉인데도 손을 대지 못하고 있다.

(2) 도로의 강세

유럽의 주요항에서 내륙지점까지 운송거리는 800km 이내로 도로운송은 1일권에 들어 운송수요의 비중은 기동성에 두어진다. 따라서 도로・바지・철도가 치열한 경쟁을 하고 있고, 기동성면에서 약세인 철도이지만, 특정국의 철도 우선정책과 광대한 철로망으로 철도가 운송의 중추적 역할을 하는 지역도 있다. 즉, 철도를 운송의 주체로 하는 영국・독일・프랑스는 국철(원래 사철로 출발하여 국유화되었음)의 합리화로 경쟁력을 강화하였는데, 이는 도로운송의 증강으로 자국 점유율의 증대정책을 취해 온 베네룩스 3국과의 대립을 초래했다. 그 결과 차량의 구조・운행・중량제한 등이 국가마다 달라 차량과 승무원을 자주 교체해야 하는 등 어려움이 많다. 기본적으로 유럽대륙은 미대륙에 비해 복합운송에는 부적절한 면이 많다.[22)]

(3) ICF와 그 한계

그러한 가운데 각국의 철도는 컨테이너 화물의 확보를 위해 나름대로 갖가지 방안을 마련해 왔다. 예컨대 영국의 Freightliner, 독일의 Transfracht, 프랑스의 CNC 등 복합운송전문자회사를 설립하고, 동시에 각국 국철이 컨테이너 철도운송을 담당할 복합운송업체인 ICF(Intercontainer-Interfrigo)[23)]를 공동으로 설립했다. 영국 및 유럽의 11개국 국철이 1967년에 ICF를 설립하고 1968년부터 활동을 개시했던 것이다. 이후 다시 9개국이 참여하여 현재에는 20개국의 국철이 참가하고 있고, 본사는 벨기에의 브뤼셀, 운영본부는 스위스의 바젤(Basel)에 있으며, 독립국연합(구소련) 국철도 ICF와 협력관계를 유지하고 있다.

ICF는 독립된 회사조직으로, 각국 국철의 합의로 역내의 컨테이너 운송은 모두 ICF가 취급하고 있다. ICF는 각국 국철에 100% 봉사할 의무가 있고, 업무는 세일즈・운영・조정・스케줄링에 한정되어 있다. 따라서 ICF는 가맹국철을 대신한 단

22) 유럽의 복합운송은, ① 선사가 육상서비스의 품질 및 비용을 통제하고 있다. ② 기존의 철도는 셰어를 지키고 확보하기 위해 투쟁하고 있다. ③ 항만과 터미널이 내륙연결망을 구축하고 있다. ④ 국제간 협력기구가 새로이 결성되고 있다. ⑤ 글로벌 물류기업 및 IMC(Intermodal Marketing Companies) 등이 유럽에 진입하고 있다.

23) Interfrigo는 원래 1949년에 설립되어 냉동・냉장화물 운송업체였는데, 1967년에 설립된 Intercontainer와 1993년에 합병되어 ICF로 약칭된다.

일창구로 문전복합운송을 제공하고 열차의 운행을 통제한다. 또 각국의 국철은 각각 자국에서 ICF의 대리점을 맡고 있다.

그러나 ICF는 국철의 집합체라는 태생적 한계를 지니고 있다. 그동안 시설투자에 소홀했고 가격구조 · 화물처리 등이 모두 철도 중심으로 되어 있고 고객에 대한 배려가 미흡하여, 그 지위가 흔들리고 있는 데도 여전히 독점적 지위를 고수하려 한다. 이러한 국철의 관료적 · 고압적 태도에 식상한 선사들이 직접 전용열차를 편성하여 스스로 내륙운송을 해결하려 나선 것이다.

【 European High Speed Railway 】

(4) 선사 및 UIRR의 블록트레인

1997년에는 오스트리아의 크라이슬러 자동차공장에 보다 질좋은 서비스 제공을 위해 OOCL(2018년 중국 COSCO에 합병)이 Transfracht(독일국철의 자회사)와 제휴하여 블록트레인을 개시했다. NS Cargo(네덜란드 국철 복합운송자회사), Deutsche Bahn(독일 국철), CSX(미국의 철도회사)의 합작사인 NDX Intermodal은 1994년부터 로테르담-앤트워프에 블록트레인을 운행하고 있고, 1997년 1월 로테르담-뮌헨, 1997년 9월에 함부르크-밀라노, 로테르담-바르셀로나 4개 노선을 개설하였다.

지금은 머스크로 합병된 시랜드 · P&ON 3개 선사는 1994년에 ERS(European Rail Shuttle)를 설립하여 로테르담에서 이탈리아의 파두아 · 밀라노, 체코의 프라하, 슬로바키아의 브라티스라브에 서비스했었다. 기존의 철도를 이용할 수밖에 없는 ERS

등은 철도가 공시운임(tariff)보다 30%나 높은 요금을 요구해 어려움을 겪고 있다.

한편 국제피기백(철도/도로) 운송업자협회인 UIRR(Union Internationale des societes de transport combine Rail-Route)도 블록트레인으로 서비스하고 있다. 독일의 멤버사인 Kombiverkehr는 체코와 루마니아에 블록열차를 개설하였고, 알프스종단(trans-Alpine) 열차로 각국의 연결을 시도하고 있다. 프랑스의 멤버사인 Novatrans는 벨기에·이탈리아·스페인·포르투갈을 연결하는 삼각망을 시도하고, 오스트리아의 Ökombi는 ICF와 제휴하여 1996년 멀리 이스탄불까지 블록트레인을 연장하였고, 영국의 CTL은 해협터널(Channel Tunnel)을 통해 영국과 이탈리아를 연결하였다.

(5) 철도 및 ICF의 노력

각국의 철도도 다각도로 복합운송을 위해 노력하고 있다. 핀란드 철도는 헬싱키-모스크바에 직행열차를 운행하고 있고, 머스크·ICF·CMG와 제휴한 TSES(Trans Siberian Express)는 싱싱한 식품운송을 위해 로테르담-모스크바에 이른바 Salad Shuttle을 개시했다. 머스크는 냉동열차를 제공하고, ICF와 TSES는 각각 로테르담-브레스트·브레스트-모스크바의 철도운행을 맡고, CMG는 정보를 맡는다. 1997년부터 스위스-제노아, 스칸디나비아-이탈리아에 전용 블록열차를 운행하고 있다.

또한 ICF는 미국의 Norfolk Southern, Container Port Group과 합작으로 Trans Atlantic Intermodal Alliance를 설립하여 북미-유럽 접속운송(seamless inland transportation)을 제공하고, 아시아 화물을 지중해에서 블록트레인으로 내륙을 관통하여 북유럽까지 서비스할 계획이다. 2010년부터 로테르담-독일국경에 이단적열차도 운행되고 있다.

(6) 범유럽철도화물자유로(TERFF)

철도의 노력에도 불구하고 철도의 점유율은 계속 줄고 있고, 트럭의 점유율도 줄었지만 아직 74%를 점해 유럽의 화물운송은 트럭이 주도하고 있다. 대륙을 종횡무진으로 운행하는 트럭들이 'Better than nothing'을 외치며 귀로(歸路)에 낮은 운임으로 공세를 취하기 때문이다.[24] 이에 유럽은 트럭보다 환경친화적인 철도로 복합운송을 하기 위해 1997년 10월 유럽복합운송협회(EIA : European Intermodal Associa-

24) 각 운송수단별 유럽내륙 컨테이너 운송점유비 : 1982 : 28/70/2%, 1986 : 23/74/3%, 1992 : 19/75/6%, 1996 : 18/74/8%(철도/도로/바지), 1996년 총물동량은 2,390만teu이다(American Shipper, Oct. 1998).

tion)의 주관하에 "유럽 : 복합운송을 향해"(Europe : Towards Intermodal Transport)라는 슬로건을 걸고 제2차 심포지움을 가진 바 있다.

여기에서 제시된 과제는 범유럽철도화물자유로(TERFF : Trans European Rail Freight Freeways)이다. 이는 단일운임으로 국경을 통과할 수 있는 철도노선을 의미하며, 규제완화·자유화로 경쟁을 촉진하고, 철도서비스의 품질과 효율을 높이기 위한 것이다.[25]

1993년 이후 유럽철도는 타국노선을 이용하여 전혀 제약없이 역내운송을 자유로이 할 수 있지만, 지금까지 자유경쟁으로 타국노선을 이용한 예가 없다. 경쟁보다는 상호 제휴하여 협력하고 있다.

지금 유럽철도에게 절실히 필요한 것은 품질향상과 원가절감이다. 이는 결국 전면적인 경쟁을 통해서만 가능하다. 따라서 진정한 경쟁체제가 되기 전까지는 유럽의 복합운송은 그다지 밝지 못하다. 그러나 자국의 이익에 얽매인 첨예한 대립 속에서도 혁신(innovation)·협력(cooperation)·실천(initiative)을 기치로, 보다 환경친화적인 철도의 육성에 관심을 보이고 있어, 장기적으로는 유럽의 복합운송도 활성화될 것이다.

유라시아 운송로

(1) TRACECA(Transport Corridor Europe-Caucasus-Asia)

유럽과 아시아를 연결하는 가장 구체적인 프로젝트가 트라세카이다. 1998년 유럽연합(EU)과 그루지야·카자흐스탄 등 12개국 정상들이 유라시아 관통루트 건설에 합의하고 철도와 도로를 동시에 건설하여 현재 중국-유럽을 화물이 오가고 있다.

2014.11.18. 세계 최대의 잡화 도매시장 중국 저장(浙江)성 이우(義烏)시에서 각종 크리스마스 선물용 상품 1,400톤을 41개 컨테이너에 싣고 출발한 화물열차가 2014.12.9. 종착역인 스페인 마드리드에 도착했다. 열차는 21일 동안 러시아·카자흐스탄·벨라루스·우크라이나·폴란드·독일·프랑스 등 8개국을 통과하며 13,052km를 달렸다. 열차는 마드리드에서 스페인산 햄·올리브 오일 등을 싣고 다시 중국을 향해 출발했다.

25) 자유로(freeways)란 모든 유럽면허 운송업자는 주요 간선철도를 단일요금에 단일창구(one stop shop)에서 보다 간편하고 신속하게 이용할 수 있게 하는 것이다. 지금까지 유럽에서 철도를 운행하려면 장기를 요하는 복잡한 절차를 거쳐야 했다. 따라서 자유로는 유럽 간선철도의 국간 장애요인을 제거하려는 것이다. 여러 개의 자유로가 구상되고 있다. 스칸디나비아와 이탈리아를 잇는 남북종단노선이 1998년 초에 개통되어, 하루 20회를 운행할 경우 연간 40톤 트럭 4만대 분량의 화물 1천만톤을 소화할 수 있게 되었다.

(2) 동아시아 남북종단철도(Trans East Asia North South Railway)

1996년 3월 ASEM(Asia Europe Meeting, 아시아 유럽 정상회의)은 한반도・중국・인도차이나・싱가포르를 잇는 동아시아 남북종단철도(TAR)를 연결하기로 합의했다. 이는 싱가포르–쿠알라룸프르–방콕–양곤(미얀마 수도)–곤명–북경을 거쳐 북경–신의주 또는 북경–단동–신의주 노선으로 평양–서울–부산에 연결된다. 이는 궁극적으로 싱가포르–뉴델리를 거쳐 테헤란–이스탄불–파리를 잇는 남아시아 횡단철도와 시베리아 횡단철도와 연결되는 유라시아 철도망의 일부를 구성한다.

총연장 8,000km의 이 노선은 양곤–곤명, 도라산–개성 구간만 제외하고 이미 열차가 다니고 있다. 그러나 현실적으로는 문제가 적지 않다. 도라산–개성은 연결이 되었지만 2024년 남북관계의 경색으로 차단되었고, 양곤–곤명의 1,500km를 연결하려면 \$30∼40억을 요해 재원조달이 문제이다.

(3) 동남아철도망(South East Asia Railway Netwark)

중국 철도부와 윈난(雲南)성은 위시(玉溪)~멍즈(蒙自) 141km를 2009년 연결했다. 남단의 멍즈는 베트남의 하노이로 연결되고, 북단의 위시는 쿤밍(昆明)을 거쳐 미얀마의 양곤으로 연결된다. 위시의 또 다른 지선은 라오스의 비엔티안으로 연결된다.

이 노선은 싱가포르를 기점으로 말레이시아・태국・캄보디아・베트남・라오스・미얀마를 거쳐 중국 운남성(雲南省) 쿤밍까지 7개국을 통과하는 총연장 5,600km로 3,000km 이상의 철도를 새로 건설해야 하는데, 중국・태국・말레이시아를 제외하고는 공사비 분담에 난색을 표하고 있다.

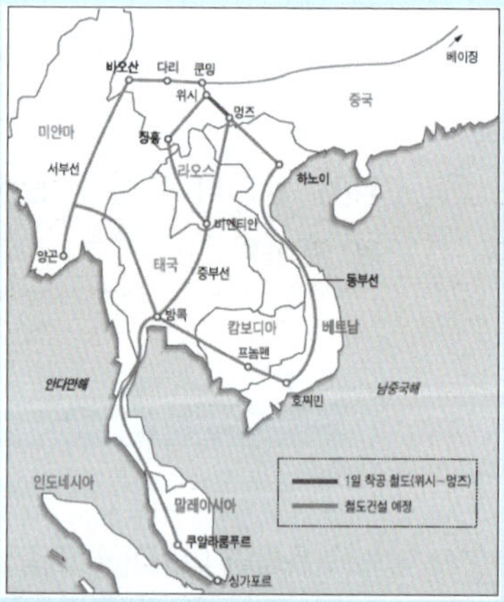

동남아철도망

(4) SMGS 및 CIM

구소련 연방국・중국・북한 등은 1956년 사회주의권의 국제철도협력기구(OSJD : Organization for the Cooperation of Railways)[1]를 결성하고 국제여객운송(SMPS)・국제화물운송(SMGS)・국제수송화차(PPW)・국제철도여객운임(MTT)・국제철도화물운임(ETT) 등의 협정을 체결했었다.

현재 러시아・벨라루시・폴란드・카자흐스탄・중국・북한・몽고 등 아시아 횡단철도 북부노선 국가 중 한국[2]을 포함한 38개국이 SMGS 회원국이며 독일, 프랑스 등이 옵서버로 참여하고 있다. 따라서 TSR을 이용하여 한국에서 유럽으로 화물을 수송할 경우 SMGS와 CIM(서유럽의 철도조약)을 적용받게 된다. 유럽發 아시아向도 철도운영체제가 바뀌는 벨라루스의 브레스트(Brest)에서 CIM이 SMGS로 바뀌고 추가로 서류・절차 등이 필요하다. 그 절차가 복잡하여 상당한 지연이 발생한다.

SMGS는 화물파손 등의 클레임은 9개월 이내, 운송지연에 대한 클레임은 2개월 이내에 제기하게 되어 있다. 시효가 지나면 제소할 수 없고 철도가 소재한 국가의 법원에 제소해야 한다. 게다가 복잡한 클레임 절차로 실제로는 거의 배상을 받지 못하고 있다. 반면에 CIM 35조에는 철도회사의 총괄책임을 명시하고 "철도는 수령에서 배달까지 전노선(全路線)에 대해 책임진다." 36조에는 "철도는 화물의 일부・전부의 멸손(滅損)을 책임지고 운송지연에 의한 손해에 대해서도 책임진다."는 규정이 있다.

SMGS의 운임체계는 복잡하다. 헝가리・루마니아・이란을 제외한 OSJD 회원국의 운임은 2개의 체계, 즉, Common Transit Tariff(ETT)와 International Transit Tariff(MTT)에 기초하여, 각국이 시황(市況)을 고려하여 책정하지만 수송원가에 미치지 못하고 있다. ETT・MTT의 중복으로 2가지 요금의 적용이 어려워 ETT・MTT의 조정을 꾀하고 있다.

ETT는 통과화물・여객의 철도요금표이다. ETT는 SMGS 체약국에만 적용되었으나, 현재는 CIM 체약국도 태리프로 사용하고 있다. ETT의 문제점은 운송거리가 늘면 요금이 체감하는 것이 아니라 요금이 증가하여 장거리 화물에 불리하고, LCL 화물에 맞춘 요금체계로 컨테이너 태리프로는 적합하지 않다. MTT는 거리가 멀수록 요금이 체감한다. MTT의 기본화폐는 스위스 프랑이며, 요율은 화물을 2종류(ClassI은 가공품목, Class II는 농수산물과 원자재)로 구분하여 차등 부과하고 있다.

---

1) 정회원 28개국과 제휴회원 40개 철도회사가 참여하고 있으며 폴란드 바르샤바에 본부를 두고 있다. OSJD 회원국들은 TSR・TCR 등 28만km에 200만대의 화물열차를 운행하고 있다.

2) 한국철도공사(코레일)는 2000년대부터 OSJD 가입을 추진했지만, 정회원 만장일치 찬성조건에 정회원국 북한의 반대로 번번이 무산되었으나 2018.6.7. 키르기스스탄의 OSJD 장관회의에서 "이제 한반도에 새 변화의 물결이 시작된 만큼 남조선의 가입에 찬성한다."는 북한 대표의 발언으로 정회원이 되었다. 회원이 되지 못하면 철도가 지나는 국가들과 일일이 협정을 체결해야 하고 철도운영에 우리 의견을 반영하기도 어렵다. 회원국은 1장의 화물운송장만으로 화물수송이 가능하며, 이 운송장은 서유럽 국가에서도 통용된다.

제2절 해공복합운송

1 해공복합운송의 개요

해공복합운송(Sea/Air)은 1962년 미국의 Flying Tiger사가 일본의 상품을 유럽으로 수송하면서 시작되었다. 일본에서 북미서안까지 해상으로 운송하고, 북미서안에서 유럽의 최종목적지까지 항공기로 운송한 것이다.

이처럼 1960년대에 구미의 항공사가 선사와 제휴하여 북미서안을 주된 중계지로 하고 유럽과 미국·캐나다의 동안행(東岸行)을 개발한 이후, 현재는 다수의 항공사가 다양한 루트를 개발하여 참여하고 있다.

러시아의 Aeroflot Soviet Airline은 블라디보스톡에서 모스크바 경유 유럽행 해공복합운송을 1968년에 개시하고, 현재는 룩셈부르그 경유와 베를린 경유의 서비스를 추가로 실시하고 있다.

해공복합운송은 해상운송·항공운송을 연계하여 화물을 일관운송하는 것이다. 극동·동아시아 지역에서는 1차로 이용하는 수송수단이 주로 해상이므로 Sea/Air라 부르고, 반대로 유럽에서 아시아로는 출발지의 수송수단이 항공운송이므로 Air/Sea라 하기도 한다. Sea/Air or Air/Sea 서비스는 해상운송의 저운임과 항공운송의 신속성이라는 장점을 결합한 수송방식이다.

전(全)구간을 해상으로 수송하면 수송기간이 너무 길어 상품의 적시인도(on-time delivery)가 어렵고, 전구간을 항공으로 수송하면 높은 운임을 감당하기 어려워 해공운송을 이용하는 것이다. 그런데 현실적인 Sea/Air 이용은 원래 해상운송을 예정하고 있다가 납기가 지연되고, 항공편의 수송에 약간의 여유가 있을 때 해공복합운송을 이용하는 경우가 많다.

초기의 Sea/Air 수송은 주로 항공사가 특정노선의 물량유치를 위해 개발하였으나, 오늘날에는 포워더 중심으로 운영되고 있다. 항공사가 개발하는 노선은 항공사의 자체 노선이 기본이 되므로, 언제나 화주의 요구를 충족할 수는 없다. 화주가 요구하는 시간에 정확히 인도(delivery)하려면 그에 맞는 최적의 루트를 개발해야 한다. 이러한 최적루트의 개발은 항공사가 직접 수행하기 어려워, 최적의 루트를 개발하고 스페이스를 값싸게 확보하여 포워더에게 공급하는 Space Broker가 담당한다.

이들은 루트는 개발하지만 일반화주에게는 판매하지 않고 대리점·포워더에게만 스페이스를 공급한다. 이들은 항공운송의 포워더·혼재업자로서 홍콩·방콕 등의 중계지점에서 유럽-중동행 부정기 항공사로부터 염가로 스페이스를 확보하여, 포워더를 통해 해공복합운송을 창출하고 있다. 스페이스 브로커는 루트개발과 염가의 스페이스 획득에만 전념하는 해공복합운송의 기획자라 할 수 있다.

Sea/Air 서비스의 장점을 요약하면,

① 해상운송보다 1/2 이상 수송기간이 짧고 항공운송요율보다 60% 이상 저렴하다.

② 기업의 물류관리에 융통성이 많아졌다. 생산일정과 수입상의 창고 및 시장상황에 맞춰 적시납품(just in time)을 결정할 수 있기 때문이다.

③ 수송기간이 짧아 재고비용이 절감되며 자본비용도 낮아진다.

④ 항공사가 운송장(through bill of lading)을 발행하면 항공사는 바르샤바조약으로 책임을 지기 때문에 화주에게 유리하다.

⑤ 수출상은 운송기간을 단축하여 경쟁력을 높일 수 있다.

2 해공복합운송의 특성

해공운송은 운송거리가 길수록 운송기간의 단축률이 높아지고, 운송비용의 절감률도 높아진다. 〈표 18-2〉와 같이 해공운송을 하면 항공·해상운송보다 비용·기간이 약 1/2로 줄어든다. 중남미와 같이 행선지가 멀면 그 비용·기간이 1/3로 줄어든다. 통상 해상운송은 톤-마일당 원가를 5센트로 보고, 항공운송은 50센트로 본다. 따라서 해공운임(海空運賃)은 이론적으로 그 중간에서 형성된다.

[표 18-2 한국 출발 두바이 경유 유럽행 운송비교]

수송수단	수송기간	kg당 요금
항공운송 Sea/Air 해상운송	2~3일 19~22일 30~40일	US$4.20 US$1.70 US$0.50

자료 : 《복합운송, 1988》, p. 66.

캐리어형은 항공운임과 해상운임을 분리·합산하여 운임을 책정하는 경우가 많고, 포워더형은 무차별통운임(FAK : freight all kinds through rate)의 설정이 많다. 항공운임처럼 중량단계를 설정하여 중량체감제(重量遞減制)를 실시하고 있으며, 중량단계는 각사마다 다르다.

해공운송은 모든 법제(法制)의 제약 밖에 있기 때문에, 경쟁원리가 최대로 작용하여 루트개설이나 운임책정이 자유롭다. 그러나 해상운송의 저운임(低運賃)과 항공운송의 신속성(迅速性)이라는 장점을 결합시킨 해공운송은 행정개입의 부재로 발생하는 법제면(法制面)의 미정비나 업자의 적격성 여부 등이 문제가 되고 있다.

해공운송은 동일(同一) 행선지에도 여러 루트가 개발되어 있고, 화주의 필요에 따라 선택의 여지가 많다. 동일한 행선지(行先地)에 여러 루트가 있는데, 행선지와 중계지(中繼地)를 종합하면 〈표 18-3〉과 같다. 중계지점 선정의 포인트는 ① 선박의 기항, ② 동항(同港)의 환적능력, ③ 항공기의 수용능력 등이며, 이 중 중계지점의 서비스가 관건이다.

[표 18-3 해공운송 행선지별 중계지]

행선지	중 계
북미내륙	밴쿠버 · 시애틀 · LA
유럽	밴쿠버 · 보스토치니 · 두바이 · 홍콩 · 싱가포르
중남미	LA · 마이애미 · 파나마
중동 · 아프리카	두바이 · 홍콩 · 싱가포르

해공운송은 양 수송수단의 장점과 함께 단점도 따라와 다음과 같은 문제가 발생할 수 있다. ① 연계과정의 신뢰성, ② 기간의 신빙성, ③ 파손위험, ④ 별도의 운송약관, ⑤ 포워더 B/L의 운송약관은 해상 · 항공 중 어디에 적용해야 하는지 등이다. 특히 해상운송은 운항시간이 불확실하고 태풍 등 불가항력적 위험에 노출되어 운송기간을 지키기가 쉽지 않다.

그리고 캐리어형은 화주에게 항공운송장(air waybill)을 발행하는 경우가 많은데, 항공운송장은 항공구간만을 커버하고, 해상구간은 별도의 해상선하증권(ocean B/L) 또는 화물수취증을 발행한다. 그러나 해상선하증권 · 화물수취증은 화주에게는 발급하지 않고, 항공운송장의 접속약관(conjunction clause)에 선명(船名)과 B/L 일자 등을 기재하여 해상구간을 커버하기 때문에 수송책임은 B/L과 함께 양분된다.

포워더형은 복합운송증권(MTD) · 포워더 화물수취증(FCR) · 혼재항공운송장(house air waybill) 등 여러 가지를 사용하고 있는데, 그 내용은 통선하증권(through B/L)의 형식이 많고, 일관책임(through liability)체계의 운송장도 있다.

3 해공복합운송의 현황

해공운송은 복합운송의 꽃이라 할 만큼 노하우와 경험을 요한다. 해공운송이 쉽지 않은 이유는 기본적으로 납기(納期)에 늦은 화물의 납기를 맞추기 위해, 정확한 해상운송 스케줄, 신속한 환적(T/S: transshipment), 원활한 항공스페이스 예약, 저렴한 항공운임 확보 등 일사불란한 프로세스를 요하고, 하나라도 차질이 생기면 납기를 어겨 화주의 클레임을 받기 때문이다.

예컨대, 한국~유럽의 해상운송은 28일 정도인데 해공운송은 15일 정도 걸린다. 부산 출항 12일 후 밴쿠버에 도착하면 1~2일의 환적(T/S)을 거쳐 유럽에 도달한다. 문제는 밴쿠버에서의 T/S이다. 일반 항공화물이 많으면 해공화물이 적체될 수 있는데, 1주일이 적체되기도 한다. 따라서 이러한 문제를 해결할 수 있는 밴쿠버 파트너가 중요하다. 지연은 포워더의 책임이 되기 때문에, 믿을 만한 파트너 없이 서비스에 뛰어들 경우 실패할 확률이 높다.

해공운송이 한국에 본격적으로 도입된 것은 1985년 경이다. 그러나 화주들의 인식부족과 네트워크의 미비로 활성화되지 않았으며, 바이어들이 요청한 지정(nomination) 화물만 제한적으로 이용했었다. 1990년대 들어 밴쿠버 경유 유럽향 서비스가 활성화되었고, 현재 주로 이용하는 한국발 해공운송은 4가지이다. ⓐ 밴쿠버 경유 유럽향, ⓑ LA・마이애미 경유 남미향, ⓒ 두바이 경유 아프리카・지중해 서비스, ⓓ 인천 경유 중국발 화물의 삼국간 서비스 등이다. 이외에도 얼마든지 다른 루트개발이 가능하다.[26] 적기납품을 충족시키고 가격만 합당하다면, 그리고 포워더가 존재하는 한 어느 노선이든 개발이 가능하다.

밴쿠버 루트가 부진한[27] 가운데 LA・마이애미 경유 한국－남미 루트가 매력이 있다. 브라질은 해상운송이 35일, 해공운송은 15일 정도로 해상운송의 절반이 안돼 경쟁력이 있다. 두바이는 좋은 루트가 아니라는 것이 일반적인 견해이다. 두바이는 해상운송이 15일 정도로 밴쿠버보다 3~4일 더 필요해 리드타임이 길기 때문이다. 그러나 홍콩・중국발 화물은 밴쿠버보다 두바이의 해상운송이 짧아 유리하다. 따라서 홍콩의 포워더들은 주로 두바이를 이용한다. 특히 두바이는 밴쿠버보다 화물기 취항이 많아 스페이스 잡기가 쉽다.[28]

인천 경유 중국–인천–삼국간 해공운송은 일본향・미주향・유럽향이 있다. 한국기업이 많은 청도(靑島)・대련(大連)・연대(蓮臺)・위해(威海) 등지에서 항공편을 이용

26) 대한항공이 1989년부터 개시한 'Sky Bridge'로 불리우는 해공운송이 있다. 중국–미국의 순수 해상운송은 3~4주를 요하지만 스카이 브리지는 5~8일이 걸린다. 상해・대련・천진・청도 등 9개의 중국항에서 한진선박으로 부산・인천으로 매일 해상운송을 하면 (주)한진(트럭회사)이 인천공항으로 보세운송하고, 공항에서 해상용 컨테이너에서 항공용 팔레트・컨테이너에 옮겨 2일내로 全세계 60여개 목적지에 도달한다. 모든 구간에 대한항공 운송장을 사용하여 kg당 US$20의 책임이 적용된다.

27) 9.11 이후 미국 경유 화물에 대한 미세관(美稅關)의 무차별적 화물검사로 T/S 시간이 예전보다 길게 1주일 이상 길어져, 지연의 클레임 위험을 안고 서비스할 만큼 한국~유럽 해공운송은 수익성(收益性)이 없다.

28) 두바이 샤르자(Sharjah) 공항은 극동–유럽 고가화물 해공운송에 주력하고 있다. 샤르자 공항의 화물 55만톤 중 해공화물의 비중은 약 20%이다. 1일 45대의 비행기가 이착륙하고 이 중 18대가 화물전용기이다.

하려면 북경까지 가야한다. 트럭으로 북경공항까지 가는 시간과 페리로 인천항까지 오는 시간에 별 차이가 없고, 운임은 북경발 항공운송이 인천 경유 해공운송보다 2배나 높아 중국에 진출한 한국기업들은 인천 경유 해공운송을 많이 이용한다.

중국-인천-삼국의 해공화물(海空貨物)은 페리-인천항 또는 평택항-보세운송-인천공항-항공기의 순서를 밟는다. 특히 일본향 화물이 저녁에 위해항(威海港)을 출발하면 다음날 아침에 인천항에 도착, 오후에 인천공항에 반입되어 다음날 아침에 일본에 도달한다. 일수(日數)로는 3일이지만 순수 이동시간은 2일 정도로 직항편(直航便)과 큰 차이가 없다. 현재 중국발 미주·유럽향 항공운임이 많이 올라, 해공운송으로 돌리는 화주들이 많다. 해공화물은 항공사들이 비수기를 겨냥해 스페셜 운임을 적용하고 있어 일반항공화물보다 저렴하다.

해공화물(海空貨物)은 매우 다양하다. 자동차부품·광학장비·오디오·시계·섬유류 등의 준고가품들이다. 해공운송에서 중요한 과제는 운송수단간 단위탑재용기(unit load device)의 교환이 가능해야 한다. 예컨대 선박에 탑재되었던 컨테이너의 크기와 무게를 규격화하여 명실상부한 'Intermodal' 서비스가 가능해야 해공복합운송이 발전할 수 있다.

해공운송용 컨테이너

해공운송에 있어 선박과 항공기의 컨테이너가 달라 어려움이 적지 않다. ISO 컨테이너는 항공기에 너무 무겁고, IATA ULD는 험한 해상·육상운송을 견디기에는 약하며, 그 모양도 불규칙적이어서 컨테이너에 적입하기에도 부적합하다. 따라서 해공운송시 지금까지는 선박용 ISO 컨테이너에서 화물을 인출하여, 다시 항공기용 IATA ULD에 재적입하곤 했었다.

이로 인해 시간·비용의 손실은 물론 화물의 손상·분실도 잦아, 환적없는 일관운송을 위해 ULC(Unit Load Carrier)라는 해공전용 컨테이너가 개발되었다. 길이 5.8m, 폭 2.3m, 높이 1.2m, 자체중량 817kg, 적재중량 13.6MT, 적재용적은 고밀도(high density) 화물은 11.3cbm, 저밀도 화물은 22.6cbm으로 설계되었으며, 외관상 20′ ISO 오픈톱 컨테이너 높이의 반이다.

ULC는 무게를 줄이기 위해, 네 모퉁이에 철재기둥을 세웠고 벽면은 플라스틱 또는 탄소섬유 판이며, 항공기·컨테이너에 적입·인출을 쉽게 하기 위해 밑면에 롤러를 부착하고, 높이를 2배로 확장할 수 있다. 해상운송시에는 ULC를 ISO 20′ 컨테이너에 적입하여 운송하고, 항공구간은 보잉 747과 같은 대형기종의 Main Deck에만 적재할 수 있게 되어 있다.

Chapter

19 운송주선인

제1절 운송주선인의 개념 및 의의

1 운송주선인의 개념

운송주선인(freight fowarder)은 Forwarding Agent, Freight Promoter, Shipping & Forwarding Agent 등으로 불리운다. 운송주선인은 종래에 화물집하나 대리점을 영업기반으로 하고 있던, 포워더가 국제복합운송의 참여를 계기로 공중운송인(common carrier)으로서 복합운송에 개입하게 되었으며, 특히 선사나 항공사 등의 캐리어들도 복합운송인(CTO or MTO)을 지향하여, 복합운송인에는 Carrier형인 VO(vessel operator)와 Non-Carrier형인 NVO(non-vessel operator)가 포함된다.

어쨌든 프레이트 포워더 또는 포워더로 불리우는 운송주선인은 대단히 넓은 분야에 걸쳐 활동하고 있고, 시대의 변천과 함께 그 성격 · 역할 등이 변화하고 있어, 주선업무를 몇 마디로 정의하기에는 어려움이 있다. 주선(周旋)이란 말을 사전에서 새겨 보면 "일이 잘 되도록 이리저리 힘을 써서 변통해 주는 일"로 풀이하고 있다.

각국 주선인의 활동을 보면 주선인은 일정한 보수를 목적으로 수출입업자를 대신해 수출입화물의 운송문제를 해결해 주는 자로 정의할 수 있다. 한마디로 주선인은 화주와 운송인을 매개하는 중개자이다. 여기에는 기본적 운송주선 업무 · 보관 · 전문적 조언 · 화물이동에 대한 감시 등의 서비스가 포함된다. 주선인 중에는 운송의 주선(arrangement) · 관계서류의 작성 외에 더 이상의 서비스를 하지 않는 주선인도 있지만, 많은 주선인은 운송주선 외에 다양한 부수적 서비스를 제공하고 있다.

미국은 운송주선인을 공중운송인으로서 보수를 받고 화물의 운송(carry) · 주선(arrange)을 업으로 하는 자로 정의하고 있다.[1)] 그리고 통상의 업무는, ① 화물을 집하

(canvass)·혼재(consolidate)·분류(sort)·인도(deliver)하고, ② 화물의 수령에서 인도까지 운송에 대한 책임을 지며, ③ 운송의 전부 또는 일부에 타운송인의 서비스를 이용하여 자신의 명의로 운송계약을 체결하는 자로 규정하고 있다.

일본에서는 운송주선인을 "타인의 수요에 응해 보수를 받고, 운송을 주선·대리·매개하고 실제운송인(actual carrier)의 운송수단을 이용하여 물품의 운송을 업으로 하는 자"로 정의하고 있다.

한국의 상법은 "자기의 명의로 물품운송의 주선을 영업으로 하는 자"라고 간단히 정의하고(상법 제8장, 114조), 주선인은 다른 약정이 없으면 직접 운송할 수 있으며, 이때 주선인은 운송인과 동일한 권리의무를 갖게 되고, 주선인이 위탁자에게 화물상환증·선하증권 등을 교부하면 직접 운송하는 것으로 본다고 규정하고 있다.

요컨대 운송주선인은 고유의 주선, 즉 타인의 계산과 자기명의로 운송을 인수하는데 그치지 않고, 여기에 필요한 여러 가지 부수적 업무와 서비스를 제공하는 자(者)이다. 즉, 주선인은 화주를 위하여 적당한 운송인과 도착지 주선인을 선택하고, 저렴·확실·신속한 운송경로와 시기를 정하여 운송을 주선하는 동시에, 운송에 필요한 서류를 준비하고, 운송물의 보관·수도(受渡), 기타 운송을 안전하게 할 수 있게 주선하는 것을 그 본래의 업무로 하였던 것이다.

그러나 최근에는 철도·자동차·선박·항공기 등의 운송기술의 발달과 운송구역의 확대로 앞서 열거한 업무 외에도 창고·운송용구의 임대·운송업·중개업·수탁매매·통관 등을 겸영하여 상품거래와 관련된 여러 가지 편익을 제공하는 자로 변신하고 있다.[2)]

특히 오늘날의 운송주선인은 컨테이너화로 복합운송이 발전하면서 서로 다른

1) 독일의 상법에는 운송주선인(spediteur)을 "자기명의로 타인(화주)을 위해 육상운송인·해상운송인을 하청인으로 하여 운송의 주선(arrange)을 업으로 하는 자", 스위스의 상법에는 "보수를 받고 송하인을 위하여 자기명의로 물품의 운송·중계를 주선하는 자", 프랑스의 상법은 운송주선인(transitair)을 "자신의 명의로 위탁자의 계산하에 주선하는 자"로 규정하고 있다.

2) 여기에 부가가치서비스(VAS : value added service)가 있다. 이는 포워더가 大수출입상을 위해 개발한 종합물류(total logistics)서비스이다. 트럭킹·철도운송·하역·포장·보관·서류작성·통관·재고관리·바코딩·견적·상표부착·설명서 삽입·부품조립·송장발송·예비부품의 픽킹, 상품판매 이후의 A/S도 포함된다. 그런데 이러한 VAS를 Maersk·CMA CGM·일본의 선사들이 산하에 창고·철도·트럭킹·배달회사 등을 설립·제휴하여 토탈서비스를 제공하기 시작했다. 머스크는 항공화물자회사 '스타에어'(화물기 15대)를 운영 중인데, 독일의 항공화물업체(6대)를 인수하여 항공물류를 강화하고, 2021년 미국과 포르투갈의 풀필먼트업체도 인수하여 육상물류도 진출했다. 풀필먼트는 보관·포장·출하·배송 등의 일괄서비스로 육상물류의 허브역할을 한다. CMA CGM도 2021년 항공화물자회사 'CMA CGM 에어카고'를 설립하여 북미·중동의 항공화물시장에 진출하고, 7월에는 스페인 철도회사를 인수하여 철도운송에도 진출했다.

운송구간을 유기적으로 결합하여, 화주에게 문전에서 문전까지 일관운송을 제공하는 주체로서, 선진국에서는 주선인은 곧 복합운송인이라는 인식전환이 완료된 상태이다.

그런데 여기에서도 마찬가지로 선사·항공사와 같은 운송수단보유자(VO)도 주선인이 될 수 있는지 의문이 생긴다. 흔히 주선인은 운송수단비보유자(NVO)로 인식하고는 있지만 NVO만이 주선인이 될 수 있다는 규정은 어디에도 없는 것으로 보아 선사·항공사 등의 실(實)운송인도 주선업무를 하게 되면 주선인이 되는 것이다.

국제운송주선인협회연맹(FIATA : Federation Internationale des Associations de Transitaires Assimil)

FIATA는 비영리단체로 유럽諸國의 포워더들이 권익보호를 위해, 1926년 비엔나에서 설립한 세계적인 포워더의 대표기관으로, 본부는 스위스 취리히에 있고, 영어로는 "International Federation of Freight Forwarders' Association"으로 표기한다. 정회원(ordinary member)과 준회원(associated member)으로 구성되어 있으며, 정회원은 각국의 포워더 단체로서 완전한 권리를 보유하고, 준회원은 포워더·통관업자로 구성되어 제한된 권리를 행사하며 현재 130개국, 35,000여 회원을 갖고 있다.

FIATA는 유엔경제사회이사회와 UNCTAD의 자문기관이며, 운송과 관련된 정부기관·국제기구, 즉 국제상업회의소(ICC), 국제항공운송협회(IATA), 국제컨테이너사무국(BIC), 국제철도운송조합(UIC), 국제철도운송본부(OCTK), 국제화물취급조정협회(ICHCA), 국제도로운송조합(IRU), 구주·일본선주협회회의(CENSA), 국제선주협회(INSA), 관세협력이사회(CCC) 등으로부터 운송주선인의 대표성을 인정받고 있다. 세계적으로 약 800만명이 주선업에 종사하고 있으며, 잡화(general cargo)의 75%를 주선업자가 취급하고 있는 것으로 알려져 있다.

FIATA는 ① 포워더의 서비스 홍보, ② 국제운송관계회의에 참여하여 포워더의 권익보호, ③ 포워더 B/L의 통일, ④ 전문인 교육·양성, ⑤ 업자들간의 윤리규범 제정·결속 추진, ⑥ 선사·화주와의 협력증진, ④ 운송종사자간의 유대강화 등의 목적으로 설립되었으며 법률·증서·보험·홍보·교육·철도·도로·해운·복합운송·항공·통관·무역절차 간소화를 위한 9개 분과위원회로 구성되어 있다. 각 위원회의 목표는 포워더 업무에 대한 인식제고·홍보·회원들의 정보교환·직업훈련 등이다. 우리나라는 국제물류주선인으로 구성된 한국국제물류업협회(Korea International Frei -ght Forwarder's Association)가 1977년에 L.A. 회의에서 정회원으로 가입하였다.

2 운송주선인의 의의

운송주선인의 의의(意義)에 대해서는 운송주선인이 없는 경우를 보는 것이 오히려 이해를 쉽게 할 것 같다. 만약 주선인이 없다면 모든 운송인은 수많은 화주에게 직접 운송서비스를 광고하여 집하해야 된다. 따라서 수많은 개별화물을 직접 수령하고, 그에 따르는 관계서류를 점검하려면 직원과 화물처리를 위한 공간을 대폭 늘려야 하므로 많은 비용을 요한다.

이에 비해 주선인은 화물을 취합하고 관계서류를 정비하여 본선 출항 2~3일 전에 항만에 반입시키기 때문에, 선사는 능률적으로 화물을 수배·정리할 수 있다. 만약 이러한 역할을 담당해 주는 주선인이 없다면 선사는 선적에 큰 혼란을 겪을 것이다.

화주의 경우, 수출상이 얻는 이점은 번거롭고 복잡한 상품운송을 전문가인 주선인이 대신하여 맡아주는 것이다. 수출상의 구내로부터 선적항까지의 내륙운송·선적절차 등의 복잡한 업무로부터 해방되므로, 수출상은 화물이 구내를 떠난 시점부터 더 이상 화물에 신경을 쓰지 않아도 되므로 본래의 수출업무에 집중할 수 있다.

수입상은 주선인이 화물의 도착을 통지해주고, 화물인수에 필요한 서류작성·절차 등에 관해 주선인의 조언을 받고, 화물을 수입상의 창고까지 입고시켜 주기 때문에 자기의 일상업무에 전념할 수 있다. 따라서 높은 비용으로 기업에 전담직원을 두지 않고도 최고의 조언을 듣고 운송에 대한 최신정보를 쉽게 접할 수 있다.

한편 통관에서도 주선인의 존재가치는 높다. 이를테면 세관과 주선인은 이해와 신뢰에 기초한 특별히 긴밀한 관계가 확립되어, 여러 면에서 쌍방의 협력이 이뤄지고 있다. 예컨대 세관은 자기네가 의도하고 있는 통관절차 등의 변경을 주선인에게 통고하면, 주선인은 사전에 고객에게 정보를 제공할 수 있다. 또한 주선인은 수많은 화물의 관세를 매일 1회의 일괄지불로 끝내고, 세관은 신뢰할 수 있는 주선인의 의뢰를 받으면 통관시간이 단축되기 때문에 인력의 절감도 가능하다.

화주가 주선인을 이용하면 개개의 탁송화물에 대한 일반사항과 함께 판매전략을 포함한 전문영역에 대한 주선인의 조언도 들 수 있다. 운송업무는 여러 부문에 관계되어 판매조건·판매단위·포장방법·상품의 디자인까지 영향을 미치기 때문이다. 현실적으로 모든 주선인이 이러한 형태로 화주의 수요에 응하는 것은 아니지만, 그러한 방향에서 서비스를 제공하는 것이 주선인의 바람직한 모습이라 할 수 있다.

제2절 운송주선인의 연혁

1 유럽의 운송주선인

운송주선인(포워더)의 근원은 유럽대륙에서 찾아볼 수 있다. 베니스가 한창 전성기였던 13세기 초 알프스 산맥을 넘나들며 유럽 각국과 교역을 하던 베니스 상인(商人)들이 '프락터'(Frachter)라는 마부(carter)를 이용하던 데에서 시작된다.

마부는 상인과 화물을 마차에 싣고 강도들을 대비해 무장경호원을 대동하고, 국경을 넘을 때마다 통과세(dues and tolls)를 내고, 도중에 말(horse)을 바꿔가면서 유럽의 이곳저곳을 넘나들었다. 그리고 화물은 동승한 상인이 현지에서 매각했다.

그 후 400년이 지난 1600년 경에 '프락터'가 독자적인 운송인(operator)으로 변모한다. 그는 이제 교역로를 훤하게 알고 있기 때문에 교역중심지(mercantile center)에 창고(transit storage place)를 마련하고 대리인(transportation agency)을 두어, 운송증권(bill of lading)을 발급하면서, 수하인으로부터 운임・관세・상품대금 등을 회수하는 방식을 취하였다. 그는 푸거(Fugger)와 같은 거상들과 왕족들의 주선인이 되었고, 나아가 해상운송에도 진출하여 무역상사(trading houses)의 화물중개(freight brokering)에도 관여하게 된다.

이후 수차례의 전쟁을 치른 유럽은 18세기 말에 평화와 함께 활발한 교역이 재개된다. 이제 상인들은 각자가 자기의 본거지에 머물면서, 상품의 운송을 전문가인 '프락터'(이때부터 'Spediteur'로 개칭)에게 맡기게 된다. 주선인은 상인으로부터 수수료를 받고 全유럽에 걸쳐 제휴선(counterpart or correspondent)을 두어 운송업무를 훌륭하게 수행한다. 더욱이 19세기 초의 철도의 출현은 운송주선인(spediteur)의 역할을 더욱 강화한다. 유럽은 수많은 독립국가로 분할되어서 철도차량이 인접국가를 경유할 수가 없었다. 따라서 철도운임과 화물상환증도 국내운송만 책정되고 발급되었다.

여기에 역내의 운송업무에 오랜 경험을 축적한 주선인들이 앞장서서 교역의 장애요인을 제거했는데, 우선 화차단위의 혼재업무(consolidation)의 주체가 되어, 통운임(through rate)・통운송장(through bill of lading) 등의 발급으로 대처했던 것이다.

그리고 각국의 상업회의소・철도협의회・관세위원회・법률협회 등이 이들의 전문지식을 조언받아 각종 규정 · 법률을 제정할 만큼 그들의 전문성(expert position)은 독보적이었다. 19세기 유럽은 아직 천여개의 독립국가로 분할된 상태였었다. 여기에 관세율 · 환율 · 척관법(尺貫法) 등이 다양하게 적용되어 이것들을 숙지하고 있는 주선인의 위상은 매우 높았다.

다시 19세기 말에는 각국이 상법의 법제화를 시도하면서 이들의 자문을 요했고, 동시에 이들의 지위도 법적으로 확고한 기반을 다지게 된다. 더불어 무역이 全세계로 확대되어 이들의 역할이 더욱 돋보여, 국제무역의 필수불가결한(indispensable) 존재가 되었다.

한편 이들은 운송관련 제반사항을 집중적으로 연구하고 가르칠 수 있는 전문교육기관이 필요하다고 보고, 1921년에 독일 주선업계의 주도로 쾰른대학(University of Cologne)에 "The Institute of Transportation Study"라는 전문대학(college)을 설립하였다. 그리고 국제운송이 궁극적으로 경영전략 · 제품계획 · 생산 · 유통부문 등과 연계되어야 한다는 사실을 깨닫고 여기에도 지대한 관심을 보였다.

세계무역의 팽창과 기술 · 금융 · 정치부문의 다양화가 가속화되는 20세기에 들어서도 유럽의 주선인들은 각국 정부의 복잡한 규제의 틀속에서도 그들의 고객을 보호하고 국제교역을 증진하는 데에 추호의 부족함이 없었다. 그리고 대서양 건너편에 새로이 등장하는 젊은 대국, 미국이 세계무역에 참여하는 데에 큰 힘이 되었던 미국 주선인의 훌륭한 모델이 된다.

2 미국의 운송주선인

미국 주선업의 시초는 1815년 경의 'Ship Broker'로부터 유래된다. 영국의 식민지였던 미국의 상업활동은 뉴욕 등 대서양 연안의 항구에서 시작되었고, 해상운송이 주류였다. 따라서 식민지 시대의 무역업자는 "Shipping and Commission Merchants"라 하여 상인이면서 동시에 중개인(merchant and broker)으로서, 무역업무라면 무엇이든지 다하는 만물박사(Jack-of-All-Trades)였던 것이다.

뒤이어 미국의 중서부가 개발되고 1825년 이리(Erie) 운하의 개통으로 오늘날의 내국운송주선인(domestic freight forwarder)의 전신인 'Forwarding Merchant'가 등장하여, 주요 통과지점에 창고를 설치하고, 육로와 운하를 연계하여 통운임과 통운송장(waybill)을 발급하였다. 그리고 이들은 곡물 · 목재 · 공산품 등의 중개상(commission house)도 겸했다.

1830년 South Carolina Railroad의 개통이 오늘날 우리가 말하는 국제운송주선(international freight forwarding)의 태동에 계기를 이룬다. 1837년 열차차장을 하던 한덴(W.F. Harnden)이라는 젊은이가 'Express Service'라는 주선회사를 설립하고 철도를 이용해 뉴욕과 보스톤을 직접 왕복하면서 주 4회에 걸쳐 소화물의 인도・물품구매・어음추심 등의 서비스를 개시하고, 1840년에 영국에 지점을 열었으며 1842년에는 유럽 전역으로 확대하였다.

이에 자극을 받아 1846년에는 뉴욕에만 주선회사가 27개에 달했는데, 이들의 서비스는 ① 혼재업무, ② 항만업무의 대행(port representative), ③ 외국의 내륙까지 통운송(through service), ④ 철도・도로・운하・해상에 걸친 통운임 제시, ⑤ 인도불(引渡拂, C.O.D) 서비스의 제공, ⑥ 내륙지점까지 통운송증권(through B/L)의 발행, ⑦ 운임률표(tariff)의 작성, ⑧ 환어음(bill of exchange) 발행 등으로 오늘날의 주선인이 행하는 업무를 거의 커버하였다.

이러한 과정에서 미국은 주선업무(freight brokerage and forwarding business)가 미국의 잉여생산품을 해외로 수출하는 데 지대한 공헌을 한다고 칭찬을 아끼지 않았다. 특히 20세기 초의 미국은 수출입 화물의 90% 이상을 외국선박에 의존하고 있었기 때문에 외국선박을 수배할 수 있는 포워더의 역할은 더욱 돋보였을 것이다.

이후 미국은 1차대전(1914.6~1918.11) 중에 자국선(自國船)이 없어 곤욕을 치루면서 1916년 해운육성을 위한 해운법(Shipping Act, 1916)을 제정하였는데, 1946년 대법원은 포워더도 동법(同法)의 적용을 받는다는 판결을 내려 포워더의 지위를 확고히 해 주었다. 그리고 2차대전(1939.9~1945.8) 중에 포워더의 경영이 어려워지자, 로비로 블랜드법(Bland Freight Forwarding Act, 1942)을 통과시켜 포워더도 상선법(Merchant Marine Act, 1936)의 적용을 받아 정부로부터 보조를 받았다.

이후 1950년에는 포워딩 산업이 존립할 가치가 있다(imperative)고 보고, 포워딩 산업의 안정을 위해 정부의 통제・보호가 필요하다는 결론하에 연방해사위원회(FMC)에 모든 포워더를 등록케 하였다. 그리고 포워더들은 해운・무역・국내경제의 활성화에 중요한 역할을 하고 있음을 홍보함으로써, 10년 뒤 1961년에는 해상운송주선업(independent ocean freight forwarder)의 면허제가 도입되어 오늘에 이르고 있다.

미국의 운송주선인

미국은 원양운송중개인(OTI : Ocean Transport Intermediary)을 ① 해상운송주선인(ocean freight forwarder), ② 무선박운송인, 즉 NVOCC(Non-Vessel Operating Common Carrier)로 구분하고 있다.

① Ocean Freight Forwarder

포워더가 미국법에 최초로 규정된 것은 1942년의 Bland Freight Forwarding Act이고 1961년에 Independent Ocean Freight Forwarder라는 명칭으로 FMC의 면허제가 도입되었다. 1984년 해운법에 OFF는 ⓐ 화주의 대리인으로서 해상운송으로 수출품의 선적, 선복예약 등을 하고, ⓑ 서류작성, 선적에 수반하는 업무를 수행하는 자로 규정하고 있다. 즉, 포워더는 문전서비스(door to door)의 운송주선・포장・보관・컨설팅・통관・서류작성과 처리・네고 등의 각종 부가가치(value added) 서비스를 한다. 미해운법 시행세칙 제46조에 포워더의 업무를 상세히 열거하고 있다.[1)]

포워더 서비스의 대가는 화주(shipper・consignee)로부터 주선수수료를 받고, 선사로부터 집하보상금(compensation)을 받는다. OFF로 활동하려면 FMC로부터 면허를 취득해야 한다. 포워더의 면허요건은 ⓐ 미국에서 3년 이상 포워딩 업무에 종사한 자, ⓑ $50,000의 보증금 예치, ⓒ 포워딩 업무수행에 적절한 자질을 갖출 것 등이다.

② NVOCC(Non-Vessel Operating Common Carrier)

NVOCC가 처음 법제화된 것은 1963년의 FMC General Order 4〈510.21 (b)〉이다. 이 규정의 NVOCC는 ⓐ 광고・권유・기타의 방법으로 태리프를 설정・고시하고 해운법에 규정된 주간(州間)・외국항로에서 해운을 이용하여 운송서비스를 제공하는 자, ⓑ 화물의 안전수송 의무를 다하고 법률에 따라 책임지는 자, ⓒ 이용선박의 소유・지배 여부와 관계없이 자기명의로 해상운송인과 운송계약을 체결하는 자이다.

1981년의 개정에서 NVOCC는 미해운법상의 수상공중운송인(common carrier by water)에 준한다고 규정하고, 1984년 해운법에서는 NVOCC가 공중운송인(common carrier)이라고 명확히 규정했다. 1984년 해운법은 자기가 선박을 직접 운항하지 않으면서 화주에게는 해상공중운송인(ocean common carrier)이고고, 해상공중운송인인 선사에게는 화주가 되는 자라고 정의했다. 여기의 공중운송인은 보수를 받고 미국과 타국에 해상운송 서비스를 제공하겠다고 태리프를 공시・광고하는 자이다. 그리고 1998년 개정해운법은 인터넷 웹사이트에 태리프를 공개하게 하였다. 이러한 공중운송인은 NVOCC 외에 VOCC(vessel operating common carrier)가 있고, NVOCC는 VOCC에게는 화주가 되고 화주에게는 운송인이 된다.

NVOCC의 주업무는 LCL 화물의 혼재(consolidation)이며, 단지 항구간(port to port) 서비스만 하고 자기명의의 B/L을 발행한다. 따라서 대부분의 포워더와 트럭회사는 NVOCC 면허를 얻어 겸업하고 있다. NVOCC 영업만 하면 Neutral or Unaffiliated NVOCC라 칭한다. NVOCC는 1970년대에 항만노무자에게 혼재를 맡기면 너무 비싸 선사들이 혼재업무를 NVOCC에게 맡기면서 활성화되었다. 더욱이 항만으로부터 50마일 이내에서 NVOCC의 혼재작업을 금지하려는 항만노조의 이른바 '50mile rule'을 대법원이 무효로 판결하면서 NVOCC가 기반을 다져고, 1984년 해운법에서 NVOCC의 지위가 법적으로 인정되었다.

NVOCC는 포워더의 면허요건과 같은 요건을 충족하여 면허를 얻고, 보증금(surety bond)[2]을 예치하며, 외국석 NVOCC는 미국에 법정대리인(agent)을 두어야 한다. 2025년 현재 6,000개 등록업체가 활동하고 있다. NVOCC는 서비스계약으로 선복을 도매로 구매하여 소매로 판매하는 업체이다. 그 규모가 커서 선사와 경쟁할 만큼 대형업체도 있고, 특정화물·특정시장에만 특화하는 업체도 있다. 만약 어떤 선박이 예정일에 출항하지 못하면 NVOCC는 다른 선박을 찾아 고객에게 유연한 서비스를 제공하는 등 나름의 강점을 갖고 있다.

이 밖에도 미국에는 주간통상법(ICA; Interstate Commerce Act)의 육상운송위원회(STB; Surface Transportation Board)[3]의 규제를 받는 내국운송주선인(domestic freight forwarder)이 있고, 연방항공법(FAA; Federal Aviation Act)의 민간항공위원회(CAB; Civil Aeronautics Board)의 규제를 받는 항공운송주선인(air freight forwarder)이 있다. 해상운송주선인(Ocean Freight Forwarder)과 무선박운송인(NVOCC)은 해운법(The Ocean Shipping Act)의 연방해사위원회(FMC)의 규제를 받는다.

---

1) ① Ordering cargo to port, ② Preparing and/or processing export declaration, ③ Booking cargo space, ④ Preparing or processing delivery orders and dock receipts, ⑤ Preparing and/or processing ocean B/L, ⑥ Preparing or processing consular documents or arranging for their certification, ⑦ Arranging for warehouse storage, ⑧ Arranging for cargo insurance, ⑨ Clearing shipments in accordance with United Government export regulations, ⑩ Preparing and/or sending advance notifications of shipments or other documents to banks, shippers, or consignees, as required, ⑪ Handling freight or other monies advanced by shippers, or remitting or advancing freight or other monies or credit in connection with the dispatching of shipments, ⑫ Coordination of the movement of shipments from origin to vessel, ⑬ Giving export advice to exporter.

2) 1998년 개정법 이전에는 국적에 관계없이 $5만이었는데 개정법은 미국적 NVOCC는 본사는 $7.5만, 지사는 $1만, NVOCC 및 OFF 겸업자는 $10만, 외국적 NVOCC는 $15만으로 구분하여 인상하였다.

3) 1998년 이전에는 주간통상위원회(ICC; Interstate Commerce Commission)로 불리웠었다.

3 한국의 운송주선인

우리나라에 포워딩이 등장한 것은 1970년대 초이다. 당시 수출입 물동량이 크게 늘자 스위스·독일 등 유럽의 포워더들이 한국에 진출하였고, 일부 선박대리점들(shipping agent)이 이들의 대리점으로 포워딩 업무를 개시하였다. 1973년부터 포워딩 업무가 별도의 독립사업체로 분리되면서 전문적 포워딩 시대가 시작된 것이다.

1976년 9월 해운항만청이 '외항해상운송부대사업 면허요령'을 제정하고, 1976년 10월 26개사가 면허를 취득한 후, 1979년 말까지 3차에 걸쳐 모두 50개사가 면허를 받았다. 이후 1980년 5월 기존업체를 보호한다는 명분 아래, 1983년 상반기까지 면허발급을 중단하자 면허에 막대한 프리미엄이 붙는 부작용도 생겼다.

1983년 12월에는 해상운송사업법을 해운법으로 바꾸고, 면허업종이었던 해상화물운송주선업을 등록업종으로 전환했다. 1984년 10월에 공포된 해운법시행규칙의 등록기준에는, 해무사 확보의무와 임원 중에 전문경력소지자를 두도록 하여 비전문가의 무분별한 업계유입을 저지하는 장치를 마련했다. 그러나 본래의 등록제 취지와 달리 당국에서 업체수 증가의 속도관리를 했기 때문에 완전 등록제라기보다 제한적 등록제라 할 수 있다. 그로 인해 1987년 6월말 등록업체는 71개사에 머물렀다.

그러다가 서비스부문 개방과 관련된 우루과이라운드의 이행 등으로 정부는 국내기업의 자생력 배양을 위해 1987년 7월 이후 등록기준만 갖추면 아무런 제약없이 허용하자, 업체수가 1987년 말 149개, 1990년 266개, 1993년 319개, 1996년 6월까지 410개사로 늘었다.

그런데 정부는 해상화물운송주선업이 육해공을 망라하는 국제복합운송업자로서는 한계가 있다고 보고, 1991년 12월 화물유통촉진법을 제정하여 복합운송주선업이라는 업종을 탄생시킨다. 이에 운송주선업, 즉 포워딩은 해운법・화물유통촉진법의 운송주선업으로 이원화된다. 화물유통촉진법의 제정으로 새로이 신규업체가 설립되고, 기존의 해상운송주선업체 중 일부가 복합운송주선업으로 등록한 데다, 1993년 12월 항공법이 개정되어 항공운송주선업이 모두 복합운송주선업으로 등록하여, 복합운송주선업체는 1992년 59개, 1995년 188개, 1996년 6월 193개에 이르렀다.

운송주선업의 업무가 같은데도 근거법과 소관부처를 달리하여 해상운송주선업과 복합운송주선업으로 양분됨으로써 정책추진의 일관성 저하・업종간 이해다툼・이용화주의 혼란 등 적지않은 문제점이 노정되자, 정부는 1995년 12월 해운법과 화물유통촉진법을 동시에 개정하여 해운법에서 해상운송주선업을 삭제하고, 1996.6.29. 해운법으로 등록된 해상운송주선업자를 복합운송주선업자로 간주하여, 선박・항공기만의 운송주선업자도 화물유통촉진법의 복합운송주선업으로 등록하게 하였다.

이후 정부는 글로벌화의 진전에 발맞춰 국제물류체계의 효율화와 물류산업의 경쟁력 강화를 위해 2007년 8월 '화물유통촉진법'을 '물류정책기본법'으로 변경하고, '복합운송주선업'을 '국제물류주선업'으로 변경하여 현재에 이르고 있다. 2021년 현재 정부에 등록한 국제물류주선업체수는 약 4,500개, KIFFA 가입회원사는 약 700개이며 미등록업체도 상당수 달한다고 한다.

한편 해상운송주선업체의 이익을 대변하는 단체로 1977년 4월 한국해상운송주선업협회가 발족하여 1977년 9월 제15차 FIATA 총회에서 정회원으로 가입하고, 1988년 4월에 한국국제복합운송업협회(KIFFA)로 명칭을 바꿔 존속해 오던 중 1991년 12월에 탄생한 복합운송주선업체의 이익을 대변할 한국복합운송주선업협회(KMTA)가 1993년 1월 설립인가를 받아, 1993년 9월 FIATA에 가입하여 FIATA B/L을 발행해 오던 중 1996년 6월 해상운송주선업이 복합운송주선업으로 통합됨에 따라, 1996년 11월 한국국제복합운송업협회(KIFFA)도 한국복합운송주선업협회(KMTA)와 통합되었고 2008년 2월 한국국제물류협회로 개칭하여 현존하고 있다.

일본과 중국의 포워딩업

일본의 포워딩업은 화물이용운송사업법에 규정되어 있고, 화물운송이용사업을 1종과 2종으로 구분하고 있다. 제1종 화물이용운송사업은 제2종 화물이용운송사업 이외의 것으로 타인의 수요에 맞춰 유상(有償)으로 운송을 제공하는 사업이다. 우리나라의 화물자동차운송주선사업에 해당된다. 제2종 화물이용운송사업은 타인의 수요에 응하여 유상으로 선박운항사업자・항공운송사업자・철도운송사업자의 운송용역을 이용하는 운송과 당해 운송에 선행(先行)・후속(後續)하는 운송에 관계되는 화물의 집하・배달을 위한 자동차로 운송을 일관하여 행하는 사업으로 우리나라 물류정책기본법의 국제물류주선업을 말한다. 제1종 사업은 국토교통성에 등록하고, 제2종 사업은 국토교통성으로부터 허가를 받아야 한다. 제1종・제2종 공히 운송약관을 정해 국토교통성 장관의 인가를 받아야 한다.

중국은 국제해운조례(國際海運條例)에 의거 선박을 보유하지 않고 운수사업(運輸事業)을 하면 반드시 국무원 교통주관기관에 선하증권을 등기하고 보증금을 납부해야 한다. 선박을 보유하지 않은 운수사업자(포워더 또는 NVOCC)의 선하증권 등기보증금은 80만元이며, 지점을 설립할 때마다 20만元씩 추가된다. 중국의 국제화운대리업(國際貨運代理業, 포워딩)은 2006년부터 외국기업의 100% 단독투자를 허용하고 있다. 즉, 외국투자 국제화물운송대리기업 관리규정(대외무역경제합작부 부령(部令))에 따라 중국기업과 합작투자 또는 외국기업 독자투자가 가능하며, 자본금은 US$100만 이상이어야 한다.

제3절 운송주선인의 역할

1970년 영국 경제개발국(National Economic Development Office)의 조사에 영국 수출입상의 90% 이상이 주선인을 이용하고 있었다. 이처럼 높은 이용도(利用度)는 곧 주선인을 이용하면 이점이 크다는 것을 시사해 주고, 주선인 이용의 해택은 단지 수출입상만 아니라 운송인・세관・기타 공공기관에도 적지 않음은 앞서 운송주선인의 의의(意義)에서 서술한 바 있다.

운송주선인은 근본적으로 본선(本船)과의 화물수도(貨物受渡)・전문상담・운송의 수배 등 무역거래 전반에 걸쳐 다양한 서비스를 수출입상에게 제공하고 있다.

그 구체적인 내용을 본다.

(1) 본선과의 화물수도

주선인은 수출입상을 위해 수출화물을 본선에 인도(引渡)하고, 수입화물을 본선으로부터 인수(引受)하는 것을 기본적인 기능으로 삼는다.

(2) 운임의 산정 및 전문적 조언

수출상에게 해상・항공・철도・도로운송의 소요비용・소요시간・신뢰성・경제성 등에서 가장 바람직한 운송경로의 선택과 비용을 계산하여 제시한다. 그리고 그 운송경로・운송수단에 준하여 화물포장・목적지국의 각종 규칙을 조언한다. 또한 수출상이 운송서류를 쉽게 작성할 수 있도록 조언한다.

(3) 운송의 수배

수출상을 대신해서 선박・항공기・육상운송에 필요한 공간(space)을 예약하여 화물을 인도・적재하고, 해외 목적지의 사무소나 대리점을 통해 수입상에게 인도지연이 없도록 채비를 한다. 또한 각국의 주선인은 화주를 위한 운송채비라는 전통적인 대행기능에 머물지 않고, 경우에 따라 특히 도로운송은 운송인으로 행동하거나, 수입상의 문전까지 일관서비스를 제공한다. 또한 주선인은 파업이나 기타요인 등의 상황변화에 화주의 이익을 위해 운송기관・운송경로를 임기응변으로 변경하고, 운송인이 제공하는 대량화물운임할인제도를 이용하여 화주에게 유리한 운임을 제시한다.

(4) 선적서류의 작성

운송주선인이 작성하는 주요서류·취급사무는 ① 선하증권·항공운송장·동종의 서류, ② 통관서류, ③ 보험증권, ④ 네고서류 등인데, 주선인이 화주를 대리하여 작성하거나 화주가 작성하면 조언을 한다.

(5) 통관대행

화주를 대신한 수출입의 통관은 주선인의 주요업무이다. 특히 수입통관은 복잡하여 전문지식이 필요하다. 이 점에서 주선인은 항만·공항에 사무소를 두고, 늘 세관직원과 접촉을 하며 수출입상의 훌륭한 통관대행업자로 활동하고 있다.[3)]

(6) 운임 및 기타비용의 입체

주선인과 화주의 거래관계가 확립되어 있으면, 주선인은 화주를 대신하여 비용을 대납(代納)한다. 수출입상은 통상 선사·항공사·기타 운송인·하역업자·컨테이너 터미널·그 밖의 여러 설비를 이용한다. 이 업무를 주선인이 대행하면, 수출입상이 그 비용을 주선인에게 일괄적으로 지불하면 간편해진다. 또한 주선인은 신용장·외환매매 등의 은행업무를 대행하기도 한다.

(7) 포장 및 보관

대부분의 주선인은 자기의 포장회사를 갖고 있고, 운송방식이나 목적지에 따라 가장 적합한 포장방법을 화주에게 조언한다. 한편 주선인은 화물을 집하·장치하기 위해 자기의 창고를 소유하고 수출입화물의 보관서비스를 제공하고 있다.

(8) 보험의 수배

운송에 필수적인 부보(付保)도 전문지식이 필요한데, 주선인은 이 업무에 숙달되어 있어 어려움없이 처리할 수 있다. 또한 주선인은 손해가 발생할 경우 클레임 처리도 화주를 효과적으로 보조할 수 있다.

3) 지금까지 한국의 포워더에게는 통관업무가 허용되고 있지 않다. 업계는 1980년부터 누차에 걸쳐 제도개선을 요청했으나 묵살되어 오다가, 1998년 6월 규제완화개혁위원회의 의결에 따라 관세사법 개정안이 1998년 11월에 국회에 상정된 바 있으나 2025년 현재까지 달라지지 않고 있다. 포워더업계도 더 이상의 요청을 하지 않고, 아웃소싱 차원에서 관세사들에게 수수료를 지불하며 화주들을 서비스하고 있다.

(9) 화물의 집하 · 혼재 · 인도

운송 주체로서의 주선인의 업무는 화물의 집하(canvass and pick up) · 혼재(consolidation) · 분류 · 인도(sort and delivery) 등이다. 특히 주선인은 컨테이너 운송의 LCL 화물의 혼재에서 화주 · 운송인에게 크게 공헌하고 있다. 즉, 주선인이 다수의 화주로부터 LCL 화물을 집하하여 혼재운송장(house B/L)을 발행하고, FCL화하여 화주에게는 운임할인혜택을 주고 운송인에게는 비용절감효과를 준다. 그런데 주선인이 행하는 혼재는 다수의 매도인으로부터 화물을 인수하여 단일의 매수인에게 인도하는 매수인 혼재(buyer's consolidation)와 다수의 매도인으로부터 화물을 인수하여 다수의 매수인에게 분배하는 주선인 혼재(forwarder's consolidation)가 있다.

그리고 주선인은 운송의 관리인(controller) · 배송인(distributor)으로 행동한다. 전자는 문전에서 문전까지 全운송과정에 화물의 안전과 원활한 흐름을 위해 화주를 대신하여 감시 · 추적하고, 후자는 대량으로 수입되는 화물을 일괄하여 통관시킨 후, 각지에 흩어져 있는 수하인에게 배송 · 인도[4)]하는 것을 말한다.

(10) 시장조사

일부 주선인은 해외의 제휴선(partner)을 통해 외국의 구매자를 소개하기도 하고, 국내시장에 대한 정보를 수집하는 등 여러 가지로 수출입상을 지원하기도 한다.

(11) 기타의 역할

이 외에도 포워더는 운송전문가로서 필요에 따라 다음과 같은 서비스를 제공한다.

① Project Cargo Handling

프로젝트 화물은 특정공사에 필요한 대량의 생산설비 · 건설기자재가 일시에 · 일정기간 지속적으로 운송되는 화물을 말한다. 이런 화물은 일시적인 데다 중량(重量) · 거대(巨大) · 장척(長尺)의 특수화물이 많아 포워더에게 맡겨 시간과 경비를 절감할 수 있다.

② 전시화물 취급(Exhibition Cargoes Service)

해외전시를 위해 반출되는 화물을 포장에서 전시후 재반입까지 모든 절차를 일괄적으로 맡아 처리한다. 전시화물은 해외상품박람회에 출품하는 상업화물(com-

4) 예컨대 바나나 1,000톤을 수입한 수입상을 위해 서울, 부산, 대구, 인천, 광주, 대전 등 전국의 도매상에게 배송하는 것을 의미한다.

mercial cargoes), 해외전시회를 위해 반출하는 예술품(fine arts) 등이며, 그 업무는 ⓐ 포장(packing), ⓑ 통관(customs clearing), ⓒ 국내운송(domestic transporting), ⓓ 선적(船積・機積), ⓔ 부보(insuring), ⓕ 포장해체(unpacking), ⓖ 장치(installing) 등이다. 전시화물은 통상 특수포장이 필요해 포장이 중요하고, 왕복운송(상업화물 미판매분에 대한 반송, 예술품 : 100% 반송)을 요한다.

③ House Forwarding Service

수출상은 상품의 생산・판매, 수입상은 구매・사용(국내 재판매)에 전념하기 위해, 상품운송의 제반업무를 포워더에게 일괄 도급하는 방식이다. 물류분야에서는 흔히 3자물류(TPL : Third Party Logistics)라 한다. 인력절감・전문업체의 신속・정확한 운송을 기대할 수 있다. 서비스 업무는 ⓐ 포장, ⓑ 국내운송, ⓒ 통관, ⓓ 보관, ⓔ 하역, ⓕ 선적, ⓖ 부보, ⓗ 재정지원(신용장 대리개설), ⓘ 운송서류 작성・처리(documentation) 등이다.

이처럼 다양한 기능을 갖는 운송주선업이 운송합리화 물결을 타고 그 존재가치가 더욱 높아지고 있다. 즉, 수출입・해운시장 등 모든 부문에서 경쟁이 격화됨에 따라 합리화에 대한 압력이 높아지고, 아웃소싱(Third Party Outsourcing Service)의 추세와 맞물려 운송주선업의 위상이 더욱 공고해지고 있다. 이러한 상황에서 운송주선인들이 스스로의 존재가치를 제고하고, 영업기반을 확충하기 위해서는

① 복합운송체제에 대한 화주의 훌륭한 상담자로서,

② 복합운송체제의 조직자(organizer)로서,

③ 터미널・데포(depot)의 운영자로서,

④ 운송인으로서의 능력을 갖추고 고도의 전문화를 지향해 나가야 할 것이다.

포워딩업계의 M&A와 글로벌 포워더

2005년 포워딩업계의 M&A 바람이 거셌다. 독일체신청(DP; Deutsche Post)과 독일철도청(DB; Deutsche Bahn)은 각각 DHL과 Schenker의 모회사가 되었다. DP는 2005년 12월 영국 물류회사 엑셀(Exel)을 $67억에 인수했다. Deutsche Post DHL Group은 연매출 ₵668억, 종업원 55만명, 해상·항공·3자물류 부문에서 세계 1위의 물류그룹이 되었다.[1)]

그리고 DB는 철도운송에서 벗어나 물류·글로벌 네트워크 강화를 위해 대형 포워더 Schenker를 M&A하여 글로벌 물류서비스 기반을 갖추었다. 또한 DB는 2005년 미국계 중량화물 전문운송사 Bax Global을 $11억에 인수하여, 쉥커의 미국–유럽–아시아 해상 ·항공운송의 경쟁력을 강화하여. 쉥커는 육해공 물류기업으로 유럽 최고의 철도화물 수송업체이며 세계 2위의 항공화물 수송업체가 되었다.

UPS의 자회사 UPS Supply Chain Solutions도 2001년 Fritz에 이어 Menlo Worldwide를 인수해 포워딩을 강화했다. 또한 이라크 군수물자 수송으로 급성장한 쿠웨이트의 PWC Logistics가 Geologistics를 $4억 5,400만에 인수했다.

글로벌 물류업계에서 연매출액이 20조원($200억)에 달하는 기업은 UPS, FedEx이지만 육해공을 커버하는 'Global Logistics Provider'는 Deutsche Post DHL Group, 스위스의 Kuehne + Nagel(K+N), 독일철도(DB) 산하의 Schenker 3개사뿐이다. 1890년 독일에서 창업한 K+N은 1975년 스위스로 본사를 이전한 순수 포워더이다.

한국에서는 포워더의 이미지가 그야말로 영세한 구멍가게로 각인되어 있다. 이에 포워딩 산업의 규모와 다국적 글로벌 포워더들의 위상을 대변하는 내용이라서 소개한다.

---

1) DP는 1999년에 DHL 지분 20%, 영국 택배업체 Securicor의 지분 50%, 프랑스 택배업체 Ducross의 68%를 매수하고, 1815년에 설립된 세계 1위의 스위스의 다국적 포워더 Danzas를 $11억에 매수하였다. 2002년 DHL의 지분 100%를 확보하고, 2003년 미국의 항공화물 포워더 AEI(Air Express Int'l)를 인수하여 2003년 4월 Danzas, Euro Express 등을 DHL 브랜드로 통합하여 DHL Danzas Air & Ocean으로 변경하였다가, 다시 2023년 Deutsche Post DHL Group,에서 DHL Group으로 상호를 변경하였다.

참고문헌

[국내문헌]

김태일, "유럽연합의 정기선 해운동맹 폐지와 그 영향", KMI, 2006.12.
朴容燮, 國際複合運送(船荷)證券의 解說, 형설출판사, 1992.
潘柄吉, 交通産業論, 博英社, 1971.
房熙錫, 海運論, 博英社, 1989.
徐燉珏, 商法講義 上·下, 法文社, 1988.
徐憲濟, 콘테이너 複合運送人의 責任法理, 三知院, 1986.
안병수, "국제전자상거래시대를 대비한 Bolero Project와 TradeCard System", [무역상무연구], 한국무역상무학회, 2002. 2
梁時權·金順甲, 船舶積貨, 한국해양대학교 海事圖書出版部, 1990.
玉璿鍾, 國際運送論, 法文社, 1986.
______, 海運論, 法文社, 1986.
李均成, 國際海上運送法硏究, 三英社, 1984.
______, 海商法講論, 해운산업연구원, 1988.
李新雨 等, 最新 綜合海運, 敎文社, 1977.
李宙興, 海上運送法, 박영사, 1992.
林錫珉, [전자상거래시대의 물류관리론], 도서출판 두남, 2006.
______, [船荷證券論], 도서출판 두남, 2000.
______ 譯, [海上貨物運送契約論], (폴 토드 著), 三英社, 1998
______, "부정기선 운항전략에 관한 연구". [海運産業硏究], 1985. 6.
______, "改正海商法下에서의 海上運送人의 責任制限에 관한 考察". [경영연구, 창간호], 한신대학교 경영과학연구소, 1994.2.
______, "美鐵道의 컨테이너 運送", [韓國海運學會誌] 제19호, 1994. 11.
______, "컨테이너화의 背景 및 그 過程", [韓國海運學會誌] 제20호, 1995. 8.
______, "船荷證券의 由來와 變遷過程", [國際商學] 제10권, 1995. 11.
______, "컨테이너선의 世代別 변천추이", [韓國海運學會誌] 제21호, 1995. 12.
______, "제3세대 港灣과 항만의 새로운 役割", [韓國海運學會誌] 제24호, 1997. 7.
______, "1998년 美國의 改正海運法", [해양정책연구], 제13권 2호, 1998. 12.
______, "船荷證券의 提示와 保證渡", [韓國海運學會誌] 제28호, 1999. 7.
______, "金河紡織事件의 判決에 대한 批判", [韓國貿易學會誌], 제24권 제2호 한국무역학회, 1999. 10.
______, "유럽대륙의 複合運送", [韓國海運學會誌] 제29호, 1999. 12.
______, "영국의 船荷證券法", [貿易商務硏究], 제14권, 한국무역상무학회, 2000, 8.
______, "海上運送狀에 의한 船荷證券의 代替", [韓國貿易學會誌], 2000.12.
______, "유럽연합의 定期船 경쟁규칙의 解釋에 대한 DG4와 同盟의 紛爭", [韓國海運學會誌] 제32호, 한국해운학회, 2001.6.
______, "전자상거래와 한국의 택배산업", [貿易商務硏究], 제16권, 2001, 8.

______, "定期船海運의 전자상거래 비즈니스 모델에 대한 眺望", [國際商學], 제19권 제3호, 韓國國際商學會, 2003. 9.
______, "記名式 선하증권의 讓渡에 관한 判例分析", [海運物流研究], 2004, 6.
朴鎭秀·申勝提, 컨테이너 터미널 하역시스템 연구, 해운산업연구원, 1993. 12.
林浩圭, 韓國의 綜合運送體系, KDI, 1979.
錢昌源, 標準貿易運送實務, 무역연구원, 1996.
崔基元, 商法學新論(上·下), 博英社, 1991.
______, 海商法, 博英社, 1993.
최재선, "국제 화물운송질서 크게 바뀐다" 한국해양수산개발원, 2008.3.
崔峻璿, 國際航空運送法論, 三英社, 1987.
한국국제물류협회, 프레이트 포워딩 매뉴얼, 개정판, 2010.
한국국제복합운송업협회, 복합운송의 이론과 실제, 개정증보판, 1995.
한국복합운송주선업협회, 복합운송실무, 항공운송실무, 통관실무, 1998.
한국하주협의회, 수출입운송실무, 1998. 11.
한국해사문제연구소, 해양한국, 1997~1999.
韓國海運技術院, 港灣運營 效率化 研究 Ⅰ, Ⅱ, 1987.9, 1988. 7.
____________, 컨테이너의 港灣/內陸輸送合理化方案, 1988. 12.
韓國海運港灣情報센타, 海運實務講座, 1982.
한진해운, 한진해운 20년사, 1997.
해운산업연구원, 우리나라 컨테이너貨物流通構造 改善方案, 1990. 12.
____________, 해운항만산업 정책구상, 1996.5.
현대상선, 현대상선 20년사, 1996.
黃根植 編譯, 國際 콘테이너 輸送實務, 韓國海事問題研究所, 1982.
黃根植·李源哲 編著, 國際複合運送實務, 韓國海事問題研究所, 1985.

[일본문헌]

古川哲次郎, 海運實務の基礎理論, 東京：海文堂, 1975.
大崎正瑠, 船荷證券の研究, 東京：白桃書房, 1988.
大木一男, 用船契約の實務的解說, 東京：成山堂書店, 1979.
________, 船荷證券の實務的解說, 東京：成山堂書店, 1983.
飯田秀雄, コンテナー輸送の原点, 東京：成山堂書店, 1971.
________, 最新 コンテナー輸送の理論と實際, 東京：成山堂書店, 1971.
飯田秀雄, 海陸複合輸送の研究, 東京：成山堂書店, 1980
山田源次, シッピング實務, 東京：海文堂, 1979.
松本好雄, コンテナーの輸送實務, 東京：成山堂書店, 1968.
日本海上コンテナー協會, 國際コンテナー實務要覽, 東京：成山堂書店, 1982.
中尾朔郎·數內宏, 國際コンテナー輸送實務指針, 東京：海文堂, 1977.
織田政夫, 海運經濟論, 東京：成山堂書店, 1977.
コンテナ輸送研究會, コンテナーカゴ輸送マニュアル, 東京：海文堂, 1979.

土井佐有, 物流の意義とその實態, 東京 : 八千代出版, 1983.
下條哲司, 海運市場の經濟分析, 神戸 : 神戸商船大學出版部, 1979.
海運實務研究會, 海運實務要論, 東京 : 海文堂, 1964.
海上貨物輸送研究會, 新訂海上貨物輸送の實務, 東京 : 成山堂書店, 1982.
黑田英雄, 世界海運史, 東京 : 成山堂書店, 1979.

[구미문헌]

Advisory Commission on Conference in Ocean Shipping, *Report to the President and the Congress of U.S.A.*(1992).

Alderton, P. M., *Sea Transport*, Thomas Reed Publication Limited, 1984.

Bennett, W. P., *The History of and Present Position of the Bill of Lading*, Cambridge University Press, 1914.

Bes J., *Chartering and Shipping Terms*, London : Barker Howard Ltd., 1975.

______, *Liner and Tramp Shipping*, Onkenhout, Hilversum, 1966.

Branch Alan E., *Elements of Shipping*, London : Chapman and Hall, 1983.

Bross, Steward R., *Ocean Shipping*, Cornell Maritime Press, 1956.

Cufley, C.F.H., *Ocean Freights and Chartering*, London : Granada, 1964.

Gardiner, Robert, Alastair Couper(edited), *The Shipping Revolution-The Modern Merchant Ship*, London : Conway Maritime Press Ltd., 1992.

Mangone, Gerad J., *Marine Policy for America*, Taylor & Francis, 1988.

Goss, R.O. edited, *Advances in Maritime Economics*, Cambridge University Press, 1974.

Graham, M.G., Hughes, D.O., *Containerization in the Eighties*, London : Lloyd's of London Press Ltd., 1985.

Hershman, Marc J., *Urban Ports and Harbor Management*, New York : Taylor & Francis, 1988.

Hill, D. J., *Freight Forwarders*, London : Stevens Sons, 1972.

Hughes, A.D. *Casebook on Carriage of Goods by Sea*, Blackstone Press, 1994.

Jung Tai-Yuan, "China as an Intermodal Link between the Far East and Europe." Ph D thesis, Dept of Maritime Studies and International Transport, University of Wales College of Cardiff, 1996. 12.

Kendal, Lane C., *The Business of Shipping*, Cambridge Maryland : Cornell Maritime Press, Inc., London : Lexington Books, 1978.

Laing, E.T., Containers, *Conferences and Competition*, London : The Economist Intelligence Unit, 1984.

Lim, Seok-Min, "Economies of container ship size-A new evaluation," *Maritime Policy & Management*, 1994. Vol. 21, No.2.

____, "Round-the-world service: The rise of Evergreen and the fall of U.S. Lines," *Maritime Policy & Management*, 1996. Vol. 23, No.2.

____, "Economy of scale in container shipping," *Maritime Policy & Management*, 1998. Vol. 25, No. 3.

McLaughlin, Jr.·Chester B., "The Evolution of the Ocean Bill of Lading", *Yale Law Journal*, Vol. 35(1925~1926).

Metcalfe, James V., *The Principles of Ocean Transportation*, Simmons Boardman Publishing Corporation, 1959.

Mitchelhill, Alan, *Bills of Lading–Law and Practice*, Chapman and Hall, 1982.

Mocatta, Alan Abraham, Mustill, Michael J., Boyd, Stewart C., *Scrutton on Charterparties and Bills of Lading*, 19th ed., Sweet & Maxwell, 1984.

Muller, Gerhardt, *Intermodal Freight Transportation*, 2nd ed., Eno Foundation for Transportation, 1989.

Murray, Daniel, E., "History and Development of the Bill of Lading", *Univerity of Miami Law Review*, Vol. 37, May~Sept. 1983.

O'keeffe, Joseph, "Understanding Letters of Indemnity," Lecturing draft at the University of Wales, Cardiff, 1997.

Payne, William·Ivamy, E. R. Hardy, *Payne and Ivamy's Carriage of Goods by Sea*, 12th ed., London : Butterworth & Co., Ltd., 1985.

Schmitthoff, Clive, *Schmitth off's Export Trade*, 7th ed., Stevens & Sons Ltd., 1980.

Shimojo Tetsuji, *Economic Analysis of Shipping Freights*, Research Institute for Economics and Business Administration Kobe University, 1979.

Stopford, Martin, *Maritime Economics*, London : Unwin Hyman, 1988.

Todd, Paul, *Contracts for the carriage of goods by sea*, London: BSP Profession al Books, 1988.'

____, *Bills of Lading and Banker's Documentary Credits*, London: Lloyd's of London Press Ltd. 1993.

Wood, Donald F.·Johnson, James C., *Contemporary Transportation*, 3rd ed., New York : Macmillan Publishing Company, 1989.

Wilson, John, *Carriage of Goods by Sea*, London: Pitman Publishing, 1993.

한글색인

영문색인

임 석 민

- 고려대학교 상과대학 경영학과 졸업(경영학사)
- 고려대학교 대학원 무역학과 수료(경영학석사)
- 고려대학교 대학원 무역학과 수료(경영학박사)
- 율산해운주식회사 운항과장
- 미국 워싱턴 주립대 School of Marine Affairs 객원교수
- 영국 웨일즈대 Dept, of Maritime Studies 객원교수
- 캐나다 브리티시 컬럼비아대 Center for Transportation Studies 객원교수
- 한신대학교 명예교수

저서 및 논문

- 물류관리론(제3판)(삼영사, 2023)
- 선하증권론(도서출판 펭귄, 2015) (e-Book)
- 해상화물운송계약론(譯書, 도서출판 펭귄, 2014) (e-Book)
- 돈의 철학(다산북스, 2020)
- 돈과 삶(제4판)(도서출판 펭귄, 2018)
- Stale B/L 거래조건에서의 Surrender B/L의 효과에 관한 판례연구
- 보세창고업자의 액체화물 인도책임에 대한 판례연구
- 호남 사파이어호 중재판정에 대한 분석
- 제3세대 항만과 항만의 새로운 역할
- 선하증권의 제시와 보증도
- Economies of scale in container shipping
- Round-the-World Service
- Economies of Container Ship Size 외

국제운송론[제9판]

1998년 2월 28일 제1판 1쇄 발행
1999년 5월 28일 제2판 1쇄 발행
2006년 7월 20일 제3판 1쇄 발행
2009년 2월 10일 제4판 1쇄 발행
2011년 2월 15일 제5판 1쇄 발행
2014년 8월 8일 제6판 1쇄 발행
2017년 7월 20일 제7판 1쇄 발행
2022년 2월 10일 제8판 1쇄 발행
2025년 8월 1일 제9판 1쇄 인쇄
2025년 8월 13일 제9판 1쇄 발행

저 자 임 석 민
발행인 고 성 익
조 판 플 러 스

05027
발행처 서울특별시 광진구 아차산로 335 삼영빌딩
도서출판 三英社
등 록 1972년 4월 27일 제2013-21호
전 화 737-1052 · 734-8979 FAX 739-2386

정가 37,000원

ISBN 978-89-445-0603-1-93320